# 행위로 구원?
– "바울에 관한 새 관점"을 비평하다

*Salvation by Works?* :
*Reformed Responses to the New Perspectives on Paul*
Edited by Prof., Byung Hoon Kim, M.A., Ph.D.

Copyright ⓒ Hapdong Theological Seminary Press
Kwangkyojoongang-ro 50, Yeongtong-gu, Suwon, Korea
All rights reserved

행위로 구원? - "바울에 관한 새 관점"을 비평하다

초판 1쇄 발행 | 2017년 4월 21일
엮은이 | 김병훈
발행인 | 정창균
펴낸곳 | 합신대학원출판부
주 소 | 16517 경기도 수원시 영통구 광교중앙로 50 (원천동)
전 화 | (031) 217-0629
팩 스 | (031) 212-6204
홈페이지 | www.hapdong.ac.kr
출판등록번호 | 제22-1-1호
인쇄처 | 예원프린팅 (031) 957-6551
총 판 | (주)기독교출판유통(031) 906-9191
값 22,000원

　　　개혁 교회[改革教會]
　　　개혁 신학[改革神學]
　　　231-KDC6
　　　230-DDC23
　　ISBN 978-89-97244-38-6 93230   ￦22,000
　　*잘못된 책은 교환해드립니다

「이 도서의 국립중앙도서관 출판시도서목록(CIP)은
e-CIP홈페이지(http://www.seoji.nl.go.kr/ecip)와 국가자료공동목록시스템
(http://www.nl.go.kr/kolisnet)에서 이용하실 수 있습니다. (CIP 제어번호:2017007578)

저작권법에 의하여 한국 내에서 보호를 받는 저작물이므로 저작권자와 출판사의 허락없이
내용의 일부를 복제하여 배포하는 행위를 금합니다.

행위로 구원?
- "바울에 관한 새 관점"을 비평하다

김병훈 편

합신대학원출판부

# 차례

■ 편집인 서문_ 김병훈

## 제1장 "바울에 관한 새 관점"에 대한 이해와 비평_ 11

1. "바울에 관한 새 관점"
(New Perspective on Paul)이란 무엇인가?_ 조병수 ..................13

2. 율법주의, 언약적 율법주의, 은혜언약:
"바울에 관한 새 관점"의 신학적 소재(所在)?_ 김병훈 ..................49

3. 톰 라이트의 미래칭의 개념의 주석적 근거에 관한 고찰_ 김영호.... 83

4. N. T. 라이트의 칭의론에 대한 개혁신학적 평가_ 박동근.......... 123

5. 제임스 던의 칭의와 구원 이해에 대한 비판적 고찰_ 이승구........175

## 제2장 성경 해석: 의, 율법의 행위, 칭의_ 215

6. 구약의 "의"(義)의 의미 연구_ 현창학 ............................... 217

7. 다윗언약에 비추어 본 N. T. 라이트의 칭의신학_ 김진수 ............... 247

8. 율법, 복음 그리고 이방인의 칭의: 갈 3:6-14_ 김추성 ..................... 295

9. NPP에 대한 요한복음의 평가_ 이복우 ........................ 324

## 제3장 신학 탐구: 이중 은혜, 율법의 행위_ 367

10. 칼빈의 이중은혜론:
    칼빈의 선행에 대한 이해를 중심으로_ 이남규 ............................ 369

11. '율법의 행위'에 대한 칼빈의 성경해석_ 안상혁 ........................ 395

## 제4장 신학 실천: 칭의론의 설교_ 424

12. 칭의론에 관한 설교학적인 문법_ 이승진 ................................ 425

## 제5장 적용의 문제: 행위와 구원_ 455

13. 『행위없는 구원?』에 나타난 권연경의 '주석적 회개'(?)와
    종교개혁 신학으로부터의 이탈_ 김병훈 ..............................459

14. 구원과 행함: 정암 박윤선의 개혁신학_ 김병훈 ........................483

■ 편집인 서문

오늘날 개신교의 모든 신학자들과 설교자들은 피할 수 없는 한 가지 질문에 대하여 대답할 것을 요구받는다. 그것은 소위 "바울에 관한 새 관점들"의 주장에 대한 평가를 묻는 질문이다.

"바울에 관한 새 관점들"은 500년 전에 시작되었던 종교개혁신학이 발견한 그리스도의 복음 이해와 실천을 비판한다. 종교개혁신학은 신약성경을 바르게 주석한 결과가 아니라고 주장한다. 말하자면 종교개혁신학은 신약시대의 유대주의 또는 바리새주의가 마치 16세기 로마 가톨릭의 세미-펠라기우스적인 구원론을 말하는 것으로 잘못 전제를 하고, 종교개혁자들이 로마 가톨릭 신학을 비판하는 관점에 따라서 신약성경을 읽음으로써, 그리스도와 유대주의의 대립을 은혜의 복음과 율법주의의 대립으로 해석을 하였다는 것이다.

"바울에 관한 새 관점들"은 '관점들'이라는 표현이 가리키는 바처럼, 다양한 주장들을 포괄한다. 따라서 어느 하나의 견해로 그것을 대표하거나 종합할 수는 없다. 하지만 그것들은 대체로 '새' 관점들이라고 일컫게 되는 하나의 독특한 특징을 가지고 있다. 곧 예수 그리스도의 복음을 '언약적 율법주의'(covenantal nomism)에 따라 해석을 해야 한다는 주장이다. '언약적 율법주의'가 함의하는 바는 은혜 안에서 율법의 순종이 최종 구원의 조건으로 요구되는 구원론이다. 이것은 하나님의 백성이 되는 길은 하나님께서 베푸시는 은혜의 언약에 따라서 이루어지지만, 일단 은혜로 언약백성이 된 후에 언약백성으로서의 믿음의 순종을 행하여야 최종 심판에서 의로운 자로 구원을 받는다는 원리를 근간으로 갖는다.

"바울에 관한 새 관점들"은 이러한 '언약적 율법주의'를 그리스도의 복음 안에서의 믿음과 행위에 적용을 하며, 그 결과 칭의와 관련하여 '현재 칭의'와 '미래 칭의'를 구별한다. '현재 칭의'는 율법주의의 결과가 아니라 은혜로 주어진다. 왜냐하면 하나님께서는 율법의 행위에 따른 공로를 근거로 칭의를 베풀지 않으시기 때문이다. 그러나 '미래 칭의'는 '현재 칭의'로 말미암아 언약 백성이 된 자가 언약을 신실하게 지키는 순종을 보이는 가의 결과로 주어진다. 따라서 칭의의 믿음이란 신실하게 율법을 지키는 순종과 다르지 않다는 것이 "바울에 관한 새 관점들"의 주장이다.

"바울에 관한 새 관점들"의 이러한 주장은 자연스럽게 '믿음과 칭의', '칭의와 율법의 행위,' '칭의와 성화,' '언약과 율법,' '복음과 율법,' '은혜와 순종,' '미래의 심판' 등의 여러 논제들과 관련한 신학구성의 변화를 요구하며, 논란을 야기하였다. 이러한 배경에서 개신교 신학자들과 설교자들은 16, 17세기에 이미 이러한 논제들에 대하여 토론을 거쳐 구성이 된 전통적 신학과 교리를 고수할 것인가, 아니면 "바울에 관한 새 관점들"의 비평과 수정의 요구를 따라갈 것인가를 선택하여야 하는 학문적 노력과 고백적 신앙을 요구받고 있다. 그리고 한국 장로교회에 속한 신학교수들과 목사들 가운데 상당한 수가 "바울에 관한 새 관점들"의 주장을 따라가는 현상이 지속적으로 일어나며 큰 세력을 형성하고 있다. 전통적이며 역사적인 장로교 개혁신학을 주창하는 우리나라의 장로교단들에 속한 학교들의 교수진들 가운데도 종교개혁신학의 유산과 틀을 점차 이탈하여 "바울에 관한 새 관점들"을 수용하는 이들이 많아지고 있음을 볼 수 있다. 현재 대략적이지만 한국 신약학계의 절반이 넘는 대 다수가 "바울에 관한 새 관점들"의 여러 시도들에 대해 긍정적인 평가를 하고 있는 것으로 알려져 있다.

이러한 배경 하에서 본 책은 구상이 되었고, 이렇게 편집이 되어 출판이 되었다. 본 책은 "바울에 관한 새 관점들" 그리고 이와 관련한 칭의, 율법의 행위, 믿음 등에 대한 합동신학대학원대학교(이하 합신)의 교수진의 견해를 제시한다. 합신의 교수진은 "바울에 관한 새 관점들"의 주장들에 대해서 분명하고도 명확한 반대 견해를 표한다. 합신은 16, 17세기의 개혁교회의 신앙표준문서와 신학을 가장 성경에 일치된 신학과 교리로 받으며, 이와 어긋난 "바울에 관한 새 관점들"의 주장이 그리스의 복음에 대해 끼치는 해악을 경계하도록 주의를 발한다.

본 책에 실린 열 세 편의 논문들은 한 편을 제외하고도 모두 합신의 교수들이 집필한 것들이다. 그러나 그 한 편의 예외도 합신에서 수학(Th.M., Ph.D. 조직신학)을 한 박동근 목사의 논문으로 역시 합신의 신학을 충실히 반영하고 있다. 본 논문집에 참여한 교수들은 구약과 신약의 성경신학 분과는 물론, 조직신학과 역사신학, 전 분과에 걸쳐 있으며, 특별히 실제 설교를 통해 전달되는 신학을 분석하고 평가한 설교학 분과의 참여가 돋보인다.

구성은 전체 5개의 장으로 되어 있다. "1장 "바울에 관한 새 관점들"에 대한 이해와 비평"은 조병수, 김병훈, 김영호, 박동근, 이승구 교수의 논문들을 담고 있으며, "바울에 관한 새 관점들"에 대한 개론적 소개 및 비평, 그리고 톰 라이트와 제임스 던에 대한 각각의 비평 논문을 제시한다. "2장 성경해석: 의, 율법의 행위, 칭의"는 구약분과의 현창학, 김진수, 그리고 신약분과의 김추성, 이복우 교수께서 각각 성경신학과 성경본문 주해를 통해 비평을 제시한다. "3장 신학탐구: 이중 은혜, 율법의 행위"는 칼빈의 신학을 통해 "바울에 관한 새 관점들"의 주장 가운데 관련된 논제들의 개혁신학의 이해를 배운다. 이남규, 안상혁 교수가 논문을 기고하였다. 이어서 "4장 신학실천: 칭의론의 설교"는 이승진 교수의 논문을 통해서 칭의론의 설교들을 통해 이신칭의의 교리가 실제로 어떻게 설교되는 지를 살펴 신앙실천의 현상을 분석하고, 이신칭의의 올바른 설교방식을 탐구한다. 마지막으로 "5장 적용의 오류: 행위와 구원"은 "바울에 관한 새 관점들"의 맥락에서 한국 교회의 현상들을 분석하고 이를 비평하며, 해법으로 "바울에 관한 새 관점들"의 주석적 연구를 제시하는 적용적 노력을 비평한 김병훈 교수의 서평논문을 담고 있다. 아울러 "구원론적 관점에서 본 정암 박윤선의 신학과 개혁신학: 믿음과 행위의 관계에 대하여" 논문은 믿음과 행위가 구원론에서 갖는 의미를 바르게 이해하지 못하는 데에서 비롯된 그릇된 신학적 평가를 교정하는 연구를 포함한다.

합신의 이러한 논문들은 "바울에 관한 새 관점들" 뿐만 아니라, '복음과 율법', '믿음과 행함', '칭의와 성화,' '은혜의 구원과 행위의 심판'에 관한 여러 신학토론과 실제에 있어 개혁신학의 관점이 어떠한지를 개략적으로 제시하는 데에 도움을 준다. 그 결과로 이 논문집이 제공하는 "바울에 관한 새 관점들"이 주장하는 바에 대한 역사적 개혁신학의 비평을 통해, 개혁신학의 성경 주석과 바른 교리를 잘 계승하고 전달하여야 하는 신학교의 책임을 이루고, 이 책을 통해 도움이 필요한 분들에게 적게나마 비평의 안목이 열어지기를 바란다. 이 책과 더불어 개혁교회의 신앙표준문서와 관련하여 중요한 주제들을 해설한『노르마 노르마타: 16,17세기 개혁교회의 신학과 신앙』(합신대학원출판부, 2015)을 함께 읽으면, "바울에 관한 새 관점들"에서 제기한 신학 논제들에 대한 올바른 시각과 이해를 도모하는 데 커다란 유익을 얻을 것으로 확신한다. 이 논문집을 통해 예수 그리스도의 복음이 한국 교회 안에 널리 바르게 전파되는 일이 공고히 이루어지기를 간절히 바란다.

끝으로 이 책을 출판할 수 있도록 허락하신 조병수 전 총장님과 정창균 현 총장님에게 감사를 드린다. 그리고 이 책을 출판하는 실무적인 일에 정력을 다하여 수고를 하여 주신 신혁학 전 편집실장님에게 커다란 감사를 드리며, 그리고 인쇄를 넘기기까지 마지막 수고를 다하여 준 최문하 북디자이너의 노력을 크게 칭찬하며 감사를 표한다.

2017년 1월
편집인 김병훈

# 제1장
# "바울에 관한 새 관점"에 대한 이해와 비평

1. "바울에 관한 새 관점"
(New Perspective on Paul)이란 무엇인가?_ 조병수

2. 율법주의, 언약적 율법주의, 은혜언약:
"바울에 관한 새 관점"의 신학적 소재(所在)?_ 김병훈

3. 톰 라이트의 미래칭의 개념의 주석적 근거에 관한 고찰_ 김영호

4. N. T. 라이트의 칭의론에 대한 개혁신학적 평가_ 박동근

5. 제임스 던의 칭의와 구원 이해에 대한 비판적 고찰_ 이승구

# 1
# "바울에 관한 새 관점"
# (New Perspective on Paul)이란 무엇인가?[1]

조병수 | 신약학 • 교수

## I. 도입

1970년대 말부터 논의되기 시작한 "바울에 관한 새 관점"[2]은 지금 거의 일반적인 이슈가 되었다. NPP가 무엇인지 본격적으로 설명하기 전에 다음과 같이 몇 가지 전제적인 언급이 필요하다.

---

[1] 이 글은 2014년 11월 24일(월)에 합동신학대학원대학교에서 열린 제2회 목회자연장교육원 특별강의로 발표된 것으로, 목회자들에게 "바울에 관한 새 관점"이 무엇인지 설명하는 것을 목적삼고 있다. 이 글에서는 다음부터 NPP로 부른다.

[2] "바울에 관한 새 관점"이라는 용어는 일반적으로 던이 처음 사용한 것으로 생각된다. 그가 1982년에 "New Perspective on Paul"이라는 제목으로 논문을 발표하였기 때문이다. 그러나 라이트는 자신이 이 용어를 사용한 첫 사람이라고 주장한다. 그가 1978년에 발표한 강연 논문에서, "바울과 관련된 다른 문제들에 대한 새 관점"(a new perspective on other related Pauline problems)이라는 구문을 사용하였기 때문이다(cf. "The Paul of History and the Apostle of Faith," 64).

## 1. NPP의 주요 소개서

먼저 NPP의 복잡한 내용과 다양한 문제를 한 눈에 살펴볼 수 있는 주요 저술들을 소개한다. 다음은 NPP에 대하여 주장자들과 반대자들이 제시한 간단한 소개서들이다.

### 1) NPP 주장자들의 소개서

J. D. G. Dunn, "The New Perspective on Paul: Paul and the Law," in *Romans 1-8*, WBC 38A, Dallas: Word Books, 1988, lxiii-lxxii.

N. T. Wright, "New Perspective on Paul," in *Justification in Perspective: Historical Developments and Contemporary Challenges*, ed. B. L. McCormack, Grand Rapids: Baker, 2006, 243-64. Repr. in *Pauline Perspectives. Essays on Paul, 1978-2013*, London: SPCK, 2013, 273-291(이것은 2003년 8월 25-28일에 에든버러 Rutherford House에서 열린 제10차 Edinburgh Dogmatics Conference에서 발표된 논문이다).

### 2) NPP 반대자들의 소개서

R. Smith, "A Critique of the 'New Perspective' on Justification," *Reformed Theological Review* 58 (1999), 98-113(새 관점에 대한 요점 정리와 비판이 들어있다).

R. Smith, "Justification in 'the New Perspective on Paul'," *Reformed Theological Review* 58 (1999), 16-30(새 관점에 관한 작지만 치밀한 소개로, 종교개혁신학에 대한 새 관점의 비판 및 새 관점 학자들의 견해를 설명한다).

G. P. Waters, *Justification and the New Perspectives on Paul. A Review and Response*, Phillipsburg(New Jersey): P&R, 2004[3](가이 프렌티스 워터스, 바울에 관한 새 관점. 기원 - 역사 - 비판, 배종열 옮김, 서울: 개혁주의신학사, 2012. 번역에 문제가 많다).

## 2. NPP 부상을 위한 시대의 요청

지난 한 세기의 신학 역사를 돌아보면 대체로 어느 정도 주기를 가지고 신학 방법론이 부침(浮沈)한 것을 발견하게 된다. 19세기 말부터 20세기 초까지 세도를 부리던 종교사학파에 이어, 20세기 중반까지 전승사/양식 사학파가 활력을 얻고, 그 다음에는 편집사학파가 20세기 후반까지 패권을 장악하였다. 이런 맥락에서 볼 때 지난 세기의 80년대를 전후로 등장하여 우리 시대까지 지속되고 있는 "바울에 관한 새 관점"(NPP) 주장자들은 편집사적인 사고방식에 대한 신학적 반성이라고 볼 수 있다.

주목해야 할 것은 NPP 이론의 대표적인 주자들이 특이하게도 대체로 영국 신학자들이라는 사실이다. 이런 측면에서 볼 때, 조심스럽긴 하지만 NPP는 독일 신학(루터의 개인 구원과 불트만[Bultmann]의 실존주의 신학)에 대한 영국 신학의 도전이라고 풀이해 볼 수 있다. 물론 NPP는 독일 신학을 극복하기 위해 독일 신학을 사용한다. 따라서 NPP 역시 성경 비판에 근간을 두고 있는 현대신학의 범주를 넘어서는 것은 아니다. NPP는 바울을 계시적 인물보다는 주로 1세기의 역사적인 현장에서 이해하고 있기 때문이다. 독일 신학이 NPP에 어느 정도 냉담한 표정을 짓고 있는 반면에,[4] 영어권(미국, 캐나다, 호주 등)에서는 반응이 찬반으

---

[3] 나의 글은 이 책에 여러모로 빚을 지고 있다.
[4] 예를 들면, G. Klein, "Ein Sturmzentrum der Paulusforschung," *Verkündigung und Forschung* 33 (1988), 40-56 ("부록: 바울 연구에 있어서의 격렬한 논쟁의 한 중심," in 김세윤, 예수와 바울. 신약신학 논문모음, 제2수정판, 서울: 도서출판 참말, 1993, 413-437. Klein은 특히 레이제넨을 신랄하게 비판한다.

로 뜨겁다.

NPP가 이 시대의 서구에서 각광을 받는 데는 사실 정치사적인 이유가 없지 않다. 제2차 세계대전이 끝나고 나서 서구의 신학계에는 독일 나치가 저지른 유대인 학살에 대한 심각한 반성이 일어났다. 그래서 레이제넨은 "오늘날 대학살이 성경 해석에 끼친 도전을 인식하지 않고는 아무도 바울을 연구할 수 없다"5 말할 정도이다. 서구 신학의 반성에 의하면, 바울이 유대교에 비판을 가한 것으로 이해하는 신학이 안티세미티즘에 엄청난 활기를 불어넣어 그처럼 무섭게 폭발하였다는 것이다.6 서구 신학에서 이 점이 반성되면서 유대교와 기독교의 대화(Jewish-Christian dialogue)가 활성화 되었고, 그 결과로 신학계는 바울과 유대교 사이의 긴밀한 연속성을 주장하여 둘의 반립을 부드럽게 만들고, 유대교의 언약적 특권과 유대인을 위한 율법의 지속적인 정당성에 대한 바울의 시인을 강조하게 되었다. 이와 같이 유대교와 바울의 연속성을 주장하는 NPP가 발전하게 된 이유 가운데 하나는 나치에 의한 유대인 대학살의 충격과 관련이 있다.7 이와 관련하여 던은 1세기 유대교를 냉정한 율법주의로 묘사한 "야만적인 그림이 유감스럽게도 기독교의 안티세미티즘이라는 악질적인 성향을 사육하는 역할을 하였다"고 평한다.8 던은 다른 곳에서 NPP가 부상하게

---

5 H. Räisänen, "Paul, God and Israel: Romans 9-11 in *Recent Research,*" in *The Social World of Formative Christianity*, ed. J. Neusner, et. al., Philadelphia: Fortress, 1988, 179(Smith, "Justification," 17에서 재인용).

6 Smith, "Justification," 17.

7 Smith, "Justification," 17; Waters, *New Perspectives on Paul*, 157. 이런 점에서 Neusner는 자신이 25년 동안 여러 책에서 수행한 샌더스에 대한 논쟁이 샌더스의 실질적인 공헌을 희미하게 만들어서는 안 된다고 말한다. 그가 말하는 샌더스의 공헌은 아우슈비츠의 대학살에 대한 반성이다(J. Neusner, "Judaism: Practice and Belief. 63 B.C.E.-66 C.E. A Review of Recent Works by E. P. Sanders," *Bulletin for Biblical Research* 6 (1996), 167-178, esp. 176f.).

8 Dunn, *Romans 1-8*, lxv: "a gross caricature, which, regrettably, has played its part in feeding an evil strain of Christian antisemitism."

된 이유를 좀 더 정확하게 묘사한다. "다른 요소(유대인)는 대학살인데, 그것은 기독교 신학에서 지속적으로 반향을 일으키고 있다. ...... 대학살 이후의 신학(post-Holocaust theology)은 기독교 칭의 교리의 그늘진 부수물이었던 역사적 유대교에 대한 멸시를 더 이상 소화시킬 수가 없었다."9

NPP 부상의 배경과 관련하여 종교적인 현상을 한 가지 더 말하자면, 제2차 세계대전 후 에큐메니칼 정신(the postwar ecumenical spirit)을 지적할 수 있다.10 한 마디로 말해서, "(바울의 칭의 교리는 교회론이지 구원론이 아니라는) NPP의 교회론 지지자들이 로마카톨릭과의 화해를 허용하기 위해서 이런 이분법을 강요하는 것이 아닌지 의심스럽다."11

### 3. NPP의 근본 방법론

NPP는 바울에 대한 종교개혁의 해석을 비판하는 것과 바울을 재해석하는 것이라는 두 가지 과제에서 시작되었다고 해도 과언이 아니다.

#### 1) 종교개혁의 바울 해석 비판

NPP는 루터가 주장한 개인적인 이신칭의론에 강하게 비판하는 태도를 취했다. 스텐달은 루터가 어거스틴 신학의 계승(양심의 문제)과 로마카톨릭과의 투쟁(신앙의 문제)이라는 역사적 배경에서 칭의를 주장한 것을 비판하였다.12 샌더스가 루터를 비판하는 것13보다, 던은

---

9 Dunn, J. D. G., *The Theology of Paul the Apostle*, Edinburgh: T&T Clark, 1998, 338.
10 Waters, *New Perspectives on Paul*, 157.
11 Waters, *New Perspectives on Paul*, 190.
12 Stendahl, "Introspective Conscience," 79 et passim.
13 Sanders, *Palestinian Judaism*, 492, no. 57, 525, 538. 샌더스는 종교개혁과 로마카

훨씬 강도 있게 루터를 향해 비판의 목소리를 높였다. 종교개혁은 바울이 행위의 공로로 구원을 얻는다고 믿었던 율법주의자(legalist)와 싸웠다고 주장하였는데, 이것은 루터가 로마카톨릭과 싸우기 위해서 그들의 오류를 유대교에 뒤집어씌운 해석학적 오류라는 것이다.14 라이트에 의하면, 종교개혁은 바울을 왜곡하였고 바울 복음의 중심을 보지 못하였다.15

### 2) 바울 재해석

NPP는 바울이 이방인을 위한 소명을 받은 것이지 유대교로부터 회심한 것이 아니라고 말함으로써 바울과 1세기 유대교의 연속성을 전제하면서 바울의 율법관이 1세기 유대교의 율법관과 일치한다고 주장한다. 이를 위해서 NPP에는 두 가지 견해가 파생된다.

### (1) 유대교 재해석

첫째로 NPP는 1세기 유대교를 "언약적 법률주의"(Covenantal Nomism)으로 규정한다. 랍비 유대교는 행위 종교가 아니라 은혜 종교라는 것이다. 이것은 결국 랍비 유대교에 대한 종교개혁의 견해를 비판하는 것이 된다. 왜냐하면 종교개혁은 유대교를 행위 율법주의(Legalism)로 간주하였기 때문이다. 사실 유대교를 율법주의 종교(legalistic religion)로 파악하는 종교개혁의 견해에 대하여 1921년 무어(G. F. Moore)가 강력하게 도전하였다. 그는 1차 자료를 사용하면서,

---

톨릭의 갈등에서 유대교는 로마카톨릭의 역할을 담당하였고, 기독교는 루터주의의 역할을 담당하였다고 말한다(no. 57).
  14 Dunn, *Romans 1-8*, lxv. Cf. Smith, "Justification," 19.
  15 Wright, *What Saint Paul Really Said*, 117(Waters, *New Perspectives on Paul*, 130에서 재인용).

랍비 유대교는 하나님의 사랑에 고무되고, 이스라엘의 선택에 근거하는 은혜의 종교였다고 결론지었다.16

**(2) 바울의 칭의론 재해석**
둘째로 NPP는 바울의 칭의 교리가 구원론보다 교회론 문제라고 주장한다. 바울은 유대인과 이방인의 화해(reconciliation)를 말하기 위해서 이신칭의(justification)를 주장하게 되었다는 것이다.

### 4. NPP의 주요 논점들

**1) 의(義)**

NPP는 바울의 신학적 배경을 헬레니즘보다는 유다이즘에 둔다. 이것은 슈바이처(A. Schweizer)의 영향이다. 이런 영향 아래서 후에 던은 바울의 의 개념을 헬라적(법정적 의)이 아니라 유대적(관계적 의)으로 이해한다. 따라서 칭의는 법정적 개념이 아니라 관계적 개념이다. 라이트의 경우에는 법정적 개념을 사용하지만, 종교개혁자들이 전가(imputation)의 의미로 사용한 것과 달리, 전가의 의미는 없고 유지라는 개념을 가진다.

**2) 칭의(稱義)**

NPP는 바울의 칭의 개념이 다음과 같은 가치를 가지고 있는 것으로

---

16 G. F. Moore, "Christian Writers on Judaism," *HTR* 14 (1921), 197-254. 이 견해는 그의 대작, *Judaism in the First Centuries of the Christian Era: The Age of Tannaim*, 3 vols., Cambridge: Harvard University Press, 1927-1930(repr. Peabody: Hendrickson, 1997)에서 발전되었다. 특히 vol. 2, 93-95을 보라. 이런 점에서 무어는 샌더스의 교사 또는 선구자인 셈이다.

판단한다.17

　첫째로 칭의는 중심 주제가 아니라 주변 주제이다. 이것은 브레데 (W. Wrede)가 바울에게 칭의론은 이방인 선교의 문맥에서만 나타난다고 주장하였던 것을 따르는 것이다.18 칭의론은 이방인이 어떻게 이스라엘의 하나님께 받아들여졌느냐는 문제에 대한 대답이라는 것이다. 다시 말해서 바울의 칭의론은 그리스도 안에 있음의 신비라는 구원론 (Erlösungslehre der Mystik des Seins in Christo)의 큰 분화구 안에 형성된 부수적인 분화구이다.19

　둘째로 칭의는 개인적인(또는 내면적인introspective) 것이 아니라 사회적인 것이다. 칭의는 개인이 하나님과 어떻게 정상적인 관계를 갖느냐는 실존적인 문제가 아니다. 스텐달에 의하면, 칭의는 유대인과 이방인의 관계가 무엇이냐를 다루는 사회적 문제(화해)이다. 이것은 자연스럽게 다음의 문제로 연결된다.

　셋째로 칭의는 구원론이 아니라 교회론이다. 칭의는 사람이 어떻게 구원받을 수 있느냐의 문제가 아니다. "칭의 교리는 이방인 회심자들이 이스라엘에 대한 하나님의 약속에 완전하고 순수한 상속자가 되는 권리를 변호하려는 특별하고 제한적인 목적을 위해서 바울이 고안해낸 것이다."20 "다른 말로 하자면, 칭의는 구원론적인 교리라기보다는 우선적으로 교회론적인 교리이다."21

---

17 Cf. Smith, "Justification," 18-21.
18 W. Wrede, *Paul*, London: Philip Green, 1907, 122-128.
19 A. Schweizer, *Die Mystik des Apostels Paulus*, Tübingen: Mohr Siebeck, 1981(= Neudruck der 1. Auflage von 1930), 220. Cf. *The Mysticism of the Apostle Paul*, London: Black, 1931, 225.
20 Stendahl, "Paul Among Jews and Gentiles," 2.
21 Smith, "Justification," 20f.

## II. NPP의 전야

### 1. NPP의 기반

NPP가 본격적으로 등장하기 전에 한편으로는 이미 학자들 가운데 유대교를 종교개혁과 다른 입장에서 재해석하려는 시도들이 꾸준히 진행되었고 (G. Moore, W. D. Davies), 다른 한편으로는 바울에 대한 재해석이 끊임없이 제기되어 슈바이처(A. Schweizer)는 바울을 헬레니즘보다 유다이즘에 연결시키면서 그리스도 안에 있다는 신비적 연합을 강조하였고(NPP에서 칭의가 참여라는 개념으로 발전함), 개인구원을 말하지만 실존적인 종말적인 변화라는 인간론적인 실존주의를 주장하는 불트만과 달리 케제만(Käsemann)은 칭의를 개인 구원 아니라 집단적 개념으로 이해하였다 (NPP에서 칭의가 사회적/교회론적 개념으로 발전함).

### 2. 스텐달(K. Stendahl, 1921-2008년)

NPP의 등장을 위해서 가장 결정적인 영향을 끼친 사람은 1954-1984년에 하버드 신학교(Harvard Divinity School)의 신약학 교수로 재직하였던 스웨덴 사람 스텐달이다. 특히 다음과 같은 그의 두 논문이 NPP에 단단한 기반을 제공하였다.

"The Apostle Paul and the Introspective Conscience of the West," *HTR* 56 (1963), 199-215. 이것은 "Paulus och Samvetet," *Svensk Exegetisk Arsbok* 25 [1960], 62-77을 개정하고 각주를 달아, 1961년 9월 3일에 미국 심리학회American Psychological Association의 정례회의에서 발표한 논문이다(in *Paul Among Jews and Gentiles and Other Essays*, London: SCM, 1977, 78-96. 나의 글에서는 이 논문을 사용한다.)

"Paul Among Jews and Gentiles," in *Paul Among Jews and Gentiles and Other Essays*, London: SCM, 1977, 1-77. 이것은 1963년 2월 4-8일에 Austin Presbyterian Seminary의 Thomas White Currie Lectures에서 발표한 논문이다(1964년 3월 30일-4월 1일에 Colgate Rochester Divinity School의 Ayer Lectures에서 다시 발표함).

스텐달의 기본 사상은 바울에 대한 재해석이다. 스텐달은 종교개혁이 바울을 잘못 읽었다고 주장하면서 서구의 바울 해석을 비판한다. 그는 이런 오류가 생긴 까닭은 죄와 범죄에 대한 서구의 선입견 때문이며, 지나치게 "예민한 양심" 때문이라고 설명한다.22

스텐달에 의하면, 바울의 진정한 관심은 개인구원이 아니라 메시아의 오심이 율법과 하나님 백성의 범위에 준 영향이다. 스텐달은 메시아의 오심이 유대인과 이방인의 관계에 어떤 결과를 가져왔는가에 관심한다. 이를 위해서 바울은 이방인이 교회 및 하나님의 계획에서 차지하는 위치에 관한 문제와 격투를 벌렸다.23 바울의 사상에서 중점 가운데 하나는 하나님의 뜻을 따라 교회 안에서 이방인의 자리를 어떻게 규정하느냐 하는 것이었다.24 스텐달에 의하면, 바울의 문제는 하나님의 아름다운 메시아의 시대가 시작된 지금 아브라함 약속의 성취에 참여한 이방인들에게 율법을 요구할 이유가 없다는 것을 어떻게 설명하느냐 하는 것이었다.25 이 고민은 율법을 해석하게 만들었고, 그것은 장차 그에게만 유일한 해석이 되었다. 스텐달은 이신칭의 교리가 바울 신학에서 제한적 기능을 하였으며, 그의 전체 사상의 중심으로 간주될 수 없다는 슈바이처의 견해를 따른다: "그러므로 이신칭의 교리는 부수적인 분화구이다."26

---

22 Waters, *New Perspectives on Paul*, 221.
23 Stendahl, "Introspective Conscience," 84.
24 Stendahl, "Introspective Conscience," 85.
25 Stendahl, "Introspective Conscience," 86.
26 Stendahl, "Introspective Conscience," 84, n. 10. 위의 각주 19를 참조하라.

스텐달의 주장은 "유대인과 이방인 가운데 바울"(Paul Among Jews and Gentiles)이라는 논문에서 더 발전되었다. 그는 바울의 원래 의도를 드러내길 바라는 마음에서 몇 가지 슬로건 같은 제목들을 주조하는 모험을 하였다.27 그는 바울이 경험한 것은 "회심이 아니라 소명(파송)"이었으며, 바울이 가르친 것은 "용서(사죄)가 아니라 칭의"였고, "죄가 아니라 약함" 이었으며, "완벽함이 아니라 사랑"이었고, 보편성이 아니라 독특성이었다고 주장한다. 스텐달은 바울이 유대교로부터 회심("종교의 변화")한 것이 아니라 단지 이방인을 위한 사도라는 특별한 직분에 부르심을 받은 것이라고28 말함으로써, 유대교와 바울의 연속성을 강하게 주장한다.29 이런 점에서 스텐달은 바울은 죄의식이 없었고,30 건강한 양심을 가진 아주 행복한 유대인이었다고 말한다.31

스텐달은 바울에게 중요한 질문은 교회 안에서 이방인의 위치에 관한 것이었다고 한다. 그에 의하면, 로마서에서 1-8장은 서론(preface)이고 진정한 중점은 9-11장이 말하는 유대인과 이방인의 관계이다.32 그런데 유대인과 이방인의 관계에 주된 관심을 가지고 있었던 바울은 이방인이 율법 없이 하나님의 백성이 된다는 것을 보이기 위해서 이신칭의 사상을 고안해냈다는 것이다.33 이런 점에서 볼 때, 바울의 칭의교리는 일관된 체계적 교리 원리나 사상이 아니다. 오히려 그것은 바울의 사상에서 아주 특수한 기능(a very specific function)을 가지고 있다. 바울의 신학에서 칭의교리는 이방인들이 하나님의 나라에서 가지는 위치를 어떻게 변호할 것이냐는 문제와 격투를 벌인 끝에 나온 것이다. 그것은 바울이 소명으로

---

27 Stendahl, "Paul Among Jews and Gentiles," 6.
28 Stendahl, "Paul Among Jews and Gentiles," 7.
29 Waters, *New Perspectives on Paul*, 32.
30 Stendahl, "Paul Among Jews and Gentiles," 27.
31 Stendahl, "Paul Among Jews and Gentiles," 12f.
32 Stendahl, "Paul Among Jews and Gentiles," 28, 29.
33 Stendahl, "Paul Among Jews and Gentiles," 3.

받은 임무였던 것이다.34 칭의는 믿음으로 되는 것이므로, 유대인과 이방인에게 그리스도께 나아가는 것이 똑같이 가능하다는 것이다.35 이렇게 볼 때, 스텐달에게 칭의라는 용어는 교회론적인 용어이다.36

## III. NPP의 역사

시대적 조건과 학문적 조건이 충분하게 마련되었기 때문에 드디어 NPP는 역사의 무대에 어렵지 않게 올라설 수 있게 되었다. 이제 NPP 주장자들 가운데 대표적인 인물들을 연대순으로 살펴보자.

### 1. 샌더스(E. P. Sanders, 1937년생)

*Paul and Palestinian Judaism: A Comparison of Patterns of Religion*, London: SCM / Philadelphia: Fortress, 1977.

*Paul, the Law, and the Jewish People*, Philadelphia: Fortress, 1983.

*Judaism: Practice and Belief. 63 B.C.E. - 66 C.E.*, London: SCM / Philadelphia: Trinity Press International, 1992.

### 1) 유대교 재해석

샌더스는 지금까지 바울 연구가 유대교를 부정확하게 파악하였을 뿐 아니라 곡해하였다고 생각하기 때문에, 유대교의 원자료들을 새롭게 읽으면서 유대교를 재해석한다. 샌더스는 모든 탄나임 문헌들의 바탕에는

---

34 Stendahl, "Paul Among Jews and Gentiles," 27.
35 Stendahl, "Paul Among Jews and Gentiles," 29.
36 Waters, *New Perspectives on Paul*, 30.

종교와 종교적 삶의 일반적인 이해가 있었다고 주장한다. 이것은 유대교를 망라하는 대규모의 구조적 가정이며(a large constructive hypothesis covering more or less of it), 전 시대에 통용된 하나의 조직신학이며 (one *systematic theology* operative in the entire period), 전포괄적인 철학적 또는 사회학적 견점이다(some overarching philosophical or sociological point of view).37

샌더스는 종교와 종교적 삶이 어떤 역할을 하였으며(worked) 종교가 어떤 기능을 하였느냐(functioned), 다시 말해서 사람이 어떻게 종교에 들어가며(get in) 어떻게 종교에 머무느냐(stay in)는 문제와 관련해서, 다양한 탄나임 문헌들에 바탕이 되는 하나의 공통적 패턴(a common pattern)을 식별해내는 것을 해석의 목적으로 삼는다.38

샌더스는 유대교의 공통적 패턴을 "언약적 법률주의"(covenantal nomism)라고 부르면서, "언약 법률주의는 성전파괴 이전 팔레스타인에 퍼져있던 일반적인 종교 형태였음에 틀림없다"39고 말한다. 그에 의하면, 팔레스타인 유대교는 율법주의적으로 행위에 의한 의를 말하지 않는다.

> "랍비 유대교에는 무엇이 유대 종교의 본질을 구성하는지, 어떻게 그 종교가 '작용하는지' 보여주는 연관되고 총괄적인 견해가 있는 것처럼 보인다. 이런 총괄적인 견해는 '언약적 법률주의'라는 구문으로 요약될 수 있다. 간단히 말해서, 언약적 법률주의란 하나님의 계획 안에서 차지하는 사람의 위치가 언약에 근거해서 확립되며, 언약은 범죄에 대한 속죄의 수단을 제공하면서도 사람의 적합한 반응으로서 계명들에 대한 순종을 요구한다는 견해이다."40

---

37 Sanders, *Palestinian Judaism*, 69. 물론 그는 탄나임 문헌이 아주 다양하다는 것을 인정하며, 엄청난 분량의 문헌이 하나의 종교적 견점을 반영하는 것으로 이해하는 것에는 여러 어려움들이 있다고 인정한다(같은 곳 참조).

38 Sanders, *Palestinian Judaism*, 70. 물론 그는 이것을 교리적(creedal)이 아니라고 말한다.

39 Sanders, *Palestinian Judaism*, 428.

샌더스는 언약적 법률주의에는 다음과 같이 8가지 패턴(구조)이 있다고 말한다.41 (1) 하나님이 이스라엘을 선택하셨고, (2) 율법을 수여하셨다. 율법은 (3) 선택을 유지한다는 하나님의 약속을 내포하며, (4) 순종하라는 요구를 내포한다. (5) 하나님은 순종에는 보상하시고, 범죄는 처벌하신다. (6) 율법은 속죄 수단을 제공한다. 속죄는 (7) 언약 관계의 유지 또는 재확립을 결과 시킨다. (8) 순종과 속죄와 하나님의 은혜에 의해 언약 안에 유지되는 모든 사람은 구원받을 무리에 소속된다. 그런데 샌더스에 의하면, 첫째 항목인 선택과 마지막 항목인 구원은 인간의 성취(human achievement)가 아니라 하나님의 은혜(God's mercy)에 의한 것이다.42 한 마디로 말해서 하나님의 선택은 전적으로 은혜였다("totally gratuitous").43 이런 점에서 샌더스는 유대교를 행위의 종교가 아니라 은혜의 종교로 이해한다. 던은 유대교에 대한 샌더스의 견해를 다음과 같이 요약한다.

> "(샌더스는) 유대교가 변함없이 무엇보다도 은혜의 종교였고, 인간의 순종은 그 은혜에 대한 반응으로 이해되었다고 설명한다. 언약은 하나님이 주도적으로 주신 것이며, 율법은 언약 안에서의 삶을 위한 틀을 제공하였다. 율법을 행하는 것은 언약 안에 머무는 수단이었지, 우선적으로 언약에 들어가는 수단이 아니었다."44

이것은 종교의 패턴을 따르는 것이다. "유대교에서 언약에 참여하는 것은 사람을 (종교에) 들어가고(puts one in), 순종하는 것은 사람을 (종교에) 머물게 한다(keeps one in)."45 샌더스에 의하면, 당시 유대인들은 하나님

---

40 Sanders, *Palestinian Judaism*, 75. 참조. 236.
41 Sanders, *Palestinian Judaism*, 422.
42 Sanders, *Palestinian Judaism*, 422.
43 Sanders, *Palestinian Judaism*, 87.
44 Dunn, *Theology of Paul*, 338.
45 Sanders, *Palestinian Judaism*, 544.

의 은혜 선택에 의해서 언약에 들어가고, 율법에 대한 순종으로 언약 상태를 유지한다고 생각하였다. 그러므로 율법 준수는 언제나 언약이라는 구조 안에서 기능한다는 것이다.46 그런데 바로 여기에 샌더스의 문제가 드러난다. 이런 제도에서는 결국 은혜는 행위가 시행된 다음에 들어오는 것이 되기 때문이다. 행위가 없으면 은혜도 없다. 은혜보다 행위가 우선권을 가진다.47

### 2) 바울과 유대교의 관계

샌더스는 데이비스(Davies)를 따라 바울과 유대교의 관계를 긍정적으로 이해한다. 바울은 유대교와 반립적이 아니었다는 것이다. 왜냐하면 스텐달이 주장하였듯이 바울은 유대교에서 회심한 것이 아니라 이방인을 위한 소명을 받은 것이기 때문이다. 샌더스는 바울이 기독교에 헌신한 것은 유대교에 불만하였기 때문이 아니라고 말한다. 오히려 샌더스는 바울을 유대인으로 간주하면서 바울의 사상이 유대적이고, 이방인의 사도인 그의 활동은 유대교의 종말론적 사색의 틀 안에 있었다고 생각한다. 바울이 자신의 복음과 선교 활동을 유대교와 단절을 의미하는 것으로 생각하지는 않은 것처럼 보인다는 것이다.48

샌더스에 의하면 바울도 유대교와 정확하게 동일한 체계를 가지고 있었다. 그러나 바울은 두 가지 면에서 유대교를 비판한다는 것이다.49 첫째로 유대교는 예수 그리스도에 대한 믿음이 없다는 것이다(the lack of faith in Christ). 따라서 유대교는 하나님이 그리스도를 통해서 수여하시는 의를 갖지 못한다. 샌더스는 바로 이 점에서 바울이 선택과 언약에

---

[46] Cf. Smith, "New Perspective on Paul," 21.
[47] Waters, *New Perspectives on Paul*, 52.
[48] Sanders, *Jewish People*, 207.
[49] Sanders, *Jewish People*, 154f.

의해서 증거된, 이스라엘을 향한 하나님의 은혜를 무시한 것처럼 보인다고 말한다. 바울은 의가 그리스도 안에서만 주어진다고 확신하였기 때문에, 유대교의 언약이 구원에 유효하다는 것을 부인함으로써 유대교의 기초를 의식적으로 부인하였다는 것이다.50 둘째로 유대교는 이방인에게 평등성을 부여하지 않는다는 것이다(the lack of equality for the Gentiles). 바울이 칭의가 율법 행위가 아니라 믿음으로 된다고 주장하는 까닭은 율법은 유대인에게만 해당되지만 믿음은 유대인과 이방인에게 모두 해당되기 때문이다. 다시 말하자면, 샌더스는 바울이 유대교를 공격한 이유가 예수 그리스도를 주로 받지 않았기 때문이며, 하나님의 백성이 되는 것은 예수 그리스도를 중심으로 이루어지기 때문이라고 말한다. 이것이 유대교와 다른 새로운 경계선이다. "간단히 말해서, 바울이 유대교에서 발견한 문제점은 바로 이것이다: 유대교는 기독교가 아니다."51

### 3) 바울 신학 재해석

샌더스는 바울의 사상을 변형된 언약적 법률주의라고 생각한다.52 그는 예수 그리스도를 주님으로 믿고, 이방인의 사도로 부르심을 확신하기 때문이다. 샌더스는 이를 위해서 바울 신학에서 다음과 같이 몇 가지 개념을 해석한다.53

### (1) 율법

샌더스에 의하면, 율법에 관한 바울의 진술에는 일관성과 체계성이 없다.

---

50 Sanders, *Palestinian Judaism*, 551.
51 Sanders, *Palestinian Judaism*, 552.
52 Waters, *New Perspectives on Paul*, 61.
53 샌더스에 대한 간략하지만 적절한 비판은 Waters, *New Perspectives on Paul*, 54-58를 참조하라.

제한된 수의 기본적인 확신들을 가지고 있었던 바울은 그것들을 상이한 문제들에 적용하면서 율법에 관해 다른 말을 하게 되었다는 것이다.54 샌더스는 바울이 율법과 관련해서 딜레마에 빠졌다고 말한다. 왜냐하면 하나님이 율법을 주셨지만, 율법은 의를 만들지 못하기 때문이다.55 이런 생각 때문에 바울은 율법에 대하여 일관성 있는 주장을 하지 못한다. 때로는 율법을 선한 것이라고 말하고(롬 7:12), 때로는 죄가 율법을 사용하여 범죄를 일으켰다(롬 7:8)며 율법의 부정적인 역할을 말한다. 따라서 바울은 율법을 기독교 공동체에 들어오는 "입회 조건"(entrance requirement) 으로 생각하지 않는다.56 오히려 하나님이 율법을 주셨음에도 불구하고, 구원은 율법이 아니라 그리스도를 믿음으로 온다는 것이다.57 또한 바울은 율법은 의롭게 만들지 못하지만, 성령 안에 있는 자들은 율법을 성취할 수 있다고 말한다.58

**(2) 믿음**

샌더스는 바울에게 믿음에 대한 정의가 불안정하다고 생각하면서,59 믿음에 관한 바울의 논증은 율법에 의한 구원을 반대하기 위함이라고 주장한다.60 바울이 믿음을 찬성하는 것은 율법을 반대하기 위함이라는 것이다.61 더 나아가서 샌더스는 바울이 율법을 반대하는 부정적인 논증을 펴는 까닭은 유대인과 이방인이 평등하다는 것을 보이기 위함이라고 말한다.62 그러므로 중요한 것은 믿음에 의한 구원이 아니라 유대인과 이방인의

---

54 Sanders, *Jewish People*, 147.
55 Sanders, *Jewish People*, 73.
56 Cf. Waters, *New Perspectives on Paul*, 77.
57 Cf. Waters, *New Perspectives on Paul*, 85.
58 Cf. Waters, *New Perspectives on Paul*, 86.
59 Sanders, *Palestinian Judaism*, 490f.
60 Sanders, *Palestinian Judaism*, 491.
61 Sanders, *Palestinian Judaism*, 491.
62 Sanders, *Palestinian Judaism*, 491.

관계라고 한다. 이런 의미에서 보면, "믿음에 의한 의"도 결국은 율법에 대한 순종이 구원의 필수적인 또는 충분한 조건이라는 견해에 반대하기 위한 부정적인 개념인 셈이다.63

**(3) 칭의**

샌더스는 바울이 유대교와 다른 점은 "의" 개념이라고 주장한다. 유대교에서 의는 선택받은 자들의 그룹에서 상태의 유지(maintenance of status)를 의미하지만, 바울에게는 이동(transfer)을 의미한다. 바울의 용례에 의하면, "의롭게 되다"는 구원받은 자들의 공동체에 머무는 것(staying in)이 아니라 들어가는 것(getting in)을 지시하는 용어이다.64 다른 말로 하자면, 바울에게 칭의는 이동을 가리키는 용어이다. "주목해야 할 중요한 일은 바울에게는 '의'가 우선적으로 이동 용어(transfer term)라는 사실이다."65

또한 샌더스에게 칭의(being justified)는 하나님과 원수이며 범죄자라는 이전 상태(the former state)와 영화롭게 된다는 미래 상태(the future state) 사이에 놓여있는 중간 단계이다.66 여기에서 우리는 장차 라이트에게서 듣게 될 현재 칭의와 미래 칭의에 대한 힌트를 발견한다. 그렇다면 샌더스에게는 칭의가 법정 용어(juridical/forensic language)가 될 수 없다. 샌더스는 바울의 사상에서 근본적인 것은 참여 용어(participatory language)라고 생각한다.67 샌더스에 의하면, 바울에게 "믿음에 의한 의"와 "그리스도에의 참여는" 결국 동일한 것이다.68 그러므로 샌더스는 "바울 신학의 주요 주제는 믿음에 의한 의가 아니라 참여 용어에서 발견된다"

---

63 Sanders, *Palestinian Judaism*, 492.
64 Sanders, *Palestinian Judaism*, 544.
65 Sanders, *Palestinian Judaism*, 501.
66 Sanders, *Palestinian Judaism*, 471f.
67 Cf. Waters, *New Perspectives on Paul*, 74.
68 Sanders, *Palestinian Judaism*, 506.

고 주장한다.69

## 2. 레이제넨(H. Räisänen, 1941년 생)

*Paul and the Law*, WUNT 29, Tübingen: Mohr Siebeck, 1983.

레이제넨은 샌더스를 따르면서도 그보다 더욱 극단적으로 유대교의 구원론에 관한 바울의 견해를 비판한다. "바울이 볼 때, 유대인들은 율법을 지킴으로써 구원받을 수 있다고 생각하는 잘못을 저지르고 있다."70 바울에 의하면, 유대교에서 율법이 의로 이끄는 길이라는 것이다. 그런데 레이제넨은 율법이 의에 도달하는 수단이라는 바울의 해석은 의도적인 곡해였다고 말한다. 바울이 유대교의 구원론을 의도적으로 다르게 제시하였다는 것이다.71 레이제넨은 바울이 유대교의 구원론을 뒤튼 이유를 선교 경험에서 맞닥뜨린 유대인 기독교인들, 곧 이방인들에게도 유대교의 관습을 요구하는 유대주의자(Judaizer)들과의 다툼에서 찾는다.72

레이제넨은 1세기의 유대인들이 율법에서 의를 기대하지 않았다고 설명한다. 도리어 유대인들은 하나님 아래서 선택받은 공동체의 멤버라는 삶을 영위하려는 소원 때문에 하나님의 인도하심을 감사함으로 받으면서 토라를 지향하였다는 것이다.73 하지만 레이제넨의 의하면, 바울은 이와 같은 유대교에서 율법의 은혜 성격을 의도적으로 부인하였고, 은혜를 오직 그리스도의 사건에만 제한 두었다.74

---

69 Sanders, *Palestinian Judaism*, 552.
70 Räisänen, *Paul and the Law*, 176.
71 Cf. Waters, *New Perspectives on Paul*, 95.
72 Räisänen, *Paul and the Law*, 256-263.
73 Räisänen, *Paul and the Law*, 178.
74 Räisänen, *Paul and the Law*, 187.

## 3. 던(J. D. G. Dunn, 1939년 생)

"New Perspective on Paul," *BJRL* 65 (1982), 95-122 (repr. in *Jesus, Paul and the Law: Studies in Mark and Galatians*, Louisville: Westminster John Knox, 1990, 183-206. 이 글에서는 이 논문을 사용한다).

"Works of the Law and the Curse of the Law," *NTS* 31 (1985), 523-542 (repr. in *Jesus, Paul, and the Law. Studies in Mark and Galatians*, Louisville: Westminster John Knox, 1990, 215-41). 이것은 1984년 8월 Basel SNTS 컨퍼런스의 "Paul and Israel" 세미나에서 발표한 논문이다. 이 글에서는 두 자료의 출처를 밝힌다.

"New Perspective on Paul: Paul and the Law," in *Romans 1-8*, WBC 38A, Dallas: Word, 1988, lxiii-lxxii. 이것은 NPP에 대한 가장 압축적인 설명이다.

### 1) 유대교 이해

던은 샌더스와 마찬가지로 유대교를 선행으로 구원 얻는 종교라고 이해하는 것을 반대한다. 유대교는 율법주의(legalism)가 아니라고 믿기 때문이다.

던에 의하면, 1세기의 유대인들에게 이스라엘이 하나님과 맺은 언약은 유대인들의 민족적 정체성에 대한 감각과 종교에 대한 이해에 기본적인 것이었다. 1세기 유대교에 근본적인 원리는 한 하나님이 이스라엘을 선택하여 자신의 고유한 백성이 되게 하고, 그의 통치 아래 특별한 관계를 누리게 하였다는 것이다. 율법은 이 언약의 표현으로 주어진 것으로, 언약에 의해 맺어진 관계를 규제하고 유지한다.[75]

던은 율법 준수가 유대인의 정체성 표지(markers)로 기능한다고 말한다. 율법 준수는 유대인들을 특별한 민족으로 드러낸(marked out) 특별

---

[75] Dunn, "New Perspective on Paul," 185.

한 예식이라는 것이다. 그것은 언약의 일원임을 표현하는 배지(badges) 기능을 하였다.76 던은 바울도 이것에 동의하였다고 주장한다. 율법 행위는 하나님의 은혜를 얻는(earn) 행위나 공로를 쌓는(merit-amassing) 준행으로 여겨지지 않았고, 오히려 배지(badges)로 여겨졌다는 것이다. 율법 행위는 언약 백성의 멤버십이 포함하는 것이며, 유대인을 하나님의 백성으로 드러내는(mark out) 것이다.77 율법 행위는 하나님의 은혜를 얻는 선행이 아니라, 이스라엘이 이방인과 구별된다는 것을 표시하는 언약 배지로서의 유대인의 행위(할례, 안식일 준수, 음식규례)를 가리킨다.78 던은 바로 이 점에 바울이 율법 행위를 공격한 이유가 있다고 말한다. 던에 의하면, 바울이 율법 행위를 공격한 까닭은 인간의 성취 때문이 아니라 유대인의 특권 때문이었다.

### 2) 유대교의 율법관 이해: 사회적 기능

던은 샌더스나 레이제넨보다 훨씬 더 율법의 사회적 기능(social function)을 강조한다. 던은 이 두 사람이 바울과 율법이 속해 있는 사회적 상황 안으로 충분히 들어가지 못하였다고 비판한다. 이 두 사람이 바울의 칭의에 대한 개인적 해석(individualizing exegesis)에 등을 돌린 것은 옳았지만, 아직도 바울 당시 율법의 사회적 기능을 충분하게 파악하지 못하였다는 것이다.79

"간단히 말해서, 할례와 음식에 대한 특별한 규정들은 그 자체에 중요성이 있는 것이 아니라, 이스라엘의 독특성(distinctiveness)에 초점을 맞추며, 이스라엘이

---

[76] Dunn, "New Perspective on Paul," 192.
[77] Dunn, "New Perspective on Paul," 194.
[78] Smith, "New Perspectives on Paul," 23.
[79] Dunn, "Curse of the Law," 524 / 216.

구별된 백성이라는 주장을 가시화 시키고, 이스라엘을 이방인들과 구별하는 가장 명백한 요소들이기 때문에 중요한 것이다."[80]

### 3) 바울의 유대교 공격에 대한 이해

던은 샌더스와 마찬가지로 바울이 공격한 것은 유대교의 국수주의(nationalism)였다고 주장한다.[81] 바울은 율법 행위 그 자체를 반대한 것이 아니다. 그는 이신칭의 말함으로써 유대인과 이방인의 벽을 허물고자 하였다. 다시 말하자면, 바울은 유대인의 율법 준수를 반대한 것이 아니라, 유대인의 국수주의를 반대한 것이다. 유대교가 민족적 정체성에 의해 언약적 의를 훨씬 좁게 정의하였기 때문이다.[82] 따라서 바울이 반대하는 것은 하나님의 칭의가 언약적 법률주의에만 의존하게 만드는 것이었다. 그는 하나님의 은혜를 오직 언약의 배지를 지닌 자들에게만 제공되게 하는 것을 반대하였다.[83] 바울이 볼 때, 율법 행위는 하나님의 의를 인종과 민족과 육체의 틀(racial and national, that is, fleshly framework)에 감금하는 것이었다는 것이다.[84] 이런 점에서 바울은 하나님의 의가 "율법 외에" 나타났다고 말한다(롬 3:21). 이 표현은 하나님의 의가 "'율법 안에 있는' 자들이 유대인의 배지로 이해하고, 언약 일원임을 확인해주는 주요 특징으로 이해하는 율법 외에"라는 뜻이다.[85]

바울은 하나님의 은혜를 원래 의도하였던 것으로 확장시키려고 하였다. 바울이 생각한 은혜는 민족적인 제한으로부터 떼어내 민족에 상관없이 자유롭게 수여되는 은혜였던 것이다.[86] 따라서 바울의 이신칭의 교리는

---

[80] Dunn, "Curse of the Law," 526 / 218f.
[81] Dunn, "New Perspective on Paul," 199.
[82] Dunn, Romans 1-8, 43. Cf. Waters, "New Perspective on Paul," 172.
[83] Dunn, "New Perspective on Paul," 194.
[84] Dunn, "New Perspective on Paul," 199.
[85] Dunn, Romans 1-8, 77.

하나님에 대한 개인의 관계를 설명하는 것이 아니라, 유대인과 이방인이 하나님의 언약 목적 안에서 어떻게 서로 관계를 유지하며 존재할 수 있을까 논의하는 것이다.[87] 한 마디로 말해서, 바울의 칭의는 신학적 교리가 아니라 사회적 교리이다.[88] 결국 스텐달이 말하였던 것처럼, 바울의 칭의교리는 구원론이 아니라 교회론 문제였다는 것이다.

### 4) "의"와 "하나님의 의" 이해

던은 바울의 "의"를 헬라식의 법정적 개념으로 이해하지 않고, 한 개인이 관계 때문에 자신에게 부여된 의무를 수행한다는 히브리식의 관계적 개념 (relational concept)으로 이해한다.[89]

던에 의하면, "하나님의 의"를 위한 근본적인 배경은 언약 관계이다. "하나님의 의"는 인간을 창조하시고 아브라함을 부르시고 이스라엘을 자신의 백성으로 선택하시면서 자신에게 부과한 의무를 이루시는 것이다.[90] 그래서 하나님의 의는 "자신의 백성에 대한 하나님의 신실하심" (faithfulness)[91]이라고 정의할 수 있다. 하나님의 언약 이행이 하나님의 의라는 것이다. 던은 하나님이 언약에 대한 신실하심을 이루기 위해서 예수 그리스도를 희생물로 주셨다고 말한다. 그리스도는 죽음으로 말미암아 온전한 희생물이 되심으로써, 즉 과거의 희생제도가 부분적으로 이행하였던 것을 최종 효과적으로 이행하심으로써, 하나님의 의를 보여준다.[92] 던의 설명에서 나타나는 문제점은 하나님의 본래적 의와 역사적(관계

---

[86] Dunn, "New Perspective on Paul," 197.
[87] Dunn, "New Perspective on Paul," 202.
[88] Smith, "New Perspectives on Paul," 23.
[89] Dunn, *Romans 1-8*, 41; *Theology of Paul the Apostle*, 341. Cf. Waters, *New Perspectives on Paul*, 98.
[90] Dunn, *Theology of Paul the Apostle*, 342.
[91] Dunn, *Romans 1-8*, 41; *Theology of Paul the Apostle*, 342.
[92] Dunn, *Romans 1-8*, 182.

적) 의를 혼동하고 있다는 것이다. 하나님은 삼위일체 안에서 영원 가운데 창조 이전 피조물 대상이 없이 이미 본래적인 의를 가지고 계시다. 하나님은 본래적 의가 있기 때문에, 창조 이후 피조물과의 관계에서 그리고 선택 이후 백성과의 관계에서 역사적(관계적) 의를 보이신다. 피조물과의 관계 이전에 하나님의 의가 절대적이기 때문에 유대인도 이방인도 그의 의에 들어올 수 있다. 만일 하나님의 의가 유대인과 관계적인 의였다면(의무), 하나님은 이방인을 위해서 그것을 파괴할 수가 없었을 것이다. 그것은 하나님께 자기 파괴적인 것이 되기 때문이다.

### 5) 바울 칭의에 대한 이해

던은 하나님의 칭의를 어떤 사람이 하나님의 언약 안에 있다는 것을 하나님이 인정하시는 것(God's acknowledgment that someone is in the covenant)으로 이해한다.[93] 그러므로 칭의는 하나님의 시초적(initiatory) 행위가 아니다. 하나님의 칭의는 이스라엘과 처음으로(first) 언약을 맺으시는 또는 어떤 사람을 처음으로(initially) 언약 백성으로 받아들이는 행위가 아니다. 따라서 바울에게는 칭의가 단순히 가입(entry)이나 개시(initiation) 형식으로 취급될 수 없다.[94] 이런 점에서 던은 칭의를 "이동 용어"(transfer terminology)로 보는 샌더스와 차이가 난다.[95] 던에게 "[칭의란] 바울이 그의 청중에게 하나님이 언약에 신실하심을 상기시키는 용어이다. 칭의의 *행위*는 언약 대상자가 과거에 타락하였음에도 불구하고 신실하다고 여기시는 하나님의 행위이다."[96]

---

[93] Dunn, "New Perspective on Paul," 190 (나의 강조!).
[94] Dunn, "New Perspective on Paul," 190.
[95] Dunn, "New Perspective on Paul," 190, no. 29. Cf. Waters, *New Perspectives on Paul*, 104, 170.
[96] Waters, *New Perspectives on Paul*, 170 (그의 강조!).

던은 칭의 개념에서 바울과 유대교에 연속성이 있다고 생각한다. 그러면 칭의의 문제에서 왜 바울은 유대교를 비판하는가? 유대교에서는 언약에 머물고 있다는 민족적 정체성의 배지인 율법 행위가 강조되기 때문이다. 율법 행위는 언약에 머물고 있다는 표지이며, 유대교의 민족적 정체성을 보여준다. 그러나 바울은 율법 행위가 아니라 믿음을 칭의의 수단으로 이해하였다. "바울은 율법 행위가 아니라 믿음을 칭의가 발효되는 수단이라고 강조한다."[97]

던은 칭의를 관계적 개념으로 이해하며, 언약 안에 있다는 것으로 이해한다. 이 때문에 던은 칭의를 하나님께서 단번에(single, once-for-all) 하신 행위가 아니라, 인정하시고 보존하시고 결국 옹호하시는 하나님의 은혜라고 생각한다.[98]

던은 칭의에 대한 선언이 최후심판까지 확장되는 것이라고 믿기 때문에 마지막 때 신자의 칭의를 위해서 행위가 필수적이라고 생각하며, 칭의에서 믿음은 어떤 사람이 진정으로 하나님의 백성에 속해 있다는 것을 확증하는 언약적 순종을 배제하지 않는다고 생각한다.[99] 이런 점에서 던은 이후에 라이트가 주장하는 현재 칭의와 미래 칭의를 위한 문을 열어주고 있다.

### 4. 라이트(N. T. Wright, 1948년 생)

"Paul of History and the Apostle of Faith," *Tyndale Bulletin* 29 (1978), 61-88(repr. in *Pauline Perspectives. Essays on Paul, 1978-2013*, London: SPCK, 2013, 3-20. 이 글에서는 이 자료를 사용한다).

"*Justification: The Biblical Basis and its Relevance for Contemporary*

---

[97] Cf. Waters, *New Perspectives on Paul*, 106.
[98] Dunn, *Romans 1-8*, 97; *Theology of Paul the Apostle*, 386.
[99] Cf. Waters, *New Perspectives on Paul*, 107.

*Evangelism,"* in *Great Acquittal: Justification by Faith and Current Christian Thought*, ed. G. Reid, London: Collins, 1980, 13-37(repr. in *Pauline Perspectives. Essays on Paul, 1978-2013*, London: SPCK, 2013, 21-41. 이 글에서는 이 자료를 사용한다).

*What Saint Paul Really Said: Was Paul of Tarsus the Real Founder of Christianity?* Grand Rapids: Eerdmans, 1997.

*The Climax of the Covenant. Christ and the Law in Pauline Theology*, Minneapolis: Fortress, 1993.

"Romans," in New Interpreter's Bible: Acts-First Corinthians, vol. 10, ed. Leander E. Keck, Nashville: Abingdon, 2002.

"New Perspective on Paul," in *Justification in Perspective*: Historical Developments and Contemporary Challenges, ed. B. L. McCormack, Grand Rapids: Baker, 2006, 243-64 (repr. in *Pauline Perspectives. Essays on Paul, 1978-2013*, London: SPCK, 2013, 273-291. 이 글에서는 이 자료를 사용한다).

### 1) 유대교 이해

라이트는 유대인들에게 율법의 소유는 민족적 특권의 배지라고 말한다.[100] 율법의 행위는 언약의 멤버십을 보여주고, 유대인을 이방인과 구별하는 행위이다. 그러므로 유대교는 언약적 법률주의이다. 라이트는 바울도 유대교가 언약적 법률주의라는 사실에 동의한다고 말한다.

### 2) 바울의 유대교 비판 이해

그러나 바울은 유대교를 비판한다. 그 이유는 무엇인가? 라이트는 바울이

---

[100] Cf. Smith, "New Perspective on Paul," 25.

유대교를 비판하는 까닭은 유대교가 언약에 나타난 하나님의 은혜를 유대 민족에게만 제한하기 때문이라고 한다. 바울이 유대교를 비판한 것은 행위 구원론 때문이 아니라, 민족중심적 언약주의(ethnocentric covenantalism) 때문이라는 것이다. 따라서 바울이 유대교를 공격한 까닭은 종교개혁자들이 생각하였던 것처럼 유대교가 율법을 구원 얻는 도구로 간주하였기 때문이 아니라, 민족적 특권을 위한 헌장(a charter of national privilege) 또는 민족적 특권을 위한 배지(a badge of national privilege)로 간주하였기 때문이었다.101

### 3) 이신칭의 이해

라이트는 이신칭의란 바울이 이방인을 유대인과 평등한 관계로 만들려는 시도였다고 말한다. 따라서 칭의는 개인적 구원론적인 것이 아니라 사회적 교회론적인 것이다. 바울의 칭의론은 유대교의 민족적 우월성에 대한 자부심을 꺾고 은혜를 한 민족에게 제한하려는 시도를 분쇄하기 위해 고안된 것이다.102

### 4) 하나님의 의에 대한 이해

라이트는 유대교의 민족적 우월성을 깨뜨리는 바울의 칭의론을 설명하기 위해서 하나님의 의(δικαιοσύνη θεοῦ)를 설명한다. 하나님의 의는 "하나님의 성품의 한 면"(an aspect of the character of God)을 의미한다.103 그것은 이스라엘의 불신앙과 그로 말미암은 추방에도 불구하고 하나님이

---

[101] Wright, "Paul of History and the Apostle of Faith," 6 (orig. 65).
[102] Cf. Smith, "New Perspective on Paul," 25.
[103] Wright, "New Perspective on Paul," 279 (orig. 250).

아브라함과의 언약에 신실하실 것이라는 사실이다. 하나님의 의는 언약 백성에 대한 신실성이다.104 하나님은 자신을 그 언약에 속박시키시며, 이 언약 때문에 이스라엘을 구속하실 뿐 아니라 창조 그 자체를 새롭게 하실 것이라고 약속하셨다.105 핵심적인 중점은 이스라엘과의 언약은 온 우주를 구속하고 축복하는 하나님의 도구로 고안되었다는 것이다.106 이와 같은 아브라함 언약에 대한 신실성(covenant-fidelity) 때문에 하나님은 모든 민족에게 은혜를 베푸신다.

라이트는 예수님의 죽음을 하나님의 의를 성취하기 위한 것으로 설명한다. 예수님의 죽음은 하나님의 언약에 대한 예수님의 신실성이라는 것이다. 이런 의미에서 라이트는 로마서 1-4장을 다음과 같이 요약한다.

"하나님의 복음은 메시아이신 나사렛 예수 안에서 이스라엘의 하나님이 아브라함과 맺으신 언약에 신실하셨고(true) 그럼으로써 모든 세상에 구원의 질서를 가져왔음을 보여준다. 세상이 반역하고, 택한 백성이 자기 사명에 충성하지 않음(unfaithful)에도 불구하고 하나님은 메시아이신 예수님의 대리적인 신실하심(faithfulness)을 통하여 - 유대인과 이방인을 통틀어 - 아브라함을 위한 가족, 즉 믿음이라는 언약의 표징을 특징으로 하는 세계적인 가족을 창조하셨다."107

"(바울은) 이스라엘을 위한 것으로 특징되는 구원 계획, 하나님이 세상을 구원하시려는 계획에 대한 예수님의 신실한 순종(faithful obedience)(또는 아마도 예수님의 순종적 신실함[obedient faithfulness]이라고 부를 수도 있다)을 강조한다. 십자가 위에서 예수님은 하나님이 항시 의도하셨던 언약 달성을 성취하셨다. 전체 이스라엘이 신실하지 않은(faithless) 곳에서, 예수님은 신실

---

104 Cf. Waters, *New Perspectives on Paul*, 136.
105 Wright, "New Perspective on Paul," 279 (orig. 250).
106 Wright, "New Perspective on Paul," 280 (orig. 251).
107 Wright, "Romans," 405(가이 프렌티스 워터스, 바울에 관한 새 관점. 기원 - 역사 - 비판, 배종열 옮김, 개혁주의신학사, 2012, 211에서 인용).

하셨다(faithful)."¹⁰⁸

### 5) 칭의 이해

그러면 라이트에게 칭의는 무엇인가? 라이트는 칭의를 이동 용어(transfer term)으로 이해하는 샌더스에 반대한다. 라이트는 의와 칭의는 법정에서 빌려온 법정적(forensic) 용어로서 "어떤 사람이 옳다(is in the right)는 선언이다"고 정의한다. 마찬가지로 신학에서도 칭의는 사람이 어떻게 그리스도인이 되느냐(becomes)가 아니라 어떤 사람이 그리스도인이라(is)는 선언이다. 칭의는 은혜의 시행이 아니라 선언 그 자체이다.¹⁰⁹ 라이트에 의하면, 바울에게 칭의는 어떻게 언약에 들어가느냐(enter)가 아니라 이미 언약 안에(within) 있다는 선언이다.¹¹⁰ 이런 점에서 바울과 유대교는 연속성을 가진다. 유대교에서도 언약은 들어감(getting in)이 아니라 머묾(staying in)이기 때문이다.¹¹¹ 여기에서 라이트의 문제점은 "그러나 하나님의 백성이 하나님의 판결의 결과로 이러한 상태에 들어가는 정확한 이유가 무엇인지 라이트에게 모호하다"는 것이다.¹¹²

특이하게도 칭의와 관련하여 라이트는 두 시점(현재 칭의와 미래 칭의)을 주장한다. 라이트에게 칭의는 마지막 날의 판결이 메시아 예수님 안에서 현재로 앞당겨진 것이다.¹¹³ 다시 말해서 "미래에 선언될 판결이 현재로 앞당겨졌다. 복음을 믿는 자들은 '옳다'(be in the right)고 선언된

---

¹⁰⁸ Wright, "Romans," 467(Waters, *New Perspectives on Paul*, 128f.에서 재인용. 나의 번역).
¹⁰⁹ Wright, "Justification," 22 (orig. 14).
¹¹⁰ Wright, "Romans and the Theology of Paul," in *Pauline Theology*, vol. 3, eds. David M. Hay and E. Elizabeth Johnson, Minneapolis: Augsburg Fortress, 1991, 30-67, esp. 27. Cf. Smith, "New Perspective on Paul," 26.
¹¹¹ Smith, "New Perspective on Paul," 27.
¹¹² Waters, *New Perspectives on Paul*, 126.
¹¹³ Wright, "Romans," 468(Waters, *New Perspectives on Paul*, 130에서 재인용).

다."114 라이트는 칭의를 신자의 경험에서 현재 칭의와 미래 칭의라는 두 단계 사건(a two-staged event)으로 이해한다. 이 두 가지 칭의에서 믿음은 공통적인 중심 요소이다. 현재 칭의(present justification)은 어떤 사람이 하나님의 언약백성의 진정한 일원임을 선언하는 것이다. 현재 칭의에서 믿음은 일종의 입회 시험으로 행하는 것이 아니라 언약 멤버십의 배지이다.115

현재 칭의는 언약 일원이라는 배지(믿음)를 지니는 것이다. 믿음은 하나님의 신실함에 응답하는 인간의 신실함이다.116 따라서 바울은 율법 행위를 반대한다는 것이다. 이에 비하여 미래 칭의(future justification)는 실행에 의해서 이루어지는 것이다. 미래 칭의에서 믿음은 현재 칭의를 위한 선언의 근거인 언약적 신실함을 가리킨다.117 언약적으로 신실한 순종의 삶이 미래 칭의의 근거이다.118 "미래 칭의, 곧 마지막 대심판에서 사죄는 언제나 영위된 삶의 전체에 기초해서 발생한다".119 한 마디로 말해서 미래 칭의란 언약에 대한 순종의 결과이다. 라이트에게 현재 칭의와 미래 칭의는 다음과 같은 관계를 가진다.

"현재 칭의는 미래 칭의가 전 생애에 기초해서 공개적으로 확인할 것을 믿음에 기초해서 선포한다."120

---

114 Wright, "Romans," 468(Waters, *New Perspectives on Paul*, 130에서 재인용).
115 Wright, "Romans," 654. Cf. Waters, *New Perspectives on Paul*, 137.
116 Wright, "Romans," 420. Cf. Waters, *New Perspectives on Paul*, 138.
117 Cf. Waters, *New Perspectives on Paul*, 171.
118 Cf. Waters, *New Perspectives on Paul*, 139.
119 N. T. Wright, "The Law in Romans 2," in *Paul and Mosaic Law. The Third Durham-Tübingen Research Symposium on Earliest Christianity and Judaism*, ed. J. D. G. Dunn, Tübingen: Mohr Siebeck, 1996 (Grand Rapids: Erdmans, 2001), 144(Waters, *New Perspectives on Paul*, 171에서 재인용).
120 Wright, *What Saint Paul Really Said*, 129(Waters, *New Perspectives on Paul*, 139에서 재인용).

## IV. NPP에 대한 비판

처음에 도입부에서 전제적으로 말하였던 NPP의 근본적인 방법론의 요점을 간단히 비판한다.

### 1. 종교개혁의 바울 해석

NPP는 바울에 대한 종교개혁의 해석을 비판한다. 따라서 종교개혁의 바울 해석이 맞는다는 것을 확인한다면 NPP는 성립되지 않는다. 이를 위해서 웨스터홈(Westerholm) 같은 신학자들이 종교개혁의 바울 해석을 옹호하면서 NPP를 비판한다.[121]

### 2. 유대교 재해석: 유대교의 종교성

NPP는 1차 자료를 사용해서 유대교가 은혜 종교라고 주장한다. 하지만 유대교 문헌을 더욱 확대하여 세밀하게 그 진위를 확인할 필요가 있다. NPP의 유대문헌 사용은 몇 가지 점에서 문제가 있다. 무엇보다도 방법론에서 문제가 드러난다. 첫째로 샌더스는 1차 자료를 문학적, 역사적 문맥을 고려하지 않고 혼합하여 사용한다는 것이며,[122] 둘째로 샌더스는 자기의 이론에 맞지 않는 자료는 무시한다는 것이다.[123] 셋째로 샌더스는 유대문헌을 전체적으로 사용하지 않는다는 것이다. 유대문헌을

---

[121] S. Westerholm, *Perspectives Old and New on Paul: The "Lutheran" Paul and His Critics*, Grand Rapids: Eerdmans, 2004.

[122] J. Neusner, "Comparing Judaisms: Review of E. P. Sanders, Paul and Palestinian Judaism," *History of Religion* 18 (1978), 177-91, esp. 182.

[123] Waters, *New Perspectives on Paul*, 55, esp. 152: "[샌더스의] 유대교 묘사는 증거 자료를 읽을 때 선택적이라는 비난 뿐 아니라 자신의 이론에 문제가 되는 증거 자료를 기각하였다는 비난도 받아야만 한다."

전체적으로 살펴보면 유대교는 단일하다고 말하기 어려울 정도로 다양한 모습을 가지고 있어서[124] 언약적 법률주의를 일관된 현상이라고 할 수 없다.[125] 이 때문에 유대교가 행위종교였다는 것은 전혀 틀린 말이 아니다.[126]

### 3. 바울과 유대교의 관계

#### 1) 바울의 뿌리

NPP는 바울을 유대교 안에서 이해하려고 한다. NPP는 바울이 헬레니즘보다 유다이즘에 뿌리를 두고 있다고 생각하기 때문이다. 바울의 뿌리를 이방사상에서 찾지 않고, 유대사상에서 찾는다는 점에서, 언뜻 보면 이런 주장은 상당한 설득력을 가진다. 하지만 바울을 유대교 문맥에서 읽으려는 이 시도는 넓게 볼 때 종교사학파가 시도한 것과 큰 차이가 없다. 그래서 NPP를 전통적인 종교사학파의 변형된 반복으로 간주할 수 있다. 한 마디로 말해서, NPP는 신종교사학파(Neo-Religionsgeschichte)인 셈이다.

---

[124] J. Neusner, "Review of E. P. Sanders, Judaism: Practice and Belief. 63 B.C.E. - 66 C.E., Trinity Press International, Philadelphia 1992, *Journal of Studies in Judaism* 24 (1993), 317-23. 뉴스너는 유대교에는 최소한 네 가지 방식의 복합성(complexities)을 가지고 있다고 주장한다(예를 들면, 필로, 쿰란, 요세푸스, 묵시문학의 가경들, esp. 317). 이 글에서 뉴스너는 "유대교의 다양한 자료들이 대립하고 있다는 널리 알려진 사실에 대한 네 가지 해결책"(318)을 말한다. D. A. Carson, P. T. O'brien, M. A. Seifrid, *Justification and Variegated Nomism. Vol. 1: The Complexities of Second Temple Judaism*, WUNT 2.140, Tübingen: Mohr Siebeck / Grand Rapids: Baker, 2001.

[125] Dunn, Romans 1-18, lxvi가 제시하는 다음의 자료를 참조하라: J. J. Collins, *Between Athens and Jerusalem: Jewish Identity in the Hellenistic Diaspora*, New York: Crossroad, 1983, 14-15, 29, 48, 77, 141, 167, 178-81, 236-37.

[126] R. H. Gundry, "Grace, Works, and Staying Saved in Paul," *Bib* 66 (1985), 1-38.

## 2) 유대 문헌의 문제점

NPP는 랍비 문헌의 작성 시기를 고려하지 않는다. 현존하는 대부분의 팔레스타인 랍비 문헌(예를 들어, 쿰란의 초기문서를 제외하고는)은 기독교 이후에 작성되었다. NPP가 의존하는 대부분 랍비 문헌은 바울 이후의 산물이다.[127] 여기에서 현존하는 랍비 문헌이 얼마나 1세기적인가 질문이 나온다. 많은 유대문헌은 기독교의 영향을 받았고, 기독교와의 관계에서 수정되었다. 그래서 유대문헌 가운데는 바울의 공격을 받은 유대교가 기독교를 넘어서고 비판하기 위해서 생산된 것들이 있다. 그것들은 기독교에 비판적인 반응을 보이면서 기독교의 공격을 반격하려는 생각을 반영한다. 이 때문에 현존하는 랍비 문헌이 얼마나 본래의 랍비적인가 질문하게 된다. 따라서 (1) 현존 랍비 문헌을 참조할 때 기독교의 공격에 대한 반격의 흔적을 고려해야 한다. (2) 1세기 유대교를 정확하게 이해하려면 랍비 문헌에서 기독교 영향(긍정적이든, 부정적이든)을 제거하는 비기독교화 작업을 해야 하며, 원 유대교(proto-Judaism)의 문헌을 회복해야 한다. (3) 그러므로 현존 랍비 문헌을 바울 연구의 표준으로 삼을 수 없다.

## 3) 신약성경의 가치: 규준

NPP는 1세기의 유대교를 이해하는 데, 기독교 문헌(신약성경)이 당시의 상황을 보여주는 중대한 자료임에도 불구하고 전적으로 배제한다. 하지만 유대교를 이해하는 데 유대문헌만을 일차자료로 보고, 신약성경을 격하하는 것은 잘못이다. "'그것은 1세기 유대교를 기술하는 데 있어 신약의 증거를 전혀 고려하지 않고 있다'는 근본적인 반대가 제기되어야 한다."[128]

---

[127] S. Kim, *The Origin of Paul's Gospel*, WUNT 2/4, 2. Aufl., Tübingen, 1984, 347f.

"당시 유대교가 율법 – 행위 – 의의 종교였다는 바울의 증거도 진지하게 받아들여져야 한다."[129]

신약성경은 유대문헌에 비해 월등한 가치(아무리 양보해도 최소한 동일한 가치)를 가진다. 따라서 1세기 유대교를 이해하는 데 있어서 유대문헌보다 바울서신이 더 우선하는 안정적인 표준이다. 그러므로 유대문헌으로 바울서신을 평가할 것이 아니라, 바울서신으로 유대문헌을 평가해야 한다.

**4) 바울의 율법관**

NPP는 바울을 연구하면서 구약 율법준수에 대한 바울의 견해와 1세기 유대교 율법준수에 대한 바울의 견해를 구분하지 않는다.

**(1)** 바울은 구약의 율법(행위)의 의미에 대하여 긍정적 입장을 보인다. 율법은 거룩하고 선하다는 것이다(롬 7장). 구약에서 율법은 하나님이 선민에게 주신 은혜의 규범이다. 따라서 구약 선민은 율법을 지킴으로써 하나님의 은혜를 영위하며 주변 국가들에게 하나님의 백성임을 표현한다. 이런 의미에서 구약은 언약적 법률주의이다.

**(2)** 바울은 1세기 유대교의 율법(행위)의 의미에 대하여 부정적 입장이다. 유대인들은 율법을 은혜의 도구로 보았기 때문이다. 샌더스가 예로 제시한 것처럼,[130] 율법 순종이 하나님의 은혜를 보장한다. 이런 의미에서 1세기 유대교는 언약적 법률주의가 아니다. 그래서 바울은 유대교의 율법관을

---

[128] Klein, "격렬한 논쟁의 한 중심," 417. Klein은 김세윤의 입장(Origin, 347f., no. 14.)을 지지한다.
[129] Klein, "격렬한 논쟁의 한 중심," 417. Cf. Kim, Origin, 347f., no. 14.
[130] 샌더스의 예들은 Waters, New Perspectives on Paul, 41-47에 제시된 것들을 보라. 이에 대한 Waters의 비판은 51-53을 참조하라.

구약 율법관으로 되돌리고자 하였던 것이다. 이것은 유대교의 율법관에 교정을 시도한 1세기의 르네상스이다.

그러므로 바울과 유대교의 관계는 적대적 관계이다. 당시의 유대교는 구약성경을 랍비의 전통 속에서 이해하려 하였다. 그래서 그들의 해석방식은 "랍비 A는 이렇게 말하였다 - 랍비 B는 그렇게 말하였다 - 랍비 C는 저렇게 말하였다"는 식으로 전개된다. 유대교는 성경해석 자체보다는 랍비들의 견해를 열거하는 데 열중하였던 것이다. 그러나 바울은 (구약성경과 자신 사이에 들어있는) 랍비들의 견해를 무시하고, 바로 구약성경으로 들어가서 해석하는 시도를 하였다. 그래서 바울에게는 랍비 인용이 별로 없고(힐렐, 샴마이, 가말리엘 등등), 당시 유대교 랍비 문헌에 흔하디흔한 랍비 인용 방식도 별로 없다. 바울은 랍비 전통의 많은 것을 버린 것이다(참조. 빌 3:7-9).

### 4. 바울신학

NPP는 바울에게 죄 의식이 없다고 주장한다. 하지만 정말로 바울에게 죄 의식이 없다면, 바울의 서신에서 "죄 문장들"(sin-passages)을 모두 제거해야 할 것이다(예를 들면, 롬 6장 등등).

NPP는 바울이 유대인과 이방인의 사회적 문제를 해결하기 위해서 칭의를 고안하였다고 한다. 그러나 논리적으로 보면 개인적 칭의(구원론)는 사회적 화해(교회론)의 전제이다. 개인적 칭의가 우선되어야 비로소 사회적 화해가 나온다.

NPP는 바울의 신학을 구원론과 교회론을 대립시키며, 기독론과 종말론을 대립시킨다. "[이런 이분법은] 바울(과 그의 정통 해석자들)이 전혀 알지 못하였던 것이다."[131] 오히려 바울의 신학은 유기체적 몸과 같다.

---

[131] Waters, *New Perspectives on Paul*, 190.

신체의 우선순위를 근육이나 혈관이나 뼈대를 선택적으로 말하면 안 된다. 바울의 신학은 복합적이다. 그의 신학은 삼위일체론, 기독론, 인간론, 구원론, 교회론, 종말론 모두를 포함한다. 마찬가지로 바울의 칭의론도 복합적이다. 거기에는 신학의 모든 요소가 들어있기 때문에, 이 가운데 어느 하나를 우선으로 선택하려는 것은 큰 실책이다.132 (*)

---

132 NPP에 대한 더 자세한 비판을 보려면 다음의 저술들을 참조하라. 김세윤, 바울 신학과 새 관점. 바울 복음의 기원에 대한 재고, 정옥배 옮김, 서울: 두란노 2002; 김병훈, "율법주의, 언약적 율법주의, 은혜언약," 한국개혁신학 28 (2010), 147-91; 이승구, 톰 라이트에 대한 개혁신학적 반응: N. T. Wright의 신학적 기여와 그 문제점, 합신대학원출판부, 2013; 박동근, 칭의의 복음: N. T. Wright의 칭의론에 대한 언약적/구원론적 비평, 합신대학원출판부, 2012.

# 2
# 율법주의, 언약적 율법주의, 은혜언약
- "바울에 관한 새 관점"의 신학적 소재(所在)?

김병훈 | 조직신학 • 부교수

## 들어가는 말

바울을 새롭게 읽어야 한다는 주장들, 곧 '바울에 관한 새 관점들'(이하 '새 관점들'로 줄여 씀)이라 일컫는 견해들은 교리사적 관점에서 볼 때 완전히 새로운 것은 아니다. '새 관점들'은 루터파 또는 개혁파의 종교개혁 신학들이 바울을 읽어왔던 것은 성경을 바르게 해석한 것이 아니라고 주장을 하지만, 교리적 측면에서 볼 때 이러한 주장은 이미 종교개혁 당시에 루터파나 개혁파를 지지하지 않는 자들에 의해서 개진되었던 것이며, 종교개혁자들과 이들 사이에 치열한 논쟁이 있었다.

'새 관점들'이 주장하듯이 로마서와 갈라디아서에서 '율법의 행위'가 도덕적 의미와 관련한 것이 아니라 단지 할례나 절기 등과 관련한 의식법의 준수와 관련한 것이라는 주장은 이미 칼빈과 같은 종교개혁자들에 의하여 주석적 검토를 받아 거부된 것이었다. 더욱이 '새 관점들'이라는 신학적 흐름의 물꼬를 터놓았던 샌더스(E. P. Sanders)의 팔레스타인 유대주의에 대한 해석 이전에도 샌더스와 비슷한 견해를 주장했던 이들이 전혀 없던 것은 아니었다.

하지만 이러한 사실들과 상관없이 '새 관점들'은 샌더스를 이어 제임스 던(James D. G. Dunn)과 라이트(N. T. Wright) 등의 노력을 통해 신약학계를 망라하여 개신교 신학 전반에 커다란 반향을 일으키고 있다. 그것은 '새 관점들'이 팔레스타인 유대주의에 대한 샌더스의 해석을 긍정적으로 받아 신약의 복음 해석을 유대주의와의 연속적 맥락에서 이해할 것을 나름대로의 주석적 작업을 근거로 제시하고 있기 때문이다.

'새 관점들'은 서로 다소간의 차이를 가지고 있다. 그러한 차이에도 불구하고 이들 모두를 하나의 통일된 범주로 묶는 신학적 구조 또는 패러다임은 팔레스타인 유대주의가 종교개혁신학이 전제하였던 '율법주의 종교'가 아니라는 이해이다. 샌더스는 팔레스타인 유대주의가 '율법주의(legalism) 종교'이기는 고사하고 하나님의 은혜의 구원을 내포하는 소위 '언약적 율법주의'(covenantal nomism)로 이해를 하여야 한다고 주장을 한다. 던과 라이트는 이러한 주장을 수용하여 팔레스타인 유대주의를 넘어 신약의 복음의 해석에 있어서도 '언약적 율법주의'의 틀을 배경으로 삼으며, 그 결과들을 복음의 바른 해석으로 삼는다.[1]

---

[1] 예를 들어 라이트는 샌더스의 연구가 이미 기본적으로 확립이 되었다고 믿는 자신의 생각을 다음과 같이 쓰고 있다. "'샌더스 혁명'의 여파가 계속 드러나고 있다. 어떤 이들은 이러한 흐름에 덩달아서 품격도 없이 서둘러 열렬하게, 그의 주석적 근거들이나 역사적 재구성 또는 ... 신학적 건축구조 등에 대해 주의를 기울이지도 않은 채,

그런데 신약의 복음을 '언약적 율법주의'의 배경 하에서 해석을 하여야 한다는 '새 관점'이 옳다면 그것은 종교개혁신학의 구원론을 전면적으로 수정하거나 또는 거부할 것을 요구하는 엄청난 파장을 일으킨다. 루터파와 개혁파로 대표되는 종교개혁신학은 성경해석 상의 오류를 범하였을 뿐만 아니라 의롭게 됨의 교리와 속죄의 교리 등을 포함하는 구원론 전반에 걸쳐서 그릇된 신학을 성경적 복음으로 가르쳐 온 셈이 된다. 종교개혁신학에 대해 '아니요'라고 외치는 '새 관점'의 주장은 자연스럽게 16세기 종교개혁이 비판하였던 중세 후기의 로마 카톨릭의 유명론(nominalism) 신학과 비슷한 신학적 특징들을 갖는다. 실제로 '새 관점' 신학은 스스로 자신들의 노력을 평가하기를 바울과 초대 교회에 대한 상황에 대한 바른 이해를 제공하며, 성경적 기초가 튼튼한 교리를 제공하고, 천주교회와 개신교회의 신학적 동질성을 증진시켜 주며, 더 나아가 유대교와 기독교 간의 대화를 개선해 주는 등의 유익을 준다고 말한다.2

본 논고는 개혁신학의 관점에서 '언약적 율법주의'는 개혁신학이 복음을 이해하는 구조적 틀인 은혜언약과 다른 것임을 설명하고, 그러한 만큼 '언약적 율법주의'는 성경적 의미에서의 '은혜의 종교'가 아니며, 신학 특성상 신인동력적(synergistic) 세미펠라기우스주의에 해

---

샌더스의 상대주의적 결론들을 계속해서 받아들이고 있다. 다른 이들은, 특히 보수 진영에 있는 이들은, 적대감으로 대응을 하면서, 유대주의를 펠라기우스주의의 원형으로 보는 옛 관점과 인간의 자기노력('율법의 행위')을 부인하는 구원의 방식의 의미로서 이신칭의를 설교한 자로 바울을 읽는 옛 해석을 다시 원상복귀시키려고 최선의 노력을 다하고 있다. 독일에서는 많은 바울신학자들이 샌더스를 그저 자신이 무엇을 말하는지 모르는 위험스러운 골칫거리로 여기고 있다. 그럼에도 불구하고 그는 판세를 지배하고 있으며, 그의 중심 논제를 무게 있게 반박하는 일이 있기 전까지는, 그의 말을 듣지 않을 수가 없다. 나 자신은 그럴만한 반박이 제공될 수 있거나 그렇게 될 것이라고 생각지 않는다. 상당한 수정이 요구되겠지만 나는 그의 기본 요점이 기정사실화 된 것을 간주한다." N. T. Wright, What St. Paul Really Said (Oxford, UK: A Lion Book, 1997), 20-21.

2 예를 들어 '새 관점' 신학을 소개하는 웹 사이트 www.thepaulpage.com을 볼 것.

당하며 따라서 넓은 의미에서 율법주의라는 점을 지적하고자 한다. 아울러 의롭게 됨의 교리를 비롯한 교리 상의 주요 특징들을 중세 후기의 유명론 신학과 비교하여 제시하고 개혁파 신학과의 뚜렷한 차이를 통해 '새 관점'의 신학적 소재(所在)를 확정하고자 한다.

## '새 관점'의 새로움은 무엇?

'새 관점' 신학이 바울 해석과 관련하여 새로운 관점을 제시하는 것은 넓게 말하면 구원론에 관한 것이며 구체적으로는 의롭게 됨의 교리와 관련한 것이다.3 이러한 신학적 전환은 바울 서신에 빈번히 언급이 되는 '율법의 행위'와 관련한 해석의 변화에서 비롯된다. 바울 해석에 대한 종교개혁 이후의 전통적인 옛 관점은 '율법의 행위'가 하나님에게서 호의를 얻기 위하여 사람이 행하는 의와 관련한 행위로 이해를 하는 반면에, '새 관점'은 '율법의 행위'가 유대인들의 특권을 강조하며 이스라엘을 이방인들과 구분하여 주는 표식과 같은 유대법적인 요소들을 행하는 것을 가리키는 것으로 이해를 한다.

시몬 게더콜(Simon Gathercole)이 잘 정리하였듯이 '새 관점'이 '율법의 행위'에 대해 전통적인 종교개혁신학의 해석과 다른 새로운 해석을 주장하는 데에는 두 가지 이해의 요소들을 기저에 두고 있다.4

첫째, 유대주의에 대한 새로운 해석이다. 바울 시대의 유대 종교는

---

3 참고로 '새 관점' 신학에 대한 논의들을 개괄하는 데에 도움이 되는 참고문헌 목록을 알고자 하면 다음의 것들을 볼 것. Jay E. Smith, "The New Perspective on Paul: A Select and Annotated Bibliography," *Criswell Theological Review* 2/2 (Spring 2005): 91-111; Dennis M. Swanson, "Bibliography of Works on the New Perspective on Paul," *The Master's Seminary Journal* 16/2 (Spring 2005): 317-324.

4 Simon Gathercole, "What Did Paul Really Mean?" *Christianity Today* 2007 Aug.: 22-28.

자신들의 행위로 하나님 앞에서 공로를 쌓을 수 있다고 믿었다는 전통적인 견해는 잘못이라는 주장이다. '새 관점'에 따르면 유대 종교는 율법주의적 종교가 아니며 단지 안식일, 할례 그리고 율법에 따른 정결한 음식을 먹는 것과 같은 의식들을 통해 이방인들과 구별이 되는 하나님의 언약 백성으로서의 유대 민족의 정체성을 유지하고자 하였을 따름이다.

둘째, '새 관점'이 유대주의에 대한 새 관점에 머무는 것이 아니라 '바울'에 대한 '새 관점'이 되는 까닭은 이러한 유대주의의 이해를 바울 해석에 끌어와 바울을 해석한 데에 있다. 즉 바울이 비판한 유대 기독교인들의 '율법의 행위'란 유대주의 중심의 율법적 의식들이었으며, 따라서 유대 기독교인들의 문제는 율법주의적 자기 의를 세우기 위한 도덕적 추구가 아니라는 것이다. 유대 기독교인들은, 마치 유대주의가 의식법들을 통해 하나님의 언약 백성으로서의 유대 민족의 정체성을 지키려 했던 것을 그대로 따라, 이방인들이 기독교인들이 되기 위하여서는 율법의 의식들을 행하여야 한다고 주장하였는데, 바울이 이를 가리켜 '율법의 행위'라 일컬으며 이에 대한 비판을 행하였다는 것이다.

바로 여기서 '새 관점'은 바울 신학의 탈 종교개혁신학화 또는 반(反) 종교개혁신학화를 위한 신학적 전환을 제기한다. 그것은 바울의 구원론이 소위 전통적으로 이해되어 온 '이신칭의'가 아니라는 것이다. 전통적인 종교개혁신학은 사람이 자신의 의를 의지하여 구원에 이르는 것이 아니라 오직 하나님의 긍휼만을 의지하는 믿음으로 의롭게 되며 그로 인하여 구원에 이르는 것이라고 믿었다. 즉 종교개혁신학에서의 '이신칭의'는 구원론적 고백이었다.

그러나 '새 관점'은 바울이 '율법의 행위'가 아니라 '믿음'이라고 말할 때, 바울의 초점은 하나님께서 바로 유대인들뿐만 아니라 이방인들을 받으시며, 또한 그것도 '율법의 행위'가 아니라 오직 '믿음'으로 말미암는 것이라는 사실을 말하는 데에 있다고 주장을 한다.5 어떻게 그리스도인이 되는가와 관련하여 '율법의 행위'가 아니라 오직 예수를 죽은 자 가운데서 살리신 하나님을 신뢰하는 '믿음'을 말한다는 것이다.6 즉 '새 관점'에서의 '이신칭의'는 구원론이 아니라 교회론적 고백이다.

그렇다면 구원은 어떻게 되는 것일까? '새 관점'은 '이신칭의'를 통하여 교회에 가입이 된 자라 할지라도 육신으로 행한 일들에 대해 율법에 따라 심판을 받는 일에서 면제를 받지 못할 것이라고 말한다. 하나님은 마지막 날에 행한 대로 율법에 따라 갚으실 것이라는 것이 '새 관점'의 구원론이다.7

## '새 관점' 신학의 구원론적 배경: 언약적 율법주의

'새 관점'의 구원론적 주장들은 언약적 율법주의라는 배경 하에서 개진이 된다. 샌더스는 말하기를 팔레스타인 유대주의는 종교개혁신학이 단정을 내렸던 율법주의 종교가 아니라 오히려 은혜를 전제로 하는

---

5 파이퍼(John Piper)는 라이트의 '새 관점' 바울신학과 샌더스의 제 2 성전 유대주의와의 유사성을 밝히는 글에서 라이트가 유대주의의 '율법의 행위'를 바울이 '믿음'으로 대신하고 있다고 주장하고 있음을 지적해준다: "바울은 (쿰란 유대주의 공동체와) 언약 사상및 종말론적 구도를 동일한 체계로 가지고 있으며 단지 바울의 체계에서는 쿰란이 '토라의 행위'에 주었던 자리를 '믿음'으로 바꾸었다고 주장할 수 있다." N. T. Wright, "4QMMT and Paul: Justification, 'Works,' and Eschatology," in *History and Exegesis: New Testament Essays in Honor of Dr. E. Earle Ellis for His 80th Birthday*, ed. Aang-Won (Aaron) Son (New York and London: T&T Clark, 2006), 112. John Piper, *The Future of Justification* (Wheaton, IL: Crossway Books, 2007)의 제 9장 "Paul's Structural Continuity with Second-Temple Judaism," 135에서 재인용. 보다 상세한 설명을 위하여서는 pp. 133-143을 볼 것.

6 James D. G. Dunn, *The Theology of Paul the Apostle*, 박문재 역, *바울신학* (고양: 크리스챤 다이제스트, 2003; 영어원본, 1998), 467-537; N. T. Wright, *The Climax of the Covenant* (Minneapolis, MN: Fortress Press, 1993), 137-156.

7 James D. G. Dunn, *바울신학*, 88-94, 656-669; N. T. Wright, *What St. Paul Really Said* (Oxford, UK: A Lion Book, 1997), 126.

종교이다. 샌더스의 설명은 이렇다.

> 언약적 율법주의는 하나님의 계획 안에서의 인간의 지위가 계약의 토대 위에 세워져 있고 계약은 그 명령들에 대한 순종을 인간의 합당한 응답으로 요구하는 한편 범법에 대한 속죄 수단을 제공한다고 보는 견해이다 … 순종은 계약 안에서 그의 지위를 유지시키지만, 하나님의 은혜 자체를 얻지는 못한다 … 유대교의 의는 택함 받은 자들의 집단 안에서의 지위유지라는 의미를 함축하고 있는 용어이다.[8]

샌더스가 보는 견지에서 유대주의는 항상 무엇보다도 은혜를 전제로 하는 종교였으며 인간의 순종은 그 은혜에 대한 응답으로 이해하였다. 샌더스는 이러한 팔레스타인 유대주의의 종교 패턴을 '언약적 율법주의'라고 밝힌다. 샌더스가 정의한 언약적 율법주의는 다음과 같다.

> (1) 하나님은 이스라엘을 선택하셨으며, (2) 그들에게 율법을 주셨다. 그 율법은 (3) 그 선택을 유지할 것이라는 하나님의 약속과 (4) 순종하여야 할 요구를 내포하고 있다. (5) 하나님은 순종에 대해 상을 베푸시고 불순종에 대해 벌을 내리신다. (6) 율법은 속죄의 수단을 제공하며, 이 속죄의 수단을 통하여 (7) 언약 관계의 유지와 회복이 가능하다. (8) 순종과 속죄와 하나님의 긍휼로 언약 안에 보존이 된 모든 사람들은 구원을 받게 될 무리들에 속하게 된다.[9]

이처럼 여덟 가지 항목들로 언약적 율법주의를 정의한 샌더스는 첫 번째 항목에서 보듯이 선택이 하나님의 은혜로 인한 것이며 또한 마지막 항목에서 보듯이 궁극적인 구원은 또한 하나님의 긍휼에 의한 것이라는 점을 강조한다. 결국 팔레스타인 유대주의는 인간의 성취나 업적

---

[8] E. P. Sanders, *Paul and Palestinian Judaism* (Minneapolis: Fortress, 1977), 75, 420, 544. 한글 역은 James D. G. Dunn, *The Theology of Paul the Apostle*, 박문재 역, 471에서 옮겼음.

[9] E. P. Sanders, *Paul and Palestinian Judaism*, 422.

에 의한 율법주의 종교가 아니라 오히려 은혜를 전제로 하는 종교라고 이해하여야 한다는 것이다. 언약적 율법주의의 요점은 하나님의 백성으로 들어가는(getting in) 것은 오직 선택에 의한 은혜이며, 그 가운데 머물며(staying in) 끝까지 구원을 받기 위하여서는 율법과 속죄의 요구를 행하여야 하며, 이러한 자에게 구원을 주시는 것이 또한 본질상 은혜임을 말한다.10

1세기 팔레스타인 유대주의를 언약적 율법주의로 규정한 샌더스의 노력을11 크게 반기면서 제임스 던(James D. G. Dunn)은 샌더스로 말미암아 바울을 16세기의 관점이 아니라 1세기의 정황에서 바르게 이해할 수 있는 길이 열렸다고 평가를 내린다.12 여기서 던은 흥미롭게도 샌더스가 바울의 종교 이해가 1세기 팔레스타인 유대주의와 다르다고 성급한 결론을 내렸다고 지적하면서 그 결과로 바울에 대한 새로운 이해를 열어가는 데에 오히려 실패를 하였다고 지적을 한다.13 반면에 던은 바울의 신학이 당시 팔레스타인 유대주의의 언약적 율법주의와 연속선상에 있음을 주장한다.14 바울은 언약적 율법주의의 종교 구조에 반대할 의사가 전혀 없었다는 것이 던의 이해이다. 예를 들어 던에 따르면 언약적 율법주의에서 이스라엘이 하나님의 백성이 되는 것이 오직 하나님의 선택이라는 은혜로 말미암아 되는 것처럼,

---

10 Ibid., 236.
11 샌더스의 연구는 자신이 밝히고 있듯이 주전 70년 이전의 팔레스타인 유대주의에 대한 것은 아니다. 이것은 실제로 이 시대와 관련한 문헌들이 별로 없기 때문이라고 밝히고 있다. 하지만 샌더스는 생각하기를 2세기 초부터 2세기 후기까지 언약적 율법주의가 유대교에 문헌들에 나타나고 있음에 비추어 볼 때 주전 70년 이전의 유대교의 상황도 상당히 그럴 것이라고 추정하는 것이 마땅하다고 판단을 내린다. E. P. Sanders, *Paul and Palestinian Judaism*, 426.
12 James D. G. Dunn, *Jesus, Paul and the Law: Studies in Mark and Galatians* (Louisville: Westminster/John Knox Press, 1990), 186.
13 Ibid., 186-188.
14 D. A. Carson, "Reflections on Salvation and Justification in the New Testament," *Journal of the Evangelical Theological Society* 40 (November 1997), 585-887.

바울은 유대인이나 이방인이나 모두 하나님의 백성이 되는 것은 오직 그리스도를 믿는 믿음으로 되는 것임을 말한다는 것이다. 즉 언약적 율법주의의 종교 형태 안에서 유대주의 선택과 관련한 은혜의 신학을 은혜에 의한 유대-기독교적 선택의 신학으로 적용을 하고 있는 것이 바울의 의도라는 것이다.15 바울은 이러한 사실에도 불구하고 유대인의 정체성을 나타내는 표지인 할례나 절기와 같은 의식들을 언약백성의 특권으로 주장하면서 이방인들에게 강요함으로써 배타적인 유대주의화가 나타나는 것에 대해 논쟁을 벌이며 부정을 하였다는 것이 던의 해석이다.

또한 이러한 맥락에서 던은 '믿음으로 의롭게 됨'이란 영 단번에 모든 상황을 끝내는 것이 아니라고 말한다. 던의 생각에 바울은 율법의 순종을 통해 마지막 날에 심판을 받을 때에 완전히 의롭다함을 받는 일이 미래에 남아 있음을 말한다.16

> 칭의는 하나님의 단번의 행위가 아니다. 오히려 칭의는 하나님께서 인간을 회복된 관계로 맨처음 받아들이는 것이다. 그러나 이후에 그 관계는 하나님께서 계속해서 심판과 무죄방면의 최후의 행위를 염두에 두고 그의 의롭다고 하시는 의(義)를 행사하지 않으시면 유지될 수 없다. 다른 식으로 표현하자면, 의롭다 하심을 얻었다고 하여 그 사람이 죄 없이 되는 것은 아니라는 말이다. ... 여기서 우리는 단지 바울은 신자들이 그 최후의 심판을 면제받는 것으로 생각하지 않았다는 점만을 지적하면 된다. ... 신자들은 심판을 피하지 못한다. ... 신자들은 그들이 '구원받는' 과정 중에 있기 때문에 그들의 행위들의 도덕적 결과들로부터 면제받을 것이라고 생각함으로써 이스라엘이 범하였다고 바울이 비판하는(롬 2장) 그런 우를 다시 범해서는 안 된다. 은혜의 하나님은 공평한 심판자이기도 하다. ... 그리스도를 삶의 토대로 삼는 자들은 구원을 받을 것이다. 그러나 그들이라고 해서 심판을 면제받지는 못한다. 이신칭의는 율법에 따른, 그리고 육신으로 행한 일들에 의거한 심판을 배제하지 못한다.17

---

15 Ibid., 208.
16 Ibid. 239.

바울에 대한 이러한 던의 해석은 바울이 끝까지 순종하는 자에게 최종적인 구원을 베푸신다는 언약적 율법주의의 배경 하에서 팔레스타인 유대주의와 연속성을 갖고 있음을 전제로 하고 있음을 암시한다. 바울 신학과 팔레스타인 유대주의가 언약적 율법주의라는 배경적 이해와 관련하여 연속성을 가지고 있다는 '새 관점' 신학의 구원론은 행위에 따른 마지막 심판과 관련하여 라이트(N. T. Wright)가 말하는 바를 통해 분명하게 드러난다.

> 바울뿐만 아니라 예수님도 또한 보증하였던 바대로 바울 시대의 대부분의 유대인들은 행위에 따른 마지막 심판을 믿었다는 것은 놀라운 일이 아니다! 그러한 일들에 대해 생각을 한 대부분의 유대인들은 유대인들이 유대인들인 까닭은 그들이 언약 가족의 구성원이 되기 위하여 선행을 하기 때문이 아니며 단지 선택과 언약에 있어서 하나님의 은혜가 있었기 때문에, 즉 그들로 하여금 아브라함의 혈통에 따른 자녀들로 태어나도록 하셨기 때문에 그렇게 되었음을 거의 확실하게 말하였을 것이다 - 이것이 '새 관점'이 말하고자 하는 요점이다. 이것이 뜻하는 바는, 혹은 이것이 틀림없이 뜻하여야 하는 바는 구원의 서정(ordo salutis)의 첫 단계에 유대인들은 은혜를 믿고 있다는 것이며 (그들이 언약에 들어온 것은 그들이 행한 어떤 것 때문이 아니다), 구원의 서정의 세 번째 단계에 그들은, 예수님과 바울과 마찬가지로, 살아온 전 생애에 근거한 마지막 심판을 믿고 있다는 것이다 ... 행위가 아니라 믿음으로 의롭게 된다는 바울의 교리는 중간 단계에 속한다. 바리새인으로서 그(바울)는 일단 사람들이 은혜로 하나님의 언약에 들어온 이후에는, 마지막 심판에 앞서 현재, 유대인의 율법인 토라를 가지고 있다는 사실과 그것을 지키려 하고 있다는 사실로 인하여 특징이 지워져야 한다고 믿었다. 기독교인으로, 그(바울)는 일단 사람들이 은혜로 하나님의 언약에 들어온 후에는, 마지막 심판에 앞서 현재, 예수님은 주님이시며 하나님께서는 그를 죽은 자 가운데서 일으키셨다는 믿음에 의하여 특징이 지워져야 한다고 믿었다.[18]

---

[17] James D. G. Dunn, 바울신학, 533, 659-661. 던이 마지막 날의 심판이 행위에 따라 이루어질 것이라는 주장의 성경적 전거로 롬 2:1-16; 8:13; 고전 3:10-15; 고후 5:10 등을 제시한다.

[18] N. T. Wright, "An Interview with N. T. Wright," interview by R. Alan Streett,

라이트의 생각에 바울은 '의롭게 됨'이란 하나님께서 전적으로 믿음에 근거하여 선언하시는 것이며, 그런 후에 (마지막) 구원과 (마지막) 의롭다하심과 심판은 처음의 믿음과 육체적 죽음의 사이에 성령의 인도함을 받은 전 인생에 근거한다고 말하고 있다. 그리고 그것은 바로 바울뿐만 아니라 예수님도 당시의 팔레스타인 유대주의와 마찬가지로 함께 가지고 있던 이해라고 판단을 내린다.[19]

이상에서 언급한 바와 같이 '새 관점'은 바울의 신학이 언약적 율법주의의 중요한 구원론적 특징들, (1) 곧 은혜로 최초의 의롭다함을 받아 하나님의 언약 백성이 되고 - 유대인들은 선택에 의하여, 이방인들은 믿음에 의하여 - (2) 하나님의 자녀로서 성령님의 인도함을 따라 그리스도의 교훈에 순종을 함으로써 마지막 심판에서 의롭다함을 최종적으로 받는 두 단계에 걸친 의롭다함의 구원론을 전개하고 있다고 주장을 한다.

물론 이것은, 라이트가 지적한 바와 같이, 바울이 단순히 유대주의의 언약적 율법주의를 새로운 형태로 제시하고 있다는 말은 아니다.[20] 라이트는 샌더스가 '의롭게 됨'을 들어감(getting in)이나 머무름(staying in)이라는 구원론적 맥락에서 풀이한 것과는 다르게 이해한

---

*Criswell Theological Review* 2/2 (Spring 2005): 6. 종말의 심판이 행위에 따라 있을 것이라는 성경적 근거에 대해 라이트는 로마서 2장 13절을 지목한다. "무엇보다도 로마서에서 의롭게 됨을 가장 처음 언급하는 것이 행위로 의롭게 됨이라는 것은 이상한 일이다 ... 이것을 이해하는 바른 길은 바울이 마지막 의롭게 됨(final justification)에 대해 말하고 있다고 보는 것이다." N. T. Wright, *What St. Paul Really Said* (Oxford, UK: A Lion Book, 1997), 126. ( )의 글은 이해를 위하여 추가로 덧붙인 것임. 아울러 *Surprised by Hope*, 양혜원 역, *마침내 드러난 하나님 나라* (서울: 한국 IVP, 2009; 영어원본, 2007), 223-229를 볼 것. 라이트는 행위에 따른 미래의 심판이 없을 것이라고 생각하는 것은 바울을 근본적으로 오해하는 것이라고 주장한다.

[19] N. T. Wright, "New Perspective on Paul," in *Justification in Perspective: Historical Developments and Contemporary Challenge*, edited by Bruce L. McCormack (Grand Rapids, MI: Baker Academic, 2006), 253.

[20] N. T. Wright, *The Climax of the Covenant* (Minneapolis, MN: Fortress Press, 1993), 156.

다. 샌더스는 의롭게 됨이란 어떻게 하나님의 백성의 공동체에 들어가는가에 관한 문제의 답으로 풀이하였지만, 라이트는 누가 그 공동체 안에 있는지를 어떻게 알 수 있겠는가에 관한 문제의 답으로 이해한다. 즉 라이트에게 있어서 의롭게 됨이란 구원론이 아니라 교회론의 문제이다.[21] 그런 맥락에서 라이트의 해석에 따르면, 바울은 그리스도 안에서 새로워진 언약 안에서는 하나님의 자녀들이 언약 안에 있음을 보여주는 표지가 더 이상 할례가 아니라 오직 믿음이라고 말한 것이고, 이 사실로 인하여 당황한 유대주의자들과 논쟁을 벌여야 했던 것이다.[22] 하지만 의롭다함은 현재 의롭다함과 미래의 의롭다함이라는 이중적 구조를 가지고 있으며, 언약의 충실함을 통해 현재의 의롭다함이 미래에 궁극적으로 드러나 최종적으로 의롭다함을 받는다는 구원론적 구조에 있어서는 라이트는 샌더스와 여전히 동일하다.

## 바울신학은 언약적 율법주의? - 방법론상의 문제

'새 관점' 신학은 바울신학을 바르게 이해하는 길은 바울 당시의 팔레스타인 유대주의를 바르게 이해하는 데에 있다고 말한다. 이것은 '새 관점'에게 있어서 바울도 또한 바리새인 출신이므로 그도 또한 구원론의 구조 틀에 관한한 팔레스타인 유대주의와 연속선상에 있다는 것을 의미한다. 그 구조는 바로 언약이다. 아이러니컬하게도 바울 당시의 유대주의를 언약적 율법주의로 규정한 샌더스 자신은 바울신학이 '언약적 율법주의'로 설명될 수 없다고 하였지만, 던과 라이트의 '새 관

---

[21] N. T. Wright, *What St. Paul Really Said*, 119.
[22] N. T. Wright, *The New Testament and the People of God* (Minneapolis, MN: Fortress Press, 1992), 241.

점' 신학은 샌더스를 비판하면서 바울과 언약적 율법주의의 구조적 유사성을 강하게 확신한다.23

그렇다면 바울과 팔레스타인 유대주의의 언약적 율법주의라는 구원론적 구조 틀이 과연 전통적 의미에서의 은혜언약과 일치하는 것인지를 살펴볼 필요가 있다. '새 관점'의 주장대로 만일 바울 신학이 '언약적 율법주의'의 틀을 가지고 있다면, 그리고 신구약 성경의 신학적 통일성을 인정한다면, 그것은 신약성경은 물론 구약성경의 언약들이 바로 '언약적 율법주의'의 구조를 반영하고 있다는 말이 되기 때문이다. 이것은 '언약적 율법주의'와 '은혜 언약'과의 비교를 요구한다. 적어도 개혁신학은 바울의 신학이 '은혜언약'을 말하고 있다고 해석을 하고 있기 때문이다. '언약적 율법주의'와 '은혜언약'이 서로 다른 것이라면, '새 관점'과 '개혁신학' 가운데 어느 하나는 성경의 언약 신학을 바르게 반영하지 못하고 있는 셈이 된다. 양자의 차이는 단순한 해석의 차이를 넘어 방법론의 차이에서 비롯된다. 바울 신학을 당대의 유대주의와 연속성에서 찾으려는 방법론과 그보다 훨씬 폭이 넓게 구약 성경과의 맥락 안에서 찾으려는 방법론의 차이이다.24 종교개혁 이후의 개혁신학이 살피는 바울신학은 성경해석학적 방법론에 있어서 확실히 '새 관점'과는 차이가 있다는 사실을 이해하는 데에 다음의 메이천의 글은 도움을 준다.

> 회심한 이후 바울이 인간의 보편적인 죄성에 대한 증거들을 찾을 때, 당대의 유대주의가 아니라 구약성경을 살폈다는 것은 의미가 깊다. 다른 곳에서도 마찬가지로 여기서 바울신학은 후기에 나온 것들(곧 유대주의 문헌들)이 아니라

---

23 N. T. Wright, *What St. Paul Really Said*, 19.
24 *Justification, Report of the Committee to Study the Doctrine of Justification*, by the Seventy-third General Assembly of the Orthodox Presbyterian Church (Willow Grove, PA: The Committee on Christian Education of the Orthodox Presbyterian Church, 2007), 97.

선지서와 시편의 종교에 기초를 하고 있다.25

'새 관점'에서 재해석을 요구하는 '율법의 행위' '의롭게 됨' '하나님의 의' 등을 바울이 성경에서 언급을 할 때 그 의미 해석을 위하여 단 한 곳에서도 1세기 당대의 팔레스타인 유대주의 문헌을 인용하여 참조한 적이 없음은26 바울신학을 이해하는 '새 관점'의 방법론적 문제점을 그대로 드러내 준다. 더욱이 뛰어난 유대주의 연구가인 뉴스너 (Jacobs Neusner)가 샌더스를 비평하면서 이르기를, 샌더스가 1세기 유대주의를 연구하면서 그것과 구약성경과의 관계를 고려하지 않은 것은 샌더스의 연구의 치명적인 약점이라고 지적을 한 사실은 '새 관점'의 방법론적 문제점을 잘 말해준다.27

---

25 J. Gresham Machen, *Origin of Paul's Religion* (London: Hodder & Stoughton, 1921), 180. *Justification, Report of the Committee to Study the Doctrine of Justification*, 97에서 재인용. ( )는 이해를 위해 더한 것임.

26 E. Earles Ellis, *Paul's Use of the Old Testament* (Edinburgh: Oliver and Boyd, 1957), 10-37. *Justification, Report of the Committee to Study the Doctrine of Justification*, 97에서 재인용.

27 샌더스의 연구 결과에 대한 뉴스너의 강한 비평은 그가 샌더스의 연구 내용을 신뢰하지 않는다는 평가가 있음을 기억해 둘 필요가 있다. 예를 들어 미이크(James A. Meek)에 따르면, 뉴스너는 샌더스의 연구에 대하여 "무가치한" "무식한" "심각하게 오류를 범한" 그리고 "지적으로 매우 천박한" 등의 용어로 비판을 하였다. 무엇보다도 각각의 시대의 문헌들은 각각 자기 시대의 문제와 관심사를 반영하고 있기 때문에 2세기 문헌들이 주전 70년 이전의 유대교를 반영하고 있다고 보는 것은 잘못된 접근이라는 사실을 지적한다. 뉴스너의 견해에 따르면 팔레스타인 유대주의가 1세기 유대주의를 대표한다는 샌더스의 견해는 믿기 어려운 것이라는 비평이다. 뿐만 아니라 1세기 유대주의가 하나의 유대주의 사상으로 통일이 되어 있었는가의 문제도 확실하지 않다는 것이다. 더구나 샌더스는 그가 연구한 문헌들이 제시하는 범주대로 읽기 보다는 자신이 바라는 범주를 문헌에 부여하여 해석하는 실수를 범하고 있다고 말한다. 뉴스너는 많은 문헌들의 구체적인 읽기에 있어서도 샌더스와 동의하지를 않는다. 뉴스너는 샌더스가 문맥을 떠나는 일을 여러 번 반복하고 있으며 내용을 이해하지 못하는 경우도 종종 있다고 비판을 한다. 마지막으로 1세기 유대주의를 연구하면서 그들과 구약성경과의 관계를 고려하지 않은 것도 샌더스의 연구의 치명적인 약점이라고 지적을 한다. 요컨대 샌더스의 연구를 기초로 바울 시대의 유대주의를 재구성하기 위하여서는 아직도 갈 길이 요원하며 충분한 답이 주어져야 할 문제들이 많다는 것이다. 뉴스너의 견해를 위하여서는 Jacob Neusner, *Judaic Law from Jesus to the Mishnah: A Systematic Reply to Professor E. P. Sanders*

## 언약적 율법주의와 중세 후기 구원론

이러한 방법론상의 문제점을 염두에 두고, 언약적 율법주의가 과연 성경적 의미에서의 은혜의 종교인가에 대해서 논하기로 한다. 앞서 말한 바와 같이 샌더스는 바울의 신학적 배경이 되는 팔레스타인 유대주의가 공로적 의에 근거하여 구원을 말하는 율법주의가 아니라고 역설을 한다.28 팔레스타인 유대주의는 율법주의 종교이기는 고사하고 오히려 언약적 율법주의의 종교이며 그것은 곧 팔레스타인 유대주의가 은혜를 전제로 하는 종교임을 말한다고 주장을 한다.

확실히 샌더스 자신이 정의한 율법주의에 따르면 언약적 율법주의는 율법주의가 아니다. 언약적 율법주의도 샌더스 자신이 율법주의와 구분하여 정의한 것이기 때문이다. 그에 따르면 율법주의란 행위를 통해 구원을 획득한다는 견해이며, 자신의 죄과에 비교하여 순종의 성취가 능가하는 지의 여부에 따라서 자신의 운명이 결정이 된다고 믿는다. 따라서 율법주의는 한 편으로는 율법에 명하여진 바를 행하여 선행을 쌓고 다른 한 편으로는 속죄의 행위를 통해서 범과를 줄여가기에 애를 쓴다. 율법주의란 스스로의 노력을 통해서 자기를 구원하는 종교이

---

(Atlanta: Scholars Press, 1993); "E. P. Sanders *Paul, the Law, and the Jewish People*," in Jacob Neusner, *Ancient Judaism: Debates and Disputes*, Brown Judaic studies, no. 64, 1994 등을 참조할 것. 뉴스너에 대한 인용은 James A. Meek, "The New Perspective on Paul: An Introduction for the Uninitiated," *Concordia Journal* 27 (Jul 2001) 가운데 pp. 215-18에서 온 것임. 뉴스너의 신랄한 비평에도 불구하고, 흥미롭게도 제임스 던은 뛰어난 유대주의 연구가인 뉴스너(Jacob Neusner)가 샌더스에 대해 강한 비평을 하였지만 그것은 샌더스의 연구 방법론에 대한 것이었으며 유대교를 언약적 율법주의로 이해하는 연구 내용에 대해서는 타당한 것으로 받아들였다고 말하며 샌더스의 연구 내용에 커다란 신뢰를 둔다. 던은 뉴스너의 견해를 위해서는 "Comparing Judaism," *History of Religions* 18 [1978-79], 177-91을 참조할 것을 권한다. James D. G. Dunn, *The Theology of Paul the Apostle*, 박문재 역, 470, n. 15를 볼 것.

28 E. P. Sanders, *Paul and Palestinian Judaism*, 427. 아울러 Thomas F. Best, "The Apostle Paul and E. P. Sanders: The Significance of Paul and Palestinian Judaism," *Restoration Quarterly* 25 (2nd Quarter): 65-74를 참조할 것.

다.29 반면에 언약적 율법주의에서는 율법을 행함으로써가 아니라 하나님의 언약적 긍휼에 의하여 하나님의 언약 백성이 되며, 율법에 대한 순종은 하나님의 은혜를 얻기 위한 노력이 아니라 받은 은혜에 대한 반응일 뿐이다.30

하지만 선택이라는 은혜로 하나님의 언약 백성이 되고 그 은혜에 대한 반응으로써 순종을 통해 궁극적인 구원을 받는다는 언약적 율법주의는 그 구조가 너무 단순하여 그것이 율법주의가 아니라는 완전한 신학적 결론에 이르기에 미흡하다. 율법주의를 엄격한 공로(exact quid pro quo)를 근거로 하는 구원론으로 정의한다면 언약적 율법주의는 신학적으로 율법주의라 할 수 없지만 - 이것이 샌더스가 주장하는 바임 - 구원에 있어서 하나님의 은혜에 더하여 인간의 노력과 성취가 조건적으로 필요하다는 신인동력적(synergistic) 요소를 담고 있다면 넓은 의미에서 율법주의라 말할 수도 있다.

예를 들어 샌더스는 언약적 율법주의가 은혜로 선택을 받아 언약 관계에 들어가지만 언약적 지위는 계속적인 순종을 통해서 유지가 된다는 사실을 인정을 한다. 그럼에도 불구하고 언약적 율법주의가 율법주의가 아닐 수 있는 까닭은 언약적 지위를 유지하는 조건이 율법의 완전한 성취에 있는 것이 아니라 비록 불완전한 성취라 할지라도 율법에 순종하고자 하는 의도가 있느냐에 있기 때문이라고 말한다.31 하지만 마이클 호튼(Michael S. Horton)이 잘 지적하고 있듯이, 완전한 성취가 아니라 불완전한 순종의 의도라 할지라도 그것이 조건이 된다는 것은 종교개혁신학의 관점에서 볼 때 펠라기우스적인 오류는

---

29 유대 랍비 종교를 행위-의를 추구하는 율법주의로 보는 많은 학자들의 견해에 대한 소개와 이에 대한 샌더스의 비평을 위해서 E. P. Sanders, *Paul and Palestinian Judaism*, 33-59를 참조할 것.

30 Thomas R. Schreiner, "An Old Perspective on the New Perspective," *Concordia Journal* 35 (Spring 2009): 140.

31 E. P. Sanders, *Paul and Palestinian Judaism*, 93-94.

피하였을지라도 중세 후기의 유명론의 신인동력적 오류를 피한 것은 아니다.32 호튼은 언약적 율법주의가 종교개혁자들이 배격한 중세 후기 구원론 체계와 구조적으로 상당히 유사함을 지적한다. 우선 "은혜로 들어가고, 복종을 통해 유지하는" 언약적 율법주의는 세례로 인하여 '첫 의롭게 됨'(first justification)이 은혜로만 이루어지는 한 편 은혜의 증가와 '마지막 의롭게 됨'은 인간의 협력에 따라 달라진다는 중세의 견해와 크게 다를 바가 없다는 것이다.33

물론 이러한 비교 판단을 통해서 1세기 유대주의를 종교개혁 당시의 로마 카톨릭 교회의 신학으로 환원하는 것은 옳지 않다. 하지만 샌더스가 1세기 유대주의가 루터가 생각하듯이 율법주의가 아니라 언약적 율법주의라고 했을 때, 언약적 율법주의가 바로 종교개혁자들이 거부했던 중세 후기 구원론과 매우 유사한 특징을 또한 그대로 가지고 있다는 관찰에 주목을 하고자 하는 것이다. 칼 쿠퍼(Karl T. Cooper)는 하이코 오버만(Heiko A. Oberman)을 참조로 하여 다음과 같이 팔레스타인 유대주의의 언약적 율법주의와 중세 후기 유명론을 비교하여 제시한다.

> 팔레스타인 유대주의가 그런 것처럼, 후기 중세 유명론은 하나님의 공의와 그의 긍휼을 가지고 끙끙거렸다. 유대주의에서와 같이, 하나님께서 긍휼로써 그의

---

32 Michael S. Horton, *Covenant and Salvation: Union with Christ* (Louisville, KT: Westminster John Knox Press, 2007), 39-40. 또한 언약 안에서의 행위의 구원론적 의미와 관련하여 '새 관점' 신학을 비판한 호튼의 글을 참조할 것. "Which Covenant Theology?" in *Covenant, Justification, and Pastoral Ministry* (Phillipsburg, NJ: P&R Publishing, 2007), 197-227.

33 Michael S. Horton, "Paul and Covenantal Nomism," *Modern Reformation* 12 (Sep/Oct 2003), http://www.modernreformation.org/default.php?page=articledisplay&var1 =ArtRead&var2=244&var3=issuedisplay&var4=IssRead&var5=25에서 볼 수 있음. 중세 천주교 신학에서 세례를 통해 얻는 첫 번째 의롭다함의 믿음은 아직 사랑의 열매를 맺지 못하는 '미형성된 믿음'(*fides informis*)이며, 마지막 심판 날에 최종적으로 의롭다함을 받는 믿음은 사랑으로 형성된 믿음(*fides caritate formata*)으로 구별이 된다.

공의를 부드럽게 하신 언약의 흐름을 따라 해결책을 찾았다. 유대주의에서와 같이, 하나님께서 그러한 언약 관계를 맺으셨다는 사실은 순전한 긍휼의 행동이다. 유대주의에서, 언약 관계에 들어가는 것은 이스라엘 안에서 태어난 모든 이들에게 주어진 선물인 것처럼, 유명론에서도 세례를 받은 모든 이들에게 주어지는 선물이다. 유대주의에서와 마찬가지로 유명론에서 복종은 언약 관계를 유지하는 필요조건이다. 유대주의에서와 같이, 이 복종은 완전한 의가 아니어도 된다. 마음의 의도에 강한 강조를 두면서 최선을 다한다면 기본적인 요건을 이루게 된다. 이러한 복종의 수준에 조차 못 미치어 떨어지게 되는 사람에게는 참회를 통해서 돌아가는 일이 가능하다. 여기서 다시 마음의 의도가 참회를 유효하게 하기도 하고 그렇지 못하게 하기도 한다. 참회하며 복종하는 사람에게 하나님께서는 베푸시는 받아주시는 은혜는 엄격한 적정공로에 근거하는 것이 결코 아니며 단지 적당한 수준의 재량공로(meritum de congruo)에 근거하여 주신다. 구원을 실제로 상실하는 일이 있지만 그것은 회복시키시는 하나님의 방식을 뿌리 깊게 끝까지 거부하는 불순종을 범하는 자들에게만 나타난다.[34]

샌더스가 제시하고 있는 '언약적 율법주의'에서나 오버만이 설명하고 있는 중세 후기 유명론에서나 모두 율법에 대한 복종이 요구되고 있지만 그것은 완전한 수준의 엄격한 적정공로가 아니며 마음의 진정한 의도에 의하여 불완전한 복종이라도 구원에 이르는 재량공로의 가치로 인정이 된다. 이 점에서 언약적 율법주의와 중세 후기 유명론은 모두 엄격한 적정공로에 근거한 좁은 의미의 율법주의라는 비난을 면하게 된다.[35]

이러한 관찰은 유대주의 신학과 중세 후기 유명론 신학은 한 편으로는 하나님의 긍휼에 대해서 말하지 않을 수 없었고 다른 한 편으로

---

[34] Karl T. Cooper, "Paul and Rabbinic Soteriology," *Westminster Theological Journal* 44 (1982): 128.
[35] 중세 후기 유명론의 '의롭게 됨'의 교리의 이해를 자세히 알기를 원하면 오버만이 정리하여 놓은 유명론자 가브리엘 비엘(Gabriel Biel)의 견해를 살펴볼 것. Heiko A. Oberman, *The Harvest of Medieval Theology* (Durham, NC: The Labyrinth Press, 1983), 175-78.

하나님의 공의에 대해서 말하지 않을 수 없는 상황에서 균형을 세워가는 노력의 결과가 매우 흡사하게 나타나고 있음을 말해준다. 유대주의 랍비들의 노력과 관련하여 호튼은 샌더스의 글을 적절하게 인용하여 제시하여 준다.

> 랍비들은 하나님께서 계명에 순종한 일에 상을 베푸신다는 성경의 증거 때문에 공로에 대한 보상의 개념을 포기할 수가 없었다. 또한 공의로운 이유와 상관없이 선택을 하시는 교리에 내포될 법한 하나님의 변덕스러움을 인정할 수도 없었다 .... 랍비들은 선택에 대한 설명을 제시하려고 함에 있어서 한편으로는 하나님의 값없이 주시는 은혜에 호소를 하면서 때때로는 공로의 개념에 호소를 하였다.36

하나님의 긍휼과 공의의 상관관계에 대한 유대주의 신학의 해법은 중세 후기 유명론에서도 그대로 발견이 된다. 오버만은 은혜로 언약 관계에 들어가며 순종으로 언약 관계를 유지하는 일과 관련하여 전자는 오직 은혜로만으로(sola gratia) 후자는 오직 행위로만(solis operibus)으로 중세 후기의 구원론을 요약한다.37

언약적 율법주의와 중세 후기 구원론의 구원론적 구조의 유사성은 샌더스의 경우에만 그러한 것은 아니다. 던과 라이트의 경우에도 마찬가지이다. 앞서 살펴본 바처럼 그들이 의롭다함을 믿음에 의한 첫 의로움(first justification)과 행위에 의한 마지막 의로움(final justification)으로 구분을 하는 것은 이들의 구원론이 신인동력설(synergism)을 따르고 있는 중세 후기 유명론과 상당한 유사성을 가지고 있음을 말해 준다.38

---

36 E. P. Sanders, *Paul and Palestinian Judaism*, 101, 106. Michael S. Horton, *Covenant and Salvation: Union with Christ*, 40에서 재인용. 이탤릭체는 호튼의 것임.
37 Heiko A. Oberman, *The Harvest of Medieval Theology*, 176.
38 이러한 결론은 '새 관점' 신학이 스스로를 바라보는 일반적인 견해와는 정반대이다. PCA 총회 보고서는 다양한 '새 관점'의 견해들 사이에 공통된 견해를 다섯 가지로 정리하면서 그 중의 하나를 이렇게 말한다. "바울이 당시의 유대인들을 비판한 것은

## 언약적 율법주의와 은혜언약

종교개혁신학은 은혜로 인한 첫 의로움과 행위로 인한 마지막 의로움이란 중세 후기의 교리에 대해서 신인동력설이며 세미펠라기우스주의라는 이유로 확고한 반대를 표명했다. 만일 중세 후기 구원론이 구조적으로 언약적 율법주의와 유사하다고 한 것이 옳다면, 설령 1세기 팔레스타인 유대주의의 종교 형태가 언약적 율법주의라는 샌더스의 주장이 옳다하더라도, 종교개혁자들이 중세 후기의 정황을 1세기 유대주의에 덧입혀 바울을 잘못 읽었다는 주장은 성립되지 않게 된다. 왜냐하면 종교개혁자들은 엄격한 공로에 근거한 좁은 의미에서의 율법주의와 투쟁을 한 것이 아니라, 처음부터 신인동력적이며 세미펠라기우스적인 중세 후기 유명론을 향하여 "아니요"라고 말하였기 때문이다. 또한 1세기 팔레스타인 유대주의의 언약적 율법주의 구원관은 바로 중세 후기 유명론의 신인동력적 구원론과 구조적으로 매우 유사하기 때문이다.[39]

특별히 개혁신학은 중세 후기 구원론과의 신학 논쟁에서 은혜언약에 기초한 구원론만이 성경적임을 분명히 하였음을 기억할 필요가 있다. 샌더스는 언약적 율법주의가 종교개혁자들이 비판한 율법주의와 다름을 주장하지만, 그렇다고 하여도 샌더스가 말하고 싶은 언약적 율법주의의 은혜는 개혁신학의 은혜언약이 말하는 은혜와는 본질상 다르다. 이를 테면 샌더스의 '언약적 율법주의'가 말하는 하나님의 '은혜'란 하나님의 선택에 의하여 하나님의 언약 백성 안으로 '들어감'

---

신인동력적 구원론에 대한 것이 아니라, 이방인들을 향한 하나님의 목적을 수용하지 못한 유대인들의 배타주의에 대한 것이었다." *Report of Ad Interim Study Committee on Federal Vision, New Perspective, and Auburn Avenue Theology*, 2201-2236. 위의 인용문은 p. 2208.에서 볼 수 있음. http://www.pcahistory.org/pca/07-fvreport.html에서 전문을 볼 수 있음.

[39] Michael S. Horton, "Paul and Covenantal Nomism,"을 참조.

을 입고, 일단 들어온 후에는 자신의 책임에 의한 '머무름' 또는 '유지'를 통하여 종말에 하나님의 언약 백성으로서 구원을 받을 수 있는 기회를 자신의 공로와 상관없이 부여받음을 뜻한다. 던과 라이트 식으로 말하자면 '처음 의롭게 됨'(first justification)이 그리스도를 믿는 믿음으로 인하여 되는 것이니만큼 자신의 공로가 아니며 오직 하나님의 은혜이다. 또한 '최종 의롭게 됨'(final justification) 또한 자신의 행위로 심판을 받지만 완전한 의를 이루어야 하는 것은 아니며, 또 그 순종 또한 성령의 인도함에 힘입은 것이므로 은혜의 요소가 있지만 궁극적으로 구원을 받을 것인가는 자신의 행위에 달려 있다.

결국 '언약적 율법주의'의 은혜는 곧 하나님의 선택에 의하여 그의 언약 백성이 되는 초기의 '의롭게 됨'을 받았으나, 율법을 불순종함으로써 종말론적 '의롭게 됨'을 누리지 못하는 위험성을 열어 놓는다. 이러한 위험성은 던이나 라이트의 경우에도 마찬가지이다. 종말에 자신이 과연 그리스도 안에 있음을 최종적으로 확정을 받는 미래의 있을 궁극적인 의롭다 함을 받는 일은 자신의 행위에 있기 때문이다.

이와 비교하여 은혜언약은 인간의 노력이나 행위를 공로적 근거로 삼아 언약의 약속을 베풀지 않으며 오직 하나님의 은혜만을 유일한 공로적 원인으로 한다. 웨스트민스터 신앙고백서는 은혜언약에 대해 다음과 같이 고백을 한다.

> 인간은 자신의 범죄로 말미암아 행위언약으로는 스스로 생명에 이를 수가 없게 되었기에, 하나님께서는 이른바 은혜언약이라 불리는 둘째 언약을 맺기를 기뻐하셨다. 이 언약에 의하여 하나님께서는 죄인들이 구원을 받도록 하시기 위하여 그들로 하여금 예수 그리스도를 믿을 것을 요구하시고 예수 그리스도로 말미암은 생명과 구원을 값없이 죄인들에게 주시며, 또 생명을 얻도록 예정이 된 모든 이들에게 그의 성령을 주시어 그들로 하여금 자원하여 믿을 수 있도록 하신다. (웨스트민스터 신앙고백서, 7장 3항)

은혜언약의 은혜는 예수 그리스도로 말미암는 영생과 구원을 값없이 거저 주심을 가리킬 뿐만 아니라 그 은혜를 받기 위해 요구되는 것이 믿음일 뿐임을 가리킨다. 또한 그 믿음을 갖는 일도 생명을 얻도록 예정이 된 사람들에게 은혜로 주시는 성령에 의하여 이루어지는 것임을 가리킨다.

물론 은혜언약은 조건성을 배제하지 않는다. 하나님께서 값없이 주시는 영생과 구원도 아무런 조건이 없이 받는 것이 아니다. 그리스도를 믿는 믿음이 조건적으로 꼭 필요하다. 그러나 이 조건으로서의 믿음은 공로적 원인이 아니라 도구적 원인이므로 구원을 값없이 베푸시는 은혜에 상충이 되지 않는다. 개혁신학 안에서 은혜언약의 대상자들은 인간 편에서 하나님의 명령에 순종을 하여야 할 의무를 갖는다. 이 의무와 관련하여 튜레틴은 다음과 같이 말한다.

> 두 가지 중요한 의무 사항들이 요구가 된다 - 믿음과 회개이다. 전자는 약속을 받아들이며 후자는 명령들을 성취한다. 전자는 "믿으라 그리하면 구원을 받을 것이다"는 은혜의 약속에 대답을 하며, 후자는 "내 앞에서 행하여 완전하라"(창 17:1)는 복음적인 율법(the evangelical law)에 의해 명령이 내려진다. 하나님 편에서 언약하신 두 개의 특별한 은택들(죄 사함과 마음에 법을 쓰심)이 있는 것처럼, 사람 편에서 그것들에 응답을 할 두 가지 의무들이 있다. 죄의 용서에 응답하는 믿음과 명령에 따라 행함으로써 마음에 새겨진 율법을 실행하는 회개 또는 성화의 열망 등이 그것이다.[40]

은혜언약은 인간 편에서의 의무를 배제하지 않는다. 그러나 그 의무가 은혜언약의 약속을 받음에 있어 어떤 공로적 원인(*causa merita*)으로 작용을 하지 않는다. 오직 은혜언약 안에 들어오게 되고 또 언약이 주는 약속들을 누리는 도구로서 조건적 기능을 할 따름이다. 믿음과

---

[40] Francis Turretin, *Institutes of Elenctic Theology*, translated by George Musgrave Giger, vol. 2 (Phillipsburg, NJ: P&R Publishing, 1994), topic 12, q. 2nd, 184.

행함 가운데 믿음만이 우리를 그리스도와 연합하게 하며 그로 인한 은택들을 누리게 하므로 엄밀한 의미에서 은혜언약의 도구적 원인(causa instrumentalis)으로서의 조건이다. 그러나 행함이 믿음의 열매로 나타난다는 점에서 볼 때 넓은 의미에서 행함도 은혜언약의 도구적 원인으로서의 조건이라 할 수 있다.41

이처럼 은혜언약은 언약에 참여하고 언약을 통해 베푸는 모든 은택들을 누림에 있어서 하나님의 은혜 이외에 다른 어떤 것도 언약을 위한 공로적 원인으로 삼지 않는다. 은혜언약은 언약적 율법주의가 말하는 바와 같이 하나님의 은혜로 시작하지만 사람의 책임에 의하여 구원을 받는다는 신인협력적(synergistic) 설명을 용납하지 않는다.

더 나아가 앞서 본 신앙고백서가 고백하고 있는 것처럼, 은혜언약은 도구적 원인인 이 믿음과 행함조차도 성령님께서 주시는 것이며, 따라서 그것들 자체가 또한 하나님의 선물이라는 점에서 은혜의 교리를 완성한다. 다시 튜레틴의 설명을 들어본다.

> 이러한 두 의무들은 사람이 행하여야 할 일로 하나님께서 명령하신 것임에도 불구하고 또한 그것들을 하나님께서는 그의 선물로 약속하셨다. 그러므로 그것들은 사람이 행할 의무들이면서 동시에 하나님께서 주시는 복들로 생각이 되어야 한다: "또 내 영을 너희 속에 두어 너희로 내 율례를 행하게 하리니 너희가 내 규례를 지켜 행할지라."(겔 36:27) 조건들 자체가 하나님의 은혜에 달려 있으며 그러하기에 의무를 넘어 약속들이 된다는 것이 자연언약에 비하여 은혜언약이 누리는 단 하나의 특권이다. 이러한 이유로 인하여 은혜언약은 인간의 힘에 근거하여 세워졌던 첫 번째 언약처럼 효력을 잃어버리게 되는 일이 없으며 영원히 계속적으로 효력을 갖는다. 은혜언약은 오직 하나님에게만 달려 있으며 언약에 담긴 모든 것들은, 조건들도 또한 마찬가지로, 은혜로 주시는 것들이다.42

---

41 Ibid., topic 12, q. 3rd, 185.
42 Ibid., topic 12. q. 2nd, 184.

요컨대 은혜언약이 말하는 은혜는 하나님의 예정과 선택, 영생과 구원의 약속들, 사람이 행할 의무들과 그 의무들을 행하도록 하시겠다는 하나님의 더해지는 약속들, 택한 자를 끝까지 구원하시는 성도의 견인 등을 담고 있으며, 이 모든 것들이 오직 하나님에 의하여 이루어지는 것임을 뜻한다. 사람이 행하는 어떤 순종도 하나님이 내리시는 복 누림의 공로적 조건이 아니며 단지 도구적 조건인 믿음에 결과하여 따라 나오는 도구적 조건이며 그 자체가 복을 누리는 경로일 따름이다.

'새 관점' 신학이 행위의 심판을 말하지만 그 행위를 공로적 원인이 아니라 도구적 원인인 믿음의 결과로 이해하였다면 행위에 의한 종말론적 심판에 대한 '새 관점' 신학의 강조는 개혁신학의 구원론적 이해와 충돌을 상당히 완화할 수 있었을 것이다. 그러나 그 점에 있어서 '새 관점'은 분명하지가 않으며, 오히려 이 점에 있어서 '새 관점'은 중세 후기 유명론과 유사한 신인협력적 특징을 보인다.

물론 라이트가 심판 날에 구원을 결정할 행위가 인간의 독립적인 자력이 아님을 강조하고 있는 것은 사실이다.

> 기독교인들은 마지막 날에 "행위들"에 따라서 (하나님의 언약 백성임을) 인정을 받게 된다. 그것들은 스스로를 돕는 도덕주의자들이 도움을 받지 않고도 행하는 행위들이 아니다. 그것들은 인종적으로 독특한 유대인들의 경계 표지들(안식일, 음식법, 그리고 할례)을 행하는 것도 또한 아니다. 오히려 그것들은 자신이 그리스도 안에 있음을 보여주는 것들, 곧 성령님의 내주하심과 역사의 결과로 자신의 삶 안에서 열매맺어진 것들이다. 이렇게 하여 로마서 8:1-17은 로마서 2:1-16에 대한 진정한 답을 제공해 준다. 왜 이제 "정죄함이 없는" 것인가? 그 까닭은 한 편으로 하나님께서 그리스도의 육체에 죄를 정하셨기 때문이며 ... 그리고 다른 한 편 성령께서 율법이 할 수 없는 것을 신자들 안에서 행하기 위해 - 궁극적으로 몸의 행실을 죽이고 성령의 인도에 순종함으로 따르는 일을 시작함으로써 현재에 시작되고 있는 생명, 그 생명을 주기 위해 일을 하고 있기 때문이다.[43]

라이트는 마지막 날에 심판을 받게 될 행위들은 현재 신자들 안에서 역사하시는 성령님의 도움을 받음으로 가능케 된 결과들이라고 설명을 한다.44 그런 만큼 행위에 대한 심판은 펠라기우스적인 의미에서의 구원론적 근거나 공로가 될 수는 결코 없으며, 그런 만큼 하나님의 은혜로 인한 것이라고 말할 수 있다.

그러나 종말에 심판을 받아 구원에 이르게 할 행위가 성령님의 도움을 받은 것임을 말하는 것만으로는 은혜언약과 마찬가지로 전적인 하나님의 은혜를 말하고 있다고 하기에 충분하지 않다. 중세 후기 유명론에서도 하나님의 도움이 없는 자력적인 공로를 말하지 않기 때문이다. 자력적인 공로에 의한 구원은 일찍이 정죄를 받았던 펠라기우스적 오류이다. 종교개혁신학이 중세 후기 유명론에 대하여 반대한 것은 사람이 하나님의 은혜로 거룩한 순종을 할 수 있다는 사실 그 자체에 대한 것이 결코 아니었다.45 그것은 오히려 개혁신학의 칭의와 성화에 대한 가르침 안에 선명하게 나타나 있으며 크게 인정을 하는 영적 사실이다. 예를 들어 개혁신학의 웨스트민스터 소요리문답은 칭의와 성화를 다음과 같이 구별하여 교훈한다.

> 칭의는, 믿음으로만 받으며 우리에게 전가된 오직 그리스도의 의 때문에, 우리의 모든 죄를 용서하시고, 우리를 그가 보시기에 의로운 자들로 받아주시는, 하나님께서 값없이 주시는 은혜의 사역이다.46

---

43 N. T. Wright, "New Perspective on Paul,", 254.
44 라이트는 바로 앞서 인용을 한 같은 곳에서, 바울이 다가올 심판날을 바라보면서 데살로니가 전후서와 빌립보서 등에서 그리스도의 공로나 죽음에 근거하거나 또는 재판장의 긍휼에 전적으로 의지하여서가 아니라 자신의 사도적 사역에 근거하여 하나님의 호의적 판결을 바라보고 있다는 사실이 충분하게 언급이 되지 않고 있음을 지적한다.
45 종교개혁 이후의 개혁신학이 당대의 천주교회의 구원론과 관련하여 비평한 요점을 이해하기 위하여서는 졸고, "개혁신학의 구원과 성화: 천주교회의 입장과 비교함," *구원이후에서 성화의 은혜까지*, 박영선 외 (서울: 이레서원, 2005), 117-163을 참조할 것.
46 *Westminster Shorter Catechism*, q & a. 33.

성화는 우리가 전인격적으로 하나님의 형상을 좇아 새롭게 되며, 죄에 대하여서는 더욱 더 죽은 자가 되고, 의에 대하여는 더욱 더 산자가 되도록 하는 하나님께서 값없이 주시는 은혜의 사역이다.47

즉 칭의론은 그리스도의 의로 말미암는 죄사함과 의롭다 여김을 받는 은혜를 다루는 반면에, 성화론은 그리스도의 의로 말미암는 성령님의 역사로 인해 옛 사람이 죽고 새 사람이 살아나는 은혜를 다룬다.48

종교개혁신학이 당시 로마 카톨릭 교회의 신학이었던 중세 후기 유명론에 대해 반대하는 것은 성화를 의롭다 여김을 받는 근거로 이해하는 주장이었다. 종교개혁에 반대하여 천주교회가 트렌트 종교회의 (1545-63)를 소집하여 1547년에 작성한 "칭의에 관련한 칙령"에서 천주교회가 정죄하고 있는 개신교 신학과 아울러 자신들이 주장하는 바를 간명하게 살펴 볼 수 있다.

> 사람이 의롭게 되는 일과 관련하여 성령님께서 사람의 심령에 부으시고 또한 내재케 하시는 은혜와 사랑을 배제한 채, 그리스도의 의의 전가만으로 의롭게 된다고 말하거나, 죄의 용서만으로 의롭게 된다고 말하거나, 혹은 사람이 의롭게 되는 은혜는 단지 하나님의 선하신 뜻일 뿐이라고 말하는 자가 있다면, 그 자에게 저주가 있을 것이다.49

---

47 *Westminster Shorter Catechism*, q & a. 35.

48 벌카워(G.C. Berkouwer)는 칭의와 성화에 대한 이러한 구별은 종교개혁자들 간에 완전히 일치하는 것이며, 아울러 또한 성경의 교훈에 일치하는 옳은 것임을 밝히는 논증을 제공한다. 그의 책, *Faith and Justification* (Grand Rapids, MI: Eerdmans, 1954)과 *Faith and Sanctification* (Grand Rapids, MI: Eerdmans, 1952)을 참조할 것.

49 *Decrees of Council of Trent*, sess. 6, can. 11. 트렌트종교회의의 신경과 칙령의 원문을 위하여서는 Henrich Denzinger, *Enchiridion Symbolorum: Definitionum et Declarationum de rebus fidei et morum* (Freiburg: Verlag Herder, 1965); Philip Schaff, *The Creeds of Christendom* vol. II (Grand Rapids: Baker Book House, 1990 reprinted)과 Norman P. Tanner, ed., *Decrees on the Ecumenical Councils* vol. II (London and Washington DC: Sheed & Ward and Georgetown University Press, 1990) 등을 살펴볼 것.

중세 후기 유명론을 따라 천주교회는 그리스도의 의가 사람에게 실제로 주입이 되는 하나님의 은혜, 곧 주입된 은혜(gratia infusa)에 의하여 의롭게 된다(iustitia infusa)고 믿었다. 반면에 종교개혁신학은 '의롭게 됨'을 죄인의 죄책과 형벌을 제하여 주시고 그리스도의 의를 덧입히시는 '전가된 의'(iustitia imputata)로 고백을 하며, 주입된 은혜는 성화의 기반이라고 가르친다.50 그렇지 않고 주입된 은혜에 대한 반응의 결과인 성화에 구원의 기초를 둔다면 그것은 결국 하나님의 도움을 받은 사람의 행위에 의한 신인협동적 구원을 말하는 것이다. 종교개혁신학에서는 "모든 구원의 과정의 시작이며 과정이며 또한 끝이 다 은혜이다. 그것에는 어떠한 인간의 공로다 완전히 배제가 된다. 마치 창조와 구속이 다 그렇듯이 성화도 또한 하나님의 일인 것이다."51

이상에서 보듯이 은혜언약은 의롭다함을 받는 죄의 용서와 거룩함을 이루는 삶의 실제적 변화를 서로 구별을 한다. 따라서 라이트의 '새 관점'이 말하는 행위에 따른 종말의 심판과는 구원론적 구조가 전혀 다르다. 비록 라이트가 종말에 최종적으로 의롭다고 인정을 받게 될 행위가 성령의 인도함을 받은 증거이며 또한 열매라고 강조를 한다 하더라도 그것을 의롭다함의 근거나 이유로 삼는 이상 라이트는 그 걸음을 중세 후기 유명론과 함께 가고 있다는 결론을 피하기가 어렵

---

50 칼빈은 칭의와 성화를 은혜언약의 두 가지 은택이며 또한 성령의 두 가지 은총이라고 말함으로써 불가분의 유기성을 말함과 동시에 반드시 구별이 되어야 함을 교훈한다. 기독교 강요 3권 3장, 11장 등을 참조할 것. 칼빈에게 있어서의 믿음과 행위, 칭의와 성화에 관한 언약적 논의를 살피기를 원하면 Anthony A. Hoekema, "The Covenant of Grace in Calvin's Teaching," *Calvin Theological Journal* 2 (1967): 133-161; Lyle D. Bierma, "Federal Theology in the Sixteenth Century: Two Traditions?," *Westminster Theological Journal* 45 (1983): 304-321; Peter A. Lillback, *The Binding of God: Calvin's Role in the Development of Covenant Theology* (Grand Rapids, MI: Baker Academic, 2001); I. John Hesselink, *Calvin's Concept of the Law* (Allison Park, PA: Pickwick Publications, 1992) 등을 볼 것.

51 Michael S. Horton, *Covenant and Salvation: Union with Christ*, 193.

다. 즉 여전히 라이트는 언약적 율법주의의 구원론적 틀을 따르고 있는 것이다.52

자기 의에 대한 유일한 대안은 무엇일까? 그 답은 그리스도의 대속의 은혜와 그의 의를 전가받는 것뿐이라는 것이 종교개혁신학의 결론이다.53 라이트와 던의 '새 관점'이 그리스도의 대속의 은혜에 대해 태도가 불분명하고 의의 전가라는 전통적 의미에서의 칭의 교리를 인정하지 않는다는 점을 생각할 때 신인동력적인 언약적 율법주의 틀을 반영하고 있다는 결론은 더욱 확고해진다. 앞서 살펴보았듯이 중세 후기 천주교 신학도 전가된 의를 부정하고 주입된 의를 의롭다함의 근거로 삼은 결과로 말미암아 신인동력적 구원론을 열어간 것이다. 예를 들어 던은 바울의 속죄 신학을 전통적인 대속의 죽음의 교리로 해석한다면 법정적 허구라는 비판을 피할 길이 없다고 주장을 하면서 다음과 같이 말한다.

> 바울의 속죄 교리가 대속의 교리(예수가 죽고, 죄인은 형벌을 면하게 된다)라면, 그러한 주장(법적 허구라는 주장)은 옳을지 모른다. 그러나 ... 바울은 그리스도의 죽음을 모든 죄악된 육체를 지닌 자들을 대표한 죽음이라고 가르친다. 그의 복음은 믿는 죄인들이 죽음을 면하는 것이 아니라 그리스도의 죽음에 참여하는 것이다.54

---

52 심판 날에 구원을 결정할 행위가 인간의 독립적인 자력이 아니라 성령의 도움에 의한 것이라는 사실에 근거하여 자신의 생각이 은혜의 신학을 말하고 있다는 어리석음에 대해 칼빈의 조소를 들어보자: "중생을 하여 영적인 삶을 살아 (도덕적으로) 의로운 자가 되었기 때문에 믿음으로 의롭다함을 받는다고 지껄이는 자들은 하나님께서 자신들에게 은혜를 베풀어 주실 것을 믿을 만한 은혜의 단맛을 전혀 맛보지 못한 자들이다." 기독교 강요 3권 13장 5항.

53 Donald MacLeod, "The New Perspective: Paul, Luther, and Judaism," in *The Westminster Confession into the 21st Century*, edited by J. Ligon Duncan, III (Fearn, Scotland: Mentor, 2009), 325.

54 James D. G. Dunn, *바울신학*, 533. ( )는 이해를 위해 덧붙인 것임.

대속의 교리에 의한 의의 전가를 부인하고 단지 그리스도의 죽음을 죄인을 대표하는 죽음으로 해석을 하며 바울이 전한 복음은 그와 같은 그리스도의 죽음에 참여하는 것이라고 할 때, 그것의 실제적 적용의 의미는 무엇일까? 던의 답은 죄에 대하여 죽은 자로서 율법의 지배를 받는 삶에서 은혜의 지배를 받는 삶으로 변화를 이루어 가는 것이다.55 그리스도의 죽음의 참여는 또한 그리스도의 부활에 참여하는 것으로 성령을 따라 살며 성령의 법을 성취하는 것을 포함한다. 요컨대 그리스도 안에서 하나님의 형상을 따라 그리스도와 같이 되어가는 것을 뜻한다. 그리고 그러한 행위로 구원을 위한 마지막 심판을 받아야 하는 것이다.56

라이트는 법정적 의의 전가 개념은 부정적인 하나님의 이미지를 수반하며 단지 은유적으로 말해질 뿐 실제적으로는 의미가 없다고 단언한다.

> 만일 우리가 '의'(righteousness)의 개념을, 그렇게나 많은 이들이 과거에 해왔던 것처럼, 단지 법정에서의 은유로만 남겨둔다면, 이것으로 인하여 우리가 받는 것은 법적인 일처리의 인상, 차가운 공무의 형태, 좀처럼 우리가 예배하기를 바라는 하나님이라고는 할 수가 없는 논리적이며 교정적인 하나님에 의하여 행하여진 거의 생각의 장난과 같은 것이 된다.57

> 만일 법정의 용어를 사용한다면 재판관이 자신의 의를 원고에게든지 혹은 피고에게든지 전가하거나, 나누어주거나, 물려주거나, 전달하거나 그렇지 않다면 전이한다고 말하는 것은 아무런 의미가 없는 말이다. 의란 법정을 가로질러 넘겨질 수 있는 사물이나 실체 또는 가스가 아니다. ... 만일 하나님이 자기 백성들을 진실한 것으로 인정하여 풀어준다면 또 그렇게 할 때, 그의 백성들은 은유적으로 말해서 '의'의 지위를 가지게 될 것이다. ... 그러나 그들이 갖게

---

55 Ibid., 565.
56 Ibid., 825-879를 참조할 것.
57 N. T. Wright, *What St Paul Really Said*, 110.

되는 의는 하나님 자신의 의가 아닌 것이다. 그것은 전혀 이치에 맞지 않는 것이다. ... 말하자면 하나님의 의는 여전히 하나님의 것일 뿐이다.58

결국 의의 전가는 은유적일 뿐이며 실제적인 결과를 낳을 수가 없기 때문에 - 이것은 던의 표현에 따르면 법적 허구일 뿐이기 때문에 - 결국 종말에 심판을 받을 때 구원에 이르는 의의 근거는 자신의 의 밖에 없게 된다.59 그 의가 성령의 인도함을 받은 것이라 할지라도 '새 관점'의 구원론은 결국 중세 후기 유명론의 신인동력적 구원론이며 종교개혁자들이 넓은 의미에서의 율법주의라 비판을 하였던 바로 그것이 된다.60

## 나가는 말
### - 성경의 '새 관점'과 신학의 '옛 관점'의 충돌?

어떤 이들은 '새 관점'은 성경에 대한 정직한 주석에 기초하여 제시하는 것이라고 믿는 듯하다. 그들의 생각에 종교개혁신학의 '옛 관점'을 고집하는 것은 학문에 대한 정직한 태도가 아니며 교리의 전통 안에 갇혀 있는 잘못을 범하는 것으로 여겨진다. 그러나 그것이 사실일까?

---

58 Ibid., 99.
59 이와 관련한 세밀한 논의를 위하여서는 John Piper, *The Future of Justification*을 볼 것. 아울러 클락의 글은 의롭다함의 근거로서의 그리스도의 능동적 순종의 의미에 대한 '새 관점' 신학들의 이의제기와 이에 대한 개혁신학의 대응을 보여주고 있으므로 참조할 것. R. Scott Clark, "Do This and Live," in *Covenant, Justification, and Pastoral Ministry*, edited by R. Scott Clark (Phillipsburg, NJ: P&R Publishing, 2007), 229-265.
60 이러한 신학적 평가와 관련하여, '새 관점'의 신학을 따라 믿음과 행위가 분리되는 신자들의 비윤리적 양태를 비판하며 구원에 있어서 행위의 가치를 주장한 권연경의 『행위없는 구원』 (서울: SPC 출판사, 2006)을 비판한 졸고, "『행위없는 구원』에 나타난 권연경의 '주석적 회개(?)'와 종교개혁신학으로부터의 이탈," *신학정론* 26/2 (2008): 195-219를 참조할 것. 이 논문은 또한 본 책에 다시 수록되어 있다.

'새 관점'의 신학적 소재(所在)에 대한 논고의 평가는 단지 성경 주석에 근거한 '새 관점'을 전통 신학에 근거한 '옛 관점'으로 제한하기 위한 노력의 일부가 아니다. '옛 관점'도 성경의 근거한 신학이기 때문이다. 특별히 개혁신학은 철저한 성경의 역사적, 문법적, 신학적 해석의 기초 위에서 주석한 결과임을 기억할 필요가 있다. 성경의 유비(*analogia Scripturae*)와 신앙의 유비(*analogia fidei*)라는 해석의 원리는 개혁신학의 성경해석적 충실성을 잘 드러내 준다. 성경과 교리는 어떤 이들이 오해하듯이 그렇게 동떨어져 있는 것이 아니다.

그런데 '새 관점' 신학은 정말로 성경 주석적으로 견고한가? 샌더스의 팔레스타인 유대주의에 대한 '언약적 율법주의'는 성경에 나타난 예수님과 바울의 논쟁 상대를 정확히 말해주는가?61 만일 그렇다고 할지라도, 바울은 정말로 '언약적 율법주의'와 사상적 체계에 있어 근본적으로 동일성을 갖고 있는가?62 그렇다면 신약과 구약의 연속성

---

61 예를 들어 슈라이너는 샌더스의 주장에 대한 여러 학자들의 견해를 간략하게 제시하면서 결론을 내리기를 샌더스가 한 편으로는 제 2 성전 유대주의에 있는 은혜의 주제는 과대 평가를 하였던 반면에 행위의 중요성은 과소 평가를 하였다고 쓰고 있다. 샌더스의 연구에 대한 의미있는 반론들은 샌더스의 견해가 아직 만족스러울 만큼 모든 증거들을 설명하지 않고 있다는 점을 잘 드러내고 있다는 것이다. 요컨대 샌더스의 견해는 그 근거가 안정적으로 확립이 되어 있지 않으며 어떤 올바른 공통된 지지를 받지 못하고 있다는 것이다. 따라서 바울을 읽을 때에 끌어다 사용할 하나의 가설로 받지 않는 것이 더 옳다는 것이 슈라이너의 결론이다. Thomas R. Schreiner, "An Old Perspective on the New Perspective": 141-143을 볼 것. 아울러 샌더스의 말대로 개신교 학자들이 유대주의가 다양한 견해들이 있음에도 불구하고 유대주의에서의 율법의 순종만을 과장하여 강조하였다는 일면 사실이지만, 그렇다고 하더라도 그것이 전혀 잘못된 것은 아니라는 개더콜의 비평도 참조할 것. Simon Gathercole, "What Did Paul Really Mean?": 26. 샌더스의 *Paul and Palestinian Judaism*에 대한 학자들의 전문적인 평가를 보기 원하면 *Justification and Variegated Nomism: A Fresh Appraisal of Paul and Second Temple Judaism*, 2 vols. (Grand Rapids, MI: Baker, 2001)를 볼 것. 특별히 복음서에서 예수님은 언약적 율법주의를 자신의 신학을 받고 있기는 고사하고, 오히려 그것을 배격하고 있음을 말하는 주장을 보기 위하여서는 Dale C. Allison, Jr. "Jesus and the Covenant: A Response to E. P. Sanders," *Journal for the Study of the New Testament* 29 (1987): 57-78을 볼 것. 바울의 언약 이해를 위하여, Charles H. Talbert, "Paul on the Covenant," *Review and Expositor* 84 (Spring 1987): 299-313을 볼 것.

을 전제로 할 때, '언약적 율법주의'의 언약과 종말론적 체계가 성경 전체의 복음인가? 신학적으로 말하여 그리스도의 복음은 성령의 인도하심을 받은 사람의 행위에 근거한 신인협동론적인 넓은 의미에서의 율법주의 구원을 말하는가? 이 모든 질문들에 대한 본 논고의 판단은 '새 관점'이 제시하는 신학을 성경적인 답으로 받기에는 길이 너무나도 멀다는 것이다.

또 방법론적인 측면에서 1세기 역사적 맥락을 살피기 위한 성경 외적 문서들의 연구에 의지하여 - 그것도 성경 해석을 지배할 만큼 확정적이지 않음에도 불구하고 - 그것으로 성경의 해석을 지배하는 것이 정당한가? 성경 자체의 해석적 음성은 없는 것인가? 왜 라이트와 같은 이가 '새 관점'을 논하면서 의롭게 됨과 율법의 행위에 관련한 중요한 본문들인 에베소서 2:8-9, 디모데 후서 1:9, 그리고 디도서 3:5 등은 다루지 않는 것일까? 그것들을 바울 저작으로 보지 않기 때문인가?[63]

---

[62] 여기서 유대주의와 ('옛 관점'에 따른) 바울신학의 구원론이 어떻게 다른지를 네 가지로 요약해 주는 쿠퍼의 글을 참조할 만하다. (1) 유대주의는 행위의 순종을 언약 내에서의 궁극적인 구원을 위한 전제 조건으로 요구하면서 불완전한 복종이라도 충분한 것으로 인정을 한다. 반면에 바울에게는 오직 완전한 순종만이 의미를 갖는다(갈 5:3). (2) 유대주의는 각 개인들에게 복종을 하도록 율법의 요구를 제시하지만, 바울은 이 요구가 그리스도의 순종에 의하여 만족이 되었으며 신자들에게 값없이 전가됨을 말한다. (3) 유대주의는 구원의 근거를 언약을 세우시는 하나님의 은혜와 언약 안에서 순종하고 회개하며 속죄를 드리는 사람의 반응 등 이 두 가지에 둔다. 그러나 바울은 그리스도의 순종 안에서 율법의 모든 요구가 단번에 완전히 성취되었음을 선포하며, 각각에게 요구되는 하나님의 언약적 공의의 성취를 위해 신자 개개인의 순종이 그리스도의 의에 더하여질 필요가 없음을 선포한다. (4) 유대주의에서는 범과와 죄책에 대한 문제가 다양한 속죄수단에 의하여 해결이 된다. 물론 죄인의 회개가 중요한 요소이다. 바울에게 있어서는 율법의 정죄가 이미 실행되었음을 주장하며 하나님의 공의를 선포한다. 그 결과 죄인은 이미 극한적인 율법의 정죄를 친히 담당한 분과 자신을 동일시하여서만 정죄를 피할 수가 있다. Karl T. Cooper, "Paul and Rabbinic Soteriology": 137.

[63] *Justification, Report of the Committee to Study the Doctrine of Justification*, by the Seventy-third General Assembly of the Orthodox Presbyterian Church, 76-80을 참조할 것.

물론 본 논고는 '새 관점'을 성경주석적 논의를 통한 신약신학적 접근을 하고 있지 않다. 본 논고의 목표는 '새 관점'과 '옛 관점'이 성경에 대한 각각의 주석적 차이로 인하여 얼마나 다른 신학적 결과를 낳고 있는가를 규명해보고, '새 관점'의 신학과 비슷한 주장들이 옛 신학들 가운데 이미 있음을 드러냄으로써 '새 관점'의 신학적 소재를 규정하고자 하였을 따름이다. 그리하여 '새 관점'과 비슷한 옛 신학들과의 논쟁 속에서 종교개혁신학 또는 개혁신학이 '옛 관점'을 확립하였다는 사실을 상기하면서, '새 관점'의 성경적 주석의 주장들 가운데 여러 부분들은 어떤 의미에서는 이미 검토되었음을 암시하는 부수적 기대를 가지고 있을 뿐이다. - 현대 성경신학계의 '새 관점'에 대한 비평적 논의들은 제외하고서라도.

예를 들어 '새 관점'이 주장하는 '율법의 행위'에 대한 해석만 보더라도, 칼빈은 로마서, 갈라디아서 주석 등에서 당시 천주교회의 주장, 곧 믿음의 반제로서의 율법을 단지 의식법이라고 주장을 하면서 이에 대한 도덕법적 해석의 여지를 반대하는 주장을 비판하면서 성경 주석적 노력을 제시하고 있다. 또한 의롭게 됨을 초기와 종말의 것으로 구별하는 것과 관련하여서도, 칼빈은 그의 '트렌트 종교회의 교리 강령에 대한 비판(Antidota)'에서 로마서 1장 16절, 하박국 2장 4절, 창세기 15장 6절과 갈라디아 3장 6절, 로마서 5장 1절 등을 언급하면서 분명하게 비평적으로 검토하였다.[64]

결론적으로 '새 관점'의 신학적 소재는 교리사의 흐름 가운데 하나님의 전적인 은혜를 성경적으로 고백해온 단일동력적 신학의 결과와 대척점에 있다. 종교개혁신학 특별히 개혁신학은 하나님의 은혜의 구원을 설명하면서 구원의 공로적 원인(*causa merita*)을 오직 그리스

---

[64] John Calvin, *Acta Synodi Tridentinae cum Antidoto* in *Calvini Opera*, 7. 365-506 가운데 특별히 453-455을 볼 것.

도에게로만 돌린다.(*solo Christo*) 인간의 순종은 결코 구원의 공로일 수가 없다. 또한 구원을 받는 도구적 원인(*causa intrumentalis*), 곧 방식에 있어서 오직 믿음만을 고백한다.(*sola fide*) 만일 행함을 말한다면 그것은 믿음의 열매 또는 증거로서 믿음에 덧붙여지는 것이므로, 믿음의 필연적 결과로서 넓은 의미에서의 도구적 원인으로 간주될 수는 있을 것이다. 행함은 오직 믿음 안에서 이루어지며, 그런 제한 안에서만 도구적 원인으로서의 의미를 갖을 뿐이다. 그리고 구원의 실행을 위한 유효적 원인(*cause efficiens*)은 인간의 의지가 아닌 오직 은혜뿐임을 고백한다.(*sola gratia*) 그리고 이 모든 것을 오직 성경의 주석적 근거에 기반을 둔다.(*sola Scriptura*) 개혁신학은 이 모든 은혜의 고백을 그리스도 안에 있는 은혜언약을 통해 풀어간다. 개혁신학의 관점에서 신학적 평가만을 내린다면 언약적 율법주의와 '새 관점'의 신학적 주장들은 교리사적으로 이미 검토된 옛 관점과 크게 다르지 않다. 그것은 넓은 의미에서 '율법주의'인 것이다. (*)

# 3
# 톰 라이트의 미래 칭의 개념의 주석적 근거에 관한 고찰

김영호 | 신약학 • 조교수

## 1. 들어가며

최근에 라이트(Nicholas Thomas Wright)는 "바울"에 관한 그의 책을 발표했다. 이것은 "기독교 기원과 하나님에 관한 질문"(Christian Origins and the Questions of God) 시리즈를 완성한 것이라고 볼 수 있다.[1] 여기서 라이트는 지금까지 바울과 바울의 새 관점에 관하여 그가 발표한 여러 논문들과 저작들의 종합을 시도했다.[2] 이 책에서 라이트는 바울의 칭의관

---

1 이 시리즈는 다음과 같다:
   Vol 1. 신약 서론: 신약과 하나님의 백성 (1992).
   Vol 2. 예수     : 예수와 하나님의 승리 (1996).
   Vol 3. 〃      : 예수와 하나님의 아들 (2003).
   Vol 4. 바울     : 바울과 하나님의 신실함 1-2부 (2013).
   Vol 5. 〃      : 바울과 하나님의 신실함 3-4부 (2013).
2 라이트가 바울에 관하여 쓴 논문들은, Wright, *Pauline Perspectives. Essays on Paul,*

또한 다루고 있는데³, 몇 가지 정교화⁴한 것을 제외하고는 이전의 생각과
거의 차이가 없다. 그는 이전 글들과 같이 이중 칭의를 말한다. 이중

---

*1978-2013* (London: SPCK, 2013)로 모아 출판되었다. 이 외에 바울 사상을 새관점
입장에서 간략하게 소개한 *What Saint Paul Really Said: Was Paul of Tarsus the Real
Founder of Christianity?* (Grand Rapids: Eerdmans, 1997)와 바울의 칭의론을 다룬
*Justification: God's Plan and Pual's Vision* (London: SPCK, 2009), 로마서를 간략하게
해설한 *The Letter to the Romans: Introduction, Commenary and Reflections*, NIB 10
(Nashville: Abingdon Press, 2002)이 있다. 라이트는 이 저작들에서 이전 작품들의 생각,
표현, 논지들을 많은 부분 다시 사용한다.

³ Wright, *Paul and the Faithfulness of God*, Part III and IV (London: SPCK, 2013),
Part III § 10, 774-1042.

⁴ 라이트가 자신의 이론을 어떻게 정교화하는지를 두 가지 예가 단적으로 보여준다.
그것은 첫째, 그의 "칭의" 개념과 둘째, 현재 칭의와 미래 칭의의 상응성을 설명하는
방식이다:

먼저 라이트는 "칭의"를 "선언"(declaration)으로 본다. 라이트는 이 "선언"이 법정적
의미를 갖는다고 주장하지만, 그에게 이것보다 더 본질적인 것은 사회학적 개념이다.
이것은 그의 책, *Paul and the Faithfulness of God*, 945에 잘 나타나 있다: "The declaration,
in other words, is not a 'recognition' of 'what is already the case', nor the creation of a
new character, but rather the *creation of a new status*. … What has happened, rather, is
that the social standing of the person within the community has been 'put right', sorted
out, re-established"(강조: Wright). 여기서 라이트는 이 "선언"을 "새로운 신분의 창조"라고
주장한다. 이것은 어떤 개념인가? 이것은 근래 대두된 언어철학 개념과 그의 '법정적 선언'
개념을 접목한 것이다. 왜냐하면 라이트는 자신의 견해를 강화하기 위해 밴후저(K.
Vanhoozer)와 티셀턴(A. C. Thiselton) 등의 화행론(話行論; speech-acts)을 끌어오기
때문이다. 그리고 같은 책, 946에서는 "선언은 새로운 상황, 새로운 신분을 창조하고
구성한다"(The declaration creates and constitutes a new situation, a new status)고 말한다.

둘째 그는 현재 칭의와 미래 칭의의 상응성을 가장 안정적으로 정착된 신약 종말론적
구도인 "이미—아직" 구조 또는 "이미 출범한 종말론"(inaugurated eschatology)으로
제시하려고 한다(*Paul and the Faithfulness of God*, 942): "It is because of the Messiah's
unexpected death and resurrection, bursting in upon the present time from the promised
future, that the verdict to be announced on the last day can itself be anticipated in the
present". 그러나 여기서 역시 라이트의 설명은 한계를 지닌다. 구약과 유대주의에서 부활은
분명 "오는 시대" 또는 "새 시대"에 속한 것이었다. 그래서 [일반] 부활 자체는 심지어
"오는 시대"를 규정하는 항목 역할을 하기도 했다. 그러나 메시야의 "죽음"은 이런 역할을
한 적이 없다. 라이트 자신은 메시야의 죽음과 부활은 항상 "현재 칭의"를 위한 기초라고
주장하는데(cf. Wright, "The Shape of Justification", 217; "New Perspective on Paul 260;
"Justification: Yesterday, Today and Forever", 60; *Paul and the Faithfulness of God*, 951),
그것은 현재 칭의를 믿음과 연결시키기 위해서 없어서는 안되는 요소이기 때문이다.
그러면 메시야의 죽음이 미래로부터 현재로 뚫고 들어왔다는 사실은 어떻게 설명할
것인가?

칭의란 현재 칭의와 미래 칭의를 가리킨다. 현재 칭의는 "하나님의 선언"이다. 이 선언의 대상은 "예수를 메시야요 주로 믿는 모든 자들"이다.[5] 그리고 이 선언의 근거는 하나님께서 메시야 그리스도 안에서 행하신 사역(죽으심, 부활)이다.[6] 그러나 라이트에 따르면, 현재 칭의는 구원과 동의 개념이나(cf. 롬 8:35), 구원과 칭의는 동일 개념이 아니다.[7]

이에 반하여 미래 칭의 또는 최종 칭의[8]는 한편으로 하나님의 종말론적 의를 천명하는 것이다. "하나님의 종말론적 의"는 라이트의 독특한 '언약' 개념이다.[9] 라이트는 갈라디아서 3:16에 근거하여 "하나(εἷς)"나 "씨(σπέρμα)"가 "하나의 가족"을 가리킨다고 말하면서[10], "하나님은 한 분이시고, 아브라함에게 약속하신 것처럼 하나의 가족을 바라셨다"고 말한다.[11] 다시 말해서, 하나님은 성경 전체에서 아브라함과 단 하나의

---

[5] Wright, "The Shape of Justification", in The Paul Page (www. Thepaulpage.com), 16. October 2009 (= *Pauline Perspectives*, 217).

[6] "예수님의 십자가와 부활"; "The Shape of Justification" (www.thepualpage.com) (= *Pauline Perspectives*, 217): "현재 칭의는 하나님께서 그리스도 안에서 과거에 성취하신 것에 기초한다(Justification in the present is based on God's past accomplishment in Christ, and anticipates the future verdict.).

[7] Wright, *Paul and the Faithfulness of God*, 925.

[8] 라이트는 "미래 칭의/평결"(future justification/verdict)와 "최종 칭의/평결"(final justification/verdict)를 혼용에서 쓴다.

[9] Wright, *What Saint Paul Really Said*, 110-115; Justification, 48-49; 라이트의 초기 언약 개념을 위해서는 그의 논문 "Justification: Its Relevance for Contemporary Evangelicalism", Gavin Reid (ed.), *The Great Acquittal: Justification by Faith and Current Thought* (London: Collins, 1980), 15 (= *Pauline Perspectives*, 23]을 보라. 라이트의 언약 구조와 내용은 후기에도 초기와 비교할 때 거의 변화가 없다.

[10] Wright, *The Climax of the Covenant: Christ and the Law in Pauline Theology* (Minneapolis: Fortress Press, 1993), 169: "In the light of 3.15-18, and in particular of 2.19 ('until the time when there should come the seed to whom the promises had been made'), the natural way of reading ἑνός, 'of one', is as a reference to the one family, the single 'seed', promised to Abraham and now fulfilled in Christ. Paul's point is then this: that Moses is not the mediator through whom this promised 'one seed' is brought into existence." 여기서 'one'이 V. 16의 'seed'를 가리킨다는 것을 어떻게 증명할 것인가? 나아가 이 one 이나 seed가 one family를 의미한다는 것을 어떻게 증명할 것인가?

[11] Wright, *Climax of the Covenant*, 170: "The problem of v.20b can be solved quite easily once 20a is read in this way. Moses is not the mediator of the 'one family', *but God is one*, and therefore desires one family, as he promised to Abraham"(강조:

언약을 세우신 것으로 본 것이다. 그래서 하나님의 종말론적 의란 하나님의 본성적인 의를 가리키는 것이 아니라, 하나님이 자신이 세운 언약에 신실하신 것을 의미한다.[12] 하나님의 종말론적 의는 창조주의 궁극적인 의를 드러내는 것과 관련 있다.[13]

그런데 라이트는 이 미래 칭의 또는 최종 칭의가 다른 한편으로 "율법을 행하는 것"과 뗄 수 없는 관계가 있다고 주장한다. 라이트에 따르면, 이것은 신약 전체와 바울이 계속해서 말하는 것이며, 특히 로마서 2장에서 하나님은 "사람의 얼굴을 보지 않으시므로", 즉 사람을 외모로 취하지 않으시는 분이므로, "각 사람에게 행한 대로 보응하신다"(롬 2:6, 11)고 말하는데, 이것이 바로 행함에 따른 미래 칭의 또는 최종 칭의를 말하고 있는 것이라고 주장한다.[14]

그렇다면 라이트의 최종 칭의는 하나님의 종말론적 의의 천명이면서 동시에 인간의 행위에 따라 이루어지는 것이다. 그런데 라이트 자신이 하나님의 의를 하나님이 세우신 언약에 신실한 것으로 정의하므로, 만일 최종 칭의가 하나님의 의를 천명하는 것이요, 피조물을 회복시키는 것이라면, 이 칭의에 인간의 행위에 따르는 심판이 자리할 곳은 없을 것 같은 인상을 준다. 하지만 라이트는 서로 배타적인 것으로 보이는 이 개념들이 전혀 모순 없이 자신의 칭의 개념에 양립할 수 있다고 생각한다. 여기서 하나의 질문이 제기된다. 라이트는 어떻게 이 두 개념이 통합된 하나라고 생각할 수 있었고, 그것이 옳은가 하는 것이다.

---

Wright); cf. D. J. Moo, *Galatians*, BECNT (Grand Rapids: Baker Academic, 2013), 237: "And the third view, while attractively drawing attention to the significance of "one" in this context, requires that we read <u>too much into either verse 16 or verse 20</u>" (밑줄: 필자)

[12] Wright, *Paul and the Faithfulness of God*, 936; "Justification", in ders., *Pauline Perspectives*, 23.

[13] Wright, *Paul and the Faithfulness of God*, 927, 각주 431. 그러면 "칭의"는 어떤 개념인가? 라이트에 따르면, 그것은 법정에서 이루어지는 "신원"(vindication)이다; "로마서에는 '칭의'와 '구원'이 모두 등장하지만, 갈라디아서에는 후자가 빠져있다"(...that both 'justification' and 'salvation' are major themes of Rom., but that 'salvation' is absent from Gal.).

[14] Wright, *Paul and the Faithfulness of God*, 937-938.

이 질문을 염두에 두고, 본 논문은 다음 세 가지 사항을 고찰할 것이다: 첫째, 라이트의 미래/최종 칭의가 어떤 개념인지 살펴본다(§ 2). 나아가 만일 라이트가 자신의 최종 칭의 개념에 어떤 모순이 없다고 생각한다면, 그는 자신의 최종 칭의 개념을 위해 어떤 주석적 근거를 가지고 있는가 하는 점을 관찰하며(§ 3), 마지막으로 라이트의 주석적 근거를 평가하도록 하겠다(§ 4).

## 2. 라이트의 미래 칭의 개념

### 2.1 라이트의 미래 칭의에 대한 정의

라이트의 칭의 논의에서 미래 칭의는 단독으로 나타나기도 하지만, 이런 경우는 매우 드물다.[15] 대부분의 경우, 현재 칭의와 대립 개념으로 등장한다. 나아가 거의 예외 없이 라이트는 이 대비를 미래 칭의에 대한 정의로 제시한다. 가장 대표적인 예를 들면 다음과 같다:

| | |
|---|---|
| Present justification declares, on the basis of faith, what **future justification** will affirm publicly (…) *on the basis of the entire life*. And in making this declaration (3:26), God himself is in the right, in that he has been faithful to the covenant; he has dealt with sin, and upheld the helpless; and in the crucified Christ he has done so impartially.[16] | 현재 칭의는 믿음에 기초하여, **미래 칭의**가 *전 생애를 기초하여* (…) 공적으로 확증할 것을 선언하는 것이다. 이 선언을 할 때(롬 3:26), 하나님 자신은 언약에 신실했다는 점에서 의로우시다; 그분은 죄를 다루시며 비참한 자들을 붙드신다; 그리고 십자가에 못박힌 그리스도 안에서 그분은 치우침 없이 행하신다. |

---

[15] Wright, *What Saint Paul Really Said*, 154: "It is this outworking of the gospel, and of justification, that is then celebrated in 8:31-39, where Paul returns to the eschatological, final justification which will consist in the resurrection of all Christ's people, their vindication after their suffering in the present time."

라이트의 이 '정의'는 그의 사고 내에서 상당한 시간 동안 숙성기를 거쳤던 것으로 보인다.[17] 왜냐하면 그의 글에서 이 '정의'가 등장하기 약 17년 전에 라이트는 "칭의"라는 글에서 "전 생애에 기초한 미래 칭의"(final justification on the basis of the entire life)란 표현 대신, "선행으로 획득할 수는 없지만, 선행을 따라서 있게 될 미래 선언"(the future declaration which will be in accordance with, though still not earned by, the good works...)이라는 문구를 사용했기 때문이다.[18] 여기서 "선행을 따라서"(in accordance with the good works)라는 말은 종교개혁적 주해에 가까운 표현이라고 볼 수 있다. 실제로 만일 이 말이 믿음의 진정성을 확증하는 것이라면, 이것은 전통적인 이해와 일치할 것이다.[19] 하지만 라이트는 자신이 이전에 사용한 "선행을 따라서"라는 표현을 "전 생애에 기초한"(on the basis of the entire life)이라는 문구와 동의어로 쓴다.[20]

나아가 여기서 미래 칭의와 현재 칭의의 관계를 규정하는 말에 주목할 필요가 있다. 위에서 인용한 곳에서 그는 현재 칭의가 미래 칭의를 예비적으로 "선언한다" (declare)고 말한다. 다른 곳에서는, 전자가 후자를 "기대한다" (anticipate; anticipation)[21], 전자는 후자에 대한 "표지"(sign, signs)이다[22]라는

---

[16] Wright, *What Saint Paul Really Said*, 1997, 153 (본문 강조: 필자).

[17] 라이트의 사고 발전과정과 특징적인 문구가 무엇인지 정확히 살펴보기 위해서 이하에 그의 글을 인용한다.

[18] Wright, "Justification: Its Relevance for Contemporary Evangelicalism", 1980, 28 (= *Pauline Perspectives*, 34).

[19] Cf. J. Piper, *The Future of Justification. A Response to N. T Wright* (Wheaton: Crossway Books, 2007), 118-119.

[20] Wright, "New Perspective on Paul", 253 (= *Pauline Perspectives*, 281): "Paul, in company with mainstream second Temple Judaism, affirms that God's final judgment will be in accordance with the entirety of a life led – in accordance, in other words, with works"; cf. Piper, *Future of Justification*, 117-119.

[21] Wright, "The Shape of Justification", in *Pauline Perspectives*, 217: "Justification in the present is based on God's past accomplishment in Christ, and anticipates the future verdict. This present justification has exactly the same pattern"(강조: 필자); "New Perspectives on Paul, 260 (= *Pauline Perspectives*, 287): "And we now discover that this declaration, this vindication, occurs twice. It occurs in the future, as we have seen, on the basis of the entire life a person has led in the power of the Spirit – that is, it occurs on the basis of 'works' in Paul's redefined sense. And, near the heart of Paul's theology, it

표현을 사용했다. 이와 동일한 맥락에서, 라이트에 따르면, 미래 칭의의 "기초가 되는" "행위들"은 "그리스도 안에 있다는 것"을 "보여준다"(show).[23] 또 다른 곳에서는 후자는 전자에 "상응한다"(correspond)고 말한다.[24] 이런 표현들은 전통적인 개념과 유사하게 보이나, 이 둘 사이의 과정을 전제하고, 이 과정("전인생에 기초하여"; "행위에 따라")을 미래 칭의의 '근거'로 이해한다는 점에서 큰 차이가 있다.

## 2.2 라이트의 "전생애에 기초한 최종 칭의"에 대한 비판과 그의 반응

라이트의 이 "전 생애에 기초하여"라는 말은 많은 비판을 받았다. 이렇게 비판을 받자, 라이트는 "전 생애에 기초하여" 대신 좀더 전통적인 뉘앙스를 갖는 "행위에 따라서"로 바꾼다. 그리고 자신이 이 말을 했을 때, 자신이 마치 행위를 독립적인 "기초"(basis)로 말하는 것처럼 사람들이

---

occurs in the present *as an anticipation of that future verdict*, when someone, responding in believing obedience to the 'call' of the gospel, believes that Jesus is Lord and that God raised him from the dead. This is the point about justification by faith – to revert to the familiar terminology: it is the *anticipation in the present* of the verdict which will be reaffirmed in the future. Justification is not 'how someone becomes a Chritian'. It is God's declaration about the person who has just become a Christian" (강조: Wright).

[22] Wright, *What Saint Paul Really Said*, 115: "Can one tell in the present who precisely will be vindicated when God finally acts in fulfillment of his righteousness, of his covenant obligations? Yes, reply many Jews of Paul's day. The present sign of our future vindication consists in our present loyalty to the covenant obligations laid upon us by our God" (강조: 필자); "New Perspective on Paul", 254 (= *Pauline Perspectives*, 283): "But he is still clear that the things he does in the present, by moral and physical effort, will count to his credit on the last day, precisely because they are the effective signs that the Spirit of the living Christ has been at work in him" (밑줄: 필자).

[23] Wright, "New Perspective on Paul", 253 (= *Pauline Perspectives*, 282): "They [works according to with which the Christian will be vindicated on the last day] are the things which show, rather, that one is in Christ; the things which are produced in one's life as a result of the Spirit's indwelling and operation" (밑줄: 필자).

[24] Wright, *Paul and the People of God*, 939.

생각하는 것을 매우 당황스럽게 여긴다고 말한다. 그러나 그런 오해를 풀어주기 위한 설명은 제시하지 않고, 다만 자신은 이 "기초"(basis)라는 말을 "토대"라는 의미로 사용하지 않았고, 바울 서신 안에서도 "토대"(foundation)라는 말은 다양한 방식으로 사용된다고 말하면서, 고린도전서 3:11, 에베소서 2:20을 인용할 뿐이다. 그리고 더 강한 표현으로 "최종 칭의는 ... 현재 칭의와 반대되는 것으로 [지금까지] 살아온 삶의 총체성에 대하여 선포될 것이다"라고 주장한다.[25] 이 마지막 말에 대하여 다시 거센 비판이 일어나자, 그는 나중에 조소조로 자신의 "잘못을 인정한다"고 말한다. 그러면서 자신이 "[지금까지] 살아온 삶의 총체성에 기초하여"라는 말을 했을 때, 자신은 동일한 문단에서 이것이 "메시야의 죽음과 부활이라는 근본적인 복음 사건에 완전히 의존한다"고 말했다고 주장한다.[26] 하지만 여기서 라이트의 이 설명은 손바닥으로 하늘을 가리려는 시도와 다르지 않다. 왜냐하면 그가 그리스도의 죽음과 부활에 기초하고 믿음에 대하여 선언된다고 주장하는 것은 예외 없이 현재 칭의를 염두에 두고 하는 말이기 때문이다. 그런데 라이트는 여기서

---

[25] Wright, "Justification: Yesterday, Today and Forever", 60 (= *Pauline Perspectives*, 434-435): "... that I have said that final justification, the verdict of the last day, will be in accordance with 'works'. Sometimes I have been quoted as saying 'on the basis of works', with the meaning – at last, this is the meaning that has apparently been heard – that 'works' are thereby a kind of independent 'basis', something entirely of my own doing which takes the place, on the last day, that is occupied in present justification by the finished work of Jesus Christ. ..., but because I have never intended to say what was there being heard, I was puzzled. It appears that the word 'basis' is being used in different senses, just as within the Pauline corpus the word 'foundation' can be used in different ways. [...]. I repeat what I have always said: that the final justification, the final verdict, as opposed to the present justification, which is pronounced over faith alone, will be pronounced over the totality of the life lived" (밑줄: 필자).

[26] Wright, "Justification by (Covenental) Faith to the (Covenantal) Doers", CovQ 72 (2014), 106: "I have sometimes been accused of saying that the final judgment has its 'basis' in 'the totality of the life led', and I plead guilty. But my critics then ignore what I say later in the same paragraph, that the whole thing is 'utterly dependent on the basic gospel events of the Messiah's death and resurrection'".

갑자기 미래 칭의 곧 최종 칭의가 그리스도의 죽음과 부활이라는 복음 사건에 절대적으로 의존한다고 말하면서도, 그가 최종 칭의의 근거로 드는 로마서 2장도, 그리고 최종 칭의의 근거가 되는 삶을 가능하게 하는 것으로 말했던 성령의 사역도 언급하지 않기 때문이다.[27]

### 2.3 라이트의 미래 칭의와 성령으로 소급되는 "행위"

그러면 라이트 비평가들의 견해대로 라이트는 "행위에 근거한 또는 토대를 둔 칭의"를 주장하는가? 라이트는 자신이 미래 칭의가 인간의 행위에 토대를 둔 평결이라고 주장하지 않는다고 말한다. 나아가 자신이 말하는 "행위"란 다른 새관점주의자들과 같이 유대인들의 경계표시를 지키는 것도 아니라고 주장한다. 그는 "행위에 따라서 또는 행위에 기초하여"라는 표현이 로마서와 바울의 주장이라고 말한다:

> "'행위들, 곧 그것에 따라 그리스도인들이 마지막 날에 옳다 인정될 그 행위들은 스스로 돕는 도덕주의자들의 [외부의] 도움을 받지 않는 행위가 아니다. 또한 이 행위들은 민족적으로 구별된 유대인들의 경계표시들(안식일과 음식법, 할례)을 실행하는 것도 아니다. 오히려 이 행위들은 어떤 이가 그리스도 안에 있다는 것을 보여주는 것이며, 성령께서 내주하시고 활동하시는 것의 결과로서 그 사람의 삶에 생산되는 것이다. 이렇게 로마서 8:1-17은 로마서 2:1-16에 대한 실제적인 대답을 제공한다."[28]

---

[27] Cf. Wright, "Justification: Yesterday, Today and Forever", 60 (= *Pauline Perspectives*, 434-435). 라이트가 "동일한 문단"이라고 말한 본문은 다음과 같다: "I repeat what I have always said: that the final justification, the final verdict, *as opposed to the present justification, which is pronounced over faith alone*, will be pronounced over the totality of the life lived. It will be, in other words, in accordance with 'works', with the life seen as a whole—not that any such life will be perfect (Phil 3:13–14) but that it will be going in the right direction, 'seeking for glory and honor and immortality' (Rom 2:7). When I have spoken of 'basis' in this connection, I have not at all meant by that to suggest that this is an independent basis from the finished work of Christ and the powerful work of the Spirit, but that within that solid and utterly-of-grace structure the particular evidence offered on the last day will be the tenor and direction of the life that has been lived"(강조: Wright; 밑줄: 필자).

따라서 라이트는 미래 칭의의 토대가 인간이 스스로 행한 것이나 유대인의 할라카 규정 준수가 아니라 성령의 활동의 결과가 인간 안에 나타난 것을 의미한다고 주장하는 것이다. 그러므로 라이트의 미래 칭의 개념을 정리하면 다음과 같다: '미래 칭의는 어떤 이의 전 생애에 기초하여 마지막 날에 이루어지는 평결인데, 이 평결은 그 사람의 행위에 근거한다. 그런데 이 행위는 성령께서 그 사람 안에 내주하시고 활동하시는 결과로 산출된 것이다. 이것이 로마서 1-8장에서 바울이 말하고 있는 것이다.'

여기서 라이트는 미래 칭의에 관한 개념뿐만 아니라 주석적 근거 일부를 말하고 있다. 그에 따르면, 로마서가 자신의 칭의관을 지지한다는 것이다. 그러면 구체적으로 이와 같은 그의 칭의 개념의 주석적 근거는 무엇인가?

## 3. 라이트의 미래 칭의의 주석적 근거

라이트의 미래 칭의 개념은 다음 세 가지를 연결한 것이다:
1. 제 2성전기 유대주의의 최후심판의 근거로서 행위,
2. 행위에 기초한 미래 칭의,
3. 미래 칭의의 근거인 행위를 산출하는 성령의 내주와 활동.

### 3.1 라이트의 미래 칭의 개념의 출발점인 로마서 2장

라이트에 따르면, 이 칭의 개념을 로마서 2장이 말해 주고 있다. 라이트는 이것이 바울이 로마서에서 언급한 최초의 칭의 개념이며, 이것을 파악하는 일이 로마서를 이해하는 열쇠라고 말한다.[29] 그에 따르면, 로마서 2장의

---

[28] Wright, "New Perspective on Paul", 254 (= *Pauline Perspectives*, 282),

핵심 내용은 행위에 근거한 심판이다. 다시 말해서, 하나님의 의로운 심판이 "살아온 삶의 총체성에 근거하여" 이루어질 것이라는 것이며, 하나님은 "각 사람의 행위대로 갚으시리라"는 것이다(롬 2:5, 6).[30] 라이트는 바울이 이것을 최종 칭의의 관점에서 말하고 있다는 것을 이해해야 한다고 말한다. 그에 따르면, 율법을 이스라엘 특권의 표지로 가진 것이 최후 심판을 이길 수 있게 하는 것이 아니라, 실제로 "율법을 행하는" 것만이 계산되며, 이 "실행에 근거하여" 의가 이루어질 것이다.[31]

### 3.2 라이트가 자신의 미래 칭의 개념을 위해 사용한 로마서 2장 외 근거 구절들

그러면 라이트는 오직 로마서 2장에서만 출발하는가? 그렇지 않다. 그는 1세기 유대주의가 행위에 의한 최종 심판을 지지하고, 신약의 많은 구절들이 동일한 노선에 있다고 주장한다. 그에 따르면, 이것은 고대 이스라엘을 관통하는 사상이다. 그는 자신의 주장을 뒷받침하기 위해 구약, 위경, 쿰란 문서 등을 인용한다[32]:

---

[29] Wright, *What Saint Paul Really Said*, 1997, 149: "특히 이상한 점은 로마서에서 칭의를 처음 언급할 때, 행위에 의한 칭의(justification by works)를 말한다는 것이다. 이것을 바울도 인정하는 것 같다([롬] 2:13). 내가 생각할 때, 이것을 옳게 이해하는 길은, 바울이 지금 최종 칭의를 말하고 있다는 것을 볼 수 있을 때이다(The right way to understand this, I believe, is to see that Paul is talking about the *final* justification). 종말론, 곧 이스라엘의 소망이 변함없이 지배하고 있다. 요점은 '누가 마지막 날에 언약백성으로 인정받고, 부활하고, 나타날 것인가?' 하는 것이다"(강조: Wright).
라이트는 이 말을 자주 반복했다: Wright, *The Letter to the Romans: Introduction, Commentary and Reflections*, NIB 10 (Nashville: Abingdon Press, **2002**), 440; ders., *Justification*, 2009, 159.

[30] Wright, *Letter to the Romans*, 439; *Paul and the Faithfulness of God*, 938.

[31] Wright, *Letter to the Romans*, 2002, 440: "Justification, at the last, will be on the basis of performance, not possession."

[32] Wright, *Paul and the Faithfulness of God*, 938, 각주 461.

구약: 욥 34:11; 시 62:13 [LXX 61:13]; 잠 24:12; cf. 사 59:18; 렘 17:10; 21:14; 32:19; 겔 18:30; 33:20.
위경: 시락서 11:26; 35:24; 51:30; 제 4에스라서 7:35.
쿰란: 4QMMT.
신약: 롬 14:10-12; 고전 3:10-15; 고후 5:10; 롬 2:1-16.

이렇게 함으로써 라이트는 독자로 하여금 구약과 중간기 문헌, 신약이 모두 자신의 주장을 지지하는 듯한 인상을 받게 한다. 특별히 그는 그의 논문과 저서들 여러 곳에서 한 문단 또는 짧게 논증하는 부분에서 "행위에 근거한 최후 심판"을 말하는 신약 구절들이 있으며, 이에 대한 주본문은 로마서 2장이라고 주장한다.[33]

## 3.3 라이트의 미래 칭의 개념의 완성점으로서 로마서 2장과 8장의 연결성

그러나 로마서 2:1-16이 최종 칭의를 말하고 있다는 이 주장은 앞의 첫 번째와 두 번째 항목(Nr. 1-2)은 만족시키지만, 세 번째 항목(Nr. 3)에서 말하는 성령의 내주와 활동은 말하고 있지 않은 것이 틀림없다. 그러면 라이트는 이에 관해서 어떻게 말하는가? 라이트는 먼저 이것을 "바울의 말하기 방식"이라고 말한다. 무슨 방식인가? 라이트에 따르면, 바울은 "어떤 주제를 조용히, 교향악적으로 이해하도록 어떤 암시와 함께 [먼저 또는 미리] 넌지시 비춤으로써 소개한다"는 것이다.[34] 그러므로 바울이 "율법을 행한다"(롬 2:13)는 말을 할 때, 이 말은 로마서 전체를 함께 생각해야 이해할 수 있다는 것이 그의 생각이다.[35]

---

[33] Wright, *Letter to the Romans*, 738; "New Perspective on Paul", 253 (= *Pauline Perspectives*, 281-282); ders., *Justification*, 160-163.

[34] Wright, *Justification*, 165: "The Spirit is not, of course, mentioned in 2.1-16. But that is Paul's way: to introduce a theme quietly, symphonically, with hints and suggestions"(밑줄: 필자).

[35] Wright, *Justification*, 165.

또한 라이트는 "로마서 1-8장 전체를 아우르는 논리"[36]를 알아야 한다고 말한다. 여기서 이 "로마서 1-8장의 전체적인 논리"란 무엇을 뜻하는가? 그것은 로마서 2장과 8장의 연결성을 가리킨다.[37] 라이트는 사람들이 자주 이 연결점을 무시하기 때문에 로마서의 위대한 메시지를 듣지 못한다고 주장한다.[38] 그에 따르면, 로마서 8:1의 위대한 선언을 들을 때, 독자들의 마음은 로마서 2:2로 향해야 한다는 것이다.[39]

이 로마서 8장에서 로마서 2장으로 뒤로 거슬러 읽기 방식은, 바울이 이 두 부분 사이에서 언급한 주제들도 연결시킨다고 라이트는 주장한다. 그에 따르면, 로마서 8:1의 위대한 선언 곧 그리스도 안에 있는 자의 해방에 대한 선언이 독자들의 시선을 로마서 2:2의 정죄로 곧바로 향하게 할 때, 이렇게 다시 뒤로 비행하는 동안 그 아래 있는 로마서 5:16과 5:18에서 언급한 "정죄"(κατάκριμα)를 "집어 들고" 간다는 것이다:

"하나님은 죄를 육체 안에서 '정죄하셨다'(롬 8:3): 여기서 카테크리넨[κατέκρινεν; '정죄하셨다']은 [롬] 8:1에서 카타크리마[κατάκριμα; '정죄']와 밀접하게 연결되어

---

[36] Wright, *Paul and the Faithfulness of God*, 938: "To get at this we need a brief digression into the overall logic of Romans 1-8"; 라이트는 이것을 "로마서의 내적 논리"(the inner logic of Romans; 같은 책, 942)라고 말하기도 한다; 라이트는 로마서 2장 뿐만 아니라 다른 본문들도 이와 같은 방식으로 읽는다. 예를 들면, 로마서 3:23과 로마서 6장을 들 수 있다: Wright, *Paul and the Faithfulness of God*, 951: "That is exactly what Paul says in Romans 6, but it is not a new point; it is simply a restatement in other terms of what he had said in chapter 3. Indeed, if we see 3.24 ('redemption in the Messiah') as an advance shorthand summary, chapter 6 is not even really 'in other terms'. It is drawing out what was already hinted at"(밑줄: 필자).

[37] 라이트에게 있어 로마서 2:1-16과 로마서 8장을 연결하는 것은 이미 오래된 논리이다. Cf. Wright, *What Saint Paul Really Said*, 1997, 153-154; ders., *Letter to the Romans*, 2002, 440; ders., *Paul in Fresh Perspectives* (Minneapolis: Fortress, 2005), 148 (= 「톰 라이트의 바울」, 손돈호 옮김, 263-264). 그런데 그는 가장 최근에 발표한 논문에서도 로마서 2:1-11이 8:1과 연결된다는 것이 결코 오해할 여지가 없다고 주장한다: Wright, "Justification by (Covenental) Faith to the (Covenantal) Doers", CovQ 72 (2014), 100-101.

[38] Cf. Wright, *Paul and the Faithfulness of God*, 938-939.

[39] Wright, *Paul and the Faithfulness of God*, 939.

있고, 여기서 5:16, 18로 그리고 다시 그 뒤에 있는 2:1-11로 향한다."[40]

라이트가 볼 때, 이런 과정을 거쳐서 바울은 로마서 8장에서 2장의 주제인 미래 칭의를 다시 주제화시킨다. 또 여기서 성령에 의한 행위를 근거로 주어지는 미래 칭의와 메시야 사역을 기초로 주어지는 현재 칭의가 서로 상응한다고 주장한다.[41]

이렇게 로마서 8:3과 8:1의 "정죄"를 로마서 2:2과 2:13의 "심판"으로 연결시킨 후, 라이트는 이번에는 로마서 8:4과 2:26의 "율법의 요구"가 서로 상응하고, "정죄"(카트크리마)와 "요구"(디카이오마)가 로마서 2:12-13의 두 동사 "정죄되다"(크리스테손타이)와 "의롭게 되다" (다카이오데손타이)와 관련이 있다고 주장한다.[42] 이때 로마서 8:4에서 "육신에 따라 살지 않고 영을 따라 사는 자들 안에서 이 디카이오마가 이루어질 것이다"는 말을 로마서 2:25-29이 말하는 "무할례자가 율법의 요구를 이루는 것"과 연결시킨다.[43] 이것을 근거로 라이트는 "최종 평결에 대한 바울의 시각을 미리 볼 때, 성령의 사역을 배제하는 것은 불가능하다"고 주장한다.[44] 이렇게 함으로써 라이트는 자신이 "바울의 칭의론이 메시야 만큼이나 성령에 강하게 의존한다는 것을 밝히고" 있다고 말한다.[45] 라이트는 칭의에 있어서 이 성령의 중요성을 강조하면서[46], 다시 방향을 바꾸어, 바울의 논지가 로마서 2장에서 로마서

---

[40] Wright, *Paul and the Faithfulness of God*, 939.

[41] Wright, *Paul and the Faithfulness of God*, 939: "*In Roman 8 we return to the future verdict, and discover that, because of the Messiah* (…), *it corresponds to the present one issued on the basis of faith* (…)" (강조: Wright).

[42] Wright, *Paul and the Faithfulness of God*, 939.

[43] Wright, *Paul and the Faithfulness of God*, 939-940: "When looking ahead with Pauline eyes at this final verdict it is impossible – though many have tried – to omit the work of the spirit."

[44] Wright, *Paul and the Faithfulness of God*, 940.

[45] Wright, *Paul and the Faithfulness of God*, 940.

[46] 라이트는 칭의론 안에서 "선택"(election)이 재정의 된다고 생각하며, 이 재정의에서

8장으로 성령을 중심으로 진행하고 있다고 주장한다.[47]

그러므로 라이트에 따르면, 바울의 칭의론은 메시야와 성령이라는 두 기둥이 지탱하고 있다. 그 근거는 로마서 2장과 8장의 연결성이다. 따라서 바울의 미래 칭의에 대한 라이트의 관점은 두 가지 요점으로 정리할 수 있다. 하나는 로마서 8장의 주제는 칭의라는 것이고, 다른 하나는 이 칭의의 구체적인 내용은 "연합"(incorporation) 또는 "성령의 사역"(the work of the spirit)과 관련이 있다는 것이다.[48] 그런데 라이트의 생각에는 이런 해석의 첫 관문은 로마서 2장이 행위에 근거한 최종 칭의를 말하고 있다는 것을 인식하는 것이며, 만일 이것을 인식하지 못하면 바울의 성령과 그리스도인의 삶, 우주적 종말론에 관한 위대한 사상을 모두 잃게 된다.[49]

라이트가 로마서 2장과 8장의 "내적 논리"와 "아우르는 논리"를 로마서 해석 원리로 사용하고 있다는 것은 그가의 로마서 14:10-12의 해석에서 엿볼 수 있다. 그는 이 구절이 최후 심판을 말하는 것이라고 하면서, 다시 로마서 2:1-16과 8:1, 고전 3:10-17을 인용하는 것으로 해석을 대신한다. 이 세 구절의 내적 논리는 다음과 같다. 그리스도인에게는 더 이상 정죄함이 없을 것이다(롬 8:1). 그런데 바울은 이미 심판이 있을 것이라는 사실을

---

성령을 본질적인 요소로 본다. Wright, *Paul and the Faithfulness of God*, 940; ders., 톰 라이트의 바울, 222; 또한 219: "바울에게 칭의는 선택사상의 부분집합(a subset), 즉 하나님의 백성이라는 바울 교리에 속한다".

[47] Wright, *Paul and the Faithfulness of God*, 940: "Paul had already hinted at this in 2.25-9, and it comes out into the open first in 5.5 and 7.4-6 and then, at length, in chapter 8."

[48] Wright, *Paul and the Faithfulness of God*, 941: "The whole of Romans 8 is every bit as much about 'justification' as it is about 'incorporation' or the work of the spirit."

[49] Wright, *Paul and the Faithfulness of God*, 941: "All this only makes sense if we allow the striking vision of final judgment in Romans 2 to have its full effect. Take that away, and the one of the greatest chapters in Paul (Romans 8) becomes a scatter of general reflections about the spirit, Christian behaviour and cosmic eschatology."

말했다(롬 2:1-16). 그러나 그리스도인들이 호의적인 평결을 확신할 수 있다는 사실이 그날에 심판을 덜 심각하게 하는 것은 아니다(고전 3:10-17).[50] 지금까지 라이트의 미래 칭의에 대한 그의 주석적인 근거를 살펴보았다. 그가 로마서를 읽는 방식을 간략하게 정리하면 다음과 같다:

| 행위 | 롬 1 | 롬 2 | 롬 5 | 롬 7 | 롬 8 | 롬 14 | 성령 |
|---|---|---|---|---|---|---|---|
|  |  | V. 2 | V. 16, 18 |  | V. 1 |  | 정죄 |
| 행위에 근거한 최종 심판 |  | V. 5-6 |  |  | 전체 | V. 10-12 | 성령 |
| 행위에 근거한 최종 칭의 |  | V. 13 |  |  |  |  |  |
| 율법의 행위: 신원의 근거 |  | V. 13 |  |  |  |  |  |
| 율법의 행위: 다른 이를 심판하는데 참여함 |  | V. 27 | (빌 1:6) |  | V. 10 |  |  |
| 칭의가 성령에 의존함을 암시 |  | V. 25-29 | V. 5 | V. 4-6 | V. 3-4 |  | 행위는 성령의 내주와 활동으로 산출됨 |
| 하나님의 아들(예수) | V. 4 |  |  |  | V. 12-17 |  | 하나님의 자녀들 |
|  |  | (갈 4:5) |  |  | V. 23, 29 |  | 메시야=맏아들; 양자됨 |

## 4. 라이트의 주석적 근거에 관한 비평

라이트는 새 관점의 약점을 잘 분석하고 있다. 그 무엇보다 새 관점이 율법의 행위를 지극히 단순화시킨 것[51], 또는 율법의 행위는 일반적으로 선행이나

---

[50] Wright, *Letter to the Romans*, 738.

[51] Cf. E. P. Sanders, *Paul, the Law, and the Jewish People* (Minneapolis: Fortress Press, 1985), 46: "Nevertheless, Paul applies the principle to Judaism also, first in Gal. 2:15f., then more fully in Romans 3-4; 9-11. The application to Judaism, however, is not against a supposed Jewish position that enough good works earn righteousness. In the phrase 'not by works of law' the emphasis is not on *works* abstractly conceived but on *law*, that is, the Mosaic law. The argument is that one need not be Jewish to be 'righteous' and

공로가 아니라 순종의 패턴으로서 단지 이스라엘의 민족적 (특권적) 표지인 할례, 안식일, 음식법 등을 지키는 것이라고 축소시킨 것[52]에 대한 해석적 불만과 비판을 극복하려 했던 것으로 볼 수 있다. 특별히 라이트는 던(J. D. G. Dunn)의 율법의 행위에 관한 로마서 2:13 해석이 부족하다고 생각하고, 이것을 수정하려고 했다. 던에 따르면, 바울은 로마서 2:13에서 신자들의 현재 칭의와 관련된 긴박한 상태를 묘사하고 있으며, 이 구절이 마지막 날에 이루어질 최후의 변치 않는 평결을 입증할 행위를 가리키는 것은 아니다. 던은 이 구절을 해설하면서 하나님의 의를 단회적이고 한번 선언되면 영원히 유효한 행위가 아닌 하나님의 수용적이고 유지적이며 최종 신원이 따르는 은혜로 본다.[53] 워터스(G. P. Waters)는 던이 신자의 미래 칭의와 현재 칭의를 "어떤 과정 중에 있는 특별한 단계들"(distinct stages in a process)로 본다고 평가한다.[54] 여기서 다음과 같은 비판이 있을 수 있다:

그러면 이 행위들은 최종 칭의를 보장하는가?
이 행위들을 이루는 주체가 인간이라면,
이것은 로마교의 칭의론과 어떻게 다른가?

---

is thus against the standard Jewish view that <u>accepting and living by the law is a sign and condition of favored status</u>"(강조: Wright; 밑줄: 필자); 다른 한편으로 라이트도 다른 새관점주의자들과 같이 "율법"을 "토라"로 본다(cf. *Letter to the Romans*, 482); cf. G. P. Waters, *Justification and the New Perspectives on Paul*, (Phillipsburg: P&R, 2004), 41-47; 그러나 이후 샌더스와 던의 "율법의 행위"에 관한 해석에 많은 비판이 있었던 것을 염두에 두고, 라이트의 칭의론은 이전 새관점주의자들에게는 없던 새로운 요소들(예, 인간의 전생애와 행위, 성령의 활동 등의 항목 및 이들 간의 관계)을 도입한 것으로 보인다.

[52] Cf. J. D. G. Dunn, "Works of the Law and the Curse of the Law", in ders., *The New Perspective on Paul* (Grand Rapids: Eerdmans, 2005), 130; ders., "The New Perspective on Paul: Paul and the Law", in: ders., *Romans 1-8*, WBC 38a (Dallas: Word, 1988), lxxii (= ders., *The New Perspective on Paul*, Grand Rapids: Eerdmans, 2005, 15); ders., *The Theology of Paul the Apostle* (Grand Rapids/Cambridge: Eerdmans, 1998), 358; cf. Waters, *Justification and the New Perspectives on Paul*, 98, 116.

[53] J. D. G. Dunn, *Romans 1-8*, WBC 38a (Dallas: Word, 1988), 97.

[54] Cf. Waters, *Justification and the New Perspectives on Paul*, 107; 이런 점에서 볼 때, 던의 칭의관은 로마교의 칭의론과 유사하다.

라이트는 이런 맥락에서 자신의 "성령의 내주와 활동"에 기초한 "율법 행위"론을 발전시키고 있다고 볼 수 있다. 그러나 미래 칭의 개념을 위해 그가 제공하는 주석적 근거는 여러 면에서 재고해 볼 필요가 있다. 이때 다음 다섯 가지 측면을 고려해야 한다:

1. 주석 방법론
2. 로마서 2장과 1세기 유대주의 관점
3. 로마서 2장과 8장의 "내적 논리"
4. 인간의 활동과 그리스도의 통치가 없는
 "성령의 내주와 활동으로 산출된 행위" 개념의 비실제성
5. "율법을 행하는 자들"(롬 2:13)의 정체
6. 로마서 2장의 해석 문맥

### 4.1 라이트 주석 방법론의 정당성 여부

첫째로 라이트의 주석 방법론이 정당한가 하는 것이다. 그는 귀납적 방법이 아니라 작업전제(a working hypothesis)에서 출발하여 해설한다. 그리고 이 핵심 구절들이 이 전제를 어떻게 반영하는지 살핀다.[55] 그러나 무엇으로 이 핵심구절들을 객관적으로 선택했는지 확인할 수 있고, 무엇으로 전제에 대한 해석이 주관적이지 않다고 보장할 수 있는가?

우선 라이트의 이 방법은 일종의 순환논리라는데 문제가 있다. 그는 먼저 로마서 2:1-16이 미래 칭의를 말하고 있다고 말한다. 그런데 이 미래 칭의는 행위에 기초한 것이다. 그 행위는 인간 개인이 아니라 그리스도인들 안에서 성령의 내주와 활동으로 산출된 것이다. 그러면 로마서 2:1-16에 성령을 말하고 있는가 하고 물으면, "내적인 논리" 또는 "로마서 1-8장을 아우르는 논리"로 넘어간다. 로마서 8장에서는 다시

---

[55] Wright, *Paul and the Faithfulness of God*, 925.

8:1절의 "정죄"라는 단어를 발견하자마자 이 개념을 이끌고 로마서 2장으로 가면서, 이것을 로마서 2장에서 암시한 것이라고 말한다. 따라서 라이트의 논리에 의하면, 로마서 2장의 미래 칭의의 근거는 로마서 8장이고, 로마서 8장의 성령에 기초한 칭의는 다시 로마서 2장이라는 것이다. 이 논증 과정을 연결하고 지탱하는 것은 로마서가 아니라 라이트의 작업전제이다. 그러므로 만일 라이트의 주석은 작업전제가 없으면, 결코 성립할 수 없는 것이다.

나아가 이 작업 전제는 자신의 논지와 맞지 않는 본문은 침묵하도록 하는 "해석자의 임의성"에 근거하고 있다. 라이트는 로마서 2:1-16이 행위에 기초한 미래 칭의를 말하고 있다고 말한 후, 로마서 2:26-29을 2:1-16의 관점에서 읽어야 하며[56], 이렇게 읽으면 로마서 2:26-29은 율법의 요구들을 행하는 무할례자는 이방인 그리스도인들을 가리키며, 이들의 행위는 성령의 내주와 활동이 나타난 결과라고 설명한다.[57] 문제는 로마서 2:17-24이다. 여기서 바울은 유대인들의 위선과 자기 자랑을 비판하고 있는데, 라이트는 로마서 2:17-20이 유대인의 진정한 자랑과 특권을 의미하며, 바울은 이것을 폄하하거나 비판하는 것이 아니라, "인정하고 찬성한다"고 말한다.[58] 그러나 유대인들이 도둑질 하고, 우상을 약탈하고, 율법을 어김으로 하나님을 욕되게 하는 일(롬 2:21-24)도 바울이 유대인들의 특권으로 인정하고 찬성했다고 할 것인가? 이 본문은 라이트의 관점이 통과할 수 없는 지점이다. 라이트는 이 부분이 문자적인 것이 아닌 것처럼 말하면서, "바울은 모든 유대인이 죄인이라는 것을 증명하는데 관심이 없다"고 주장한다.[59] 또 이것을 단지

---

[56] Wright, *Justification*, 166.
[57] Wright, *Letter to the Romans*, 448-449; ders., *Justification*, 166-167.
[58] Wright, *Letter to the Romans*, 446-447.
[59] Wright, *Letter to the Romans*, 447: "Theft and adultery exist in Israel, both literally in many cases and spritually wherever people 'rob God' (Mal 3:8) or are unfaithful to him, as a bride to her husband (e.g. Hos 2:2-13)". 그러나 바울이 로마서 2:21-24에서 말하는 도둑질과 우상을 훔치는 것, 간음과 말라기 시대 귀환한 사람들이 하나님께 속한 것을

이스라엘이 하나님의 언약에 신실하지 못한 것을 나타낸다는 자신의 이론 속에 있는 개념(이스라엘의 상태 = 포로기)으로 설명하려고 한다.[60] 박영돈 교수는 이런 주석법을 "라이트는 자신의 관점에 거스르는 이런 본문[롬 2:21-24]을 제대로 다루지 않고 슬쩍 건너 뛴다"고 평가했다.[61]

이제 라이트가 자신의 미래 칭의 개념을 지지하기 위해 로마서를 주석할 때, 출발하는 기본적인 전제들을 좀더 깊이 들여다 보아야 한다. 이것이 다음 단락에서 다룰 주제이다:

### 4.2 라이트의 로마서 2장 주해에서 해석적 전제 평가

라이트는 로마서 2장을 해설하면서, 이 본문이 1세기 유대주의 관점을

---

'실제적으로' 훔친 것이 관련이 있다고 보아야 할 지 매우 의심스럽다. 또 여기서 호세아서의 간음이 비유적인 의미에서만 간음을 가리키는가?

[60] Wright, *Letter to the Romans*, 447-448.

[61] 박영돈, 「톰 라이트 칭의론 다시 읽기」 (서울: IVP, 2016), 95; 이렇게 자신의 관점과 맞지 않거나 설명할 수 없을 경우, 본문의 의미와 상관 없이 자신의 견해를 동조하는 것처럼 말하는 것을 로마서 4:1-8 해석에서도 볼 수 있다. 로마서 4:1-8을 다룰 때, 그는 다음과 같이 말한다: Wright, *Justification*, 194: "The point he is making is that, in calling Abraham and promising him his innumerable decendents, <u>God was thereby acting in sheer grace, irrespective of the fact that Abraham had no merit to commend him</u> ... that he is ruling out any suggestion that Abraham might have been 'just the sort of person God was looking for', so that there might be some merit prior to the promise, in other words, some kind of 'boast'. ... Forgiveness – the non reckoning of sin – is thus right at the heart of <u>the larger picture</u> which Paul is sketching, <u>but we must not for that reason ignore that larger picture</u>. *The point of God's covenant with Abraham, to give him a single great family, always was that this was how sins would be forgiven, and the initial establishment of that covenant embodied the same principle*" (강조: Wright; 밑줄: 필자). 여기서 아브라함을 해석할 때, 라이트가 어쩔 수 없이 자신의 관점이 아니라 옛 관점으로 해석할 수밖에 없었다는 것을 관찰할 수 있다. 로마서 4:1-8이 라이트의 관점을 지지하지 않기 때문이다. 그런데 그는 이 옛 관점이 마치 자신의 언약관점이라는 좀더 '거시적인 맥락'(larger picture)에서 이해되어야 한다고 말함으로써, 본문이 자신의 해석을 지지하는 듯한 언어를 쓰고 있다. 박영돈 교수는 이것을 라이트가 "어쩔 수 없이 옛 관점이 큰 맥락 속에 암묵적으로 내포되어 있다는 식으로 얼버무리고 넘어가려고 한다"고 비판한다; cf. 박영돈, 「톰 라이트 칭의론 다시 읽기」, 116; 또 같은 책, 145에서 "라이트는 그의 해석의 틀에 잘 들어맞지 않고 오히려 거스르는 대목에 봉착하면, 옛 관점의 필요성을 인정한다"고 평가했다.

전제하고 있다고 생각하는데, 과연 1세기 유대주의가 이 본문을 전적으로 긍정하는지 살펴보아야 한다. 여기에는 바울의 사고를 1세기 유대주의 관점에서 파악해야 한다는 전제가 있다고 볼 수 있다:

> "우선, [롬] 2.1-16은 분명하고 드라마틱하게, 마지막 심판 장면을 말한다. 이 장면은 최후 법정에 관한 유대적 사상에 뿌리를 두고 있다."[62]

그리고 라이트는 로마서 2:17-24을 건너뛰고, 로마서 2:26-29을 2:6-7, 10, 13-16과 연결하여 읽으면서, 여기서 바울이 결국 "율법을 소유하지 못했으나 율법을 행하여 자기 스스로에게 율법이 되는 이방인"이나 "율법의 요구를 행하는 무할례자들"이 "'도덕적인 이방인'을 가리킨다고 생각할 충분한 이유가 있다"고 말한다. 그리고 로마서 2:26-29과 고린도후서 3장을 통해 볼 때, 이 사람들은 "그리스도인들, 그들의 마음에 성령께서 율법을 기록했고, 그들의 비밀이 드러날 때, 하나님의 이전의 비밀한 일을 나타낼 것이다"라고 주장한다.[63]

    그런데 과연 이 관점으로 로마서 2:1-16을 파악하는 것이 옳은가? 이 질문에는 부정적으로 대답하지 않을 수 없다. 왜냐하면 여기에는 1세기 유대주의가 어떤 형태를 갖든지 전혀 등장하지 않는 사상이 있기 때문이다. 그것은 율법이 이방인들의 마음에 기록되었다는 사상이다(cf. 롬 2:14-15). 파울 빌러백(Paul Billerbeck)에 따르면, 이방인이 본성으로부터, 다시 말해서 자연적 양심의 동인에서 율법을 행한다든가 이방인의 "마음에 율법이 기록되었다"는 사상은 랍비들에게 매우 거리가 멀어서 그들로부터 전혀 기대할 수 없는 사상이다.[64] 몇몇 유대주의 문헌(위경)에 본성상 율법을

---

[62] Wright, *Justification*, 158.
[63] Wright, *Justification*, 166-167; 라이트는 그의 로마서 주석 (Letter to the Romans, 441)에서는 "그리스도인 이방인들"(Christian Gentiles)이라고 말한다.
[64] Bill. III 88-89.

갖지 않은 이방인이 율법을 행한다(cf. 롬 2:14)는 사상을 관찰할 수 없는 것은 아니다. 그러나 이것은 유대주의 문헌이라는 바다에서 보이지도 않는 섬과 같이 매우 희귀하게 나타날 뿐이다:

> 제 4 에스라서 3:7-8 : 당신[하나님]은 그[아담]에게 단 하나의 계명을 주셨습니다. 그런데 그가 그것을 범했습니다. 그리고 곧 당신은 그와 그의 자손들 위에 죽음을 두셨습니다. 그에게서 수없이 많은 민족과 족속과 나라들과 지파들이 태어났습니다. 8 그러나 각 민족은 그들 자신의 뜻(nach seinem eigenen Willen)에 따라 살았고, 그들은 당신 앞에서 악을 행하고 당신의 계명들을 무시했으나, 당신은 그들을 막지 않으셨습니다.[65]

또 여기서 "자신의 뜻을 따라"가 "양심"을 가리키는지 "이성"을 가리키는지 분명하지 않고, 이렇게 희소한 본문으로 로마서 2:14을 유대주의가 대표하는 사상이라고 말하기 어려운 것이다. 빌러백에 따르면, 랍비들의 문서에서 위경(e.g. TestJud 20)에 이르기까지 "마음에 새겨진 율법" 사상(롬 2:15)은 유대주의에서 예외 없이 유대인에게만 해당하는 것이며, 이방인에게 적용된 적이 없다.[66]

이것은 로마서 2:1-16에 나타난 바울의 논의를 유대주의 관점이라고 부르고 이것을 해석원리로 삼는 것이 적절하지 않다는 것을 보여준다. 로마서 2:1-16은 오히려 복음 계시에 입각한 인간에 대한 바울의 새로운 통찰이 드러난 것이라고 보는 것이 더 본문에 가깝다(cf. 롬 2:16; 행 17:30-31).

### 4.3 라이트의 로마서 2장과 로마서 8장의 연결성에 대한 문제

나아가 로마서 2장과 8장을 연결하는 "내적 논리"가 주석적으로 정당한가

---

[65] J. Schreiner, *Das 4. Buch Esra*, JSHRZ V/4 (Gütersloh: Gerd Mohn, 1981), 312-313; 빌러백은 시리아 바룩서 48:38를 언급한다(Bill. III 89).
[66] Bill. III 89-96.

반문해 볼 필요가 있다. 이 "내적 논리"가 성립할 조건은, 라이트에 따르면, 로마서 주제가 로마서 1:16-17이 아니라, 1:3-4과 2:1-16의 조합인 것을 인식하는 것이다. 그러면 이 조합을 통해 어떤 새로운 주제를 발견할 수 있는가? 라이트는 그 주제가 "하나님은 그의 언약에 신실하시다는 믿음이 이스라엘의 회복에 관한 소망, 나아가 창조 회복의 소망에 절대적인 토대가 된다"[67]는 사상과 "예수, 메시야는 부활하신 분으로서 세계의 주인이며, 온 세계를 믿는 충의로 소집하시는 분이시다"(cf. 롬 1:3-4)[68]는 사상이라고 말한다. 이 예수님은 이스라엘이 하나님의 언약에 신실하지 못했을 때, 언약에 신실함으로써, 이스라엘의 포로기[69]를 마감하고, 하나님이 온 창조를 회복하시고, 하나의 가족을 만드시겠다는 언약을 실현시켰다는 것이다.[70]

따라서 신자가 그리스도를 믿을 때, 그 신앙은 그리스도께서 언약백성의 대표로 성취한 언약을 받아들이는 것이다. 이것이 현재 칭의이다. 신자가 언약 회원이 되었다는 선언이다. 그러나 라이트에 따르면, 바울의 칭의는 마지막 심판이 행위에 따라 된다는 사실을 포함한다는 것이다. 하지만 이것이 사람의 행위나 공로의 논리가 아니라 "사랑의 논리"이며, 성령에 의존한다는 것이 그의 의견이다. 이 주제를 논하는 것이 로마서 2:1-16과 로마서 8장이다. 따라서 로마서 1-8장을 지배하고 있는 것은 두 가지 이미지이다. 하나는 시편과 이사야, 다니엘 9장[71]의 하나님의 언약적 신실함이요, 다른 하나는 시편 62:13과 다니엘

---

[67] Wright, *Justification*, 154.
[68] Wright, *Justification*, 156.
[69] 라이트는 구약과 유대주의의 "역사-종말"에 관한 이해를 매우 축소하여 논한다. 이에 대한 비판, 특히 라이트의 "포로기"에 대한 비판에 관해서는 S. M. Bryan, *Jesus and Israel's Traditions of Judgment and Restoration*, SNTS.MS 117 (Cambridge: Univ. Press, 2002), 12-20; D. A. Carson, "Summaries and Conclusions", in D. A. Carson/P. T. O'Brien u.a. (Hg.), *Justification and Varigated Nomism, Vol. I: The Complexities of Second Temple Judaism*, WUNT 2/140 (Tübingen: Mohr, 2001), 546, 각주 158을 참조하라.
[70] Wright, *Justification*, 154.

7장[72]의 최후 심판이다.

그러나 이 두 이미지(언약-포로기, 최후 심판)가 과연 로마서 본문에서 자연스럽게 나온 것인가? 이 질문에 긍정적으로 대답하는 것은 오직 라이트가 이미 갈라디아서-빌립보서-고린도전후서를 거쳐 구축해온 전제 위에서만 가능하다. 로마서 자체에서 출발한 독자에게 이 전제는 매우 낯선 것이다.[73] 이 전제가 자연스러운 것이 아니라면, 그의 '새로운' 로마서 주제는 전통적인 관점에서 로마서의 주제(1:16-17) 자리를 점유할 권리를 갖지 못한다.[74] 아울러 이것은 로마서 2장과 8장의 연결성이 주석적으로 매우 우연적인 성격에 제한된다는 점을 보여준다. 이런 점에서 바울이 로마서 1-8장과 다니엘 7장과 연관 속에서, 그의 마음에 묵시와 법정, 언약을 함께 품었다는 해석은, 바울의 마음이라기보다는 그렇게 해석하려는 의지를 가진 자의 마음의 반영일 가능성이 높다.

### 4.4 라이트의 성령의 내주와 활동이 산출한 행위에 있는 비실제적인 요소

앞에서 살펴본 것처럼(§ 3.2-3; 4.3), 라이트는 현재 칭의와 미래 칭의가 상응될 것이라 '확신하고', 이 확신의 근거로 신자의 전 생애에서 성령의 내주와 활동을 든다. 여기서 세 가지 질문이 제기된다:

---

[71] Wright, *Justification*, 154.
[72] Wright, "Justification by (Covenental) Faith to the (Covenantal) Doers", 100.
[73] 박영돈,「톰 라이트 칭의론 다시 읽기」, 84, 91-92.
[74] Peter J. Tomson, "'Die Täter des Gesetes werden gerechtfertigt werden' (Röm 2,13)", in M. Bachmann (Hg.), *Lutherische und Neue Paulusperspektive. Beiträge zu einem Schlüsselproblem der gegenwärtigen exegetischen Diskussion* (Tübingen: Mohr, 2005), 194: "Allgemein ist anerkannt, dass Röm 1,16f. ('dem Juden zuerst, aber auch dem Griechen') eine Art Motto für die ganze folgende Auseinandersetzung darstellt, deren erster Abschnitt wenigstens bis 3,20 reicht, obwohl man vielleicht auch bis hin zur Ausführung über die 'Gerechtigkeit außerhalb des Gesetzes', mit Abraham als Beispiel, durchlesen kann."

첫 번째는 바울이 과연 라이트와 같이 현재 칭의와 미래 칭의를 출발점과 도착점으로 보고, 전자에서 후자에 이르는 것을 직선적 과정으로 생각했는가 하는 것이다. 바울은 "우리가 성령으로 믿음으로부터 의의 소망을 기다린다"(갈 5:5)고 말한다. 여기서 "의"는 분명 마지막 심판에서 최종 평결을 가리킨다.[75] 그러나 바울은 이것을 그 당시 유대주의자들과 같이 "율법"이나 "할례" (cf. 갈 5:3)도, 라이트와 같이 "행위"도 아닌 "성령의 방식으로"(πνεύματι)[76] "믿음으로부터"(ἐκ πίστεως; 기원) 기다린다고 말한다. 다시 말해서, 믿음은 율법과 할례와 행위의 완전한 반대개념일 뿐만 아니라 미래/최종적인 의에 대한 소망의 현재화의 원리라는 것을 가리킨다.[77] 또 여기서 이 구절과 동일한 구조를 갖는 바울의 주장을 고려할 필요가 있다:

갈 5:5 ἡμεῖς γὰρ πνεύματι ἐκ πίστεως ἐλπίδα **δικαιοσύνης** ἀπεκδεχόμεθα

롬 5:1 **δικαιωθέντες** οὖν ἐκ πίστεως εἰρήνην ἔχομεν πρὸς τὸν θεὸν διὰ τοῦ κυρίου ἡμῶν Ἰησοῦ Χριστοῦ

만일 갈라디아서 5:5에서 말하는 "의"와 로마서 5:1에서 말하는 "의"가 다른 것이 아니라면, 이것은 분명 과거에 얻은 의, 곧 신자가 이미 얻은 의를 가리킬 것이다(cf. 롬 8:29-30).[78] 그러므로 바울의 사고 세계에는 의가 어떤 경우에도 그것의 종말론적 측면이 공존하지 않는 경우가 없고,

---

[75] H. N. Ridderbos, *The Epistle of Paul to the Churches of Galatia*, NICNT (Grand Rapids: Eerdmans, 1954 = 1984), 189.

[76] Dat. modi; cf. E. G. Hoffmann/H. v. Siebenthal, *Griechische Grammatik zum Neuen Testament* (Riehen/Schweiz: Immanuel-Verlag, ²1990) (= HS), § 180b.

[77] Ridderbos, *Galatia*, 189.

[78] Cf. Ridderbos, *Galatia*, 189; 로마서 5장이 가까이는 로마서 4:23-25, 멀리는 로마서 1:16-3:20 | 3:21-4:25을 배경으로 하고 있는 점을 고려할 때, 이것은 의심할 여지가 없다.

나아가 이 의의 종말론적 성격이 비분리적인 요소로 자리잡고 있다는 것을 알 수 있다.

두 번째로 라이트는 성령에 기초한 삶과 인간의 행위를 반립개념으로 보는데, 이것이 바울의 사상과 양립할 수 있는가 하는 질문이다. 왜냐하면 라이트는 미래 칭의가 "살아온 전 생애의 삶에 기초하여" 이루어지며, 이 삶은 성령께서 내주하시고 신자 안에서 행하시는 것이므로 인간의 공로적 행위가 될 수 없다고 말하기 때문이다. 그러나 바울은 "우리가 성령으로 산다면, 또한 성령으로 걸어가자"(갈 5:25 εἰ ζῶμεν πνεύματι, πνεύματι καὶ **στοιχῶμεν**)고 말한다. 즉 성령의 주도성과 인간의 책임성을 동시에 언급하고 있다.[79] 여기서 두 가지 사실을 알 수 있다. 하나는 성령으로 산다는 것은 신자의 활동을 포함한다는 사실이고, 다른 하나는 신자의 삶과 성령의 인도가 늘 일치하지 않을 가능성이 있다는 것이다(cf. 갈 6:1).[80] 그러나 이 두 가지를 인정한다 하더라도, 오웬(John Owen; 1616-1683)이 잘 지적한 것처럼, 성령의 내주와 활동은 신자 안에서 이루어지고 신자와 함께 하며 신자를 적대하거나 신자 없이 이루지는 것이 아니다.[81]

---

[79] Cf. Ridderbos, *Galatia*, 219: "It proceeds from a define assumption, the truth of which must prove itself. The first points out the principal relation to the Spirit. ... The second clause speaks of the activity of believers which they exercise in the strength of the new principle granted them"; 갈 5:17에 대해서는 같은 책 203을 참조하라: "The principle of the Spirit does not make human effort unnecessary, but arouses it and equips it to put all its forces into the service of the Spirit."

[80] 이 문장에서 ζῶμεν은 직설법 현재(ind. pres.), στοιχῶμεν은 가정법 현재(coni. pres.)이다. 여기서 바울이 "성령으로 또한 걸어갈지니라"(πνεύματι καὶ στοιχῶμεν)를 가정법 현재로 쓰고 있다는 점을 주목해야 한다. 이것은 미래적 사실을 표현하는 것이 아니라 계속해서 반복적으로 이루아가야 할 행위인 것이다; Cf. Piper, *Future of Justification*, 127-128; 박동근, 「칭의의 복음: '톰라이트의 칭의론'에 대한 언약적, 구원론적 비평」 (수원: 합동신학대학원출판부, 2014), 95-100; 121-123; 박영돈, 「톰라이트 칭의론 다시 읽기」, 196.

[81] J. Owen, "Of Mortification of Sin in Believers", in W. H. Gold (Hg.), *The Works of John Owen*, Vol. 6 (Edinburgh/Pennsylvania: The Banner of Truth, 1981), 20: "He[Holy

세 번째로 라이트는 신자의 행위를 성령의 활동에 기초를 두게 하는 반면, 행함과 신자 사이에서 그리스도의 역할을 배제시킨다.[82] 그러면 라이트가 신자의 성령에 의존한 행위를 말하는 곳에 등장하는 "믿음의 법"(롬 3:27)이나 "그리스도의 법"(갈 6:2)이라는 표현은 어떻게 이해할 것인가? 리델보스에 따르면, 그리스도는 여기서 "새로운 율법 수여자로서 모세를 대적해서 서는 것이 아니라 ... 율법과 신자들 사이에 서시며, 신자들 안에서 성령으로 그것의 성취를 보증하신다."[83] 이 점에 비추어 볼 때, 라이트의 "성령에 의해 능력이 부여된 행위"라는 개념에는 그리스도의 중보적 위치 및 성령을 통한 통치에 대한 이해가 결여되어 있다. 신자의 행위(순종)가 이전 율법의 행위와 다른 새로운 면은 그 순종의 항목이 아니라 그 순종의 근원인 그리스도에게 있다.[84]

### 4.5 라이트의 "율법을 행하는 자들"에 대한 해석 비판

다음은 유대주의에서 "율법을 행하는 자들"을 어떻게 인식했는가 하는 것이다. 다시 말해서, 심판이 "각 사람의 행위에 따라" 되며(롬 2:6), "율법을 행하는 자"(롬 2:13)가 의롭게 될 것이라는 말이 실제로 라이트가 의도하는 바를 가리키는가? 라이트는 이 사상, 곧 "하나님의 능력과 자비의 표현으로서 행위들에 따른 그분의 정의로운 심판"은 "깊이

---

Spirit] doth not so work our mortification in us as not to keep it still an act of our *obedience*. The Holy Ghost works in us and upon us, as we are fit to be wrought in and upon; that is, so as to preserve our own liberty and free obedience. He works upon our understandings, wills, consciences, and affections, agreeably to their own natures; he *works in us* and *with us*, not *against us* or *without us*; so that his assistance is an encouragement as to the facilitating of the work, and no occasion of neglect as to the work itself." (강조: Owen).

[82] 라이트는 의의 전가를 부인하므로, 그리스도의 죽음과 부활을 말하는 곳에서도 그리스도의 순종을 고려에 넣지 않는다.

[83] Ridderbos, *Galatia*, 213.

[84] Ridderbos, *Galatia*, 213: "The new element is not the content of the law, although Christ's coming and His work modified it, but in the root of obedience, namely, Christ."

뿌리내린 유대적 전통"(deep-rooted Jewish tradition)이라고 말한다.[85] 그러면서 시편 62:13; 잠언 24:12 등을 언급한다. 물론 행위에 따른 심판에 관하여 성경이 침묵하고 있는 것은 아니다(cf. 마 16:27; 딤후 4:14; 계 2:23, 22:12; 벧전 1:17; 고전 3:13). 또한 이 심판은 "항상 임박한 또는 기대반경 안으로 들어온 하나님의 심판과 관련성 속에서" 언급되는 것도 사실이다.[86] 그러나 여기서 확인해야 할 것은 1세기 유대주의 사상이 라이트의 견해를 지지하는가 하는 것이다. 이것을 확인하는 일은 두 가지 질문으로 시작할 수 있다:

1. 이 심판이 성령의 내주와 활동의 산물인 "행위들"에 기초하여 이루어지는가?
2. 나아가 유대주의는 이 "행위들"의 본질을 어떻게 규정하는가?

첫 번째 질문(Nr. 1)에 관한 대답은 시편 62편을 통해 확인해 볼 수 있다. 김경식 교수는 로마서 2:6과 시락서 32:23 LXX, 솔로몬의 시편 2:34에서 행위 심판, 하나님의 자비, 하나님의 차별 없으심, 이 세 가지 사상을 접할 수 있다고 분석한다.[87] 그런데 이 유대주의 문헌들에 따르면, 심판은 이방인들에게, 자비는 유대인 자신들에게, 차별 없으심은 이방인에게도, 억압받고 있는 유대인들에게도 적용된다.[88] 이런 상황에서 바울은 유대인들의 민족적 구별에 근거한 하나님의 자비에 대한 생각을 반박하고, 시편 62편을 인용하여 "하나님에 대한 믿음에 바탕을 둔 행위가 최후 심판의 유일한 기준이라고 주장"한다는 것이다.[89] 이 분석이 옳다면, 라이트가 로마서 2:6을 근거로 "행위에 기초한 최종 심판/칭의"를 주장한

---

[85] Wright, *Letter to the Romans*, 439.
[86] Tomson, "Täter des Gesetes", 197
[87] 김경식, "바울은 왜 로마서 2장에서 행위 심판을 말하는가? 시편 61(LXX)에 대한 바울의 해석 논쟁", Canon & Culture 1/2 (2007), 248-249.
[88] 김경식, "로마서 2장에서 행위심판", 248-249.
[89] 김경식, "로마서 2장에서 행위심판", 256.

것은, 시편 62:13도 로마서 2:6도 오해한 데서 기인한 것이다. 로마서 2:1-11에서 바울의 기본적인 의도는 율법을 어김에도 불구하고 하나님의 자비를 의지할 수 있다는 사상을 대적하는 것이다. 또 만일 롬 2:6이 시편 62:13에 근거하고 있다면, 바울이 말한 행위는 일반적인 행위도, 라이트의 성령과 하나님의 활동의 결과도 아닌, 하나님의 율법에 대한 "순종"의 의미에 가깝다.[90]

이 행위의 신앙적 의미는 "행위들"의 본질(Nr. 2)에 관한 1세기 유대주의의 사상을 묻게 한다. 제 2성전기 유대주의는 롬 2:13에서 말하는 "율법을 행하는 자들"을 어떻게 인식했는가? 유대주의 문헌에 따르면, "율법을 행하는 자"(Täter der Gesetzes)는 믿음으로 칭의를 얻는 것과 서로 배타적 항목이 아니다. 도리어 이 둘은 서로 뗄 수 없는 관계에 있다. 쿰란 하박국 페쉬타 7:11; 8:1-3에는 하박국 2:3 "비록 더딜지라도 기다리라. 지체하지 않고 응하리라"에 관한 해석을 수록하고 있는데, 저자는 이 구절에 근거하여 "율법을 행하는 자들"(עושי התורה)이 진리를 봉사하는데 지치지 않을 것이라고 예언하면서, "의인"이란 "유다 집에서 율법을 행하는 모든 사람"을 가리키며, 하나님은 "그들이 받는 고난"과 쿰란 공동체의 선생인 "의의 교사에 대한 믿음" 때문에 심판에서 구원하실 것을 내다본다.[91] 또 마카비 1서 2:50, 52, 67에는 맛타디아의

---

90 Cf. 김경식, "로마서 2장에서 행위심판", 265: "바울 사도는 로마서 2:1-11에서 그리스도인의 믿음과는 별도로, 단순히 일반적 행위에 따른 최후 심판을 주장하고 있는 것이 아니다. 그는 로마서 2:6-11에서 그 지배적 주제가 신뢰(믿음)인 시편 61편(LXX)를 사용하여, 그리스도를 통해 일하시는 하나님을 신뢰하는 믿음을 표현하는 순종(행위)이 최후 심판에 필요하다고 암시하고 있다."

91 1QpHab 7:11; 8:1-3: "마지막 때가 그들 위에 지연된다 하더라도, 율법을 행하는 자들(עושי התורה), 그들의 손이 진리를 봉사하는데 지치지 않을 것이며; (합 2:4 오직 의인은 믿음으로 말미암아 살리라). 1QpHab 8:1이 말씀의 뜻은 유다 집에 율법을 행하는 모든 사람을 가리킨다. 2 하나님은 그들의 고난과 그들의 믿음(אמנתם), 곧 의의 교사에 대한 믿음 때문에 심판의 집에서 건져내실 것이다"; E. Lohse, *Die Texte aus Qumran*.

유언이 나오는데, 여기서도 "율법을 행하는 자"와 "믿음"을 거의 동일시하고 있다.[92]

톰슨(Peter J. Tomson)은 라이트가 자신의 견해를 위해 매우 자주 인용하는 4QMMT도 단순히 행위들에 의한 의가 아닌 그 행위들 배후에 있는 "들음"과 "배움"을 전제한다는 점을 지적한다.[93] 이 외에도, 톰슨에 따르면, 쿰란 문서에서는 특별한 할라카 규정을 준수하는 것을 "의"로 또한 의의 교사에 대한 순종을 "믿음"으로 표시한다고 말한다.[94]

이러한 사실은 라이트의 "행위" 개념이 매우 기반이 약한 가설임을 보여준다. 나아가 라이트가 로마서 2:13에서 이방인 그리스도인들의 행위와 그것에 근거한 최종 칭의라는 사상을 끌어내는 것이 자신의 가장 중요한 해석 원리인 1세기 유대주의 사상과 거리가 멀다는 것을

---

*Hebräisch und Deutsch* (Kempten: Kösel, [4]1986), 235-237; cf. Tomson, "Täter des Gesetes", 200.

[92] 1 Makk 2:50, 52, 67: "이제, 내 자녀들아, 너희는 율법에 열심을 내고, 너희 삶을 너희 조상들의 언약에 두라 ... 52. 아브라함이 시험 중에 완전한 믿음에 있어, 그것이 그에게 의로 여겨지지 않았느냐? (...ἐν πειρασμῷ εὑρέθη πιστός καὶ ἐλογίσθη αὐτῷ εἰς δικαιοσύνην). .... 67 너희는 율법을 행하는 자들(τοὺς ποιητὰς τοῦ νόμου)을 너희에게 모두 모아 너희 민족을 위해 복수하라"; K. – D. Schunck, *1. Makkabäerbuch*, JSHRZ I/4 (Gütersloh: Gerd Mohn, 1980), 306-308; cf. Tomson, "Täter des Gesetes", 200.

[93] Tomson, "Täter des Gesetes", 201: "Das erzeugt dann wieder einen sinnvollen Zusammenhang mit der rabbinischen sowie der synoptischen Tradition, wo auf verschiedene Weise betont wird, dass jedes "Horen" oder "Lernen" ohne Bezug auf das wirkliche "Tun" frucht- und grundlos ist." 이어서 톰슨은 4Q398 Fragm. 14-17 Kol II 2f. 7 = 4QMMT C 25-31을 인용한다: "우리는 너에게 율법의 행위들(מקצת מעשי התורה)을 간추려서 적는다 (...). 만일 네가 그분 앞에서 정의와 선을 행한다면 이것이 너에게 의로 여겨질 것이다 (ונחשבה לך לצדקה)."

[94] Tomson, "Täter des Gesetes", 202: "Die Assoziation beider Elemente leigt zudem auf der Hand in Qumrantexten, weil einerseits das Befolgen der spezifischen halachischen Anweisungen im halachischen Brief als 'zugerechnete Gerechtigkeit' und andererseits der Gehorsam gegenüber dem Lehrer der Gerechtigkeit als rettender 'Glaube' bezeichnet wird. Gerade dies sind, wie bekannt, zwei Ecksteine der paulischen 'Rechtfertigungslehre'. Nur werden sie hier nicht – wie in Gal 2,16; 3,5 oder Röm 3,20.28; 4,6 – auf den Glauben 'ohne Werke', sondern ausgerechnet auf das Tun des Gesetzes angewandt!"

나타낸다.

## 4.6 라이트의 로마서 1장을 배제한 로마서 2장 해석의 문제점

마지막으로 로마서 2장을 1장과 분리하여 생각할 수 있는가 하는 점을 살펴볼 필요가 있다.

### 4.6.1 로마서 2장의 합법적 해석장으로서 로마서 1:18-3:20

라이트는 자신의 미래 칭의 논의를 롬 2:6에서 시작한다. 그러면서 로마서 1:18-3:20은 하나의 단위이지만, 이것을 한 단위로 취급할 때, 상당한 위험이 있다고 말한다. 그 위험이란 "모든 사람이 죄인이다"는 주제로 이 단락 전체를 해석하면서 그 하부 단위는 소홀히 취급할 수 있다는 것이다.[95] 그래서 그는 로마서 2:1-16을 자세히 취급하고, 나머지는 자신의 논지에 절대적으로 필요한 구절들만을 선택하여 설명에 끌어들인다.[96] 하지만 로마서 2:1-16의 주석적 논의는 로마서 1:18-32으로부터의 바울의 논지 진행을 고려하지 않고서는 그 논의의 적절성을 확보할 수는 없다.[97] 만일 이것을 고려하고 로마서 2:1부터 읽으면, 본문이 "다른 사람을 판단하면서도 동일한 일을 하는 사람들", 특별히 율법을 가졌다고 자랑하나 그 율법을 지키지 않는 사람들을 대상으로 한다는 것이 분명해 진다:

> 바울은 여기서 도덕주의자들의 개인주의를 벗겨내고, 그런 사람들을 로마서 1:18-32에서 [하나님의 진리를] 거역하는 자들과 함께 나란히 둔다. 하나님의

---

[95] Wright, *Justification*, 158.
[96] Cf. 이와 관련된 그의 주해 방식에 관해서는 Wright, *Justification*, 153을 참조하라.
[97] M. A. Seifrid, "Unrighteous by Faith: Apostolic Proclamation in Romans 1:18-3:20", in , D. A. Carson/P. T. O'Brien u. a. (Hg.), *Justification and Variegated Nomism, Vol II: The Paradoxes of Paul*, WUNT 2/181 (Tübingen: Mohr, 2004), 122.

뜻을 아는 것과 그것을 행하지 않는 것의 분리는 그 전단락 만큼이나 로마서 2:1-16에서 기괴하고 부조리한 것이다.[98]

또 사이프리드(Mark A. Seifrid)는 바울이 로마서 2:1-29에서 "개인의 상태로부터 그와 상응하는 인류의 상태로 논증하고 있는데, 라이트는 이스라엘의 집합적인 상황으로부터 개인의 곤궁을 끌어낸다"[99]고 비판한다. 이것은 본문에 맞지 않을 뿐만 아니라, "바울이 여기서 계속되는 죄책을 과거로부터 이스라엘에 돌리고 있다는 불행하고 잘못된 가정을 하게 된다"고 비평한다.[100] 그러나 바울이 비판하는 대상은 사이프리드에 따르면, "잘못된 자기 평가의 숨은 오류"요, 유대인들이 "의식하지 못하는 가운데, 판단자라는 신적 역할을 주장하는 데서 오는 눈먼 상태"이다.[101]

### 4.6.2 행위와 최후 심판에 관한 1세기 유대주의의 견해

만일 이렇게 로마서 2:1-16을 읽으면, 라이트가 자신의 견해를 뒷받침하기 위해 사용한 선별적 주석방식의 허위가 드러난다. 만일 바울을 1세기 유대주의 관점에서 읽는다면, 바울의 로마서 1-2장과 같은 기록은 존재할 수 없다. 라이트는 바울이 로마서 2장에서 미래 칭의를 암시하고 있고, 이 미래 칭의는 어떤 사람의 "전 생애의 삶 또는 그가 살아온 삶의 총체성에 기초하여" 선언될 것이며, 이것은 현재 칭의와 일치할 것이라고 예견하지만 유대주의에서는 행위와 최후 심판을 이런 관계로 생각하지 않는다. 유대주의에서 이 관계는 셋 중 하나였다: 첫째, "땅의 백성들"과 비교하여 자기 위안을 삼거나, 둘째, 스스로 충분하다는 자기 기만에

---
[98] Seifrid, "Unrighteous by Faith", 122.
[99] Seifrid, "Unrighteous by Faith", 123.
[100] Seifrid, "Unrighteous by Faith", 123.
[101] Seifrid, "Unrighteous by Faith", 124.

빠지거나, 셋째, 가장 많은 행위를 소유하고서도 하나님의 심판에 대한 공포를 잠재울 수 없는 경우이다.[102] 이 중 세 번째 예를 위대한 랍비 요하난 벤 자키(탄나임시대, 80년 어간에 사망)에게서 찾을 수 있다:

랍비 요하난 벤 자키가 병들었다. 제자들이 찾아왔을 때, 그는 울고 있었는데, 제자들이 왜 우느냐고 물었을 때, 그는 대답한다:

"만일 혈과 육에 속한 한 왕, 곧 오늘 여기 있다가 내일 무덤에 있는 자, 그가 내게 노한다 해도 그 노는 영원한 노가 아니요, 그가 나를 묶는다 해도 그 사슬은 영원한 것이 아니며, 그가 나를 죽인다 해도 그것은 영원한 죽음이 아니며, 그를 내가 말로 진정시키고 돈으로 매수할 수도 있는 자에게 나를 데려간다면, 그럼에도 나는 울 것이다. 그러나 지금, 왕의 왕, 거룩하신 자, — 그는 찬송을 받을 지어다 — 곧 영원히 사시고 존재하실 분, 그가 내게 노한다면, 그 노는 영원한 진노요, 그가 나를 묶는다면, 그 사슬은 영원한 것이며, 그가 나를 죽인다면 그것은 영원한 죽음일 것이며, 그를 내가 말로 진정시키고 돈으로 매수할 수도 없는 자에게 나를 데려 데려간다면, —또한 두 길이 내 앞에 있는데, 하나는 천국으로 하나는 지옥으로, 그런데 그 중 어떤 길로 나를 데려갈지 내가 모르는데,— 내가 왜 울지 않겠느냐?"(bBer 28b).[103]

**4.6.3 최종 심판시 의를 확보하기 위해 유대주의가 호소한 의의 내용**
또 라이트는 미래 칭의가 성령의 내주와 활동에 근거한 행위에 기초하고, 현재 칭의는 아브라함의 언약에 신실한 메시야의 죽음과 부활에 의지할 것이며, 이 둘이 종말론적인 하나님의 위대한 계획 곧 온 인류를 아브라함의 한 가족을 만들려는 언약에 입각할 것이라고 말한다. 그러나 1세기 유대주의는 최종 칭의/심판에 관하여 이런 관념을 갖지 않았다. 유대주의가 최종 칭의를 위해 기대한 것은 메시야도 하나님의 계획도

---

[102] Cf. Paul Volz, *Die Eschatologie der jüdischen Gemeinde im neutestamentlichen Zeitalter* (Tübingen: Mohr, ²1934), 111.
[103] *Der babylonische Talmud*, tr. by L. Goldschmidt, Vol. 1 (Königstein: Jüdischer Verlag, 1980), 124.

아닌 아브라함의 의와 순종이다.

신약에는 이 사상이 "아브라함 우리 아버지"(마 3:7)라는 구호로 나타난다. 이 구호 이면에는 유대인들이 심판시에 의지할 수 있는 의에 대한 기대일 가능성이 있다. 유대인들은 그들의 조상들을 보고 하나님이 기도를 들어준다든지[104], 아브라함이 이삭을 제물로 바치기 위해 묶은 것을 보고 하나님이 진노를 누그러뜨려 준다고 생각했다[105]. 그러나 본문과 가장 가까운 사상은 아브라함이 확보한 의가 그의 먼 후손들까지 미친다는 것이다.

랍비들은 이 사상을 다양한 주석적 근거로 강화하였다. 그 중 몇 가지만 예를 들면 다음과 같다: 우선 레위기 26:42과 시편 80:8[cf. 히 80:9]을 연결하여 설명하는 것이다. 이때 랍비들은 이스라엘이 포도덩굴에 비유된 것을 착안한다. 그리고 "포도나무 자체는 푸르고 진액이 많지만 마른 막대기에 기대어 자란다. 이와 같이 이스라엘도, 비록 잠들어 있지만, 그들의 조상들의 공로에 기대어 산다"고 말했다(WaR 36).[106]

또 비슷하지만, 출애굽기 32:13-14과 시편 80:8의 포도나무 은유를 결합하는 것이다. 랍비 탄후마(R. Tanchuma bar Abba)는 "여기서 '영원하신 이가 그 화를 후회하시니라'가 무엇을 뜻하는가?" 묻고, "이 말씀이 말하고자 하는 것은 마치 포도덩굴이 죽은 나무에 기대어 사는

---

[104] 모세가 이스라엘 백성들이 범죄했을 때, 하나님을 설득했으나 소용이 없었지만, 그가 "아브라함과 이삭과 야곱의 하나님"을 부르자 그의 간구를 들어주셨다; 엘리야도 갈멜 산에서 하나님께 기도했으나 "아브라함과 이삭과 야곱의 하나님"하고 부르자 들어주셨다(R. Tanchuma bar Abba; cf. SchemR 44; Wünsche, BR 3, 307-308).

[105] Ginsburg, The Legends of the Jews, I, 279-286; cf. G. F. Moore, Judaism in the First Centuries of the Christian Era, the Age of the Tannaim, Vol. I (Cambridge: Harvard Univ. Press, 1950), 541.

[106] Cf. Wünsche, BR 5,255. 이 비유를 조상들이 아니라 율법에 적용하기도 한다: "포도나무가 막대기에 기대어 자라듯이, 이스라엘도 막대기로 기록한 율법의 공로에 기대어 산다"(WaR 36; Wünsche, BR 5,255)

것처럼, 이스라엘도 그들의 죽은 조상들에게 기대어 산다"고 대답했다 (SchmR 44).107

그 외에 친구의 진주 10개를 맡은 왕의 비유가 있다.

> 어떤 왕에게 친구가 있었는데, 그가 왕에게 진주 10개를 맡겼다 그 친구가 죽고 그의 딸이 남았는데, 왕이 그 딸을 아내로 맞았다. 그리고 10개의 진주로 목걸이를 만들어 주었다. 그런데 그 딸이 그것을 잃어버렸다. 그래서 왕은 신부 인도자108에게 그 딸을 내쫓겠다고 말한다. 그러자 신부 인도자는 왕에게 왕의 친구를 생각하라고 말한다. 그러나 소용없다는 것을 알고는 왕에게 왕의 친구가 10개의 진주를 맡긴 것을 상기시킨다.
> 이와 같이 하나님이 이스라엘을 멸하시겠다고 하자, 모세가 어찌하여 이스라엘에게 진노하시나이까? 묻는다. 그들이 10계명을 어겼기 때문이라 하자, 모세는 하나님께 아브라함이 10가지 시험을 견디고 의를 행한 것을 생각하시기를 간구한다(SchemR 44).109

이것은 아브라함의 의가 하나님의 진노를 누그러뜨리며, 그의 의를 그의 후손들이 꺼내어 쓸 수 있다는 사상을 대변하고 있다.

나아가 유대인들이 아브라함의 행위를 최후 심판 시 의의 근거로 생각할 뿐만 아니라, 그들 부활의 근거로 삼기도 한다. 랍비 아사랴(R. Asarja)는 창 15:11에서 "솔개가 그 사체 위에 내릴 때에는 아브람이 쫓았더라"는 말을 다음과 같이 해석한다:

> "만일 너의 자녀들이 (악한 삶으로) 힘줄과 뼈가 없는 시체가 된다면, 너의

---

107 Wünsche, BR 3,308.
108 "신부 인도자"(Brautführer)란 결혼식에서 신부를 신랑에게 데려오는 일을 맡은 사람을 말한다. 오늘날에는 신부의 아버지가 이 임무를 맡는 경우가 많다.
109 Wünsche, BR 3,309-31.

공로(너의 미덕)가 그들을 도울 것이다"(BerR 44).[110]

여기서 아브라함의 "공로"란 랍비 아시(R. Asi)에 따르면 회개를 말한다 (BerR 44). 이어서 그는 "솔개"는 재앙에 대한 비유이고, 이 재앙을 만날 것인데, 이 재앙을 통해 그들이 모두 썩은 사체가 될 것이다. 그럼에도 불구하고 아브라함의 행위(회개)를 통해 그들은 구원에 이르게 될 것이라 고 설명한다(cf. BerR 44).[111]

## 5. 나가며

지금까지 라이트의 미래 칭의 개념(§ 2)과 그의 미래 칭의 개념의 주석적 근거(§3)를 살펴보고 이 주석적 근거가 적절한지 비평(§ 4)을 시도했다. 이로부터 다음과 같은 결론을 얻을 수 있다:

**1.** 라이트가 미래 칭의 개념을 개진하고 그 근거를 제시할 때 쓰는 언어는 은닉적이다. 이것은 다시 몇 가지 형태로 나타난다. 첫째, 핵심 개념을 설명하는 대신 다른 용어를 제시하고 그것으로 설명을 대신하는 것이다. 예를 들어, 그가 자주 사용하는 "전 생애에 기초하여"라는 표현에서 그는 "기초"(basis)라는 용어에 관한 비판에 적절한 대답을 하지 않고, 자신은 이 말을 "토대"(foundation)와는 다른 의미로 사용한다고 말한다(§ 2.2). 그러나 라이트는 여기서 "행위에 따라서"(κατὰ τὰ ἔργα αὐτοῦ; 롬 2:6)에서 카타(κατά)를 "기초하여"라는 뜻으로 사용할 수 있는지 바울이 그런 의미로 사용하고 있다고 볼 수 있는지 밝혀야 한다. 이 일은 하지 않고

---

[110] Wünsche, BR 1,206.
[111] Wünsche, BR 1,206, 같은 페이지에 있는 설명을 참조하라.

자신의 "기초" 개념은 "토대" 개념과는 다르며, 바울 또한 "토대"를 다양한 의미로 사용한다는 그의 대답은 문제의 핵심을 덮고 주의를 다른 데로 분산시키려는 시도로 밖에 볼 수 없다. 그러나 그는 실제로 어떤 대답도 하고 있지 않다.

또 라이트는 로마서 2:1-16에서 성령에 관하여 읽을 수 있는가라는 내적인 질문에 스스로 답하면서 비록 본문이 말하고 있지 않지만 "이것이 바울의 말하기 방식이다"라고 주장한다. 그리고 로마서 2장은 성령의 활동에 관한 "암시"에 해당하고, 로마서 8장은 "드러냄"에 해당한다고 설명한다(§ 3.3). 그러나 이런 읽기가 이미 로마서 해석 지도를 그려놓지 않은 상태에서 가능한지 묻지 않을 수 없다.

이와 비슷한 예를 로마서 4:1-8에 대한 라이트의 해석에서도 만날 수 있다. 이 본문은 옛 관점이 아니고서는 해석할 수 없는 부분이다. 왜냐하면 아브라함의 의는 경건치 못한 자를 의롭다고 인정해주시는 의에 대한 얘기 때문이다. 그런데 라이트는 이 옛 관점을 더 큰 맥락(자신의 언약 개념) 속에서 보아야 한다고 주장한다(§ 4.1). 하지만 라이트의 이 시도는 본문에 대한 주석적인 자격이 없는 권리 주장에 해당한다.

2. 라이트의 미래 칭의 개념은 로마서 2장과 8장의 연결성에 기초한다. 라이트에 따르면, 이 두 부분은 연결되어 있고, 로마서 2장은 행위에 의한 최종 심판(롬 2:6)이요, 율법을 행한 자에게 주어지는 최종 칭의(롬 2:13)를 말하고, 로마서 8장에서 드러날 이 행위에 대한 유일한 기초로서 성령의 활동(cf. 롬 8:3-4)을 내다보고 있다(§ 3.3). 이 논리는 라이트의 로마서 독법에 근거한다. 하지만 이 독법은 이미 갈라디아서, 고린도전서 1:30, 고린도후서 5:21, 빌립보서 3:2-11을 통해 이미 작성된 해석지도이다.[112] 이 해석지도는 라이트를 로마서 2장의 개념을 로마서 8장에

근거하게 하고, 로마서 8장에서는 로마서 2장을 다시 끌어오게 하며, 나머지 로마서 부분에서는, 예를 들면 로마서 5:16, 18; 14:10-12은 아무런 해석 없이 이 해석지도의 관점에 따라 읽도록 한다. 여기에는 로마서 2장을 로마서 1:18-32과 분리해서 읽는 문제, 또한 1:18-3:20이라는 문맥을 떠나서 해석하는 문제가 있다(cf. § 4.3; § 4.6.1). 무엇보다 이 "내적 논리" 또는 "로마서 1-8장을 아우르는 논리"는 순환논리에서 출발한다는 점과 해석자의 임의성에 노출되어 있다(§ 4.1)는 점에서 적절하다고 볼 수 없다.

**3.** 라이트가 이 해석지도를 따라갈 때, 기본적으로 전제하는 1세기 유대주의, 창조를 회복시키려는 하나님의 계획을 담은 아브라함과의 단일언약 개념 등은 본문에 적용시키기 어려운 점이 많이 있다. 특히 로마서 2:1-11에서 라이트는 율법의 행위를 이루는 이방인, 율법을 듣는 자가 아닌 행하는 자가 얻을 칭의, 그 마음에 율법이 새겨진 이들 등을 이방인 그리스도인들을 가리킨다고 생각한다. 그러면서 이러한 것들이 유대주의 사상이었다고 주장한다. 그러나 "율법이 마음에 새겨진 이방인"이라는 개념은 유대주의에서 낯선 요소이다(§ 4.2). 나아가 1세기 유대주의 문헌 중에 최종 심판시 성령의 내주와 활동이 산출한 행위가 미래/최종 칭의의 기초가 되리라고 주장한 것은 없다. 마지막으로 유대인들이 최후 심판시 의를 확보하기 위해 기울인 노력은 매우 다양해서(자기 위안, 자기기만, 양심의 공포 등), 라이트와 같이 어느 것 하나가 유대주의를 대표한다고 말하기 쉽지 않다. 그러나 유대주의 지도층과 일반 백성이 가장 보편적으로 소유한 최후 심판시 의를 확보하기 위한 수단은 아브라함의 의와 순종에 의지하는 것이었다. 즉 유대인들은 최후 심판시 자신들의 구원을 확신했는데, 그들은

---

112 Cf. Wright, *What Saint Paul Really Said*, 140-148.

아브라함의 후손이므로, 아브라함의 의와 순종의 보유고를 사용할 수 있다고 생각했기 때문이다(§ 4.6.3).

**4.** 나아가 라이트의 "율법을 행하는 자들"에 대한 해석은 유대주의 개념과 거리가 멀다. 유대주의에서 "율법을 행하는 자들"이란 개념은 "믿음"과 "의"로부터 분리할 수 있는 개념이 아니다. 다시 말해서, 유대주의 문헌은 "율법을 행하는 자"를 "믿는 자"와 "의로운 자"와 동일시 했으며, 쿰란 문서 중 일부 (예, 4QMMT)에서는 "들음"과 "배움"을 행위의 전제로 보았다(§ 4.5).

**5.** 마지막으로 "성령의 내주와 활동이 산출한 행위"라는 표현은 바울의 사상과 신학을 잘 반영한 개념이라고 볼 수 없다. 바울의 칭의 개념은 현재 칭의에서 미래 칭의로 가는 직선적 과정이 아니라 이 둘이 비분리적으로 결합된 통일체이다. 따라서 바울에 따르면, 이 종말론적인 의를 신자들은 이미 받았으며, 동시에 성령을 통해 믿음으로 고대한다(갈 5:5; 롬 5:1). 이때 믿음은 현재 칭의의 방편일 뿐 아니라 미래/최종적인 의에 대한 소망을 현재화시키는 원리이다. 라이트는 행위가 성령의 내주와 활동의 결과이므로 인간적 [공로] 행위가 되지 않는다고 주장하지만, 바울은 이것을 서로 배제할 수 있는 것으로 보지 않으며, 나아가 성령의 활동과 인간의 순종이 완벽히 일치할 것으로도 생각하지 않는다. 다시 말해서, 성령의 주도성과 인간의 책임성은 동시적이며 공존하지만, 인간이 성령의 인도에 일치하지 않을 가능성이 없지 않은 것이다(cf. 갈 5:25; 갈 5:17). 마지막으로 바울의 율법의 행함이라는 개념 속에서는 그리스도의 중보자적 위치와 성령을 통한 통치가 확고한 자리를 차지하고 있다(§ 4.4).

**6.** 라이트의 미래 칭의에 관한 견해는, 그의 논증시 사용하는 은닉적인 용어(Nr. 1), 주석 방법론의 오류(Nr. 2), 해석적 전제의 문제(Nr. 3-4), 바울 사상과 상이성(Nr. 5) 등을 고려할 때, 하나의 해석으로서 상대적인 가치 이상을 갖지 못하며, 하나의 안정된 이론이 되기 위한 타당한 근거를 결여하고 있다. (*)

# 4
# N. T. 라이트의 칭의론에 대한 개혁신학적 평가

박동근 | Ph. D.(합동신학대학원대학교) • 한길교회(합신) 담임목사

이 소논문의 논지는 바울에 관한 새 관점의 단일언약 체계 안에서 제시되는 칭의론이 세미-펠라기안주의적 공로사상을 함축하고 있다는 사실을 논증하는 것이다. 바울의 관한 새 관점이 종교개혁신학과 개혁신학에 가하는 가장 큰 사상적 충격은, 이들의 사상의 핵심에 종교개혁 무용론이 표명되고 있다는 사실에서 파생된다. 그들의 주장의 핵심은 종교개혁자들이 바울을 잘못 읽었다는 것이다. 그러므로 이들의 주장의 논지는 바울로부터 이끌어 낸 종교개혁의 칭의론은 바울에 대한 오독의 결과물로서 폐기 및 재해석되어야 한다는 것이다. 루터(Martin Luther)는 칭의 교리를 "그것과 함께 그리고 그것에 의해 교회가 서기도 하며, 그것이 없이 넘어지기도 하는 조항"[1]으로 여긴다. 칼빈은 이 교리를 '구원과 경건의 토대'로 간주한다.[2]

---

[1] Martin Luther, *What Luther Says: An Anthology*, ed. Ewald M. Plass, 3 vols. (St. Louis: Concordia, 1959), 2:704, n. 5, R. C. Sproul, *Faith Alone: The Evangelical Doctrine of Justification* (Grand Rapids, Michigan: Baker Books, 2006), 67에서 재인용.

이신칭의는 전적으로 타락한 죄인이 하나님과 올바른 관계에 들어가는 유일한 방법이다. 그리고 이신칭의 교리는 이러한 올바른 관계를 가져오는 용서와 용납이 오로지 그리스도의 공로에 토대한다고 가르친다. 구원 안에서 획득하는 모든 신령한 복들은 하나님의 용서와 용납하심에 토대한다. 그와의 바른 관계 안에서만이 구원의 누림은 존재한다. 따라서 이신칭의 교리는 복음의 중심 내용이요 모든 교리를 해석하는 데 해석학적 역할을 하였고, 경건한 삶을 사는 데 있어 인과적 원인으로서 토대 역할을 한다. 필자는 새 관점 사상가들과 특별히 라이트에 의해 재해석된 칭의론이 종교개혁과 개혁신학의 심장과 같은 근본교의를 훼손하고 파괴한다는 판단 아래 이들의 신학에 있어 함의된 공로신학적 문제점을 드러내고 개혁신학과의 이질성을 드러냄으로 이들의 신학적 오류를 지적하고, 하나님께서 공교회에 성경을 통해 주신 참된 교의를 소개하고 정립하고자 한다.

## I. 라이트의 칭의론 재해석의 배경: 공로적 조건성을 함축한 언약적 율법주의

샌더스(E. P. Sanders)의 '언약적 율법주의'(covenantal nomism)와 던(J. D. G. Dunn)의 '율법의 행위'와 '하나님의 의'(the righteousness of God) 개념은 라이트(N. T. Wright)의 칭의론 재해석의 중요한 배경이 된다. 이 신학자들은 비판적 수용 안에서 상호작용하며 라이트의 칭의론 재해석에 영향을 주었다. 따라서 라이트의 칭의 이해를 이해하기 위한 예비 작업으로 우리는 세 신학자의 견해들을 살필 것이다. 특히 우리가 라이트와 그 배경이

---

2 John Calvin, *Institutes of the Christian Religion*, ed. John T. McNeil, trans. Ford Lewis Battles (New York : Westminster Press 1960), III., xi. 1. 이후 Calvin, *Institues*, 권., 장. 절로 표시한다.

되는 두 학자들의 신학자들의 신학적 견해들을 살필 때, 이들이 가지고 있는 언약의 조건성(conditionality)과 칭의와 행위의 관계에 대한 이들의 공로신학적 성격을 확증하는 일이 이 소논문의 논지와 관련하여 중요한 의미를 가질 것이다.

### A. 샌더스의 '오직'(sola)이 배제된 은혜의 종교로서 언약적 율법주의

#### 1. 샌더스에 의해 은혜의 종교 체계로 규정된 1세기 유대주의로서 언약적 율법주의

1세기 유대주의에 대한 연구를 통해 샌더스는 그 종교 패턴을 '언약적 율법주의'[3]로 명명했다. 그리고 그는 이러한 종교 패턴을 '은혜의 종교'로 규정한다. 우리가 주시할 바는 샌더스가, 바울의 유대교 비판의 핵심이 종교개혁이 주장한 것과 같은 율법주의(legalism)가 아니라는 데 있다.[4] 샌더스는 유대교를 행위 의(work righteousness)의 종교로 보지 않는다. 1977년에 출판된 샌더스의 저서 『바울과 팔레스틴 유대주의』(Paul and Palestinian Judaism)는 종교개혁의 바울 이해와 그로부터 귀결된 칭의 이해를 뒤집는 새로운 관점을 제시하는 계기가 되었다. 제2 성전기 유대교 (second-temple judaism) 문헌을 살필 때, 이 책에서 제시된 샌더스의 논지는 1세기 유대교가 율법주의였다고 규정한 종교개혁의 주장이 정당하지 못하다는 것이다.[5] 샌더스는 1세기 유대주의를 '어거스틴과 펠라기우스' 혹은 '로마 카톨릭과 종교개혁자들과의 논쟁에 투영하여 해석하는

---

[3] E. P. Sanders, *Paul and Palestinian Judaism: A Comparison of Patterns of Religion* (Philadelphia: Fortress, 1977).

[4] Sanders, *Paul and Palestinian Judaism*, 552.

[5] Thomas R. Schreiner, 『바울과 율법』, 배용덕 역 (서울: 기독교문서선교회, 1993), 24.

것을 경계한다.6 따라서 샌더스는 유대교와 바울 신학의 관계성과 양 종교의 본질적 성격을 1세기 유대주의 문헌에 근거하여 조망하고, 종교개혁의 유대교-바울 이해를 비판한다.7 이러한 샌더스의 견해가 종교개혁 혹은 개혁신학에 주는 충격과 긴장은 심각한 것이다. 왜냐하면 샌더스의 견해가, 종교개혁자들이 유대교를 율법주의로 잘못 이해하므로, 또한 바울을 오독했고, 이로 인해 정통적인 칭의 이해 또한 수정되어야 한다는 결론으로 귀결되기 때문이다. 바울에 관한 새 관점 신학의 위험성은 그들의 견해가 종교개혁 무용론으로 귀결되는데 있다.

그렇다면 어떤 근거로 샌더스가 1세기 유대주의를 은혜의 종교로 규정하는 것일까? 샌더스는 1세기 유대교의 본질적 특성을 8 가지로 요약한다.8 샌더스는 자신이 규정한 1세기 유대교의 8 가지 특성을 근거로 언약적 율법주의로서 유대교가 은혜의 종교라고 주장한다. 샌더스는 1세기 유대주의를 그것이 가지고 있는 언약적 성격에 근거해 은혜의 종교로 규정한다. 샌더스는 그의 신학 안에서 언약적 동기를 강조한다.9 유대교는 하나님과의 언약관계에 그 뿌리를 둔다. 언약적 관계는 유대교의 민족적 정체성과 자신의 종교에 대한 이해에 근본을 이룬다.10 마이클 S. 홀튼(Michael S. Horton)에

---

6 Horton, *Covenant and Salvation: Union with Christ* (Louisville, London:Westminster John Knox Press, 2007), 38.

7 G. P. Waters, *Justification and the New Perspectives on Paul: A Review and Response* (Phillipsburg, New Jersey: P&R Publishing, 1995), 37; Philip H. Eveson, 『칭의론 논쟁』, 석기신, 신호섭 역 (서울: 기독교문서선교회, 2001), 190.

8 Sanders, *Paul and Palestine Judaism*, 422. 1. 하나님께서 이스라엘을 선택하시고 2. 그들에게 율법을 주셨는데, 그 율법은 다음과 같은 사실을 표현한다. 3. 즉, 선택을 유지하시겠다는 하나님의 약속과 4. 순종하라는 요구 5. 하나님께서는 순종을 보상하시며 범죄를 벌하신다. 6. 율법은 속죄의 수단을 제공하며, 속죄는 다음과 같은 결과를 낳는다. 7. 즉, 언약 관계의 유지 혹은 회복 8. 순종, 속죄 그리고 하나님의 자비에 의해 언약 안에 머무른 모든 사람들은 구원받을 무리에 속하게 된다. 첫 번째와 마지막의 중요한 해석은 선택과 궁극적으로 구원이 인간의 성취라기보다는 하나님의 자비에 의한 것으로 고려된다.

9 Horton, *Covenant and Salvation: Union with Christ*, 37.

10 James, D. G. Dunn, "The New Perspective on Paul," *The New Perspective on*

따르면, 샌더스가 사용하는 언약적 율법주의라는 개념은 다음과 같은 의미를 함축하며, 언약적 율법주의에 대한 개념 규정을 따라 유대교가 은혜의 종교로 여겨진다. 먼저 '율법주의'(nomism)는 '언약적'(covenantal)이란 말로 수식되는데, 샌더스에게 '언약적'이란 형용사는 '은혜로운'(gracious)이라는 의미와 대등하게 사용된다.11 필립 H. 입슨(Philip H. Eveson)에 따르면, 언약적 율법주의는 "하나님의 은혜로운 언약의 문맥 가운데 율법을 준수하는 일을 수반"12하는 것을 의미한다. 샌더스가 이해한 은혜의 종교로서 언약적 율법주의라는 것은 언약 혹은 은혜와 율법에 대한 순종의 종합이라 볼 수 있다. 즉, 샌더스의 신학적 시도는 '은혜로운 율법이라는 하나의 종교 패턴' 안에 구별된 언약 형태들을 통합하는 것이다.13

언약과 율법의 상관성을 종합하려는 샌더스의 방식은 '들어감'(getting in)과 '머무름'(staying in)의 체계를 통해 표현된다. 샌더스에 따르면, "언약적 율법주의는 하나님의 계획 안에 한 사람의 지위가 언약에 기초하여 세워지고 언약이 그것의 계명들에 대한 그의 순종을 인간의 온당한 응답으로서 요구한다는 견해이다."14 그러나 샌더스의 은혜로 들어가 율법으로 머무는 체계는 그 머무름의 조건으로서 율법에 대한 순종이 공로적 성격을 띤다는 데 문제점을 가진다. 샌더스의 '들어감'과 '머무름'의 체계의 조건성은 은혜로 시작하여 율법으로 마치는 세미-펠라기우스주의적(semi-pelagian) 성격을 띠고 있다. 왜 그런가? 다음과 같은 근거에 의해 그렇게 판단할 수 있다.

샌더스는 '머무름'에 있어 율법에 대한 순종이라는 조건성이, 은혜의 선행성, 선택의 결과로서 순종, 선택, 범죄에 대한 속죄의 수단에 제공에 의한 은혜성으로 상쇄될 수 있다고 주장한다.15 그러나 그가 제시한 증거들

---

*Paul* (Grand Rapids, Michigan: William B. Eerdmans Publishing Company, 2005), 102.
11 Horton, *Covenant and Salvation: Union with Christ*, 39.
12 Philip H. Eveson, 『칭의론 논쟁』, 석기신, 신호섭 역 (서울: 기독교문서선교회, 2001), 190.
13 Eveson, 190.
14 Sanders, *Paul and Palestinian Judaism*, 75.

은 유대교를 은혜의 종교로 규정하기에 미약한 근거들일 뿐이다. 왜냐하면 은혜의 근거로서 은혜의 선행성, 선택, 속죄의 수단들에 대한 샌더스의 연구 자료들은 그 자체 안에 은혜와 공로의 긴장을 유발시키기 때문이다. 그가 연구한 1세기 유대문헌 자료들 안에는 공로적 개념들이 명시적으로 진술되고 있기 때문이다. 첫째, 샌더스가 연구한 자료들에 의하면, 은혜의 선행성은 조건적이다. 샌더스에 따르면, 입문의 문제, '들어감'은 은혜에 기초한다.16 그러나 유대인들의 문헌에는 이와 긴장을 일으키는 언약의 조건성에 대한 명시적 진술들이 존재한다. 유대인들은 선택을 은혜로 여기면서도 한편으로 선택의 이유를 조건적인 것으로 이해한다. 사실 유대문헌에 따르면, 언약과 계명은 모든 인류에게 주신 것이지만, 오직 이스라엘만이 그것을 받아들였다. 하나님께서는 족장 혹은 출애굽 세대 혹은 예지되는 미래 세대의 순종의 조건 위에서 공로 때문에 그들을 선택하셨다.17 둘째, 샌더스가 선택의 결과로서 순종18을 이해하고, 순종을 단지 외적 행위를 넘어선 사랑19이라는 내면적 의미로 이해했지만, 실제로 유대문헌은 이 순종은 공로적 성격으로 진술된다. 랍비들은 '되갚음'(measure for measure)과 '공로의 검토'(weighing of merits)와 같은 개념을 가지고 순종을 이해했다. 전자는 하나님의 공의가 이생에서 보상된다는 의미이며, 후자는 선행들이 범죄들을 압도하였는지에 관한 문제를 다룬다.20 셋째, 샌더스는 랍비들에게 "속죄한다"는 의미가 "속죄의 인간 행위"와 "용서의

---

15 Waters, *Justification and the New Perspectives on Paul*, 38. 이 주제를 논증하기 위해 샌더스가 의존한 자료는 *Tannaitic literature*이다.
16 Thomas R. Schreiner, 『바울과 율법』, 배용덕 역 (서울: 기독교문서선교회, 1993), 24; Cornelis P. Venema, *Getting the Gospel Right: Assessing the Reformation and New Perspectives on Paul* (Murrayfield Road, Edinburgh: The Banner of Truth Trust, 2006), 28-29; Cornelis P. Venema, *The Gospel of Free Acceptance in Christ* (Murrayfield Road, Edinburgh: The Banner of Truth Trust, 2006), 100.
17 Sanders, *Paul and Palestine Judaism*, 87-88.
18 Sanders, *Paul and Palestine Judaism*, 85.
19 Waters, *Justification and the New Perspectives on Paul*, 41.
20 Horton, *Covenant and Salvation: Union with Christ*, 41.

하나님의 행위"를 함께 포함한다고 이해한다.21 그러나 랍비들의 진술 안에 그들의 행위가 속죄를 초래한다는 명시적 진술들이 존재한다.22 여기서 속죄는 자신이 이룬 자신의 행위이다. 회개의 실패는 은혜를 무효화할 수 있다. 랍비들에게 회개는 언약 안에서 하나님의 용서를 위한 필연적 태도이다.23 따라서 랍비들에게 회개는 마치 독립적인 수단처럼 여겨졌다. 랍비들의 강조점은 행위의 질에 놓이지 않고 행위 자체에 놓인다.24 랍비들의 진술을 분석해 볼 때, '들어감'과 '머무름'의 체계는, 구원이 은혜로 시작되지만, 구원 유지와 획득은 개인 태도에 달렸다는 의미를 함축한다. 언약 입회 후에 회개 자체가 일종의 공로가 되는 것이다.25

샌더스는 유대문헌 내에 존재하는 은혜와 공로의 긴장을 인정한다. 그러나 그는 이 큰 문제제기를 이것이 교리적 진술이 아니라 설명적 장치 (explanatory device)일 뿐이라고 변호한다.26 샌더스는 공로적 랍비들의 진술들이 "하나님의 선택이 비임의적인 것처럼 보이게 하려는 랍비의 바램"과 "하나님께서 이스라엘을 선택하셨다는 확신"을 중심으로 한 교리적이지 않고 조직신학적이지 않은 진술일 뿐이라고 주장한다.27

이외에도 샌더스의 '들어감'과 '머무름' 체계가 세미-펠라기안주의적 공로를 함축하고 있다는 근거를 그의 인간론에서 추론할 수 있다. 샌더스는 순종과 죄를 선택하는데 있어 인간이 중립적인 선택 의지를 가진 것으로 이해한다. 샌더스는 랍비문헌과 사해 두루마리에서 제시된 죄론과 완전하라는 율법의 요구를 함께 본다.28 샌더스는 "랍비들이 기독교적 의미에

---

21 Waters, *Justification and the New Perspectives on Paul*, 48. Cf. Sanders, *Paul and Palestine Judaism*, 160.
22 Waters, *Justification and the New Perspectives on Paul*, 48.
23 Sanders, *Paul and Palestine Judaism*, 178.
24 Waters, *Justification and the New Perspectives on Paul*, 49.
25 Waters, *Justification and the New Perspectives on Paul*, 52.
26 Sanders, *Paul and Palestine Judaism*, 100.
27 Waters, *Justification and the New Perspectives on Paul*, 40.
28 Sanders, *Paul, the Law, and the Jewish People* (Philadelphia: Fortress Press, 1983), 24.

서 원죄(original sin) 혹은 각각의 인간의 본질적인 죄성에 관한 교리를 갖고 있지 않다"29고 믿는다. 그러므로 샌더스가 읽은 유대문헌은 "율법을 완벽하게 지키는 것은 어렵지만 전적으로 불가능한 것이 아니라고 생각했고 그래서 자신이 흠이 없다"30고 가르친다. 샌더스는 자신이 분석한 유대문헌에 따라 원죄, 인간의 전적 타락, 인간의 무능성, 율법에 대한 완전 성취 불가능성, 의지의 속박(bondage of will)을 배제한 인간론을 전제로 율법 성취 가능성을 주장한다.31

전적 타락과 전적 무능 교리가 부정되는 곳에 오직 은혜(sola gratia)가 설 곳은 없다. 샌더스의 '들어감'과 '머무름'의 체계가 함축한 개념들과 그가 가진 인간론을 종합해 볼 때, 샌더스에게 '율법에 대한 순종'은 언약과 구원에서 떨어져 나갈 수 있는 이유와 조건이 된다. 샌더스에 따르면, 행위로 인해 누군가 배제될 수 있다.32 '입문'은 최종적 구원의 성취를 보장하지 않는다. 달리 말하면, 은혜로 시작하였지만, 그 은혜는 종말을 보장하지 않는 은혜이다.

결론적으로, 샌더스가 이해한 은혜의 종교로서 언약적 율법주의란 공로적 요소가 있음에도 불구하고 은혜가 함께 하기에 은혜의 종교인 것이다. 행위로 최종 구원이 결정되지만, 그것이 은혜의 시작을 갖기 때문에 은혜의 종교인 것이다. 샌더스에게서 발견되는 가장 큰 오류가 여기에 있다. 그는 세미-펠라기안주의를 율법주의가 아니라 은혜의 종교로 여긴다. '오직'(sola)이 상실된 은혜가 그에게는 은혜의 종교로 규정될 수 있는 근거가 되는 것이다. 세미-펠라기우스주의를 율법주의가 아닌

---

29 Sanders, *Paul and Palestine Judaism*, 114.
30 Sanders, *Paul, the Law, and the Jewish People*, 24.
31 Sanders, *Paul and Palestine Judaism*, 114-15. "죄는 인간이 오직 실제로 불순종할 때 발생 한다; 만일 그가 불순종하지 않는다면 그는 죄인이 아닐 것이다. 누군가 죄를 짓지 않을 것이라는 가능성은 존재한다. 불순종을 향한 경향에도 불구하고, 인간은 자유롭게 순종하며 불순종한다."
32 Sanders, *Paul, the Law, and the Jewish People*, 7.

것으로 배제할 만큼 샌더스에 의해 규정된 율법주의는 펠라기우스주의로 좁혀져 있다.

## 2. 언약적 율법주의에 의해 재해석된 새로운 언약적 율법주의로서 바울의 기독교

샌더스는 언약적 율법주의로 인식된 유대교 종교 체계를 바울 연구에 적용한다. 샌더스의 바울 연구의 초점은 언약적 율법주의로서 규정된 유대교와 바울의 상관관계에 모아진다. 즉, 샌더스의 바울 연구는 유대교와 바울의 기독교의 연속성과 불연속성을 살피는 것이다. 이 주제에 대한 통찰은 샌더스의 『바울, 율법, 유대인』 (*Paul, the Law, and the Jewish People*)을 통해 제시되었다. 샌더스에게 유대교와 바울의 기독교는 연속성과 불연속성을 함께 갖는다. 이러한 이해로 인하여 샌더스는 바울의 기독교를 '새로운 언약적 율법주의'[33]라고 부른다. 이 말은 '수정된 언약적 율법주의' 정도로 이해될 수 있다. 이러한 두 종교 체계 간의 관계를 살피는 과정에서 바울의 기독교 역시 세미-펠라기우스주의적인 언약적 율법주의 체계 아래서 동일한 성격의 체계로 규정된다. 그렇다면 어떤 면에서 두 종교 체계는 연속성 안에 놓여 있고 또 한 편으로는 불연속성을 갖는 것일까? 결론적으로 말하자면, 유대교와 바울의 기독교의 불연속성은 다른 곳에 있지 않다. 유대교와 바울의 결별은 유대교가 기독교가 아니라는 데 있을 뿐이다. 이를 제외하고는 양 종교 체계는 언약적 율법주의로서 서로 일치하고 같은 방식으로 종교가 기능한다. 그렇다면 유대교와 기독교가 결별한 이유는 무엇인가? 바울의 기독교의 메시지는 이 두 가지 확신 가운데 놓인다. 즉, 그 두 확신은 이것이다. "예수께서 주님이신데, 그 안에서 하나님께 믿고 즉시 돌이킬 모든 사람들에게 구원을 주신다." "바울은 이방인의

---

[33] Sanders, *Paul, the Law, and the Jewish People*, 208.

사도로 부름받았다."34 그리고 이것 때문에 유대교의 언약적 율법주의에 수정이 가해진다.35 그렇다면, 바울의 두 가지 확신에 따라 유대교가 기독교가 아니라는 이유만으로 서로가 결별했다는 의미는 무엇인가?

샌더스에 따르면, 유대교와 마찬가지로 바울의 기독교는 '들어감'과 '머무름'의 체계 안에 있다. 바울의 기독교는 세례에 의해 입문(들어감)한 후, 언약 회원권을 획득한다. 그러나 언약 안에 머무름은 계명들에 대한 순종과 범죄에 대한 회개의 조건 안에서 가능하다.36 유대교와 마찬가지로 반복되는 극악무도한 죄를 지을 경우는 회원권 지위가 박탈될 수 있다. 이런 면에서 바울의 기독교는 1세기 유대교의 언약적 율법주의와 같은 종교 체계를 가지고 있다. 그러나 양자 사이에는 다음과 같은 불연속성이 존재한다. 바울의 기독교에서 파생된 변화는 입교의 조건에서 발생한다. 바울은 입교의 조건으로서 할례와 율법으로부터 결별하였다. 불연속성은 입교의 차원에서 발생했다. 바울의 반대는 율법 준수로 머물 수 있다는 확신에 대한 것이 아니라, 유대인 기독교 선교사들이 강요했던 입교 조건으로서 할례와 율법이었다.37 샌더스에 따르면, 바울에게 있어, 할례와 율법을 입교의 조건으로 강요하는 것은 "그리스도를 통하여 하나님의 구원하시는 사역의 새로운 실재를 거부하는 것"이었다.38 그러나 이러한 변화가 언약적 율법주의 체계를 부정하는 식으로 전개되지 않는다. 여전히 바울의 기독교는 그리스도를 믿는 믿음으로 언약에 입문하며, 율법에 대한 순종으로 머문다. 다만 입문의 조건만이 율법을 배제한 그리스도를 믿는 믿음으로 한정된다. 이것이 바울이 기독교가 아니라서 유대교와 결별했다는 의미이다. 결국 일어난 변화는 언약적 율법주의가 그리스도를 중심으로

---

34 Waters, *Justification and the New Perspectives on Paul*, 61.
35 Waters, *Justification and the New Perspectives on Paul*, 61.
36 Waters, *Justification and the New Perspectives on Paul*, 61.
37 Sanders, *Paul, the Law, and the Jewish People*, 19.
38 Venema, *Getting the Gospel Right*, 30.

재해석되고 제한되었을 뿐이다.39

샌더스에 따르면, 바울의 기독교에 나타난 언약적 율법주의의 수정은 '의'(righteousness)에 대한 이해의 차이에서도 발생한다. 유대인들에게 '의'는 토라에 순종하고 범죄 시 회개함을 의미했다.40 즉, 유대인들에게 의롭다는 것은 "누군가 그것[율법에 대한 순종]에 의해 언약 안에 머문다"41 는 의미였다. 그러나 바울의 기독교에 있어 여전히 순종으로 머무는 체계를 유지하였지만, 바울의 기독교는 의롭다는 의미를 머무름에 적용하지 않고, 그리스도를 믿어 입문하였다는 의미로 이해했다. 그러나 여기서 믿음으로 의롭게 된다는 칭의적 개념이 종교개혁의 그것과 이질적이다. 언약적 율법주의 체계, 들어감과 머무름의 개념을 바울의 기독교가 공로적 의미로 받고 있다고 샌더스가 이해할 때, 여기서 입문에서의 칭의는 구원론적 의미가 아니라 교회론적 의미이다. 샌더스가 언급한 입문은 구원의 확보가 아니라 구원의 길을 갈 수 있는 자격 확보, 혹은 회원권 확보에 가까운 의미로 교회론적으로 사용된다. 그러므로 샌더스는 이 입문을 '이동'(transfer)이라 부른다. 입문, 의롭게 됨은 그리스도를 믿음으로 그리스도의 몸 안으로 이동하는 것이며, 그 공동체의 회원 자격 요건을 획득하는 것을 의미한다. 그에게 의를 얻는 것은 구원론적 문제가 아니라 교회론적 문제이다.

그러나 입문에서의 변화와 불연속성을 제외하면, 여전히 바울의 기독교는 은혜로 들어가 순종으로 머무는 체제를 유지한다. 입문을 통해 몸의 지체, 회원이 되면, 그들에게 율법의 순종은 몸 안에 머물러 최종 구원의 획득을 향해 달려갈 수 있는 조건이 된다. 샌더스의 바울에게 있어 율법에 대한 순종은 구원의 수단이며 원인이기도 하다. 실제로 샌더스는 그리스도의 몸 안으로 들어간 그리스도인이 삶을 교정하지 않음으로 구원에서

---

39 Waters, *Justification and the New Perspectives on Paul*, 63.
40 Horton, *Covenant and Salvation: Union with Christ*, 45.
41 Horton, *Covenant and Salvation: Union with Christ*, 45.

배제될 수 있다고 주장한다.42 샌더스에게 입문과 시작의 은혜는 구원과 동의어가 아니라 몸 안으로 이동일 뿐이다. 그리고 이러한 공로신학적 율법과 행위관은 원죄, 전적 타락, 전적 무능성, 율법에 대한 완전한 성취 불가능성 등에 대한 부정과 함께 해설된다. 샌더스에게 바울의 기독교는 율법의 순종으로 최종 구원을 획득하며, 인간의 의지의 중립성으로 말미암아 자유로이 순종을 택할 수 있는 인간의 율법 성취에 대한 낙관론이 오직 은혜로부터 '오직'을 배제시킨다. 결론적으로 말하자면, 샌더스에게 유대교나 바울의 기독교나 율법을 성취할 수 있으며, 머무름에서 율법은 구원의 조건이 된다. 다만 그러한 공로신학이 은혜로 시작했다는 의미에서 은혜의 종교로 여겨진다. 샌더스에 가장 큰 문제점은, 그가 유대주의가 은혜와 공로가 혼합된 세미-펠라기우스주의라는 사실을 분명히 드러내놓고, 이것을 은혜의 종교라고 규정한 데 있다.43 달리 표현하면, 세미-펠라기우스주의를 배제한 채, 단지 펠라기우스주의만을 율법주의로 제한하는 축소되고 좁은 율법주의에 대한 그의 이해가 문제점으로 지적될 수 있다.

### B. 던의 '율법의 행위'에 대한 재해석

영국 드르햄(Durham) 대학의 신학부에서 교수해온 던(J. D. G. Dunn)은 1982년 '바울에 관한 새 관점'(The New Perspective on Paul)이란 강연에서 샌더스의 견해에 동의하였다. 그는 샌더스의 관점을 바울 사도를 이해하기 위한 '새로운 패턴'으로 간주했다.44 특별히 던은, 종교개혁이 '율법의 행위'(Works of the law)를 행위 의의 관점에서 해석한 것을 바울에 대한 오독의 결과로 치부한다. 던은 샌더스의 새로운 유대주의

---

42 Sanders, *Paul, the Law, and the Jewish People*, 7.
43 Waters, *Justification and the New Perspectives on Paul*, 57; Horton, *Covenant and Salvation: Union with Christ*, 40.
44 Venema, *The Gospel of Free Acceptance in Christ*, 106.

이해에 토대해 '율법의 행위'를 재해석한다. 그러나 던은 샌더스의 통찰을 비평적으로 수용하는 태도를 보인다. 여기서 비평적 수용이라 함은, 던이 샌더스가 유대교와 바울의 기독교 사이에 연속성을 주장할 때보다 더욱 강한 강도로 양 종교 체계 간에 연속성을 강조한다는 의미이다.

샌더스와 레이제넨(Räisänen)은 바울의 율법관과 칭의관에 독단적이고 특유하고 이율배반적인 성격이 있다고 생각했다.45 샌더스와 레이제넨은 바울의 율법관 안에 임의적이고 모순적인 이론들이 존재한다고 주장한다.46 이들이 생각할 때, 때로는 바울이 율법을 반대하고 그것과 결별하면서도, 때로는 율법을 긍정하는 모순이 있다는 것이다. 던은 이 점을 반대하는 것이다. 그러나 던은, 바울 안에 모순이 있다고 주장하는 신학자들이 1세기 역사적 정황 아래서 바울을 조명하는데 실패하였다고 주장한다. 던에 따르면, 바울 안에서 발견했다는 모순은 바울의 것이 아니라 1세기 유대주의를 잘못 이해해 이를 바울에게 잘못 투영한 신학자 자신들의 것이다. 던에 의하면, 샌더스의 문제는 1세기 유대주의를 은혜의 종교로서 언약적 율법주의로 올바르게 정립해 놓고도 이를 바울의 기독교에 올바로 투영하고 적용하지 못한 것에 있다. 이와 같은 오류로 인해 샌더스는 바울을 유대교와 결별한 것처럼 결론지었고, 바울의 종교를 새로운 언약적 율법주의로 규정해 버린 것이다. 그러나 던에게 바울의 기독교는 '언약적 율법주의' 자체이다. 던이 이해한 바울은 율법과 전혀 갈등을 빚지 않는다. 던은 샌더스가 주장한 것처럼 바울의 기독교가 유대교에 대하여 '들어감'과 '머무름'에 있어 '의'에 대한 차이로 결별했다고 생각하지 않는다. 또한 바울 안에 율법에 대한 반대와 긍정이 모순되게 공존하지도 않는다. 바울에게 반대된 것은 율법이 아니라 '율법의 행위'였다. 바울 안에 모순으로 이해된 율법에 대한 이해의 혼란을 던은 '율법'과 '율법의 행위' 개념을 구분하므로 해결

---

45 Schreiner, 『바울과 율법』, 33.
46 Dunn, "*Works of the Law and the Curse of the Law*," *The New Perspective on Paul* (Grand Rapids, Michigan: William B. Eerdmans Publishing Company, 2005), 121.

하려 한다. 바울이 반대한 것은 율법이 아니라 '율법의 행위'이다.

그렇다면 '율법의 행위'의 의미는 무엇인가? 던은 갈라디아서 2:16의 '율법의 행위' 해석에 사회 인류학적 관점을 적용한다.[47] 던은 '율법의 행위'를 할례, 음식법 그리고 특별한 날들의 규례들로 제한한다.[48] 던은 '율법의 행위'를 율법과 구분하여 언약 공동체 안에 속해 있음을 표시하는 경계표(boundary markers), 정체성의 표식(identity makers), 언약 회원권 표지(badges of covenant membership)로 규정한다. 던은 갈라디아서 2:15절에 '우리는 본래 유대인이요 이방 죄인이 아니로되'라는 표현에 근거하여 16절의 '의롭게 된다'(be justified)라는 표현을 이방 나라와 구분됨을 의미하는 것으로 해석한다.[49] 던에게 이신칭의는 종교개혁과 같은 '행위 의'와 반대된 개념으로서 의(義)의 전가에 의한 용서와 용납, 구원의 방법이 아니다. 던에게 이신칭의는 누군가 이미 언약 안에 있다는 하나님의 선언이다.[50] 던에게 칭의는 구원론이 아니라 언약 공동체에 속함을 의미하는 교회론적 범주에서 다루어진다. '율법의 행위'는 이방인과 구분되어 언약 공동체 안에 있다는 표지인 것이다. 던에 따르면, 바울은 율법에 순종하여 언약 안에 머무르는 것을 반대하지 않는다. 바울은 율법이 아닌 '율법의 행위'를 반대한 것이다. 즉, 바울이 반대한 것은 '행위

---

[47] Dunn, "Works of the Law and the Curse of the Law," 122. Cf. H. Mol, *Identity and the Sacred* (Oxford: Blackwell, 1976), 233. Cf. 권연경, "옛 관점과 새 관점의 충돌: 주석적 평가와 제안," 총신대학교에서 열린 제28회 정기학술심포지엄 제출 논문, 2010년 5월 8일, 26-30.

[48] Thomas R. Schreiner, "'Works of the Law' in Paul," *Novum Testamentum* XXXIII/3 (1991), 222.

[49] Dunn, "The New Perspective on Paul," *The New Perspective on Paul* (Grand Rapids, Michigan: William B. Eerdmans Publishing Company, 2005), 106-107. Cf. James D. G. Dunn, "In Search Common Ground," *Paul and the Mosaic Law* (Grand Rapids, Michigan/Cambridge, U.K.: William B. Eerdmans Publishing Company, 2001), 334. "율법에 대한 바울의 부정적인 태도의 취지는 다른 민족들로부터 이스라엘을 분리시키는 것에 있어서의 기능에 반대하여 지향되는 것으로 보인다. 여기서 아이러니한 것은 바울의 신학적 이상이 이스라엘 종족과 종교적 정체성에 대한 사회적 실재를 맴돌았던 것으로 보인다는 점이다."

[50] Dunn, "The New Perspective on Paul," 107.

의'가 아니라 이방인들을 언약 백성에서 배제시키고 자신들의 회원권 지위를 자랑하는 민족적 배타성을 반대한 것이다. 이처럼 던은 '율법'과 '율법의 행위'를 구분하여 생각하므로 바울 안에 모순처럼 보인 문제를 해결했다고 생각한다. 던에 따르면, 유대교의 언약적 율법주의와 바울의 기독교는 다르지 않다. '율법의 행위'는 유대인이 유대인으로 남기 위해서 필요한 것일 뿐이었다. 그러므로 갈라디아서에서 언급된 베드로와 유대인 그리스도인들의 외식 사건은 유대인들의 정체성에 대한 민감성을 의식한 자연스러운 행동인 것으로 해석된다. 던에 의하면, 바울은 율법의 행위에 의한 칭의 자체를 반대한 것이 아니고 그것이 예수 그리스도를 믿는 믿음을 통하여 칭의 받는 것을 배제할 때만 율법의 행위를 반대한다. 즉, 유대인이 유대인으로 남는 것에 대해 바울은 문제 삼지 않는다. 바울은 단지 언약적 율법주의를 그리스도를 믿는 믿음의 문제에 있어서만 제약한다. 던에게 있어 "새로운 운동이 요청하는 유일한 변화는 전통적 유대주의적 믿음이 예수를 메시아로 믿는 믿음으로서 더욱 정확하게 제한되는 것이다."51

던의 이러한 관점은 종교개혁의 칭의 이해를 파괴한다. 그는 세미-펠라기안주의적 칭의관을 샌더스보다 더욱 일관되게 발전시킨다. 던은 언약적 율법주의를 바울의 기독교에 더욱더 긴밀하게 투영시킨다. 던은 "율법에 대한 순종은 지속적으로 생명을 확보하고 계약의 삶을 유지하는 방식이다"고 주장한다.52 던에게 있어, 계명을 지키는 것에 실패는 생명의 상실을 가져올 수 있다.53 여기서 문제는 순종의 중요성을 강조하는 데 있지 않고, 순종이 칭의의 조건과 토대가 되는데 있다. 던에게도 구원은 은혜의 요소를 가지나 역시 행위가 최종 구원을 결정하는 요소로 역할 한다. 던에게 은혜는 오직 은혜(sola gratia)가 아니다. 그에게 칭의는 누군가 이미 언약 안에 있다는 하나님의 인정이다.54 그리고 그에게 구원 완성은 가능태로만 존재한

---

51 Dunn, "The New Perspective on Paul," 112-13.
52 Dunn, 『바울신학』, 박문재 역 (서울: 크리스챤 다이제스트, 2003), 239.
53 Dunn, 『바울신학』, 239.
54 Dunn, "The New Perspective on Paul," 107.

다. 그에게 구원은 유효적인 것이 아니다. 던은 구원을 "그리스도로 말미암아 인류가 직면한 가능성들에게 결정적인 변화가"[55] 일어난 사건으로 묘사한다. 던에게서 칭의와 성화는 구분되지 않는다. 성화는 칭의 안에 들어가 칭의의 원인이 된다. 던에게 신자는 "구원받고 있는 자들"이며 "변화되는" 과정에 있는 사람들이다.[56] 여기서 이러한 진행형은 유효적 성격이 주어지지 않은 의미에서 진행형으로 구원의 탈락을 함축한 개념으로 볼 수 있다. 던의 전 문맥 속에서 그의 구원론을 이해할 때, 그가 생각하는 구원은 상실될 수 있는 구원이며, 미래적 구원이 보장되지 못하는 그런 구원이다. 그의 구원은 끝까지 가 봐야 알 수 있는 그런 구원이다. 그에게 칭의는 구원과 동의어가 아니다. 그에게 칭의는 구원의 시작 정도의 의미이며, 구원의 가능성을 확보하는 정도의 의미이다. "이 두 절에서 모두 '구원'은 완결된 과정을 가리키고, '칭의와 화해'는 이 과정의 시작을 가리키는 역할을 한다."[57] 그러므로 던은 칭의를 단회적으로 보지 않고, 칭의를 시작으로서의 칭의, 과정으로서의 칭의, 종말론적 칭의로 단계적으로 이해한다.[58]

이러한 과정으로서의 칭의가 구원으로 완결되기 위해서는 은혜와 협력하는 인간의 행위가 원인으로서 요구된다. 던은 "바울의 칭의 신학의 견지에서 보면, 결정적인 시작은 최후의 무죄 평결이 있을 때까지 계속 발전되어야"[59]한다고 주장한다. 던은 신자들의 도덕적 선택이 도덕적 결과를 가져온다고 주장한다.[60] 그는 믿음을 가진 신자의 배교 가능성을 주장한다.[61] 던에 따르면, 은혜의 종교 아래 율법에 대한 불순종에 대한 경고는 "한 사람 속에 구원의 역사가 '멸해질' 가능성을 염두에" 둔 경고이며, "회심자들이 '그리스도에게서 끊어지고' 은혜에서 떨어질 수 있는 류의 경고이다."[62] 이처

---

[55] Dunn, 『바울신학』, 447.
[56] Dunn, 『바울신학』, 448.
[57] Dunn, 『바울신학』, 535.
[58] Dunn, "The New Perspective on Paul," 107.
[59] Dunn, 『바울신학』, 663.
[60] Dunn, 『바울신학』, 660.
[61] Dunn, 『바울신학』, 668.

럼 바울의 기독교를 언약적 율법주의와 동일시하는 던의 접근 안에서 종교개혁은 무용화되고, 교회론적 범주로 재해석된 단계적 칭의는 구원의 유효성을 부정하는 방식으로 주장된다. 이와 같은 칭의의 재해석을 통해 '오직' 은혜에서 '오직'은 실종되고 만다. 우리는 행위가 칭의의 원인으로 끼어드는 던의 칭의 이해 안에 세미-펠라기우스주의의 옛 망령을 발견하게 된다.

## II. N. T. 라이트의 종교개혁의 칭의론 수정

N. T. 라이트(N. T. Wright)는 샌더스의 '언약적 율법주의'와 던의 '율법의 행위' 개념을 토대로 종교개혁의 칭의론을 재해석한다. 라이트는 칭의를 성경신학적 주제들의 캔버스(canvas) 위에 그려낸다. 그는 창조와 언약 그리고 그로부터 추론된 하나님의 백성의 의미, 종말론 등의 성경신학적 주제들에 기초하여 종교개혁의 칭의론을 수정한다. 라이트의 칭의는 이와 같은 신학적 전제들 위에서 추론되는 '언약적,' '법정적,' 그리고 '종말론적' 의미로 제시된다.

### A. 언약적 신실성으로 제한된 '하나님의 의(義)' 개념에 의해 부정되는 의(義)의 전가 교리

라이트의 칭의론 수정은 그의 단일언약의 전제 하에 이루어진다. 라이트에게 바울이 언약신학자로 규정될 만큼 그는 언약을 강조한다. 그의 언약 체계는 언약과 창조가 종합된 단일언약 형태를 띠고 있다. 라이트의 신학 작업은 이스라엘과 맺은 하나님의 언약의 전체 목적과 함께 시작한다.[63] 라이트가 언약을 강조하는 점은 긍정적이지만, 그의 언약 이해는 정통적인 개혁신학의 언약 이해와 이질적이라는데 문제가 있다. 더군다나 그는 자신의 언약 이해를 통해

---
[62] Dunn, 『바울신학』, 668.
[63] John Piper, *The Future of Justification: A Response to N. T. Wright* (Wheaton, Illinois:Crossway Books, 2007), 44.

종교개혁의 핵심 사상인 '하나님의 의(義)' 개념을 언약에 대한 강조라는 명목하에 몹시 좁혀 놓는다. '하나님의 의(義)'에 대한 종교개혁의 중대한 개념을 자신의 좁혀진 개념으로부터 배제시키고 누락시킨다. 라이트에게 '하나님의 의(義)'는 단지 '하나님의 신실성'으로만 제한된다. 이를 인해 종교개혁의 '도덕적 의(義),' '전가되는 의(義),' '선물로서의 의(義)' 개념들이 상실된다.

라이트에 따르면, 창조에 발생한 타락을 해결하고자 하나님께서는 이스라엘을 부르셔서 언약의 백성을 삼으셨다. 이스라엘을 부르신 이유는 그들이 타락한 이방 세계의 빛이 되라고[64] 부르신 것이다. 이스라엘에게 율법은 이방인과 그들을 구별하는 경계표로 주어졌다.[65] 그러나 이스라엘은 그들의 경계표를 민족적 배타성과 자만심으로 여겼으며, 그들은 이방의 빛이 되라는 하나님의 소명에 실패하였고 문제의 부분이 되었다.[66] 이로 인해 이스라엘은 추방되었으나, 언약에 신실하신 하나님께서는 능력과 정의 그리고 책임을 가지고 악을 다루신다.[67] 이스라엘의 종말론 사상은 여기에 토대를 둔다. 이스라엘의 실패에도 불구하고 언약에 근거해, 창조의 능력을 가지신 하나님께서 악의 문제를 다루시고 이방인들 앞에서 이스라엘이 하나님의 백성 안에 속해 있음을 선언하실 것이다. 이와 같이 라이트에게 칭의는 하나님의 언약적 신실성에 의해 이스라엘을 해방하시고 그들을 이방인 앞에서 하나님의 백성에 속해 있음을 선언하는 행위로 정의된다.[68] 이것이 유대인의 하나님의 백성 사상이며, 종말론 사상이었다고 라이트는 주장한다. 이러한 종말적 성취는 '하나님의 언약적 신실성'에 근거한 것이다. '하나님의 의(義)'는 이처럼 하나님의 성품과 관련된 것으

---

[64] N. T. Wright, 『악의 문제와 하나님의 정의』, 노종문 역 (서울: InterVarsity Press, 2008), 63.

[65] N. T. Wright, *Paul: In Fresh Perspective*, (Minneapolis: Fortress Press, 2005), 109-10.

[66] Wright, *Paul: In Fresh Perspective*, 23.

[67] Wright, *Paul: In Fresh Perspective*, 22-23.

[68] Wright, *Paul: In Fresh Perspective*, 110.

로 언약에 신실하시다는 의미로 제한된다.69

라이트에 따르면, 바울의 기독교는 1세기 유대주의와의 통일성 안에서 재해석된다. 재해석은 메시아와 성령에 의한 것이다. 1세기 유대주의의 '하나님의 신실성으로서 하나님의 의(義),' '재해석된 칭의의 언약적, 법정적, 종말론적 성격' 등이 바울의 기독교에 그대로 투영된다. 라이트는 이스라엘의 실패에 대한 대안을 메시아의 도래로 본다. 예수님께서는 인류가 아닌 이스라엘의 대표로 오셨다. 예수님께서는 이방의 빛의 소명에 실패한 이스라엘을 대신하여 빛이 되시고자 오신 것이다.70 예수님께서는 악을 처리하시므로 승리를 거두셨고, 이스라엘은 추방에서 귀환했으며, 이방의 빛의 소명이 성취되므로, 결과적으로 창조계에 갱신이 일어난다. 이로써 이방인들이 하나님의 백성의 대열에 합류하게 된 것이다. 이것이 메시아와 성령을 통해 재정의된 '하나님의 백성,'과 '종말론' 개념이다. 라이트에 따르면, 이 모든 것이 악을 다루시고 처리하시는 언약에 신실하신 하나님의 성품에 의한 것이다. 이와 같은 '하나님의 의(義)'에 대한 재정의의 문제점은 이러한 재정의가 '전가되는 하나님의 의(義)' 사상을 부정한다는데 있다. 라이트에게 '하나님의 의(義)'는 하나님의 성품에 관련된 하나님 자신만의 것이며, '백성의 의(義)'는 하나님의 신실성에 대한 정당한 응답으로서 그 백성들 자신의 것이 된다. 따라서 이러한 의(義)는 전가될 수 없으며, 각각 별개의 의(義)인 것이다. 결론적으로 라이트는 종교개혁의 '의(義)의 전가' 교리를 부정한다.

그렇다면 라이트는 칭의의 법정적 성격을 어떻게 이해하는 것일까? 라이트는 의(義)의 전가가 배제된 의미로서 제한적으로 칭의의 법정적 성격

---

69 N. T. Wright, *What Saint Paul Really Said* (Wilkinson House, Jordan Hill Road: A Lion Book, 1997), 99. "그러나 그들이 소유한 의(義)는 하나님 자신의 의(義)가 아니다. 그것은 전혀 말이 안 된다. 하나님 자신의 의(義)는 그의 언약적 신실성이다. 그것 때문에 그분께서 그녀(이스라엘)를 정당하다고 입증하시고 마치 정당성이 입증되거나 사면된 피고처럼, 그녀(이스라엘)에게 '의로운' 지위를 수여하시기 때문이다. 말하자면 하나님의 의(義)는 하나님 자신의 속성(property)으로 남는다."

70 Wright, 『악의 문제와 하나님의 정의』, 98-99.

을 인정한다. 그의 칭의의 법정적 선언은 교회론적인 의미에서 정의된다. 라이트에 따르면, 하나님의 법정적 선언은 한 사람의 구원받는 장면을 묘사하지 않는다. 그에게 칭의의 법정적 선언은 "언약 백성의 참된 구성원, 즉 아브라함에게 속한 백성이 되었다는 선언"71일 뿐이다. 이처럼 라이트에게 칭의는 구원론이 아닌데, 칭의가 언약의 목적을 따라 죄를 다룬다는 의미에서 '용서'와 관련 될지라도, 그 용서 자체는 칭의를 통해 오지 않는다. 칭의는 이미 용서 받고 그리스도인이 된 자들에게 그들이 하나님의 언약 백성 공동체 안에 있다는 선언적 의미로 제한된다. 라이트에게 칭의는 하나님과 바른 관계를 맺는 방법이 아니다. 입슨(Philip Eveson)은, 라이트에게 칭의가 정죄함의 반대라는 점이 거론되지 않는 것이 의미심장하다고 지적한다.72 즉, 라이트의 칭의의 법정적 선언 안에는 '의(義)의 전가'와 '그리스도의 의(義)의 전가에 근거한 도덕적으로 올바르게 여김'의 개념이 배제되어있다.

라이트는 1세기 유대의 법정적 정황을 근거로 종교개혁의 칭의의 법정적 정황을 부정한다. 라이트에 따르면, 1세기 유대주의 정황 아래서, 피고나 원고가 갖는 법적 지위는 "심판관의 '의(義)'와 아무런 관계가 없다."73 즉, 1세기 유대 법정의 정황 안에서 통찰된 원고 혹은 피고의 '의(義)'는 '도덕적 의(義)'와 무관하다. 단지 재판관이 한 쪽의 편을 들어 줄 때 편들어준 사람이 소유하게 되는 법적 지위일 뿐이다. 그런 의미에서 '하나님의 의(義)'와 '그리스도의 의(義)'는 그 '백성의 의(義)'가 될 수 없다. 라이트에 따르면, '하나님의 의(義)'는 하나님께 속한 그분 고유의 성품으로 '하나님의 언약적 신실성'이고 그 '백성들의 의(義)'는 그들의 언약적 회원권에 대한 하나님의 승인으로 인한 그들의

---

71 Piper, *The Future of Justification*, 53. Cf. N. T. Wright, *The Shape of Justification*, at http://www.thepaulpage.com/Shape.html

72 Eveson, 『칭의론 논쟁』, 214.

73 N. T. Wright, "New Perspectives on Paul," *Justification in Perspective*, ed. Bruce L. McCormack (Grand Rapids, Michigan: BakerAcademic/Rutherford House, 2006), 252.

자신의 법적 지위일 뿐이다.74 따라서 하나님의 의(義)와 그 백성의 의(義)는 동일한 것이 아니다. 그러므로 하나님의 의(義)는 하나님께 고유한 것으로 전가(imputation)될 수 없다. 라이트는 그리스도의 의(義)의 전가에 의한 칭의를 법적 허구(legal fiction) 내지 범주적 오류(a category mistake)로 여긴다.75

라이트는 하나님의 의(義)에 대한 정의를 '하나님의 언약적 신실성'이라는 개념 안에 제한하므로, '하나님의 의(義)' 개념을 축소시킬 뿐만 아니라 의(義)의 전가 개념을 라이트에게 '하나님의 의(義)'의 도덕적 의(義) 개념과 전가되는 선물로서의 의(義) 개념이 부정된다. 결과적으로, 이러한 신학적 개념들 아래서 칭의는 언약 백성 공동체에 속해 있다는 하나님의 승인으로 재해석되어, 칭의의 구원론적 성격이 부인된다. 라이트는, 하나님과 바른 관계를 갖는 방법, 구원받는 방법, 믿음에 의해 그리스도의 의(義)를 전가받아 용서받고 하나님의 자녀로 용납되는 방법으로서 칭의를 부인한다.

### B. 라이트의 구원의 서정 이해

### 1. 복음에서 배제되며, 구원론이 아닌 교회론으로서 라이트의 칭의

라이트에게 복음은 종교개혁의 칭의와 같은 구원의 방법과 무관하다.76 복음

---

74 N. T. Wright, *What Saint Paul Really Said* (Wilkinson House, Jordan Hill Road: A Lion Book, 1997), 99.

75 Wright, *What Saint Paul Really Said*, 98. "우리가 법정의 언어를 사용한다면, 그것은 재판관이 원고나 피고든지 간에 그들에게 그의 의(義)를 전가하거나(impute), 나누어 주거나, 유언으로 증여하거나, 전달하거나 혹은 달리 말하면 옮긴다고(transfer) 말하는 어떤 것이든지 전혀 상식에 맞지 않는다. '의'는 법정을 가로지를 수 있는 한 객체(object), 물질(substance) 혹은 가스가 아니다...그러나 그 핵심은 법정의 전문 용어 내에서, '의로운'(righteous)이 의미하는 것이 이 두 사람에 대하여, 법정이 그들에게 유리하게 판결할 때, 그들이 갖는 그러한 지위(신분, status)를 의미한다. 그 이상도 그 이하도 아니다."

76 Wright, "New Perspectives on Paul," 248-49.

은 우리와 같은 죄인이 어떻게 구원받을 수 있는가에 대한 문제와 무관하다. 그에게 복음은 십자가에서 죽으시고 부활하신 메시아이신 그리스도의 참되고 유일한 세상의 주되심에 대한 선언일 뿐이다.77 라이트의 복음은 그리스도의 왕권 선언에 핵심이 놓여진다. 라이트의 "복음의 거대한 주제는 예수님의 주되심과 생명과 세계를 변화시키는 취지의 이러한 메시지이다."78 따라서 라이트는 개인의 도덕적 죄의 해결을 부차적인 것으로 보고, 우주적 악의 처리에 강조점을 둔다.79 복음이 구원의 방법이 아니라는 라이트의 발언은80 칭의가 복음이 아니라는 의미를 강조한 말이기도 하다. 복음에서 개인적 구원의 측면이 축소되는 이런 신학적 경향은 문화 변혁이 구속의 의미를 압도하는 위험성을 가지고 있으며, 이러한 복음에 대한 이해가 복음으로부터 칭의를 배제시키는 결과를 가져온다. 라이트에 따르면, 칭의는 복음이 아니므로, 복음은 "내 자신에 관한 어떤 진리가 아니라, 나의 구원에 대한 것조차 아니라, 메시아 자신이 바울의 복음의 중심"이다.81 그리스도께서 복음의 중심이라는 말은 타당하지만, 복음은 죄인이 구원을 받는 방법을 배제하지 않는다. 그의 복음은 몹시 제한되어 좁혀졌다.

## 2. 시간적 순서로 이해된 구원의 서정에 의해 구원론에서 배제된 칭의

복음으로부터 칭의를 배제시키는 라이트의 사상은 그의 구원의 서정 이해에 잘 반영되어 있다. 라이트의 이러한 구원의 서정 구조를 이해하기 위해,

---

77 N. T. Wright, "Paul in Different Perspectives: Lecture 1: Sarting Points and Opening Reflections." at the Pastors Conference of Auburn Avenue Presbyterian Church, Monroe, Louisiana(January 3, 2005), http://ntwrightpage.com/Wright_Auburn_Paul.htm.
78 Venema, *Getting the Gospel Right*, 41.
79 Wright, 『악의 문제와 하나님의 정의』, 87; Wright, *What Saint Paul Really Said*, 52.
80 Wright, *Justification: God's Plan and Paul's Vision*, 24; Albert Mohler, "Rethinking the Gospel? ," *Ligonier ministries the teaching fellowship of R. C. Sproul*, http://www.ligonier.org/learn/articles/rethinking-gospel/, 2010년 7월 16일 검색.
81 Wright, "Paul in Different Perspectives: Lecture 1.

우리는, 라이트가 그리스도인이 되는 문제를 어떻게 이해하고 있는지 물어야 한다. 왜냐하면 그는 칭의가 그리스도인이 되는 문제 혹은 방법과 무관한 것이라고 주장하기 때문이다. 라이트의 구원의 서정 이해를 살펴보면, 라이트는 칭의를 회심 사역의 일부분이거나 또는 사람을 언약 백성의 일부분으로 만드시는 하나님의 행위가 아니라고 여긴다.82 라이트가 믿음을 다룰 때 논증하고자 애쓰는 것은 '회심'과 '칭의'를 공통 경계 안에서 분리시키는 것이다. 그는 회심과 칭의의 직접적인 관련성의 고리를 끊어내려 한다. 개혁신학에서 구원의 서정은 논리적 순서이지 시간적으로 끊어낼 수 있는 단절된 과정이 아니다. 구원의 서정은 단일성 안에서 논리적 순서로서 구원이 개인에게 적용되는 단일한 과정이다. 회심은 믿음을 그 요소로 하고, 믿음에 의해 한 사람은 용서받고 용납되는 칭의를 얻는다. 회심, 믿음, 칭의는 끊어낼 수 없게 연결된 단일한 과정이다. 믿음에 의한 칭의는 하나님께 구원을 받는 방법이다. 하나님과 바른 관계를 맺고 그리스도인이 되는 유일한 방법이다. 파이퍼에 따르면, 라이트의 문제점은 "너무 긴밀하게 연결되어 한시적으로 구별되지 않는 사건들로 구성"된 순서를 "예리하게 구분하려"는데 있다.83 라이트에게 이 구원론적 고리가 회심과 칭의 사이에 존재하지 않는다. 칭의는 회심으로부터 떨어져 나간 형태로 교회론적으로 다루어진다.84

라이트에 따르면, 그리스도인이 되는 문제는 칭의와 무관하게 '부르심'(calling)의 문제로 축소된다. 라이트에게 그리스도와 바른 관계를 맺는 데 있어 칭의가 필요하지 않다. 누군가 복음의 선포 시 성령의 사역이 인간의 마음에 영향을 줄 때, 인간은 변화되고 믿음으로 반응한다. 그리고 이 믿음은 회심의 요소라기보다 그 결과로서, 누군가 이미 그리스도인이 되어 언약 공동체 안에 속했다는 언약의 표지(badge)로 역할 한다. 즉,

---

[82] Piper, *The Future of Justification*, 93.
[83] Piper, *The Future of Justification*, 95.
[84] Wright, "New Perspectives on Paul," 255-56.

라이트에게 그리스도인이 되는 것은 칭의 없이 이미 완수되며, 칭의는 시간적으로 부르심 이후에 즉각적으로 발생하는 언약 백성에 이미 속했다는 하나님의 백성의 지위 선언 및 승인으로 정의된다. 라이트는 부르심, 회심, 믿음에 분리할 수 없는 단일한 과정의 고리로 엮여진 칭의를 구원론에서 끊어내어 그리스도인이 된 이후에 시간적으로 차후에 발생하는 교회론적 승인으로 분리시켰다.

따라서 믿음의 역할과 중요성도 축소된다. 믿음은 그리스도인이 되고, 구원을 얻기 위한 유일한 도구적 원인(instrumental cause)이 아니라 언약 백성의 회원권 베지(badge)로 축소된다. 믿음은 죄인이 의(義)를 전가 받아 용서받고 용납되는 구원의 유일한 도구가 아니라, 이미 그리스도인이 되어 언약 안에 속해 있다는 표지로 전락한다. 마치 세례와 비슷한 의미로 전락한다. 세례가 믿음을 인치는 것이 아니라 믿음 자체가 하나의 인(seal)으로 전락한다. 이와 함께 믿음은 그 자체가 언약 백성의 신실성과 동일시되기도 한다. 믿음은 이미 언약 회원이 되었으니 하나님께 순종하며 살라는 요구에 대한 반응으로 여겨지기도 한다. 라이트는 믿음을 신뢰로 이해하기보다는 신실성 안에서 순종으로 이해하기에, 믿음을 faith로 표현하기보다 belief로 표현하기를 선호한다.[85] 그러나 믿음은 순종을 배제할 수 없지만, 믿음의 요소를 지식과 확신과 신뢰로 보고, 순종을 믿음의 열매로 보았던 종교개혁의 관점과 믿음과 순종을 동일시하려는 라이트의 관점은 매우 이질적이다. 결과적으로 이와 같이 이해된 라이트의 구원의 서정은 복음으로부터 믿음에 의한 칭의를 배제시킨다. 라이트에게 믿음에 의한 칭의는 더 이상 구원론이 아니라 언약 공동체에 이미 속해 있다는 교회론으로 축소된다. 믿음은 언약 회원권 베지(badge)로 칭의는 언약

---

[85] Wright, "New Perspectives on Paul," 249. "그것은 구원에 이르는 방법에 대한 제안을 받아들이느냐 받아들이지 않느냐에 관한 것조차 아니다. 그것은 순복하고 순종하고 충성하라는 충성된 요구이다. 그리고 이러한 복종과 순종적 순복이 취하는 형식(the form)이 믿음이다. 이것은 바울이 믿음의 순종에 의해 의미한 것이다."

회원권 승인으로 전락하며, 이렇게 축소된 의미에서 라이트의 이신칭의는 재정의 된다.

### 3. 라이트의 이중 칭의에 표명된 행위의 성격

샌더스와 던이 그러했듯, 라이트는 칭의를 과정으로 인식하여 이중 칭의를 주장한다. 라이트의 최종 칭의는, 우리가 성령에 이끌리어 살아왔던 삶을 '따라서' 혹은 '기초로' 우리에게 유리한 판정을 행하는 하나님의 법정적 행위로 정의된다. 라이트의 최종 칭의는 행위를 근거로 이루어진다.[86] 라이트의 최종 칭의는 "믿음을 통해 성령으로 말미암아 생산된 우리 삶의 순종을 의미하는 것"[87]이다. 이 순종은 1세기 유대주의 언어로 표현하자면, "마지막 날에 변호를 받을 사람들이 그 마음과 삶에 하나님의 율법과 토라를 새겨 넣게 될 사람들"[88]에 속한다는 의미이다. 이와 같은 칭의관은 로마 카톨릭처럼 성령의 갱신적 역사로 나타나는 성화의 열매를 칭의의 원인과 조건으로 삼는 오류를 내포하고 있다. 라이트는 최종 심판에서 신자의 행위를 논할 때, 행위에 **"기초하여"(on the basis of)**라는 표현을 사용한다. 기초한다는 의미는 토대한다는 의미로 칭의와 관련하여 행위에 적용할 수 없는 용어이다.

이와 같이 라이트가 최종 칭의를 인간의 행위가 칭의의 원인으로 끼어드는 체계로 이해하는 데는 이유가 없지 않다. 그가 이해하는 속죄 개념 자체가 최종 칭의에 있어 행위를 끌어들일 수밖에 없는 체계로 만든다고 보아도 무방하리라 본다. 왜 그런가? 개혁신학에서 예수 그리스도의 속죄는 구원에 있어 인간의 행위가 공로가 될 수 있는 여지를

---

[86] Wright, "New Perspectives on Paul," 253, 260. 라이트는 로마서 2장을 행위에 기초한 최후 심판으로 해석한다.
[87] Piper, *The Future of Justification*, 104.
[88] Wright, *What Saint Paul Really Said*, 126-27.

조금도 허용하지 않는다. 그리스도께서는 첫 아담의 행위 언약 파기로 내려진 인류의 저주를 대신하는 중보자가 되셨다. 예수님께서는 인간이 할 수 없는 두 가지 구속의 사역을 성취하셨다. 예수님께서는 죄인이 받을 형벌을 받으셨고, 또한 첫 아담이 성취하지 못한 완전한 순종을 이루셨다. 그리스도의 공로로 이룬 속죄는 완전하고 충족한 것으로 죄인이 구원받는 원인의 유일한 토대이다. 인간이 성취할 수 없는 율법의 완전한 요구를 오직 전가되는 그리스도의 의(義)만이 만족시킨다.

라이트의 속죄는 인간의 행위를 대신할 만한 전가되는 충족하고 완전한 의(義)에 대한 제공이 결여되어 있다. 라이트는 '대리형벌만족적 속죄'를 부정한다. 그에 따르면 그리스도의 속죄는 선, 곧 사랑으로 악을 이긴 것이다. 이스라엘이 실패한 이방의 빛이 되라는 소명을 그리스도께서 이룬 것이다.[89] 악에 대한 선의 승리 안에 대리형벌만족적 속죄의 제공물들이 라이트에게서 부정된다. 라이트가 이해한 속죄는 전가되는 공로를 마련하신 예수님의 사역과 무관하다. 하나님께서는 도덕적 통치 원리를 따라 인간의 죄책을 예수님께 전가하셨고, 예수님의 죽음은 하나님의 정죄요 형벌이었다. 예수님께서는 우리가 성취하지 못할 율법의 완전한 요구를 우리를 대신하여 성취하셨다. 전자의 소극적 순종과 후자의 적극적 순종이 우리의 칭의와 구원의 유일한 토대와 원인이 된다. 예수 그리스도께서는 구원의 유일한 공로적 원인(meritorious cause)이시다. 라이트는 예수님의 용서는 언급하나, 그리스도께서 이루신 적극적 순종을 부정한다. 그에게서 적극적 순종이 행방불명된 것이다.[90]

이로 인해 어떤 결과가 나타났는가? 예수님의 전가되는 공로와 의(義)를 부정하므로, 구원의 공로적 원인으로서 예수님의 공로의 공석(空席)을 인간의 행위가 차지하게 된다. 예수님의 속죄의 완전성, 충족성, 유효성을

---

[89] Wright, 『악의 문제와 하나님의 정의』, 87-109를 참조하라.
[90] Piper, *The Future Justification*, 125.

부정할 때, 예수님께서만이 주시고 행할 수 있는 일을 인간에게 돌리게 되는 것이다. 라이트는 부르심에 의해 발생한 회심의 결과로 누군가 언약 백성의 회원권 승인을 받는 초기 칭의를 얻는다고 주장하지만, 최종 칭의에서는 누군가 성령과 협력하여 이룬 인간의 행위가 구원의 원인이 된다고 주장하므로, 성화가 칭의의 원인이 되는 식으로 양자가 혼합 내지 혼동되고 있다.

라이트는 공로신학의 혐의를 벗어내고자 최종 칭의에서 심판의 기초가 되는 인간의 행위가 성령에 의한 것임을 강조한다. 그러나 성령에 대한 강조가 성화를 칭의의 원인으로 끌어들일 수 없는 것이다. 라이트는 성령의 역사에 근거해 최종 심판에서 행위에 기초한 심판을 낙관하려 한다. 그러나 이는 너무 지나친 낙관주의일 뿐이다. 왜냐하면 라이트는 지배력을 잃었으나 성도 안에 남겨진 죄성을 간과하기 때문이다. 중생자의 선행조차도 불완전하여 율법의 완전한 요구와 엄중한 심판을 견디어 낼 수는 없는 것이다. 성도의 행위가 받아들여지는 것은 행위의 불결을 그리스도께서 그의 의(義)로 용서하시기 때문이다. 칭의와 성화는 분리되지 않지만 언제나 구분되어야 하며, 칭의의 원인으로 성화가 끼어드는 것은 로마 카톨릭적 오류인 것이다.

이러한 라이트의 세미-펠라기안주의적 이중 칭의론은 단일언약(mono-covenant) 체계를 함축한다. 라이트는 행위언약과 은혜언약을 구분하지 않는다. 창조의 문제에 대한 대안이 언약의 전부다. 타락 전 언약을 언급하지 않으므로 그의 언약은 단일한 것이다. 라이트의 언약은 그의 구원의 서정 이해와 맞물려, 초기 칭의는 은혜 언약처럼 시작되지만, 최종 칭의는 행위언약처럼 인간 행위에 기초한다. 단일언약으로 인해 배제된 행위언약이 은혜언약 안에 숨겨든 것이다. 그리스도의 의(義)만이 유일한 공로적 원인이라는 슬로건(오직 그리스도)이 전체적으로 혹은 부분적으로 부정될 때, 그 공석(空席)은 인간의 행위가 대신하게 되기 마련이다. 이와 같은 이유로 라이트는 공로신학의 혐의를 벗어내기 어렵다.

### III. N. T. 라이트의 칭의론에 대한 개혁신학적 비평

#### A. 재해석된 '율법의 행위'에 대한 비평

던은 율법의 행위가 율법 자체와 구별되는 경계표이며, 유대인에 대한 바울의 반대는 그들의 민족적 배타성이라고 주장한다. 던에 따르면, 로마서에서 언급되는 '율법의 행위'[91]와 안디옥에서 바울을 노하게 했던 베드로의 행위[92]가 민족적 배타성을 나타내는 경계표 혹은 회원권 베지(badge)로 여겨진다. 이와 같은 던의 '율법의 행위' 이해의 문제는, 그가 재해석한 '율법의 행위'의 정의가 할례, 음식 규례, 안식일 준수라는 경계표와 관련된 의식으로 너무나 협소화되었다는 데 있다.[93]

성경이 가르치는 '율법의 행위'는 던과 달리 민족적 배타성을 나타내는 경계표의 의미를 넘어선다. 예를들면, 성경은, 할례가 단지 이방인과 유대인을 구분하는 의식 이상의 의미를 함축한다고 가르치기 때문이다. **"내가 할례를 받는 각 사람에게 다시 증언하노니 그는 율법 전체를 행할 의무를 가진 자라"(갈 5:3)**.[94] 또한 우리는 갈라디아서 3:10절을 주목할 필요가

---

[91] Cf. Thomas Schreiner, "Works of the Law in Paul," *Novum Testamentum* 33 (1991): 226; James D. G. Dunn, 『로마서 1-8』, 김철, 채천석 역 (서울: 도서출판 솔로몬, 2003), 374.

[92] Dunn, "The New Perspective on Paul," 105.

[93] *Justification, Report of the Committee to Study the Doctrine of Justification, by the Seventy-third General Assembly of the Orthodoxy Presbyterian Church*, 44. "'율법의 행위'라는 어구의 정의에 이를 때, 던과 같은 바울에 관한 새 관점의 옹호자들은 애초에 그 용어를 너무 좁게 정의하였다. '율법의 행위'가 단지 할례, 음식 규례 그리고 안식일 준수만을 언급한다고 주장하는 것은 주석적으로 변호될 수 없다. '율법의 행위'가 확실히 이 세 가지들을 포함하는 반면에, 그것들은 그것들에 제한되지 않는다."

[94] Venema, *The Gospel of Free Acceptance in Christ*, 177. "그러나 바울에 따르면, 이방인 신자가 하나님의 언약 백성으로 인정되기 위하여 할례에 복종한다는 유대주의자들

있다. 10절은 "율법의 행위'에 속한 자들은 저주 아래에" 있다고 선언하며, 저주의 이유를 율법 전체를 지키지 못하는 것에 둔다. **"무릇 율법 행위에 속한 자들은 저주 아래에 있나니 기록된 바 누구든지 율법 책에 기록된 대로 모든 일을 항상 행하지 아니하는 자는 저주 아래에 있는 자라 하였음이라"(갈 3:10).** 10절이 전달하는 명확한 의미는, "저주가 언약에 대한 잘못된 이해와 유대인의 표지를 준수하는 사람들을 향한 언약적 축복에 제한"이라고 해석하는 던의 주해를 허용하지 않는다. 던의 주해는 본문의 정황과 동떨어진 의미로 나아간다.95 성경 본문은 할례 자체가 전체 율법에 대한 복종을 함축하고 있으며(갈 5:3),96 율법의 행위는 전체 율법을 준행하는 행위를 명시한다(갈 3:10). 즉, 성경에서 바울은 그리스도에 대한 믿음이 아닌 할례를 통해 구원받고자 하는 자는 이룰 수 없는 율법 전체에 대한 의무를 떠맡고 저주 아래 놓이게 된다. 갈라디아서 6:12-5:3절은 할례를 받아 의롭게 되려는 자들을 향한 경고이며, 바울이 경고하는 저주는, 할례가 전적으로 무능한 자에게 율법 전체를 행할 의무를 지우는 것을 의미한다.97

로마서 4장에서 바울은 아브라함이 율법의 행위, 즉 율법 전체에 대한 순종에 의해 의롭게 되는 것과 대조되는 자유로운 은혜를 통해 의롭게 되었음을 언급한다. 바울이 언급한 다윗의 예는 율법의 행위로 인해 저주받은 유대인들과 대조를 이루기에 중요하다. 다윗은 율법의 행위와 별개로 불법한 자의 죄를 가리어 의롭다하시는 하나님의 은혜를 고백한다(로마서 4:6-8). 본문에서 은혜의 선물로 의롭다하시는 하나님의 칭의와

---

의 주장은 '전체 율법'에 대한 복종을 요구하는 것과 동일한 것이다."; Schreiner, "'Works of the Law' in Paul," 226. "우리는 바울이 율법의 행위에 의한 의(義)를 배제시킨 이유가 던이 허락한 것보다 넓어서, 바울에 따르면, 왜 의(義)가 율법의 행위에 의해 획득될 수 없는지에 대한 우선적인 이유가 누구도 율법을 완전히 지킬 수 없다는 것이라는 것을 확신한다."
95 Schreiner, "'Works of the Law' in Paul," 230.
96 Venema, *The Gospel of Free Acceptance in Christ*, 177.
97 Schreiner, "'Works of the Law' in Paul," 230.

대조되는 것은 경계표로서 할례를 포함한 전체 율법에 대한 순종을 의미하는 율법의 행위이다. 율법의 행위는 단지 경계표가 아니라 율법에 대한 순종으로 의(義)를 얻으려하는 율법주의적 행위를 가리킨다. 따라서 바울이 언급한 '율법의 행위'는 언약 백성 안에 있다는 회원권 표지 혹은 경계표의 의미로서 의식들을 넘어서서 율법에 대한 순종으로 행위 의(義)를 얻으려는 율법주의적 행위를 포함한다. 바울은 민족적 배타성을 포함하여 더 본질적으로는 행위 의(義)를 얻으려고 율법의 행위를 추구하는 율법주의적 유대인들을 경계하고 있는 것이다.

율법의 행위를 경계표로 축소하는 던과 같은 새 관점주의자들의 위험성은, 이들이 율법의 행위를 경계표로 축소하므로 바울이 율법주의로서 유대인들을 경계한 바를 부정하는 데 있다. 바울이 율법주의로서 유대주의를 반대한 것이 아니라는 주장은, 한편으로는 바울이 민족적 배타성에 대한 유대인의 과오를 부정했지 율법을 지켜 최종적인 칭의를 얻는 것을 부정하지 않았다는 주장의 전제로 삼기 때문이다. 실제로 샌더스와 던 그리고 라이트는 인간이 가진 전적타락과 무능성 그리고 율법의 엄중한 요구에 대한 역학 관계를 간과하는 경향이 있다. '율법의 행위'에 대한 던의 재해석은 '율법의 행위'를 경계표로 축소시키고 난 후, 바울의 유대주의에 대한 반대를 경계표에 한정시키고, 율법 순종을 통해 행위 의(義)를 얻는 일을 정당화하는 결과를 가져온다. 즉, 던은 마지막 칭의에 있어 율법 순종이 원인으로 인정되는 구원관을 주장하려는 것이다.

### B. 재해석된 '하나님의 의(義)'에 대한 개혁신학적 비평

라이트에 의해 하나님의 신실성으로 재해석된 '하나님의 의(義)'의 문제도 역시 그 의미의 협소함에 있다. '하나님의 의(義)' 역시 하나님의 신실성의 의미를 함축하고 있다고 볼 수 있으나 매우 다양한 의미들을 그 안에 동시에 함축하고 있다. 성경과 개혁신학은 하나님의 의(義)에 대한 이러한 다양한 의미들을 구분하였다. 하나님의 의(義)는 하나님의 신실성만이 아니라 '도덕적 의(義),' '분배적 의(義),' '전가되는 선물로서의 의(義)'와 같은 의미들을 함축한다. 존 머레이는 하나님의 의(義)에 대한 종교개혁자들의 두 구분을 소개한다.[98] 첫째는, 소극적인 의미로 인간의 의(義)와 구별되는 하나님의 의(義)이다. 즉, 인간의 의(義)와의 기원적 측면에서 구별을 위해 이 용어를 사용한 것이다. 여기서 "구별되는 측면"이란 말은 '칭의의 근거'로서 서로가 서로를 배제한다는 의미에서 "구별"이다(롬 1:16-18; 3:20, 22; 빌 3:8). 우리는 이러한 측면의 하나님의 의(義)를 '도덕적 측면의 하나님의 의(義),' 혹은 '분배적 측면의 하나님의 의(義)'라고 부를 수 있다. 둘째, 하나님의 의(義)는 '선물로서 혹은 전가되는 하나님의 의(義)'의 측면을 갖는다.[99] 선물로서 하나님의 의(義)는 공의로운 성품으로서 하나님의 의(義)와 깊은 관련성 속에서 제시된다. 하나님의 의(義)는 우선적으로 율법을 순종하라는 요구로서 이해된다. 그러나 전적으로 타락한 인간에게 하나님의 도덕적 의(義)는 비참만을 초래한다. 타락한 인간, 심지어 중생했지만, 지배력을 잃은 죄성을 지니고 사는 성도에 이르기까지 하나님의 도덕적 의(義)의 요구는 인간을 통해 응답될 수 없다(롬 1:18-3:20). 달리 말하면, 모든 인간은 자기 의(義)로 하나님께 의롭게 될 수 없는 것이다. 그러므로 모든 인간에게 칭의의 근거가 될 만한 외부적 의(義)가 필요하다. 그러므로 선물로서의 의(義)는 그리스도의 의(義)이다. '하나님의 도덕적 의(義)와 분배적 의(義)'에 의해 정죄될 수밖에 없는 인간을 위해 예수 그리스도께서 속죄를 이루어 전가할 의(義)를 마련하셨다(롬 3:21-26). 그의 적극적 순종(율법에 대한 완전한 순종)과 수동적 순종(형벌)을 통해

---

[98] John Murray, "Justification," *Collected Writing of John Murray*, vol. 2 (Edinburgh: The Banner of Truth Trust, 1977), 214-15. Cf. James Buchanan, 『칭의 교리의 진수』, 신호섭 역 (서울: 지평서원, 2002), 343-44.

[99] Venema, *The Gospel of Free Acceptance in Christ*, 205.

하나님의 도덕적 의(義)의 요구를 성취하셨다. 이는 선택받은 죄인들을 위해 이루신 의(義)로서 믿음을 통해 전가되며, 믿음으로 전가된 의(義) 때문에 성도들은 칭의를 받는다. 전가되는 하나님의 의(義)는 하나님의 도덕적 통치와 공의에 부합하는 방식으로 제공된다. 예수 그리스도의 순종과 형벌을 통해 하나님의 의(義)의 모든 요구가 성취되었다.100

이것이 로마서 1:17절의 의미이다. "**복음에는 하나님의 의가 나타나서 믿음으로 믿음에 이르게 하나니 기록된 바 오직 의인은 믿음으로 말미암아 살리라 함과 같으니라.**" 로마서 5:18, 19절에서 선물로서 전가되는 하나님의 의(義)는 "한 사람의 의(義)"로 불리 운다. 주 예수 그리스도의 의(義) 외에 다른 어떤 이의 의(義)도 이 의(義)로부터 배제된다. "이러한 표현은 그리스도의 사역과 즉각적으로 연결시키는 한편, 많은 사람이 의롭게 되는 개인적 순종들을 배제한다."101 따라서 라이트에 의해 '하나님의 신실성으로 재해석된 하나님의 의(義)'는 성경과 종교개혁이 발견한 '하나님의 의(義)' 사상에 함축된 다양한 측면들의 의미를 배제시키고 있으며, 몹시도 축소시키고 있다. 이와 같은 축소된 하나님의 의(義) 이해는 믿음에 의해 전가된 의(義)로만 의롭게 여김을 받을 수 있다는 종교개혁의 근본 교리로서 칭의를 부정하고 재해석하는 위험성을 담고 있다.

---

100 Venema, *The Gospel of Free Acceptance in Christ*, 207. "신자에게 자유롭게 주어지고 전가되는 그리스도 안에 하나님의 의(義)에 대한 토대 위에, 하나님께서는 죄인이 용서되고 그에게 받아들여질 수 있다고 선언하신다. 왜냐하면 그리스도께서 그의 백성을 위해 하나님의 의(義)의 의무와 요구를 만족시키셨기 때문에, 하나님께서 공의로우신 동시에 죄인을 의롭다 하시는 분이 될 수 있다(롬 3:26). 그러므로 '칭의'는 의(義)에 있어 도덕적 갱신을 진행하는 과정(성화)이 아니라 마지막 칭의를 예견하는 결정적(definitive), 법정적(judicial, forensic) 행위이다."; Buchanan, 348. "이 모든 표현들은 죄인들을 의롭다 하시기 위해 하나님께서 계시하신 하나의 동일한 의(義)와 관계되는 표현들인데, 그것은 바로 그리스도의 대속적인 의(義)이다. 그리고 이 그리스도의 의에 대한 각각의 표현은 그것과 관계된 여러 국면들과 관계들을 나타내 줄 뿐만 아니라, 우리의 죄의 사면과 하나님 품으로의 용인을 위한 모든 다른 의(義)들을 배격하는 것을 보여주는 것이다. 이 그리스도의 의(義) 외에 이 모든 표현들이 적용되는 다른 의(義)는 없다는 것이다."

101 Buchanan, 347.

## C. 전가 교리를 부정하는 라이트의 법정적 개념에 대한 개혁주의적 비평

라이트는 법정적 개념을 부인하지 않지만 전가 개념을 범주적 오류(a category mistake) 혹은 법적 허구(legal fiction)로 여기고 부정한다. 라이트는 의(義)의 전가를 통해 죄인을 의롭다하시는 법정적 선언을 상식에 맞지 않는 일로 치부한다.102 라이트는 1세기 유대주의 혹은 세속 법정의 정황을 하나님의 법정에 그대로 적용한다. 그는, 인간 법정에서 재판장의 의(義)가 피고에게 전가되어 사면을 받거나 의롭다는 평결을 받는 예가 없다는 데 착안하여 종교개혁의 전가 개념을 법정적 선언에서 배제시키려한다. 따라서 하나님의 법정과 관련하여 언급되는 하나님의 의(義)는 언약적 신실성일 뿐이라고 주장하는 것이다. 즉, 하나님의 의(義)는 하나님의 성품에 고유한 것으로 인간의 의(義)와 다르며 전가될 수 없다.

그러나 라이트의 오류는 하나님의 의(義)에 대해 왜곡되고 축소된 정의로부터 시작된다. 그는 하나님의 의(義)에 대한 너무나 좁은 해석의 폭에 갇혀, 하나님의 법정, 천상의 법정을 인간의 법정과 동일시하려 한다. 그는 칭의와 관련하여 사용하는 '법정'이란 말이 인간 법정에 문자적으로 대입된 용어가 아니라 '유추적 표현'이란 사실을 망각하고 있다. 성경이 법정이란 말을 사용할 때, 법정적이란 말이 전하고자 하는 핵심은 '평결'에 있다. 세속 법정으로부터 하나님의 법정의 유추는 세속 법정의 정형화된 세밀한 구조를 표현하려는 것이 아니다. 따라서 우리는 '평결'이란 말을 사용할 때, '전가'라는 요소를 세속 법정의 구조 때문에 배제시킬 필요가 없는 것이다. 세속 법정과 천상의 법정은 동일할 수 없다. 세속 법정에 비추어 천상의 법정에서 '전가'를 제거하려는 라이트의 발상은 자의적으로 축소 해석한 '하나님의 의(義)'에 대한 집착 때문에 일어난 사고라 할 수 있다.

한편 전가 교리가 법적 허구 내지 범주적 오류라는 라이트의 주장은

---

102 Wright, *What Saint Paul Really Said*, 98.

타당한 것일까? 사실 전가 교리를 축출하고자 만들어낸 용어, 법적 허구는 로마 카톨릭으로부터 비롯되었다.103 이들은 오직 내재적 의(義)만을 인정하므로, 죄인을 의롭다하는 전가되는 의(義) 교리를 법적인 속임수라고 비판했다. 왜냐하면 내재적으로 의(義)가 없는 자를 의롭다고 하는 것이 허구라고 여겼기 때문이다. 로마 카톨릭은 법적 허구를 비실재적인 것이나 진실이 아닌 허위의 의미로 전가 교리에 적용한 것이다.104

성경은 로마서 5:12-21절에서 언약적 연합 관계 안에서 죄와 의(義)가 전가됨을 분명히 가르치고 있다. 그러나 전가는 법적 허구로서 비실재나 허위의 속임수가 아니다. 전가는 언약 관계 안에서 계획된 하나님의 도덕적 통치를 전제한 구원 방법의 실재이다. 하나님께서는 아담과 그리스도를 언약의 머리로 세우셨다고 성경은 분명히 증거 한다(롬 5:12-21). 언약적 연합의 연대성 안에서 하나님께서 제정하신 법적 결과들은 아담 안에서는 혈통적으로 모든 인류와 연계되고, 그리스도 안에서 믿음의 관계를 통해 선택된 모든 자들에게 연계된다. 아담의 죄의 정죄와 그리스도의 의(義)의 선물은 언약 관계 안에서 가능한 전가라는 방식으로 전해진다. 예수 그리스도께서는 언약적 연합 안에서 택한 자들의 죄를 자신의 것으로 여기셨다(고후 5:21). 예수님께서 우리를 대신 형벌을 받으신 일 역시 죄책을 그분에게 전가하는 일이 없었다면 불가능한 일이었다. 신비적 연합은 각각의 인격을 유지하는 연합으로서, 연합을 통해 그리스도의 의(義)는 믿는 자에게 전가된다.

로마서 4:5절에서 언급되는 "의(義)로 여기시나니"(ἐλογίσθη)라는 표현은 의(義)로 '여기고,' '간주하고,' '전가하는' 것 외에 다른 것으로 여길 수 없다. 즉, 성경은 믿음이라는 수단에 의해 그리스도와 연합할 때, 그리스도의 것인, 우리 외부의 의(義)를 전가 받아 우리가 칭의를

---

[103] R. C. Sproul, *Faith Alone: The Evangelical Doctrine of Justification* (Grand Rapids, Michigan: Baker Books, 2006), 105-6.
[104] Buchanan, 361.

받는다고 가르치고 있는 것이다. 이일은 허구가 아니라 하나님께서 죄인을 향해 행하시는 하나님의 실재적 사역이다. 의(義)의 전가를 통한 칭의는 법정적인 성격을 지니고 일어나는 하나님의 사역이며, 실재이다. 그리스도께서는 하나님의 공의의 요구를 순종과 형벌로 성취하셔서, 실재적인 그리스도의 공로를 실재로 우리에게 전가하신다.105

### D. 라이트의 구원의 서정에 대한 개혁주의적 비평

#### 1. 칭의가 배제된 라이트의 복음 이해에 대한 개혁신학적 비평

라이트의 복음 이해의 문제점은 복음의 우주적 차원을 강조한 나머지 개인적 구원의 중요성을 평가절하 한 점과 복음을 단지 "예수는 메시아이시며 주시다"라는 개념 안에 축소시킨 점이다. 라이트의 복음관에 있어 가장 큰 위험성은 칭의가 복음이 아니라는 사고에 놓인다.106 라차드 개핀 (Richard B. Gaffin)은 복음으로부터 칭의를 배제시키면서 복음은 개인이 어떻게 구원을 얻느냐의 문제가 아니라고 주장하는 라이트의 주장을 논박한다. 개핀에 따르면, 바울의 복음은 중심을 가지며, 그 중심으로부터 분리

---

105 Buchanan, 363. "우리가 이러한 축복의 실재들을 직접 경험하게 되면 사람들이 율법 아래서든지 복음 아래서든지 '법적 허구'를 논하는 것 자체가 매우 어리석고 헛된 행동이 될 것이다. 왜냐하면, 한편으로는 정죄가, 또 다른 한편으로는 칭의가 모두 법정적이며 사법적 행위들이기 때문이며, 반드시 하나님의 율법과 하나님의 정의와 어떤 관계를 가지고 있기 때문이다. 그리고 첫째 아담과 둘째 아담의 대표적 성격과 그들이 각각 대표하는 사람들을 향한, 그들로부터 말미암는 그들의 죄와 의(義)의 전가는 오직 하나님의 주권적 의지와 임명, 그리고 약속에 기인한 것이기 때문이다. 그럼에도 불구하고 이 결과들은 가설적인 것이거나 상상적인 것들이 아니라 그들의 본성에 참되게 실재하는 것이다."

106 Richard B. Gaffin, 『구원이란 무엇인가: 바울과 구원의 서정』, 유태화 역 (서울: 크리스챤출판사, 2007), 82. "내가 방금 언급했던 신앙과 그리스도와의 연합은 '인격적'이고 '개인적'인 언어로 이해되어 왔다. 나는 의도적으로 그렇게 하였다. 왜냐하면 이 인격적인 측면이 현재의 공동체적인 흐름에 흡수되어 사라질 위기에 처해 있기 때문이다. 또한 이 측면이 사실상 바울에게 핵심적인 것이기 때문이다."

될 수 없는 연계된 의미들이 가까운 원과 먼 원의 구조로 그 중심을 형성한다.107 개핀에 따르면, 복음의 가장 중심에는 그리스도와 그의 사역이 놓인다. 그리고 복음은 "하나님의 구속적인 행위를 선언한다. 이러한 행위는 예수님의 인격과 사역에 밀접히 연관된다. 그래서 그것은 또한 '그리스도의 복음'이다."108 개핀은 고린도 전서 15:3절의 "먼저"(ἐν πρώτοις)를 주목한다. 여기서 "먼저"는 시간적 의미가 아니라 '중요하다'는 의미에서 "먼저"를 의미한다.109 그런데 바울이 "먼저"라는 표현을 써서 '중요한 내용으로 여기고' 전한 메시지는 "우리 죄를 위하여 죽으시고 장사 지낸 바 되셨다가 성경대로 사흘 만에 살아"(3-4)나신 사건이다. 그런데 우리가 주시할 부분은 3-4절의 중요한 메시지가 명시적으로 기록된 "우리 죄를 위하여"(3절)와 상관성 안에서 제시되고 있다는 사실이다. 라이트가 간과하고 있는 것이 바로 이것이다. 복음은 단지 '죽으시고 부활하신 예수님께서 메시아이시고 주시다'라는 의미 안에 축소될 수 없다. 복음은 분명 죄인들을 위한 복음으로서 개개인들의 죄 문제를 해결하는 방법을 포함하고 있다. 복음은 칭의의 복음이기도 한 것이다.110 죄인들을 향한 하나님의

---

107 Gaffin, 『구원이란 무엇인가: 바울과 구원의 서정』, 45. "'중심'이라는 메타포를 통하여 내가 의미하는 바는, 바울 서신에서 일련의 잘 정리된 관심사를 찾아낼 수 있으며, 그런 이해구조 안에서 다른 어떤 사람들에게보다 바울에게 더 중요한 문제가 무엇인지 분명하게 볼 수 있다는 것이다... 아마도 관심사를 원의 구조로 그려본다면, 중심에 가까운 원이 있고 상대적으로 중심에서 먼 원이 있다는 사실을 거론할 여지가 있을 것이다."

108 R. H. Mounce, "Gospel," *Evangelical Theology of Dictionary*, ed. Walter A. Elwell (Grand Rapids, Michigan:Baker Academic, 2001), 514.

109 Gaffin, 『구원이란 무엇인가: 바울과 구원의 서정』, 49.

110 Sinclair Ferguson, *What does Justification have to do with the Gospel?*, Ligonier ministries the teaching fellowship of R. C. Sproul, http://www.ligonier.org/learn/articles/what-does-justification-have-do-gospel/, 2010년 7월 16일 검색. "전문적인 용어로 그것[복음]은 *kerygma*(그리스도와 그의 사역에 대한 선포)뿐만 아니라 *didache*(신자와 공동체의 삶 안에서 그리고 그것에 있어 그러한 사역의 적용-)을 포함한다. 더욱 일찍이, 바울은 갈라디아 교회에서 발생한 복음의 왜곡과 거짓이 구속의 적용에 연계되었다는 것을 믿는다. 은혜만으로, 그리스도 안에서만, 믿음만을 통한 칭의는 우리를 위해 십자가 위에서 저주가 되신 그리스도로서 복음의 중요한 부분이다(갈 3:13)."

정죄라는 정황 아래서111, 복음의 중심점은 그리스도의 죽으심과 부활이란 동심원으로 둘러싸이며, 그리스도의 죽으심과 부활은 죄의 문제를 해결하는 방법이란 동심원에 둘러싸인다. 복음은 그리스도의 의(義)를 전가 받아 하나님께 용서와 용납을 받아 하나님과 화목 하는 개인적 차원의 구원 방법을 포함하고 있다.

## 2. 시간적 순서로 이해된 라이트의 구원의 서정에 대한 개혁신학적 비평

### a. 끊을 수 없는 고리로 연결된 회심(믿음과 회개)과 칭의

라이트가 복음으로부터 칭의를 배제시키는 사고는 그가 구원의 서정(ordo salutis)을 시간적으로 이해하는 사고와 무관할 수 없다. 그가 구원의 서정에서 칭의를 회심으로부터 끊어낼 수 있는 것은 구원을 단일한 과정으로 보지 않기 때문이다. 그는 회심으로부터 칭의를 시간적으로 끊어낸다. 칭의는 용서받고 용납되는 구원의 일부가 아니라 이미 회심한 자가 하나님의 백성의 공동체에 속해 있다는 선언으로 정의한다. 칭의는 이미 구원론이 아니라 단지 교회론적 의미로 회심으로부터 분리된다. 그러나 칭의는 회심의 요소인 믿음에 의해 발생하며, 회심과 끊어낼 수 없는 고리로 연결된 단일한 구원의 과정에 속해 있으며, 논리적 순서로서 회심의 요소인 믿음에 의해 끊어낼 수 없게 발생하는 구원의 한 논리적 순서 내지 측면이다.112 믿음에 의한 칭의는 정죄된 인간이

---

111 Gaffin, 『구원이란 무엇인가: 바울과 구원의 서정』, 58-59. Cf. Buchanan, 247; Calvin, *Institutes of the Christian Religion*, ed. John T. McNeil, trans. Ford Lewis Battles (New York : Westminster Press 1960), I. i. 1-3; Blaise Pascal, 『팡세』, 정봉구 역 (서울: 육문사, 1992), 264; 최갑종, "바울에 대한 '새 관점'의 접근과 개혁신학: '새 관점' 무엇이 문제인가?", 총신대학교에서 열린 제28회 정기학술심포지엄 제출 논문, 2010년 5월 8일, 15.

112 Louis Berkhof, 『조직신학』, 권수경, 이상원 역 (서울: 크리스챤다이제스트, 2008), 660-1; Anthony A. Hoekema, 『개혁주의 구원론』, 류호준 역 (서울: 기독교문서선교회, 1990), 28-9. 루이스 벌코프는 단일한 과정으로서 논리적 순서로 구원의 서정을

유일하게 하나님과 화목하고 바른 관계를 맺을 수 있는 구원 방법이다. 라이트가 구원의 서정을 시간적으로 끊어낼 수 있는 순서로 보고, 회심으로부터 칭의를 끊어내려고 한 점은 신학적으로 큰 오류이며, 위험한 발상이다.

**b. 믿음은 언약 공동체 회원 베지(badge)가 아닌 구원의 유일한 도구적 원인**
라이트는 하나님께서 죄인들 안에 일어나는 실재적인 변화에 근거하여 죄인을 의롭게 여기신다고 믿기 때문에, 믿음에 기초한 최종적인 칭의를 말할 때, 최종적인 칭의와 중생(성화)을 병합하는 방향으로 나간다.113 이러한 이해 안에서 라이트는 한편으로는 믿음을 회원권 베지로 전락시켰고, 한편으로는 믿음을 순종과 동일시한다. 칼빈은 믿음을 그리스도와의 연합의 유일한 도구로 이해했다. 구원의 모든 축복은 우리 밖에 계신 그리스도 안에만 존재한다. 그리스도와 연합하는 것 이외에 구원의 다른 방법이 없다. 믿음의 유일성은 그리스도의 유일성 때문에 강조된다. 믿음만(sola fide)이 그리스도께 연합할 수 있는 도구이다. 성령 사역의 본질은 "그리스도와 연합시켜 주시는 띠"의 역할이다. 성령은 죄인의 마음을 조명하여 말씀을 통해 믿음을 일으키시므로 그리스도와 죄인이 연합하게 하신다. 믿음은 단지 회원권 베지가 아니며, 믿음은 순종과 구분된다. 믿음은 오로지 그리스도를 지향하며, 그리스도와의 연합의 도구가 된다. 그런 의미에서 믿음은 구원의 도구적 원인이되 도구로서 유일성을 지닌다. 칼빈은 말한다. "어거스틴은... 믿음의 목표를 논할 때에... 그[예수 그리스도]는 하나님으로서 우리가 가려는 목적지가 되며, 사람으로서 우리가 걸어가는 길이 되신다. 목적지와 길은 오직 그리스도에게서 발견될 뿐이다."114

---

이해하고, 안토니 후크마는 인과적 우선순위 혹은 구원의 측면으로서 마치 오각형의 각 변과 같이 구원의 서정을 이해했다. 중요한 것은 이들이 구원을 단일한 과정으로 보면서, 순서를 시간적으로 파편화된 구원의 조각들로 보지 않고 논리적 혹은 인과적 순서로 보았다는 점이다.
113 Eveson, 218.
114 Calvin, *Institutes*, III. ii. 1.

그렇다면, 믿음이 오직 그리스도를 지향하는 도구라는 의미는 무슨 뜻일까? 믿음은 순종이 아니다. 믿음은 순종을 낳지만 순종을 믿음에 함축된 요소가 아니다. 개혁신학은 믿음을 3 요소로 구분했다. 믿음은 지식(notitia)[115], 동의(assensus)[116], 신뢰(fiducia)[117]라는 3 요소를 가지고 있다. 믿음은 지, 정, 의의 전인격적인 하나님을 향한 지향성을 의미하며, 신자를 그리스도와 연합시킨다. 이 믿음을 통해 성도는 그리스도 안에서 칭의와 성화라는 이중은총을 받는다. 믿음은 하나님께로부터 용서와 용납을 받는 유일한 도구이다. 믿음은 칭의와 성화를 그리스도 안에서 받게 하는 도구이지 순종 자체가 아니다. 믿음으로 그리스도와 연합할 때 성도는 성화의 열매를 맺는다. 개혁신학은 순종을 로마 카톨릭이나 라이트처럼 믿음의 요소로 보지 않았다. 믿음과 순종은 동일시 될 수 없으며, 오히려 인과적 관계를 갖는다. 믿음은 순종과 분리될 수 없지만, 믿음과 순종은 다르며, 믿음에 의해 그리스도 안에서 순종이 발생한다. 순종은 믿음 안에 요소가 아니라 믿음이 낳은 결과요 열매이다. 라이트가 믿음을 회원권 베지로 전락시키고, 믿음과 순종을 동일시하면서 발생한 오류는 믿음이 갖는 구원의 유일한 도구적 원인의 지위를 빼앗은 것이며, 믿음을 순종과 동일시하므로, 그리스도와 연합시키는 도구로서 믿음만이 할 수 있는 역할을 인간의 순종과 행위에 돌리게 한 점이다. 이러한 라이트의 믿음 이해는 순종을 의롭게 됨의 근거로 삼게 되므로 칭의와 성화를 혼동 내지 혼합하여 공로신학을 발생시키는 로마 카톨릭의 오류와 비슷한 류의 과오를 범하게 된다.

c. 신자의 행위는 믿음의 진정성의 표이지 구원의 원인이 아님

라이트는 성령을 강조하면서 성화에 해당하는 성도의 행위가 최종 심판에

---

[115] Calvin, *Institutes*, III. ii. 2, 3, 34; Sproul, *Faith Alone*, 76-8.
[116] Berkhof, 756; Sproul, *Faith Alone*, 78, 80.
[117] Berkhof, 756;Calvin, *Institutes*, III. ii. 16; Sproul, *Faith Alone*, 84.

서 의롭다는 평결을 받는 근거가 된다고 가르친다. 이처럼 라이트는 칭의를 과정으로서 보며, 처음 칭의와 최종 칭의로 구분하고, 최종 심판에 있어 행위를 구원의 토대로 삼는다. 이러한 라이트의 이중 칭의는 두 가지 문제점을 갖는다. 그의 이중 칭의의 문제점은 첫째, 칭의를 단회적이고 충족한 단일한 것으로 보지 않는 점에 있으며, 둘째, 최종 심판에 있어 구원의 원인을 행위에 두므로, 인간의 행위를 공로화한다는 데 있다. 이와 같은 구원과 행위에 대한 라이트의 이해는 칭의와 성화를 구분하지 않고 혼동 내지 혼합하는 오류를 범하게 되며, 구원론을 공로신학으로 만든다. 그는 최종 칭의가 행위에 "기초한"(on the basis of) 것으로 표현하므로 큰 오류를 범하고 있다. 과연 거듭난 성도의 행위가 구원의 원인이 될 수 있을까? 개혁신학은 성령에 이끌린 성도의 삶에서 나타난 행위라 할지라도, 중생자의 행위가 하나님께 칭의를 얻어낼 가능성이 없다고 보았다. 왜냐하면 신자 안에는 지배력을 잃은 죄가 남겨져 있기 때문이다.118

성도의 순종이라도 불완전하여 율법의 완전한 요구를 만족시킬 수 없다. 그러나 성도의 불완전한 행위는 하나님께 수용된다. 그러나 이러한 수용은 불완전한 성도의 행위에 대해 그리스도의 용서가 베풀어지기 때문이다. 그리스도의 용서가 없다면 성도의 순종과 선행은 수용되지 않는다. 칼빈은 말한다. "그러므로 주께서 우리의 어떤 행위를 인정하시기 전에, 먼저 우리의 죄가 가려지고 용서되어야 한다. 이로부터 죄의 용서는 자유로운 것이며 어떤 보속(satisfactions)을 밀어 넣는 사람들은 그것(은혜)을 사악하게 모독한다."119 따라서 성도의 불완전한 행위에는 공로가 돌려질

---

118 Calvin, *Institutes*, III. xiv. 9. "... 우리의 불완전함(imperfection)의 자취는 여전히 남아 있어서 우리에게 겸손해야 할 이유를 제공한다. 성경은, 선을 행하고 죄를 범치 아니하는 의인은 하나도 없다고 말한다(전 7:20; 왕상 8:46). 그렇다면 그들은 어떤 류의 의(義)를 얻을 것인가? 우선 나는, 그들이 제시할 수 있는 가장 훌륭한 행위도 여전히 항상 어떤 육의 불결(impurity)로 얼룩지고 부패된다고 말한다. 말하자면, 어떤 찌꺼기가 그것[선행]에 섞인다는 것이다."

119 Calvin, *Institutes*, III. xiv. 13. Cf. Calvin, *Institutes*, III. xiv. 16.

수 없으며, 구원의 원인과 토대로 여겨질 수 없다. 성화 자체가 그리스도와의 연합 안에 주어진 은총의 한 부분일 뿐 아니라, 성화의 열매는 영화에 이르기까지 언제나 불완전하다. 성도의 의(義)는 언제나 그리스도의 의(義)와 공로를 전가 받아 주어진 것이다. 불완전한 성도는 언제나 그리스도의 완전하고 충족한 의(義)만을 토대로 하나님께 용서받고 용납된다. 그러므로 선행의 동기는 공로를 위한 것이 아니라 언제나 감사여야 한다.120 하이델베르그 요리문답(Heidelberg catechism)은 감사의 동기로 선행을 추구할 것을 권고한다.

> 86문. 우리가 우리의 공로가 전혀 없이 오직 은혜로 그리스도로 말미암아 우리의 비참한 처지에서 구원받는데, 어째서 우리가 선행을 해야 하는가?
> 답. 그리스도께서는 그의 피로 우리를 구속하셨고 또한 그의 성령으로 그의 형상을 따라 우리를 새롭게 하시니, 이는 하나님께서 베푸신 축복에 대해 우리의 삶 전체로 감사하게 하시사 하나님께서 우리에게 찬양을 받으시기 위함이며, 또한 각 사람이 그 열매로 자기 믿음을 확신하며, 또한 우리의 경건한 삶을 통해서 우리 이웃들도 그리스도께로 인도받게 하시기 위함이다.121

**d. 개혁신학의 칭의의 공적 선언 개념 안에서 칭의와 행위의 관계**

개혁신학은 칭의를 단회적인 사건으로 보고 최후 심판에서의 칭의를 과거 칭의에 대한 공적 선언(public declaration)으로 인식했다.122 개핀도 신자가 받게 될 최후 심판 때의 평결을 공적 선언으로 이해한다.

---

[120] Venema, *The Gospel of Free Acceptance in Christ*, 263. "그리스도 안에서 하나님의 넘쳐나는 은혜에 대한 인식으로부터 발생되는 감사는 그리스도인의 삶에 있어서 수행되는 주요한 동기이다(롬 12:1). 신자의 선행이 하나님께 마지막 받아들여짐을 위한 토대를 구성한다고 제안하는 것은 그것들을 비성경적인 핵심으로 대치하는 것이다."

[121] *Heidelberg Catechism*, q. & a. 86.

[122] 최갑종, "바울에 대한 '새 관점'의 접근과 개혁신학: '새 관점,' 무엇이 문제인가?", 26.

특히 "실현되었으나-여전히 미래적"이라는 신자들의 부활의 패턴에 대한 바울의 교훈의 빛에서 이 생각을 전개해야 한다. 그 빛에서 볼 때, 죽음이 "죄로 인한" 형벌에 속한 것이며, 칭의에서 이미 시작된 심판의 전복적인 법적인 결과로서 형벌의 제거가 단 번에 모두 발생하지 않고 ① 이미 실현되었으나 ② 여전히 미래적인 것이라는 두 단계를 통하여 전개된다는 사실을 관찰하는 것이 공정할 것이다. 상호 관련된 것으로서 법적인 역전환의 공개적이고 공공연한 선언, 즉 그들의 육체적인 부활과 최후의 심판과 관련된 분명한 선언은 이와 같이 여전히 미래적인 것이다. 그런 의미에서, 신자들은 이미 "믿음으로 말미암아"(by faith) 의롭게 된 것이다. 그러나 그들은 아직 "눈으로 확인할 수 있도록"(by sight) 여전히 칭의 되어야 하는 것이다.[123]

공적 선언이라는 의미에서 칭의 개념은 행위에 '기초해'(on the basis of) 일어나지 않고, 이와 구별된 개념으로서 행위에 '따라서'(according to) 일어난다. 즉, 칭의의 공적 선언에서 행위의 역할과 의미는 칭의의 원인이 아니라 칭의를 받게 하는 믿음의 진정성의 표지로서 이해된다. 칭의는 단회적이며, 오직 그리스도의 공로 때문에 받는다. 그러므로 칭의는 그리스도의 공로를 믿음이란 연합의 수단에 의해 받게 되는데, 연합의 도구이며, 칭의의 도구인 믿음은 언제나 순종의 열매를 낳기 때문에, 성도의 선행은 칭의를 받는 믿음의 진정성을 드러내는 표지인 것이다. 그러므로 공적 선언은 성도의 행위를 통해 믿음의 진정성을 선언함을 의미하는 것이며, 믿음이 진정하므로, 칭의의 진정성을 또한 선언하는 의미를 갖게 된다. 그러므로 개혁신학자들은 칭의를 '사실 칭의'와 '선언적 칭의'로 구분하였다. 뷰캐넌은 칭의를 "하나의 동일한 칭의"[124]라고 전제한 후, 이 하나의 칭의 안에 두 측면이 존재함을 지적한다. 그 한 측면은 "죄인이 의로운 자로 용인되었을 때, 실제적으로 성취되는 국면"(사실 칭의)이며, 다른 한 측면은 "그것에 대한 보증과 확신을 제공하기 위해 선언되어지고 증거 되어지는 국면"(선언적 칭의)이다.[125] 사실 칭의는 칭의의 본질이

---

[123] Gaffin, 『구원이란 무엇인가: 바울과 구원의 서정』, 162. Cf. *Ibid.*, 179.
[124] Buchanan, 258-59.

그러한 것처럼 단회적으로 충족하게 받는다. 그러나 선언적 칭의는 단회적으로 완전한 칭의를 보증하고 확증케 하는 역할로서 반복될 수 있다. 칭의는 단회적으로 받지만, 그 칭의가 진정한 것이라는 것은 열매에 따라서 보증된 믿음의 진정성에 의해 여러 번 선언될 수 있다.126 칭의와 관련된 공적 선언과 사실 칭의와 선언적 칭의의 구분은 로마서(3:28)와 야고보서(2:24)에서 나타나는 믿음과 행위의 긴장 혹은 마지막 심판 때 행위가 언급되는 상황들(마 25:31-46)에서 나타나는 긴장들을 해소할 수 있다. 로마서는 사실 칭의의 관점에서, 야고보서는 선언적 칭의의 관점에서 해석될 때, 긴장은 해소된다. 그리고 마지막 심판 때 행위에 대한 언급은 공적 선언과 선언적 칭의로서 해석될 수 있다.

그러므로 개혁신학은 칭의를 단회적이고 완전한 것으로 이해한다. 이러한 칭의의 단회성과 완전성은 그리스도의 단번에 완전히 성취하신 속죄로 말미암은 그리스도의 공로의 완전성과 충족성 때문이다. 따라서 칭의는 행위 때문에 받지 않는다. 칭의는 오로지 그리스도의 공로의 전가 때문에 받는다. 행위는 믿음의 진정성의 표와 증거일 뿐이다. 그러므로 성도는 칭의를 행위 때문에 받지 않고 행위에 따라 그 진정성을 선언 받을 뿐이다. 성경과 개혁신학은 라이트와 같은 과정적이거나 단계적인 불완전한 칭의를 가르친 바 없다. 단회적이고 완전한 칭의를 받은 자는

---

125 Buchanan, 258.
126 Buchanan, 261-62. "이 실제적인 칭의가 전제되어 있지만, 여기 본문에서는 그들의 선언적 칭의가 특별히 언급되었다. 이 선언적 칭의는 신자 편에서 그 믿음이 살아 있고 일하는 믿음으로 증거 되는 믿음의 실제적인 열매들에 의하여, 그리고 하나님 편에서는 그들의 용인을 증거 하는 하나님의 선언에 좌우되는 것으로 제시되어있다. 이 실제적 칭의와 선언적 칭의의 구분은 성경에서 밝히고 있는 마지막 날의 최종심판을 통해 설명될 수 있을 것이다. 전에 한 번 사실적으로 의롭다함을 받지 못했던 불신자들은 결코 이때에도 실제로 선언적인 의롭다함을 받지 못할 것이다. 그러나 마지막 심판의 날에 공개적으로 재판장의 무죄 선고를 받는 모든 신자들은 '선언적'으로 의롭다함을 받을 것이다. 그 누구도 전에 죄를 용서받지 못하고 하나님의 용인을 경험하지 못한 자들은 죽음 이후의 마지막 심판의 날에도 죄를 용서받지 못하고 하나님의 품에 안기지 못할 것이다. 왜냐하면 죽음 이후에는 회개도 용서도 없기 때문이다."

칭의의 토대 위에 하나님과 화목된 관계를 가졌기에 이 관계가 취소되는 일은 존재하지 않는다. 왜냐하면 이 관계의 토대는 인간의 것이 아니라 그리스도의 완전하고 충족한 의(義)에 토대하기 때문이다. 이처럼 한 번 받은 칭의의 단회성과 완전성을 개혁신학은 확고히 인식했다.

> 하나님께서는 의롭게 된 자들의 죄를 계속하여 용서하신다. 비록 그들이 결코 칭의의 상태로부터 타락할 수 없지만, 그들은 그들의 죄로 말미암아 하나님의 부성적인 노(怒)를 살 수 있게 되며, 그들이 자신들을 낮추어, 그들의 죄를 고백하고, 용서를 구하며, 그들이 믿음과 회개를 새롭게 하기 전까지는 그들은 그들을 향한 그분의 얼굴빛을 보지 못한다.[127]

웨스트민스터 신앙고백서 11장 5항은 칭의가 취소될 수 없음을 확신한다. 칭의는 지속적으로 유지된다. 물론 하나님께서는 죄를 용납하시지 않으신다. 그러나 성도의 죄를 심판자로서가 아니라 부성적 노(怒)로 다스리신다. 성도에게는 징계는 존재하지만 구원의 취소로서 형벌은 존재하지 않는다 (롬 8:1). 하이델베르그 요리문답도 이 점을 인식한다.

> **52문.** 그리스도께서 오셔서 산 자들과 죽은 자들을 심판하실 것이라는 말은 당신에게 어떤 위로를 주는가?
> **답.** 온갖 슬픔과 박해 중에서도, 전에 나를 위하여 하나님의 심판대 앞에 자기 자신을 드리셨고, 그리하여 내게서 모든 저주를 제거하신 바로 그분께서 하늘로부터 심판자로서 임하시기를 머리를 들어 기다린다. 그는 그와 나의 모든 원수들을 영원한 정죄에로 던지실 것이며, 그의 택하심을 받은 모든 자들과 함께 나를 그에게로 취하여 가사 하늘의 기쁨과 영광을 누리게 하시리라는 것이다.[128]

신자에게 마지막 심판은 정죄 없는 심판으로 제시된다. 그리스도인들에게 마지막 심판은 불완전함을 벗고 완전함을 선언 받는 시간이 될 것이며,

---

[127] *Westminster Confession of Faith*, XI. 5.
[128] *Heidelberg Catechism*, q. & a. 52.

이 일은 그리스도의 완전한 공로 때문에 확고하게 발생할 것이다. 개혁신학에 비추어 볼 때, 미완성에서 완성을 향해 나아가는 과정적이고 단계적인 이중 칭의는 그리스도의 속죄의 완전성과 가치를 훼손한다. 무엇보다 그리스도의 공로의 가치를 평가절하 하는 동시에 그리스도의 공로가 절하된 곳에 인간의 행위가 그것을 대신하게 된다. 이런 구조 안에서 라이트는 로마 카톨릭이 범했던 오류와 동일하게 칭의와 성화를 혼동하고 혼합한다.

### E. 단일언약에 대한 개혁신학적 비평

다는 아닐 지라도, 최근 공로신학을 주장하는 많은 신학자들이 단일언약 형태의 언약[129]을 주장한다. 이들은 행위 언약을 인정하지 않는다. 라이트와 던도 예외는 아니다. 라이트도 창조의 문제로부터 언약의 기원을 찾을 뿐, 타락 전 아담과 맺어진 행위 언약을 인정하지 않는다. 이러한 단일언약 안에서 발견되는 위험성은 공로신학에 놓인다. 이들은 행위 언약을 부정하지만, 실제로 이들에게 행위 언약이 사라진 것이 아니라 은혜 언약 안에 혼합되어 나타난다. 행위 언약을 부정하고, 행위 언약과 은혜 언약을 구분하고 대조하지 않는 경향은 결국 은혜 언약 안에서 행위 언약을 주장하는 꼴이 되고 만다. 우리가 살펴 본 것처럼 단일언약은 시작은 은혜로 시작되나 늘 최종 심판에서 행위가 칭의의 원인으로 역할 한다. 단일언약은 시작에 있어서는 은혜 언약이나 종말에 있어서는 행위 언약으로 마친다. 이것이 라이트의 단일언약주의의 위험성이다. 라이트에게 이해되는 은혜 언약의 위협은 영원한 형벌로 여겨진다. 이러한 위협은 행위 언약에서나 주어질 수 있는 위협인 것이다. 이러한 단일언약의 함의 때문에 라이트는 구원받은 성도도 최종 심판에서 정죄되고 탈락 될 수 있다고 가르치는 것이다.

---

[129] 많은 바울에 관한 새 관점 추종자들, 노르만 쉐퍼드(Norman Shepher) 그리고 Federal Vision 진영의 사람들을 예로 들 수 있다.

라이트와 던의 언약관이 이러하기에, 그들은 믿음과 순종의 인과적 관계를 왜곡한다. 라이트나 던에게 아브라함은 믿음의 조상이 아니라 순종의 조상이다. 우리는, 이미 라이트가 믿음을 행위와 동일시하는 것을 확인한 바 있다. 아브라함은 언약적 율법주의에 부합한 모습으로 그려진다. 아브라함의 정체성은 부르심을 받아 언약 백성이 된 후, 율법의 성취를 통해 머무름에 모범을 보인자로서 묘사된다.130 앞에서 살펴본 것처럼, 라이트와 던은 언약적 율법주의의 원리대로 순종을 통해 언약 안에 머무르며, 최종 칭의를 받는다. 라이트와 던이 아브라함은 은혜 언약의 본질이 배제된 채 순종이 강조된다. 이들에게 행위 언약은 실종되었고, 행위 언약과 은혜 언약의 대조는 사라졌다. 이들에게 옛 언약과 새 언약의 통일성은 행위 언약과 대조되는 은혜 언약의 본질 안에서의 통일성이 아니라 은혜 언약으로 시작하여 행위 언약으로 종결되는 언약적 율법주의 체계로서 통일성을 갖는다. 이들은 영생으로서 약속과 영원한 형벌(심판자로서 정죄)로서 위협이 가해지는 행위 언약과 교제의 누림으로서 약속과 징계(아버지로서 교정)로서 위협이 주어지는 은혜 언약을 구분하지 않는다. 구분하지 않는다기보다는 이 두 가지 언약이 혼합되는 형식으로 이해된다. 이들이 이해하는 은혜 언약은 은혜로 시작할 뿐, 위협에 있어 행위 언약의 형벌을 취한다. 그러므로 이들의 단일언약 체계 안에서 성화는 칭의의 원인이

---

130 James D. G. Dunn, "Judaism and Christianity: One Covenant or Two?," in *Covenant Theology: Contemporary Approaches*, ed., Mark J. Cartledge and David Mills (Carlisle, Cumbria: Paternoster Press, 2001), 49-50. "달리 말하면, 여기서 완전한 율법 준수자로서 아브라함의 이미지가 출현한다. 그리고 여기서 또한 우리는 정말로 유대인들의 답변과 정말로 바울에 대한 성경적 답변의 근원을 본다. 아브라함 언약을 시내 산 언약으로부터 분리하려는 바울의 시도는 다소 시작부터 이미 손상되는 것처럼 보인다. 하나님의 명령에 대한 순종과 신실성은 이미 아브라함의 언약과 족장들의 언약에 묶여 있다. 언약의 모델 백성으로서 아브라함은 할례를 받고 율법에 신실하게 남겨진 사람과 같다. 사실 이것은 바울 시대에 아브라함의 의(義)에 대한 통례의 해설이었다-우리가 동시대 유대인들의 저작으로부터 볼 수 있는 것처럼 말이다... 특별히, 민족들의 축복에 대한 약속은 단순히 아브라함의 순종과 신실성에 의해 정당성이 입증되는 언약 내에 포함되었다."

된다. 이러한 언약의 조건성이 이들에게는 은혜의 종교로 여겨진다.

라이트의 단일언약에서 행위 언약과 은혜 언약의 대조의 부정은 율법과 복음의 대조의 부정을 함축한다. 홀튼(Michael Horton)은 "많은 현대 개신교도들이 '언약'을 다소 단조롭게 다루는 반면에 개혁신학은 우리가 성경에서 발견하는 서로 다른 언약의 형태들 사이에 중대한 차이점들을 온당하게 인식"[131]한다고 지적한다. 단일 언약에서 파생되는 문제는 율법과 복음의 대조의 부정에 있다. 율법과 복음의 대조의 부정은 구원의 원인에 은혜와 공로를 혼합하는데로 귀결된다. 홀튼은 단일언약의 위험성에 대해 이렇게 논평한다.

> (한 언약이 동시에 그것의 토대에 있어 복음적이고 율법적인) 단일언약주의는 단순히 아브라함의 약속과 시내 산 율법을 붕괴시킬 뿐이다. 귀결되는 것은 언약적 율법주의이다... 단일언약주의는 옛 것이나 새로운 것이나 공로와 은혜를 결합시키려 한다. 그리고 그 결과는 양 개념이 약해진다는 것이다. 전통적으로 개혁주의 안에서 우리의 대표로서 그리스도의 완전하고 공로적인 순종에 주어진 위치는 무색하게 되거나 부정되기조차 한다. 반면 우리 자신의 순종(그러나 약화된)은 칭의의 조건으로서 이해된다. 그래서 그의 의로운 율법을 유지하는 것에 있어 하나님의 공의와 그 스스로 그것의 조건을 만족시키는 것에 있어 그의 자비는 어둡게 된다-혹은, 그의 공의와 그의 자비는 그들의 완전함 안에서 동시에 결합되는 대신에, 오히려 서로에 의해 상대화된다. 최종 결과는 관대한 율법과 요구가 지나친 복음이 된다.[132]

우리가 행위 언약을 은혜 언약에 축약시켜 버릴 때, 어떤 일이 벌어지는가? 우리는 필연적으로 실제로 율법이 아닌 '율법'과 실제로 복음이 아닌 '복음' 그러나 두 가지의 혼돈으로 마치게 된다(나의 한 친구가 'go-law-spel'이라고 부른 것, 우리 시대에 '개혁주의' 설교를 포함하여, 많은 전형적인 설교들).[133]

---

[131] Horton, *Covenant and Salvation: Union with Christ*, 12.
[132] Michael S. Horton, "Which Covenant Theology?," *Covenant, Justification, And Pastoral Ministry*, ed. R. Scott Clark (Phillipsburg, New Jersey: P&R Publishing, 2007), 200-201.

율법과 복음의 대조는 구원의 원인에 대한 범주에서 생각되는 대조이다. 율법과 복음의 대조가 단일 언약 하에서 사라지면, 율법, 곧 성도의 행위가 구원의 원인으로 끼어들게 된다. 즉, 순종을 통해 영생에 이르는 행위 언약과 그리스도의 의(義)와 속죄의 충족성에 토대하여 믿음에 의해 구원에 이르는 은혜 언약을 대조한다는 것은 율법과 복음의 대조를 함축한 것이다. 뿐만 아니라 행위 언약은 그리스도의 속죄에 있어서도 중요한 의미를 갖는다. 우리는 은혜 언약 아래서 그리스도의 속죄의 공효로 구원을 받지만, 그리스도의 속죄는 그리스도께서 행위 언약의 요구와 저주의 채무 아래 들어가 우리를 대신해 이를 만족시킨 사건이다. 그리스도의 속죄는 아담과 맺어진 행위 언약 파기와 연관된다. 따라서 은혜 언약의 구원의 누림은 오직 그리스도의 공로만을 의지한다.

롤스톤(Holmes Rolston), 토랜스(J. B. Torrance), 바르트(Karl Barth)와 같은 신학자들은 웨스트민스터 신앙고백에서 언급되는 행위 언약 개념이 율법주의적이며, 언약에 있어 하나님의 주권성을 부정하는 것으로 칼빈으로부터의 이탈이라고 주장한다.134 하지만 웨스트민스터 신앙고백은 행위 언약이 하나님의 주권과 자비성을 배제하지 않는다고 고백한다. 언약은 언제나 하나님 주도적이다.

> 하나님과 피조물 사이에 거리가 너무나 멀기 때문에, 이성이 있는 피조물이 피조물로서 그분[하나님]께 마땅히 순종해야 하지만, 하나님 편에서 자발적으로 자기를 낮춰주시지 않으면, 피조물들은 결코 그를 축복과 보상으로서 그분을 즐거워 할 수 없을 것이다. 그런데 하나님께서는 언약의 형식에 의해 그렇게

---

133 Michael S. Horton, "What's Really at Stake," Spindle Wroks, http://spindleworks.com/library/CR/horton.htm 2011년 4월 12일 검색.

134 David B. McWilliams, "The Covenant Theology of the Westminster Confession of Faith and Recent Criticism," *Westminster Theological Seminary Journal* 53/1 (1991), 111. Cf. Holmes Rolston, *John Calvin Versus the Westminster Confession* (Richmond: John Knox Press, 1972), 11, 14.

하시기를 기뻐하셨다.135

윌리엄슨은 언약에 있어 하나님 주권성과 자비성이 배제될 수 없음을 해설한다.

> 신앙고백서 VII. 1.이 가르쳐 주고 있는 것은, (1) 피조물과 창조자 간의 기본적인 구별과, (2) 피조물에게는 창조자에게 순종(피조물이기 때문에)해야 할 의무가 있다는 점과, (3) 창조자는 피조물에게 아무 것도 빚진 것이 없다는 점과, (4) 그러므로 하나님께로부터 모든 축복과 상급은 오직 하나님 편에서의 '겸양'(condescension)(곧 은혜)에 의해서만 즉, 주권적으로 체결된 언약에 의해서만 가능하다는 점 등이다.
>
> 죄인이 자기의 죄를 부인하는 것, 즉 자기의 타락한 상태에 대한 사실을 부인하는 것도 악하지만, 그 보다 더욱 악한 것은, 자기가 피조물인 사실을 부인하는 점이다. 인간의 기본적인 불경건은 그가 자신을 하나님으로부터 독립되어 있는 것으로 생각하는 것이다.136

그러므로 웨스트민스터 신앙고백이 행위 언약에 하나님 주권과 자비의 요소가 결여되어 있다고 본 신학자들의 이해는 왜곡된 것이다. 행위 언약을 부정하는 이들은, 그들이 타락 전 아담과 맺어진 언약에 있어 자비성이 타락 후 맺어진 은혜 언약의 은혜성과 성격이 다르다는 사실을 간과한다. 타락 전 언약, 곧 행위 언약에 함축된 자비는 구속적 은혜(redemptive grace)일 수 없다. 타락 전 인간에게 구속적 은혜는 필요치 않은 것이다. 분명 행위 언약은 자비성을 전제한다할지라도 구속적 은혜가 아니었으며, 원의(original sin)를 가지고 이성과 의지의 올바름(좁은 의미의 하나님의 형상)을 부여받은 자로서 완전한 순종을 통한 영생을 약속받았다. "인간과 맺은

---

135 *Westminster Confession of Faith*, VII. 1.
136 G. I. Williamson, 『웨스트민스터 신앙고백서 강해』 (서울: 개혁주의신행협회, 1989), 107.

첫 번째 언약은 행위 언약이었다. 그 행위 언약으로 아담과, 그 안에 그 후손에게, 완전하고 개인적인 순종의 조건 위에서 생명이 약속되었다."[137] 행위 언약이 파기되었을 때, 그리스도께서는 행위 언약의 채무를 짊어지시고 이를 만족시키셨다. 하나님께서는 구속적 은혜에 근거해 믿음으로 속죄의 획득물들을 은혜 언약 안에서 주 안에 있는 택자들에게 제공하신다.[138]

행위 언약과 은혜 언약의 대조는 인간의 순종으로 영생을 획득하는 구원의 길(율법)과 그리스도께서 성취하신 것을 성령의 적용에 의해 믿음으로 획득하여 영생에 이르는 구원의 길(복음)로서 율법과 복음을 대조시킨다. 그러므로 성경의 구속사는 행위 언약과 창세기 3:15 이후로부터 전 구약과 신약을 포괄하는 하나의 본질을 가졌으나 다양한 시행들을 갖는 은혜 언약(구속 언약을 전제와 기초로)으로 구분된다. 은혜 언약에서 옛 언약(예표)과 새 언약(성취)은 본질에 있어 하나인 은혜 언약이다. 비록 모세 언약이 율법에 대한 강력한 시행과 많은 의식들과 요구들로 점철된 시행의 특징을 갖지만, 모세 언약에서 율법의 본성으로 요구하는 강력한 율법 시행[139]은 한편으로는 예표적 기능으로서, 한편으로는 몽학선생적

---

[137] *Westminster Confession of Faith*, VII. 2.
[138] *Westminster Confession of Faith*, VII. 3. "그의 타락으로 인해, 그[행위] 언약에 의해서는 생명을 얻을 수 없게 되었기 때문에, 주님께서는 보통 은혜 언약이라고 불리는, 두 번째 언약을 맺으시기를 기뻐하셨다. 그 언약에 의하여 주님은 죄인들에게 예수 그리스도로 말미암아 생명과 구원을 값없이 주셨다. 그러나 그들이 구원을 받도록 하기 위해서, 그리스도를 믿는 신앙을 그들에게 요구하시고, 생명에 이르도록 작정되어 있는 모든 자들에게 그의 성령을 주시어, 그들로 하여금 기꺼이 그리스도를 믿을 수 있게 하실 것을 약속하셨다."
[139] 칼빈은 좁은 의미의 율법과 넓은 의미의 율법을 구분한다. 좁은 의미의 율법은 율법의 본성대로 완전하고 엄중하게 요구하는 것을 의미한다. 행위 언약이나 모세 시대의 율법 시행이 여기에 속한다. 그러나 넓은 의미의 율법은 율법의 본성에 더하여 그리스도의 은혜와 용서가 함께 하는 율법 시행으로서 성도에게 적용되는 율법의 제3용도와 같은 율법 시행을 의미한다. 행위 언약은 좁은 의미의 율법으로서 율법의 본성대로 요구했으나 그것은 구원의 조건으로 제시되었고, 모세 율법에서 좁은 의미의 율법으로서 율법의 본성대로 강력히 시행된 율법은 한편으로는 그리스도와 천상의 축복과 영원한 형벌을 예표하고 한편으로는 그리스도를 가리키기 위한 몽학선생적 역할로 은혜 언약에 기여하기 때문에 본질에 있어서 은혜 언약이다.

역할로서 제시된 것이다. 이러한 율법의 본성으로 엄중하게 요구하는 율법 시행은 행위 언약과 같지 않고, 은혜 언약에 기여하는 방식으로 기능했기에 본질에 있어 은혜 언약인 것이다.

> 그러나 주께서 현세의 좋은 것들로 신자를 향한 그분의 자비심을 증거하실 때, 이러한 예표와 상징으로 영적인 행복을 예시하신 것처럼, 다른 한편으로 그분께서는 육체적 형벌 안에서 사악한 자들을 향한 그의 다가올 심판의 증거를 제시하셨다. 그래서 하나님의 은혜가 지상적인 것들 안에서 더 현저히 현저하였던 것처럼, 그의 형벌도 그러하였다.140

> 모세 언약은 본질에 있어 율법적인 것 안에서 독특하다. 그리고 *ordo salutis*에 마주하여 인간의 율법의 요구들을 성취하는데 있어 무능력을 드러낸다. 그것은 인간을 그리스도께 인도한다. 그리고 *historia salutis*를 통하여 그리스도의 인격과 사역의 예표적 초상을 그린다.141

이로 보건대, 행위 언약과 은혜 언약은 본질에 있어 상이한 두 언약이며, 구원에 있어 인간의 순종으로 영생에 이르는 길과 그리스도의 공로와 의(義)와 은혜를 믿음에 의해 획득해 영생에 이르는 길이 구분된다. 바울은 전적으로 타락하여 전적 무능성에 빠진 인간이 행위 언약의 길, 율법의 행위로 구원에 이르는 것을 반대하였으며, 오로지 그리스도의 의(義)와 은혜로 구원을 성취하는 은혜 언약의 길, 복음을 제시하였다. 바울은 이 둘의 구분을 부정하고, 이 둘을 혼합하는 유대인 그리스도인들의 세미-펠라기우스주의적 복음을 다른 복음이라고 정죄하였다. 행위 언약을 부정하고 단일언약 안에서 은혜와 행위 의(義)를 혼합하는 라이트와 새 관점에

---

140 Calvin, *Institutes*, II. xi. 3. Cf. Calvin, *Institutes*, II. xi. 2.
141 J. V. Fesko, "Calvin and Witsius on the Mosaic Covenant," *The Law is not of Faith: Essay on Works and Grace in the Mosaic Covenant*, ed., Bryand D. Estelle J. V. Fesko, David VanDrunen (Phillipsburg, New Jersey: P&R Publishing, 2009), 43.

속한 학자들의 복음은 바울이 경계한 다른 복음과 유사하다. 이러한 류의 단일언약 안에서 그리스도의 성취하신 구속 사역의 충족성이 훼손된다. 그리고 축소된 그리스도의 공로의 가치는 보충되기 위해 인간의 행위를 의존한다. 이로써 그리스도 안에 하나님의 영광이 훼손된다.

## 결론

이로써 필자는 이 논문을 통해 NPP 사조 안에 있는 N. T. 라이트의 칭의론이 세미-펠라기우스주의적 공로신학을 함축하고 있다는 사실을 논증하였다. 우리가 이제까지 살핀 바대로, 이러한 신학적 오류는 1세기 유대주의를 세미-펠라기우스주의적 성격을 띤 언약적 율법주의로 규정하고서도, 이를 율법주의가 아닌 은혜의 종교로 주장하는 비상식적 사고에 기인한다. 그리고 이러한 논증을 가능케 하여 신학적 오류를 발생시킨 데에는, 성경을 1세기 유대문헌을 통해 조종하는 일을 허락하는 그들의 성경관과 신학 방법론이 중요한 역할을 하고 있다고 본다. 무엇보다 NPP와 특히 라이트의 칭의론이 갖는 위험성의 핵심은, 바로 이 사상들이 종교개혁자들을 바울의 오독자로 규정하여, 종교개혁과 이신칭의를 무용한 것으로 전락시킨다는데 있다. 이들의 붓에 깃든 교리적 독소(毒素)는 종교개혁의 모토였던 성경, 그리스도, 은혜, 믿음 그리고 하나님께 영광으로부터 *sola*(오직)를 부패시키고 제거한다는 데 있다. (*)

# 5
# 제임스 던의 칭의와 구원 이해에 대한 비판적 고찰

이승구 | 조직신학 • 교수

소위 '바울에 관한 새 관점'이 여러 사람에게 상당한 영향을 미치고 있다. 새 관점을 교회와 관련시켜 널리 퍼뜨리고 있는 톰 라이트에 대해서는 어느 정도의 논의를 하였으므로,1 이번에는 라이트보다는 교회와 조금은 떨어져 있지만 학문적으로 상당히 큰 영향을 미치고 있는 제임스 던(James D. G. Dunn, 1939- )의 견해에 대해서 비판적인 논의를 해 보고자 한다.2 글라스고우 대학교(M. A. [economics and statistics], B. D.)와 캠브리지

---

1 이에 대해서는 이승구, 『톰 라이트에 대한 개혁신학적 반응』 (수원: 합신대학원 출판부, 2013)과 이에 언급된 다른 책들을 보라.
2 바울에 관한 새 관점에 대한 비판적 논의 중에서 이전에 언급 된 것 외에 중요한 논의들로 다음을 보라: David Farnell, "The New Perspective on Paul: Its Basic Tenets, History, and Presuppositions," *The Master's Seminary Journal* 16/2 (Fall 2005): 189-243.

대학교 출신(Ph. D. (1968), 그리고 B. D. & D. D.)으로 노팅햄에서 신학을 가르치기 시작한 후(1970-82) 1982년 이후로는 오랫동안 덜햄 (Durham) 대학교의 신약학 교수로 가르쳤고(1982-2003), 그 후 지금까지 는 라이트푸트 명예 신학 교수(Emeritus Lightfoot Professor of Divinity) 로 있는 덜햄의 대표적인 교수요, 영국 신약 학계의 중요 인사로 2006년에 영국 학술원 회원(a Fellow of the British Academy)이 된 제임스 던은 처음에는 영국 복음주의 성경학자들의 상징이라고 할 수 있는 틴델 하우스 (Tyndale House)와 관련되어 활동할 정도로 상당히 복음주의적인 입장에 서 그의 학문적 여정을 시작하였기에 점점 더 성경에 대해서 비판적인 입장을 취해 가는 그의 학문적 과정이 지속해서 우리에게 안타까움의 원인 이 되어 왔다.3

이 짧은 글에서는 이신칭의의 근거가 되는 중요한 구절들에 대한 던의 해석을 살펴 보고, 그 결과 던이 종교개혁의 중요한 개념인 이신칭의 를 어떻게 제시하고 있는 지를 종합적으로 살펴보면서, 던의 해석의 문제 점을 드러내려고 한다.

## I. 이신칭의와 연관된 로마서의 몇몇 구절들에 대한 던의 해석

이신칭의와 관련하여 많이 언급되는 로마서의 몇몇 구절들에 대한 던의

---

3 1990년 이전에는 특히 다음 두 책에서 그의 논의가 이런 안타까움을 많이 자아냈었다. James D. G. Dunn, *Unity and Diversity in the New Testament: An Inquiry into the Character of Earliest Christianity* (London: SCM Press, 1977); idem, *Christology in the Making: A New Testament Inquiry into the Origins of the Doctrine of the Incarnation* (Philadelphia: Westminster Press, 1980). 그리고 새 관점과 관련된 책을 낸 후에 낸 *Christianity in the Making*, vol. 1: *Jesus Remembered* (Grand Rapids: William B. Eerdmans Publishing, 2003); *Christianity in the Making*, vol. 2: *Beginning from Jerusalem* (Grand Rapids: William B. Eerdmans Publishing, 2008)과 최근의 *Did the First Christians Worship Jesus?* (London/Louisville, KY: SPCK, 2010)는 더한 우려를 낳게 한다.

논의에 대한 고찰로부터 시작해 보기로 하자.

## 1. 로마서 2:6-7, 10, 13-14, 26-27.

"하나님께서 각 사람에게 그 행한 대로 보응하시되, 참고 선을 행하여 영광과 존귀와 썩지 아니함을 구하는 자에게는 영생으로 하시고"(롬 2:6-7)라는 말에 대해서 던은 "이 구절이 이신칭의 교리에 대해서 일으킬 문제는 이 구절을 교의학적 논의의 한 부분으로 취급할 때만 발생한다. 그러나 이 구절의 구체적 초점이 바르게 인식될 때는 그 문제는 다룰만하게 되고 사실 거의 사라지게 되는 것이다"라고 하면서,4 자신이 제시하는 방식으로 이해하면 문제가 안 된다는 주장을 하고 있다. 이 구절이 이신칭의와 대립하는 것이 아니라고 말하는 점에서는 건전한 해석자들과 같은 입장이다. 그러나 그것을 보고 설명하는 방식은 상당히 대조적이다.

던이 해석하는 대로라면 이 구절은 영광과 존귀와 썩지 아니함을 계속해서 구하는 일은 "평생에 걸친 지속적인 노력(a lifelong perseverance)을 필요로 하는" 것인데, "그런 사람들에게 하나님께서는 평생에 걸친 추구와 선 안에서의 지속적 견딤에 **적절한 [상응하는]** 영생을 주실" 것이라는 것이다.5 앞으로 드러나겠지만 던은 이 "참고 선을 행하는 것"이 매우 중요하다고 생각하며, 필요한 때마다 이것의 중요성을 말한다.6 결국 던은 이것이 종국적 구원의 근거가 되는 것으로 제시하고 있다. 그러므로 던의 구원론적 논의와 주석은 이 구절에 대한 자신의 해석에 근거하고 있다고 해도 과언이 아니다.

---

4 James D. G. Dunn, *Romans 1-8,* Word Biblical Commentary 38A (Dallas, Texas: Word Books, 1988), 86.

5 Dunn, *Romans 1-8,* 92: "To them God will render the eternal life *appropriate to* that lifelong seeking and persevering in good."

6 예를 들어서 Dunn, R*omans 1-8,* 159를 보라.

이런 해석과 일치하게 "선을 행하는 각 사람에게 영광과 존귀와 평강이 있으리니"(롬 2:10)에 대한 던의 해석도 상당히 긍정적이다. 이와 연관해서 로마서 2:13, 14, 26, 27에서 이방인이 율법의 일을 행하는 것에 대해서도 던은 긍정적이다. 그러므로 던의 해석을 따르면, 바울이 강조하고 말하는 바는 "언약의 완전한 회원이 되고, 이스라엘 백성에게 하나님께서 약속하셨던 축복들에 온전한 참여자가 되기 위해서 꼭 할례를 받아야만 하는 것은 **아니다**"는 것 뿐이다.7 이와 같이 유대적 특정성을 가지고 언약의 참여자임을 확신하는 것이 바로 바울이 유대인들에 대해서 비판하는 것이라고 하면서, 이 본문들로부터 던은 마지막 심판 때에 우리가 하나님의 뜻을 행한 것에 근거해서 옳다 인정함을 받으리라는 것을 강조하고 있다.

그렇다면 과연 본격적인 이신칭의의 근거가 된 구절들에 대한 던의 이해는 어떻게 되는 것인가? 이 질문을 가지고 로마서 3장과 4장의 구절들에 대한 던의 해석에로 나가 보기로 하자.

**2. 로마서 3:20, 22, 24, 26.**

던은 로마서 3:20의 "율법의 행위로 그의 앞에 의롭다 하심을 얻을 육체가 없나니"라는 말씀은 기본적으로는 시편 143:2로부터 인유되어 나왔다는 것을 정확하게 지적하면서, 그런데 바울은 여기에 "율법의 행위"라는 말을 삽입하여 자신이 말하려는 바를 드러내고 있다고 한다.8 그리고 여기서 말하는 "율법의 행위(works of law)는 제 2장에서 공격된 태도를 지칭하는 것이 분명한데, 그것은 거기서 언급된 행위들, 특히 할례라는 것이 주목되어야 한다"고 던은 주장한다.9 좀더 구체적으로 이를 설명하면서

---

7 Dunn, *Romans 1-8*, 126f.
8 Dunn, *Romans 1-8*, 158.

던은 그것으로 자신이 아주 유명해진 이것은 유대인의 "정체성 표지"(identity marker)로서의 율법 준수라는 해석을 제시한다. 즉, 여기서 바울이 비판하고 있는 "율법의 행위들"이란 "율법의 백성들과 연관된 것으로 특징지워지는 그런 행위들", 이를 다른 말로 하자면, "그것들에 의해서 언약 백성의 한 지체가 자신을 유대인으로서의 정체성을 생각하고 언약 안에서의 자신의 지위를 유지하게 하는 것으로 율법이 규정하는 그런 행동들"이라는 것이다.10 던은 갈라디아서 2:16에 언급된 "율법의 행위로서는 의롭다하심을 받을 육체가 없다"는 말에 있는 '율법의 행위들'도 "어떤 사람이 하나님의 언약 백성으로 온전히 인정되고 그런 지위를 유지하려면 지켜야 하는 것으로 율법에 의해 요구된 그런 행동들과 행위"를 지칭하는 것이라고 주장한다.11

던은 자신의 이런 해석이 옳다는 것은 (1) 2장에서 비판되고 자신이 지금 비판하는 "율법의 행위들"이 자신이 강조하고 추천하는 **율법을 행하는 것**(2:13-14)이나 율법을 온전히 지키는 것(**율법을 성취하는 것**, fulfilling the law, 2:27)과 다르다는 것과 또한 (2) "율법의 행위들"이 "마음에 새긴 율법의 행위"(2:15), "성령으로 이루는 마음의 할례"(2:29)와는 구별되는 것이라는 점에서 확정되어진다고 주장한다.12 그리고는 자신의 입장이 옳다고 확신하면서 여기서 바울이 비판하는 "율법의 행위들"은 "피상적인 어떤 것, 문자(儀文, the letter)의 수준에

---

9 Dunn, *Romans 1-8*, 158: "'Works of the law' must refer to the attitude attacked in chap. 2; it must denote the 'works' referred to there, particularly circumcision."

10 Dunn, *Romans 1-8*, 158: "[Those] actions which marked out those involved as the people of the law, those acts prescribed by the law by which a member of the covenant people identified himself as a Jew and maintained his status within the covenant." 던이 이를 지칭하면 "identity and boundary marker"라는 용어를 사용한 예로 James D. G. Dunn, *Jesus, Paul and the Law: Studies in Mark and Galatians* (London: SPCK & Louisville, Kentucky: Westminaster/John Knox Press, 1990), 4를 보라.

11 Dunn, *Romans 1-8*, 159.

12 Dunn, *Romans 1-8*, 158.

있는 것(2:27, 29), 인종적 유대성을 지시하는 외적 표시(2:28), 그러므로 '참고 선을 행하는 것'(2:7)보다는 상당히 제한된 어떤 것"이라는 것이라고 확정하면서 논의해 나간다.13 그러므로 여기서 말하는 "율법의 행위들"이라는 것은 "언약 안에 있기 위해 필수적인 것으로 행하는 것"이라고 하는 것이다.14

던은 이것을 거의 정의처럼 생각하면서 논의해 나간다. 던은 이를 "정체성의 요소로서의 율법의 기능"(the function of the law as an identity factor)이라고 하기도 하고, "율법의 사회적 기능"(the social function of the law)이라고 부르기도 한다.15 던은 유대인들이 생각하는 이런 율법 이해를 비판하면서, 그와 대조되는 태도를 믿음이라고 하면서 "그리스도를 믿음으로 표현된 하나님의 의"에 대해서 말하는 것이 로마서 3:22의 의미라고 한다.16

여기 언급된 믿음이 '그리스도의 믿음'(주격적 속격)일 수 있다는 것을17 완전히 포기해 버리지는 않으면서도 던은 이 모호한 표현이 그리스

---

13 Dunn, *Romans 1-8*, 158f.
14 Dunn, *Romans 1-8*, 159.
15 Dunn, *Romans 1-8*, lxxii, 159. 던은 자신이 이 개념을 1984년에 바젤에서 열렸던 신약 학회 모임(the SNTS Conference) 중 '바울과 이스라엘' 세미나에서 발제한 "Works of the Law and the Curse of the Law (Gal 3:10-14),"에서 더 발전시켜 제시했다고 한다(Dunn, *Jesus, Paul, and the Law*, 4. 이 논문 자체는 이 책의 215-41에 수록되어 있다). 이에 대하여 던에게 상당히 우호적인 논의로 Joesph C. Ho, "James D. G. Dunn and the Social Function of the Law," M. A. thesis (Reformed Theological Seminary, 2009)를 보라.
16 Dunn, *Romans 1-8*, 167.
17 이런 해석은 잘못하면 우리의 믿음의 필요성을 그리 강조하지 않고 하나님께서 그의 신실하심으로 행하신 객관적인 것만을 강조할 위험성이 있다. 이런 주장을 하는 대표적인 학자들은 Karl Barth, T. F. Torrance, D. W. B. Robinson, 그리고 그들을 따르는 다음 학자들이다: Richard N. Longenecker, *Paul, Apostle of Liberty* (1964, reprinted, Grand Rapids: Baker, 1976), 149-50; G. Howard, "'The Faith of Christ,'" *Expository Times* 85 (1973/74): 212-14; L. T. Johnson, "Rom 3:21-26 and the Faith of Jesus," CBQ 44 (1982): 77-90; R. B. Hays, *The Faith of Jesus Christ: An Investigation of the Narrative Substructure of Galatians 3:1-4:11* (Chico, CA: Scholars, 1983); D. A. Campbell, *The Rhetoric of Righteousness in Romans 3:21-26*, JSNT Sup 65 (Sheffield:

도에 대한 믿음(목적격적 속격)이라는 것은 용인하면서 논의한다.[18] 그리고 던은 인간의 믿음을 "하나님의 신실하심에 대한 인간의 바른 반응"이라고 제시한다.[19] 따라서 믿음을 근본적으로 "신실함"(faithfulness)으로 여기면서 그것이 생 전체에 나타나고 그것에 근거하여 의롭다함을 받는다는 논의의 토대를 남겨 두는 것이다.

### 3. 로마서 3:27-28, 30-31.

의롭게 되는 것이 "믿음의 법"으로(διὰ νόμου πίστεως)된다는 것도(3:28) "신앙의 용어로 이해된 법"(law understood in terms of faith)으로 의롭게 된다는 것이라고 던은 해석한다.[20] 이것을 설명할 때는 좀더 일반적인 용어로 "율법에 대한 바른 이해로서의 신앙" 또는 "율법을 행하는 것의 필수적인 근거로서의 신앙"이라고 표현하기도 한다.[21] 그러므로 이 부분에서 바울은 '행위들의 용어로 이해된 법'(던은 이를 자신의 독특한 주장과

---

Sheffield Academic Press, 1992), 58-69; R. B. Hays, "Pistis and Pauline Christology: What is at Stake?" in *Society of Biblical Literature 1991 Seminar Papers,* ed., E. H. Lovering, Jr (Atlanta: Scholars Press, 1991), 714-29; H. Boers, *The Justification of the Gentiles: Paul's Letters to the Galatians and Romans* (Peabody, MA: Hendrickson, 1994). 이 속격을 형용적(adjectival) 속격이라고 하면서 두 견해를 섞어서 그리스도께서 가지신 신앙에 다른 이들이 참여 하는 것이라는 뜻으로 보려는 새로운 시도로 S. K. Williams, "Again Pistis Christou," CBQ 49 (1987): 431-47 (이 각주는 Moo, *The Epistle to the Romans,* 224, n. 25, 225, n. 29, 243, n. 121을 활용해 작성한 것임을 밝힌다).

[18] Dunn, *Romans 1-8,* 178. 대부분의 건전한 해석자들은 이것이 목적격적 속격, 즉 그리스도를 믿는 믿음이라는 것을 아주 자명한 것으로 여기면서 논의한다 (Murray, *The Epistle to the Romans,* 110f., 363-74; Moo, *The Epistle to the Romans,* 225).

[19] Dunn, *Romans 1-8,* 177: "[Man's] proper response to the faithfulness of God."

[20] Dunn, *Romans 1-8,* 186, 193. 이 때 그는 이 신앙의 법도 "하나님의 신실하심"으로 해석하려는 Lloyd Gaston, *Paul and the Torah* (Vancouver: University of British Columbia, 1987), 172의 이해를, 그렇게 하면 이 부분에서 바울이 대조시키고 있는 행위/믿음의 대조와 반립이 파괴된다고 정확히 반박한다.

[21] Dunn, *Romans 1-8,* 191: "faith as the proper understanding of the law, a faith as the indispensable basis of 'doing the law.'"

일관성 있게 "특히 할례에서 잘 나타나는 바와 같이 독특하게 유대적이고 특정한 양상들이 드러나는 식으로 율법을 이해하는" 것이라고 한다)과 '신앙의 용어로 이해된 법'을 대조시키고 있다고 한다.

"신앙의 법으로 보면 독특한 유대적 성격은 중앙 무대를 점유하지 못하게 되고 (할례나 음식 규례 등의) 독특한 유대적 행위들은 모든 사람들에게 요구될 수 없는 부차적이고 주변적인 것이 되고, 그런 것들은 법의 신앙적 성격에 손상을 주지 않고서 (사실 그로써 법을 더 높이게 되면서 - 31절) 이방인들이 무시할 수 있게 되는" 것이라고 던은 해석한다.22 그러므로 '믿음의 법'(νόμος πίστεως)이라는 것은 "신앙에 대해 언급되는 법, 그리고 신앙을 통해 완성되는 법"이라고 보아야 그 온전한 의미가 잘 드러난다고 한다.23 유대인들이 자신들의 민족적 자부심으로 여기는 바와 같이 잘못 이해된 율법은 거부되어야 하지만, "바르게 이해된 법은 신앙으로 완성된다"고 던은 주장한다.24

### 4. 로마서 4:2-3, 5-6, 11, 13, 21-25.

로마서 4:2과 관련하여 던은 시락서 44:19-21에서 "아브라함이 가장 높으신 분의 율법을 지키고 그와의 언약 관계에 들어갔고, 그가 그의 육체에 언약을 수립하고 시험 받았을 때에 신실함이 드러났으므로, 주께서 맹세하시면서 민족들이 그의 후손을 통하여 복 받으리라고 확언하셨고, 그를 땅의 먼지와 같이 많게 하시고, 그의 후손을 별들과 같이 높이실 것이고, 그들로 바다로부터 바다까지를, 그 강으로부터 땅 끝까지를 상속하게 할 것이다"고 말하는 것과 바울의 논의가 얼마나 대조적인지를 잘 지적한

---

22 Dunn, *Romans 1-8*, 186f.
23 Dunn, *Romans 1-8*, 187.
24 Dunn, *Romans 1-8*, 192: "The law properly understood is fulfilled or 'done' by faith."

다.25 그러면서 야고보는 시락서와 비슷하게 "믿음과 행위들(works)을 연관시키면서 바울이 여기서 의문시하는 전통 안에 상당히 머문다"고 말한다.26 그는 야고보와 바울을 대조시키는 것이다. 바울은 그의 동료 유대인들을 특징짓는 '자랑'이 하나님과 관련해서는 차지할 자리가 없다고 단언함을 지적한다.27 그런데 이 때도 던의 특징적 해석이 나타나니, 던은 할례를 하고, 음식 법을 지키며, 안식일을 지키는 것 등이 자랑거리가 안 된다고 해석하는 것이다. "자랑한다"는 말이 행위와 연관된 것은 "바울이 하나님에 의해 선택받고 율법 아래 있는 특권적 지위를 말하는 자기 동족의 전형적 민족적 자부심을 다시 한번 더 생각"하면서 비판하고 있다고 던은 말한다.28

아브라함이 어떤 일을 행하기 전에 믿을 때에 의롭다 하심을 받았다는 말을 해석할 때도 던은 자신의 이해를 반영하여 해석하는 것이다. 그래서 던은 아브라함이 "그 어떤 언약적 의식이나 의무를 수행하지 않을 때에 하나님께서는 그를 의롭다고 선언하셨다면, 그는 하나님의 의가 그런 율법의 행위들과 관련 없이 신앙을 가진 모든 사람들에게 미친다는 것을 증명하는 것이다."고 해석하는 것이다.29 그리하여 여기서 부인된 것이 유대인들이 스스로 자랑하는 할례 등의 의식으로만 언급되는 것이다.

로마서 4:6ff.에 인용된 시편 32편의 주께서 죄를 인정하지 아니함이 죄를 사하심 받고 그 죄를 가리우심 받는 것이라고 본문을 따라 잘 언급하고,30 더 나아가 이 신적 용서가 하나님께서 어떤 사람을 행위와 상관없이

---

[25] Dunn, *Romans 1-8*, 200f.
[26] Dunn, *Romans 1-8*, 201. 이렇게 바울과 야고보를 대조시키는 것이 어떤 문제를 지니고 있으며 그 둘의 관계가 어떻게 해석되어야만 하는 지에 대한 논의로 이승구, "칭의에 대한 야고보의 가르침과 바울의 가르침의 관계 (2)", 「신학정론」 30/2 (2012): 631-58을 보라.
[27] Dunn, *Romans 1-8*, 201.
[28] Dunn, *Romans 1-8*, 227.
[29] Dunn, *Romans 1-8*, 229.
[30] Dunn, *Romans 1-8*, 228.

의롭다고 인정하시는 것이라고 주장한다는 것을 잘 지적하고서도,31 또한 이것이 하나님의 능력과 인간의 무능력의 온전한 연관이라는 것을 잘 지적하고서도,32 더 나아가 바울은 아브라함의 신앙을 예수님에 대한 기독교 신앙의 원형으로 제시하고 있다는 바른 관찰에도33 불구하고, 또한 과거나 현재나 미래에도 "어떤 사람이 하나님에 의해 받아들여질 수 있게 하는 것은 그/그녀의 존재나 행하는 것 때문이 전혀 아니고 단지 창세기 15:6에 묘사된 바와 같은 아브라함이 드러내는 그런 종류의 신앙 때문"이라는 것을 정확히 지적하고서도,34 이신칭의가 이런 성격의 것이라는 것에 충실하지 않고 "신앙이 유대교 써클에서 칭찬 받는 그런 율법 지킴과는 다른 것이라는 것"만을 지적하고,35 아브라함의 신앙이 의식적 행위들과 구별되는 것이라는 것만을36 부각시키는 던의 해석은 아주 받아들이기 어렵다.

## 5. 로마서 5:1-2, 9.

던은 로마서 5:1 앞부분에 우리가 의롭다하심을 받았음이 상당히 독특하게 부정과거 시제로(δικαιωθέντες) 표현되어 있고 이 시제는 과거에 행하신 하나님의 행동을 지시하는 것이라는 것을 잘 지적하고서도,37 5:1 앞부분이 우리가 칭의 받음을 뜻하고, 1절 후반부부터를 칭의 받음

---

31 Dunn, *Romans 1-8*, 230.
32 Dunn, *Romans 1-8*, 239: "this complete match between divine ability and human inability."
33 Dunn, *Romans 1-8*, 239: "Abraham's faith as the archetype of Christian belief in (relation to) Jesus."
34 Dunn, *Romans 1-8*, 240 (롬 4:24에 대한 설명 중에서).
35 Dunn, *Romans 1-8*, 239.
36 Dunn, *Romans 1-8*, 241.
37 Dunn, *Romans 1-8*, 246. 그러나 여기서도 던은 과거와 현재의 과정, 그리고 미래의 선언을 다 생각해야 한다는 말을 한다.

에서 나오는 축복들로 여기면서 설명하지 않는다.38 던은 "하나님께서 우리를 받아주신 것의 결과, 즉 하나님의 언약적 약속 안에 있는 것의 결과를 바울이 말하고 있다"고 하면서도, **"이를 다른 말로 하자면, 바울은 하나님의 받아 주심의 계속되는 경험이 과연 어떤 것을 의미하는지를, 하나님의 받아주시고 유지하시는 의가 날마다의 실재 가운데서 어떻게 역사하는지를 계속해서 묘사하는"** 것이라고 말하는 것이다.39 이 뒷부분에서 던의 의도가 잘 나타난다. 그리고 여기에 던이 생각하는 칭의와 구원의 모습이 나타난다.

던이 "기독교 복음과 신앙의 가장 온전하고 조심스럽게 구성된 진술"이라고 말하는40 로마서에 대한 던의 생각을 정리하는 기초 작업으로 이신칭의가 강하게 드러나는 몇 구절들의 대한 던의 해석들을 살펴보았다. 이제 이 논의들을 엮어서 던의 칭의와 구원 이해를 정리해 보기로 하자.

---

38 이에 반해서 상당히 많은 주석가들은 로마서 5:1-11을 "칭의에 따라 나오는 축복들", 또는 "칭의의 유익들"로 언급하며 설명해 나간다. 이 부분을 "Fruits of Justification"으로 제시하면서 설명하는 John Murray, *The Epistle to the Romans*, vol. 1, NICNT (Grand Rapids: Eerdmans, 1959), 158-77; "The Benefits of Justification"으로 설명하는 Everett F. Harrison, "Romans," *The Expositor's Bible Commentary*, 10 (Grand Rapids: Zondervan, 1976), 54-60; "칭의에 따라 나오는 축복들"로 제시하는 F. F. Bruce, *Romans*, Tyndale New Testament Commentaries, revised edition (Grand Rapids: Eerdmans, 1985), 113f.; "칭의의 영향들" (the effects of justification)으로 말하는 Leon Morris, *The Epistle to the Romans* (Leicester: IVP & Grand Rapids: Eerdmans, 1988), 217f.롬 5:1-11을 "칭의함을 받은 신자에게 주어진 놀라운 유익들"(the marvelous benefits conferred upon the justified believer)로 설명하는 Douglas J. Moo, *The Epistle to the Romans*, NICNT, New Series (Grand Rapids: Eerdmans, 1996), 297; 롬 5:1-21을 "믿음의 결과들"Results of Fiath)로 제시하면서 5:1a에서 칭의를 받음 이들이 얻는 결과를 2b부터 말하고 있다고 논의하는 Robert H. Mounce, *Romans*, The New American Commentary (Broadmans & Holman Publishers, 1995), 132f.를 보라.

39 Dunn, *Romans 1-8*, 262: "*Or to put it another way, he goes on to describe what the ongoing experience of God's acceptance means, how God's accepting and sustaining righteousness works out in day-to-day reality.*" (강조점은 필자가 덧붙인 것임).

40 Dunn, *Romans 1-8*, xiii: "the fullest and most carefully constructed statement of the Christian gospel and of the faith."

## II. 칭의와 구원 문제에 대한 던의 생각 종합

던은 '하나님의 의'라는 말이 로마서의 "그 어디서도 단번에 이루시는 한번 옳다하여 그 효과가 영원히 미치는 것으로 여겨진 경우가 없고,[41] 오히려 하나님의 받아주시고(accepting), 유지하시고(sustaining), 그리하여 종국적으로 옳다고 인정하시는 은혜(vindicating grace)를 지칭하는 것"이라고 주장한다.[42] 그러므로 던은 결국 근본적으로 단번에 주어지는 칭의라는 것이 없다고 단언하면서 주해를 하고 있다고 할 수 있다. 이런 생각이 던의 사상과 주해를 주관하고 있다. 그는 변화의 과정(the process of transformation)으로서의 구원에 대한 이해를 중요시하면서[43] 칭의도 이 과정과 연관시켜 생각하는 것이다. 그는 칭의를 추구하는 것이 계속적인 목적이라고 하는 것이다.[44]

따라서 던은 "[종국적 구원에] 필요하고(necessary) 하나님께서 명

---

[41] Dunn, *Romans 1-8*, 92. 또한 같은 책의 39-42, 357, 240, 262, 485도 보라. 던은 계속해서 이 점을 강조하고 있다. Dunn, *Jesus, Paul, and the Law*, 239. 이것은 칭의는 영단번에 주어진 것임을 바울의 본문이 강조한다는 것을 말하는 건전한 해석자들과 대조되는 측면이다. Cf. Harrison, "Romans," 421; Murray, *The Epistle to the Romans*, 155 (롬 4:25에 대한 주석 중에서), 함의 상 202 (롬 5:18에 대한 주석 중), 362; S. Westholm, *Israel's Law and the Church's Faith: Paul and his Recent Interpreters* (Grand Rapids; Eerdmans, 1988), 특히 145; 그리고 Moo, *The Epistle to the Romans*, 228.

[42] Dunn, *Romans 1-8*, 92. 또한 Dunn, *Romans 1-8*, 262도 보라: [하나님의 받아주심은] "품으시고, 마지막까지 유지시키시고, 최종적 무죄 선언을 하는 것까지를 포함하는 하나님의 나아오심이다"(it is God's reaching out to embrace and sustain up to and including the final verdict of acquittal"). 또한 Dunn, *Jesus, Paul, and the Law*, 207도 보라: "'The righteousness of God' is to be seen... as the outgoing power of grace which grants, sustains and finally secures that 'righteousness,' not just a once-for-all act of transfer."

[43] 다른 곳에서도 그러하지만 특히 Dunn, "Philippians 3.2-4 and the New Perspective on Paul," in *The New Perspective on Paul: Collected Essays* (Tübingen: Mohr Siebeck, 2005), the last chapter에서 이런 이해가 잘 드러나고 있다.

[44] Dunn, *Jesus, Paul, and the Law*, 208: "... seeking of justification as an ongoing goal."

령하실 (율법의) 행함(doing) (순종하는 들음, an obedient hearing)이 있다는 것을 로마서 2:13에서 이미 바울이 시사했다"고 말한다.45 이런 의미의 율법의 행함, 즉 "바르게 듣고 그것을 따르는 것이 하나님 앞에서의 종국적 의로움을 인정받음에 필수적인 것이라고 바울은 주장할 준비가 되어 있다"고 던은 주장한다.46 신앙으로 행하는 것(doing according to faith), 그런 율법의 행위(the works of the law)가 최후의 심판에서는 매우 중요한 역할을 한다는 것이다.47 그런 "율법의 행위는 최종 심판의 근거"가 된다고 던은 주장한다.48

그리고 사실 이것은 던의 믿음 이해 속에 이미 함의되어 있다고 할 수도 있다. 왜냐 하면 던은 믿음은 하나님과의 관계를 시작할 때의 그리스도를 의존하는 태도로만 생각하는 것이 아니라 "하나님과의 관계의 평생에 걸친 계속적인 근거"라고 생각하면서, 따라서 이는 "예수를 신뢰하고, 헌신하고, 순종하는 것"이라고 여긴다.49 또한 그는 "신앙의 작용은 '순종'(1:5) 또는 '율법을 행함'(2:13)으로 바르게 정의될 수 있다"고 한다.50 또한 "율법을 행하는 것의 필수적인 근거가 신앙"이라고 하기도 한다.51 이와 같이 그에게 신앙은 항상 율법을 행하는 것과 필수적으로 연관되어져 있다.

---

45 Dunn, *Romans 1-8*, 97f.

46 Dunn, *Romans 1-8*, 98: "Paul is ready to insist that *a doing of the law is necessary for final acquittal before God.*"(강조점은 필자가 덧붙인 것임)

47 다른 곳에서도 이를 강조하지만 특히 Dunn, *The New Perspective on Paul*, 38-54의 마지막 부분을 보라.

48 Dunn, *Jesus, Paul, and the Law*, 209. 여기서 그는 시편 143:2을 언급하기도 한다.

49 Dunn, *Romans 1-8*, 178: "in terms of trust in, commitment and obedience to, this Jesus (cf. again Gal 2:16)." 그는 믿음을 말하는 거의 모든 곳에서 이것을 강조하고 있다. Cf. Dunn, *Romans 1-8*, 47(롬 1:16에 대한 설명 중에서); Dunn, *Romans 1-8*, 48f.

50 Dunn, *Romans 1-8*, 179: "the excise of such faith can properly be defined as 'obedience' (1:5) or indeed as 'a doing of the law' (2:13)."

51 Dunn, *Romans 1-8*, 191.

그래서 던은 믿음을 "하나님께서 그의 백성들에게 항상 있기를 바라시고 기대하시는 순종과 다른 것도 아니고 대립되는 것도 아니라"고 강조하여 말한다.52 그래서 던은 "신앙을 구성하는 또는 신앙에서 근원하는 순종"이라는 말을 사용한다.53 여기 "또는"으로 연결된 이 둘은 사실상 상당히 다른 것임에도 불구하고 던은 그 둘을 비슷한 말로 사용해 가고 있다. 그러므로 던은 "하나님을 믿음으로"라는 말을 "하나님을 순종하여" 라고 여기면서 그렇게 하여 구원이 주어진다고 한다. 특히 종국적 의로움의 선언은 우리의 의로운 순종의 삶을 근거로 주어지리라고 하는 것이다. 그래서 그는 칭의함을 받는다는 것을 주로 "심판 날의 있을 하나님의 종국적 선언"과 연관하여 생각한다.54 그는 로마서 2:23, 3:4, 3:20, 그리고 3:24에서 이 용어가 모두 이런 의미로 사용되고 있다고 한다. 그리하여 그는 칭의라는 말과 'acquittal'이라는 말을 거의 동의어로 사용한다.55 그리고 던에 의하면, "첫 헌신의 순종은 그 어떤 도덕적 결과를 지닌 모든 결단에서 반복되어야만 하고, 그리하여 그것은 점차 결과적으로 의(義)를 내는(results in) 순종일 수 있고, 그 의(義)는 성화를 내고 (results in), 그 성화는 영생을 내는(results in) 것일 수 있다"는 것이다.56 그러므로 우리는 최후의 심판 날까지 하나님께 의로운 순종을 하여 가며, 그것이 우리가 종국적으로 의롭다 인정함을 받는 근거가 되리라는 것이다.

그렇다면 바울이 "율법의 행위를 통해 의롭다함을 받는 것이 **아니라**"고 여러 번 말하는 것은 무엇이라고 던은 해석하는가? 바울에 관한 새 관점을 주장하는 분들이 곳곳에서 여러 번 언급하여57 이제는 아주

---

52 James D. G. Dunn, *Romans 9-16*, Word Biblical Commentary 38B (Dallas, Texas: Word Books, 1988), 917.
53 이것은 로마서 1:5, 16:26의 "믿어 순종케"에 대한 던의 해석이다. Cf. Dunn, *Romans 1-8*, 24.
54 Dunn, *Romans 1-8*, 179.
55 Cf. Dunn, *Romans 1-8*, 107; Dunn, *Jesus, Paul, and the Law*, 240.
56 Dunn, *Romans 1-8*, 357.
57 라이트가 던의 이점을 긍정적으로 언급하는 대표적인 예로 다음을 보라: N. T. Wright, "New Perspectives on Paul," 10th Edinburgh Dogmatic Conferences 25-28

유명해진 던의 독특한 해석이 여기 나타난다. 그것은 유대인들이 음식법을 지킴과 안식일 준수, 특히 할례 의식을[58] 지킴으로 자신들의 언약 백성으로서의 회원됨을 주장하려고 하는 것에 대한 비판이라는 것이다. 던이 볼 때 바울이 비판하는 유대인들의 문제는 그들이 "언약 백성의 한 구성원으로서 자신들이 (어떤 특정한 율법의 요구를 행하므로) 자신들이 언약 안에 머물러 있고, 언약에 충실하다고 생각하여 종국적 판단이 자신들에게 우호적으로로 주어질 것임을 이미 확신하는" 점에 있다.[59] 이와 같이 율법에 대한 유대적 관점은 언약 백성인 자신들만 특권적으로 율법을 가졌고, 이방인들은 율법을 가지지 않았기에 이방인들은 언약에 속할 수 없다고 구별하는 문제를 지니고 그것을 드러낸다는 것이다.

이와 같이 자신들의 특권적 지위를 드러내려고 하는 것이 잘못이므로 그런 것으로는 종국적으로 의롭다함을 받을 수 없다는 것이 던의 해석이다. 사실 던은 "율법을 가졌다는 것에 대한 유대인들의 과신(過信)"을 지적하면서 그것을 비판하는 것이 바울의 의도라고 말한다.[60] 이와 같이 던은 계속해서 "유대적 특정성의 전제들을(the presupposition of

---

August, 2003, Rutherford House, Edinburgh, available at http://ntwrightpage.com/Wright_New_Perspectives.htm.

[58] 던은 이 세 가지를 여러 곳에서 언급한다. 그 대표적인 예로 Dunn, *Jesus, Paul and the Law*, 4를 보라. 특히 할례를 말하는 Dunn, *Romans 1-8*, 158을 보라.

[59] Dunn, *Romans 1-8*, 105. 이와 같이 유대인들을 이방인과 구별되게 하는 어떤 것들을 지키는 것을 율법지킴으로 생각하며 그것으로 언약 안에 머물러 있을 수 있다고 생각한 유대인들에 대한 바울의 비판을 언급하는 던의 논의는 다음과 같다: Dunn, "The New Perspective on Paul," BJRL 65 (1983): 107-11; "Works of the Law and the Curse of the Law (Gal. 3:10-14)," NTS 31 (1985): 528f.; *The Parting of the Ways between Christianity and Judaism and Their Significance for the Character of Christianity* (London: SCM, 1991), 119-39; "Yet Once More—'The Works of the Law,': A Response," *Journal for the Study of the New Testament* 46 (1992): 99-117 (his Response to Cranfield); "Echoes of Intra-Jewish Polemic in Paul's Letter to the Galatians," JBL 112 (1993): 465-67.

[60] Dunn, *Romans 1-8*, 158: "Paul's polemic against Jewish over-confidence based on having the law." 또한 191도 보라: "Paul has in view Jewish overconfidence in their privileged status."

Jewish particularity)" 비판하면서 논의해 가고 있다.61 그는 처음부터 "유대적 특정성의 좁은 범주들"에 대해서 비판적으로 언급하여 나간 다.62 유대인들의 민족적 특정성(ethnic particularity), 그리하여 유대인들과 이방인들을 구별지우는 흔히 유대인의 "정체성 표지" (identity marker),63 또는 유대인과 이방인의 "경계 표시들"(boundary markers)이라고 불리는 것에64 대한 유대인의 관심과 그런 의미의 율법 준수가 던이 생각하는 바울의 비판의 대상이다. 그러므로 던은 "이신칭의에 대한 바울의 복음은 하나님 앞에서의 자신들의 특권적 지위를 자랑하는 유대적 가정을 겨냥한 것임이 분명하다"고 주장하는 것이다.65 그러므로 '던이 이해하는 이신칭의'는 우리의 행위 없이 믿음으로만 구원한다는 것이 아니라는 것이다.

이런 '유대적 특성을 드러내는 율법의 행위'가 **아닌** 던이 그에 대해서 긍정적으로 생각하고 강조하는 율법의 행함(doing [the things of] the law)은 무엇일까? 던은 바울이 이를 로마서 2:29, 3:31, 6:19-22, 7:6 등에서 넌지시 언급하고 있을 뿐만 아니라 8:4에서 가장 명백히 표현하고, 12:1-15:6에서 그 실례를 들면서 말하고 있다고 한다.66

이방인 가운데서도 이런 의미의 행위를 하는 이들이 있다는 것을 시사(示唆)하는 것이 로마서 2:15이라는 것을 던은 강조한다. 이에 대한 던의 논의는 상당히 정교하나 이 논의가 나아가는 방향은 아주

---

61 Dunn, *Romans 1-8*, 98.
62 Dunn, *Romans 1-8*, 92: "an attempt to rise above the narrower categories of Jewish particularity'.
63 Dunn, *Romans 1-8*, lxix; Dunn, *Jesus, Paul and the Law*, 4.
64 이 "경계 표시"(boundary markers)로서의 율법 준수에 대해서는 특히 Dunn, *Jesus, Paul and the Law*, 4; Dunn, *The New Perspectives on Paul*, 22-26, 특히 26을 보라. Dunn, *Romans 1-8*, lxix에서는 그냥 "경계"(boundary)라고 하기도 한다.
65 James D. G. Dunn, "Yet Once More—'The Works of the Law,'" *Journal for the Study of the New Testament* 46 (1992): 111: "Paul's gospel of justification by faith is clearly aimed at Jewish assumption of privileged status before God."
66 Dunn, *Romans 1-8*, 107.

분명하다. 그런 점에서 교묘하다고도 여겨질 수 있다. 그 핵심적 요점에 해당하는 것이 다음 부분이다. 그의 논의의 특성을 알도록 하기 위해 매우 중요하다고 생각되는 한 부분을 그의 말 그대로 인용해 보기로 하겠다:

> [바울은] 사실 이 '율법의 행위'(work of the law)가 심판의 날에 그들의 무죄 선언(acquittal)을 보증하는 것이라고 말하지는 않는다. 그의 언어는 율법 없이 죄를 범하는 이방인이 어떻게 그 죄에 대해 책임이 있는가를 설명하는 기능을 하도록 고안되어 있다(12, 15bc절)..... 그러나 또한 그는 전혀 복음 전도를 받지 않은 이방인들 가운데 "율법을 행한 사람들이"(doers of the law) 후에 옳다 인정함을 받으리라는 것을 부인하는 것도 아니다(13절). 그러나 [사실] 그는 이 질문을 묻지 않고, [따라서] 그의 논의는 이 문제에 대해 개방적이라고 할 수 있다.[67]

물론 바울 자신은 예수 그리스도를 통해 그에게 주어진 복음을 통하여, 그리고 복음의 용어로 사면 받을 가능성을 발견했다고 후론하지만, 던의 논의는 이방인이 율법이 없이도 율법의 일을 행함으로 의롭다함을 받을 가능성에 대해서 개방적이라는 것이 된다.

다른 곳에서 이런 논의 전체를 던 자신은 다음 같이 잘 요약해 주고 있다:

> 나의 결론은 ... 바울이 반대하는 것은 율법 그 자체가 아니라, **이스라엘의 선택의 증거와 표지(badge)로서 여겨지는 율법**인 것이다. [그러므로] '율법의 행위들'을 비판할 때 바울은 선행(善行) 그 자체를 깎아 내리는 것이 아니라 하나님 백성의 회원됨을 증거하는 것으로 높이 평가되는 율법의 준수 - 특히 할례와 음식 규례와 안식일을 문제 삼는 것이다.[68]

---

[67] Dunn, *Romans 1-8,* 107.
[68] Dunn, *Jesus, Paul and the Law,* 11: "My conclusion ... is that what Paul was objecting to was not the law *per se*, but *the law seen as a proof and badge of Israel's election*; that in denouncing 'works of the law' Paul was not disparaging 'good

그러므로 바울은 잘못 이해된 율법의 행위로 자신들의 구원을 과신하는 유대인들을 강하게 비판하는 것이지, 제대로 이해된 율법의 행위들을 하는 것을 비판하지 않았다는 것이다. "너무 좁아진 유대적 관점에서 벗어나면 율법은 '신앙의 순종'에서 중요한 역할을 한다"는 것이다.69 이제는 이런 던의 논의의 결과가 어떻게 되는 것인지를 이끌어 내고 평가하는 일이 남았다.

## III. 던의 해석에 대한 평가

다른 이들도 대개 그렇거니와 기본적으로 성경 해석의 잘못으로부터 다른 모든 문제가 나타난다. 그러므로 먼저 던의 성경 해석의 문제들로부터 시작해 보기로 한다.

### 1. 던의 성경 해석의 근원적 문제

던의 논의의 가장 근원적인 문제점은 그가 성경 본문을 해석하는 방식에서 나타난다. 그는 "율법으로는 의롭다하심을 받을 수 없다"는 말과 같은 것을 그냥 자연스럽게 해석하지 않고, 여기서 말하는 율법이란 할례 같이 유대적 특권을 주장하는 것이라는 자신의 생각을 부가(附加)하여 해석하면서 바울은 할례를 행하는 등의 일로 언약 백성됨을 드러내는 것으로는 의롭다하심을 받지 못한다고 했다고 주장하는 것이다. 그러므로 바울이

---

works' as such, but observances of the law valued as attesting membership of the people of God — particularly circumcision, food laws and Sabbath." (강조점은 필자가 덧붙인 것임).

    그는 비슷한 논의를 여러 곳에서 한다. 갈라디아서와 관련해서는 James D. G. Dunn, "The New Perspective on Paul," *Bulletin of the John Ryland's Library* 65 (1983): 95-122, at 113; 또한 Dunn, *Jesus, Paul, and the Law*, 191도 보라.

    69 Dunn, *Romans 1-8*, lxxii.

"율법의 행위로는 의롭다하심을 받지 못한다"고 말할 때에 바울은 할례, 음식에 대한 규례를 지킴 등의 행위로 의롭다함을 받지 못한다고 하는 것이지, 어떤 행위를 하므로 의롭다하심을 받지 못한다는 것을 부인하는 것은 아니라는 것이다.

그러나 많은 주해자들은 이런 던의 해석이 바른 해석이 아니라는 것을 지적한다. 한 예로, 슐라이너는 "율법의 행위들"에 대한 던의 견해는 바울이 로마서 3:20과 연관하여 로마서 2:17-29을 논의하는 맥락적 논의를 정확하게 살피는 일에 실패하고 있다고 지적하고 있다. 즉, 바울은 로마서 2:17-29에서 할례 때문에 비판하는 것이 아니라 율법 일반에 대한 불순종 때문에 비판하는 것이라는 말이다.[70] 유대인들이 자신들의 독특성을 드러내는 율법 준수로 자신들의 특권을 주장하는 것도 문제이지만, 바울은 그것만을 비판하고 있는 것인가 하는 것에 논의의 핵심이 있는 것이다. 건전한 해석자들은 유대인들의 이런 특권적 자부심과 그런 의미에서의 율법 행함만이 아니라, 인간이 자기 스스로 행한 바에 근거해서 의롭다함을 받으려는 모든 시도가 바울의 글에 의해 부정되는 것이라는 점을 잘 드러내고 있다.[71] 던의 해석과 달리 이런 의도를 드러내는 좋은 주석가들의 견해를 간단히 정리해 보자.

**1-1. 로마서 2:6-7, 10, 13-14, 26-27.**

대부분의 건전한 주석가들은 2:6의 "우리들이 행한 대로 심판하신다"는

---

[70] Thomas R. Schreiner, "'Works of the Law' in Paul," *Novum Testamentum* 33 (1991): 227. 비슷하게 율법의 행위들을 유대적 정체성 표지들(identity markers)로만 보려는 던의 논의가 성공적이지 못하다는 쉬라이너의 논의로 그의 "The Abolition and Fulfilment of the Law," JSNT 35 (1989): 47-74, 특히 71, n. 46를 보라. 또한 Douglas J. Moo, "Law, works of Law, anmd Legalism," WTJ 45 (1983): 90-99 보라.

[71] 이 전통적인 견해가 뉴앙스 있게 진술되기만 하면(properly nuanced) 바울의 논의에 대한 최선의 설명이라는 주장과 함께 그 이유를 제시하는 Moo, "Excursus: Paul, 'Works of the Law,' and First-Century Judaism," in his *The Epistle to the Romans*, 211-17, 특히 212를 보라.

것에 대해서 주석하면서도 바울의 전체적 의도를 잘 반영하면서 논의한다. 예를 들어서, 존 머레이는 "바울의 주된 목적은 모두가 죄 아래 있다는 것과 율법의 행위들로는 그 누구도 하나님 눈앞에서 칭의함을 받을 수 없다는 것을 증명하는 것이다."라는 점을 분명히 한다.[72] 따라서 로마서 2:7이 성도들이 추구하고 나갈 삶을 표현하는 것임을 분명히 하면서도 "구속적 대망이 없는 행위는 죽은 행위들이며 선행이 없는 대망은 주제넘게 자신이 구속 받았다고 가정하는 것일 뿐이다"라고 균형 잡힌 논의를 하는 것이다.[73]

로마서 2:13과 관련해서도 "이 서신서의 뒷부분에서 가르치는 가르침과 갈등하는 '행위로 말미암은 칭의 교리'를 찾는 것은 아주 불필요한 것"이라고 머레이는 아주 명백히 선언한다.[74] 즉, 바울이 여기서 실제로 율법을 지켜서 구원얻는 사람이 있다고 하는 것이 아니라고 하면서 다음 같은 필립피(Philippi)의 말은 인용할 만하다고 하면서 인용하고 있다: "로마서 전체의 논증은 그 누구도 본성상 그런 율법을 행하는 자(ποιητὴς τοῦ νόμου)가 아니며 그럴 수도 없다는 것이다."[75]

새국제주석의 새 시리즈에서 로마서를 쓴 더글라스 무도 이 구절에 대한 여러 가능성(7가지 다른 해석들)을 다 점검한 후에 가장 본문에 적합한 견해는 "죄의 능력이 그 누구도 구원을 얻을만한 정도의 공로가 되는 선을 행할 수 없게 하므로, 바울의 후속 논의는 그 누구도 이런 조건들을 성취할 수 없다는 것을 보여 준다"는 견해라고 한다.[76]

---

[72] Murray, *The Epistle to the Romans*, 63.

[73] Murray, *The Epistle to the Romans*, 64: "Works without redemptive aspiration are dead works. Aspiration without good works is presumption."

[74] Murray, *The Epistle to the Romans*, 71.

[75] Murray, *The Epistle to the Romans*, 71, n. 21. 그는 여기서 Friedrich Adolph Philippi, *Commentary on St. Paul's Epistle to the Romans* (Edinburgh, T. & T. Clark, 1878) 해당 부분에서 인용하고 있는 것이다.

[76] Moo, *The Epistle to the Romans*, 141f., 148, 171 (롬 2:26절 해석과 관련하여), 210 (롬 3:20 주석), 217. 같은 견해를 더 잘 표현하는 위에 언급한 머레이의 논의와

에버렛 해리슨도 여기서 바울은 "후에 그가 말할 바 율법의 행위로 구원 얻을 가능성이 없다는 것(3:20)과 스스로 대립하는 것이 아니라고 말하는 것이 안전할 것이다"고 말한다.77 그러면서 바레트를 인용하면서 **"그들의 신뢰는 그들의 선행에 있는 것이 아니라 영광과 영예와 썩지 아니함의 유일한 원천이신 하나님에게 있다**"고 말한다.78 그러면서 개혁자들이 이 본문으로부터 배워 늘 강조한 중요한 것을 강조한다: "신자들이 수행하는 선행(the good works)이 구원을 가져오는 것이 아니라, 그 선행은 신자가 믿음으로 받은 구원을 증거해 주는 것이다(6:22)."79 Moo도 최후의 심판에서 고려되는 우리들의 선행은 "칭의 자체의 근거가 아니고 (이미) 칭의함을 받는 신앙의 산물(the product)일 뿐이다"고 분명히 선언한다.80

---

G. Vos, "The Alleged Legalism in Paul's Doctrine of Justification," *Princeton Theological Review* 1 (1903), reprinted in *Redemptive History and Biblical Interpretation*, ed. R. B. Gaffin, Jr. (Phillipsburg, NJ: P & R, 1980), 387-94를 보라. 무(Moo)에 의하면 이와 같은 견해를 표하는 다른 사람들은 다음과 같다고 한다: Melanchthon; Charles Hodge (1886); G. B. Stevens, *The Pauline Theology* (New York: Scribner's, 1892), 179-82; Murray (1959); Longenecker, *Paul, Apostle of Liberty*, 116-22; Ulich Wilckens, *Der Brief an die Roemer*, 3 vols. (Neukirchen/Vluyn: Benziger, 1978-81); L. Mattern, *Das Verstaendnis des Gerichtes bei Paulus* (Zuerich: Zwingli, 1966), 136-38; 그리고 F. Thielman, *From Plight to Solution: A Jewish Framework to Understanding Paul's View of the Law in Galatians and Romans*, NovT Sup 61 (Leiden: Brill, 1989), 92-96 (Moo, *The Epistle to the Romans*, 141, n. 28). 이를 논의하면서 무는 Dunn은 그리스도인은 구원받을 요구를 성취하는 것으로 보고 있다고 간단히 언급하고 지나간다(Moo, *The Epistle to the Romans*, 142, n. 30).

77 Harrison, "Romans," 29.

78 Harrison, "Romans," 29: "The reward of eternal life ... is promised to those who do not regard their good works as an end in themselves, but see them as marks not of human achievement but of hope in God. *Their trust is not in their good works, but in God, the only source of glory, honour, and incorruption*." (강조점은 필자가 덧붙인 것임).

79 Harrison, "Romans," 29f.

80 Moo, *The Epistle to the Romans*, 147, n. 21,

## 1-2. 로마서 3:20, 22, 24, 26.

로마서 3:20에 대해서 말하는 데서 잘 드러나듯이 "율법의 행위로는 실제로 칭의가 없으므로, 율법의 기능은 죄를 깨닫게 하는 것이 된다(롬 3:20b)."[81] 다시 말해서, "하나님 앞에서의 칭의는 자신이 아무리 만족스럽게 그리했다고 느낄지라도 율법의 준수를 통해서 얻을 수 있는 것이 아니다. 예수님께서 지적하시는 바와 같이 율법을 온전히 지킨 사람은 하나도 없다(요 7:19).... 율법을 심각하게 대한 실천적인 결과는 '죄를 깨닫게 되는 것이다"(cf. 롬 5:20, 7:7-11). 그리스도 외에 인간이 가진 최선의 것이 그의 실패 의식을 심화시키기만 한다는 것을 생각하는 것은 얼마나 놀라운가! 율법은 복음의 필요성을 강하게 선언하는 것이다."[82] 그리고 계속해서 칭의에 유대인이나 이방인의 차별이 없는 것은 그 둘 모두가 죄 아래 있다는 보편성에 근거하고 있음을 분명히 하는 논의를 머레이는 한다.[83]

더구나 3:24에서 "값없이"라는 말과 "그의 은혜로"라는 말이 같이 나타나는 것은 "하나님의 칭의하시는 행위의 온전히 비공로적인 성격을 강조하는 효과가 있다"는 것을 잘 언급하고 드러낸다.[84] 개혁자들이 늘 강조한 바와 같이 칭의는 "믿는 죄인에 대한 하나님의 영단번에 주어진 선언"(a once-for-all declaration of God on behalf of the believing sinner)으로 칭의는 신분(status)에 대한 것이지, 그 조건(condition)을 바꾸는 것에 대한 말이 아닌 것이다.[85]

---

[81] Murray, *The Epistle to the Romans*, 107: "For this reason that there is actually ni justification by the works of the law the function of the law is to convince of sin (vs. 20b)."

[82] Harrison, "Romans," 40 (롬 3:20에 대한 설명 중에서).

[83] Murray, *The Epistle to the Romans*, 114.

[84] Murray, *The Epistle to the Romans*, 115: "... the effect of emphasizing the completely unmerited character of God's justifying act." 또한 Moo, *The Epistle to the Romans*, 228: "God's justifying verdict is totally unmerited. People have done, and can do, nothing to earn it."

[85] 개혁자들을 따라 이점을 강조하며 주석하는 Harrison, "Romans," 42를 보라.

이런 것은 던과 같은 <바울에 대한 새 관점>에 근거해 주석하는 사람들에게서 전혀 찾아 볼 수 없는 모습이다. 던과 라이트 등은 계속해서 우리가 변화하는 것이 칭의에 고려되는 것이라는 시사를 준다. 이런데서 큰 대조가 나타난다. 하나님의 단번의 주신 비공로적인 하나님의 선언이라는 점을 강조하면서, 머레이는 "사람 편에서의 그 어떤 공로라도 칭의와 관련되게 된다면, 그것은 바울의 교리, 따라서 그의 복음의 첫 조항과 대립하게 된다"고 단언한다.86

그런데 이렇게 자유롭게 주어지는 칭의는 "(1) 그로부터 칭의가 얻어진 값비싼 댓가"[그리스도의 십자가에서 이룬 구속] 때문에 있을 수 있고, (2) "그로부터 칭의가 주어진 그 댓가가 이 은혜로운 칭의 행위의 은혜로운 성격을 부정하지 않고 오히려 그 은혜로운 성격을 더 높인다."87 그리스도 예수를 통하여 주어진 구속(ἀπολύτρωσις)은 은혜로운 하나님께서 사용하시는 칭의의 수단(the means)이다.88 십자가에서 흘리신 그리스도의 피는 우리의 칭의의 근거(the ground of our justification)이다.89

### 1-3. 로마서 3:27-28, 30-31.

건전한 주석가들은 여기서 "자랑(καύχησις)을 할 수 없다"고 할 때 바울이 특히 유대인들만을 염두에 둔 것이 아니라 그들을 포함하여 보편적으로 적용될 수 있다는 것을 좀더 선호한다.90 건전한 주석가들은 그러한 자랑의

---

86 Murray, *The Epistle to the Romans*, 115.
87 Murray, *The Epistle to the Romans*, 115.
88 Harrison, "Romans," 42; 또한 Moo, *The Epistle to the Romans*, 229: "the costly means by which this acquitting verdict is rendered possible."
89 Murray, *The Epistle to the Romans*, 170 (로마서 5:10 주석 중).
90 Murray, *The Epistle to the Romans*, 122; Morris, *The Epistle to the Romans*, 185.
그러나 해리슨은 주로 유대인을 염두에 두고 이 문단이 구성되었다고 본다. Harrison, "Romans," 45. 무도 자랑은 모든 인간에게 뿌리 깊은 문제이지만 "아마도 바울은 여기서 특히 유대인들과 그들의 자랑을 염두에 둔 것 같다"고 논의한다(Moo, *The Epistle to the Romans*, 246). 그러나 던 등과 대립하면서 논의를 전개하면서는 결국

동기와 내용을 살피면서 결국 여기서도 이신칭의적 이해를 발견해 나간다. 예를 들어서, 해리슨은 "자신의 성취를 높이는 것은 그 전체를 망치는 것이다. 그것은 하나님을 모욕하는 것이 되고, 그 가치는 사라져 버린다." 고 잘 지적한다.[91]

바울이 여기서 "믿음의 법"으로 칭의된다고 할 때의 법이라는 말은 일반적 율법의 의미로 사용되기 보다는 믿음의 원리(system, principle, method, order, rule)라는 뜻으로 사용된 것이라고 하면서,[92] 머레이는 3:27-28의 대조가 행위가 칭의의 원리가 되는 사물의 질서와 오직 믿음으로만 칭의가 이루어지는 질서의 대조라고 설명한다.[93] 그러므로 이는 같은 율법을 유대적 자랑의 관점에서 보았을 때와 신앙의 관점에서 보았을 때(a new way of looking at the law)를 대조하는 것이 아니라는

---

모든 인간이 문제라는 점을 잘 지적한다(특히 247). 많은 주석가들은 유대인의 자랑을 주로 생각하면서 논의하는 경우에도 이는 보편적 인간의 문제라는 것을 인정하면서 논의한다. 즉, 이 문맥에서 바울이 유대인의 자랑을 염두에 두고 말하고 있어도 이 논의는 넓은 적용 가능성이 있다고 보는 것이다. Cf. Mounce, *Romans*, 119를 보라.

그런데 이에 비해 던 등은 다른 것은 전혀 아니라고 하면서 이는 오직 유대인들의 자랑을 비판하는 것이라고 주해하려고 한다. Cf. Dunn, *Romans 1-8*, 185, 191; Dunn, *Jesus, Paul, and the Law*, 238; R. W. Thompson, "Paul's Double Critique of Jewish Boasting: A Study of Rom 3:27 in Its Context," *Biblica* 67 (1986): 520-31. 그는 이를 단순히 말하고 지나가기에 단정하기는 어렵지만 이런 논의의 선구자의 하나로 Matthew Black, *Romans*, The New Century Bible Commentary (London: Marshall, Morgan & Scott, 1973), 62을 언급할 수도 있다.

[91] Harrison, "Romans," 46: "To glory over one's achievement ruins the whole enterprise: it becomes an affront to God, its value is gone."

[92] 원리로 보는 해석으로 Murray, *The Epistle to the Romans*, 123; Morris, *The Epistle to the Romans*, 185f.; Moo, *The Epistle to the Romans*, 249. 무는 비슷한 견해를 말하는 학자들로 다음을 열거한다: J. Cambier, Henry Alford, Frederic Louis Godet, Charles Hodge, William Sanday and- Arthur C. Headlam, James, Denney, C. K. Barrett, Otto Kuss (249, n. 18). 해리슨은, 이를 바로 이해하려면," '법'(law)과 '원리'(principle) 사이의 어떤 것이 필요하다"고 말한다(Harrison, "Romans," 45).

'믿음의 법'을 이해하는 다양한 견해들에 대한 요약과 논의로 Moo, *The Epistle to the Romans*, 248, n. 14를 보라. 그는 이를 이해하는 5 가지 용례들을 열거하면서 논의한다.

[93] Murray, *The Epistle to the Romans*, 123.

말이다.94

여기서 머레이는 바울이 말하는 신앙의 성격을 아주 분명히 부각시킨다. 하나님을 "신뢰하고 헌신하는" 신앙은95 "자기-부인적인데 비해서 행위는 자기-축하적이다."는 말을96 생각하면 이런 신앙은 그대로 전통적 이신칭의적 이해를 가질 수밖에 없게 하는 것을 알게 된다. 그래서 머레이는 곧바로 "신앙은 하나님께서 행하시는 바를 바라보고, 행위는 우리가 누구인가 하는 것은 존중한다"고 강하게 대조시키는 것이다.97 그리고는 "이런 원리의 대립 때문에 사도는 신앙의 원리에 근거해서 행위를 온전히 배제할 수 있었다"고 하고, 더 나아가서 "따라서 **'오직 신앙만으로'**라는 것이 사도의 논의에는 함축되어 있다. 루터가 '오직 신앙만으로'라고 말했을 때 그는 이 본문의 **의미**에 그 어떤 것도 더 하지 않고 이 본문의 의미대로 말한 것이다"고 결론 내린다.98

해리슨도 우리를 칭의하기 위해서는 "십자가가 반드시 필요하다는 것을 바로 본 사람은 율법이 요구하는 것을 성취함으로써 하나님에 의해 의롭다고 인정함을 받을 수 있으리라는 생각을 할 수가 없다. 만일 그것이 가능하다면, 그리스도께서는 헛되이 죽으셨을 것이다."고 정확히 표현하고 있다.99

---

94 Moo, *The Epistle to the Romans*, 249. 던 등이 여기서 비판된 입장을 지지하는 것이 된다. 앞서 살펴 본 바와 같이 던은 "신앙으로 이해된 모세의 율법"으로 보고 해석하는 것이다(Dunn, *Romans 1-8*, 186, 192; Dunn, *Jesus, Paul, and the Law*, 238).

95 이런 곳에서 같은 말을 사용하고 같은 개념적 용어를 사용해도 머레이와 던의 신앙에 대한 이해가 어떻게 다른 지를 잘 알 수 있게 된다.

96 Murray, *The Epistle to the Romans*, 123: "Faith is *self*-renouncing; works are *self*-congratulatory."

97 Murray, *The Epistle to the Romans*, 123: "Faith looks to what God does; works have respect to what we are."

98 Murray, *The Epistle to the Romans*, 123: "It is this antithesis of principle that enables the apostle to base the complete exclusion of works upon the principle of faith.... It follows therefore that 'by faith *alone*' is implicit in the apostle's argument. Luther added nothing to the *sense* of the passage when he said 'by faith alone.'"

99 Harrison, "Romans," 46.

나머지 부분에서는 본문 자체의 명확성 때문에 신뢰할만한 주석가들의 해석과 대조되는 논의가 드물지만, 우리가 앞서 살펴본 바와 같이 그 중간 중간에 던은 때때로 자신의 독특한 주장을 삽입하여 말하고 있다. 그러나 앞에 논의한 구절들에 대한 이해는 상당히 다르게 나타나는 것을 확인할 수 있었다. 이와 같이 로마서의 본문을 독특하게 해석하는, 그리고 결국 바울을 잘못 해석하는 던의 이 근원적 문제로부터 다음에 언급하려는 던의 다양한 문제들이 나타나게 되었다고 판단된다.

## 2. 던의 구원론과 그 문제점

이와 같이 '율법의 행위'라는 말을 독특하게 해석한 결과로 던은 유대인들의 정체성의 표시로서의 율법의 행위에 대해서는 강하게 비판하면서도 마지막 심판 때에 있을 하나님의 종국적 구원 선언은 우리가 평생 행위한 것에 근거해서 주어진다는 것을 강조한다. 이것은 매우 심각한 문제이다. 결국 이것은 신학사적(神學史的) 논의의 빛에서 보면 결국 펠라기우스주의의 가능성, 아무리 좋게 해석해도 반(半)-펠라기우스주의(Semi-Pelagianism)를 주장하는 것으로 여겨질 가능성을 여는 것이라고 하지 않을 수 없다.

여기 상당히 아이러니칼한 상황이 나타난다. 던은 하나님께서 유대인들만이 아니라 모든 인류를 믿음으로 칭의하신다는 것을 강조한다.[100] 그리고 그는 칭의가 기독교 신앙의 핵심적인 부분(a vital part of Christian faith)이라고 하기도 하고,[101] 개혁자들과 함께 칭의는 "그와 함께 교회가 서고 넘어지는 조항"(articulus stantis etcadentis ecclesiae)이라고 강조하며,[102] 바울의 복음은 "이신칭의의 복음"(the gospel of justification

---

[100] 특히 Dunn, *Romans 1-8*, 193을 보라.
[101] Dunn, *The New Perspective on Paul*, 20.
[102] Dunn, *The New Perspective on Paul*, 23. Cf. 시편 130:4에 대한 루터의 강해.

by faith)이라고 한다.103 그는 또한 "그 누구라도 하나님 앞에 서려면 겸손한 믿음으로 설 수밖에 없다"고 지적하고 강조한다.104 그런데 그가 '믿음'이라는 말과 '칭의'라는 말을 자기 식으로 해석하고 제시하므로 결국 이와 같이 주장하는 던이 고전적 의미의 이신칭의에 대한 주장과는 정반대되는 주장을 하는 것이 되는 아이러니이다.

던은 천주교 사상에 대한 종교개혁의 "저항이 분명히 필요하고, 정당화될 수 있으며, 지속적인 중요성을 지닌다"는 것을 강조하면서도 그것을 위한 성경적 지지를 바울에게서 찾으려고 한 것은 시대착오적이고 "해석학적인 실수"였다고 한다.105 앞서 이신칭의를 강조하는 던의 말들이 진심이라면 그는 최소한 '바울의 논의의 종교개혁적 함의'라도 논의했어야 할 것이다. 그러나 던의 말을 따르면 "이신칭의"의 종교개혁적 주장을 할 수 있는 성경적 근거는 없어지게 되므로, 던의 논의는 결국 종교개혁적 주장 자체가 그 근거를 상실하도록 하는 것이 된다. 참으로 던은 로마서 4장에 나타난 아브라함의 예로부터 "바울이 '일함'(workings)을 전적으로 부정적으로 여기고 그리스도인에게는 '보상'(reward)을 전적으로 배제했다고 추론하는 것은 로마서 2:10,13, 고린도전서 3:8, 14을 무의미하게 만들어 버리는 것이다"고 주장한다.106 이와 같이 던은 참으로 믿는 신자는 그 행함이 공로가 되는 것이라는 방향으로 우리의 생각을 이끌어 가는 것이다.

만일에 던이 톰 라이트 정도의 논의를 하는 것이라면 그는 톰 라이트와 함께 '교단적으로는 개신교에 속해 있으나 사상적으로는 반(半)-

---

[103] Dunn, *The New Perspective on Paul*, 97. Cf. Dunn, "Yet Once More—'The Works of the Law,'" *Journal for the Study of the New Testament* 46 (1992): 111.

[104] Dunn, *Romans 1-8*, 227.

[105] Dunn, *Romans 1-8*, lxv.

[106] Dunn, *Jesus, Paul, and the Law*, 239: "To deduce from this analogy that Paul regards 'workings' as wholly negative and 'reward' as entirely excluded for the Christian makes nonsense of Romans 2:10, 13 and I. Corinthians 3:8, 14."

펠라기우스주의를 주장하는 사람'으로 비판되어야 한다. 즉, 던이 구원을 위해서 예수를 메시야로 믿어야만 한다는 것을 끝까지 철저하게 강조한다면 그는 반-펠라기우스주의를 주장하는 것으로 여겨질 수 있다. 던이 로마서 2-3:26까지를 요약하는 다음 같은 말에 의하면 던이 그리스도를 통한 구속을 믿으며 이를 강조하는 것이라고 보여질 수도 있다:

> (1) '죄 아래 있는' 모든 인류의 참상에 대한 대답은 그리스도를 대속물(ransom)과 속죄 제사(expiatory sacrifice)로 제공하심으로107 하나님에 의하여 주어졌다. (2) 하나님의 이 구원행위는 이스라엘에게 주셨던 그의 언약적 약속들과 온전히 연속성을 지니며, 그것들을 성취하는 것이다. (3) 하나님의 이 의에 참여하거나 유익을 얻는 것은 믿음으로 주어진다(comes through faith) - 그리스도의 대속물과 속죄 제사가 유효하다는 신뢰와 예수 그리스도에 대한 믿음을 통해 주어진다. 그리고 모두가 다 같이 하나님의 의를 필요로 하므로 모두에게 같은 방식, 즉 믿음을 통해 주어진다.108

그런데 우리가 살펴본 바와 같이 던에게 믿음은 복음을 듣고 받아들이는 것만을 뜻하지 않고 항상 "복음을 신뢰하면서 받아들이고 헌신하는 것으로 특징지워지는 전체 삶"과 관련된 것이다.109 또한 던은 우리들의 선한

---

107 여기서 우리들은 그가 로마서 3:25에 충실하여 "화목 제물"(propitiation) 되심을 강조하지 않는 것에 대해서 비판해야 할 것이다. 그는 '힐라스테리온'(ἱλαστήριον)을 expiation으로 번역할 것인가 'propitiation'으로 번역할 것인가를 면밀하게 대조시키지 않고, propitiation으로 번역해야 함을 강하게 주장하는 레온 모리스의 논의를 expiation의 수단으로 제시되고 있다고 보는 견해의 하나로 열거하고 있다 (Dunn, *Romans 1-8*, 171).

'힐라스테리온'(ἱλαστήριον)을 'propitiation'으로 번역해야 한다는 강한 논의로 Roger R. Nicole, "C. H. Dodd and the Doctrine of Propitiation," *Westminster Theological Journal* 17/2 (1955): 117-57; Leon Morris, *The Apostolic Preaching of the Cross* (London and Grand Rapids: Eerdmans, 1955), 125-85, 특히 155;『신약의 십자가』(서울: CLC, 1987), 247, n. 43;『그리스도의 십자가』(서울: 바이블리더스, 2013); Murray, *The Epistle to the Romans*, 117, n. 20; Robert L. Reymond, *A New Systematic Theology of the Christian Faith* (Nashville, Tennessee: Thomas Nelson Publishers, 1998). 635, 640 등의 논의를 참조하라.

108 Cf. Dunn, *Romans 1-8*, 183.

행위가 "메시야이신 예수와 연관해서 제한되고, 한정되고, 더 정확하게 되지만 부인되지는 않는다"고 한다.110 그리고 던은 바울이 율법의 행위를 비판할 때 바울이 선행 일반에 대해 논박하는 것도 아니며, 심지어 개인이 자신을 위해 공로(merit)를 쌓으려는 시도를 하는 것에 대해 논박하는 것도 아니라고 하는 것이다.111 이런 점에서도 던이 구원론에서 반(半)-펠라기우스주의적이지지 않은가 하는 의혹이 증폭된다. 즉, 그는 그리스도의 구속을 믿어야 한다고 주장하나 그 믿음에 순종으로 나타나야만 한다고 하는 것이다.

그러나 이것에서 한걸음 더 나아가서, 던이 그렇게 많이 강조하고 있지는 않지만, (1) 이방인들이 하나님께서 원하시는 바를 할 수 있는 가능성을 바울이 부인하지 않고 그것을 열어 두고 있다는 시사(示唆)를 던이 하고 있는 것까지를112 우리가 심각하게 고려하면, 던의 입장은 펠라기우스주의적이라고 생각될 수 있는 가능성이 있다고 여겨진다.

(2) 또한 던이 신앙을 "창조주 하나님에 대한 신뢰에 찬 의존"으로 제시하고 있는 점에서113 그리고 이것이 처음부터 인간에게 요구되었던 것이라는 강조에서도,114 또한 이것을 이제는 예수에 대한 신앙이라고도

---

109 Dunn, *Romans 1-8*, 47(롬 1:16에 대한 설명 중에서). 던은 항상 이것을 강조한다. Dunn, *Romans 1-8*, 48f.도 보라: "And 'faith' here will include both the initial act of receiving the gospel and the continuing process toward salvation." 그리고 이 때 "구원 (σωτηρία)이라는 말은 바울에게서 기본적으로 종말론적이라고 한다, 즉 미래에 대한 소망, 최종적 파멸(ἀπ ὡλεια)로부터의 구원, 인류에 대한 하나님의 선하신 뜻의 궁극적 목적"으로 사용되고 있다고 던은 주장한다(Dunn, *Romans 1-8*, 39 [롬 1:16에 대한 언급에서]).

110 James D. G. Dunn, "The New Perspective on Paul," *Bulletin of the John Ryland's Library* 65 (1983): 95-122, at 112: works are "restricted, qualified, more precisely in relation to Jesus as Messiah, but not denied."

111 Dunn, *Romans 1-8*, lxxii.

112 Dunn, *Romans 1-8*, 107. 로마서 4:22과 관련해서는 신앙을 "창조주의 능력에 대한 아주 솔직한 신뢰 이상의 것이 아니다"라고도 말한다. Dunn, *Romans 1-8*, 239: "a faith which is nothing more than naked trust in the power of the creator."

113 Dunn, *Romans 1-8*, 189: "trust-dependence on the Creator God."

묘사할 수도 있다고 하면서 그의 죽음이 하나님은 창조자이시며 구속자이시고, 그 구속의 범위를 육체를 따른 이스라엘 너머에 일도록 여셨다고 표현하는 것을 볼 때, 인간이 창조주 하나님께 이런 신뢰에 찬 의존을 하면 구원받는다는 시사(示唆)를 하는 것인지, 같은 신앙을 창조주에 대한 신뢰에 찬 의존이라고 표현할 수도 있고 예수에 대한 믿음이라고 할 수도 있는 데, 그것이 예수를 통해서 더 보편적이 되었다고 하는 것이지가 의심스러운 것이다.

'오늘을 위한 바울'을 설명하면서도 던은 "**더 좋은 것**에 대한 갈망, **하나님께서 원하시는 것을 하려는 열망**이 있으면 생명이 있는 것이다; 그런 갈망과 열망이 없으면 생명의 징조가 없는 것이다"는 말을 하고 있다.115 던은 모든 사람에게 그럴 수 있는 가능성이 있다고 시사하고 있기에 이런 말 앞에서 우리의 의혹은 심화된다.

(3) 더구나 예수님을 메시야로 믿는다는 것에 대한 던의 독특한 이해를 전제할 때도 우리의 이런 의혹 제기는 더 강화된다. 이제는 많은 분들이 잘 알고 있는대로, 던은 예수님이 문자적인 의미에서의 신적인 메시야라고는 생각하지 않는다. 던은 로마서 8:3의 "죄 있는 육신의 모양"이라는 말을 전통적인 해석과는 다르게 예수님이 모든 점에서 우리와 동일하게 되셨다는 뜻으로 해석한다. 이 구절은 "예수님의 죄의 육체, 타락한 인간과 온전히 동일시되신 것을 표현하는 바울의 방식"이라고 보는 것이다.116 그러므로 예수님을 통한 구원이 우리의 대표자가 되신

---

114 Dunn, *Romans 1-8*, 189: ""those required of man the creature from the beginning."

115 James D. G. Dunn, ***Paul for Today*. The Ethel M. Wood Lecture, 10 March 1993 (London: London University, 1993)**, 21: "Where there is desire for *better things*, aspiration *to do what God wills*, there is life; **without such desire and aspiration there would be no sign of life**." (강조점은 필자가 덧붙인 것임).

116 James D. G. Dunn, "Paul's Understanding of the Death of Jesus," Robert Banks, ed., *Reconciliation and Hope. New Testament Essays on Atonement and Eschatology Presented to L. L. Morris on his 60th Birthday* (Carlisle: The Paternoster Press, 1974),

타락한 인간성을 지닌 예수님을 통한 구원이라고 던은 해석하는 것이다. 이 타락성을 지닌 육체에 대해 하나님이 하신 일을 강조할지라도 던의 논의는 결국 행위로 말미암는 인간 공로에 의한 구원을 부인하지 않는 것이다.117 물론 그렇게 된다는 것을 던 자신은 부인하지만 결국 그런 함의가 그의 논의에 있는 것이다. 이는 매우 심각한 문제가 아닐 수 없다.

### 3. 던의 재림 이해의 문제점

더 나아가서 최후 심판은 전통적으로 그리스도의 재림과 연관되어 이해되는데 던의 재림 이해를 생각해 볼 때 과연 던이 말하고자 하는 바에 대한 수용이 가능한지에 대해서 심각하게 질문하지 않을 수 없다. 이를 분명히 하기 위해 재림에 대한 던의 이해를 조금 논의해 보기로 하자.

이를 위해서 던이 1995년 4월 피츠버그에서 열린 미국 장로회 (PCUSA) 신학적 기도회(Theology Convocation)에서 강의했던 강연인 "우리는 한 분의 주님 예수 그리스도를 믿습니다"의 내용을 생각해 보려고 한다.118 이 강의에서 그는 그리스도께서 다시 오신다는 성경적 소망이 "확실한 소망"(a confident hope)이라고 하고, 이는 또한 "계속해서 다시 정의된 소망"(a constantly redefined hope)이라고 말하고 있다(425). "확실한 소망"에 대한 강조는 성경적 소망을 일상적 소망과 헬라적 소망

---

125-41, at 128: "[It] is Paul's way of expressing Jesus' complete identity with the flesh of sin, with man in his fallenness." 또한 Dunn, *Romans 1-8*, 421, 438-39도 보라.

[117] 더 나아가 던은 행위에 의한 공로 구원을 주장하는 것이라고 지적하는 Farnell, "The New Perspective on Paul," 217을 보라: "Dunn's conclusions degenerating into works-righteousness except for personal denials that it does not."

[118] 본래 "We believe in One Lord Jesus Christ"라는 제목으로 강의된 이 강의는 *Interpretation* 51 (1997): 42-56에 발표되었으며, 그의 *The Christ & The Spirit*, vol. 1: *Christology* (Grand Rapids, Michigan: Eerdmans, 1998), 424-39에 "He Will Come Again"이라는 제목으로 재수록 되었다. 이하 이 글로부터의 인용은 *Christology*의 면수로 인용하고 본문 중에 삽입할 것이다.

개념과 대조시킨 것으로 이에 대해서 우리는 감사할 수 있다. 그러나 계속해서 그가 말하는 "다시 정의된 소망"이란 무엇일까? 그는 이와 연관해서 "'이미'와 '아직 아니'의 균형이 아직 종국적으로 해결되지 않은 소망"이라고 말한다. 아직도 "약속된 땅의 큰 목적이 불완전하게만 이루어졌고, 올 것의 그림자로만 나타나 있는 것"(425)이라는 것이다. "희망의 성취가 그 희망의 부분적 성취로만 이해된 것이다"(425). 그러나 그 부분적 성취는 그 소망을 손상시키거나 반증하는 것이 아니고 그 소망의 새로운 진술(a fresh articulation of hope)을 위한 발판이 되는 것이다(425f.). "'이미'는 온전한 소망을 온전히 다 표현하는 것이 아니고, 따라서 아직 실현되지 않은 '아직 아니'는 다시 표현된 소망의 근거가 되는 것이다."(426) 이것은 옳은 진술이다. 그러나 던은 이로써 이런 구조가 무한히, 그것이 아니라면 어느 정도는 자주 지속되는 것이 기독교적 소망이라고 보는 것인지가 의심스럽다. 오히려 성경은 그리스도 안에서만 그 '이미'가 있고 그리스도 안에서의 그 '이미'에 근거해서 우리는 '아직 아니'를 표현해야 한다고 말하지 않는가? 우리는 그리스도의 초림에 의해 한번 주어진 '이미'와 '아직 아니'의 구조를 생각하는데 비해서, 던은 계속적인 '이미'와 '아직 아니'를 생각하고 있는 것은 아닌지가 의심스럽다.

던은 그리스도의 초림 자체, 예수님 자신의 왕국에 대한 이해와 선포, 인자에 대한 말들, 그리고 오순절 사건을 소망이 다시 재정의 된 예들로 들고 있다. 이 모든 일에서 소망은 그 내용이 재정의 되면서 다시 확언되고 있다는 것이다(426, 427). 그러므로 재림의 소망에 집중할 때도 이와 비슷하거나 유사한 모호성이 있을 것이라고 한다. 성례 가운데서의 임하심, 성령님으로 우리들 가운데서의 임하심 등으로 그 소망이 재확언되고 재정의될 수 있다는 것이다(427). 이런 말에 대해서 우리는 모종의 불안감을 가지게 된다. 우리의 의심을 더 부추키려는 듯이 결국 던은 "성경적 소망은 결코 단순하고 분명한 예언(straight-forward prediction)의 문제가 아니었다"고 말한다(428). 하나님께 대한 소망은 확언할 수 있지만, 그 내용에 대해서는 확언할 수 없다는 것이다. 하나님께 대한 소망을 가지되, 하나님께서 어떻게 하실지 구체적인 것들에 대해서는 소망을 가질 수 없다는 것이다. 이로써 던이 의미하는 바가 그 때에는 현 사회를 지배하는 법칙에 지배되지 않을 것이며(막 12:18-27), 그 날과 그 때는 아무도 모르는 것임을 말하려고 한다면(막 13:32)(428), 우리는 그에게 기꺼이 동의할 수 있을 것이다. 그러나 던의 의도가 그것뿐인지가 의심스럽다. 더구나 누가복음 13:6-9에 기록된 비유에 근거해서 던이 하나님께서 후회하시고 그의 마음을 바꾸실 수도 있다고 말하는 것에(428) 대해서 우리는 놀라지 않을 수 없다. 그리고 "하나님의 자비는 우리가 아무리 영감 되었어도 바르게 생각하고 예언할 수 있는 것을 크게 벗어날 수도 있다"(428)고 말할 때 그의 의도가 무엇인지를 묻지 않을 수 없다.

이와 관련해서 던은 그리스도의 재림을 포함한 우리 소망의 언어가 이상(vision)의 언어라는 점을 강조한다. 하늘 구름을 타고 오신다는 것이 이상의 언어(the language of vision)라는 것이다. 이를 설명하면서 그는 "우리는 이제 묵시문학적 이상에서 구름은 천상적 운송 수단으로 기능하며(신약 막 13:26; 14:62; 행 1:9; 살전 4:17; 계 11:12에서와 같이), 신적 엄위와 권위의 상징으로 기능한다"고 말한다(429). 이와 관련해서 그는 에스겔 1장과 다니엘 7장도 언급한다. 그리고 기독교 정경의 묵시문학인 계시록에 대해서 말하면서 "이 책은 성경 주해의 일반적 규칙이 적용되지 않는 유일한 책이다, 즉 계시록에서는 문자적 해석이 대개는 잘못된 해석이다"고 말한다(429).

그리고 "재림과 관련해서 말할 때 우리는 역사를 넘어서는 사건, 우리가 이제까지 경험한 역사를 그치게 하는 것에 대해서 말하는 것이다"고 말한다(429). 그리고 시작의 이야기와 마지막 이야기의 병행성을 말할 수 있다고 말한다. 이런 의미에서도 "마지막 시간"(*Endzeit*)은 "원시간'(*Urzeit*)이라고 한다(429). 던은 창조에 대한 성경의 기록이 시간을 넘어선 사건들을 기록하고 있다는 것에 이제 우리는 익숙해져 있다고 한다. 그리고 "거짓이라는 의미에서가 아니라, 그림 언어와 표상으로만 표현될 수 있는 진리를 표현하는 신화"에 대해서 말한다(430). 즉, 던에 의하면, 세상과 인류의 시작에 대한 신화는 위대한 시나 위대한 미술품이 참되다는 의미에서 참되다는 것이다(430). 마찬가지로 사도행전 1:11의 승천과 재림에 대한 이야기들도 언어로서는 충분히 표현할 수 없는 것, 실재를 표현하는 다른 방식으로 기능하는 은유로 기능하는 언어를 써서 표현하는 것이라고 말한다(430). "인간 경험을 초월하는 모든 것에서 우리는 은유(metaphor)를 사용해서 표현할 수밖에 없기 때문"이라는 것이다(431).

던은 이에 대해서 어떤 비판이 제기될 것인지를 잘 알고 있다. 그래서 그런 비판을 염두에 두면서 "재림을 은유나 신화라고 말하는 것은 그것을 부인하거나 낮추는 것이 아니라, 소망의 언어의 성격을 인식하는 것이다"라고 말한다(431). 그는 소망의 언어의 비유적 성격을 부인하는 것은 예수님과 성경 저자들이 반복적으로 경계하는 방식으로 그 소망의 언어를 특정화하고 구체화하는 것이라고 말한다. 이로써 던은 재림에 대한 전통적인 이해를 예수님과 성경 저자들의 이해와 대립시키는 것이다.

던은 지옥에 대해서도 같은 작업을 하고 있다. 지옥에 대한 성경적 비유와 단테의 표현과 루이스의 표현은 모두가 다 "인간의 삶에 대한 무시무시한 경험들에서 이끌어낸 용어로 상상할 수 없는 인간의 미래를 표현하는 시도일 뿐"이라고 한다(433). 즉, 언어로서는 표현할 수 없는 것을 표현하려는 것이라는 말이다.

결국 던이 요청하는 것은 우리는 이런 은유(metaphor)를 통해 그 너머에 있는 영적 실재를 보아야 한다는 것이다. 그렇지 않고 그 은유 자체에 초점을 맞추면 우리는 화상(an icon)을 우상(an idol)으로 바꾸며, 우리의 언어에 하나님과 그리스도께서만 가지셔야 할 경배를 드리는 것이 된다고 한다(433).

그렇다면 그리스도의 재림으로 표상하는 기독교적 소망의 내용은 무엇인가? 던은 이에 대해서 우리는 이로써 "하나님의 목적이 그리스도 안에서 요약되었다"고 고백하는 것이라고 말한다(434). 그리스도가 인류 역사의 목적(the goal)이요 절정(climax)임을 표현하는 것이다(434). 즉, 인간 진보의 전진하는 선(線)은 그리스도에게서 그 끝에 이르렀다. 이는 메시아가 오심으로 오는 세대가 도입될 것이라는 유대인들의 소망을 재정의하면서 재확언하는 것이다(434f.).

그리고 신적인 지혜가 그리스도 안에서 구현되었고, 지혜 가운데서 세상을 창조하신 하나님을 그리스도께서 우리에게 계시하신다는 것을 바울과 다른 저자들이 말한다고 한다(436). 즉, "그리스도는 신적 지혜의 절정이요, 요약이고, 성육신이다"는 것이다; 그는 하나님이 어떤 분이시며, 창조가 무엇을 의미하는 지를 계시해 준다는 것이다(436). 결국 던은 "지혜 기독론에서는 창조와 구속이 같은 동전의 양면이다"고 선언한다(436). 그리고 창조와 구원을 대립시키는 그 어떤 기독론이나 종말론도 기독론과 종말론 모두의 그리스도 중심성과 어울리지 않는 것이라고 한다(436). 이런 뜻에서도 그리스도의 재림에 대한 고백은 창조에서의 그리스도의 역할에 대한 고백과 같이 근본적으로 하나님의 지혜와 목적에 대한 고백이라고 한다(436). 재림 교리의 핵심은 하나님의 종국적 목적이 그의 원목적과 같이 그리스도에게 초점을 맞추고 있고, 그리스도께서 형성하신다는 것을 말하려는 기독교적 시도라고 한다(437).

그러므로 그리스도의 성격을 알면, 우리는 이미 마지막의 특성을 알게 된다고 한다. 우리는 그리스도를 알기에 마지막을 이미 안다는 것이다(437). 그것이 초대 그리스도인들이 "그리스도 안에 있다"고 표현한 것의 의미라는 것이다(438).

이런 뜻에서 오늘 우리가 그리스도의 재림을 말하는 것도 역시 같은 것을 의미하는 것이 아닌가 하고 던은 묻는다(438). 던은 곧 이어서 "그 고백을 하늘 구름을 타고 오시는 예수의 문자적 오심을 연관시키는 것은 그 고백을 제한하는 것"이고, "문자에 매달려 영을 잊어버리는 것"이라고 선언한다(438). 물론 던은 그 언어가 버려지는 것을 원하지 않는다. 우리 고백의 말들은 이 위대한 기독교적 확신, 보편적 의의를 지닌 이 위대한 진리를 표현하는 수단이라는 것이다. 그러므로 던에 의하면, "그리스도께서는 다시 오신다. 그러나 그 표상 자체는 실재가 아니다. 실재는 그 표상보다 훨씬 더 큰이다."(438) 그 큰 실재는 결국 그리스도께서 늘 우리와 함께 하심이라고 그는 이미 시사(示唆)하였었다. 그렇다면 그는 문자적 의미에서의 재림을 버려 버리고, 오순절에 강림하신 성령이 원-파라클레토스의 다시 오심이라고 생각하는 것이다(437).

마지막으로 결론에서 던은 그리스도의 재림에 대한 고백은 그리스도의 하나님의 아들 되심의 고백과 비슷하다고 한다. 그리스도의 하나님의 아들됨의 언어도 "하나님과 예수 사이의 아주 친밀한 관계를 표현하는 최상의 길이며, 엄격히 말하면 그 역할을 다 할 수 없는 은유적 언어"라는 것이다(439). 하나님의 아들로서의 예수라는 표상보다 더 적합한 표상은 없다고 말하는 것이다. 마찬가지로 그리스도의 재림이라는 표상으로서 말하려는 바도 미래는 마구잡이로 되거나 초점이 없는 것이 아니고, 하나님의 목적은 지금도 주관하셔서 자신의 이야기(his-story)를 그 절정에로 이끌어 나가신다는 것을 말해 주는 것이라고 한다(439). 그리고 미래는 그리스도적 성격(a Christ-character)을 가질 것이라는 것을 말해 준다는 것이다.

이렇게 말할 때 던의 궁극적 의도는 무엇일까? 그리스도의 하나님이 가져 오실 미래의 궁극적 개방성을 말하는 것일까? 즉, 우리는 하나님께서 어떤 미래를 준비하셨는지 모르지만, 결국 던은 자신이 그리스도 안에서 만난 그 하나님께서 가져다주시는 미래를 소망한다는 것일까? 이것이 던의 의도라면, (1) 그가 말하는 그리스도 안에 계신 하나님(God in Christ)에 대한 이해를 더욱 탐구하는 일이 큰 과제이고, 그것이 과연 성경이 말하는 그리스도와 하나님에 대한 이해에 일치하느냐를 묻는 것과, (2) 그가 표상(imagery)으로만 처리하는 그리스도의 재림에 대한 성경의 표현이 과연 비유적으로만 이해 될 수 있는지에 대한 질문이 그에게 남겨진 질문이 될 것이다.

더 나아가서 던은, 성경 안에서 항상 이전 계시가 말하는 소망을 재정의하면서 재확언하는 틀에 따라서, 오순절에 임하신 성령의 임재가 그리스도의 재림의 재정의요 재확언이듯이, 우리는 앞으로도 무한히 어떤 일이 오든지 그것을 기독교적 소망의 재정의요 재확언이라고 할 수 있다는 것을 말하려고 하는 것인가? 특히 창조 이야기를 역사 저편의 이야기로 생각하는 던의 사유에 따르면, 결국 그는 재림 이야기도 역시 역사 저편의 이야기로 여길 것이 아닌가 하는 생각을 하게 된다. 그렇다면 던은 역사 가운데서는 계속해서 재림의 재정의와 재확언만을 가능하게 하는 일련의 일들이 무한히 계속될 것을 말하게 되는 것인가? 과연 그렇다면 던은 어떤 일을 기독교적 소망의 재정의요 재확언으로 말할 수 있는 시금석이 무엇인가를 제시해야 할 책임을 갖게 되는 것이다.

이 두 가지 해석 중 어느 하나를 따른다고 해도 결국 던은 그리스도 재림의 언어는 유지하되, 그 내용은 증발시켰다는 비난을 면하기 어려울 것이다. 물론 던은 자신이 재림의 언어를 폐기하거나 버리지 않고, 그 용어를 강조하고 사용해야만 할 것을 주장한다고 말한다(특히 438, 439). 그러나 그는 재림의 언어가 "이상의 언어"요 "표상적 언어"라는 것을 강조하면서, 결국 그 표상의 내용을 모호하게 하였다는 인상을 강하게 받게 된다. 그는 이 표상으로부터 (1) 미래가 하나님께서 주관하시는 미래요, 하나님의 이야기의 절정이고, (2) 마지막에 우리가 조우(遭遇)하게 될 그 하나님은 그리스도 안에서 이미 만난 하나님이시고, 따라서 (3)

미래가 그리스도적 성격을 갖게 된다는 또 다른 표상적 말을 할 뿐 정확한 말을 전혀 제시하지 않는 것이다. 특히 미래가 그리스도적 성격(a Christ-character)을 가진다는 말을 구체적으로 밝히지는 않는다. 그래서 우리는 던이 생각하는 미래의 좀더 구체적인 모습을 묻고 싶은 것이다. 던은 그 구체성을 묻는 것이 너무 단순한 예언을 요구하는 것이요(428), 하나님의 미래를 너무 구체화하고, 영을 잊어버리고 문자에 매달려서 의미 깊은 것을 전달하려는 표상과 신화를 우상으로 만드는 것이라고 답할지 모르겠다. 그러므로 우리들은 '그 두 가지 다른 신학은 정말로 적대적으로 다른 것이 아닌가' 하고 심각하게 묻지 않을 수 없다.

### 4. 기독론적 문제점

물론 던에게는 더 큰 문제가 있기도 하다. 그것은 던이 예수 그리스도를 형이상학적 의미의 하나님의 아들로 보지 않고, 그저 "은유적인 의미"에서만 그를 하나님의 아들로 언급한다는 점이다.[119] 빌립보서 2:6-11와 (던이 디모데의 작품으로 여기는) 골로새서 1:15-20에도 불구하고 던이 성자의 선재(pre-existence)를 받아들이지 않는 것은, 하나님은 선재하시지만 성육신하신 예수님은 선재하지 않는 것이라는 그의 설명에도[120] 불구하고 그의 성자 이해와 삼위일체 이해의 심각한 문제를 드러내는 것이다. 그가 계속해서 처음 교회에서는 그리스도는 존중되었지만 하나님만이 예배 되었다는 입장을 고수하는 데서도[121] 이 문제가 잘 드러난다고 여겨진다. (던의 기독론의 문제는 매우 심각한 문제이므로 후에 이에 대한 좀더

---

[119] Dunn, *The Christ & The Spirit,* vol. 1: *Christology,* 439
[120] "Beyond Evangelical"이라는 인터뷰를 보라 (http://frankviola.org/2012/06/25/jamesdgdunn/).
[121] James D. G. Dunn, *The Theology of Paul the Apostle* (Grand Rapids & Cambridge, U. K.: William B. Eerdmans Publishing Company, 1998); idem, *Did the First Christians Worship Jesus?* (London/Louisville, KY: SPCK, 2010).

심각한 논의를 하기로 하자).

## IV. 마치면서

바울의 의도를 설명하면서 우리와 다른 건전한 주석가들이 바울의 의도라고 생각하는 바와는 전혀 다른 결론에로 이끌어 가는 제임스 던의 논의에 대해서 우리들은 안타까운 마음을 가지고 살펴보았다. 다른 서신들은 바울의 글이 아닌 것이 있다고 하지만 던 자신이 바울의 글로 인정하면서 논의하는 로마서를 해석하는 것이 전혀 다른 방향을 나아가는 것을 보면서, 먼저는 바울은 이에 대해서 과연 어떻게 생각할 것인지, 그리고 하나님께서는 이 논의에 대해서 과연 어떻게 보실 것인지를 생각지 않을 수 없다.

이것은 던(Dunn)만이 나타내고 있는 문제가 아니기에 우리도 두려움과 떨림을 가지고 바울의 글을 바울이 의도한대로 해석하려는 노력을 지속해야 할 것이다. 우리가 중점적으로 살펴 본 구절들에 대한 건전한 판단들에 의하면 제2성전 시기 유대인들이 율법의 행위에 근거하여 하나님의 구원에 동참하는 것도 아니고 그 율법의 행위로 언약 안에 머무는 것이 아니라 오직 전적인 하나님의 은혜로 언약 관계에 들어가고 언약 관계 안에 머무르는 것처럼, 동일하게 이방인들도 예수 그리스도께서 십자가와 부활로 이루신 구속 사역에 온전히 의존해서 오직 은혜로 하나님과의 언약 관계에 들어가고, 역시 하나님의 은혜로만 언약 관계에 머물러 있게 된다. 오직 믿음으로 성령님의 사역에 의해서 예수 그리스도의 십자가와 부활에 같이 동참한 참된 신자는 이 놀라운 구원의 은혜에 감사해서 전적으로 자신을 하나님께 드려 헌신하게 된다. 그러나 그는 결코 자신의 믿음과 헌신과 순종을 자랑하지 않으니, 그 모든 것이 구속에 근거하여 나온 것이고 자신 안에서 역사하시는 성령님의 역사를 말미암은 것이기 때문이고, 또한 순정하게 주께 온전히 자신을 드려도 그것조차도 부패한 인간성인 육체(σάρξ)로 물들어 있음을 인식하기에 거룩하신 하나님 앞에서 공로가 안 되는 것을 물론 이거니와 그런 최선의 헌신조차도 아무 것도 나닌 것보다 못한 것(less than nothing)이라는 것을 온전히 인정하기에 결코 자랑할 수 없는 것이다. 참 신자는 그저 겸손히 성령님께 의존해서 자신을 주께 드려 나가기에 힘쓰는 것이다. 여기에 바울이 말하는 진정한 성도의 모습이 있다.

이런 성도의 모습을 던이 제시하는 성도의 모습과 비교하면서 과연 어떤 것이 바울이 말하는 모습인지를 생각해 보아야 한다. 또한 이런 성도의 모습을 지금 여기에 있는 우리의 모습과 비교하면서 우리들이 과연 어떤 사람이 되어야 마땅한지를 심각하게 자아에 대해서 판단하고(judge) 자신을 깊이 있게 검토해야(self-examination)만 한다. (*)

# 제 2장
# 성경 해석: 의(義), 율법의 행위, 칭의

6. 구약의 "의"(義)의 의미 연구_ 현창학

7. 다윗언약에 비추어 본 N. T. 라이트의 칭의신학_ 김진수

8. 율법, 복음 그리고 이방인의 칭의: 갈 3:6-14_ 김추성

9. NPP에 대한 요한복음의 평가_ 이복우

# 6
# 구약의 "의"(義)의 의미 연구

현창학 | 구약학 • 교수

## 들어가는 말

"의미란 언어와 그것을 말하는 화자들의 정신(minds), 언어와 세계, 그리고 언어와 그것의 실제적 사용 사이의 관계들을 포괄하는 복합적인 현상이다."[1] 언어에 쓰이는 단어나 문장의 의미에 대한 한 언어학 교과서의 진술이다. 인간이 사용하는 언어에 있어 한 단어의 의미를 정확하게 결정하는 일은 결코 쉽거나 간단한 일이 아니다. 그것이 지금은 사어(死語)가 되어 일상생활에서는 더 이상 쓰이지 않아 실제적 용도를 파악할 수 없는 성경 언어의 경우에는 더욱 그러하다.

---

[1] S. Jannedy, R. Poletto, and T. L. Weldon eds., *Language Files: Materials for an Introduction to Language & Linguistics*, 6th ed. (Columbus, OH: Ohio State University Press, 1994), 219.

언어학의 여러 영역 중에서 단어나 문장의 의미를 다루는 의미론이 가장 어려운 분야라고 말해진다. 옥덴(C. K. Ogden)과 리차즈(I. A. Richards)는 그들의 유명한 저서에서 포스트게이트(Dr Postgate)의 말을 인용하여 다음과 같이 말하고 있다.

인류의 전 역사에 있어 단어(words)와 사건/사실(facts) 간의 호응관계를 밝히는 문제보다 더 많은 비판과 소요와 황폐를 일으킨 문제는 없었다. 간단한 예로 '종교'(religion), '애국심'(patriotism), '소유'(property) 같은 말들만 생각해 볼 때도 이것이 충분히 이해된다. 의미 과학(the science of meaning)이 (곧, 의미론[semantics]²) 꼭 다뤄야 하는 가장 가치 있는 문제는 바로.. 단어(word)와 사실(fact) 사이의 호응과 그 성격에 대한 탐구이다.³

본고는 구약성경의 신앙과 신학을 이해하는 데 매우 중요한 단어(어근) צדק(히브리어가 꼭 필요치 않은 곳에서는 편의상 명사 모음을 붙여 '체덱'으로 부르기로 한다)의 의미에 대해 탐구하려 한다. צדק은 통상 "의"(義) 또는 "의로운," "의롭다"로 번역되는 단어(어근)이다. 이 단어(어근)는 구약의 신앙과 신학을 결정하는 가장 중요한 단어 중의 하나이다. 구약성경의 신앙과 신학을 결정하는 가장 중요한 단어 둘을 들라 하면 '헤세드'와 이 '체덱'일 것이다. '헤세드'는 이스라엘을 향한 하나님의 사랑이요, '체덱'은 하나님이 이스라엘을 향해 요구하시는 삶의 내용이다. 전자는 하나님이 이스라엘과 맺으신 언약의 본질인 언약적 사랑으로서 구약에서 하나님과 이스라엘의 관계를 끌어가는 힘이다. 후자는 언약의 사랑을 받은 이스라엘이 하나님 나라를 이루며 만민에게 복을 나눠주기 위하여 지상에 구현해야 할 가치이다. 이처럼 '체덱'은 '헤세드'와 더불어 구약의 하나님과 그분의 나라를 이해하는 데 있어 핵심을 이루는

---
2 필자 주.

3 C. K. Ogden and I. A. Richards, *The Meaning of Meaning*, rev. ed. (New York: Harcourt, Brace and Company, 1936), 2.

단어이다. 본고는 '체덱'에 대해 살펴보므로 하나님이 하나님의 백성에게 요구하시고 원하시는 삶이 어떤 것인지 살펴보려 한다. 다른 단어 '헤세드'는 다른 기회에 다루어져야 할 것이다. '체덱'의 탐구는 하나님의 백성이 이루어야 할 세계, 즉 하나님 나라의 정신과 가치에 대해 정리하는 기회를 제공할 것이다.

'체덱'은 이처럼 중요한 단어인데 그것의 의미를 파악하는 일은 생각처럼 쉬운 일은 아니다. 일반적으로 "의"(義)라고 번역되지만 문제가 그렇게 간단하지만은 않다. 통상 구약의 내용을 구성하는 중요한 히브리어 단어들은 현대인들이 생각하는 것보다 훨씬 복잡하고 복합적인 의미 구조를 가지고 있다. 현대인들은 고대 히브리인들에 비하면 훨씬 개념적으로 분화된 단어들을 쓰고 있다고 할 수 있다. 현대인들에게 구약의 단어들의 의미 파악이 더욱 난해하게 느껴지는 것은 현대인들의 시각에서 보면 구약의 단어들은 복층적(複層的) 의미를 지니기 때문이다. 한 단어가 (적어도 현대인의 눈에는) 매우 상이한 두 가지 이상의 의미로 쓰인다는 것이다. '체덱'도 이에서 크게 예외가 아닌 듯하다.

창세기의 '톨러돗'과 전도서의 '헤벨'의 경우를 예로 들어보자. 창세기의 경우 '톨러돗'(תולדות)은 "후손들"(또는 "계보")이란 뜻 외에 ("후손들"과는 의미 연관을 추정하기 힘들 정도의 뜻인) "이야기"란 뜻으로도 쓰이고 있다.4 전도서에서는 '헤벨'(הבל)이 "헛되다"는 뜻 외에 "부조리하다"라는 뜻으로도 쓰인다.5 이 예들은 구약의 중요한 단어들이 — 절대적으로 모든 단어가 그런 것은 아니겠지만 그래도 많은 단어들이 — 현대인이 보기에는 다중적이라 할 만큼 여러 의미로 쓰였음을 보여준다. 단어들의 의미폭(semantic field)이 개념적 분화에 익숙한 현대인들이 생각하는 것보다 훨씬 복잡하고 '넓었다'는 말이 된다.

---

4 참고: 현창학, "창세기 1-11장의 신학적 주제들," 「신학정론」 30/2 (2012): 503-5.
5 참고: 현창학, 『구약 지혜서 연구』 (수원: 합신대학원출판부, 2009), 165-70.

'체덱'도 20세기 중반까지는 전통적으로 알려진 "곧음," "옳음," "마땅함"이란 의미로 이해되는 데 별 문제가 없었던 것으로 보인다. 그러나 이러한 전통적인 이해가 20세기 중반을 전후해 한 차례 크게 도전을 받았다(이러한 도전은 19세기 독일에서 이미 시작되었지만 학계에 대한 영향은 20세기 중반이 되어서 본격화하지 않았나 본다). 도전은 전통적인 이해는 희랍 철학의 영향을 짙게 받은 것이기 때문에 '체덱'의 참된 의미는 전혀 다른 방향으로 파악되어야 한다는 것이었다. 이러한 충격 이후 학자들 사이의 '체덱'에 대한 이해는 분위기가 바뀌는 느낌이다. '체덱'의 의미 폭을 단순한 한 가지의 의미에만 국한시키지 말고 좀 더 넓혀서 생각해야 하는 것 아니냐는 분위기가 지배적이 되어가는 듯하다.

이러한 어려움이 있지만 그러나 '체덱'은 반드시 의미가 규명되어야 하는 단어이다. 앞에서 설명한 것처럼 체덱은 구약의 하나님의 성품과 활동을, 그리고 그로 말미암아 하나님의 백성에게 요구되는 삶의 성격을 결정하는 매우 중요한 단어이기 때문이다. 교회와 사회의 삶에 대한 근본적인 반성이 불가피해지고 하나님이 원하시는 하나님의 백성의 삶과 책임에 대해 의미있게 해설하는 것이 신학의 최대의 사명이 된 지금, '체덱'의 의미 탐구는 필수적인 일이 되었다. 본고는 '체덱'의 의미 탐구를 통해 구약 성경이 가르치는 하나님의 도덕 질서와 하나님의 백성의 삶의 기준에 대해 기술하는 중요한 작업을 위한 기초를 놓아보려는 것이다.

## I. 구약의 주요 핵심어들과 '체덱'

'체덱'의 의미를 본격적으로 알아보기 전에 먼저 '체덱'이 다른 구약의 핵심어들과 어떤 관계 속에 있는지 살피는 것이 도움이 될 것 같다. 크리스토퍼 라이트(Christopher J. H. Wright)의 도움을 받고자 한다.

라이트는 구약에서 하나님의 성품과 활동을 표현하는 가장 중요한 단어로 다섯을 열거한다. 그것은 '헤세드'(חסד), '체덱'(צדק), '미쉬파트'(משפט), '코데쉬'(קדש), '샬롬'(שלום) 들이다.6 '헤세드'는 구약 전체에 245회,7 '체덱'은(어근 צדק 전체로) 523회,8 '미쉬파트'는 422회,9 '코데쉬'는 469회,10 '샬롬'은 237회11 등장하는 단어들이다. "하나님"이나 하나님의 이름(야웨 또는 여호와), 또는 "말하다," "가다," "오다," "주다" 등의 빈도가 몹시 높은 기초 어휘를(basic vocabulary) 제외하면 이 등장 횟수들은 가히 높은 숫자라 할 수 있다. 특히 의미가 농축되어 있는 개념어로서 이렇게 자주 등장하는 것은 필시 중요한 단어라는 의미가 된다.12

---

6 Christopher J. H. Wright, 『현대를 위한 구약윤리』, 정옥배 옮김 (서울: 한국기독학생회 출판부, 1989), 162-66. 사실 Wright는 이를 '체덱,' '미쉬파트,' '헤세드,' '코데쉬,' '샬롬'의 순으로 제시하고 있는데 이는 이 단어들을 다루는 곳이 '체덱'과 '미쉬파트'를 주요 관심으로 다루는 장이어서(제6장) 그랬던 것이다. 은혜의 원리 구조나 신학적 중요도로 볼 때 논리적으로 앞서는 것은 '체덱'이나 '미쉬파트'보다는 '헤세드'이다. 따라서 본고에서는 '헤세드'를 제일 앞에 열거했다.

7 참고: E. Jenni and C. Westermann, *Theological Lexicon of the Old Testament*, vol. 2, trans. M. E. Biddle (Peabody, MA: Hendrickson Publishers, 1997), 449.

8 Jenni and Westermann, *Theological Lexicon of the Old Testament*, vol. 2, 1048.

9 Jenni and Westermann, *Theological Lexicon of the Old Testament*, vol. 3, 1392. 이도 צדק처럼 어근 전체의 분포를 살필 수 있겠지만 משפט는 동사나 어떤 명사의 경우 우리가 관심을 가지고 있는 '미쉬파트'와는 전혀 다른 의미가 되기 때문에 여기서는 정확히 משפט에 대해서만 말하기로 한다.

10 Jenni and Westermann, *Theological Lexicon of the Old Testament*, vol. 3, 1107. 이 경우도 '미쉬파트'의 경우와 비슷한 이유로 정확히 명사 '코데쉬'에 대해서만 말하고 있다. 그러나 קדש의 경우는 형용사 '카도쉬'("거룩한")가(116회) '코데쉬'와 같은 의미이고 동사들도 '거룩'이라는 같은 의미를 지닌 경우가 많아서 이것들을 다 포함시키면 이 어근의 빈도는 700회를 훨씬 상회할 수 있다.

11 Jenni and Westermann, *Theological Lexicon of the Old Testament*, vol. 3, 1339. 역시 '미쉬파트'와 같은 이유로 정확히 명사 '샬롬'에 대해서만 말하고 있다.

12 구약성경에서 단어의 등장 빈도는 대체로 그 단어의 중요성과 비례한다고 할 수 있다. 구약의 수사(修辭)는 단순한 것이어서 예컨대 반복은 같은 단어나 구절, 또는 내용이 두 번 이상 채용되는 것인데 이것은 거의 예외 없이 그것들이 전하는 내용을 '강조'하기 위한 기술이다. 유사한 이유로 등장 빈도가 높은 단어는 그만큼 구약이 그것의 내용을 '강조'하려는 의도가 높은 단어라고 말할 수 있는 것이다.

이 단어들의 뜻을 잠시 살펴보자. '헤세드'는 앞서 짧게 언급한 것처럼 여호와 하나님의 이스라엘을 향한 언약적 사랑이다. '하나님의 자비로운 사랑과 말로 다할 수 없는 성실'이라고 정의되듯이[13] 구약의 하나님의 사랑의 본질을 표현한 말이다. 하나님의 성품과 그분의 활동의 근본이며, 따라서 구약신학의 핵심이 되는, 구약에서 가장 중요한 단어이다. 구약의 역사 전체는 하나님과 이스라엘의 관계를 끝까지 끌어가는 이 '성실한 자비'가 있기에 가능하다.

'체덱'은 본고가 본격적으로 의미 탐구를 할 것이지만 여기서는 전통적으로 이해되어 온 의미를 일단 정리하기로 하자. '체덱'은 보통 "의"(義, righteousness)로 번역되는데[14] 어근의 의미는 "곧음," "옳음," "마땅함" 또는 그러한 것들에 대한 기준인 것으로 생각된다. 즉, '체덱'은 어떤 고정된, 마땅히 그렇게 되어야 할 표준(norm)을 가리킨 말이다.[15] 그래서 이 단어는 하나님의 성품이나 활동과 연관되어 사용될 때, 하나님의 통치의 본질 또는 하나님의 백성이 추구하고 이루어야 할 삶의 내용을 나타내는 말로 사용되었다.

'미쉬파트'는 통상 '체덱'과 짝으로 사용되는 말이다(pair word). '체덱'과 '미쉬파트'는 함께 쓰여 하나의 의미를 이루는데(어떤 두 단어가 함께 쓰여 하나의 의미를 이루는 것을 '중언법'[重言法, hendiadys]이라 함) 즉 '하나님 나라의 이상적인 통치'(또는 그 내용)를 뜻하게 된다.[16]

---

[13] 참고: George A. F. Knight, 『시편 (상)』, 이기문 옮김 (서울: 기독교문사, 1985), 17.
[14] 개역개정이 '체덱'을 "공의"(公義)로 번역하는 것은 적절치 않아 보인다. "공"(公)이란 말이 들어가기 때문에 "공의"(公義)는 오히려 '미쉬파트'의 번역어로 적당해 보인다. '체덱'은 개역한글처럼 "의"(義)로 옮기는 것이 옳을 것이다.
[15] 참고: Wright, 『현대를 위한 구약윤리』, 163.
[16] '체덱'과 '미쉬파트'는 짝 말(pair word)로 쓰여 하나님의 뜻이 구현되는 이상적인 사회의 모습을 표현한다. 이 짝 말은 역사서와 선지자들의 설교에서 많이 발견되며, 구약 신앙의 내용을 나타내는 가장 중요한 표현들 중의 하나이다. 이스라엘 신앙의 역사적 뿌리라고 할 수 있는 아브라함의 소명이 확인될 때와(창 18:19) 이스라엘 정치의 전범(典範)이라 할 수 있는 다윗의 통치를 설명할 때에(삼하 8:15) 이 짝 말이 사용된 것이 흥미롭다.

두 단어는 보통 병행 내지는 짝으로 같이 쓰여서 둘 사이의 의미 구별이 쉽지 않다. 경우에 따라서는 호환 가능한 동의어로까지 생각될 정도다. 그러나 대체적인 의미 구분을 시도한다면 '체덱'은 하나님의 다스림의 본질(essence)을, '미쉬파트'는 하나님의 다스림의 실천(praxis)을 지칭하는 말이라 할 수 있다.[17] 즉, '체덱'은 하나님 나라의 원리요 기본 정신이며, '미쉬파트'는 그것의 실천, 특히 사회적 실천이다. '미쉬파트'는 '체덱'의 정신을 사회적으로 구현하는 것을 말하는데, 이를 위한 제도나 법률 또는 그 제도나 법률의 (바른) 집행을 의미한다.[18] '체덱'을 질(quality)이라 한다면 '미쉬파트'는 양식(mode)이다.[19]

'코데쉬'는 절대적 타자로서 초월해 계시며 피조물과 구별되는 존재이신 하나님의 존재적 본질을 나타내는 말이다. 죄로부터 구별되는 하나님의 성품을 나타내기도 하기 때문에 하나님이 요구하시는 윤리의 본질이 되기도 한다. '코데쉬'는 하나님의 절대성과 완벽하심을 뜻하는데 이것은 그분의 다스리심 전체에 고루 퍼져 있고, 또한 그 분의 모든 윤리적 요구의 근원적 기초이다.

'샬롬'은 "완전한"을 뜻하는 어근에서 나온 말로서 (단순히 전쟁이나 기근, 전염병 따위가 없는 상태를 넘어서) 총체성, 완전한 복리, 하나님이 바라시는 건전하고 조화로운 상태 등을 뜻한다. 사람과 사물이 마땅히 되어야 할 본래적 모습을 가리킨다.[20] '샬롬'은 사회적으로 국가적으로 '체덱'(또는 '미쉬파트')의 열매로 얻어진다.

이상 다섯 개의 핵심어를 살펴보았다. 이들은 구약에서 하나님의

---

[17] '체덱'과 '미쉬파트'의 개념 구분에 대한 기초적인 연구를 오래되긴 했지만 필자의 Th.M. 논문에서 찾아볼 수 있다. 현창학, 『舊約의 "צְדָקָה"와 中國古典의 "仁"의 比較硏究』 (신학석사학위논문, 총신대학 대학원, 1988), 30-33.

[18] 이런 점을 감안할 때 '미쉬파트'는 "공의"(公義)로 옮기는 것이 적합하다.

[19] 이는 헤셸의 표현임. Abraham J. Heschel, *The Prophets*, part I (New York: Harper & Row, 1962), 201.

[20] Wright, 『현대를 위한 구약윤리』, 165.

성품과 활동을 표현하는 가장 중요한 단어들이다. 본고의 주제인 '체덱'은 이들 중 하나일뿐더러 나머지 넷과 의미상 밀접한 연관을 갖고 있다. '헤세드'는 언약적 사랑으로서 하나님과 이스라엘의 관계를 가능케 하는 기본적인 힘이다. 이 사랑이 있기에 하나님의 백성에 대한 '체덱'의 요구가 가능하다. '헤세드'라는 사랑의 본질을 인간 관계 속에 실현하는 것이 '체덱'이라고 할 수 있는지도 모른다. '미스파트'는 '체덱'과 분리될 수 없는 말로서 심지어 '체덱'의 동의어에 가깝다는 점을 위에서 말했다. '코데쉬'는 제의나 윤리 영역에서 하나님의 완벽하심과 절대성을 뜻하므로 하나님의 도덕적 성품 그리고 하나님의 윤리적 요구인 '체덱'과 불가분리의 관계를 지닌다. 마지막으로 '샬롬'은 '체덱'을 실천한 삶의 결과이므로 '체덱'과 분리될 수 없다. 이처럼 이 말들은 모두 '체덱'과 깊은 연관을 지닌다. '체덱'을 포함하여 이 말들은 하나님의 경륜과 그의 나라의 본질을 표현하고 있는 셈이다. 가장 근원에는 하나님의 신실한 사랑 '헤세드'가 자리하고 있다. 이것은 하나님의 모든 활동의 출발점이다. 이것으로부터 '체덱'과 '미쉬파트'라는 통치와 삶의 원리와 문법이 흘러나온다. '코데쉬'는 이 원리와 문법을 있게 하는 하나님의 본질적 속성이다. '샬롬'은 '체덱'을 실천하는 책임있는 태도에서 얻어지는 조화롭고 복된 열매이다.

이처럼 '체덱'은 구약의 핵심어들과 개념적으로 깊이 연결되어 있다. 그리고 드러난 하나님 나라 역사의 성격을 규정하는 가장 중요한 말이라 할 수 있다. 하나님은 '체덱'의 하나님이시다. 다른 단어들도 다 하나님의 활동을 표현하지만, 구약에서 하나님은 무엇보다 의의 하나님으로 나타난다. 라이트의 말처럼 "하나님께서 의와 정의의 분이시라는 개념보다 구약에 더 충만하게 깃들어 있는 개념은 없다"[21] 할 것이다. 하나님의 다스림의 본질이며 동시에 하나님의 백성의 책임을 나타내는 말인 '체덱'

---

[21] Wright, 『현대를 위한 구약윤리』, 162.

이 과연 정확히 어떤 뜻인지 성경의 쓰임새를 근거로 하여 차근차근 살펴보기로 하자.

## II. צדק의 분포

이 어근은 동사 '차닥'(צָדַק),22 형용사 '찻딕'(צַדִּיק),23 명사 '체덱'(צֶדֶק) 과 '처다카'(צְדָקָה)24 등 네 가지 형태로 쓰인다. 이 네 가지 형태를 포함한 어근 צדק이 구약 전체에 어떻게 분포되어 있는지 알아보자. 어근 צדק은 구약성경에 총 523회 사용된다.25 동사로(칼, 피엘, 히필 등) 41회, 형용사 '찻딕'(צַדִּיק)이 206회, 명사 '체덱'(צֶדֶק), '처다카'(צְדָקָה)가 각각 119회, 157회 사용된다.26 책별로는 (어근 전체로 볼 때) 시편이 139회로 가장 많이 나오고, 다음으로 잠언 94회, 이사야 81회, 에스겔 43회, 욥기 35회 등의 순으로 나온다. 10회 이상 나오는 책들을 들면 신명기, 예레미야 각 18회, 창세기 15회, 전도서 11회 등이다. 시편이 139회, 잠언이 94회지만 시편은 장수가(150편) 잠언(31장)보다 다섯 배이므로 צדק의 밀집분포로는 잠언이 오히려 시편보다 훨씬 높다고 할 수 있다. 잠언, 욥기, 전도서를 합한 지혜서는 총 85장인데 צדק은 전체적으로 140회 나오므로 צדק은 성경 그 어느 곳(부분)보다 지혜서에 높은 빈도로 밀집해 있다고 할 수 있다.

지혜서는 "지혜"를 다루는 책들인데 지혜는 곧 "의"이므로27 지혜서

---

22 편의상 칼 완료 3인칭 남성 단수 꼴을 사용했다. 통상 "의롭다"(be righteous, be just)로 번역된다.
23 보통 "의인"(the righteous one)으로 번역된다.
24 '체덱'과 '처다카'는 "의"(righteousness)로 번역된다.
25 히브리어 사용 용례만 계수한 것임. 이름 등의 고유명사의 일부로 쓰인 경우는 계산하지 않은 것임. 아람어로는 이 어근이 다니엘 4:24에(한글번역 4:27) 한 번 쓰인다. 참고: E. Jenni and C. Westermann, *Theological Lexicon of the Old Testament*, vol. 2, trans. M. E. Biddle (Peabody, MA: Hendrickson Publishers, 1997), 1048.
26 Jenni and Westermann, *Theological Lexicon of the Old Testament*, 1048-49.

에 어근 צדק이 많이 나오는 것은 당연한 일이라 하겠다. 지혜서, 특히 잠언은 경험으로부터 추출한 인간의 삶의 원리를 가르치는 책인데 그 원리가 다름 아닌 바른 생활 곧 "의"이므로 지혜서에 צדק이 많이 나오게 된다. 시편에 צדק이 많이 나오는 것은 시편의 기도는 이방 기도와 달리 하나님의 "의"에 근거한 신학적인 기도이기 때문이다. 시인들은 자신들의 곤경을 하나님의 "의"에 호소하여 돌파하고자 하며 궁극적으로 그 "의"가 실현되는 세계를 지향해 기도한다. 곤경에 처한 시인은 곧잘 하나님 앞에 자신의 정체를 "의인"으로 제시하곤 하는데 이 또한 צדק의 빈도를 높이고 있다.28 선지서, 특히 대선지서들에 צדק이 많이 쓰이는 것은 선지자들의 설교의 대종이 이스라엘의 삶에 "의"를 요구하는 것이었기 때문일 것이다. 선지자들은 메시야 통치 시대의 도래에도 많은 관심을 가지고 설교했는데 이 통치 시대의 근간이 "의"인 점도 선지서 내의 צדק의 빈도를 높이는 이유가 된다.

## III. '체덱'(צדק)의 의미에 대한 도전과 그에 대한 비판

'체덱'(다시 어근 צדק을 편의상 이렇게 부르기로 한다)의 가장 기본적인 의미는 "옳은 일을 함"(to do the right)이다.29 이는 어떤 "바르고 옳은" 기준(norm, standard)이 존재함을 전제한다. '체덱'은 이 기준에 합당한 생각이나 태도, 행동을 가리켜 쓰는 말이다. 또한 이 기준 자체를 가리키기도 한다.

---

27 참고: 현창학, 『구약 지혜서 연구』, 28, 84-86.
28 시편에는 "의"를 의미하는 '체덱'(צֶדֶק)과 '처다카'(צְדָקָה)가 각각 49회, 34회, "의인"에 해당하는 '찻딕'(צַדִּיק)이 52회 나온다. 동사는 매우 적다(총 4회). Jenni and Westermann, *Theological Lexicon of the Old Testament*, 1049.
29 Nancy Declaissé-Walford, "Righteousness in the OT," *The New Interpreter's Dictionary of the Bible*, vol. 4: 818.

'체덱'의 의미에 대한 이러한 생각에 대해 19세기를 거치면서 20세기 중엽에 이르러 한 차례 거센 도전이 있었다. 아마 전통적인 생각이 너무 희랍적이라는 반성에서부터 비롯된 도전 같다. 이 도전의 핵심에는 폰 라드(Gerhard von Rad)의 영향이 자리잡고 있는 것으로 보이는데(폰 라드는 이에 관한 19세기 이래의 독일학자들의 생각을 그의 『구약 신학』에 설득력있게 정리했다30) '체덱'은 어떤 객관적인 규범이나 혹은 그 규범에 적합한 태도나 행동을 가리키는 것이 아니라는 것이다. 오히려 '체덱'은 관계 개념으로서 어떤 관계에서 무엇이 요구되어질 때 그 요구되는 바가 성취되거나 충족되면 그것이 '체덱'이라는 것이다.31 이 생각에 의하면 '체덱'은 어떤 절대적 도덕 기준 같은 것이 될 수 없고 다만 어떤 관계나 공동체의 문맥에 있어 단순히 그 관계나 공동체에 "유익이 되거나"(beneficial) 그것들에 "충성스럽게 행동하면"(faithful) 그것이 '체덱'이다.32 '체덱'은 한마디로 "공동체 충성도"(community loyalty)라 할 수 있다.33 이러한 주장을 하는 대표적인 학자로 알트마이어(E. R. Achtemeier)를 꼽을 수 있다. 그녀는 '체덱'이 어떤 기준이나 그 기준에 부합하는 행동을 가리키는 말이 아니며 규범과는 무관한 관계 개념임을 가장 노골적으로 주장한 학자이다. 여기 잠시 그녀의 말을 옮겨보자.

"의" 개념은34 먼저 부정적인 정의가 필요하다. 구약에서 "의"는 어떤 윤리적,

---

30 G. von Rad, *Theologie des Alten Testaments*, 1: *Die Theologie der geschichtlichen Überlieferungen Israels* (Munich: Kaiser, 1957), 368-72 (= ET, *Theology of the Old Testament*, 1: *The Theology of Israel's Historical Traditions* [New York: Harper & Row, 1962], 370-74).

31 E. R. Achtemeier, "Righteousness in the OT," *The Interpreter's Dictionary of the Bible*, vol. 4: 80.

32 K. Koch, "צדק ṣdq to be communally faithful, beneficial," in Jenni and Westermann, *Theological Lexicon of the Old Testament*, 1046-62.

33 참고: G. Kwakkel, "Righteousness," *Dictionary of the Old Testament: Wisdom, Poetry & Writings*," ed. T. Longman and P. Enns (Downers Grove, IL: InterVarsity Press, 2008): 663.

법적, 심리적, 종교적, 혹은 영적 기준에 부합하는 행동을 뜻하지 않는다. 그것은 어떤 순수한 인간적 또는 신적 명령에 의해 지시되는 행위를 가리키지도 않는다. 그것은 어떤 정해진 목표를 달성하기 위하여 취해지는 행동을 의미하지도 않는다. 그것은 동료 인간을 공정하고 불편부당(不偏不黨)하게 섬기는 것을 뜻하지도 않는다. 그것은 모든 사람에게 자기 몫의 책임을 부과하는 것에 관련된 개념도 아니다.

오히려 구약의 "의"란 어떤 관계가—그것이 사람과의 관계든 하나님과의 관계든—요구하는 바가(demands) 이루어지는 것을 말한다. 모든 사람은 많은 관계망 속에 살아간다. 왕은 백성과, 재판관은 고소인들과, 제사장은 예배드리는 사람들과, 보통 사람은 가족과, 부족의 일원은 공동체와, 공동체는 나그네 및 가난한 이들과, 모두는 하나님과, 이런 식으로 많은 관계를 가지고 살아간다. 그런데 이 모든 관계는 각각 일정한 요구들을 동반하는데 이 요구들이 충족되는 것이 바로 "의"다... 관계 자체 밖의 "의"의 규범(norm)이란 것은 존재하지 않는다. 하나님이든 사람이든 어떤 관계에 의해 부과된 조건들을 만족시키면, 구약에서는 그가 의로운 자다.35

알트마이어의 생각은 기본적으로 폰 라드와 코흐(Klaus Koch)의 생각과 같다.36 기원을 따지자면 폰 라드가 본격적으로 정리한 것을 코흐와 알트마이어가 계승하고 전파한 것이다. 이 도전은 쎔어(히브리어)의 의미 범위가 현대인이 생각하는 것과는 다를 수 있음을 상기시켜 주었다는 점에서는 높이 살 만하다. 그러나 전통적인 이해를 무시하고 구약의 삶에 대한 가장 대표적인 표현인 '체덱'을 도덕이나 도덕 기준과는 전혀 무관한 개념으로 치부함으로 구약성경이 제시하는 윤리 자체를 통째로 부인해 버릴 수 있다는 점에서 위험하기 그지없는 생각이다. 구약의 윤리는 절대성을 지닌다. 구약성경의 하나님은 옳고 그른 것에 대한

---

34 필자가 조금 풀어 썼음.
35 Achtemeier, "Righteousness in the OT," 80.
36 코흐의 생각에 대해서는 앞의 주에 든 논문 "צדק ṣdq to be communally faithful, beneficial" 외에 "Is there a Doctrine of Retribution in the Old Testament?" in *Theodicy in the Old Testament*, ed. J. L. Crenshaw (Philadelphia: Fortress Press, 1983), 57-83도 참고할 수 있다.

절대적인 기준을 가지고 계셨다. 역사서에 잘 증거되듯이 남북국의 왕들은 하나님의 기준에 의해 "좋은" 왕과 "나쁜" 왕으로 중간 지대 없이 명료히 구분되었다.37 "여호와의 목전에 바르게 행함"이(참고: 왕하 18:3; 22:2)38 하나님의 판단 기준이었는데 이 기준에 합하면 "좋은" 왕이고 합하지 못하면 "나쁜" 왕이었던 것이다. 하나님이 가지신 기준은 (종교적 윤리적인 것 모두 포함) 매우 엄격해서 그 기준으로 개인이나 국가가 망하고 흥했다. 심판이 시행되기도 하고 유보되기도 했다. 구원을 위한 하나님 편의 길고 수고로운 준비도 모두 이 기준과 깊이 연관되어 있다. 삶의 핵심 개념 '체덱'이 절대적 기준과 무관한 단순 관계 개념으로서 그저 관계나 공동체에 "유익한" 것 정도를 가리킨 말이라면 구약의 윤리는 속된 말로 "좋은 게 좋은 것" 수준의 매우 저열한 차원으로 떨어지게 되고 말 것이고, 구약 역사의 소용돌이치는 그 많은 심각한 사건, 상황들은 전혀 설명할 방법이 없어지게 되고 만다. 사실상 구약에는 윤리라는 것 자체가 전혀 존재하지 않게 되는 것이다. 물론 율법이 주어진 기본 정신이라든가 인간 내면의 양심의 소리라든가 하는 본질적 가치도 성경에는 존재하지 않게 되고 만다.

폰 라드의 주장을 살펴보자. 폰 라드는 지혜서를 연구한 그의 책에서 잠언에 나오는 "의"('체덱' 또는 '처다카')는 윤리적인 함의가 전혀 없는 말이라고 단언한다. 그저 공동체에 "좋게" 하는 것이 "의"일 뿐 그것이 어떤 윤리적 규범이나 도적적 이상을 가리킨 말은 아니라는 것이다.39

---

37 유다의 19명의 왕 중(아달랴 빼고) 8명의 왕은 "선한" 왕으로, 나머지 11명은 "악한" 왕으로 분류된다. 물론 북 이스라엘의 19명의 왕은 모두 "악한" 왕이었다.

38 개역개정에는 "여호와 보시기에 정직하게 행함"으로 되어 있으나 좀더 정확하게 필자가 사역함. 영역들도 "did right"(NASB), "did what was right"(NIV, NRSV) 등으로 옮기고 있다.

39 G. von Rad, *Wisdom in Israel*, trans. J. D. Martin (London: SCM Press, 1972), 74-96 (특히 75, 77-78, 87, 94). Von Rad의 생각과 Koch, Achtemeier의 생각은 거의 정확히 일치한다.

전통적인 생각이 히브리어 단어를 희랍 철학적으로 이해하여 히브리어 본래의 의미를 왜곡했을 가능성을 제기한 것까지는 좋으나 그렇다고 인간의 양심에 심겨진(사실상 하나님이 심어 놓으신) 옳고 그름에 대한 기준의 존재 자체를 부인하는 데에까지 이른 것은 위험하기 짝이 없는 일이다.

폰 라드는 "의"가 절대 규범과는 무관한 말이라는 근거를 잠언이 어디에서도 "의"에 대해 정의한 적이 없다는 사실에서 찾고 있다. "의"는 정의된 적이 없으니 그러한 '개념'은 이스라엘에게는 아예 없었던 것이고, 다만 인격들 간의 상호작용 곧 관계라는 구체적인 현실만 존재했기 때문에 그 관계들과 상관된 "의"가 존재했을 뿐이라는 것이다. 즉 폰 라드에게 "의"란 관계에 대한 성실성만을 의미한다. 그러나 정의(定義)가 없으니 그런 개념은 존재하지 않는다는 주장은 설득력이 매우 약해 보인다. 성경은 한번도 현대 학술 논문처럼 단어의 개념을 먼저 정의해 놓고 그 단어를 사용한 적이 없다. 이미 다 알고 있는 단어를 쓰거나 아니면 문맥으로 하여금 단어의 뜻을 해설하도록 할 뿐이다.[40] 단어들은 삶을 기술하고 평가하고 노래하는 문맥 속에 그냥 사용될 뿐이고 무슨 정의 따위를 필요로 하는 것은 아니었다.[41]

"의"는 인간의 마음 속에 새겨진 선험적 지식으로서 굳이 정의할 필요가 없는 말이다. 잠언이든 구약의 어느 책이든 "의"라고 말하면 독자

---

[40] 사실 구약성경의 단어들은 그 단어의 뜻을 파악하는 데 있어 문맥만으로 부족한 경우도 비일비재하다. 단 한 번밖에 안 쓰인 단어들(hapax legomenon) 포함해서 희귀어들의 경우는 더욱 그렇다. 그만큼 성경은 히브리어를 알고 일상에서 쓰고 있는 당시의 사람들을 향해(to) 쓰인 책이다. 계시론적으로는 기독신자인 우리를 위해(for) 쓰였지만 일차적으로는 정의(定義)가 필요없는 히브리인들에게 쓰인 것이다.

[41] 예컨대 앞에서 예를 든 창세기의 '톨러돗'(תולדות)과 전도서의 '헤벨'(הבל) 같은 경우도 그러하다. 본문 해석에 결정적인 열쇠가 되는 단어들임에도 이것들은 정의 없이 쓰였다. 그런 이유로 사실 창세기와 전도서의 해석에는 많은 혼선이 있는 것도 사실이다. 그러나 성경은 정의(定義) 대신 문맥이 단어들의 뜻을 풀어주도록 하고 있으며, 또한 문맥이 풀어주는 데까지만 해석자의 이해를 허용하고 있는 것도 사실이다.

들은 그것이 무엇인지 그냥 이해할 수 있는 말이었던 것이다. 그래서 정의 없이 그냥 썼다. 단어가 쓰인 문맥은 삶의 실제와 관련하여 단어의 좀더 구체적인, 또한 경우에 따라서는 보다 정확한 뜻을 밝혀주곤 했을 뿐이다. 정의(定義)가 존재하지 않는다고 개념이 존재하지 않는다고 단정하는 것은 무리한 독단이라고 할 수밖에 없다. 필자는 『구약 지혜서 연구』에서 잠언을 해설하면서 다음과 같이 도덕적 기준으로서의 "의"에 대해 변호한 적이 있다.

> ... 잠언이 "의"라고[42] 말할 때 독자들은(어느 시대거나 할 것 없이) 그것이 윤리적 "바름"을 의미하는 말이라는 것을 금방 알아차릴 수 있다. 그것은 독자들의 마음속에 "의"는 정의가 필요 없을 만큼 분명한 그 무엇으로 이미 자리 잡고 있기 때문이다. 잠언은 정의가 필요 없는 것을 정의하지 않고 있을 뿐이다. 잠언은 인간의 양심에 하나님이 심어 놓으신 가장 기본적인 윤리의식을 당연한 개념으로 생각하고 사용하고 있는 것일 뿐이다.[43]

"의"는 인간의 양심에 하나님이 심어 놓으신 "바름," "옳음"이라는 도덕적 표준이다. 인간의 정신이 이것을 알기 때문에 정의는 따로 필요없었던 것이다. 이러한 "의"를 잠언이 어떻게 사용하고 있는가는 이어지는 글이 보충 설명한다.

> 잠언은 인간의 양심에 하나님이 심어 놓으신 가장 기본적인 윤리의식을 당연한 개념으로 생각하고 사용하고 있는 것일 뿐이다. 잠언은 인간의 양심 속에 있어서 인간이면 누구나 알 수 있는 "의"라는 개념을 인간의 양심 속에 막연한 상태로만 머물게 두지 않고 밝은 빛 가운데로 끌어내어 인간에게 요구되는 치열한 삶의 한 양상으로 명료히 제시하고 있다. 의를 한 인간의 성공적인 삶을 일궈내기 위한 필수불가결의 조건으로 법칙화하여 제시하고 있다.[44]

---

42 " " 표시는 본고의 문맥에 맞도록 인용하면서 새롭게 붙인 것임.
43 현창학, 『구약 지혜서 연구』, 87, 주 64.
44 현창학, 『구약 지혜서 연구』, 87, 주 64.

폰 라드가 "의"를 윤리적 규범이나 도덕적 이상이 아니라고 한 것은 아마도 성경의 단어들을 희랍식 관념(idea)으로 이해해선 안된다는 당시의 시대적인 학문 분위기와 연관되었을 가능성이 크다. 그러나 문제는 그 '희랍식 오염'을 피한다는 것이 너무 지나치게 반대쪽으로 간 나머지 존재의 문제와 인식의 문제를 혼동하는 오류에 빠져 버린 점이다. "의"는 물론 존재론적 실체가 될 수는 없다. 그러나 그렇다고 옳고 그름에 대한 기준으로서 "의"의 개념이 히브리인들에게 없었다고 하는 것은 더욱 이상한 일이다. 도덕 기준으로서의 "의"의 개념과 그에 대한 의식은 히브리인들에게는 너무도 명료한 것이었다! 그것이 있기에 윤리가 성립했고 그것이 있기에 율법이 존재했고 그것이 있기에 심판과 구속이 가능한 것이었다! 하나님은 인간의 마음 속에 '옳은 것'이라는 절대 관념을 심어 놓으셨다. 그래서 인간은 누구나 이 "의"의 관념을 가지고 있는 것이다.45 히브리인들도 마찬가지다. 이 누구에게나 있고 히브리인들에게도 있는 "의"의 관념을 구약성경은(특히 잠언) 밝은 데로 끌어내어 삶의 준엄한 법칙으로 가르치고 있는 것이다. 부패한 인간은 이 관념이 있음에도 불구하고 그것을 의식하거나 실천하는 일에 말할 수 없이 소홀해지고 둔해지기 쉽기 때문이다.

이상과 같이 '체덱'이 규범이고 기준이라는 전통적인 생각에 대한 20세기 중반의 도전에 대해46 살피며 비판했다. '체덱'이 어떤 절대적인 기준을 의미한다는 생각은 여전히 견지되어야 할 생각임을 밝혔다. 다음 항에서는 '체덱'의 보다 정확한 의미에 대해 살피게 된다.

---

45 심지어 동양사상도 그 중심에 "의"(義)와 "인"(仁)을 가지고 있다. 물론 동양사상은 이것들을 존재론적으로 생각하는 것에 대해 전혀 알지 못한다.
46 물론 이 도전의 영향은 지금도 계속되고 있다고 말해야 할 것이다.

## IV. '체덱'(צדק)의 의미 탐구

앞에서 '체덱'은 절대적인 (도덕) 기준을 의미한다는 생각이 견지되어야 한다고 밝혔는데 그러나 '체덱'은 어떤 단일한 의미로만 정의하기에는 그 의미범위(semantic field)가 그보다 훨씬 넓은 말이다. 앞의 <들어가는 말>에서 언급한 '톨러돗'이나 '헤벨'의 경우가 그랬다. '톨러돗'이나 '헤벨'처럼 넓은 의미범위를 고려해야 정확한 의미 파악이 되는 단어들이 구약성경에는 비일비재하다. '체덱'의 경우도 그러한데 '체덱'은 단순히 절대적인 기준이란 뜻 외에 이 뜻를 넘어서는 의미 두 가지 정도를 더 생각해야 할 것 같다. 모두 절대적인 기준이란 기본적인 뜻과 관련이 있는 뜻들이다. 이와 같이 의미를 두 차원 정도 더 고려할 때 구약성경 내의 '체덱'의 쓰임새가 적절히 그리고 충분히 설명될 수 있다. 따라서 본고는 '체덱'의 의미를 세 차원에서 고찰하고자 한다.

그 세 차원이란 첫째, 지금까지 논의한 것 같이 전통적인 생각을 따라 절대 도덕 기준이라는 의미, 둘째, 이러한 도덕적 의미와는 무관하게 중성적으로 어떤 마땅히 되어져야 할 일, 또는 그 마땅함을 가리키는 의미, 셋째, 앞의 두 경우의 "의"에 따라 한 행동이나 태도가 가져오는 결과를 가리키는 의미 등이다. '체덱'은 단순히 하나의 (근대적인) 개념만 표시한 아니라 이처럼 복잡하고 넓은 의미폭을 가지고 쓰였다.

이제 이 셋을 하나씩 살펴보자. 첫째, 절대적 도덕 기준(standard)이라는 의미이다. 즉 '체덱'은 인간 누구나의 마음 속에 심겨져 있는 절대적 도덕 기준이다. 정의할 필요가 없는, 인간의 양심에 심겨진 "바르고 옳음"이란 표준(norm)이다. 표준 자체를 가리킬 뿐 아니라 그 표준에 부합한 행동(또는 태도)까지 의미한다. "바르고 옳음"이라는 관념과 "바르고 옳은" 행동이 곧 '체덱'이다. '체덱'은 사람의 마음에 심겨진 자연법적 성격의 내용으로서 굳이 정의하거나 설명할 필요가 없는, 으레 당연한 것으로 여겨지는 기준(assumed standard)이다.47 성경에서는 율법에 그 본질이 표현되어 있다 할 수 있다.

말할 것도 없이 성경 여러 곳에서 예를 찾을 수 있다. 우선 내러티브 문맥에서 창세기 18:16-33을 보자.48 하나님이 소돔을 멸하고자 하실 때 아브라함이 하나님께 여쭙는다: "주께서 의인(צדיק)을 악인(רשע)과 함께 멸하려 하시나이까?"(23절). 이 때 "악인"은 어떤 사람들인가 하는 것이 13장에 이미 설명되었다. 소돔 사람들은 하나님 앞에 큰 범죄를 저지르는 도덕적으로 "나쁜" 사람(들)이었다: "소돔 사람은 여호와 앞에 악하며 큰 죄인이었더라"(13:13). 그러므로 18장의 "의인"('찻딬'[צדיק])은 "악인"('라샤'[רשע])과 대조되는, 죄를 짓지 않는 도덕적으로 "바른" 사람을 뜻한다. 어근 '체덱'(여기서는 צדיק)이 "바르고 옳음"이라는 도덕 기준 내지는 그 기준에 부합한 행동을 하는 사람을 의미하는 말로 사용되고 있다.

신명기 9:4-6의 경우를 보자. 하나님께서 이스라엘로 하여금 가나안 땅을 차지하게 하시면서 이스라엘이 자신들의 "의"("나의 의"[צדקתי], "너의 의"[צדקתך])49 때문에 하나님이 가나안 땅을 주시는 것으로 생각하지 말라고 강조하신다.50 이스라엘의 "의" 때문이 아니요 가나안 족속의 "악"('리쉬아트'[רשעת]) 때문에 그들을 쫓아내고 이스라엘에게 땅을 주시는 것이라고 하신다. 그리고 무엇보다 가나안 땅을 주시는 이유는 하나님께서 아브라함, 이삭, 야곱 등 이스라엘의 조상에게 하신 약속 때문이다(이

---

47 Reimer가 "assumed standard"라는 표현을 쓴다. David J. Reimer, "צדק" *New International Dictionary of Old Tetament Theology and Exegesis*, ed. W. A. VanGemeren, vol. 3 (Grand Rapids: Zondervan Publishing House, 1997), 746. 또한 Reimer는 이 "assumed standard"를 "자명한 성격의"(the self-evident nature) 것이라고 말하고 있다. Reimer, "צדק" 750.

48 이 예는 Reimer의 도움을 받음. Reimer, "צדק" 750-51.

49 개역개정의 "내 공의," "네 공의"은 "나의 의," "너의 의"로 하는 것이 적합함.

50 9:4-6에 "나의 의," "너의 의"라는 말이("나," "너"는 모두 이스라엘임) 매절에 한 번씩 세 번이나 나온다.

스라엘은 목이 곧은 백성일 뿐 가나안을 받을 자격은 없다). 여기서 이스라엘이 생각하는 "자기들의 의"란 무엇인가. 그 "의"('처다카'[צְדָקָה])란 가나안의 우상숭배나 불의 등의 "악"과 대조되는 종교적 도덕적 "바름," "옳음"임이 분명하다. 자신들은 가나안인들처럼 악하지 않고 바르게 행했기 때문에 그 공로(merit)로 땅을 차지한다고 생각한 것이다. 신명기 9:4-6에서 '체덱'(여기서는 צְדָקָה)은 "바르고 옳음"이라는 도덕 기준에 적합한 행위나 태도 일체를 가리키는 말로 사용되고 있다. 5절에서 '처다카'가 마음의 "올바름"('요쉘'[יֹשֶׁר])과 평행으로 쓰이는 것도 '처다카'가 도덕적 "옳음"을 의미하는 말임을 보여 준다.

다음은 지혜서를 살펴보자. 아마 '체덱'이 "바르고 옳음"이라는 절대 도덕 기준을 의미한다는 사실을 가장 분명히 확인할 수 있는 곳이 지혜서일 것이다.51 왜냐하면 지혜서(특히 잠언)가 다루는 지혜란 "의" 곧 "바른 생활"이기 때문이다. 잠언 4: 10-27을 보자. 이 곳은 잠언의 첫 부분 <"아들"을 향한 권면>(1:8-9:18)의 제 6강(4:10-19)과 제 7강(4:20-27)에 해당한다.52

10 내 아들아 들으라 내 말을 받으라 그리하면 네 생명의 해가 길리라
11 내가 지혜로운 길을 네게 가르쳤으며 정직한 길로 너를 인도하였은즉
12 다닐 때에 네 걸음이 곤고하지 아니하겠고 달려갈 때에 실족하지 아니하리라
13 훈계를 굳게 잡아 놓치지 말고 지키라 이것이 네 생명이니라
14 사악한 자의 길에 들어가지 말며 악인의 길로 다니지 말지어다
15 그의 길을 피하고 지나가지 말며 돌이켜 떠나갈지어다
16 그들은 악을 행하지 못하면 자지 못하며 사람을 넘어뜨리지 못하면 잠이 오지 아니하며

---

51 무엇보다 지혜서는 '체덱'의 밀집도가 구약성경에서 가장 높다. 이미 앞에서 밝힌 바와 같이 잠언, 욥기, 전도서 등 전체 85장에 '체덱'이 총 140회 나타난다(장당 약 1.6회). 이 중에서도 가장 밀집도가 높은 것은 잠언인데 31장에 94회이다(장당 약 3회). 절대 등장 횟수는 시편이 139회로서 가장 높지만 시편은 150편이다(편당 약 0.9회).
52 참고: 현창학, 『구약 지혜서 연구』, 68.

17 불의의 떡을 먹으며 강포의 술을 마심이니라
18 의인의 길은 돋는 햇살 같아서 크게 빛나 한낮의 광명에 이르거니와
19 악인의 길은 어둠 같아서 그가 걸려 넘어져도 그것이 무엇인지 깨닫지 못하느니라
20 내 아들아 내 말에 주의하며 내가 말하는 것에 네 귀를 기울이라
21 그것을 네 눈에서 떠나게 하지 말며 네 마음 속에 지키라
22 그것은 얻는 자에게 생명이 되며 그의 온 육체의 건강이 됨이니라
23 모든 지킬 만한 것 중에 더욱 네 마음을 지키라 생명의 근원이 이에서 남이니라
24 구부러진 말을 네 입에서 버리며 비뚤어진 말을 네 입술에서 멀리하라
25 네 눈은 바로 보며 네 눈꺼풀은 네 앞을 곧게 살펴
26 네 발이 행할 길을 평탄하게 하며 네 모든 길을 든든히 하라
27 좌로나 우로나 치우치지 말고 네 발을 악에서 떠나게 하라

18절의 "의인들"('찻디킴'[צדיקים])의53 길은 올바른 도덕 기준에 부합한 행동들을 말한다. 그것은 "올바른"('요쉘'[ישר])54 행동이며(11절) "악"('라'[רע])에서 떠나는 것을 가리킨다(14, 27절). "의인들"은 몸의 오관과 지체의 사용을 극도로 주의한다. 눈을 주의하고(25절) 귀를 주의하고(20절) 입을 주의하고(24절) 발을 주의하여(26-27절) 악에 빠지지 않게 한다. 무엇보다 마음을 바르게 가져 생명과 건강을 얻는다(21-23절). 이 본문에서 '찻딕'(צדיק)은 의심할 여지없이 도덕적으로 바르지 않은("악한") 것을 지양하면서 "바르고 옳게" 행동하는 사람들이다. 매사에 바른 삶의 태도로 생명을 얻으며 형통하는 사람들이다. 본문에서 '찻딕'은 "바르고 옳음"이라는 암묵적 표준(implied standard)을55 전제하는 말임이 분명하다.

잠언의 금언들은 예외없이 '체덱'이 "바르고 옳음"이란 절대 도덕

---

53 원문은 복수임.
54 개역개정의 "정직한"은 "올바른"이 낫다.
55 "implied standard"란 말 역시 Reimer의 표현임. Reimer, "צדק" 746.

기준 또는 그 기준에 부합한 행동을 의미하는 말임을 보이고 있다. 다음은 여러 예의 극히 일부에 불과하다.56

> 3:33 악인의 집에는 여호와의 저주가 있거니와 의인의 집에는 복이 있느니라
>
> 10:3 여호와께서 의인의 영혼은 주리지 않게 하시나 악인의 소욕은 물리치시느니라
>
> 10:30 의인은 영영히 이동되지 아니하여도 악인은 땅에 거하지 못하게 되느니라
>
> 11:19 의를57 굳게 지키는 자는 생명에 이르고 악을 따르는 자는 사망에 이르느니라
>
> 14:32 악인은 그 환난에 엎드러져도 의인은 그의 죽음에도 소망이 있느니라
>
> 15:9 악인의 길은 여호와께서 미워하셔도 의를58 따라가는 자는 그가 사랑하시느니라
>
> 28:1 악인은 쫓아오는 자가 없어도 도망하나 의인은 사자같이 담대하니라
>
> 29:6 악인의 범죄하는 것은 스스로 올무가 되게 하는 것이나 의인은 노래하고 기뻐하느니라

잠언은 보응의 원리(retribution principle)라는 우주의 도덕질서를 천명하는 책인데59 "의인"에게 성공과 형통이 보장된다고 할 때 그 "의"란 두말할 필요 없이 하나님을 경외하는 바른 삶을 의미한다.

---

56 현창학, 『구약 지혜서 연구』, 88에서 인용.
57 개역개정은 "공의를"로 되어 있음.
58 개역개정은 "공의를"로 되어 있음.
59 보응의 원리에 대한 상세한 해설은 현창학, 『구약 지혜서 연구』, 86-98 참조.

다음은 보응의 원리와 관련한 전도서의 불평들이다.

> 8:14 세상에 행해지는 헛된 일이 있나니 곧 악인들의 행위에 따라 받는 의인들도 있고 의인들의 행위에 따라 받는 악인들도 있다는 것이라 내가 이르노니 이것도 헛되도다

> 7:15 내가 내 헛된 날에 이 모든 일을 본즉 자기의 의로움 중에서 멸망하는 의인이 있고 자기의 악행 중에서 장수하는 악인이 있으니[60]

> 9:2 모든 사람에게 임하는 그 모든 것이 일반이라 의인과 악인, 선한 자와 깨끗한 자와 깨끗하지 아니한 자, 제사를 드리는 자와 제사를 드리지 아니하는 자에게 일어나는 일들이 모두 일반이니 선인과 죄인, 맹세하는 자와 맹세하기를 무서워하는 자가 일반이로다

이 본문들은 의인에게는 형통이 있고 악인에게는 패망이 온다는 보편 질서가 어떤 때는 제대로 작동하지 않는 것처럼 보이는 것에 대한 고민을 표출한 것이다. 고민의 주요 주제인 "의"("의로움," 7:15 '체덱'[צדק])나 "의인"('찻딕'[צדיק])은 모두 "바르게 삶"과 "바르게 사는 사람"을 의미한다. 여기서 '체덱'도 "옳고 바름"이란 도덕적 표준이 전제된 말들일 뿐 관계적 상대성 따위가 개입될 수 있는 말들이 아니다.

이번에는 욥기의 몇 구절을 살펴보자.

> 4:17 인간이 어찌 하나님 앞에 의롭겠느냐 사람이 어찌 그를 만드신 이 앞에 깨끗하겠느냐[61]

---

[60] 개역한글을 따름. 개역한글이 '체덱'(צדק)을 "의로운"으로 한 것만 "의로움"으로 바꿈. 개역개정의 "내 허무한 날을 사는 동안" 따위는 부적절한 번역으로 생각된다.
[61] 필자의 사역. 개역개정의 "하나님보다," "창조하신 이보다"를 "하나님 앞에," "만드신 이 앞에"로 고쳤다. 전치사 '민'(מן)은 다양한 뜻으로 쓰일 수 있다. NASB와 NRSV가 "앞에"로 하고 있다(NIV는 "보다"임).

"의롭겠느냐"('이츠닥'[יִצְדָּק])의 '체덱'은 평행하는 하반절의 "깨끗하 겠느냐"('이트할'[יִטְהָר])로 미루어볼 때 도덕적 윤리적 "바름"임이 분명하다. '타할'(טָהַר)이 제의적 혹은 도덕적 순결을 의미하는 말이기 때문이다.62 지금 욥에게 닥친 고난은 그의 죄로 말미암은 것임을 주장하고 있는 엘리바스는 욥이 결코 하나님 앞에 "바를" 수 없다고 말하고 있는 것이다.

8:3 하나님이 어찌 공의를 굽게 하시겠으며 전능하신 이가 어찌 의를 굽게 하시겠는가63

"의"('체덱'[צֶדֶק])는 8:4의 "네 자녀들이 주께 죄를 지었으므로 주께서 그들을 그들의 죄악의 힘에 버려두신 것이다"로64 미루어 볼 때 죄와 반대되는 "바른" 삶을(또는 그 삶에 따르는 보응의 원리를) 의미함에 틀림없다. 4절에서 빌닷은 욥의 자녀들이 당한 재난을(죽음) 보면 그들이 하나님께 범죄한 것이 틀림없다고 말하고 있다. 3절에서는 하나님은 바르게 사는 사람은 결코 벌하시지 않는, 아니 오히려 크게 보상하시는, 즉 바른 삶의 원리를 널리 앙양(昂揚)하시는 분이시라고 말하고 있다.

40:8 네가 내 공의를 부인하려느냐 너 자신을 의롭다 하려고 나를 악하다 하느냐65

"의롭다 하다"('티츠닥'[תִּצְדָּק])는 (히브리 어순으로) 바로 앞의 "악하다

---

62 Gesenius는 욥기 4:17의 טָהֵר을 도덕적 의미의 순결로 해석한다. William Gesenius, *Gesenius's Hebrew and Chaldee Lexicon to the Old Testament Scriptures*, trans. S. P. Tregelles (London: Samuel Bagster and Sons, 1846), 318.
63 개역개정은 전반절의 '미쉬파트'(מִשְׁפָּט)를 "정의"로, 후반절의 '체덱'(צֶדֶק)을 "공의"로 옮기고 있지만, 필자는 전자를 "공의"로, 후자를 "의"로 하고 있음.
64 필자의 사역.
65 필자의 사역.

하다"('타르쉬에니'[תרשיעני]) 때문에 도덕적 "선함," "옳음"을 의미하는 말임이 분명하다. 욥은 친구들과의 대화 난타전에서(4-27, 29-31장) 줄곧 하나님의 통치의 비도덕성(viciousness)에 관한 질문을 제기했었다.[66] 40:6-41:34의 두 번째 말씀에서 하나님은 이 질문에 대해 답변하시고 계신데, 욥이 자신을 불의하다고 공격한 데 대해 자신의 의로운 통치자라고 변호하신다.[67] 40:8은 이 대대적인 변호의 서두인데 하나님은 욥을 "나를 악하다고 몰아붙이면서 너 자신은 의롭게 되려느냐"고 질책하시면서 자신의 변호를 시작하고 계신 것이다. 여기서 동사 '차닥'(צדק)은 "바르다," "옳다"는 뜻으로서 "바름," "옳음"이라는 절대 표준에 적합하다고 인정된 '지위'(status)를 의미한다(참고: NASB, NRSV "be justified").

이상과 같이 지혜서에서 '체덱'의 쓰임새를 살펴보았다. 모든 예는 '체덱'이 "바르고 옳음"이라는 절대 표준(norm)을 의미하는 어근임을 말해주고 있다. 그래서 '체덱'은 그러한 표준, 또는 그 표준에 부합한 행동 내지는 그 표준에 적합하다고 인정된 지위 등을 의미하는 데 사용된다. 일부의 예만 살펴본 것이지만 지혜서는 전체적으로 볼 때도 '체덱'이 이러한 의미와 이러한 용도로 쓰이고 있음을 알 수 있다. 지면 관계상 다 다루지 못하나 시편과 선지서의 경우도 마찬가지다. "바르고 옳음"이라는 암묵적 절대 도덕 기준의 의미는 가장 흔히 관찰되는 '체덱'의 쓰임새이다.

다음은 '체덱'의 의미 중 둘째로 어떤 마땅히 되어져야 할 일, 또는 그 마땅함을 가리키는 의미에 대해 살펴보자. 성경 본문을 자세히 관찰하면 '체덱'은 도덕적 함의와는 다소 거리가 먼 의미로 사용되고 있는 경우를 보게 된다. 이런 사례들은 '체덱'이란 어근이 원래 도덕과는 상관없는

---

[66] 참고: 현창학, 『구약 지혜서 연구』, 122-24.
[67] 참고: 현창학, 『구약 지혜서 연구』, 125-29.

의미, 즉 중성적으로 "마땅한 것," "으레 그렇게 되어야 하는 것," "타당한 것" 등을 의미하는 말이 아니었나 추측하게 만든다. 어떤 행동이나 사건이 도덕이나 윤리적 가치와는 상관없이 단순히 "마땅히" 되어져야 할 것이 된 것이면 그것이 '체덱'인 것이다. 보통 어떤 두 인격 사이의 관계에서 요구되는 "마땅함"이 '체덱'이다. 아마 '체덱'은 처음에는 이처럼 중성적 의미였던 것이 나중에 도덕화하여 윤리도덕적 함의를 지닌 말로 발전한 것이 아닌가도 생각하게 된다.68

'체덱'이 도덕적 관념과는 무관하게 단순히 "마땅함"이란 의미로 쓰인 예를 대표적으로 시편에서 찾을 수 있다. 시편에서 시편 기자는 하나님의 "의"를 언급하고, 자기 자신을 "의인"으로 하나님 앞에 내세우고 하는 것을 볼 수 있다. 이 때 "의," "의인"으로 쓰인 '체덱'은 반드시 도덕적 "옳음"이라는 함의를 지닌 말이 아니다. 이 경우 '체덱'은 단순히 "마땅한 의무," "으레 그렇게 되어야 할 태도" 정도의 뜻을 전할 뿐이다. 하나님은 이스라엘과 언약을 맺으신 분이다. 그리고 그의 백성 이스라엘은 곤경 중에 있다. 이 배경, 이 상황에서 하나님은 이스라엘을 도와주시는 것이 "마땅"하다. 이 때 구원의 손길을 주시는 그 "마땅한" 행동이 하나님의 "의"('체덱')이다. 시편의 특이한 점은 이스라엘의 정체가 항상 "곤경을 당한 존재"로(people in distress) 나타난다는 점이다. 이스라엘은 항상 곤경 중에 있는 백성으로서, 곤경 중에 탄식하고 곤경 중에 기도하며 곤경 중에 찬양한다(곤경을 떠난 이스라엘은 상상하기 어렵다!). 곤경을 당한 이스라엘에게는 무엇보다 자신의 (언약의) 하나님과의 관계가 중요하다. 즉 마땅히 언약의 하나님께 기도해야 한다(그리고 기도한다). 기도는 하나님의 백성으로 "당연한" 일이며, 하나님으로부터 도움과

---

68 물론 역사언어학적으로 어느 것에서 어느 것으로 발전했는가 하는 것을 명확히 밝히는 것은 어려운 일이다. 그러나 적어도 논리적으로 이런 과정을 상상하는 것은 전혀 의미 없는 일은 아니다.

구원을 받는 것도 "마땅"하기 때문에 기도하는 이스라엘은 "의인"('찻딕')인 것이다. 이 경우들에 있어 "의"나 "의인"은 도덕적으로 정의를 행하는 하나님이라든지 도덕적으로 바르게 사는 백성이라든지 하는 것을 의미하지 않는다. 언약이라는 관계가, 또한 곤경당한 이스라엘의 실존이 하나님과 이스라엘에게 요구하는 "마땅한 바"일 뿐이다.69 '체덱'은 도덕적 함의와 무관한, "마땅함"(properness) 혹은 "마땅한" 어떤 행위를 의미하는 말로도 쓰이고 있다.70

몇 예를 살펴보자.

> 시 31:1-2 여호와여 내가 주께 피하오니 나를 영원히 부끄럽게 하지 마시고 주의 의로71 나를 건지소서 내게 귀를 기울여 속히 건지시고 내게 견고한 바위와 구원하는 산성이 되소서

> 시 72:1-2 여호와여 내가 주께 피하오니 내가 영원히 수치를 당하게 하지 마소서 주의 의로 나를 건지시며 나를 풀어 주시며 주의 귀를 내게 기울이사 나를 구원하소서

두 시편 모두 개인탄식시이다. 시인은 심각한 곤경 중에 있어 하나님께 피하지 않고는 살 수가 없다. 하나님은 시인의 하나님으로서 마땅히 곤경에 처한 자기의 백성을 구해주실 것이다. 이 마땅한 구원과 도움이 "의"이다. 두 시편에 호소되는 하나님의 "의"('체덱')는 하나님의 어떤 도덕적 성품이나 활동을 가리키는 말이 아니라 하나님의 "마땅히" 하셔야 할 바를 가리키는 말이다.

---

69 바로 이 점이 von Rad나 Achtemeier 들로 하여금 '체덱'을 관계의 개념으로 파악하게 한 것이 아닌가 한다. 그러나 '체덱'에 있어서 중요한 것은 "관계" 개념이 아니라, "마땅함"이란 "당위"의 성격이다.

70 물론 하나님의 "의"나 이스라엘을 지칭하는 "의인"이 "바름"이라는 도덕적 함의를 지닌 말로 쓰이는 경우도 많이 있다.

71 개역개정 "공의로"를 "의로"로 고침.

시 5:12 여호와여 주는 의인에게 복을 주시고 방패와 같은 은혜로 그를 호위하시리이다

시 118:20-21 이는 여호와의 문이라 의인들이 그리로 들어가리로다 주께서 내게 응답하시고 나의 구원이 되셨으니 내가 주께 감사하리이다

이 예들에서 "의인"('찻딕')은 도덕적 함의가 완전히 배제된 것은 아니지만 그것과의 연관보다는 하나님과의 관계가 보다 더 강조되는 말이다. 하나님은 언약의 하나님이시고 시인은 곤경 중에 있다. 이러한 배경 속에서 "의인"은 자신의 도덕적 덕성 여부를 떠나 하나님과의 관계로부터 오는 마땅한 은혜를 받을 자라는 의미가 강하다.72

마지막으로 '체덱'의 의미 중 세 번째 경우이다. 첫째와 둘째의 '체덱'의 시행이 가져온 결과도 '체덱'이다. 특히 하나님의 "의로운" 행위가 시행된 결과를 '체덱'이라고 말하는 것을 볼 수 있다. 그것은 다름 아닌, 하나님이 가져다 주시는 구원(deliverance), 승리(victory), 복지(welfare), 신원(vindication) 등인데, 이 모두가 '체덱'이라 불린다.

선지서에서 예를 보자.

사 56:1 여호와께서 이와 같이 말씀하시기를 너희는 공의를 지키며 의를 행하라 이는 나의 구원이 가까이 왔고 나의 의가 나타날 것임이라 하셨도다.

하반절에서 "구원"('예슈아'[ישועה])과 "의"('처다카'[צדקה])가 평행되고 있어 "의"는 곧 하나님이 가져오시는 구원과 거의 동일한 의미로 쓰이고 있다. 물론 전반절의 "의"는 "올바름"이라는 도덕 표준에 적합한 행동을 말한다.

---

72 시편의 '찻딕'("의인")의 용례를 조사해 보면 사실은 '찻딕'이 조금씩은 다 도덕적 함의와 관련되어 있음을 알 수 있다. 시편 기자들이 워낙 하나님의 다스림과 공의에 (governance and justice of God) 관심이 많다 보니 이것은 피할 수 없는 일로 보인다. 그러나 그럼에도 불구하고 시편에서의 '찻딕'은 단순히 도덕적 기준과 관계된 개념이라기 보다는 원천적으로 하나님과의 관계를 우선시하는 말임을 부인할 수 없다.

사 51:5 내 의가[73] 가깝고 내 구원이 나갔은즉 내 팔이 만민을 심판하리니 섬들이 나를 앙망하여 내 팔에 의지하리라

6 너희는 하늘로 눈을 들며 그 아래의 땅을 살피라 하늘이 연기 같이 사라지고 땅이 옷 같이 해어지며 거기에 사는 자들이 하루살이 같이 죽으려니와 나의 구원은 영원히 있고 나의 의는[74] 폐하여지지 아니하리라

5절과 6절에 각각 한 번씩 "의"(5절 '체덱'[צֶדֶק], 6절 '처다카'[צְדָקָה])와 "구원"(5절 '예샤'[יֵשַׁע], 6절 '여슈아'[יְשׁוּעָה])이 평행되고 있어 역시 '체덱'이 "구원"이라는 의미로 쓰이고 있음을 알 수 있다.

사 61:10 내가 여호와로 말미암아 크게 기뻐하며 내 영혼이 나의 하나님으로 말미암아 즐거워하리니 이는 그가 구원의 옷을 내게 입히시며 의의[75] 겉옷을 내게 더하심이 신랑이 사모를 쓰며 신부가 자기 보석으로 단장함 같게 하셨음이라

역시 "구원"('예샤'[יֵשַׁע])과 "의"('처다카'[צְדָקָה])가 평행이 되어 있어 '체덱'이 "구원"과 동의어임을 알 수 있다. 여기서 만일 '예샤'가 욥기 5:4, 11에서처럼 "안전"(safety)이나 "복지"(welfare)를 뜻한다면[76] '체덱' 역시 같은 의미가 될 것이다.

## 나가는 말

앞 항에서 '체덱'의 의미를 세 가지 차원에서 고찰하였다. 현대인이 생각하

---

[73] 개역개정 "공의"를 "의"로 고침.
[74] 개역개정 "공의"를 "의"로 고침.
[75] 개역개정의 "공의"를 "의"로 고침.
[76] 참고: Gesenius, *Gesenius's Hebrew and Chaldee Lexicon to the Old Testament Scriptures*, 374.

는 것과는 달리 다른 주요 히브리어들처럼 '체덱'도 의미범위가 넓고 복잡함을 확인하였다. 그러나 역시 가장 기본이 되고 중요한 것은 첫 번째 의미라고 본다. 즉, '체덱'은 기본적으로 절대적 도덕 기준을 의미하는 말이다. 두 번째 의미는 "마땅함"인데 그것도 어떤 '기준'에 관한 의미라는 점에서 첫째와 근원적으로 연결되어 있다. 세 번째 의미도 도덕적 "옳음" 또는 "마땅함"이라는 의미를 지닌 행동이 낳은 결과에 관한 것이므로 이 또한 앞의 둘과 본질적으로 연결되어 있는 의미이다. 따라서 첫 번째의 "바르고 옳음"이라는 의미가 가장 기본이 되는 중요한 의미라 하겠다. 그리고 무엇보다 첫 번째 의미는 구약성경에서 가장 흔하게 발견되는 쓰임새이기도 하다.

코흐식으로 '체덱'을 "공동체 충성성"(community loyalty)과 같은 식으로 이해하는 것은 위험하다.77 '체덱'에 인격 간의 관계가 전제된 듯이 없는 게 아니나 그 관계적 개념이라는 것도 사실은 "마땅함"이라는 어떤 기준과 관계된 의미이지 기준은 없이 무작정 "좋기만 하면 좋은" 것을 가리키는 의미는 아니다. 만일 '체덱'을 기준은 없이 "좋으면 좋은" 것만을 가리키는 말로 이해한다면 심각한 문제가 생기는데 그것은 다름 아닌 도덕의 상대화이다. 절대적으로 옳은 것은 없고 상황에 따라 선과 악, 의와 불의가 갈릴 수 있는 것이니 이처럼 하면 성경해석이 후근대적 도덕 상대주의를 합리화하는 빌미를 제공해 주는 것이 된다. '체덱'은 구약이 사람의 삶에 대해 말하는 데 사용한 가장 중요한 단어이다. 인간은 어떻게 살아야 하며 사회는 어떤 것이 되어야 하는지 등 구약의 윤리 전체가 이 한 단어에 달렸다. 이렇게 중요한 단어에 상황적 상대성을 부여하여 바른 삶의 기준을 모호하게 만드는 것은 그것 자체로 위험천만하며 더없이

---

77 그의 글의 제목이 그의 '체덱' 이해를 잘 설명해 준다: "צדק ṣdq to be communally faithful, beneficial"(Jenni and Westermann, *Theological Lexicon of the Old Testament*, 1046-62에 실린 논문).

무책임한 일이다.

　구약성경은 어디까지나 '체덱'을 변할 수 없는 고정된 도덕 기준을 의미하는 말로 사용하고 있다. 하나님께서 인간의 양심에 심어 놓으신 누구나 아는 관념이기 때문에 별도의 정의나 설명을 하지 않고 있을 뿐이다. '체덱'은 인간이 따라야 할 양심의 법이며 또한 율법의 기본 정신이다. 구약과 구약의 세계와 구약의 이상을 이해하는 통로가 된다. 하나님이 인간에게 주신 이 "바름"에 대한 의식은 인간으로 하여금 가장 복되고 의미있는 생활을 하게 하는 원천이다. 또한 부패하여 희망이 없는 세상을 하나님의 뜻이 이루어지는 하나님 나라로 바꿔 나가게 하는 동력이기도 하다. (*)

# 7
# 다윗언약에 비추어 본 N. T. 라이트의 칭의신학

김진수 | 구약학 · 부교수

## 1. 들어가는 말

종교개혁이 '칭의'(justification)에 대한 성경의 가르침을 재발견한 이래로 개혁교회(Reformed Church)는 "칭의란 예수 그리스도의 의에 근거하여 율법의 모든 요구가 죄인과 관련하여 만족되었다고 선포하시는 하나님의 법적 행위"라고 이해해왔다.[1] 그러나 근래에 소위 '바울에 관한 새 관점'(New Perspective on Paul)을 내세우는 학자들과 그들의 추종자들은 종교개혁 이후 500년간 교회의 신앙을 지탱해온 칭의 교리가 바울에 대한 오해에서 비롯된 것으로서 성경적이지 않다는 당혹스럽기 그지없는 주장을 펼치고 있다. 그들은 칭의가 신자들이 그리스도를 믿음으로 말미암아 "영

---

[1] L. Berkhof, *Systematic Theology* (Michigan: Eerdmans, 19884), 513.

단번에"(once and for all) 얻는 것임을 부인한다. '새 관점' 학파의 한 사람인 톰 라이트(N. T. Wright)에 따르면 칭의는 신자들이 최후의 심판법정에서 **자신들의 행위에 따라** 받게 되는 하나님의 판결이라고 한다.[2] 톰 라이트의 주장대로라면 구원은 결국 인간의 행위에 달린 것이 되고 만다.

톰 라이트는 과연 무엇을 근거로 이런 주장을 펴는 것일까? '바울에 관한 새 관점'을 주장하는 신약학자로서 톰 라이트는 무엇보다도 바울서신의 주해에 많은 노력을 기울인다. 그러나 톰 라이트의 관점은 바울서신을 뛰어넘어 신, 구약 전체를 아우르는 보다 넓은 성경신학적 이해에 기반을 두고 있다. 그는 자신의 칭의신학을 구약에 제시된 하나님과 이스라엘의 언약관계로부터 이끌어낸다. 톰 라이트에 따르면 하나님은 "언약" 곧 "세계를-위한-이스라엘을-통한-단일한-계획"을 가지고 계시며,[3] 이 계획에 비추어볼 때 신자가 마지막 심판에서 의롭다하심을 받기 위해서는 언약에 신실하지 않으면 안 된다. 즉 옛 이스라엘 백성들과 마찬가지로 예수 그리스도를 믿는 신자들도 언약에 순종하는 것을 통해 하나님께 의로운 자로

---

[2] 톰 라이트도 그리스도를 믿음으로 말미암아 의롭게 된다고 말한다, 그러나 그가 말하는 "의롭게 된다"는 교회가 전통적으로 이해해 왔듯이 그리스도의 의의 '전가'(imputation)를 가리키지 않고 단순히 신자들이 그리스도를 주로 고백함으로 말미암아 언약 공동체의 일원이 되는 것을 뜻한다. 따라서 톰 라이트에게 칭의는 구원론적(soteriological)인 것이 아니라 교회론적(ecclesiological)인 것이다. See N. T. Wright, *Justification: God's Plan and Paul's Vision*, 최현만 역, 『톰 라이트 칭의를 말하다』 (경기: 에클레시아북스, 2011), 288. 톰 라이트는 또한 칭의를 둘로 구분하여 현재 칭의와 미래 칭의로 나누고, "현재 칭의는, 믿음에 기초하여, 미래 칭의가 전체 삶에 근거하여 공적으로 확증하게 될 것을 선언하는 것이라"고 설명한다("Present justification declares, on the basis of faith, what future justification will affirm publicly on the basis of the entire life"). See G. P. Waters, *Justification and the New Perspectives on Paul. A Review and Response* (New Jersey: P&R Publishing, 2004), 139. 여기서 알 수 있듯이 톰 라이트는 "하나님의 칭의를 **주로(mainly)** 그리고 **일차적으로 미래 심판으로부터 이해하므로** 하나님은 우리들의 행위에 근거하여 칭의하신다고 주해하는 경향을 가지게 된 것이다." See 이승구, 『톰 라이트에 대한 개혁신학적 반응』 (수원: 합신대학원출판부), 51. Cf. Wright, *Justification: God's Plan and Paul's Vision*, 142: "좀 더 구체적으로 이야기하면, '우리는 모두 반드시 메시아의 재판석 앞에 나타나게 된다.' 그리고 그 재판석에서 판결은 그 사람들의 '행위들'에 따라 내려질 것이다."

[3] See Wright, *Justification: God's Plan and Paul's Vision*, 124-125.

받아들여질 수 있다는 것이다. 이처럼 톰 라이트의 칭의 이해는 그의 언약 이해와 긴밀히 연결되어있다.

따라서 언약에 대한 올바른 이해는 톰 라이트의 칭의 이해를 평가하는데 매우 중요하다. 필자가 다윗 언약을 주제로 삼은 이유는 그것이 가진 양면성 때문에 - 다윗언약은 무조건 성취되는 것처럼 소개되기도 하고(예, 삼하 7:4-17) 조건적으로 성취되는 것처럼 언급되기도 한다(예, 왕상 2:4) - 구약 학자들의 관심을 끌고 있으며,4 또한 그 양면성을 어떻게 보느냐에 따라 칭의를 포함하여 하나님과 그의 백성 사이의 관계에 대한 이해가 달라질 수 있기 때문이다. 이 글은 사무엘서와 열왕기에 소개된바 다윗언약과 관련된 내용들을 중점적으로 다루고 그 결과를 토대로 톰 라이트의 칭의 이해를 평가하고자 한다.

## 2. 사무엘서와 다윗언약

### 2.1 언약의 체결

사무엘서에서 다윗언약의 체결을 소개하는 곳은 사무엘하 7장이다. 하지만 사무엘하 7장에는 "언약"이란 단어가 나타나지 않는다. 그럼에도 불구하고 이 장이 하나님께서 다윗과 더불어 맺으신 언약에 초점을 맞춘다는 사실에는 의심의 여지가 없다.5 이 장에는 언약관계의 본질을 표현하는

---

4 다윗 언약의 양면성에 대한 다양한 견해들은 레벤슨의 글에서 소개받을 수 있다. See J. Levenson, "The Davidic Covenant and Its Modern Interpreters," *CBQ* 41 (1979), 205-219.

5 렌토르프는 모세 언약과 나란히 존재하는 독자적인 언약으로서 다윗 언약에 대해 말하기를 꺼려한다. 대신 그는 다윗에게 주어진 "왕조의 약속"(Dynastiezusage)이란 표현을 사용하기를 선호한다. 렌토르프에 따르면 "왕조의 약속"은 사무엘하 7장에서 모세 언약의 "한 기능이자 한 국면"이 되었다고 한다. See R. Rendtorff, *Theologie des Alten Testaments. Ein kanonischer Entwurf Bd. 2: Thematische Entfaltung* (Neukirchen-Vluyn:

단어 חֶסֶד가 사용되며(15절), 표준적인 언약문구(covenant formula)에 상응하는 "나는 그에게 아버지가 되고 그는 내게 아들이 되리니"(14a) 라는 문구가 등장한다. 이는 종주와 봉신의 관계를 아버지와 아들로 규정하는 고대근동의 언약문서를 상기하게 만든다.6 더 나아가 사무엘하 23장 5절은 하나님이 다윗과 맺은 "영원한 언약"(בְּרִית עוֹלָם)에 대해 언급하는데, 사무엘서의 맥락에서 그것은 사무엘하 7장에 소개된 하나님의 약속을 가리킨다고 보는 것이 가장 자연스럽다.

따라서 사무엘하 7장이 하나님과 다윗과의 언약관계를 다루는 본문이란 것에는 의문의 여지가 없다. 그렇다면 여기에 소개된 언약의 특징은 어떤 것일까? 봐인펠트(M. Weinfeld)에 따르면 다윗언약은 그 유형에 있어 왕의 "하사"(the royal grant)에 가깝다고 한다. 왕의 "하사"는 종주에 대한 봉신의 의무를 강조하는 "조약"(the treaty)과는 달리 봉신의 권리를 보호하는데 주된 관심을 기울인다.7 특히 "하사"(the grant) 언약은

---

Neukirchener, 2001), 32. 하지만 군네벡(A. H. J. Gunneweg)은 시내산 언약은 왕정이 세워지기 이전의 전통에 해당하며 다윗 언약은 이스라엘에 왕정이 도입된 후의 전통에 해당된다고 함으로써 다윗 언약의 고유한 위치를 인정한다. 그러나 시내산 언약과 다윗 언약의 상호관계는 "병존"(Nebeneinander)이 아닌 "중첩"(Überschneidung)이다. 즉 다윗 언약이 시내산 언약 안으로 편입되었다는 말이다. See A. H. J. Gunneweg, 'SINAIBUND UND DAVIDBUND,' *VT* 10 (1960), 39. 덤브렐(W. J. Dumbrell)은 다윗 언약이 시내산 언약의 "가벼운 변경"(a slight modification)이라고 말한다. 덤브렐이 "변경"이라고 표현한 것은 시내산 언약이 하나님과 백성일반의 관계를 규정하는 언약인 반면, 다윗 언약 하에서는 백성들 가운데 왕이 세워지고 이를 통해 왕국이 건설됨으로써 하나님과 백성들과의 관계가 백성을 대표하는 왕과 하나님의 관계 안으로 통합되기 때문이다. See W. J. Dumbrell, *Covenant and Creation. An Old Testament Covenant Theology* (Crownhill: Paternoster, 2013), 197. 메릴(Eugene H. Merrill)은 "변경"이란 말 대신 "종속"(adjunct)이란 표현을 선호한다: "그 대신 모세 언약이 아브라함 언약에 종속되듯이 다윗 언약은 모세 언약에 종속되는 것으로 보는 것이 바람직하다. 다른 말로 하면, 모세 언약은 이스라엘 국가가 아브라함의 씨로서 종의 책임을 하도록 준비해주었으며, 다윗 언약은 종 된 국가에게 왕의 제도를 제공하여 그 기능을 촉진시키고 주께서 창조로부터 의도하신 이상적인 통치를 표현해내도록 하였다." See E. H. Merrill, *Everlasting Dominion. A Theology of the Old Testament* (Nashville: Broadman & Holman, 2006), 439.

6 See P. J. Gentry, S. J. Wellum, *Kingdom through Covenant. A Biblical-Theological Understanding of the Covenants* (Illinois: Crossway, 2012), 397.

봉신이 종주에게 이미 보여준 충성과 선한 행위에 대한 보상의 성격을 갖는다고 한다. 봐인펠트는 다윗이 먼저 하나님을 충성스럽게 섬겼기 때문에 그에 대한 보상으로 영원한 왕조의 약속을 허락해주셨다는 사실을 지적하며 이것이야말로 다윗 언약이 신-앗시리아(neo-Assyria)의 "하사" 언약과 닮은 점이라고 주장한다.8

봐인펠트와 유사한 견해는 왈트케(B. K. Waltke)에게서도 찾아볼 수 있다. 왈트케는 언약체결이 관계를 시작하는 것이 아니라 이미 존재하는 관계를 공식화하고 그것을 구체화한다는 맥카시(D. J. McCarthy)의 견해를 좇아 구약의 언약들이 모두 "호혜적 성격"(reciprocity)을 갖는다고 말한다.9 즉 언약의 수혜자인 인간 편에서 먼저 하나님께 충성을 보임으로써 언약체결을 위한 "영적 분위기"(a spiritual climate)를 만들고 이에 대한 응답으로 하나님 편에서 인간에게 축복을 약속해주신다는 것이 언약체결의 기본원리라는 것이다. 다윗의 경우도 그가 먼저 하나님을 위해 집을 짓고자 하는 충성심을 보였기에 하나님께서 그에게 지속하는 왕조의 약속을 주셨다고 한다.

왈트케의 견해를 받아들이면 하나님이 주시는 언약의 축복은 결국 톰 라이트를 비롯한 NPP 신학자들의 주장처럼 인간의 행위에 달려있는

---

[7] See M. Weinfeld, "The Covenant of Grant in Old Testament and Ancient Near East," *JAOS* 90 (1970), 185: "While the „treaty" constitutes an obligation of the vassal to his master, the suzerain, the "grant" constitutes an obligation of the master to his servant. In the "grant" the curse is directed towards the one who will violate the rights of the king's vassal, while in the treaty the curse is directed towards the vassal who will violate the rights of his king."

[8] 크나펄스(G. Knoppers)는 "구조", "언어", 그리고 "조건성"과 관련하여 소위 "하사" 언약과 다윗 언약을 비교하여 양자의 유사성이 과장된 것이라고 밝힌다. See G. Knoppers, "Ancient Near Eastern Royal Grants and the Davidic Covenant: A Parallel?" *JAOS* 116 (1996), 670-697. 최근에는 젠트리(P. J. Gentry)와 벨럼(S. J. Wellum)도 다윗 언약이 "하사"(the grant) 유형에 속하지 않는다고 설명한다. See Gentry and Wellum, *Kingdom through Covenant*, 397.

[9] B. K. Waltke, "The Phenomenon of Conditionality Within Unconditional Covenants," in: A. Gileadi (ed.), *Israel's Apostasy and Restoration. Essays in Honor of Roland K. Harrison* (Grand Rapids: Baker Book House, 1988), 123-139.

것이 되고 만다.10 과연 봐인펠트와 왈트케는 다윗 언약의 특성을 올바르게 설명하였는가? 필자가 보기에 봐인펠트와 왈트케는 사무엘하 7장에 묘사된 다윗언약의 특성을 제대로 관찰하지 못하였다. 사무엘하 7장은 다윗과의 관계에서 하나님이 처음부터 끝가지 주도적이셨다는 점을 강조한다. 5절부터 17절 사이에 소개된 하나님의 말씀에서 하나님은 "1인칭" 화자로 등장하여 모든 일을 자신이 직접 이루셨다고 밝히신다. 여기서 하나님은 "1인칭 대명사"(2회), "1인칭 대명사 접미어"(13회), "1인칭 단수 동사"(완료형 16회, 미완료형 4회)를 사용하셔서 과거 이스라엘 역사와 다윗의 삶에 개입하셨고, 장차 이스라엘 백성과 다윗 왕가의 미래를 주관하실 분이 하나님 자신이심을 분명히 하신다.11

---

10 물론 왈트케는 하나님의 약속이 인간의 의무이행 서약에 의존하지 않는다는 점에서 "일방적"(unilateral)이라고 설명한다. 그러나 그는 인간이 언약의 축복을 받아 누릴 수 있기 위해서는 언약의 의무를 이행하지 않으면 안 된다는 점에서 "일방적"(unilateral)이기도 하다고 말하다. 따라서 언약에는 두 종류의 "일방적" 측면들이 긴장 가운데 함께 존재한다. 왈트케에 따르면 구약의 언약들이 안고 있는 이런 긴장은 결국 "새 언약"에서 해소된다. See Waltke, "The Phenomenon of Conditionality," 136.

11 사무엘하 7장 1-17절이 원래 기원이 다른 다양한 자료들의 결합으로 생겨났으며 그 내용이 통일적이지 않다는 주장들이 적지 않다. 대표적인 것으로는 다윗이 왕조의 약속을 받은 것과 그의 성전건축 계획이 거절된 것이 서로 모순된다는 것이다. See P. K. McCarter, Jr., *II Samuel* (The Anchor Bible) (New York: Double Day, 1984), 220-224. 그러나 페일스가 지적한 것처럼 연구결과들이 학자들마다 다를 뿐만 아니라 종종 "가설적인 기준들"(hypothetische criteria)과 "불확실한 가정들"(speculatieve vooronderstellingen)의 사용으로 인해 이 연구들은 설득력이 없다. See H. G. L. Peels, "2 Samuël 7: een fundamentele pofetie," in: A. G. Knevel, M. J. Paul (eds.), *Verkenning in de oudtestamentische messiasverwachting* (Kampen: Kok, 1995), 43. 최근에는 여러 학자들이 사무엘하 7장에서 신명기적 편집의 흔적들을 찾는데 관심을 기울인다. See G. H. Jones, *The Nathan Narratives* (JSOTS 80) (Sheffield: Sheffield University Press, 1990), 66-70. 그러나 비록 신명기적 편집을 인정한다고 해도 본문의 "원래 본질적 통일성"(de oorspronkelijke, intrinsieke eenheid)과 그곳에 담긴 내용의 "역사적 신빙성"(historische betrouwbaarheid)을 포기할 이유는 없다. See Peels, "2 Samuël 7: een fundamentele pofetie," 43. See also J. van Seters, *In Search of History. Historiography in Ancient World and the Origins of Biblical History* (New Haven: Yale university Press, 1983), 273: "From the point of view of form criticism there is no reason why the whole chapter cannot be considered the work of one author." 이 외에도 모빙켈, 칼슨 등이 사무엘하 7:1-17의 문학적 통일성을 옹호한다. See S. Mowinckel, "Israelite Historiography," *ASTI* 2 (1963), 10; R. A. Carlson,

더 구체적으로 말하자면 "목장 곧 양을 따르는 데에서" 다윗을 데려다가 "이스라엘의 주권자"로 삼으신 것도 하나님 자신이시며(8절), 다윗의 모든 원수들을 멸하신 분도 하나님 자신이시며(9a), 다윗의 이름을 위대하게 만들어주실 분도 하나님 자신이시며(9b), 이스라엘을 위해 한 곳을 정하시고 그들로 하여금 그곳에서 안전하게 거하게 하실 분도 하나님 자신이시며(10절), 다윗을 모든 원수에게서 벗어나 편히 쉬게 하시고 다윗을 위해 집을 지어 주실 분도 하나님 자신이시며(11절), 다윗의 나라와 그의 왕위를 영원히 견고하게 하실 분도 하나님 자신이다(12-16절). 이는 다윗과의 관계에서 하나님은 항상 주도적이셨으며 다윗은 철저히 하나님의 주권에 의존되어있었다는 사실을 나타낸다.

따라서 다윗이 하나님의 은혜로운 약속을 받은 것은 그가 먼저 하나님께 충성을 바침으로써 영적 분위기를 조성한 결과라고 말하는 것은 사무엘하 7장이 알려주는 바와 거리가 멀다. 메릴(E. H. Merrill)이 잘 설명한 것처럼 사무엘하 7장에는 다윗이 왕으로 선택을 받고 언약의 수혜자가 되기 위해 먼저 조건들을 만족시켰다는 그 어떤 암시도 나타나지 않는다.[12] 더욱이 정경의 맥락에서 다윗의 역사를 조망하면 다윗이란 인물의 등장 자체가 하나님의 주권적인 계획에 따른 것이란 사실을 알 수 있다. 창세기의 족장사는 아브라함에게서 장차 "큰 나라"를 다스릴 "왕"이 일어날 것과 이 왕이 유다 지파 출신이 될 것을 예고한다(창 12:2; 17:6; 49:10). 족장사를 배경으로 사사기를 읽으면 이 책의 후반부에 후렴구처럼 등장하는 표현 - "그 때에는 이스라엘에 왕이 없었으므로 사람마다 자기

---

*David, the chosen King. A Tradition-Historical Approach to the Second Book of Samuel* (Stockholm: Almqvist & Wiksell, 1964), 121. 특히 헤르만(S. Herrmann)은 사무엘하 7장의 여러 요소들이 고대 이집트의 문학 장르들 가운데 하나인 "왕의 이야기"(Königsnovelle)와 평행을 이룬다는 점에 근거하여 이 본문의 문학적 통일성을 주장하기도 한다. See A. A. Anderson, *2 Samuel* (WBC 11) (Dallas: Word Books, 1989), 113-114.

[12] See Eugene H. Merrill, *Everlasting Dominion. A Theology of the Old Testament* (Nashville: B & H Publishing Group, 2006), 437.

소견에 옳은 대로 행하였더라"(삿 17:6; 21:25) - 은 유다 지파 출신의 왕이 곧 등장할 것을 알리는 안내문처럼 다가온다. 마찬가지로 사사기의 처음(1:2)과 마지막(20:18)에 유다 지파의 활약이 두드러지게 묘사되는 것 역시 이 지파에서 왕이 등장할 것을 암시하는 것으로 이해될 수 있다. 무엇보다도 룻기는 다윗으로부터 유다에게로 거슬러 올라가는 계보를 소개한다(룻 4:18-22). 이는 다윗이 족장사에서 예고된 유다지파 출신의 왕이라는 관점을 반영한다.

이상에서 살펴 본대로 구약 정경의 형태는 다윗의 등장 자체가 오래 전에 예고된 것이며 역사를 주관하시고 섭리하시는 하나님의 주권적인 뜻에 따른 것임을 알려준다.13 그러므로 하나님께서 다윗과 더불어 맺은 언약도 하나님의 주권적인 뜻에 따른 것으로 보아야 한다. 하나님께서 일방적으로 다윗을 선택하시고 언약의 파트너로 삼으신 것이다. 다윗이 솔선하여 자신의 충성을 하나님께 받친 결과 하나님과 언약의 파트너가 되는 영광을 얻은 것이 결코 아니다. 다윗이 하나님께 충성스러운 태도를 가진 것은 분명하지만 성경은 그것을 언약체결의 원인으로 제시하지 않는다. 다윗을 언약의 수혜자가 되도록 이끈 것은 오직 하나님의 주권적인 뜻이라는 것이 사무엘하 7장과 구약정경이 가르치는 바이다.

### 2.2 언약의 유지

더 나아가 사무엘하 7장은 언약의 지속과 그 궁극적 성취 또한 전적으로 하나님께 달려있다는 점을 분명히 한다. 하나님은 선지자 나단을 통해 다윗에게 "네 집과 네 나라가 내 앞에서 영원히 보전되고 네 왕위가 영원히

---

13 Cf. Merrill, *Everlasting Dominion*, 436: "The election of David to kingship was a matter entirely outside his own merits or machinations. Centuries before he was born, he was ordained to the office to which in God's time he was eventually anointed."

견고하리라"(16절)고 하시며 다윗 왕국의 영속성을 보장해주신다. 여러 학자들이 인정하듯이 이 구절은 다윗의 왕위가 그 어떤 어려움이나 혼란도 없이 평탄하게 후대로 계승될 것이라는 의미로 받아들여져서는 안 된다.14 이 구절 바로 앞(14b-15절)에 언급된 "범죄"와 그로 인한 "징계"는 이미 다윗 왕가에 있을 혼란을 예고한다. 그러므로 16절은 다윗에게 주어진 약속의 "궁극적 실현"(ultimate realization)에 대한 말씀으로 보아야 한다.15 즉 다윗 왕가에 있을 모든 혼란에도 불구하고 하나님의 왕국계획은 반드시 성취되고야 만다는 것이 16절이 전하고자 하는 메시지라는 말이다. 포로기 전후의 선지자들이 왕국의 형편이 위태롭게 된 상황 하에서도 미래에 나타날 "다윗"에 대해 예언할 수 있었던 이유도 바로 이 메시지 때문이다(cf. 암 9:11; 호 3:5; 미 5:1-5; 사 9:5f.; 11:1-10; 55:1-3; 렘 23:5f.; 30:9; 33:15-17; 겔 34:23f.; 37:24-26).16

체밧(M. Tsevat)은 16절에 두 차례 사용된 표현 "영원히"(עַד־עוֹלָם) 는 현대 독자들이 생각하듯 "무한"(infinitude)과 "절대"(absoluteness)의 의미로 이해되어서는 안 된다고 주장한다.17 체밧에 따르면 히브리어에서

---

14 Cf. A. Gileadi, "The Davidic Covenant for Corporate Protection," in: idem (ed.), *Israel's Apostasy and Restoration. Essays in Honor of Roland K. Harrison* (Grand Rapids: Baker Book House, 1988), 161-162; W. C. Kaiser Jr., *Toward an Old Testament Theology* (Michigan: Zondervan, 1991), 149; M. Grisanti, "The Davidic Covenant," *TMSJ* 10/2 (1999), 243; Jože Krašovec, "Two Types of Unconditional Covenant," *HBT* 18 (1996), 69; P. Williamson, *Sealed with an Oath. Covenant in God'd Unfolding Purpose* (NTBT 23)(Illinois: Inter Varsity Press,2007), 128; W. Dumbrell, *Covenant and Creation. An Old Testament Covenant Theology* (Crownhill: Paternoster, 2013), 225-226.

15 See O. P. Robertson, *The Christ of the Covenants* (New Jersey: Presbyterian and Reformed Publishing Co., 1980), 246.

16 따라서 사무엘하 7장에서 "모든 메시아 기대의 역사적 뿌리와 정당화"를 발견한 폰라드의 시각은 옳은 것이다. See G. von Rad, *Theologie des Alten Testaments Band 1. Die Theologie der geschichtlichen Überlieferungen Israels* (München: Chr. Kaiser Verlag, 1992¹⁰), 323. 페일스도 나단의 예언에서 "메시아 기대에 대한 아주 이른 시기의 흔적들"을 읽을 수 있다고 말한다. See Peels, "2 Samuël 7: een fundamentele pofetie," 46.

17 See M Tsevat, "Studies in the Book of Samuel III," *HUCA* 34 (1963), 76-77. 체밧과 유사하게 맥켄지는 עַד־עוֹלָם을 "매우 긴 시간"을 의미한다고 주장한다. See S.

עַד־עוֹלָם은 어떤 사물을 그 고유한 한계 안에 제한하는 표현이라고 한다. 이에 대한 근거로서 체빗은 엘리의 집이 한 때 하나님으로부터 영원한 제사장직의 약속을 받았으나 결국 망하고 말았다는 사실을 꼽는다(삼상 2:30). 그러나 여러 학자들이 설명하듯이 엘리 집안에 주어졌다고 하는 그 약속이 원래 아론과 그의 아들들 또는 레위지파에게 주어진 약속을 가리킨다고 보면 다른 이해가 가능해진다(cf. 출 29:9).[18] 즉 제사장 직분은 특별한 이유로 인해 엘리 집안으로부터 철회되었지만 그것과 관련된 원래의 약속 – 아론과 그의 아들들에게 주어진 제사장 직분의 약속 – 은 그대로 유지되었다.[19] 이렇게 보면 다윗에게 주어진 영원한 왕권의 약속은 특수한 경우 위기를 맞을 수도 있겠지만, 그러나 근본적인 철회는 없을 것이란 의미로 이해될 수 있다.

사무엘하 7장 12-16절의 문학적 구성 또한 이런 관점을 지지해준다. 이 본문은 하나님께서 다윗의 왕위를 영원히 견고하게 하실 것이라는 진술이 앞(12-13절)과 뒤(16절)를 감싸고 있으며, 그 사이(14-15절)에 다윗의 "씨"(זֶרַע)가 죄를 범하면 징계가 따르겠지만 그에게서 왕위가 빼앗기는 일은 없을 것이라는 진술이 위치하는 형식을 취하고 있다.

A  하나님께서 다윗의 나라를 **영원히 견고하게** 하실 것이다 12-13절)
   B  다윗의 씨가 범죄하면 징계가 있을 것이다(14절)
   B´ 그러나 그의 왕위는 유지될 것이다(15절)
A´ 다윗의 왕위가 **영원히 견고하게** 될 것이다(16절)

---

L McKenzie, *Covenant* (Missouri: Chalice, 2000), 73.

[18] Cf. H. W. Hertzberg, *Die Samuelbücher* (Göttingen: Vandenhoeck & Ruprecht, 1960), 27; R. W. Klein, *1 Samuel* (Waco: Nelson, 1983), 26; R. P. Gordon, *I & II Samuel* (Cumbria: Paternoster, 1986), 86; D, G. Firth, *1 & 2 Samuel* (AOTC 8) (Illinois: InterVarsity Press, 2009), 71.

[19] 솔로몬 시대 제사장직을 수행했던 사독은 아론의 후손이었다(cf. 대상 6:3-8).

이런 구성은 다윗 왕권의 영속성이 확고하게 보장되어있다는 점을 강조하는 효과를 갖는다. 다윗의 씨가 죄를 범하여 다윗 왕가에 한시적으로 문제(징계 받는 일)가 발생한다 할지라도 그것이 그의 왕위를 영원히 무너뜨리지는 못할 것이라는 말이다.

그렇다고 해서 다윗에게 "백지수표"(blank check)처럼 무제한의 약속이 주어졌다는 뜻은 아니다. 하나님은 분명히 다윗의 씨가 범죄 하면 징계가 있을 것이라고 말씀하신다. 이런 의미에서 다윗 언약은 "조건적"(conditional)이다. 그러나 주지하는 바와 같이 "징계"(본문에서는 יָכַח 의 히필형)의 목적은 정죄와 심판에 있지 않고 훈육(discipline)에 있다.[20] 하나님은 망하게 할 목적이 아니라 잘못을 바로잡고 고칠 목적으로 다윗의 씨를 징계하신다. 마치 부모가 자식을 훈계하듯이 말이다(cf. 잠 5:12; 신 8:5). 실제로 하나님은 다윗의 씨를 일컬어 "아들"이라고 부르신다(삼하 7:14a). 따라서 죄에 대한 경고(조건적 측면)와 영원한 왕위에 대한 약속(무조건적 측면)이 서로 마찰을 일으키지 않는다. 징계는 다만 다윗의 씨를 바른 길로 돌이키게 하여 다윗의 왕위를 견고하게 하는 수단으로서 기능할 뿐이다. 무엇보다도 징계(14절)가 불러일으키는 불안을 해소하려는 듯 곧이어 왕위의 유지가 보장되고(15절), 이 전체를 다윗의 왕위가 영원히 견고하게 될 것이란 확언(12-13절과 16절)이 감싸고 있는 글의 구성형태는 징계의 기능이 제대로 작동하여 마침내 왕국이 굳건히 세워질 것을 밝히 보여주는 표식과도 같다.

사무엘하 9-20장은 왕의 문제가 징계는 불러와도 왕국의 몰락은 가져오지 않는다는 관점에 대한 구체적인 실례를 보여준다. 이 단락은 다윗이 요나단과 맺은 언약에 충실하여 그의 아들 므비보셋에게 "은총"(חֶסֶד)을

---

[20] Cf. G. Liedke, יָכַח, in: E. Jenni, C. Westermann (Hrsg.), *Theologisches Handwörterbuch zum Alten Testament Band 1* (Gütersloh: Gütersloher Verlagshaus, 2004⁶) 731.

베풀며(9장) 심지어 암몬 왕과의 관계 때문에 그의 아들 하눈에게까지 "은총"(חֶסֶד)을 베푸는(10장) 다윗의 모습을 소개함으로써 시작한다. 그런데 11장으로 넘어오면 개인적, 정치적 차원에서 언약의 가치를 구현하려 애쓰던 다윗이 하나님과의 관계에서 언약을 깨는 자로 돌변한다. 다윗은 언약법에 명시된 하나님의 명령(6, 7계명)을 어기고 밧세바와 불륜을 범했으며 그녀의 남편 우리아를 살해하였다. 이것은 하나님께 버림받아 마땅한 반언약적 범죄행위다. 사울이 하나님의 명령에 불순종하여 버림받은 것을 생각해보라! 그러나 하나님은 다윗을 버리지 않으시고 다만 책망과 징계의 차원에서 멈추신다. 이 맥락에서 다윗의 시의적절한 회개가 중요한 의미를 갖는 것 또한 사실이다. 그러나 선지자 나단이 "어린 암양의 비유"를 들고 다윗을 찾은 것(삼하 12:1-4)은 하나님이 애초부터 다윗을 심판하여 버리기보다 훈계하여 돌이킬 의도를 가지고 계셨음을 밝히 드러낸다.21

더 나아가 사무엘하 7장에 다윗 언약이 소개되고 뒤따르는 단락(삼하 9-20장)에서 다윗의 죄 문제가 다루어지는 글의 구성에도 주목할 필요가 있다. 이런 구성방식은 다윗 언약이 인간의 죄 문제를 뛰어넘어 유효성(validity)을 갖는다는 사실을 보이려는 저자의 의도를 반영한다.22 사무엘하 9-20장 바로 앞에 위치하는 목록(삼하 8:16-18)과 이 단락의 끝에 배치된

---

21 잠언 1장 1-6절은 "비유"(מָשָׁל)가 어리석은 자를 훈계하기 위한 수단인 것을 알려준다.

22 그리산티는 "밧세바와의 범죄가 다윗 언약의 소개에 곧바로 뒤따라오는 것은 언약의 무조건성을 보여준다는 점에서 문맥적으로 중요하다"고 말한다. See M. Grisanti, "The Davidic Covenant," *TMSJ* 10/2 (1999), 243. 왈트케도 언약의 소개에 뒤이어 다윗의 범죄행위가 서술되는 것에 주목하고 이런 배열이 갖는 의도를 다음과 같이 설명한다; "By this arrangement he subtly instructs us that the beneficiaries' darkest crimes do not annul the covenants of divine commitment." See Waltke, "The Phenomenon of Conditionality," 131. 이와 유사하게 폰라드도 "처음에 왕위의 영원한 존속에 대한 하나님의 약속이 주어지고, 그런 다음 왕위가 무서운 혼란 속으로 빠져들게 되는 것을 보게 되는데" 이는 "역사의 모든 혼란 속에서도 하나님께서 다윗의 왕위를 보존하신다는 것을 나타내고자 하는 저자의 관심"을 반영하는 것이라고 설명한다. See G. von Rad, "Der Anfang der Geschichtsschreibung im alten Israel," in: ders., *Gesammelte Studien zum Alten Testament* (TB 8) (München: Kaiser Verlag, 1971), 186.

목록(삼하 20:23-26) 또한 유사한 기능을 한다. 이들 두 목록들은 모두 다윗의 신하들의 명단들을 담고 있다. 그런데 전자는 다윗이 이방민족들을 정복하고 백성들을 공과 의로써 다스린 것을 배경으로 하는 것인 만큼 다윗 왕권이 견고하게 세워졌다는 것을 표시하는 기능을 한다. 그러나 뒤의 목록은 다윗이 자신의 범죄로 인해 많은 어려움을 겪은 후 가까스로 왕권을 회복한 것을 배경으로 한다. 그러므로 이 목록은 징계의 과정을 겪은 후 다윗의 왕권이 다시 회복되었음을 확인해주는 기능을 한다고 보는 것이 옳다.23 이와 같은 글의 구성은 다윗 왕권이 가진 모든 문제에도 불구하고 그의 왕위를 견고히 하시겠다는 하나님의 약속이 불변하다는 것을 잘 나타낸다.

### 2.3 언약의 장애물

그럼에도 불구하고 다윗이 범한 죄를 가볍게 보아서도 안 된다. 다윗의 범죄는 자신과 자신의 왕가는 물론이고 이스라엘 전체에 끔찍한 재앙을 몰고 왔다. 하나님은 선지자 나단을 통해 다윗의 집에 지속적으로 칼이 떠나지 않을 것과 재앙이 일어날 것과 다윗의 아내들이 타인에 의해 유린 당하게 될 일을 말씀하셨다(삼하 12:10-11). 뿐만 아니라 하나님은 다윗과 밧세바 사이에 태어난 아이까지 죽게 될 것이라고 말씀하셨다(삼하 12:14). 나단 선지자가 언급한 이 모든 재앙들은 신명기 28장에 소개된 이른바 언약 파기자에게 임할 언약의 저주들을 연상케 만든다. 크라소베츠 (J. Krašovec)가 잘 지적한 것처럼 사무엘하 7장 14절에 언급된 "사람의 매"(שֵׁבֶט אֲנָשִׁים)와 "인생의 채찍"(נִגְעֵי בְּנֵי אָדָם)은 시내산 언약의 "무서운 위협들"과 다르지 않다.24 이런 이유로 다윗언약은 시내산 언약의 규약들

---

23 Cf. J. W. Flanagan, "Court History or Succession Document? A Study of 2 Samuel 9-20 and 1 Kings 1-2," *JBL* 91 (1972), 177: "The narrative is introduced by a list of David's court officers in 8:16-18 and is closed by a similar list in 20:23-26. The balance of the doublet-lists is the author's way of stating that the situation at the end of the narrative was the same as it had been at the beginning."

(stipulations)을 그대로 이어 받는다고 보아야 한다. 메릴(E. H. Merrill)이 말한 것처럼 다윗언약은 시내산 언약에 "종속"(adjunct)된다.

그러므로 다윗은 예고된 재앙들(언약의 저주들)을 모두 겪는다. 이 재앙들은 다윗의 회개와 그에 따른 하나님의 용서에 뒤따라오는 것이기에 말 그대로 "저주"나 "형벌"이 아닌 훈육을 위한 "징계"로 이해하는 것이 바람직하다. 즉, 다윗으로 하여금 죄가 얼마나 심각한 결과를 낳으며, 죄는 하나님의 무서운 진노를 불러일으킨다는 사실을 깨닫게 하는데 재앙들의 목적이 있다는 말이다. 요컨대 하나님이 견고하게 하시려는 다윗의 왕위는 결코 죄와 병립할 수 없다는 것이 사무엘하 9-20장에 소개된 죄와 징계의 역사가 보여주고자 하는 바이다.

그러나 무엇보다 중요한 것은 징계의 결과이다. 다윗은 압살롬의 반역으로 거의 왕위를 잃게 되는 위기를 맞는다. 특히 다윗이 기드론 시내를 건너 요단 강 동편지역인 마하나임으로 피신해간 것은 훗날 다윗 왕가가 범죄 함으로 인해 왕과 백성들이 동쪽(바벨론)으로 사로잡혀 갈 것을 미리 보여주는 듯하다(cf. 왕하 24장). 또한 다윗이 우여곡절 끝에 요단강을 건너 예루살렘의 왕궁으로 귀환한 것은 바벨론으로 사로잡혀갔던 유다의 포로들이 다시 본토로 귀환할 것을 예시한다고 이해할 수 있다. 여기서 주목해야 할 것은 다윗의 회복(귀환)이 철저하게 하나님께 의존되어있다

---

24 J. Krašovec, "Two Types of Unconditional Covenant," *HBT* 18 (1996), 67. 멘덴할은 이스라엘에 왕국이 세워지면서 "하나님의 주권"(the Imperium of God)이란 고대의 개념이 종말을 고하게 되었다고 하며 다윗전통을 고대의 모세전통과 대립관계에 있는 것으로 본다. See G. E. Mendenhall, *The Tenth Generation. The Origins of Biblical Tradition* (Baltimore: The Johns Hopkins University Press, 1973), 87. 그러나 "모세 언약이 아브라함 언약에 종속되듯 다윗 언약은 모세 언약에 종속된다"고 한 메릴의 관점에 주목할 필요가 있다. 메릴의 설명을 더 들어보자: "To put in other terms, the Mosaic covenant provided for the nation Israel to assume servant responsibilities as the seed of Abraham, and the Davidic covenant supplied to the servant nation a royal governance that would facilitate that function as well as dramatize the ideal rule intended by the Lord from the day of creation." See Merrill, *Everlasting Dominion*, 439.

는 점이다. 다윗이 법궤를 메고 자신을 따르는 제사장에게 한 말 - "보라 하나님의 궤를 성읍으로 도로 메어 가라 만일 내가 여호와 앞에서 은혜를 입으면 도로 나를 인도하사 내게 그 궤와 그 계신 데를 보이시리라"(15:25) - 과 하나님께서 다윗의 기도를 들으시고 아히도벨의 모략을 무너뜨릴 후새를 보내주신 사실(15:31-32)이 이를 뒷받침해준다. 압살롬과의 전쟁에서 다윗이 하나님의 개입으로 승리를 얻게 된 사실도 간과되어서는 안 된다(cf. 18:6-8).25 이런 점들은 다윗이 하나님의 도우심으로 인해 왕위를 회복할 수 있었다는 것을 잘 보여준다.26

사무엘하 24장도 같은 사실을 말해준다. 이 장은 다윗이 잘못된 인구조사를 하여 하나님의 진노를 불러일으키고 그 결과 재앙을 겪는 내용을 담고 있다는 점에서 사무엘하 9-20장과 주제 면에서 평행을 이룬다.27 그런데 독자의 관심을 사로잡는 것은 다름 아닌 하나님의 갑작스러운 태도변화이다. 단에서부터 브엘세바에 이르기까지 백성들에게 재앙이 내리던 중 천사가 예루살렘을 멸하려 하자 하나님은 돌연 "마음 아파하시며"(נחם의 니팔형) 내리시던 재앙을 거두셨다(16절). 하나님이 이렇게 하신 이유가 무엇일까? 이야기는 여기서 끝나지 않는다. 하나님은 선지자 갓을 보내 다윗으로 하여금 여부스 사람 아라우나의 타작마당에 제단을

---

25 "숲이 백성들을 크게 삼켰다"(וַיֶּרֶב הַיַּעַר לֶאֱכֹל בָּעָם)는 진술은 여호와의 전쟁에서 흔히 있는 현상 곧 여호와가 자연현상을 이용하여 적들을 무찌르신 일을 연상케 한다(cf. 수 10:11).

26 Cf. C. J. Goslinga, *I Samuël* (Kampen: Kok, 1968), 23: "Hij [the author of the books of Samuel] mocht er niet van zwijgen dat door Davids eigen toedoen zijn rijk en zijn koningschap aan de rand van de ondergang is gebracht en alleen door Gods alvermogende hulp voor totale ineenstorting is behoed. Hij mocht niet nalaten te doen uitkomen how het bestaan en het voortbestaan van het rijk Israël eniglijk en alleen gewaarborgd was door trouw van God zelf, en niet voor het geringst deel door de begaafdheid zelfs vann een brillante als koning David."

27 Cf. H. H. Klement, *II Samuel 21-24. Context, Structure and Meaning in the Samuel Conclusion* (EUS 682) (Frankfurt a.M.: Peter Lang, 2000), 82; Jin Soo Kim, *Bloodguilt, Atonement, and Mercy. An Exegetical and Theological Study of 2 Samuel 21:1-14* (EUS 845) (Frankfurt a. M.: Peter Lang, 2007), 203-204.

쌓게 하셨으며(18-19절), 다윗은 하나님의 말씀에 따라 제단을 쌓고 그 위에 여호와를 위한 번제와 화목제를 드렸다(20-25a). 본문 기자는 이 일이 있은 후에야 비로소 하나님이 그 땅을 위해 기도를 들으셨고 재앙이 이스라엘 백성에게서 물러갔다고 밝힌다(25b).

하나님께서 왜 예루살렘을 보시자 마음을 바꾸셨을까? 다윗이 쌓은 제단은 어떤 의미에서 중요한가? 본문은 이 의문들에 대해 분명한 답을 제시하지 않는다. 그러므로 넓은 맥락을 살펴 문제를 해결하는 것이 최선책이다. 첫 번째 질문과 관련하여, 예루살렘은 다윗이 직접 여부스 사람에게서 빼앗아 자신의 왕도로 삼은 곳이란 사실에 주목해야 한다(삼하 5:6-10 참조). 예루살렘이 다윗의 왕도란 사실은 이 도시가 다윗 왕가와 동일시될 수 있다는 의미이다. 그러므로 예루살렘과 관련하여 나타나는 하나님의 태도변화는 다윗 왕가를 향한 그분의 마음가짐의 표현이라고 보아야 한다. 하나님께서 예루살렘이 진멸당할 위기에 놓이자 "재앙"(הָרָעָה)에 대하여 "마음 아파하셨다"는 것은 그분이 다윗 왕가를 긍휼히 보셨음을 의미한다. 과연 하나님의 이 긍휼의 마음은 어디서 온 것일까?

사무엘하 23장 5절에서 다윗은 자신의 "모든 구원"(כָל־יֵשַׁע)과 "모든 즐거움"(כָל־חֵפֶץ)이 하나님께서 그에게 주신 "영원한 언약"(בְּרִית עוֹלָם)으로부터 나온다고 고백한다. 특히 다윗은 이 고백이 "여호와의 영"(רוּחַ יְהוָה)에 의한 것이라고 밝힌다(2절). 따라서 다윗이 경험한 모든 구원은 언약에 기초한다는 명제가 성립되고, 이 명제는 다윗의 개인적 사상이 아니라 하나님의 계획을 나타낸다고 말할 수 있다. 이런 이해를 바탕으로 사무엘하 24장을 읽으면, 다윗 왕가를 향한 하나님의 긍휼은 하나님과 다윗 사이에 존재하는 언약관계로부터 온 것이라고 설명할 수 있다. 달리 말하자면 하나님은 다윗과의 언약을 기억하시고 다윗의 왕도인 예루살렘을 보호하셨다. 또한 사무엘하 7장 12-16절을 배경으로 이 본문을 읽으면, 하나님께서는 다윗의 왕위를 영원히 견고하게 하시리라는 약속에 근거하여 그의 왕도(예루살렘)를 지키셨다고 할 수 있다.

그렇다면 하나님이 다윗에게 제단을 세우도록 하신 이유는 무엇일까? 다윗은 이 제단에서 "번제들"(עלות)와 "화목제들"(שלמים)을 드렸다. 구약의 제사제도에 비추어볼 때 "번제"와 "화목제"는 "속죄"(atonement)와 "친목"(fellowship)을 목적으로 한다(레 1:3, 4; 신 27:7).[28] 따라서 하나님은 다윗의 죄를 속죄하고 그와의 관계를 회복할 의도를 가지셨다는 이해가 가능하다. 여기서 언약이 작동하는 방식이 더 분명해진다. 언약관계는 하나님의 긍휼을 불러일으키는 동인이지만, 죄를 간과하게 만드는 방편은 아니다. 그러므로 하나님은 속죄의 방편을 통해 죄 문제를 처리하시는 방식으로 언약관계를 유지하신다.[29] 사무엘하 24장이 가르치는 이 언약신학은 사무엘하 7장과 9-20장에 이미 내포되어있다. 그곳에서 언약관계는 변함이 없는 것으로 보장되지만, 죄의 문제가 결코 간과되지 않을 것 또한 천명되기 때문이다. 사무엘하 24장에 이르면 하나님의 긍휼에 따라 속죄의 방식을 통해 죄의 문제가 처리된다는 사실이 명확해진다.

## 2.4 언약의 수혜자

위에서 살펴본 바에 의하면 다윗 언약은 하나님이 주권적인 뜻에 따라 다윗의 왕위를 영원토록 견고하게 하시겠다는 약속이며, 이 약속의 수혜자인 다윗 자손이 죄를 범할 경우 징계가 따를 것이나 언약관계에서 흘러나오는 하나님의 긍휼은 "번제"와 "화목제"의 방편과 결합하여 다윗 왕가의 지속을 담보하고 보장한다. 그렇다면 다윗 언약이 일반 백성들에게는 어떤 의미를 갖는가? 알려진 바와 같이 왕은 하나님이 백성들을 다스리도록 임명한 "지도자"(נגיד)

---

[28] Cf. R. B. Dillard, T. Longman III, *An Introduction of the Old Testament* (Michigan: Zondervan, 1994), 79.

[29] 구약에서 속죄는 죄인 당사자 대신 짐승을 제물로 받침으로써 이루어졌기에 죄인으로서는 속죄가 곧 하나님의 긍휼을 경험하는 통로였다고 해도 지나친 말이 아니다.

이자 백성들과 더불어 언약을 맺은 자이므로 백성들과 깊은 연대관계에 있다(삼상 9:16-17; 삼하 5:3). 사울 왕이 기브온과의 언약을 깬 죄로 인해 전체 이스라엘 백성에게 삼 년의 기근이 임한 것은 왕과 백성사이의 연대관계를 잘 보여준다(삼하 21:1-14).[30] 따라서 다윗 언약 또한 단순히 다윗 왕가만을 위한 것이 아니라 백성 전체와 관계되는 것이라고 보아야 한다.

이것은 하나님께서 다윗과 더불어 언약을 체결하시면서 하신 말씀들 속에 잘 나타난다. 사무엘하 7장 7절에 "내 백성 이스라엘"(אֶת־עַמִּי אֶת־יִשְׂרָאֵל)이란 표현이 나오며, 8절에도 "내 백성 이스라엘"(עַל־עַמִּי עַל־יִשְׂרָאֵל)이란 표현이 나오고, 10절과 11절에도 거듭 "내 백성 이스라엘"(עַל־עַמִּי יִשְׂרָאֵל לְעַמִּי לְיִשְׂרָאֵל)이란 표현이 나타난다. "내 백성"(עַמִּי)이란 관계성을 함축하는 말이다. 그것은 하나님과 이스라엘의 긴밀한 관계를 나타낸다. 이스라엘은 하나님의 소유된 백성이란 의미이다. 이 중요한 표현이 네 번씩이나 반복되는 이유는 하나님의 의중이 어떠하다는 것을 드러내기 위해서이다. 하나님은 다윗과 언약을 맺으시는 중에 한 순간도 백성을 잊지 않으셨다. 마치 하나님은 백성을 위하여 언약을 맺으신다는 인상을 줄 정도로 백성에게 큰 관심을 기울이신다.

10-11절은 이 사실을 더욱 명확하게 알려준다: "(10절) 내가 또 내 백성 이스라엘을 위하여 한 곳을 정하여 저희를 심고 저희로 자기 곳에 거하여 다시 옮기지 않게 하며 악한 유(類)로 전과같이 저희를 해하지 못하게 하여 (11절) 전에 내가 사사를 명하여 내 백성 이스라엘을 다스리던 때와 같지 않게 하고 너를 모든 대적에게서 벗어나 평안케 하리라 여호와가 또 네게 이르노니 여호와가 너를 위하여 집을 이루고." 10절에서 하나님은 이스라엘 백성을 안전한 곳에 거하게 하시겠다고 말씀하신 후, 11절에서 이 일을 어떻게 이루실 것인지를 밝히신다. 하나님은 더 이상 사사시

---

[30] Cf. J. S. Kaminsky, *Corporate Responsibility in the Hebrew Bible* (JSOTS 196) (Sheffield: Sheffield Academic Press, 1995), 109.

대와 같이 사사들이 백성을 다스리게 하지 않고, 대신 "너(다윗)를 모든 대적에게서 벗어나 평안케 하리라"고 말씀하신다. 앞에서 하나님은 "이스라엘 백성"을 안전한 곳에 두시겠다고 하셨는데, 여기서는 하나님이 평안케 하실 대상으로서 "너"("다윗")가 언급된다.

이 변화(이스라엘 백성 → 다윗)는 하나님께서 이스라엘 백성과 다윗을 동일시하고 계신다는 사실을 보여준다. 하나님의 생각 속에 다윗과 이스라엘이 하나이기 때문에 이스라엘 백성의 안전에 대해 말씀하시다가 곧이어 다윗의 평안에 대해 말씀하실 수 있었다는 말이다. 하나님의 관점에는 이스라엘의 안전과 다윗의 평안이 하나로 연결된 문제였다. 따라서 하나님이 다윗과 언약을 맺으신 까닭은 사실상 백성을 위해서였다는 말은 조금도 과장이 아니다. 다윗 언약 속엔 일반 백성도 포함되며, 다윗 왕가의 왕들뿐 아니라 일반백성도 동일하게 언약의 수혜자가 된다. 하나님은 다윗과 더불어 언약관계에 들어가시면서 동시에 이스라엘 백성과도 언약관계에 들어가셨다. 하나님께서 다윗과 언약을 맺으심으로써, 즉 그것을 수단으로 삼아 일반 백성과 긴밀한 사랑과 헌신의 결속관계를 맺으셨다는 말이다.

이는 하나님이 나단 선지자를 통해 다윗에게 하신 말씀 - "나는 그에게 아버지가 되고 그는 내게 아들이 되리니"(삼하 7:14a) -에서 추론할 수 있는 바이기도 하다. 원래 인간은 하나님의 형상대로 지음 받았기 때문에 창조의 관점에서 하나님의 아들이라고 할 수 있다. 창세기 5장 1-3절은 하나님이 자신의 형상대로 아담을 지었으며, 아담은 자기 형상과 같은 아들을 낳았다고 언급한다. 이 언급에 따르면 아들은 아버지로부터 형상을 물려받는 자이다. 아버지와 아들 간의 이런 관계는 하나님으로부터 형상을 부여받은 인간이 하나님의 아들로 간주될 수 있음을 시사한다. 그러나 인간의 타락은 하나님이 인간창조 그 자체를 "마음 아파하시는"(נחם의 니팔형) 상황으로 이어졌고(창 6:6), 그 결과 처음 세상은 홍수로 심판받게 된다.

홍수 후 하나님은 아브라함을 통해 새로운 아들을 일으키셨다. 출애굽기 4장 22절에 따르면 하나님은 이스라엘 백성을 가리켜 "내 아들 내 장자"(בְּנִי בְכֹרִי)라고 말씀하신다.

이런 배경에 비추어보면 다윗 왕가와 이스라엘 백성과의 관계는 더욱 분명해진다. 다윗 왕가의 왕은 창조시 아담이나 아브라함의 자손인 이스라엘 백성과 마찬가지로 하나님의 아들이다. 그런 점에서 다윗 왕가의 왕은 기능적으로 아담의 역할과 이스라엘의 역할을 이어받을 뿐만 아니라[31] 존재론적으로 하나님과의 관계에서 아담이나 이스라엘과 동일한 위치에 있다고 할 수 있다: **왕이 하나님의 아들인 만큼 백성도 하나님의 아들이다**. 이런 관점은 왕이 자신의 형제들(백성들을 의미함) 위에 마음을 높이지 말아야한다는 신명기 17장 20절의 가르침에도 내재되어 있는 것으로 보인다. 왕과 마찬가지로 백성들 또한 하나님의 아들이기에 왕은 백성들 위에 군림하는 자가 아니라 그들을 대표하는 자로 이해되는 것이 옳다.[32] 따라서 다윗 언약에서 다윗 왕가에 약속된 모든 사항들은 다윗 왕가의 왕이 대표하는 모든 백성들에게도 그대로 해당된다고 보아야 마땅하다. 백성들도 다윗 언약 안에서 견고한 나라를 약속받은 것이며, 그들이 죄를 범할 경우 징계는 있겠지만 언약관계에서 흘러나오는 하나님의 긍휼은 그들에게 속죄와 화목의 길을 여심으로써 언약백성으로서의 존속을 담보하고 보장한다.

---

[31] See Gentry and Wellum, *Kingdom through Covenant*, 397-398. 다윗 왕가의 왕이 창조시 아담의 역할을 이어받는다는 말은 다윗 왕가를 통해 창조시 하나님이 세상과 인류를 위해 가지셨던 계획이 유지되고 성취된다는 의미로 이해될 수 있다. 그러므로 다윗이 자신의 왕가를 향한 하나님의 약속을 "사람의 법"(תּוֹרַת הָאָדָם)이라고 부른 것은 납득할만한 일이다(삼하 7:19). 다윗 언약에 전체 인류의 미래가 달려있기 때문이다. Cf. Kaiser, *Toward an Old Testament Theology*, 152-155.

[32] Cf. Gileadi, "The Davidic Covenant for Corporate Protection," 160: In the analogy of suzerain-vassal relationships, David's designation as YHWH's "son" and "firstborn" (2 Sam 7:14; Pss 2:6-7; 89:27) legitimized him as Israel's representative – as the embodiment of YHWH's covenant people, also called his "son" and "firstborn" (Exod. 4:22).

## 2.5 언약의 지향점

다윗 언약의 특성을 살필 때 간과하지 말아야 할 것이 한 가지 더 있다. 앞에서 언급한 것처럼 다윗 왕가의 왕은 기능적으로 아담의 역할을 이어받는다. 그러므로 왕의 기능을 이해하기 위해서는 아담의 역할이 무엇이었는지를 살펴볼 필요가 있다. 창세기의 창조기사에 따르면 아담은 하나님의 형상대로 창조되었으며, 땅을 정복하고 온갖 생물들을 다스리는 왕적 임무를 부여받았다(창 1:28). 젠트리(P. J. Gentry)와 벨럼(S. T. Wellum)은 창세기 1장 27-28절의 구조분석을 통해 아담이 하나님의 형상대로 창조된 것은 세상을 다스리는 능력과 권세를 갖게 하는데 그 목적이 있다고 설명한다.[33] 그렇다면 아담이 수행할 왕적 기능과 하나님의 형상 사이에는 구체적으로 어떤 관계가 있는가? 필자는 이 문제에 대해 다음과 같이 설명한 바 있다:

> 하나님의 형상과 인간의 왕권이 서로 연결되는 것은 인간이 행사하게 될 왕권의 성격을 규정해주는 의미가 있다고 생각된다. 즉 하나님이 인간을 자신의 형상대로 창조하신 것은 인간이 왕권을 행사하되 하나님을 반영하는 방식으로 그렇게 해야 된다는 의미이다. 인간은 하나님을 떠나서, 하나님과 무관하게 통치권을 행사해서는 안 되는 존재이다. 인간은 하나님의 형상처럼 기능하도록 창조된 존재이기 때문이다. 하나님의 형상과 같은 존재로서 하나님이 통치하시는 것처럼 하나님의 뜻에 따라 세상을 다스려야 한다. 이런 면에서 인간은 하나님의 대리 통치자의 위치에 있다고 할 수 있다. 따라서 인간이 하나님의 형상대로 지어졌다는 것은 그가 하나님의 대리 통치자로 지어졌다는 것의 다른 표현이라고 할 수 있다.[34]

위의 설명은 다윗 왕가의 왕에게도 그대로 해당된다. 다윗 왕가의 왕들도 아담처럼 왕의 임무를 수행해야 하며, 아담이 하나님의 형상을

---

[33] See Gentry and Wellum, *Kingdom through Covenant*, 188-189.
[34] 졸고, "구약 이스라엘 역사서술의 과제," 신학정론 32/2 (2014), 219.

지닌 자로서 하나님의 아들의 위치에 있었던 것처럼 다윗 왕가의 왕들 또한 하나님의 아들의 위치에 있다(삼하 7:14). 따라서 왕은 아담의 기능을 이어받는 하나님의 대리 통치자로 보는 것이 옳다.35 다윗 왕가에게 주어진 하나님의 약속이 "사람의 법"(תוֹרַת הָאָדָם)으로 간주되는 것에도 주목할 필요가 있다(삼하 7:19). 그것은 다윗언약이 인류 일반의 운명 곧 인류 전체를 향한 하나님의 계획과 관계된다는 사실을 나타낸다. 인간을 하나님의 형상으로 지으신 하나님의 창조의도가 다윗 왕가를 통해 유지되고 그 성취를 향해 전개된다는 의미에서 다윗언약이 "사람의 법"으로 일컬어진다는 말이다.36

다윗 계열의 왕이 태초의 아담처럼 하나님의 대리 통치자로서 기능하도록 되어있었다는 사실은 다윗이 자신의 왕도 예루살렘에 법궤를 메어 올린 일에서도 확인된다. 이 일은 단순히 "새롭게 생겨난 국가"와 부족 연맹을 기반으로 하는 "이스라엘의 옛 질서"를 연결하기 위한 정치적 시도만으로 보아서는 안 된다.37 덤브렐(W. J. Dumbrell)이 잘 설명한 것처럼 하나님의 통치의 보좌인 법궤가 예루살렘으로 운반되었다는 것은 그곳에 여호와의 왕권이 세워졌다는 것을 의미한다.38 예루살렘에 자신의 보좌를 둔 하나님은 법궤에 보관된 언약의 말씀(십계명)으로써 자기 백성과 세상을 통치하실 것이다. 그러므로 왕은 율법 책을 늘 곁에 두고 그 가르침에 따라 왕의 직무를 수행하여야 한다(신 17:18-19).

---

35 Cf. Dumbrell, *Covenant and Creation*, 228: "David therefore is operating as Yahweh's vice-regent, operating … as the 'divine image'."

36 덤브렐은 "사람의 법"을 "인류의 헌장"으로 이해하면서 다윗언약의 의미를 다음과 같이 설명한다: "The Davidic covenant as the 'charter of the humanity' seem to prefigure in political terms, the establishment of divine government through a human intermediary so that the full intentions of the divine purpose for the race, expounded in Gen. 1-2, in term of man as the image, might be achieved." See W. J. Dumbrell, "The Davidic Covenant," *RTR* 39 (1980), 47.

37 See J. Bright, *Covenant and Promise. The Prophetic Understanding of the Future in Pre-Exilic Israel* (Philadelphia: The Westminster Press, 1976), 52.

38 See Dumbrell, *Covenant and Creation*, 215.

그렇지 않을 경우 왕은 하나님의 징계를 피할 수 없다(삼하 7:14b). 하나님과 왕의 이런 관계는 왕이 하나님의 "청지기"(steward)이자 "대리인"(representative)임을 잘 나타낸다.

이렇게 보면 예루살렘에 성전이 지어지는 것은 당연한 일이었다. 성전은 하나님의 통치의 보좌인 법궤를 안치하는 장소로서 하나님의 지상 궁전에 해당하기 때문이다. 그런데 이상하게도 하나님은 성전을 짓고자 하는 다윗의 의도를 막으셨다. 대신 하나님은 다윗의 몸에서 날 그의 "씨"(זֶרַע)가 성전을 지을 것이라고 하셨다(삼하 7:12-13). 칼슨(R. A. Carlson)에 따르면 이것은 다윗 자신에게 어떤 도덕적, 영적 결함이 있어서가 아니라 다윗에게 주어진 **역사적 임무** 때문이었다.39 다윗의 임무는 성전을 건축하는 것이 아니라 이방 적들을 모두 정복하여 이스라엘 땅에 참다운 안식을 가져오는 것이었다. 다시 말해 다윗의 임무는 이방 적들과 상대하여 "여호와의 전쟁들"(מִלְחֲמוֹת יְהוָה)을 수행하는 일이었다(삼상 25:28). 다윗 언약이 체결될 당시는 어느 정도 안식이 이루어졌으나(삼하 7:1), 아직 완전한 안식의 상태는 아니었다. 하나님께서 다윗에게 주신 약속 - "너를 모든 원수에게서 벗어나 편히 쉬게 하리라"(삼하 7:11aβ) - 은 다윗시대에 완전한 안식이 이루어지지 않았음을 단적으로 보여준다. 열왕기 기자는 솔로몬의 말을 빌려 다윗의 시대가 전쟁의 시대였음을 다음과 같이 말한다:

> 내 아버지 다윗이 사방의 전쟁으로 말미암아 그의 하나님 여호와의 이름을 위하여 성전을 건축하지 못하고 여호와께서 그의 원수들을 그의 발바닥 밑에 두시기를 기다렸나이다(왕상 5:3).

전쟁의 시대에는 왜 성전이 지어지면 안 되었던 것일까? 이 질문에

---

39 Carlson, *David, the chosen King*, 119.

대한 답은 성전이 하나님이 거하시는 "안식의 집"(בֵּית מְנוּחָה)이었다는 사실에서 찾을 수 있다(대상 28:2). 시편 132편 14절에서 하나님은 성전을 가리켜 "이는 내가 영원히 쉴 곳(מְנוּחָתִי)이라"고 말씀하신다. 이렇게 성전이 하나님의 "쉴 곳" 또는 "안식의 집"인 까닭에 **전쟁의 시대에는** 성전이 지어져서는 안 된다.[40] 전쟁의 시대에 하나님은 자기 백성들보다 앞서 나아가 적들과 싸우셔야 한다. 따라서 전쟁의 시대에 하나님의 임재를 상징하는 법궤는 기동성이 있는 "장막과 성막 안에"(בְּאֹהֶל וּבְמִשְׁכָּן) 머물러야 한다(삼하 7:6). 다음 성경구절이 이 사실을 암시한다:

> 궤가 떠날 때에는 모세가 말하되 여호와여 일어나사 주의 대적들을 흩으시고 주를 미워하는 자가 주 앞에서 도망하게 하소서 하였고 궤가 쉴 때에는 말하되 여호와여 이스라엘 종족들에게로 돌아오소서 하였더라(민 10:35-36).

이제 다윗 시대에 왜 성전이 지어질 수 없었는지 분명해졌다. 다윗의 시대는 전쟁의 시대였던 만큼 하나님의 궤는 "안식의 집"인 성전에 머물 수 없었다. 성전건축의 과업은 솔로몬에게로 넘어갔다. 약속의 땅에 들어가고자 했던 모세의 꿈이 거절되고 가나안 정복의 사명이 여호수아에게 주어졌던 것처럼 말이다. 그러나 전체적으로 볼 때 다윗 왕가에게 성전건축의 사명이 주어졌다는 사실에는 변함이 없다. 위에서 설명한 것처럼 이것은 다윗 왕가의 왕이 성전에 거하시는 신적인 왕 여호와의 뜻을 받드는 대리 통치자라는 사실을 잘 나타낸다. 왕의 기능이 이러하기에 그를

---

[40] 클라인에 따르면 하나님이 성전에 거하시며 안식하신다는 말은 하나님이 성전에서 자기 백성을 통치하신다는 의미이다. See Kline, *Kingdom Prologue. Genesis Foundations for a Covenantal Worldview* (Eugene: Wipf & Stock, 2006), 33-41. 이렇게 이해하면 하나님이 적들을 물리치고 성전에서 통치(안식)하신다는 개념은 사무엘서가 소개하는 인간 왕의 역할과도 조화를 이룬다. 사무엘상 9장 16-17절에 따르면 왕의 기본적 임무는 적들을 물리치고 백성들을 다스리는 일이다.

통해 세워질 나라는 다름 아닌 하나님의 나라이다. 이 나라는 궁극적으로 하나님이 다스리시며 하나님의 뜻이 실현될 나라이다. 이로부터 다윗 언약은 하나님 나라의 실현을 그 궁극적 지향점으로 삼는다는 결론을 내릴 수 있다.

### 2.6 요약정리

사무엘서에 나타나는 다윗 언약의 특징은 다음 여섯 가지로 요약된다. 첫째, 다윗이 언약의 수혜자가 될 수 있었던 것은 다윗이 하나님께 바친 충성 때문이 아니라 하나님의 주권적인 뜻에 따른 것이다. 구약 정경은 다윗의 등장 자체가 하나님이 계획하시고 성취하신 일임을 분명히 한다. 둘째, 다윗의 왕위를 영원토록 견고하게 하는 것은 하나님의 확고한 의지이다. 때때로 다윗 왕가의 죄가 혼란을 불러오겠지만 그것은 어디까지나 훈육을 위한 징계의 성격을 가질 따름이다. 왕의 범죄로 인해 언약이 파기되는 일은 결코 없을 것이다. 셋째, 그럼에도 불구하고 죄가 가볍게 다루어지는 것은 결코 아니다. 한편으로, 하나님은 죄에 대해 무섭게 진노하시며, 징계를 통해 범죄자로 하여금 죄의 심각성을 깨닫도록 하신다. 다른 한편, 하나님은 언약에 근거하여 범죄자의 불행을 "마음 아파하시며"(נחם의 니팔형), 속죄의 방편을 통해 그들과의 관계를 회복하신다. 다섯째, 이스라엘 백성 전체가 "하나님의 아들"이듯 다윗 왕가의 왕 또한 "하나님의 아들"로 불린다. 이처럼 왕과 백성이 하나로 연합되어있기에 백성은 왕과 함께 언약의 수혜자가 된다. 여섯째, 다윗 왕가에게 신적인 왕궁인 성전건축의 사명이 주어졌다. 이는 다윗 왕가의 왕이 신적인 왕의 대리자로서 이 땅에 하나님의 통치가 실현되는 하나님의 나라를 건설해야 한다는 의미이다.

## 3. 열왕기와 다윗언약

### 3.1 새로운 요소들

앞에서 필자는 사무엘하 7장을 중심으로 다윗언약을 설명하려고 노력하였다. 그곳에서 파악할 수 있었던 사실은 다윗언약은 체결에서부터 궁극적인 성취에 이르기까지 모두 주권적으로 역사하시는 하나님의 뜻에 달려있다는 것이다. 하나님은 다윗에게 그의 왕위를 영원토록 견고하게 해주시겠다고 약속하셨으며(삼하 7:16), 그의 "씨"가 범죄하여 징계를 받게 된다고 할지라도 언약적 사랑인 "헤세드"를 빼앗기는 일은 없을 것이라고 보증하셨다(삼하 7:14-15). 이 보증은 너무도 분명하고 확고하여서 "무조건적"이란 느낌을 받을 정도이다. 그러기에 학자들은 사무엘하 7장에 언급된 다윗언약의 특성을 "무조건적"(unconditional)이라고 부르기도 한다.[41] 그러므로 사무엘하 7장이 소개하는 다윗언약은 하나님과 인간과의 관계의 유지와 성공을 궁극적으로 인간의 의무와 책임으로 돌리는 톰 라이트(N. T. Wright)의 신학과 상반된다.

그러나 열왕기로 넘어오면 새로운 사실이 발견된다. 열왕기의 곳곳에 다윗왕권의 지속이 하나님의 무조건적인 약속에 의해 보장되는 것이 아니라 율법에 대한 인간 왕의 순종여부에 달려있는 것처럼 설명하는 본문들이 나타난다. 이 본문들은 다윗언약이 인간 왕 편에서의 순종을 통해서만 유지될 수 있는 "조건적 언약"(conditional covenant)이란 인상을 강하게 준다. 가령, 열왕기상 2장 4절에서 다윗은 솔로몬에게 왕의 순종적 태도가 왕위의 유지를 위해 필수적인 요소임을 다음과 같이 강조한다:

"여호와께서 내 일에 대하여 말씀하시기를 만일 네 자손이 그 길을 삼가 마음을

---

[41] Cf. Bright, *Covenant and Promise*, 64; Dumbrell, *Covenant and Creation*, 225; Krašovec, "Two Types of Unconditional Covenant," 55-77.

다하고 성품을 다하여 진실히 내 앞에서 행하면 이스라엘 왕위에 오를 사람이 네게서 끊어지지 아니하리라 하신 말씀을 확실히 이루게 하시리라."

또한, 열왕기상 6장 11-13절에서 하나님은 솔로몬에게 다윗왕국의 운명이 왕의 율법순종과 밀접한 관계에 있음을 밝히신다:

"여호와의 말씀이 솔로몬에게 임하여 가라사대 네가 이제 이 전을 건축하니 **네가 만일 내 법도를 따르며 내 율례를 행하며 나의 모든 계명을 지켜 그대로 행하면** 내가 네 아비 다윗에게 한 말을 네게 확실히 이룰 것이요 내가 또한 이스라엘 자손 가운데 거하며 내 백성 이스라엘을 버리지 아니하리라 하셨더라."

더 나아가, 열왕기상 8장 25-26절에서 솔로몬은 하나님께서 선지자 나단을 통해 다윗에게 하신 왕위의 약속을 염두에 둔 듯이 다음과 같은 기도를 올린다:

"이스라엘 하나님 여호와여 주께서 주의 종 내 아비 다윗에게 말씀하시기를 **네 자손이 자기 길을 삼가서 네가 내 앞에서 행한 것같이 내 앞에서 행하기만 하면** 네게로 좇아나서 이스라엘 위에 앉을 사람이 내 앞에서 끊어지지 아니하리라 하셨사오니 이제 다윗을 위하여 그 허하신 말씀을 지키시옵소서 그런즉 이스라엘 하나님이여 원컨대 주는 주의 종 내 아비 다윗에게 하신 말씀이 확실하게 하옵소서."

마지막으로, 열왕기상 9장 4-7절에서 하나님은 다시금 다윗 왕가와 왕국의 미래가 율법에 대한 왕의 순종여부에 달려있음을 분명히 하신다:

"네가 만일 네 아비 다윗의 행함같이 마음을 온전히 하고 바르게 하여 내 앞에서 행하며 내가 네게 명한 대로 온갖 것을 순종하여 나의 법도와 율례를 지키면 내가 네 아비 다윗에게 허하여 이르기를 이스라엘 위에 오를 사람이 네게서 끊어지지 아니하리라 한대로 너의 이스라엘의 왕위를 영원히 견고하게 하려니와 **만일 너희나 너희 자손이 아주 돌이켜 나를 좇지 아니하며 내가 너희 앞에 둔 나의 계명과 법도를 지키지 아니하고 가서 다른 신을 섬겨 그것을 숭배하면 내가 이스라엘을 나의 준 땅에서 끊어 버릴 것이요 내 이름을 위하여 내가 거룩하게 구별한 이 전이라도 내 앞에서 던져 버리리니 이스라엘은 모든 민족 가운데 속담거리와 이야기 거리가 될 것이며."**

### 3.2 해석학적 관점

위의 본문들은 분명히 사무엘하 7장에 소개된 다윗언약의 내용과는 차이가 있어 보인다. 그러므로 체밧(M. Tsevat)은 무조건적인 약속처럼 보이는 사무엘하 7: 13b-16을 원래 다윗언약과는 무관한 후대의 "주석"(a gloss)으로 간주한다.42 체밧이 이렇게 보는 이유는 일반적으로 언약체결 시 언약의 책무가 언급되는데 반해 사무엘하 7:13b-16에서는 다윗에게 "무제한의 효력을 갖는 백지수표"(the blank check of unlimited validity)가 주어지고 있기 때문이다. 그러나 체밧의 주장은 과장이다. 왜냐하면 사무엘하 7:13b-16의 내용은 결코 "백지수표"와 같은 것이 아니기 때문이다. 하나님은 다윗 왕가의 왕이 범죄할 경우 징계할 것이라고 분명히 말씀하신다. 크라소베츠(J. Krašovec)가 잘 지적한 것처럼 사무엘하 7장 14절에 언급된 "사람의 매"와 "인생의 채찍"은 시내산 언약의 "무서운 위협들"과 본질적으로 아무런 차이가 없다.43 다윗 자신이 밧세바와의 스캔들로 인해 받게 된 "매"와 "채찍"은 신명기 28장에 나열된 언약의 저주들과 크게 다르지 않다.

체밧과 유사하게 존 브라이트(J. Bright)도 다윗언약을 다루는 본문

---

42 Tsevat, "Studies in the Book of Samuel," 73.

43 Krašovec, "Two Types of Unconditional Covenant," 67: "Is chastisement 'with the rod of men, with the stripes of the sons of men'(2 Sam 7:14) really different from the terrifying menaces as the Sinaitic covenant? In the Bible nearly all punishment is represented analogically, often anthropomorphically as the 'rod of men.'"

들 사이에 긴장이 있음을 지적한다. 즉, 사무엘하 7장과 같이 다윗 왕가에게 영원한 통치를 허락하는 "무조건적인 선포"(an unconditional decree)를 담고 있는 본문이 있는 반면, 왕권의 존속이 언약의 규정에 대한 순종에 달린 것으로 설명하는 본문이 있다는 것이다. 브라이트에 따르면 전자는 제왕신학의 발전과정에서 후대에 나타난 사상을 반영하며, 후자는 초기의 사상을 나타낸다.44 브라이트가 이렇게 생각하는 이유는 조건성을 강조하는 본문이 법궤를 중심으로 하는 고대 이스라엘의 제도와 질서에 더 부합되는 것으로 보았기 때문이다.45 그러나 브라이트는 모세언약 하에서도 이스라엘의 미래에 대하여 전적으로 낙관적인 전망이 있었다는 점을 충분히 고려하지 않은 듯하다. 신명기 33:26-29은 고대 이스라엘 백성이 그들의 하나님 여호와로 인해 가졌던 미래에 대한 자신감을 잘 보여준다.46

---

44 See Bright, *Covenant and Promise*, 64

45 Ibid., 52: "The Ark, the portable throne of the invisible Deity, had been the focal point of the old tribal league, the symbol of God's presence among his people. In bringing it to Jerusalem, David made that city the religious, as well as the political, capital of his realm and, what is more, forged a link between the newly created state and Israel's ancient order which enabled him to advertise the state as the legitimate successor of the tribal league and the patron and protector of the sacred institutions of the past."

46 브라이트 자신도 이것을 모르지 않았다. 그는 신명기 33장에서 볼 수 있는 "미래에 대한 넘치는 자신감"이 후대에 나타날 이스라엘 특유의 종말론의 "모판"(the seedbed)이 되었다고까지 말한다. See ibid., 48. 하지만 브라이트는 모세언약이 품고 있는 미래에 대한 낙관적 전망을 다윗언약의 무조건적 측면과의 관계 속에서 충분히 생각하지 못하였던 것 같다. 다른 한편, 덤브렐은 출애굽기 33-34장을 설명하는 논문에서 모세 언약이 처음부터 "무조건성의 현저한 특징"(the hallmark of unconditionality)을 갖는다고 설명한다. 덤브렐에 따르면, 이스라엘 백성이 금송아지 숭배로 인해 하나님으로부터 멀어졌으나 하나님께서는 모세를 세우셔서 이스라엘과의 관계를 지속하셨으며, 이는 모세 시대의 국가언약이 무조건적 특성을 갖는다는 사실을 입증한다. See W. J. Dumbrell, "The Propspect of Unconditionaity in the Sinaitic Covenant", in: A. Gileadi (ed.), *Israel's Apostasy and Restoration. Essays in Honor of Roland K. Harrison* (Grand Rapids: Baker Book House, 1988), 151-153. 크라소베츠는 "선택에 대한 모든 진술들과 심판의 모든 위협들이 강하게 긍정적인 경향을 띤 구원역사를 그 틀로 가진다"는 점을 지적하며, 시내선 언약도 "궁극적으로는 무조건적이요, 택하신 백성 이스라엘에 대한 하나님의 무조건적인 헌신에 기초한 것"이라고 설명한다. Krašovec, "Two Types of Unconditional Covenant," 68, 70. Cf. M. G. Kline, *Treaty of the Great King. The Covenant*

맥켄지(S. L. McKenzie)는 다윗언약과 관련하여 사무엘서와 열왕기 사이에 나타나는 긴장을 다른 방식으로 해결한다. 그는 사무엘하 7장의 무조건적인 약속은 솔로몬에게만 해당되며, 열왕기상 8장 25절과 9장 4-5절에 나타나는 조건적인 약속은 솔로몬 이후의 왕들을 염두에 둔 것이라고 설명한다.47 그러면서 그는 다윗의 집과 다윗의 나라가 "영원히 보전되고" 그의 왕위가 "영원히 견고하리라"는 사무엘하 7장 16절의 약속은 "한 국가로서 유다의 존속"을 설명해주는 이유가 된다고 말한다. 여기서 우리는 맥켄지의 논증에 일관성이 결여되었다는 인상을 받는다. "영원히"란 말이 한 국가로서의 유다의 존속기간을 염두에 둔 것이란 설명 자체가 사무엘하 7장의 약속이 솔로몬 시대를 넘어서는 측면이 있음을 인정하는 것이기 때문이다. 따라서 맥켄지가 굳이 사무엘하 7장의 어떤 부분을 솔로몬 시대에 국한시키고자 하는 것은 다분히 인위적이란 생각을 하지 않을 수 없게 만든다.

사무엘하 7장의 소위 무조건적인 약속을 솔로몬에게만 한정시킬 수 없는 결정적인 이유는 다른데 있다. 사무엘하 7장 12절에서 하나님은 다윗에게 "네 몸에서 날 네 씨를 네 뒤에 세워 그의 나라를 견고하게 하리라"고 약속하신다. 이 약속은 아브라함을 향한 하나님의 약속을 상기시켜준다. 하나님은 아브라함에게 장차 "큰 나라"(גּוֹי גָּדוֹל)가 생겨날 것이며, 이 나라를 다스릴 "왕"이 태어날 것을 약속해주셨다(창 12:2; 17:6 참조). 무엇보다도 하나님은 아브라함의 몸에서 날 "씨"에 대해 말씀하셨다(창 15:4; 22:17-18). 이는 곧 아브라함의 몸에서 날 "씨"가 "큰 나라"를 다스리는 "왕"이 될 것임을 암시한다(창 49:10 참조). 따라서 다윗 왕국("큰 나라")이 세워지고 다윗의 "씨"가 이 나라의 "왕"이 되는 것은 아브라함에게 주어진 약속의 성취라고 할 수 있다.

---

*Structure of Deuteronomy* (Oregon: Wipf & Stock, 2012), 39.
47 S. L, McKenzie, *Covenant* (New Haven: Yale University Press, 2009), 75.

또한, 창세기의 맥락에서 "아브라함의 씨"는 창세기 3장 15절에 소개된 "여인의 씨"와 불가분리의 관계에 있다는 사실도 고려할 필요가 있다. 이는 결국 "다윗의 씨"와 "여인의 씨"가 동일선상에서 한 대상을 가리킨다는 의미이다. 그러므로 사무엘하 7장 12절의 "다윗의 씨"는 창세기에 예언된 "아브라함의 씨" 및 "여인의 씨"와 더불어 다윗의 직접적인 후손(솔로몬)을 넘어 종말에 나타날 한 통치자를 그 궁극적인 지시대상으로 갖는다고 보는 것이 바람직하다.48 태초에 인류의 첫 조상에게 주어진 구원자의 약속이 다윗의 아들 솔로몬에게서 멈춘다고 볼 수는 없지 않는가? 헤밀톤(J. Hamilton)은 구약의 "씨"에 대한 약속들이 "메시야 기대"와 관련된다고 옳게 말한다.49

노트(M. Noth)는 사무엘하 7장의 무조건적인 약속과 달리 열왕기의 조건적인 약속은 소위 신명기적 역사가(Dtr)에게서 나온 것으로서, 이 역사가가 경험한 왕국의 형편을 반영한다고 말한다.50 이 역사가는 이미 다윗 왕국의 몰락을 경험한 사람이므로 무조건적인 약속을 조건적인 것으로 재해석할 수밖에 없었다는 것이 노트의 설명이다. 신명기적 역사의 이중편집을 주장하는 크로스(F. M. Cross)는 포로기의 한 편집자(Dtr$^2$)가 여러 면에서 희망적인 포로기 전의 초판(Dtr$^1$)을 개작(改作)한 결과 생겨난 것이 이른바 조건적인 약속을 담고 있는 본문들(왕상 2:4; 6::11-13; 8:25b, 46-53; 9:4-9)이라고 설명한다.51 크나펄스(G. Knoppers)도 크로

---

48 Cf. J. H. Sailhammer, *The Meaning of the Pentateuch. Revelation, Composition and Interpretation* (Illinois: IVP Academic, 2009), 312.

49 J. Hamilton, "The Seed of the Woman and the Blessing of Abraham," *Tyndale Bulletin* 58 (2007), 269: "If the phrase 'messianic expectation' is 'used to refer expectations focusing on a future royal figure sent by God who will bring salvation to God's people and the world and establish a kingdom characterised by features such as peace and justice,' and if the promises to Abraham are reaffirmed to David, perhaps it is not out of place to suggest that the promises to Abraham figure into messianic expectation."

50 See M. Noth, *Überlieferungsgeschichtliche Studien. Die sammelnden und bearbeitenden Geschichtswerke im Alten Testament* (Darmstadt: Wissenschaftliche Buchgesellschaft, 1957), 66, 70.

스의 입장을 좇아 열왕기서의 조건적인 본문들이 사무엘하 7장 13-16절의 약속들을 뒤집는 다윗언약의 "새로운 판본"(a new version)이라고 말한다.[52] 레벤슨(J. D. Levenson) 또한 열왕기의 조건적인 본문들은 왕국의 몰락을 경험한 신명기적 편집자(Dtr²)에게서 온 것으로서, 좋은 미래는 율법의 순종에 달려있다는 편집자의 관점을 반영한다고 주장한다.[53]

신명기적 편집설을 신봉하는 이들 학자들의 주장이 과연 옳은 것일까? 사무엘하 7장이 소개하는 다윗언약과 열왕기의 내용은 서로 충돌을 일으키는가? 반드시 그렇다고 볼 수는 없다. 우선 사무엘하 7장의 약속에도 "조건적"인 측면이 있다는 사실에 주의를 기울여야 한다. 하나님은 다윗에게 그의 "씨"가 범죄 하면 "사람의 매"와 "인생의 채찍"으로 징계할 것이라고 말씀하셨다(삼하 7:14b). 앞에서 언급한 것처럼 이 징계의 위협은 시내산 언약의 파기자에게 가해지는 언약의 저주에 견줄 수 있는 것이다. 다윗 자신이 언약법을 범한 결과 받게 된 징계의 매(아이의 죽음, 가족 내의 근친상간과 살육, 압살롬의 반역 등)는 실로 신명기 28장에 언급된 언약의 저주들과 크게 다르지 않다. 따라서 사무엘하 7장의 다윗언약이 다만 "무조건적"이라고 말하는 것은 과장이다.

그러므로 열왕기에서 다윗왕가의 존속이 왕의 율법순종에 달려있는 것으로 언급되는 것은 사무엘서의 내용과 크게 동떨어진 것이 아니다. 열왕기의 내용은 다만 사무엘서에 간단히 언급된 바를 보다 더 세밀하게

---

[51] See F. M. Cross, *Canaanite Myth and Hebrew Epic. Essays in the History of the Religion of Israel* (Cambridge: Harvard University Press, 1973), 287.

[52] See G. N. Knoppers, *Two Nations under God. The Deuteronomistic History of Solomon and the Dual Monarchies Vol. 1. The Reign of Solomon and the Rise of Jeroboam* (HSMM 52)(Atlanta: Scholars Press, 1993), 102.

[53] 레벤슨에 따르면 원래 다윗언약과 시내산 언약이 나란히 함께 있었으나 결국 시내산 언약이 승리하여 전자를 흡수하였다고 한다: "In this verse, the Sinaitic and Davidic covenants have, indeed, collided, and it is the Sinaitic which has emerged triumphant, in effect absorbing the other." See Levenson, "The Davidic Covenant and Its Modern Interpreters," 219.

강조할 뿐이다. 다시 말해 다윗언약과 관련하여 사무엘서와 열왕기에 나타나는 차이는 "내용상의 문제가 아니라 수사법상의 문제"(not so much a matter of content as of rhetoric)이다. 크라소베츠는 시내산 언약과 다윗언약의 차이도 사실은 수사적인 문제라고 하며 다음과 같이 말한다: "주된 강조점이 '하사'의 약속에 있을 경우, 심판의 측면은 필연적으로 종속될 수밖에 없다. 그러나 주된 강조점이 순종에 있을 때, 저자는 불순종의 경우 있을 수밖에 없는 무서운 불행들을 지적하는 것이 자신의 의무라고 느낀다. 그러나 위협의 목적은 멸망이 아니라 신실함 또는 회개로 이끌기 위한 것이다."54 이 관점에서 보면 열왕기에서 강조되고 있는 "조건적인" 측면 역시 솔로몬을 비롯한 다윗 왕가의 왕들을 신실한 하나님의 언약파트너로 이끌기 위한 **수사적 도구**(rhetorical device)로 받아들일 수 있다.

구약정경의 맥락 또한 이러한 해석방향을 지시한다. 다윗의 나라와 그의 왕위가 영원히 견고할 것이라는 사무엘서의 약속에 이어 순종의 중요성을 강조하는 열왕기의 본문이 뒤따르는 정경의 배열 배후에는 분명히 어떤 의도가 담겨있다. 우리는 그 의도가 사무엘서에 주어진 하나님의 약속이 얼마 지나지 않아 변경되었음을 알려주기 위한 것이라고 인정할 수 없다. 폰라드(G. von Rad)가 잘 설명하였듯이 성경의 역사는 하나님의 말씀이 땅에 떨어지지 않고 반드시 이루어지고 만다는 것을 보여주는데 깊은 관심을 기울인다.55 그러므로 사무엘서에서 다윗 왕국의 영원한 존속이 보장되고 곧이어 열왕기에서 왕위의 존속이 왕의 율법순종에 달려있는 것처럼 설명되는 것은 후자가 전자의 신학적 틀 안에서 이해되어야 한다는 정경적 의도를 나타낸다고 보는 것이 옳다. 즉, 왕들의 율법순종이 왕국의

---

54 Krašovec, "Two Types of Unconditional Covenant," 67.
55 See Rad, *Theologie des Alten Testaments Bd. 1*, 356: "Entscheidend über Leben und Tod des Gottesvolkes ist Gottes in die Geschichte gesprochenes Wort. Diese dtr Geschichtstheologie hat zuerst das Phänomen der Heilsgeschichte klar formuliert, nämlich als eines Geschichtslaufes, der durch fortgesetzt hineingesprochenes, richtendes und rettendes Gotteswort gestaltet und auf eine Erfüllung hingeführt wird."

유지와 번영을 위해 반드시 필요하고, 이 필요가 충족되지 않을 경우 심각한 혼란(심지어 왕국의 몰락과 성전의 파괴)이 야기되겠지만, 그럼에도 불구하고 다윗 왕국의 존속은 궁극적으로 보장된다는 말이다.56

열왕기의 소위 조건적 본문들에 나타나는 경고는 왕가와 왕국의 최종적인 몰락과 파멸에 대한 것이 아니다. 왕가가 무너지고 왕국이 몰락하는 일이 일어나더라도 그것은 일시적이요 잠정적인 일이다.57 다윗의 역사가 이것을 입증해준다. 다윗은 죄로 인해 많은 징계를 받았다. 그러나 이 징계와 더불어 언약으로부터 말미암는 하나님의 긍휼이 다윗을 회복으로 이끌었다. 특히 하나님은 범죄한 다윗에게 속죄의 방편(번제와 화목제)을 허락해주심으로써 하나님의 아들로서 다윗의 위치를 견고하게 하셨다(삼하 24:20-25a). 이러한 다윗의 이력은 훗날 다윗 왕국이 겪게 될 일을 미리 보여준다. 다윗이 왕위에서 쫓겨나 요단강 동편지역으로 도망할 수밖에 없었듯이, 유다의 백성들 역시 요단 강 저편 바벨론 지역으로 사로잡혀 갔다. 마찬가지로, 다윗이 하나님의 도우심으로 마침내 왕권을 회복한 것은 유다의 포로들이 칠십 년의 포로기 후 본국으로 돌아온 것을 예시한다. 무엇보다도 훗날 하나님의 백성은 다윗 왕가의 한 위대한 왕의 자기희생적 속죄제사로 인해 하나님과의 언약관계를 헤치는 죄의 문제를 완전히

---

56 Cf. Robertson, *The Christ of the Covenants*, 248: "The presence of threat of judgment on the condition of disobedience does not imply inherently a collapse of the certainty that God ultimately will succeed in his covenanted intention to redeem a people to himself. The question of 'conditional' versus 'unconditional' must be considered in this light." See also 김정우, "시편 89편의 성경신학적 기여 - 무조건적 언약 속에 있는 조건성의 수수께끼," 「신학지남」 57 (1990), 31: "그러므로 열왕기서에 나타나는 조건적인 구절을 보며 '다윗 언약을 조건화' 하였다고 볼 것이 아니라 다윗 언약 속에 있는 조건적 요소를 구체적으로 솔로몬과 연결시켜서 종속시켰다고 보는 것이 더 자연스러워 보인다. 사무엘하 7:14-16에 있는 조건성을 열왕기상에 있는 세 구절과 대치시키는 것은 정당하지 않다."

57 실로 선지자 예레미야는 유다 백성의 포로생활이 70년 만에 끝날 것이라고 예언하였고(렘 25:11-12; 29:10), 후대의 역사는 이 예언이 성취되었음을 알려준다(스 1:1-4; 단 9장 참조).

해결 받게 된다(사 53; 슥 13:1 참조).

이모든 사실을 고려할 때, 열왕기의 소위 조건적인 본문들은 다윗언약의 최종적인 실패 가능성에 대해 이야기하는 것이 아니라 왕들이 범죄할 경우 있을 수 있는 잠정적인 혼란과 어려움들을 경고하는 것으로 보는 것이 옳다.58

### 3.3 다윗의 "등불"

사실 열왕기에는 다윗의 왕위가 영원하리라는 사무엘서의 관점을 뒷받침하는 내용들이 계속해서 나타난다. 그 대표적인 예로 다윗의 "등불"에 대한 언급을 들 수 있다. 선지자 아히야는 솔로몬의 범죄행위로 인해 왕국이 분열될 것을 예언하는 가운데 다윗 왕가를 향한 하나님의 뜻을 이렇게 전하였다: "그(솔로몬)의 아들에게는 내가 한 지파를 주어서 내가 거기에 내 이름을 두고자 하여 택한 성읍 예루살렘에서 내 종 다윗이 항상 내 앞에 **등불**을 가지고 있게 하리라"(왕상 11:36). 이 말씀은 다윗 왕국이 비록 축소된 형태이긴 하지만 "항상" 존재할 것을 보장하고 있다.59 그뿐이

---

58 Cf. Gileadi, "The Davidic Covenant for Corporate Protection," 161-163: "In sum, the conditionality of the Davidic covenant, expressed in the words 'if his children forsake my law, and do not walk in my precepts'(Ps 89:30-31), could, as in Ahaz' case, affect adversely the protection of YHWH's people but not the continuity of the Davidic line. Although YHWH's people could be punished with the 'rod,' šēbeṭ, on account of a disloyal vasal, their king (compare Ps 89:32), the covenant with David of an enduring dynasty would remain intact (compare Ps 89:33-37; 1 Kgs 15:4-5)." See also D. N. Freedman, "Divine Commitment and Human Obligation. The Covenant Theme," *Interpretation* 18 (1964), 426: "The fate of individual kings or claimants was not guaranteed, but in the end the divine promise would be fulfilled. Historical contingency was balanced by theological certainty concerning the place of the house of David in the destiny of the nation."

59 "등불"(ניר)은 "하나님의 은혜로 점화된 빛"으로서 "다윗의 합법적인 통치"를 가리키는 은유이다. See R. Patterson and H. J. Austel, "1-2 Kings," in T. Longman III & D. E. Garland (eds.), *1 Samuel ~ 2 Kings* (EBC 3)(Michigan: Zondervan, 2009), 735. Cf. J. Gray, *I & II Kings* (OTL) (London: SCM Press, 1985), 297: "The 'light' (*nīr*)

아니다. 하나님은 선지자 아히야를 통해 다윗 왕국이 혼란을 겪다가 언젠가는 다시 이전처럼 회복될 것이라고 말씀하신다: "내가 이로 말미암아 다윗의 자손을 괴롭게 할 것이나 영원히 하지는 아니하리라"(왕상 11:39).

다윗 왕가에 대한 이 예언은 호세아 선지자의 글에서도 반향 된다. 호세아는 출애굽의 이미지를 사용하여 "유다 자손과 이스라엘 저손이 한 우두머리를 세우고 그 땅에서 올라올" 것과(호 1:11), 이 우두머리가 다윗 왕가의 왕이 될 것을 예언한다(호 3:5). 호세아와 동시대 선지자였던 아모스 역시 다윗왕국의 회복을 예언하였다: "그 날에 내가 다윗의 무너진 장막을 일으키고 그것들의 틈을 막으며 그 허물어진 것을 일으켜서 옛적과 같이 세우고"(암 9:11).

다시 다윗의 "등불" 이야기로 돌아가 보자. 열왕기 기자는 왕국분열 이후 유다의 두 번째 왕이었던 아비얌이 여호와 앞에 온전하지 못하였지만 그의 왕위가 흔들림이 없었다는 사실을 다음처럼 설명한다: "그의 하나님 여호와께서 다윗을 위하여 예루살렘에서 그에게 **등불**을 주시되 그의 아들을 세워 뒤를 잇게 하사 예루살렘을 견고하게 하셨으니"(왕상 15: 4). 이 말씀은 다윗에게 항상 "등불"을 주시겠다는 하나님의 말씀이 신실하게 지켜지고 있다는 것을 알려준다. 유다 왕 여호람의 행적에서도 같은 예를 찾아볼 수 있다. 여호람은 바알 숭배로 유명한 북왕국 왕 아합의 딸 아달랴를 아내로 맞이하고 아합 집안의 죄를 본받아 여호와 보시기에 악을 행하였던 인물이다. 그럼에도 불구하고 하나님은 그에게서 왕위를 빼앗지 아니하시고 그의 아들(아하시야)이 왕위를 물려받도록 하셨다. 이에 대하여 열왕기 기자는 다음과 같이 설명한다: "여호와께서 그의 종 다윗을 위하여 유다 멸하기를 즐겨하지 아니하셨으니 이는 그와 그의 자손에게 항상 **등불**을 주겠다고 말씀하셨음이더라"(왕하 8:19).

다윗의 "등불"에 대한 이런 말씀들은 다윗의 나라와 그의 왕위가

---

symbolizes the living representative of the house of the founder David (cf. II Sam. 14:7)."

영원히 견고할 것이라는 나단 선지자의 약속과 같은 선지자적 관점을 호흡하고 있음이 분명하다.

### 3.4 여호야긴의 석방

열왕기하 25장 27-30절에 나오는 여호야긴의 석방에 대한 기사는 열왕기가 사무엘서와 마찬가지로 다윗의 왕위가 영원할 것이라는 관점을 따르고 있음을 보여주는 또 다른 예이다. 여호야긴은 요시야의 아들 여호야김의 아들로서 유다의 왕으로 등극한 후 곧바로(597 BC) 바벨론으로 사로잡혀 갔다(왕하 24:15). 그런데 열왕기 기자는 자신의 책 끝에 여호야긴이 사로잡힌 지 37년 만에(561 BC) 감옥에서 풀려나 그와 함께 있는 다른 모든 왕들보다 높임을 받고 바벨론 왕의 식탁에서 먹는 특별대우를 받게 되었다는 사실을 기록으로 남기고 있다. 열왕기 기자가 이렇게 한 이유가 무엇일까? 필자의 판단으로는 다윗 왕가에 대한 하나님의 약속이 여전히 유효하다는 사실을 암시하는 것이 열왕기 기자의 의도이다.

그러나 여호야긴의 석방 기사에 대해 견해를 달리하는 학자들도 있다. 노트(M. Noth)는 열왕기하 25장 27-30절이 "새로운 미래의 여명"(das Morgenrot einer neuen Zukunft)을 알리는 것처럼 볼만한 아무런 이유가 없다고 주장한다. 노트에 따르면 본문에 이러한 견해를 가지게 해주는 조건들이 전적으로 결여되어있다. 열왕기 기자는 "그저 자기 특유의 조심성과 실제 일어난 사건에 대한 존중심 때문에 자기에게 알려진 이 마지막 사실을 유다 왕 역사의 주제로 알려주는 것일 뿐이다."[60] 멕켄지(S. L. McKenzie) 역시 이와 유사한 견해를 내세운다: "그러나 신명기 역사가(Dtr)는 '영원한' - 또는, 아마도 더 낫게는, '지속적' - 다윗 왕조의 약속이 유배를 넘어 그것의 지속을 요하였다고 믿을만한 어떤 분명한 이유도 주지 않는다."[61]

---

[60] Noth, *Überlieferungsgeschichtliche Studien*, 108.

그러나 모든 것에 대하여 꼭 "분명한 이유"(explicit reason)가 주어져야만 하는 것은 아니다. 성경기자는 때때로 "미묘한 암시"(subtle allusion)의 방법을 사용하기도 한다. 솔로몬이 태어났을 때 하나님께서 그에게 "여호와의 사랑받는 자"란 의미의 "여디디야"(יְדִידְיָה)란 이름을 지어주신 것은 그가 장차 다윗의 뒤를 이어 왕이 될 것을 암시하듯이 말이다(삼하 12:25 참조). 사실상 "암시"는 구약 내러티브에서 자주 사용되는 문학적 기법에 해당한다. 내레이터는 직접적이고 분명한 설명 대신 간접적이고 미묘한 암시를 통해 자신이 말하고자 하는 바를 보다 더 감동적이고 호소력 있게 전달한다.[62] 내레이터는 또한 인물이나 사건을 묘사함에 있어 장황한 설명 보다는 간결한 서술을 선호한다.[63] 내러티브의 이런 특징을 고려할 때 열왕기 기자가 단순히 "실제 일어난 사건에 대한 존중심 때문에" 여호야긴의 석방기사를 기록했다고 보는 것은 잘못이다. 볼프(H. W. Wolff)가 잘 지적한 것처럼 그런 해석은 "자료의 선택과 배열이 그(신명기 편집자)의 주제에 대하여 가지는 중요성과 잘 들어맞지 않는다."[64]

다른 한편, 열왕기하 25장 27-30절에 묘사된 여호야긴의 형편이 다윗

---

[61] McKenzie, *Covenant*, 73.
[62] Cf. I. Provan et al., *A Biblical History of Israel* (Louisville: Westminster John Knox Press, 2003), 91-93; 졸고, "구약 내러티브의 해석과 설교," 「신학정론」 30권 2호 (2012), 532-536.
[63] See Provan, ibid., 92: "... biblical narrators tend to be economical in their craft. They accomplish the greatest degree of definition and color with the fewest brushstrokes. Biblical stories, although written, are 'geared toward the ear, and meant to be listened to at a sitting. In a 'live' setting the storyteller negotiates each phrase with his audience. A nuance, an allusion hangs on nearly every word." Cf. R. Alter, *The Art of Biblical Narrative* (New York: Basic Books, 2011²), 22: "Finally, to understand **a narrative art so bare of embellishment and explicit commentary**, one must be constantly aware of two features: the repeated use of narrative analogy, through which one part of the text provides oblique commentary on another; and the richly expressive function of syntax, which often bears the kind of weight of meaning that, say, imagery does in a novel by Virginia Woolf or analysis in a novel by George Eliot." (굵은 글씨체는 필자의 것임)
[64] H. W. Wolff, "Das Kerygma des deuteronomistischen Geschichtswerks," *ZAW* 73 (1961), 174.

의 식탁에서 먹은 므비보셋의 그것과 유사하다는 이유를 들어 그 분문이 다윗왕가의 역사적 몰락을 그려 보여준다고 주장하는 학자들도 있다.65 그러나 이들의 주장은 여호야긴과 므비보셋에게서 볼 수 있는 단 한 가지 표면상의 유사성 - 왕의 식탁에서 먹은 것 - 에 근거할 뿐이다. 두 사람을 자세히 비교해보면 유사점보다는 차이점이 더 크다. 우선, 열왕기하 25장 27-30절의 경우 관심의 초점이 감옥에서 풀려나 신분이 상승된 여호야긴에게 모아지는 반면, 사무엘하 9장에서는 요나단과 맺은 언약 때문에 므비보셋에게 "하나님의 은총"을 베푸는 다윗에게 관심이 집중된다. 또한, 므비보셋의 경우 그가 다윗에게 한 자기비하의 말 - "보소서 당신의 종이니이다" (삼하 9:6b), "이 종이 무엇이기에 왕께서 죽은 개 같은 나를 돌아보시나이까"(삼하 9:8) - 이 자세히 소개되지만, 여호야긴의 경우 그가 베벨론 왕에게로부터 받은 좋은 대접과 그에 따른 신분상승만 언급된다. 끝으로, 므비보셋의 경우 내레이터의 부정적인 설명("그는 두 발을 다 절더라")이 첨가되지만, 여호야긴의 경우 그런 부정적인 언급이 전혀 없다. 그러므로 므비보셋을 예로 들어 여호야긴에 대한 기록을 평가하는 것은 옳지 않다.

볼프(H. W. Wolff)는 신명기 역사가의 관점에서 약속의 성취는 언제나 "신명기의 모세율법에 대한 순종"에 종속된다는 점을 내세우며 여호야긴의 석방 기사가 사무엘하 7장에 나오는 나단의 예언이 성취될 것을 기대하게 하는 것은 아니라고 주장한다.66 그렇다고 해서 볼프가 노트처럼 다윗왕국의 역사적 몰락을 최종적이고 종국적인 하나님의 심판으로 제시하는 것이 신명기 역사서의 의도라고 말하는 것은 아니다.67 볼프에 따르면,

---

65 See Dumbrell, *Covenant and Creation*, 240: "One cannot help feeling that the epilogue to the second book of kings, in which the Davidic representative Jehoiachin is treated as a puppet figure, eating as Saul's survivor Mephibosheth did in David's time (2 Sam. 9:13) as an overlord's table (and this time at a pagan table!), eloquently expresses in a picture of total dependency the final historical demise of the physical Davidic monarchy." See also D. Janzen, "An Ambiguous Ending: 2 Kings 25.27-30," *JSOT* 33.1 (2008), 55.
66 See Wolff, "Das Kerygma des deuteronomistischen Geschichtswerks," 174.

"여호와께 부르짖는 것"(der Aufschrei zu Jahwe) 즉 "회개"(Umkehr)를 촉구하는 것이 신명기 역사가의 의도이다. 다음은 여호야긴의 석방기사에 대한 볼프의 설명이다: "여호야긴이 죄수복을 벗은 것은 하나님께서 자기 백성에게 아직도 계속 행하실 것을 상기시키는 것 이상의 의미를 갖지 않는다. … 그(신명기 역사가)는 그것에다 그 어떤 메시야적 기대도 결부시키려고 하지 않는다."68 크로스(F. M. Cross) 역시 볼프와 유사한 견해를 갖는다. 그는 "여호야긴이 감옥에서 풀려나 바벨론 왕의 배려로 살았다는 것은 '한 가닥 가는 실'(a thin thread)이어서 그 위에다 다윗에게 주어진 약속들의 성취에 대한 기대를 걸어둘 수는 없다"고 말한다.69

레벤슨(J. D. Levenson)은 큰 틀에서 볼프와 크로스의 견해를 수용하면서도 나름 독특한 시각으로 여호야긴의 석방 기사를 해석한다. 그는 바벨론 왕이 여호야긴에게 "좋게 말하였다"(וַיְדַבֵּר אִתּוֹ טֹבוֹת)고 하는 열왕기하 25장 18절의 진술을 고대 근동의 언약 문서들에 나타나는 유사한 표현들과 연결한다. 레벤슨은 모란(W. L. Moran), 세베리노(J. Severino), 늣슨(J. A. Knudtzon), 폭스(M. Fox)의 연구들에 의지하여 "좋게 말하였다"는 언약체결을 암시하는 표현이라고 이해한다.70 이런 이해를 바탕으로 레벤슨은 여호야긴의 석방기사가 포로기의 변화된 제왕신학을 나타낸다고 설명한다. 즉 여호야긴의 석방기사는 다윗 가문의 왕이 바벨론 왕과 맺은 언약관계에 충실함으로써 "언약적 신실성"(covenantal fidelity)을 훈련하는 것이 왕권의 번성을 위해 중요하다는 메시지를 전한다는 것이다.71 이처럼 레벤슨

---

67 Cf. Noth, *Überlieferungsgeschichtliche Studien*, 108: "Er hat in dem göttlichen Gericht, das sich in dem von ihm dargestellten äußeren Zusammenbruch des Volkes Israel vollzog, offenbar etwas Endgültiges und Anschließendes Gesehen und eine Zukunftshoffnung nicht einmal in der bescheidensten und einfachsten Form einer Erwartung der künftigen Sammlung der zerstreuten Deportierten zum Ausdruck gebracht."
68 See Wolff, "Das Kerygma des deuteronomistischen Geschichtswerks," 185.
69 See Cross, *Canaanite Myth and Hebrew Epic*, 277.
70 See J. D. Levenson, "The Last Four Verses in Kings," *JBL* 103/3 (1984), 357.
71 레벤슨은 유다 왕 시드기야가 파멸을 피하기 위해서는 바벨론 왕과의 언약을

은 열왕기하 25장 27-30절에서 "제한된 회복"(limited restoration)의 사건을 읽어낸다. 레벤슨은 또한 여호야긴의 지위상승이 당시 유다 포로들에게 "메시아적 성취의 상징이나 본보기"로 보일 수도 있었기에 그것은 분명히 그들의 희망과 기대를 자극하였을 것이라고 설명하기도 한다.

그러나 레벤슨의 해석은 열왕기하 25장 18절의 복수 형용사 "토봇"(טבות)에 너무 많은 의미를 부여한다는 인상을 준다. 레벤슨이 생각하는 것처럼 이 단어가 고대 근동의 언약문서들에서 언약체결을 표현하는 말로 사용되었다고 하더라도, 그 이유만으로 열왕기의 마지막 부분에서 그 단어가 같은 의미로 사용되었을 것이라고 단정할 수는 없다. 열왕기의 마지막 네 구절에는 "토봇"(טבות)이란 말을 제외하면 언약체결에 대한 내용이라고 볼만한 요소들은 전무하다. 이곳에는 다만 여호야긴이 감옥에서 풀려나 바벨론 왕으로부터 남다른 대우를 받았다는 사실만 소개될 뿐이다. 여호야긴이 바벨론 왕에게 이행해야할 언약의 의무에 대한 그 어떤 암시나 언급도 나타나지 않는다. 만일 레벤슨이 주장하는 것처럼 여호야긴의 석방기사가 왕과 백성들이 언약관계에 충성해야 왕국의 미래(회복)가 보장된다는 메시지를 전하기 위한 것이라면 여호야긴이 바벨론 왕의 봉신으로서 수행해야 할 의무가 강조되었어야 마땅하다.72

---

지켜야만 한다는 에스겔 선지자의 예언(겔 17장)을 예로 들어 자신의 설명을 뒷받침한다. See Levenson, "The Last Four Verses in Kings," 358-359.

72 레벤슨에 따르면 바벨론으로 사로잡혀간 유다 포로들의 최대 관심사는 그들을 사로잡아간 자들로부터 호의를 얻는 것이었다고 한다(cf. 왕상 8:46-50). 이런 이해 속에서 레벤슨은 여호야긴의 석방기사가 "전체 나라가 경험하게 될 운명의 변화를 나타내 보이기 위해" 기록되었다고 주장한다: "... the pardoning of Jehoiachin and his exaltation through vassalage to Evil-Merodach in 2 Kgs 25:27-30 is intended to betoken the change in fortune that the entire nation will undergo." See Levenson, "The Last Four Verses in Kings," 360. 레벤슨의 견해와 유사하게 볼프는 여호야긴의 석방기사가 하나님의 백성들이 이방 세계에서 어떤 삶의 태도를 가져야 할지를 가르쳐준다고 말한다: "... daß das Gottesvolk inmitten der Völkerwelt ein Zeugenamt wahrnehem soll, wie denn Jojachin in der Ferne bleibt, sein Leben lang an der käniglichen Tafel genährt, mit merkwürdigem Vorrang unter den anderen Königen (II Reg 25:28f.)." See Wolff, "Das Kerygma des deuteronomistischen Geschichtswerks," 185.

그렇다면 여호야긴의 석방기사를 나단 선지자의 예언(삼하 7장)과 연결해서는 안 된다고 주장하는 볼프와 크로스의 견해는 어떻게 보아야 하는가? 레벤슨에 따르면, 여호야긴의 석방은 당시 이스라엘 백성에게 "여호와께서 예정된 다윗의 자손을 높이실 일의 전조"(an adumbration of YHWH's exaltation of the destined Davidic scion)로 여겨질 수 있었다.[73] 볼프 자신 또한 여호야긴의 석방이 하나님께서 자기 백성에게 계속 행하실 것을 상기시킨다는 점은 인정한다. 그렇다면 다윗 왕국의 역사에 획기적인 한 사건(여호야긴의 석방)을 다윗에게 주어진 약속(나단의 예언)과 연결 짓는 것이 왜 문제시 되어야 하는가? 볼프의 의도는 열왕기의 목적이 심판 하에 있는 백성들에게 허황된 회복의 기대가 아닌 "회심"(Umkehr)을 통한 회복의 소망을 주는데 있다는 사실을 밝히려는 것이며, 그의 의도는 이해할만하다. 그러나 볼프는 나단의 예언에도 이미 율법순종의 중요성과 회심의 필요성이 언급되었다는 사실에 충분한 주의를 기울이지 않는다(삼하 7:14 참조). 또한 그는 여호야긴의 석방기사에 담긴 강한 희망의 분위기를 지나치게 축소시킨다.

폰라드(G. von Rad)는 "선포된 말씀과 역사적 성취의 대응관계"(Das Korrespondenz- verhältnis von ergangenem Wort und geschichtlicher Erfüllung)가 신명기 역사가의 주요 관심사임을 지적하며[74] 여호야긴의 석방기사가 선지자 나단의 예언이 성취될 것을 기대하게 한다고 말한다. 폰라드에 따르면, 소위 "신명기 역사"에는 심판의 말씀과 약속의 말씀이 나타나며, 이 "창조적인 여호와의 말씀"(Das schöpferische Wort Jahwes)이 역사의 흐름 속에서 어떻게 성취되는지를 보여주는 것이 역사가의 의도

---

[73] Ibid., 359. 사실상 레벤슨은 여호야긴의 석방기사에 사무엘하 7장에 나타나는 "다윗 신학"(the Davidic theology)이 반향 된다고 본다. 다만 그의 관점은 "다윗 신학"이 여호야긴의 석방기사에서 포로기의 시대상황에 맞게 변형된 형태로 나타난다고 본다는 점에서 볼프나 크로스의 해석에 가깝다.
[74] See Rad, *Theologie des Alten Testaments Bd. 1*, 352.

이다. 폰라드가 볼 때 주전 721년과 587년의 파국은 신명기의 위협과 저주가 성취된 사건이다. 이와 마찬가지로 여호야긴의 석방사건은 나단의 예언에 들어있는 "구원약속"(Heilszusage)이 성취될 것을 가리키는 표시이다.75 즉 여호야긴의 석방은 다윗의 왕위가 영원토록 견고하게 될 것이라는 나단 선지자의 예언이 미래의 다윗 왕가의 왕(메시아)에게서 이루어질 것임을 예고하는 사건이라는 말이다. 이처럼 폰라드는 열왕기하 25장 27-30절이 "메시아적 주제"에 의해 지배되고 있음을 부인하지 않는다.

폰라드의 견해는 무엇보다도 열왕기의 마지막 네 구절에서 들을 수 있는 강한 희망의 음조에 의해 지지받는다. 우선 본문에 유다 왕의 연대기가 다시 언급된다는 점에 주목할 필요가 있다. 열왕기 기자는 "유다의 왕 여호야긴이 사로잡혀 간지 삼십칠 년"이란 연대기적 정보를 소개함으로써 이 단락을 시작한다. 열왕기에는 연대기가 다양한 자료들을 체계적으로 배열하기 위한 구성적 틀(constitutive framework)로 사용될 뿐만 아니라 효과적인 메시지 전달 수단으로서 기능하기도 한다.76 가령 솔로몬의 성전건축 시점을 출애굽 사건과 연결 짓는 열왕기상 6장 1절은 성전건축이 출애굽의 완성이란 저자의 관점을 반영한다.77 마찬가지로 책의 후반부에서 등장하기 시작하는 바벨론 왕의 연대기는 유다 왕국의 운명이 그 끝에 이르렀다는 사실을 나타내는 표시이다(왕하 24:12; 15:8). 그러므로 본문에 돌연 다시 언급된 유다 왕의 연대기는 다윗 왕국에 희망의 불씨가 완전히 꺼지지 않았음을 알리는 증표로 이해될 수 있다.

---

75 Cf. L. M Wray Beal, *1 & 2 Kings* (AOTC 9) (Illinois: InterVarsity Press, 2014), 531: "If the narrative has shown the prophetic word of judgment to be sure, then the prophetic word of restoration and hope must equally be sure. The openness of the final verses of 1-2 Kings invites those in exile, and every reader afterwards, to dare to believe in such words, and in the audacious grace of the God of such words."

76 Cf. David. M. Howard Jr., *An Introduction to the Old Testament. Historical Books* (Chicago: Moody Publishers, 1993), 202-203.

77 See 졸저, 『열왕기 주해: 다윗의 등불과 하나님 나라』 (수원: 합신대학원출판부, 2016), 113.

더욱 더 중요한 사실은 열왕기 기자가 여호야긴이 삼십칠 년간의 감옥 생활에서 풀려나 다른 모든 피정복민의 왕들보다 지위가 높아졌다는 사실을 기술하고자 심혈을 기울인다는 점이다. 그는 여호야긴의 석방을 단순히 하나의 사건으로서 간단히 언급하는 선에서 머물지 않는다. 그는 여호야긴 이 바벨론 궁정에서 얼마나 특별한 대접을 받게 되었는지를 가급적 자세히 소개하고자 모든 노력을 기울인다. 그의 설명에 따르면 바벨론 왕 에윌므로닥이 자신의 통치 원년에 ① 여호야긴을 감옥에서 석방하여 그의 머리를 들게 하고, ② 그와 더불어 "좋은 말"(טֹבוֹת)을 말하고, ③ 그의 "왕위"(כִּסֵּא) 를 그와 함께 바벨론에 있는 왕들의 왕위보다 높이며, ④ 죄수의 의복을 벗게 하며, ⑤ 항상 바벨론 왕의 앞에서 양식을 먹게 하며, ⑥ 죽기까지 날마다 쓸 것을 공급받을 수 있도록 하였다. 여호야긴과 관련된 이런 상세한 설명은 다윗 왕가를 향한 하나님의 약속을 기억나게 하고도 남는다.

여호야긴이 두 차례에 걸쳐 "유다의 왕"(מֶלֶךְ־יְהוּדָה)으로 언급된다 는 점 또한 주목할 만한 일이다. 이는 비록 유배중이긴 하지만 유다에게 여전히 희망의 불씨가 남아있다는 것을 알려주는 표시처럼 보인다. 그것이 아니라면 이미 멸망한 왕국의 왕에 대한 공식적인 칭호("유다의 왕")가 거듭 사용된 까닭이 무엇이겠는가? 특히 유다 왕의 "왕위"(כִּסֵּא)가 높아졌 다는 진술은 다윗의 "왕위"(כִּסֵּא)가 영원히 견고할 것이라는 다윗 언약의 내용과 자연스럽게 연결된다(삼하 7:16). 결론적으로, 여호야긴의 석방기 사는 하나님께서 다윗에게 주신 영원한 왕위의 약속이 땅에 떨어지지 않았다는 메시지를 전하는 것이 분명하다.

물론 왕국의 회복이 자동적으로, 이스라엘 백성의 태도와 전혀 무관 하게 이루어진다는 의미는 아니다. 열왕기 기자는 분명히 회심의 중요성을 강조한다(왕상 8:46-50 참조). 그럼에도 불구하고, 회복은 궁극적으로 하 나님이 일으키시는 일이다.[78] 그러기에 열왕기 기자는 배도의 역사 속에서

---

78 신명기에 따르면 "깨닫는 마음과 보는 눈과 듣는 귀"(לֵב לָדַעַת וְעֵינַיִם לִרְאוֹת וְאָזְנַיִם לִשְׁמֹעַ)는

도 계속 다윗의 "등불"에 대해 이야기하였으며, 더 나아가 책의 마지막을 여호야긴의 회복으로 장식하였다. 인간이 범죄하여 심판을 자초하였지만 그러나 언약의 하나님이 자신의 언약을 기억하시고 마침내 그들을 회복하신다는 것이 열왕기의 마지막 메시지이다. 궁극적으로 언약의 유지와 성취는 하나님께 달려있다. 따라서 열왕기의 메시지는 언약의 체결부터 그 최종적인 완성에 이르기까지 모두 주권적인 하나님의 손에 달려있는 것으로 가르치는 사무엘서의 내용과 다르지 않다.

### 3.5 요약정리

열왕기에는 다윗언약과 관련하여 사무엘서의 내용과 다르게 보이는 본문들이 있다(왕상 2:4; 6:11-13; 8:25-26; 9:4-7). 그러기에 학자들은 사무엘서에 소개된 다윗언약과 열왕기에서 설명되는 다윗언약을 따로 구분하여 그 둘이 각각 다른 시대를 배경으로 하는 다른 신학적 관점을 반영하는 것으로 이해한다. 그러나 이런 이해는 나단 선지자의 예언 안에 이미 율법 순종의 중요성과 회개의 필요성이 함축적으로 강조되고 있다는 사실을 간과한다(삼하 7:14 참조). 나단 선지자의 예언은 다윗 왕가를 향한 하나님의 약속이 궁극적으로 반드시 성취될 것이라는 성취의 확실성에 초점을 맞춘다. 반면, 열왕기에서는 사무엘서에 함축적으로 소개된 조건적인 측면이 보다 더 세밀하게 다루어진다. 그 이유는 다윗 언약의 최종적인 실패 가능성을 말하고자함이 아니라 왕과 백성들을 회개와 순종으로 이끌기 위함이다. 따라서 사무엘서와 열왕기에 나타나는 차이는 "내용상의 문제가 아니라 수사법상의 문제"라고 보아야 한다.

---

하나님께서 자기 백성들에게 직접 주시는 것이다(신 29:4[29:3]). 신명기는 또한 하나님께서 친히 백성들의 마음에 할례를 베푸셔서 그들로 하여금 마음을 다하며 뜻을 다하여 그들의 하나님 여호와를 사랑하게 하심으로써 생명을 얻게 하실 것이라고 가르친다(신 30:6).

더 나아가, 정경의 배열이란 차원에서 다윗언약의 "무조건적" (unconditional) 측면이 부각되는 사무엘서에 이어 언약의 "조건적"(conditional) 측면이 상술되는 열왕기가 뒤따라오는 것 또한 눈여겨보아야 할 사항이다. 이것은 왕국의 유지를 위해 율법에 대한 왕의 태도가 중요하다는 열왕기의 관점이 왕국의 존속은 궁극적으로 하나님의 주권적인 뜻에 의존한다는 사무엘서의 관점을 그 신학적 전제로 삼고 있음을 나타낸다. 이런 관점으로부터 열왕기의 소위 조건적인 본문들에 나타나는 경고는 왕궁의 최종적인 몰락에 대한 것이 아니며, 열왕기가 그려 보여주는 다윗 왕국의 멸망조차도 임시적이며 잠정적인 것이란 결론을 이끌어낼 수 있다. 열왕기가 왕들의 배도(apostasy)의 역사를 소개하는 가운데 거듭하여 다윗의 "등불"(ניר)을 언급한 것도 이와 같은 열왕기의 의도를 잘 나타낸다. 열왕기 기자가 자신의 책을 다윗 왕가의 왕인 여호야긴의 회복에 대한 이야기로 끝맺는 것 또한 그의 관점이 무엇인지를 미묘하지만, 그러나 더욱 인상적으로 알려준다.

## 4. 나오는 말

지금까지 살펴본 사실들에 비추어 톰 라이트(N. T Wright)의 칭의 이해를 살펴보면 칭의에 대한 그의 주장이 얼마나 잘못된 근거위에 세워졌는지가 드러난다. 톰 라이트는 언약이 "세계를-위한-이스라엘을-통한-단일한-계획"이라고 말한다. 이처럼 그가 언약의 통일성을 전제하고 있으므로 그의 언약이해는 다윗 언약에도 해당된다고 보아야 한다. 그런데 그가 이해하는 언약의 작동방식은 다윗 언약의 그것과 전혀 다르다. 톰 라이트는 하나님과의 언약관계에서 인간이 의로운 자로 받아들여질 수 있기 위해서는 언약에 신실한 그들의 행위가 있어야 한다고 주장한다. 그의 주장을 따르면 하나님과의 언약관계는 결국 언약에 대한 인간의 신실성에 달려있다는 결론에 이를 수밖에 없다. 그러나 이 글에서 살펴보았던 것처럼 다윗언약은 시작과 유지와 성취에 이르는 전 과정에 있어 철저하게 하나님의 주권에 의존되어있다. 다윗언약은 분명 인간의 책임문제를 간과하거나 소홀히 다루지 않는다. 특히 다윗 언약은 하나님과 인간 사이의 언약관계에서 죄가 설 자리가 없다는 것을 분명히 한다. 그러나 다윗 언약이 가르치는 바는 죄의 문제도 결국 하나님의 긍휼로 인해 "번제"와 "화목제"의 방편을 통하여 극복된다는 것이다.

따라서 "칭의"가 궁극적으로 신자의 언약적 신실성에 달려있다는 톰 라이트의 주장은 그가 그토록 강조하는 "세계를-위한-이스라엘을-통한-단일한-계획"과 동떨어진 것이다. 이 계획에 따르면 "칭의"는 인간과의 관계에서 주도적으로 언약을 세우시고 유지하시며 완성으로 이끄는 하나님의 언약적 사랑에 달려있다. 하나님은 다윗이 태어나기 오래 전부터 아브라함의 후손들 가운데 유다의 가계에서 자신의 대리 통치자로서 자기 백성을 다스릴 왕이 나타날 것을 계획하셨다. 하나님은 때가 이르자 이 왕이 등장하도록 하셨고, 주권적으로 그의 삶에 개입하셔서 그와 더불어 관계를 맺으시고, 그에게 다윗언약의 골자인 영원한 왕위의 약속을 주셨다. 다윗 편에서 언약에 충실하지 못하고 심지어 언약을 깨는 행위를 하였을 지라도 하나님은 그를 버리지 않으셨다. 대신 "매"와 "채찍"으로 훈육하시고, 더 나아가 "번제"를 통해 죄를 속죄하고 "화목제"를 통해 관계를 회복하도록 하셨다. 이 모든 것은 "칭의"가 자기 백성들과 더불어 주권적으로 언약을 맺으신 하나님의 언약적 사랑에 의존한다는 것을 생생하게 가르쳐준다.

하나님의 백성의 운명이 궁극적으로 하나님이 그들에게 주신 약속에 의존한다는 사실은 열왕기가 가르치는 교훈이기도 한다. 열왕기에는 율법에 대한 왕들의 순종이 강조되는 것이 사실이다. 하지만 그것은 왕들에게 순종의 중요성을 일깨우는 수사적 도구라는 사실을 잊어서는 안 된다. 열왕기에서 다루어지는 왕들의 역사는 왕들에게 주어진 언약의 책임성 문제에 초점을 맞추기에 율법순종이란 언약의 조건적 측면이 강조될 수밖에 없었다. 그러나 그것이 다윗의 왕위가 영원하리라는 약속을 취소하지는 않는다. 열왕기에서 되풀이 언급되는 다윗의 "등불"에 관한 말씀은 독자들에게 다윗 왕가에 희망의 빛이 소멸되지 않을 것이라는 확신을 준다. 무엇보다도 열왕기의 마지막에 기록된 여호야긴의 석방기사는 다윗의 왕위가 영원할 것이라는 나단 선지자의 예언과 하나로 연결된다. 하나님의 약속에 대한 굳은 신뢰, 이것이 열왕기를 지배하고 이끄는 신학적 모멘텀이다. 이것은 구원문제와 관련하여 인간의 행위에 마지막 기대를 거는 톰 라이트(N. T. Wright)의 신학과는 거리가 멀다. 그러므로 톰 라이트가 주장하는 칭의신학은 그 자신이 나름대로 세운 신학이론일 뿐 성경적인 신학은 아니다. (*)

# 8
# 율법, 복음 그리고 이방인의 칭의
## : 갈 3:6-14

김추성 | 신약신학 • 부교수

## 1. 들어가는 말

E. P. Sanders가 *Paul and Palestinian Judaism*을 출판한 이후, 바울과 율법에 대한 논쟁은 신약학계에서 가장 중요한 이슈 중의 하나로 대두되었다.[1] Douglas Moo는 이 문제와 관련하여 가장 중요한 세 가지 이슈를 다음과 같이 진술하였다.[2] 첫째, ἔργα νόμου의 의미가 무엇인가? (왜

---

[1] 이 논의를 위하여 다음 논문들을 참조하라. Douglas Moo, "Paul and the Law in the Last Ten Years," *SJT* 40(1987), 287-307; Andrew J. Bandstra,"Paul and the Law: Some Recent Developments and an Extraordinary Book," *CTJ* 25(1990), 249-61; F. Thielman,"Law," *DPL*(Downers Grove: IVP, 1993), 529-42; S. J. Hafemann,"Paul and His Interpreters," *DPL*(Downers Grove: IVP), 666-79; Westerholm Stephen, *Israel's Law and the Church's Faith: Paul and His Recent Interpreters*(Grand Rapids: Eerdmans, 1988), 15-93.

율법의 행위로는 의롭게 될 수 없는가?), 둘째, 바울에게 있어서 율법의 의미가 무엇인가? 셋째, 로마서 10:4절(그리스도는 율법의 마침이 되시니라)에서 τέλος νόμου의 의미는 무엇인가? 율법과 복음의 관계에 대해서 상당히 오랜 동안 학자들 간에는 적지 않은 토론이 있어왔다. 율법과 복음은 서로 배치되는 관계인가 혹은 연속적인 관계인가? 이 점에 있어서 개혁주의와 전통적인 루터주의는 서로 다른 입장을 보이고 있다. 한 걸음 더 나아가 율법은 현대 그리스도인과 무슨 관계에 있는가?3 한 편의 논문에서 이 모든 문제들을 다룰 수는 없을 것이다. 이 논문은 율법과 복음이 이방인의 칭의와 무슨 관계가 있는지를 밝히는 일에 초점을 맞추고자 한다. 특히 이 논문은 이 문제를 이해하는 데 있어서 매우 중요한 실마리를 제공하고 있는 갈라디아서 3:6-14절에 집중할 것이다.4 갈라디아서 3장에서 바울은 이방인이 교회로 유입되는 문제를 다루고 있다. 바울은 갈라디아 교회의 문제를 어떻게 해결하려고 노력하였는가? 바울이 율법에 대하여 로마서보다 갈라디아서에서 더 강경한 태도를 보이고 있다고 주장하는 학자들이 있다.5 바울은 갈라디아서에서 율법에 대해 참으로 부정적인 태도를 보이고 있는가? 갈라디아 교회에서 바울의 대적자는 누구이며 그들은 무엇을 주장하였는가? 율법과 율법의 행위는 이방인들에게 어떤

---

[2] D. Moo, "Paul and the Law." 보다 더 자세한 논의를 위해서는 Moo의 다음 논문을 참조하라. "Law, Works, and Legalism in Paul," *WTJ* 45(1983), 73-100

[3] Wayne G. Strickland ed., *The Law, the Gospel, and the Modern Christians: Five Views* (Grand Rapids: Zondervan, 1993).

[4] Cf. George Howard, "Romans 3:21-31 and the Inclusion of the Gentiles," *HTR* 63(1970), 223-33.

[5] Hans Hübner, *Law in Paul's Thought* (Edinburgh: T & T Clark, 1984). 이 책의 논지는 다음과 같다. "Paul's approach to the law went through a stage of development, especially from the writing of Galatians to Romans. Thus we find in virtually every chapter of Galatians that the law is intrinsically out of keeping with the saving purposes of God, while in Romans the argument is toned down so that the law itself can be seen as good, and its requirements fulfilled by the obedient Christian."

관련을 가지고 있는가? 이러한 문제들을 탐구하는 것이 이 논문의 주요 목적이다.

## Νόμος의 정의

본격적인 논의에 들어가기에 앞서 바울의 율법 개념을 간략하게 개관하고자 한다. D. Moo는 바울에 있어서 율법의 개념에 대해 다음과 같이 진술하였다.[6] (1)율법이라는 용어가 119회 사용되었는데 모두 복수로 사용되지 않고 단수로 사용되었다. (2) νόμος와 함께 사용되는 정관사의 유무가 의미의 변화를 가져오지 않는다. (3) νόμος는 어원적으로 명령된 어떤 것, 지정된 것을 뜻한다. 따라서 νόμος는 관습의 조직, 규정들, 의무의 분배를 의미한다. (4)모세 5경, 혹은 성경 전체가 율법으로 불린다. (5)바울 서신에서 율법은 요구나 필요, 특히 사람들에게 구속력을 가지는 요구나 필수 요건의 모음집과 조직체계를 가리킨다. (6)율법은 간혹 폭 넓게 하나님의 뜻을 가리킨다. (7)바울에게 있어서 율법은 기본적으로 모세 율법을 뜻한다. (8)율법은 모세를 통하여 주어진 명령을 뜻한다. 또한 모세의 법(Mosaic dispensation), 모세 언약을 가리킨다. (9)모세 율법은 나누어지지 않는 단일체이다.[7] (10)Cranfield와 달리 Moo는 율법이 율법주의(legalism)을 뜻하는 것으로 보지는 않았다.[8]

로마서에서는 νόμος가 72회 사용된 반면 갈라디아서에서 νόμος는 32회

---

[6] Moo, "Law and Legalism in Paul," 75-90.

[7] Moo, "Law and Legalism in Paul," 84. Moo는 율법의 삼중 구분(도덕법, 시민법, 의식법)을 인정하지 않는다. 이러한 구분에 대하여 다음과 같이 주장하였다. "This distinction is simply unknown in the Judaism of the first century, and there is little evidence that Jesus or Paul introduced such a distinction."

[8] C. E. B. Cranfield, "St. Paul and the Law," *SJT* 17(1964), 43-68. 제 5장에서 그는 다음과 같이 제안하였다."The law makes men sin no more, in that it establishes the possibility of legalism." 제8장에서는 다음과 같이 주장하였다. "The epistles reveal Paul's radical rejection of legalism and of what is so inextricably bound up with legalism."

사용되었다. 정관사와 함께 11회 사용되었고 정관사 없이는 21회 사용되었다. 갈 3:21과 4:21절 후반부 외에 바울은 시내 산에서 이스라엘 백성에게 주어진 의무조항들의 총 집합체인 모세 율법을 뜻하는 것으로 율법을 사용하였다.9

## 율법과 복음

율법과 복음의 관계에 대한 토론은 매우 오래 전부터 있어 왔다. 특히 우리는 이 문제와 관련하여 루터와 칼빈에 있어서 매우 중요한 차이점을 발견할 수 있다. 두 학자의 견해는 지금까지도 여전히 학계에 반영되고 있다.10 첫째, 루터와 칼빈은 율법의 기능에 있어서 서로 다른 입장을 보이고 있다. 루터에게 있어서 율법의 가장 본질적이며 중요한 기능은 모든 인간의 자기 의를 부수어 버리는 강력한 망치와 같은 죄의 교사(a teacher of sin)로서의 역할이다. 이것은 또한 죄인으로 하여금 하나님의 은혜를 받도록 준비하는 역할을 한다. 칼빈은 율법의 죄의 교사로서의 기능에 대해 루터와 동의한다. 그러나 루터에게 있어서 율법은 강력한 망치로서 작용하지만 칼빈에게 있어서 율법은 거울로서 작용한다. 칼빈에게 있어서 율법의 주요 기능은 신자들로 하여금 하나님의 뜻을 깨닫게 되고 그 뜻에 순종하도록 격려하는데 있다.11

둘째, 루터는 율법과 복음을 날카롭게 양분한다. 루터는 구약의 모든 모세 율법은 그리스도인에게 폐기되었다고 주장한다. 그러나 칼빈은 율법과 은혜 간에는 본질(substance)의 연합, 교리의 연합, 믿음의 연합 특히 그리스도 안에서의 연합이 있다고 생각한다. 루터가 율법과 은혜의 단절을

---

9 In-Gyu Hong, *The Law in Galatians* (Sheffield: JSOT, 1993), 123-24. 홍인규는 다음과 같이 주장하였다. "Paul basically understands the law on three levels: (1)the law as the obligation of the Sinai covenant; (2) the laws as an enslaving power; (3) the law as an expression of love."

10 Andrew J. Bandstra, "Paul and the Law," 249-61.

11 Andrew J. Bandstra, "Paul and the Law," 50.

더 주장하였다면 칼빈은 율법과 은혜 사이에는 연속성이 더 많이 존재한다고 주장하였다.

율법의 기능과 복음과의 관계에 대한 논의는 여전히 학계에서 진행되고 있다. 때때로 율법과 복음 사이의 연속성이 보다 더 강한 논조로 나타나기도 한다.[12] 이 문제에 대한 루터의 전통적인 입장은 최근의 학계에서 보다 더 수정된 형태로 나타난다.[13] K. Stendahl 이후에 정통 루터파의 개인주의적 경향은 바울 신학에 있어서 역사적이며 집합적인 시각을 새롭게 인식하는 접근법으로 바뀌어졌다.[14] 유대인과 이방인의 관계가 하나님과의 개인적 관계보다 더 관심을 끌게 되었다. Sanders가 언약적 신율주의를 주장한 이후 정통 루터파의 견해는 비판의 목표가 되었다. 최근 학계에서는 바울의 율법에 대한 긍정적 평가가 더 지배적이다. 율법과 복음의 날카로운 대비는 많이 완화되었다.[15] Daniel Fuller는 율법과 복음을 대조적 관계로 보기 보다는 연속성의 관점에서 보고 있다. D. Moo에 의하면

---

[12] Greg L. Bahnsen, "The Theonomic Reformed Approach to the Law and Gospel," in Strickland ed., *The Law, the Gospel, and the Modern Christian*, 93-143 & *Theonomy in Christian Ethics* (New Jersey: P & R, 1984); William S. Barker and W. Robert Godfrey eds., *Theonomy: A Reformed Critique* (Grand Rapids: Academie, 1990).

[13] Moo, "The Law of Christ as the Fulfillment of the Law of Moses: A Modified Lutheran View," 319-76. Moo는 기본적으로 율법과 복음의 관계에 대한 루터의 입장에 동조하면서도 수정된 견해를 밝히고 있다. "But I also think that the traditional approach needs to be modified by greater attention to the salvation-historical perspective of the Scriptures… In the New Testament, therefore, Law and Gospel primarily denote, not two constant aspects of God's word to us, but two successive eras in salvation history," 322; Daniel Fuller, *Gospel and Law: Contrast or Continuum?: The Hermeneutics of Dispensationalism and Covenant Theology* (Grand Rapids: Eerdmans, 1980).

[14] Kriester Stendahl, "The Apostle Paul and the Introspective Conscience of the West," *HTR* 56 (1963), 199-215; Moo, "Paul and the Law," 287. Moo는 바울과 율법에 대한 새로운 연구 방향을 패러다임의 전환(paradigm shift)이라 부른다.

[15] Moo, "Paul and the Law," 288; Frank Thielman, *Paul and the Law* (Downers Grove: IVP, 1994), 241. Thielman 은 율법이 참으로 복음과 배치되는 것인지를 질문한다. "Like the Mosaic law, the gospel places God's gracious act of redemption prior to the demand for obedience. It sanctifies the people of God to separate them from others as God's chosen people and to make them a dwelling place for God's presence."

바울은 율법과 복음을 직접적으로 양분하지는 않았다. 그러나 "바울은 빈번하게 율법을 은혜, 믿음, 그리고 약속에 대비하여 제시하였다. 또한 바울은 율법의 행위와 믿음은 하나님의 의를 추구함에 있어서 서로 상충되는 방식인 것을 보여 주었다.16 율법과 복음의 관계에 대하여 자세하게 논의하는 것은 이 논문의 범위를 벗어난다. 다만 이 논문은 율법과 복음이 갈라디아 교회에서 이방인의 칭의와 어떻게 연결되고 있는지에 초점을 맞추고자 한다.

### 갈라디아서에서의 바울의 대적자

갈라디아서의 역사적 상황에서 바울의 논증을 이해하기 위해서, 우리는 무엇보다도 갈라디아서 3:6-14절의 거시적 문맥(macro-context)에서 바울의 적대자들과 그들의 논쟁점을 밝히는 것이 반드시 필요하다.17 그러나 이러한 적대자들의 신원을 밝힐 수 있는 일차적 자료가 없으므로 그들의 정체를 밝히는 것이 어렵다. 그러므로 F. C. Baur가 초대교회에서 베드로 중심의 기독교와 바울 중심의 기독교 사이에 심각한 충돌이 있었다는 가설을 제기한 이후, 이러한 적대자의 신원에 대하여 다양한 견해가 있었다. 여전히 이 문제에 대하여는 확고하게 일치된 견해가 없다.18

---

16 Moo, "Law and Legalism,"74.
17 Thielman, *Paul and the Law*, 10. 필자는 Thielman의 견해에 기본적으로 동의한다. Thielman의 논증은 매우 적절하고 설득력이 있다. "We should examine Paul's view of the law not only topically or systematically but also within the context of each letter… A progression through Paul's letters, taking into account the contingencies that each letter addressed, may help to bring clarity to Paul's statements about the law by allowing the reader to see why Paul says what he does in each situation." Thielman에 의하면, "C. Beker also emphasized the importance of understanding Paul's theological statements within the context of the specific historical situations to which his letters were addressed," 39.
18 George Howard, *Paul: Crisis in Galatia: A Study in Early Christian Theology* (Cambridge University Press, 1979), 1-20. Howard는 바울의 대적자의 신원에 대한 연구 역사를 개괄하였다. G. Walter Hansen, *Abraham In Galatians: Epistolary and Rhetorical*

F. Watson이 주장하였듯이, 이들은 율법주의적 종교의 전형적인 옹호자들(the archetypal protagonists)로 간주되었다.19 J. B. Lightfoot은 이러한 선동자들을 예루살렘 모교회(mother church) 출신의 유대주의자들(judaizers)이라고 주장하였다.20 H. J. Schoeps는 바울과 베드로 사이에 큰 충돌이 있었다는 Baur의 가설을 비판하였으며 적대자들이 예루살렘 극단주의자(Jerusalem extremist group)라고 강조하였다. 한편, W. Lügert 는 두 전선 가설(two front theory)을 제안하였다. 한편으로 바울은 갈라디아서 3:1절 이하에서 율법주의적 유대주의자들을 대항해서 논박하고 있으며 또 다른 한편으로 5:13절 이하에서 율법폐기론적 성령파(antinomian pneumatics)를 논박하였다. Watson은 야고보로부터 온 사람들이 바울의 적대자라고 제안하였다.21

그러나 갈라디아서의 적대자들은 예루살렘으로부터 온 유대주의자들과는 다른 사람들이라고 보는 학자들도 있다.22 J. H. Hardy는 적대자들이 두 그룹에 소속되었다고 주장하였다. 한 그룹은 유대주의화된 이방인이며 또 다른 그룹은 과격한 성령파 혹은 성령주의자들이다. J. Munck에 의하면 침입자들은 유대주의화된 이방인(Gentile judaizers)이며 이들은 예루살렘에 대한 바울의 가르침을 오해하였고 구약에 의해 많은 영향을 받은 자들이다.23 이 외에도 바울의 적대자에 대하여 다양한 견해가 제시되었다. 즉, 혼합주의적 유대 그리스도인(F. R. Crownfield), 영지주의적 유대 그리스도인(W Schmithals), 금욕주의자, 비국교도, 엣센 파 전파자

---

Contexts (JSNT Suppl. Series 29; Sheffield: JSOT, 1989), 167-74; Francis Watson, *Paul, Judaism and the Gentiles: A Sociological Approach* (Cambridge: University Press, 1986), 49-61.

19 F. Watson, *Paul, Judaism and the Gentiles*, 49.

20 J. B. Lightfoot, *The Epistle of St. Paul to the Galatians* (Grand Rapids: Zondervan, 1976), 29.

21 Watson, *Paul, Judaism and the Gentiles*, 61.

22 G. Howard, *Paul: Crisis in Galatia*, 5.

23 G. Howard, *Paul: Crisis in Galatia*, 6.

와 유사한 유대 그리스도인 등 다양한 학설이 제기되었다.

우리가 비록 이러한 선동자들의 명칭을 밝히는데 필요한 1차 자료를 가지고 있지는 않지만 갈라디아서에 내재된 의미와 적대자들의 주장으로부터 그들의 신원을 추정하고자 한다. 첫째 갈라디아서에서 문제를 일으키는 이들은 유대인임이 분명하다. 그들이 할례를 우선적으로 요구했다는 사실로부터 이것이 암시되어 있다(5:2; 6:12-13). 할례는 AD 1세기에 유대인의 민족적 표지였으며 유대인과 할례는 거의 동일시되었다. 더군다나 적대자들의 유대인 신분을 무시한 채 아브라함과 토라로부터의 논쟁(갈라디아서 4-5장)을 생각할 수는 없다. 따라서 적대자들이 유대주의화된 이방인으로 간주하는 Hardy 와 Munck 의 추정은 가능하지 않다.

둘째, 적대자들은 자신들이 그리스도인임을 천명하고 있는 것으로 추측된다. 갈라디아서 서문에서 "다른 복음"(1:6-10)이라고 언급한 것은 이 주장을 뒷받침한다. 그들은 그리스도를 믿는다고 고백했을 것이며 그들 자신의 선포만이 그리스도의 복음을 참되게 제시하는 것으로 주장한 것 같다. 반면 이들은 바울이 전한 복음을 축소된 복음으로 간주하였다. 여하간, 복음 혹은 그리스도의 복음은 바울과 적대자들 간에 공통된 언어였다. 이와 마찬가지로 믿음 혹은 그리스도에 대한 믿음은 바울과 바울이 비판하는 자들(2:16, 3:6) 간의 공통분모이다.24 그러므로 우리는 적대자들이 유대주의화된 이방인이나 율법주의자가 아니라 유대 그리스도인이라고 볼 수 있다. 그러나, 우리는 바울과 베드로 사이에 거대한 갈등이 존재했다고 주장하는 Baur의 가설을 받아들일 수 없다. 왜냐하면, 갈라디아서 2:1-10절에 기록된 예루살렘 공의회에 대한 말씀은 바울과 예루살렘 사도들 사이의 갈등을 지지하지 않는다. 적대자들은 갈라디아 교인들에게 구원 받기 위하여 율법을 준수하고 할례를 받을 것을

---

[24] James D. G. Dunn, *The Epistle to the Galatians* (Peabody: Hendrickson, 1993), 9-11.

엄격하게 요구하였다. 적대자들의 이러한 신학적 입장은 사도들에 의해 받아들여질 수 없었다.

셋째, 적대자들의 신원을 결정하기 전에 우리는 그들의 주장이 무엇인지 논의할 필요가 있다. 전통적으로 보면, 학자들은 적대자들의 신원을 먼저 토론한 후 그 다음으로 그들의 주장에 대하여 토론하는 경향이 있었다. 그러나, 바울이 적대자들의 신원에 대한 문제보다는 그들의 주장에 대하여 초점을 맞추고 있다는 사실을 고려해 볼 때 이 순서는 그렇게 적합해 보이지 않는다.[25] 그러므로 우리는 그들이 주장하고 있는 것들에 대해 초점을 맞추고자 한다. 이들에게서 가장 중요한 이슈는 아브라함의 참된 후손의 신원에 대한 것이다. 누가 참으로 아브라함의 후손인가?

G. W. Hansen은 유대 문헌에서 아브라함의 해석에 있어서 두 가지 중요한 흐름이 있음을 지적하였다.[26] 솔로몬의 시편이나 필로의 문헌들에서는 아브라함과의 언약이 모세율법에 우선하여 강조되고 있으며 아브라함의 믿음은 언약적 약속들에 대한 응답의 관점에서 해석되었다.[27]

한편, 다른 유대 문헌들(시락, 쥬빌리, 제1 마카비, 랍비 문헌들)에서 아브라함의 믿음은 공로적 성취로 간주되었다. 이러한 문헌들은 Sanders가 주장한 언약적 신율주의를 지지하지 않으며 아브라함의 믿음을 모세

---

[25] Hong, *The Law in Galatians*, 110. 홍인규는 적대자들의 정체와 논증을 위해 갈라디아서의 구조로부터 함축된 의미를 이끌어낸다. "(1)throughout the letter Paul battles on only one front rather than two… (3)the opponents were Christians (4)circumcision is their major demand upon the Galatians; (5)the central issue in the argumentative section is the identity of the true descendants of Abraham… (7)the validity of Paul's gospel and his apostleship was somehow questioned by his opponents; (8)finally, the agitators probably held to the continuity of the Mosaic covenant dispensation, combining the law and Christ and requiring adherence to the whole law."

[26] Hansen, *Abraham in Galatians*, 199.

[27] Psalm of Solomon 9:15-19를 참조하라. "And remove not Thy mercy from us, lest they assail us. For Thou didst choose the seed of Abraham before all the nations, and didst set Thy name upon us, O Lord, and Thou wilt not reject us for ever. Thou madest a covenant with our fathers concerning us; And we hope in Thee, when our soul turns unto Thee. The mercy of the Lord be upon the house of Israel for ever."

율법에 대한 순종의 응답으로 간주하였다.28 아브라함은 하나님께 완전한 순종을 드린 본보기로 높이 존경 받았다. "아브라함은 그의 모든 행위에 있어서 하나님께 완전하였으며 그의 모든 생애 동안 의로움에 있어서 부족함이 없었다"(쥬빌리 23:10). 마카비 1서 2:52절("아브라함은 시험 받을 때에 충성스러운 자로 드러나지 않았는가? 그리고 그것이 그에게 의로 여겨지지 않았는가?")에서 아브라함의 믿음(창 15:6)은 창세기 22:1-8절의 사건과 연결되어 해석되었다. 아브라함의 믿음은 충성스러운 것으로 해석되었으며, 그의 아들 이삭의 시험에서 그의 충성이 입증되었다.29 바울의 대적자들은 아브라함의 믿음에 대하여 이러한 해석의 흐름을 택하였을 것으로 추정된다. 따라서 이것이 바울이 갈라디아서 3:6-9절에서 아브라함 기사를 대적자들과 다른 방식으로 사용하며, 3:10-14절에서 믿음과 율법의 행위를 날카롭게 구분하는 중요한 이유이다.

이들은 아브라함의 믿음을 공로적 성취로 간주함으로써 할례와 모세 율법 준수를 하나님의 언약 백성에 포함되는 필수적 요소로 제시했을 것이다. Hansen이 지적했듯이, 그들은 아브라함 언약과 모세 율법을 융합하였으며 아브라함의 후손을 민족주의적 관점에서 해석하였다.30 아마도 이들은 사라-이삭 계보를 시내 산 언약과 연결하였으며(갈 4:24-25) 시내 산 언약을 아브라함 언약의 성취와 완성으로 보았다. 더욱이 갈라디아서 4:25절에서 시내 산 언약과 예루살렘 간의 연결은 적대자들이 예루살렘의 역할을 사라-이삭 계보의 관점에서 이해했다는 것을 제시하는 것처럼 보인다. 그들은 할례 받은 유대 그리스도인들로 구성된 예루살렘 교회야말로 새로운 메시아 공동체의 중심이라고 생각했을 것이다. 그러므로 그들은 "사라 – 이삭 – 시내 산 언약 – 예루살렘 계보만이 아브라함의 참된 후손을

---

28 Hansen, *Abraham in Galatians*, 199.
29 Hong, *The Law in Galatians*, 112.
30 Hansen, *Abraham in Galatians*, 173.

대변한다"고 생각하였다.31 이런 까닭에 그들은 갈라디아 교인들에게 할례를 받을 것을 강경하게 요구하였다. 왜냐하면 할례는 언약의 표시이기 때문이다(창 17:10-14). 그들은 구약의 아브라함과 관련된 기사가 할례와 율법에 대한 순종을 요구한다는 근거 하에 갈라디아 교인들로 하여금 그들의 복음을 받아들이도록 설득하는데 있어서 매우 성공적이었다.32

지금까지의 논의를 근거로 볼 때, 우리는 민족주의적 성향을 강하게 가지고 있는 유대 그리스도인이 가장 가능성 있는 적대자라고 결론 내릴 수 있다. 이들은 유대 나라의 일원이 되는 것을 축복의 유일한 수단으로서 강조하였다. 아마도 이들은 예루살렘 교회의 우파와 깊은 관련을 가지고 있을 가능성이 있다. 그들은 아브라함의 믿음을 공로적 성취로 해석하였으며 할례와 율법 순종을 하나님 백성이 되는데 있어서 필수적 요건으로 강조하였다. 따라서 이방인이 하나님의 백성이 되기를 원한다면 이방인들은 유대인 같이 그들은 할례를 받아야 하고 유대인들이 율법에 순종하는 것과 같은 방식으로 순종해야 한다. 적대자들은 이러한 강압적 방식으로 갈라디아 교인들이 할례와 율법을 받아들이도록 설득하는데 성공하였다. 갈라디아서는 이러한 위기 상황에 대한 바울의 응답으로 쓰여진 서신서이다.33

## 갈 3:6-9절에서 아브라함 기사로부터의 논증

갈라디아서 3:3절에서 바울은 갈라디아 교인들을 매우 심하게 책망한다."너희가 이같이 어리석으냐 성령으로 시작하였다가 이제는 육체로 마치겠느

---

31 Hong, *The Law in Galatians*, 114.
32 Hansen, *Abraham in Galatians*, 98.
33 Hong, *The Law in Galatians*, 120; Hansen, *Abraham in Galatians*, 174. Hansen에 의하면,"the opponents were Jewish Christians whose primary concerns were nationalistic and nomistic: they saw membership in the Jewish nation as the only means of blessing… Paul's polemic against the present Jerusalem in the Hagar-Sarah allegory points to Jerusalem as the home base for these opponents."

냐?"이미 논의한 바와 같이 갈라디아 교회는 그리스도에 대한 믿음에 첨가해서 할례와 모세 율법을 수용하도록 미혹 받았다. 적대자들의 주요 이슈는 아브라함의 후손이 누구인지 질문하는 것이었다. 바울은 이러한 논증에 대하여 창세기 15:6절("아브람이 여호와를 믿으니 여호와께서 이를 그의 의로 여기시고")과 창세기 12:3절("땅의 모든 족속이 너로 말미암아 복을 얻을 것이라")을 인용하므로 응답하고 있다.34 바울은 칭의가 율법의 행위와는 관계없이 그리스도를 믿음으로만 오게 된다는 것을 입증하기 위하여 아브라함 기사를 인용하였다. 바울은 이미 2:15-16절에서 사람은 율법을 행함으로 의롭게 되는 것이 아니라 오직 예수 그리스도를 믿음으로 의롭게 된다는 핵심 진리를 보여 주었다. 이러한 핵심 진리는 구약의 두 인용의 결합으로 입증되었다. 더욱이 바울은 갈 3:6-9절에서 이방인들도 믿음으로 아브라함의 후손이 되었음을 아브라함 기사로부터 증명하고 있다.

### 창 15:6절의 인용

Καθὼς Ἀβραὰμ ἐπίστευσεν τῷ θεῷ, καὶ ἐλογίσθη αὐτῷ εἰς δικαιοσ

---

34 Hans D. Betz의 분석에 의하면, 갈 3:6-14절은 성경으로부터의 두 번째 논증에 해당된다. Hans D. Betz, *Galatians* (Philadelphia: Fortress, 1979), 16-23. I. Epistolary Prescript 1:1-5. II. Exordium 1:6-11. III. Narratio 1:12-2:14. IV. Prepositio 2:15-21. V. Probatio 3:1-4:31. VI. Exhortatio 5:1-6:10. VII. Epistolary Postscript(Conclusio) 6:11-18. Hansen은 수미쌍관법의 사용을 통해 갈 3:1-4절을 분석하였다.

A     rebuking questions(3. 1-5)
B     bestowal of the Spirit(3. 1, 5)
C     faith―sonship(3.6-9)
D     faith―law(3.10-14)
E       promise―law(3.15-18)
E       law―promise(3.19-22)
D     law―faith(3.23-25)
C     sonship―faith(3.26-29)
B     bestowal of the Spirit(4.1-7)
A     rebuking question(4.8-11)

ύνηv

구약 인용은 도입부 형식구 Καθὼς에 의해 시작되며[35] 갈라디아서 3:6절

MT וְהֶאֱמִן בַּיהוָה וַיַּחְשְׁבֶהָ לּוֹ צְדָקָ
LXX καὶ ἐπίστευσεν Αβραμ τῷ θεῷ καὶ ἐλογίσθη αὐτῷ εἰς δικαιοσύνην

MT קָדְצ וֹל הָבְשְׁחַיַּו הוָהיַב וְמֶאֱהְו
LXX καὶ ἐπίστευσεν Αβραμ τῷ θεῷ καὶ ἐλογίσθη αὐτῷ εἰς δικαιοσ
ύνηv

갈라디아서 3:6절은 전치사 ἄρα에 의해 7절과 연결되었다. 바울은 3:2절과 3:5절에서 다음의 두 가지 질문을 제시하고 있으며 6절에서 이에 답하고 있다.

> 3:2 너희가 성령을 받은 것이 율법의 행위로냐 혹은 듣고 믿음으로냐
> 3:5 너희에게 성령을 주시고 너희 가운데서 능력을 행하시는 이의 일이 율법의 행위에서냐 혹은 듣고 믿음에서냐

3:6절이 3:1-5절에서 제기된 질문과 연결되어 있음을 고려할 때, 바울은 창세기 15:6절을 인용함으로 의롭게 되는 것이 율법의 행위와는 아무런 관계가 없이 오직 믿음으로만 되는 것을 강조하고 있다.[36] 바울은 그의 논지를 성경의 권위를 통해서뿐만 아니라 아브라함의 실례를 통해서 확증하고 있다. 이미 유대 문헌을 통해 보았듯이, 바울 당대에 아브라함의 믿음은

---

[35] Hansen은 다음과 같이 제시하고 있다. "The conjunction Καθὼς may be an abbreviated form of the introductory formula Καθὼς, which Paul uses elsewhere," *Abraham in Galatians*, 112.

[36] G. Walter Hansen, "Paul's Three-Dimensional Application of Genesis 15:6 in Galatians," *Trinity Theological Journal* 1(1989), 60.

공로사상과 연결되어 해석되는 경향이 있었다. 아브라함은 하나님의 계명을 지켰기 때문에 하나님의 친구로 여겨졌다(CD 3:2).37 그러므로 아브라함이 하나님을 믿었다는 것은 전통적으로 시험 중에도 흔들리지 않는 아브라함의 신실함의 관점에서 이해되었다. 아브라함이 의롭다고 여김을 받고 약속을 받게 된 것은 아브라함의 믿음 즉 그의 신실함 덕분이었다(시락 44:19-21; 마카비 1서 2:52; 쥬빌리 17:15-18; m.Abot 5:3).38 R. Fung은 아브라함의 믿음을 이러한 방식으로 해석하였다. "아브라함은 하나님을 신뢰하였다. 그러므로 하나님은 그러한 믿음의 행위를 의로 여기셨다."39

그러나 바울은 창세기 15:6절을 이러한 해석의 흐름과는 다른 방향으로 이해하였다. 당대의 유대적 경향과는 반대로, 바울은 믿음을 행위로 간주하지 않았다. 홍인규는 다음과 같이 적절하게 지적하였다. "창세기의 상황에서 아브라함이 하나님을 믿었다는 말은 네 자손이 하늘의 별과 같이 헤아릴 수없이 번성할 것이라는 하나님의 약속을 신뢰하는 것을 의미한다."40 바울은 아브라함의 믿음을 하나님의 약속을 전적으로 받아들이는 것으로 이해하였다. 율법이 430년 이후에 나타났기 때문에(갈 3:17), 아브라함의 믿음은 율법과는 전혀 관계가 없었다. 아브라함의 믿음에 대한 바울의 이해는 로마서 4장에서 더 풍성하게 설명되고 있다. 즉 로마서 4:2-4절에서 믿음은 행위와 대조되고 있다. 하나님을 믿음으로 말미암아 경건치 못한 자가 의롭게 된다(롬 4:5). 아브라함이 믿은 하나님은 죽은 자를 살리시며 없는 것을 있는 것으로 부르시는 분이시다(롬 4:17). 인간의 모든 소망이 끊어진 가운데에서도 하나님의 약속을 신뢰하는 것이 믿음이다(롬 4:18-21).41

더욱이 ἄρα가 제시하듯이, 창세기 15:6절에서의 아브라함의 예는

---

37 Dunn, *The Epistle to the Galatians*(Peabody: Hendricksen, 1993), 160.
38 Dunn, *The Epistle to the Galatians*., 161.
39 Ronald Y. K. Fung, *The Epistle to the Galatians*(Grand Rapids: Eerdmans ,1988), 135.
40 Hong, *Galatians*, 126.
41 Hong, *Galatians*, 127

갈라디아서 3:7절의 아브라함 자손의 근거를 재정의하는 데 사용되었다. Betz가 지적했듯이, 바울은 갈라디아서 3:7절에서 믿음의 아들이 아브라함의 자손이라는 그의 주요 논지를 진술하고 있다.42 바울의 주요 관심사는 누가 참된 아브라함의 자손인가에 있었다. 바울의 적대자는 갈라디아 교회로 하여금 할례를 육체에 행하는 언약의 징표로 받아드리도록 선동하였다. Hansen은 다음과 같이 갈라디아 교회의 상황을 설명하고 있다.

> 할례를 받지 않은 사람은 언약을 파기한 것이기 때문에 하나님의 백성으로부터 끊어질 것이라는 경고가 명령과 함께 떨어졌다. 하나님의 명령에 대한 아브라함의 충성된 순종의 기록과 함께 모세 율법에 대한 순종이 아브라함의 후손이 되기 위한 표준으로 갈라디아 교회에게 부가되었다. 이것에 기초해서 할례 받지 못한 갈라디아 교인들은 아브라함 언약으로부터 배제되었다.43

이러한 상황에서, 바울은 아브라함의 후손을 재정의하기 위해 창세기 15:6절을 인용하였다. 아브라함의 후손의 참된 표지는 할례가 아니라 믿음이다. 접속사 Καθώς와 ἄρα는 6절의 동사 ἐπίστευσεν을 명사 πίστεως와 연결하고 있다. 동사와 명사 간에는 주제의 연결이 있다. 이러한 주제적 연결은 7절의 οἱ ἐκ πίστεως가 아브라함 같이 믿는 이방인 그리스도인을 포함하고 있는 것을 명백하게 보여주고 있다. 하나님의 백성이 되는 유일한 길은 오직 믿음에 의해서이다. 아브라함이 하나님께 대해

---

42 Betz, *Galatians*, 19. Betz의 갈 3:6-14절의 구조 분석에 의하면, 3:7절은 논지에 해당하는 구절이며

3:8-13절은 이 논지를 증명하는 구절들이다."A. First proof: an interpretation of the blessing of Abraham (3:8-9); b. Second proof: the negative side of the first proof (3:10); c. Third proof: the Jewish Torah does not lead to justification before God (3:11); d. Fourth proof: the Jewish Torah is not based on faith; e. Fifth proof: an interpretation of the crucifixion of Christ."

43 Hansen,"Paul's Three-Dimensional Application of Genesis 15:6 in Galatians," 64. Hansen은 창 15:6의 세 가지 차원의 사용을 제안하였다."1. The soteriological, personal dimension; 2. The ecclesiological, social dimension; 3. The missiological, universal dimension."

가졌던 그런 종류의 믿음이야말로 사람이 하나님의 백성이 될 수 있는 결정적 요소이다. 이러한 시각에서 볼 때, 믿음으로 말미암은 자들은 그들의 관계가 예수 그리스도의 신실함으로부터 유래한 자들이라고 주장하는 R. Hays의 논지는 설득력이 약하다.44

### 갈라디아서 3:8-9: 아브라함의 축복

이미 언급한 바와 같이 바울은 갈라디아서 3:7절에서 "믿음으로 말미암은 자들이 아브라함의 자손이다"라는 그의 주요 논지를 진술하였다. 바울은 8절에서 창세기 12:3절과 18:18절의 미드라쉬라고 간주되는 두 번째 구약 인용을 통하여 그의 논지를 증명하고 있다.45 두 번째 인용구인 Ἐνευλο γηθήσονται ἐν σοὶ πάντα τὰ ἔθνη는 창세기 12:3절과 18:18절을 융합한 것으로 보여진다.46 세 문장을 열거하면 다음과 같다.

창 12:3   ἐνευλογηθήσονται ἐν σοὶ πᾶσαι αἱ φυλαὶ τῆς γῆς
창 18:18   ἐνευλογηθήσονται ἐν αὐτῷ πάντα τὰ ἔθνη τῆς γῆς
갈 3:8   Ἐνευλογηθήσονται ἐν σοὶ πάντα τὰ ἔθνη

Sanders는 갈라디아서 3:8의 구약 인용이 창세기 12:3절이 아니라 18:18절에만 기초하고 있다고 주장하였다. 왜냐하면 바울의 주요 관심은 이방인

---

44 Richard B. Hays, *The Faith of Jesus Christ* (SBL Dissertation Series 56; Chico: Scholars Press, 1981), 200-201. Hays는 로마서의 안경을 가지고 갈 3:6-9절을 보는 것은 성경을 잘못 해석하는 것이라고 지적하였다. "Paul understands Hab 2:4 as a messianic text which proclaims that the Messiah will live by faith."

45 F. F. Bruce, *The Epistle to the Galatians: A Commentary on the Greek Text* (Grand Rapids: Eerdmans, 1982), 156. Bruce는 다음과 같이 주해하였다. "The essence of the midrash is the reinterpretation of the text or texts in the light of the Christ-event."

46 Hansen, Dunn 그리고 Bruce가 이 견해를 지지한다.

을 포함하는 것이며 τὰ ἔθνη가 12:3절에는 나타나지 않기 때문이라고 그는 생각하였다.47 Sanders의 견해는 가능한 선택 중의 하나로 볼 수 있다. 그러나 Sanders는 창세기 18:18절의 ἐν αὐτῷ가 왜 갈라디아서 3:8절에서 ἐν σοὶ로 변화되었는지에 대하여 적절한 설명을 할 필요가 있다. 바울이 창세기 12:3절의 πᾶσαι αἱ φυλαὶ 대신 창세기 18:18절의 πάντα τὰ ἔθνη를 인용하였을 가능성도 있다.48 여하간 바울은 모든 열방 즉 이방인들이 아브라함에게 약속된 축복에 포함될 것을 명백하게 강조하였다. 하나님께서는 이방인도 믿음에 근거하여 축복의 약속에 참여할 것을 처음부터 의도하셨다. 아마도, 바울의 적대자들은 이방인이 아브라함의 후손에 포함되는 것을 반대하지는 않았을 것이나 할례와 모세 율법의 준수를 필수 조건으로 요구했을 것이다. 이러한 적대자들의 주장에 대항해서, 바울은 아브라함에게 주신 축복의 약속을 이방인 그리스도인의 경험에서 실현되는 예언의 성취(προϊδοῦσα δὲ ἡ γραφή)로 해석하였다.49 성경은 이방인들이 믿음으로 의롭다 함을 받을 것을 예견하였다.

이 점에 있어서, 바울은 갈라디아서 3:2-5절에서 갈라디아 교인들이 믿음으로 성령을 받았다고 강조하였다. 하나님께서 이방인들에게 성령을 수여 하신 것이 이방인이 하나님의 백성으로 포함된 증거로 제시되었다. 홍인규는 다음과 같이 적절하게 지적하였다.

> 갈라디아 교인들의 성령 체험은 그들이 아들의 영을 받고 양자로 채택되었다는 증거이다. (갈 4:6; cf. 4:28-29). 하나님께서는 그들을 용납하셨으며 의롭다 하셨고

---

47 E. P. Sanders, *Paul, the Law, and the Jewish People* (Philadelphia: Fortress, 1983), 17-27.

48 Ronald Y. K. Fung, *Galatians*, 139. Fung의 견해는 다음과 같다."The quotation in Gal 3:8 is a conflation of Gen 12:3c and 22:18a in the LXX: the words 'all nations' from 22:18a are substituted for 'all the families' in 12:3c so as to bring in the word nations, because of its current use in the sense of Gentiles."

49 Hansen, *Abraham*, 115.

아브라함의 축복에 참여하게 하셨다. 갈 3:14절 후반부에서, 이방인이 아브라함의 축복에 참여하는 것이 약속된 성령을 받는 것과 병행하고 있다. 이러한 병행은 이방인이 아브라함의 축복에 참여할 것이라는 약속이 약속된 성령의 수여에서 성취되고 있음을 보여주고 있다.50

한편, Hays는 아브라함의 축복을 다른 방식으로 해석하고 있다. Hays에 의하면, 이방인은 그들의 믿음에 근거해서 축복을 받는 것이 아니라 아브라함의 믿음의 결과로 축복을 받는다. "하나님께서 아브라함에게 수여하신 축복은 모든 열방에 대리적으로 확장된다."51 Hays는 아브라함의 신실함이 이스라엘뿐만 아니라 이방인을 위한 축복의 근거가 된다고 보았다.52 따라서 갈라디아서 3:8절은 모든 나라가 아브라함의 순종으로 인해 축복을 받을 것을 뜻하는 것으로 보았다. Hays는 하나님께서 이방인들을 그들의 믿음에 근거해서 의롭게 한다는 것을 단호하게 부정한다. 그는 ἐκ πίστεως를 "그들이 실행하기 위해 반드시 성취해야 하는 조건으로 보기보다는 하나님께서 이방인들을 의롭게 하시는 방식을 표현하는 부사적 수식어(an adverbial modifier)로 이해하였다."53 다른 말로 해서, 이방인이 하나님의 백성이 되는 것은 그들의 믿음에 근거하는 것이 아니라, 대리적 구원의 효과를 가진 것으로 여겨지는 아브라함의 믿음에 근거한다.54

그런데, Hays의 논증에는 치명적인 결함이 있다. Hays는 갈라디아서 3:6-9절의 사고 흐름을 간과하였다. 즉, 본문에서의 주제적 연결은 Hays의 주장을 뒷받침하지 않는다. 6절에서 동사 ἐπίστευσεν은 7절의 명사 πίστεως, 그리고 8절의 명사 πίστεως와 연결되고 있다. 9절에서 바울은 결론 내리고 있다. ὥστε οἱ ἐκ πίστεως εὐλογοῦνται σὺν

---

50 Hong, *The Law*, 131.
51 Hays, *Abraham*, 115.
52 Hays, *Abraham*, 204.
53 Hays, *Abraham*, 205.
54 Cf. G. Howard, *Paul: Crisis in Galatia*, 57.

τῷ πιστῷ Ἀβραάμ. 9절의 명사 πίστεως와 형용사 πιστῷ는 또한 6절의 동사 ἐπίστευσεν과 주제적으로 연결되어 있다. 특히, καθὼς의 사용은 바울이 5-7절의 아브라함의 유비를 근거로 이방인의 칭의를 논의하고 있는 것을 제시한다. 8-9절은 이 논증에 근거하고 있으며 아브라함 안에서의 축복의 약속을 가리키고 있다. Hansen은 다음과 같이 적절하게 지적하였다. "믿음의 유비는 아브라함과의 연대(solidarity)의 근거이다. 아브라함과의 연대는 아브라함에게 약속하신 축복에 참여하는 근거이다. 아브라함과 함께 축복받을 이방인은 바로 아브라함 같이 믿는 자를 뜻한다."55

마지막으로, 첫 번째 인용(창 15:6)과 함께 두 번째 인용은 바울의 이방인 선교를 위한 성경적 근거로 사용되었다. Hansen이 지적했듯이, 갈라디아서 3:6-8절에서 첫 번째 인용과 두 번째 인용의 결합은 선교적 차원을 가지고 있다.56 갈라디아서 서문에서부터 바울이 그의 사도직(apostleship)을 강경하게 강조하는 점을 고려해 볼 때("사람들에게서 난 것도 아니요 사람으로 말미암은 것도 아니요 오직 예수 그리스도와 그를 죽은 자 가운데서 살리신 하나님 아버지로 말미암아 사도 된 바울은"), 바울의 적대자들은 바울의 사도직을 공격하고 훼손하였을 가능성이 매우 높다. 이런 까닭으로 인해서, 바울은 복음의 계시적 기원(1:12, 15-16)과 이방인 선교로의 부르심(1:16; 2:2, 7-8)을 강조하였다.57 바울은 여기서 그의 사도직의 권위와 이방인 선교를 변증하기 위해서 아브라함을 인용하고 있다. 아브라함에게 약속된 복음은 유대 민족에 국한되지 않으며 모든 민족의 축복을 포함한다. 이방인을 위한 복음을 집중적으로 강조하는 것이 바울의 주요 요점이다.

---

[55] Hansen, *Abraham*, 116.
[56] Hansen, "Genesis 15:6 in Galatians," 70.
[57] Hansen, "Genesis 15:6 in Galatians," 69.

## ἐξ ἔργων νόμου와 ἐκ πίστεως의 대조: 갈 3:10-14절

바울은 갈라디아서 3:6-9절에서 이방인들이 믿음으로 말미암아 아브라함의 자손으로 인정되며 그 축복에 동참하는 것을 논증하였다. 아브라함 기사를 할례와 모세 율법 준수의 증거로 인용하는 적대자들에 대항하여, 바울은 아브라함이 할례와 율법과는 아무런 관계없이 믿음으로 의롭게 되었다는 사실을 강조하였다. 3:10-14절에서 바울은 율법으로 그의 관심을 돌리고 있다. Dunn은 본문에서의 문제점을 적절하게 지적하였다."하나님의 언약 백성을 특징짓는 것은 율법과 율법의 행위라는 것을 당연시하는 사람들은 어떻게 되는가?"[58] 여기서 율법의 행위는 믿음과 대조되고 있다. 율법을 신뢰하는 자들은 저주 아래 있다. 바울은 구약으로부터 네 구절을 인용하고 있다.

> 10절: 누구든지 율법 책에 기록된 대로 모든 일을 항상 행하지 아니하는 자는 저주 아래에 있는 자라 하였음이라(신 27:26)
> 11절: 의인은 믿음으로 살리라 하였음이라(합 2:4)
> 12절: 율법을 행하는 자는 그 가운데서 살리라 하였느니라(레 18:5)
> 13절: 나무에 달린 자마다 저주 아래에 있는 자라 하였음이라(신 21:23)

### 신명기 27:26절로부터의 논증

(Ἐπικατάρατος πᾶς ὃς οὐκ ἐμμένει πᾶσιν τοῖς γεγραμμένοις ἐν τῷ βιβλίῳ τοῦ νόμου τοῦ ποιῆσαι αὐτά)

바울의 신명기 27:26절의 인용은 그의 목적과 과연 부합한 것인가에 대해

---

[58] Dunn,"Works of the Law and the Curse of the Law (Gal 3.10-14),"in *Jesus, Paul and the Law: Studies in Mark and Galatians* (Louisville: Westminster/John Knox Press, 1990), 215-41. Dunn은 율법의 사회적 기능을 강조하였다. 그는 Sanders와 Räisänen을 모두 비판하였다."They have both failed to get sufficiently inside the social situation of which Paul and the law were a part."

의문이 제기되어 왔다. 신명기 27:26절의 인용은 9절의 말씀과 어떻게 연결되는가?[59] 바울은 10절 전반부에서 "무릇 율법 행위에 속한 자들은 저주 아래에 있나니"라고 말한 후, 신명기 27:26절을 인용하였다. "누구든지 율법책에 기록된 대로 모든 일을 항상 행하지 아니하는 자는 저주 아래에 있는 자라 하였음이라." "무릇 율법 행위에 속한 자들은 저주 아래 있다는 말은 신명기 27:26절에 의해서 어떻게 지지되고 있는가? 신명기 27:26절은 바울이 의도하는 것과는 정반대되는 의미를 가지고 있는 것처럼 보인다.

그러므로 D. Fuller는 다음과 같이 말하였다. "우리는 갈 3:10절에 인용된 신 27:26절을 잘못 인용된 예로 골라야 할 것이다. 이러한 인용은 유대주의자들이 가르치는 것을 논박하기에는 너무나 부적절하다."[60] 무엇보다도 이 문제에 있어서, ἔργα νόμου(율법의 행위)를 어떻게 해석할 것인가가 주요 관건이다. Fuller에 의하면, 우리가 율법의 행위를 율법이 명령하는 것을 행하는 것으로 간주한다면, 신명기 27:26절은 율법의 명령을 준행하지 못한 자에게 저주가 있을 것이라는 것을 증명할 수 있을 뿐이다.[61] 만약 우리가 율법의 행위를 악한 것으로 간주한다면, 신명기 27:26절의 사용은 갈라디아서 3:10절 전반부("율법 행위에 속한 자들은 저주 아래 있다")와 일치하고 있는가?[62]

그러나 바울에게 있어서 율법의 행위가 참으로 사악한 것이며 저주를 받을 만한 것인가? 바울은 율법의 행위라는 말로 무엇을 뜻하였는가? 만약, ἔργα νόμου가 πᾶσιν τοῖς γεγραμμένοις ἐν τῷ βιβλίῳ τοῦ νόμου τοῦ ποιῆσαι αὐτά 과 병행을 이루고 있다면, 우리는 율법의 행위 자체를 악한 것으로 보는 Fuller 의 견해를 받아들이기 어렵다.

---

[59] 신 27:26절의 인용이 LXX나 MT와 정확하게 일치하지 않는다. 따라서 Betz는 바울이 기억으로부터 인용했을 가능성을 언급하였다. Betz, *Galatians*, 145.
[60] Fuller, *Gospel & Law*, 89.
[61] Fuller, *Gospel & Law*, 90.
[62] T. D. Mcgonial도 Fuller의 견해를 따르고 있다.

본문은 율법의 행위 자체가 악하다고 의도하지는 않는다. 더욱이, 율법의 행위는 모세 율법에 기록된 요구들을 행하는 것과 동일한 것이기 때문에, ἔργα νόμου는 율법과 율법이 명하는 임무에 순종하여 행해지는 행위들을 뜻하는 것으로 볼 수 있다.63 Moo는 다음과 같이 적절하게 주해하였다.

> 로마서 3-4장의 용례와 콘텍스트는 율법의 행위와 행위들이 바울에게 있어서 동등한 의미를 가지고 있는 것을 보여준다. 더욱이 ἔργα가 τὰ ἔργα τοῦ νόμου와 병행으로 사용될 때, 이 용어는 공로로 간주될 수 있는 선한 행위를 가리키는 것이 명백하다. 이것은 율법의 행위가 율법에 순종하여 행해지는 칭찬 받을만한 행위를 나타내고 있는 것을 제시하고 있다.64

Moo가 제시하였듯이, 신명기 27:26절의 인용은 왜 율법의 행위에 속한 자에게 저주가 임하는지를 설명해준다.65 본문의 기본적 논리는 이렇게 보여진다. 율법 준수를 의지하는 자는 저주 아래 있다. 왜냐하면, 그들은 율법에 기록되어 있는 모든 것을 지킬 수 없기 때문이다.66 Hansen은 이러한 논증을 생략삼단논법(enthymeme)이라고 말하였다. 즉 명시된 대전제 (major premise)는 성경 본문이다(율법에 기록되어 있는 것을 지키지 못하는 자는 저주 아래 있다). 암시적 소전제(minor premise)는 율법 성취의 보편적 결여이다. 결론은 10절 전반부, 즉 율법 행위에 속한 자는 저주 아래 있다는 것이다.67 율법에 기록된 모든 것에 머물러있지 않는 것에 대해 저주가 있을 것이다. 다른 말로 해서, 저주는 율법 실행의 실패로 임한 결과이다. 물론 바울은 사람이 율법을 모두 행할 수 없다고 자주 말하지는 않는다. 그러나, 의롭다 함을 얻기 위하여 율법의 행위에 의존하

---

63 Moo, "Law and Legalism in Paul," 91-96.
64 Moo, "Law and Legalism in Paul," 96.
65 Moo, "Law and Legalism in Paul," 97.
66 Dunn, "Works of the law & the Curse of the Law," 226.
67 Hansen, *Abraham*, 117.

는 자에게는 저주가 임한다는 바울의 주장은, 사실상 모든 사람이 율법을 행하는데 실패했다는 것을 전제할 때에만 의미가 통한다.68 율법의 행위 자체가 본질적으로 잘못 되었다거나 구원 역사에 결정적인 전환이 발생했기 때문에 율법의 행위가 의롭게 할 수 없다고 바울이 강조하는 것은 아니다. 인간은 그 누구도 하나님 앞에서 공로가 되기에 충분한 정도로 율법을 준행할 수 있는 자가 없기 때문이다.69 따라서 ὅσοι ἐξ ἔργων은 갈라디아 교인들로 하여금 자신들의 분파로 들어와서 의롭다함을 얻기 위하여 율법을 준수할 것을 설득하는 사람들을 가리킨다. 바울은 그들 자신이 율법을 온전히 준행한 자가 아니기 때문에 바로 이들이야말로 저주 아래 있는 자들이라고 강조하고 있다.70 그러므로 바울은 ὅσοι ἐξ ἔργων과 οἱ ἐκ πίστεως를 철저하게 분리하고 있다.

### 하박국 2:4절로부터의 논증
(ὅτι Ὁ δίκαιος ἐκ πίστεως ζήσεται)

갈라디아서 3:11-12절에서 바울은 믿음과 율법을 대조하고 있다.

|  |  |  |
|---|---|---|
| 11절 | ἐν νόμῳ | ἐκ πίστεως |
| 12절 | ἐκ πίστεως | ἐν αὐτοῖς |

---

68 Moo, "Law and Legalism in Paul," 98.
69 Moo, "Law and Legalism in Paul," 98.
70 Hansen, *Abraham*, 119. Cf. Dunn, "Works of the Law," 226. Dunn은 ἐξ ἔργων νόμου 를 다음과 같이 정의하였다. "To be works of the law is not the same as fulfilling the law, is less than what the law requires, and so falls under the law's own curse… Those who are ἐξ ἔργων νόμου are those who have understood the scope of God's covenant people as Israel per se, as that people who are defined by the law and marked out by its distinctive requirements. Such an understanding of the covenant and of the law inevitably puts too much weight on physical and national factors, on outward and visible enactments, and gives too little weight to the Spirit, to faith and love from the heart."그러나, Dunn의 견해는 균형을 잃었다. 바울은 신 27:26절의 인용을 통하여 율법 준수의 불가능성을 말하고 있다.

11절의 ἐν νόμῳ는 10절의 ἐξ ἔργων νόμου와 상응하고 있다.71 따라서 ὅσοι γὰρ ἐξ ἔργων과 οἱ ἐκ πίστεως의 대비는 11-12절에서 재 진술되고 있다. 아무도 율법으로 하나님 앞에서 의롭게 될 수 없다는 11a 의 명제는 갈라디아서 2:15-16절(사람이 의롭게 되는 것은 율법의 행위로 말미암음이 아니요 오직 예수 그리스도를 믿음으로 말미암는 줄 알므로)을 반향하고 있다. 바울의 주요 논지는 의가 율법이 아니라 오직 믿음과 관련되어있다는 것이다. 믿음이 의에 이르는 유일한 길이므로 율법은 의에 이르는 길이 될 수 없다.

바울은 하박국 2:4절을 인용함으로 이것을 증명하고 있다. 하박국 2:4절에서 여호와께서는 선지자가 인내할 것을 말씀하신다. 비록 더딜지라도 하나님께서 그의 백성을 건지신다는 믿음을 가진 자에게 악한 바벨론의 압제로부터의 구원하심이 임할 것이다. 그러므로 하박국 2:4절에서의 믿음은 고난 중에서 하나님의 구원하심을 신뢰하는 것을 뜻한다.72 그러나 바울은 하박국 2:4절을 그리스도인의 경험의 거울로서 사용하고 있다.73 바울은 그리스도인의 경험에 비추어서 이 구절을 재해석하였다. Ὁ δίκαι

---

71 Richard N. Longenecker, *Galatians* (Dallas: Word Books, 1990), 118. Hansen은 다음과 같이 주해하였다. "ἐξ ἔργων νόμου 보다 ἐν νόμῳ의 사용은 10절에서 LXX의 용어를 반영하고 있다." *Abraham*, 120.

Hansen에 의하면, 바울의 논지에 해당하는 문장이라고 할 수 있는 11a(ὅτι δὲ ἐν νόμῳ οὐδεὶς δικαιοῦται παρὰ τῷ θεῷ δῆλον)는 8a(ὅτι ἐκ πίστεως δικαιοῖ τὰ ἔθνη ὁ θεός)의 논지 진술과 병행하고 있다. 또한, 11b의 인용이 9절로부터의 추론과 유사하다.

9절: οἱ ἐκ πίστεως εὐλογοῦνται
11b: Ὁ δίκαιος ἐκ πίστεως ζήσεται

72 F. Thielman, *Paul & the Law*, 128-29. Cf. Hays, *The Faith of Christ*, 150-57. Hays는 믿음의 해석에 대해 세 가지 견해를 제시하고 있다. 즉 하나님이 신실하심, 메시아의 믿음, 하나님에 대한 신뢰. 그는 다음과 같이 결론 내린다."Gal. 3:11 places the primary emphasis upon Christ's faith, rather than upon the faith of the individual Christian as a means of attaining life," 157.

73 Hansen, *Abraham*, 121.

ος ἐκ πίστεως ζήσεται는 하나님께서 유대인(2:16)이나 이방인(3:8) 모두 믿음으로 의롭게 할 것이라는 바울의 논지를 명확하게 반복하고 있다.74 그러므로 믿음의 의미는 갈라디아서 2:16절과 3:1-8절의 시각에서 해석되어야 한다.75 Hansen은 ἐκ πίστεως가 2:16절의 ἐκ πίστεως Χριστοῦ를 축기한 것이라고 제안하였다.76

### 레위기 18:5절로부터의 논증
(Ὁ ποιήσας αὐτὰ ἄνθρωπος ζήσεται ἐν αὐτοῖς)

바울은 믿음과 율법을 계속해서 분리하고 있다. ὁ δὲ νόμος οὐκ ἔστιν ἐκ πίστεως. 레위기 18:5절의 인용은 하박국 2:4절의 인용과 함께 믿음과 율법이 서로 배타적인 관계에 있는 것을 보여준다.77 그러나 이것은 율법 자체가 폐기되었다거나 가치를 상실하였다는 것을 의미하는 것은 아니다(롬 2:13; 2:26-27; 갈 5:14; 6:2).78 바울에게 있어서 믿음은 가장 중요한 목표이며 결정적인 요소이다.79 율법은 믿음과 관계있는 것이 아니라 행함과 관계가 있다. 신명기 27:26절의 인용과 함께 레위기 18:5절은 칭의를 위해 율법의 행위에 의존하는 사람은 율법의 저주 아래 있는 것을 보여주고 있다. 율법이 요구하는 것을 충족시키지 못하는 것은 저주의 선언을 초래하게 된다.80 바울은 의를 얻기 위한 율법의 부적합성을 강조하고 있다. 바울은 갈라디아서 3:19-25절에서 율법의 역할에 대해

---

74 Hays는 본문의 믿음을 메시아의 믿음으로 해석했으나 갈 3:1-14절의 문맥은 Hays의 결론을 지지하지 않는다. Hays의 결론은 다음과 같다. "The Messiah(Ὁ δίκαιος) himself attains life and vindication not through the law but ἐκ πίστεως; the same principle must therefore apply also to the Messiah's people." in *The Faith of Jesus Christ*, 207.
75 Thielman, *Paul & the Law*, 129.
76 Hansen, *Abraham*, 121.
77 G. M. M. Pelser,"The Opposition of Faith and Works as Persuasive Device in Galatians(3:6-14)," *Neotestamentica* 26(1992), 398.
78 Dunn, "Works of the Law," 228.
79 Dunn, "Works of the Law," 228
80 Pelser, "Faith and Works," 398.

여러 가지 원칙들을 제시하고 있다. (1)율법은 구속사에 있어서 죄를 드러내기 위해 주어졌다. (2)율법은 살리는 능력을 가지고 있지 않다 (3:21). (3)그리스도의 구원 사역은 죄의 노예가 된 인류에게 하나님의 해결책이다(3:22, 24).[81] 이러한 논증에 비추어 볼 때, 레위기 18:5절은 순전히 가설적인 것으로 보여진다. 율법은 완전한 순종을 요구하며(10절), 완전한 순종에 근거하여 생명을 제공한다(12절). 그러나 율법은 그 자체로 생명을 불러일으키거나 하나님 앞에서 의롭게 만들 수 없다 (3:21).[82]

### 신명기 21:23절로부터의 논증
(Ἐπικατάρατος πᾶς ὁ κρεμάμενος ἐπὶ ξύλου)

바울은 갈라디아서 3:13-14절에서 그리스도에 대한 믿음이 어떻게 의롭게 되는 유일한 길인지를 논증하고 있다. 바울은 "그리스도께서 우리를 위하여 저주를 받은 바 되사 율법의 저주에서 우리를 속량하셨으니"라고 기록한 후, 신명기 21:23절을 인용하였다. "기록된 바 나무에 달린 자마다 저주 아래에 있는 자라 하였음이라." Hansen은 13-14절의 중요성에 대하여 다음과 같이 주장하였다.

> 바울의 논증에 있어서 3:13-14절은 부수적인 것이 아니라 전체 논증의 핵심이다. 서론의 강조(1:4), 바울의 논지의 진술(2:19-20), 바울의 책망(3:1-2), 바울의 윤리적 교훈(5:24), 그리고 마지막 반복(6:14)등이 이것을 확증한다. 오직 그리스도와의 연합을 통해서 율법의 요구로부터의 해방과 약속된 축복의 참여가 이루어질 수 있다.[83]

---

[81] Longenecker, *Galatians*, 120.
[82] Hansen, *Abraham*, 121.
[83] Hansen, *Abraham*, 126.

그리스도와 율법의 병렬 배치는 두 가지 대안, 즉 그리스도 안에 있는 것과 율법으로 사는 것이 서로 분리 되어 있는 것을 극적으로 강조하고 있다. 그리스도 안에서 사는 것은 우리를 율법의 저주에서 해방시키며 아브라함의 축복으로 가는 길을 열고 성령을 받도록 인도한다. 반면, 율법에 의지해서 사는 것은 사람을 하나님의 저주 아래 놓이게 만들며 그리스도 안에서 생명에 이르게 하는 의의 문을 닫는 것이다.[84] 이러한 대조를 통하여 바울은 율법의 행위로 말미암아 의를 얻고자 하는 갈라디아 교인들의 어리석음을 일깨우고 있다. 바울의 이러한 분리의 논증은 결정적으로 한 단계 더 나아간다. 율법의 저주로부터 해방된 자들, 그리스도께서 대신 저주가 된 자들은 ὅσοι ἐξ ἔργων과 분리된다. ὅσοι ἐξ ἔργων은 아브라함의 축복으로부터 제외된 자들이다.

이 시점에서 바울은 그리스도의 십자가의 중요성을 부각시킨다. 믿음으로 말미암는 자들을 율법의 저주 아래 있는 자들로부터 온전히 분리시키는데 있어서, 그리스도의 십자가는 결정적인 역할을 감당한다. 그리스도의 십자가는 그리스도 안에 있는 자들을 아브라함의 축복의 반열에 포함시키며 성령의 은혜 안으로 들어오게 한다. 그러므로 바울에게 있어서 ὅσοι ἐξ ἔργων νόμου와 οἱ ἐκ πίστεως 사이의 간격은 참으로 막대하다. 하나님의 백성이 되는 데 있어서의 참된 표준은 민족적 특권과 율법에 있는 것이 아니라 믿음에 달려 있다. 13a의 ὑπὲρ ἡμῶν κατάρα에서 소유 대명사 ἡμῶν은 유대 그리스도인에게만 국한될 수 없으며, 국적을 초월한 οἱ ἐκ πίστεως를 가리킨다.[85] 그리스도인은 할례와 같은 구약의 모든 율법을 수행하도록 부르심을 받은 것은 아니다. 그리스도인은 그가 유대인이든지 이방인이든지 상관없이 그리스도와 연합을 통한 생명을 누리기 위해서 율법을 모두 성취하도록 요구 받지는 않는다.[86] 이러한 점에

---

[84] Hansen, *Abraham*, 122.
[85] Hansen, *Abraham*, 123.

있어서 유대인과 이방인은 하나이다. 의롭게 되기 위하여 이들의 믿음 위에 율법의 준수가 부가될 필요는 없다.

유대인과 이방인의 분리를 종식시키는 것은 율법으로부터의 구속의 결과이다.[87] 14절에서 두 차례에 걸쳐 나타나는 ἵνα 구문은 이방인을 그리스도의 구원 사역의 수혜자로 규정하고 있다. 바울은 그리스도의 구속의 결과로서 이방인들도 아브라함의 축복에 포함되었음을 강조하였다. 동사 λάβωμεν은 성령을 받은 이방인을 포함하여 모든 그리스도인을 가리키고 있다.

## 결론

아브라함의 믿음을 공로적 행위로 해석하여 할례와 율법 준수를 하나님 백성의 필수 자격 조건으로 강조하는 갈라디아 교회의 선동자에 대항해서, 바울은 아브라함 기사를 재해석해서 아브라함의 참된 후손의 신원을 재정의하고 있다. 바울은 창세기 15:6절을 인용함으로 율법의 행위와는 관계없이 믿음으로 의롭게 되는 진리를 강조하였다. 아브라함의 믿음을 아브라함의 '후속적 신실함'(subsequent faithfulness)으로 해석하는 당대의 유대인 경향과는 대조적으로, 바울은 믿음을 행위와 같은 종류로 간주하지 않고 하나님의 약속을 전적으로 신뢰하는 것으로 보았다. 이와 마찬가지로 모든 나라는 믿음을 근거로 해서 아브라함에게 약속하신 축복에 참여할 수 있다. 더우기 바울은 신명기 27:26절을 인용함으로 모든 율법을 지키는 것이 불가능하다는 것을 보여주었다. 믿음과 율법의 행위는 하박국 2:4절과 레위기 18:5절의 인용을 통하여 두드러지게 대조되었다. 율법의 행위는 죄인을 의롭게 할 수 없으며 생명을 불러일으킬 수 없다. 마지막으로 바울은 그리스도 안에 있는 것과 율법 안에 있는 것을 분리하고 있다. 그리스도

---

[86] Pelser, "The Opposition Faith and Works," 400.
[87] Pelser, "The Opposition Faith and Works," 400.

의 십자가는 그리스도 안에 있는 모든 자들을 아브라함의 자손이 되게 하며 그의 약속의 상속자로 만든다. 그러므로 하나님의 언약 백성이 될 수 있는 새로운 표준은 할례나 율법 준수와 같은 민족적 특권이 아니라 믿음에 근거한다. 유대인이나 헬라인이나 민족적이나 공로적 성취에 의해서가 아니라 동일한 믿음에 근거해서 아브라함의 후손이 되며 축복에 참여하게 된다. (*)

**9**

# NPP에 대한 요한복음의 평가[1]

이복우 | 신약학 • 조교수

요한복음은 NPP에 대하여 무어라고 말하는가? 또한 요한복음의 저자인 사도 요한은 NPP에 대하여 어떤 평가를 내리는가?[2] 어떤 사람들은 이

---

[1] NPP는 The New Perspective on Paul의 약어로서 '바울에 관한 새 관점'이라고 불린다. 본 논문은 'NPP'를 '바울에 관한 새 관점'의 내용과 신학뿐만 아니라 NPP 계열의 학자들까지 포함하는 총칭으로 사용할 것이다.

[2] 사도 요한의 요한복음 저작권(authorship)에 대하여는 다음의 글들을 보라. 조병수, "МАРТΥΡΙΑ와 ΓΡΑΦΗ로서의 요한복음," 「신학정론」 22권 1호 (2004, 5), 65-91; idem, 「신약성경총론」 (수원: 합동신학대학원출판부, 2006), 144-149; Andreas J. Köstenberger, *Encountering John: The Gospel in Historical, Literary, and Theological Perspective* (Grand Rapids: Baker Books, 1999), 23-25: "Thus we are able to conclude that the internal evidence of John's Gospel, corroborated by evidence from the rest of the New Testament, points unequivocally to John the son of Zebedee as the author of John's Gospel. Apparently, this also was the conclusion of the early Fathers, who unanimously support Johannine authorship. … From the end of the second century on, the church is virtually unanimous in attributing the Fourth Gospel's authorship to John, the son of Zebedee. … Thus we conclude that both internal and external evidence cohere in suggesting John, the son of Zebedee, to be the author of the Gospel that bears his name." Cf. R. E. Brown, *The Gospel according to John I-XII*, vol. I (2 vols) (New York:

질문을 매우 생뚱맞은 것이라고 말할 것이고 또 다른 이들은 이 질문을 굉장히 비학문적인 것으로 치부할 것이다. 그들은 요한신학으로 바울신학을 평하는 것이 비합리적이며, 학문적으로도 맞지 않다고 생각하여 이 질문을 배척할 것이다. 그들은 이 질문이 성경 66권을 정확 무오한 하나님의 말씀으로 받는 소위 보수신학에서나 가능한 것으로 여겨 매우 미개한 자들의 실책 정도로 치부할 수도 있다. 그러나 정말 요한복음은 NPP에 대하여 비평할 자격이 없는가? 참으로 사도 요한은 사도 바울과 그의 신학을 논하는 NPP에 대하여 어떤 것도 말할 입장에 있지 못한 것인가?

본 논문의 목적은 요한복음에 근거하여 NPP를 평가하는 것이다. 이를 위해 나는 먼저 사도 요한에게 NPP를 평가할 충분한 자격이 있다는 것을 논증할 것이다. 이어서 나는 요한복음의 문헌적 권위와 그 내용의 특성에 근거하여 NPP에 대한 요한복음의 평가의 정당성을 확인할 것이다. 그 후에 NPP가 주로 구원론에 관련된 것이므로, 나는 바울의 칭의와 요한의 영생이 구원을 의미하는 동의어임을 논증하여 본 논문의 기초로 삼을 것이다. 더 나아가서 나는 NPP의 핵심 주제 몇 가지를 선정하여 그 의미를 간략히 설명하고, 이에 대한 요한복음의 평가를 서술할 것이다. 이렇게 하면 우리는 종교개혁의 바울 해석과 이것을 비판하고 바울을 재해석하는 NPP의 주장 중 어느 것이 옳은지를 명확하게 확인할 수 있을 것이다.

## I. NPP에 대한 요한복음의 평가의 정당성

### 1. 사도 요한 개인의 자격

NPP를 주창하고 동조하는 학자들은 대부분 20세기에 태어난 사람들이다.

---

Doubleday, 1966), XCVIII; C. G. Kruse, *The Gospel according to John* (England: Inter-Varsity Press, 2003), 26.

그러므로 사도 바울과 그들 사이에는 무려 약 2000년 이상의 시간 간격이 있다. 이 간격은 시대와 역사와 문화와 사상 등의 차이이기도 하다. 하지만 이러한 간격과 차이에도 불구하고 NPP 학자들은 바울과 그의 신학을 해석하고 있다. 그렇다면 바울과 동시대에 살며 같은 역사, 종교, 문화적 상황 속에서 동일한 사상을 지녔던 사도 요한이야말로 바울을 해석할 충분한 자격을 가졌다. 바울보다 무려 2000여년 늦은 시대에, 게다가 그와 전혀 다른 공간과 종교, 역사적 상황에 있는 NPP 사람들이 모든 면에서 바울과 동일상황에 있던 요한보다 바울을 더 잘 안다고 주장하는 것은 매우 어리석은 일이 될 것이기 때문이다.3 바렛(C. K. Barrett)은 "그리스도인 학자이건 심지어 유대인이건, 자신이 1세기 유대교와 1세기 유대인의 기독교에 대해 바울보다 더 잘 이해한다고 생각하는 사람은 분별없는 사람이다."라고 말했으며,4 또한 "1세기 유대교를 바울보다 더 잘 이해한다고 생각하는 사람은 뻔뻔스러운 사람이다."라고 말했다.5 마찬가지로 어떤 사람이 1세기의 바울과 그의 신학에 대해 1세기의 사람인 요한보다 더 잘 이해한다고 말한다면, 그는 분명 분별력이 없거나 매우 뻔뻔한 사람이다. 틀림없이 1세기의 사람인 요한은 20세기의 NPP 사람들과는 비교도 할 수 없을 만큼 바울에 대해 정통해 있었다. 그러므로 NPP가 바울을 해석한다면 요한은 더더욱 그리할 수 있다. 이것이 요한복음으로 NPP를 평가하는 첫 번째 정당성이다.

---

3 Cf. Seyoon Kim, *The Origin of Paul's Gospel* (Tübingen: J.C.B. Mohr, 1984), 347: "he (Räisänen) is, in fact, claiming ⋯ that E. P. Sanders and a few others like him on whom Räisänen largely depends for his knowledge of Judaism, who work with the documents mostly much later than first century A. D., know first century Judaism better than Paul himself."; 김세윤, 「바울 신학과 새 관점」(서울: 도서출판 두란노, 2002), 141. note 275: "Räisänen은 자신이 1세기 유대교에 대한 바울의 증거보다는 1세기 유대교에 대한 20세기 사람의 묘사를 더 믿는다는 것을 나타낸다."

4 C. K. Barrett, *Paul: An Introduction to His Thought* (Louisville: Westminster/Knox, 1994), 9.

5 Barrett, *Paul: An Introduction to His Thought*, 78.

## 2. 요한복음의 문헌적 권위

요한복음이 바울 서신에 대해 논할 자격이 있는가? NPP 신학은 "바울신학을 바르게 이해하는 길은 바울 당시의 팔레스타인 유대주의를 바르게 이해하는 데에 있다"고 말한다.6 바울을 유대교 배경에서 이해하려는 시도는 NPP의 전제이다. 이것은 바울 신학을 당시의 유대교와 연속성 속에서 이해하려는 방법론이다. 따라서 바울에 대한 NPP의 해석은 이미 제한을 가지고 접근하는 것이다. 무엇보다 그들은 내용상 일관성이 부족한 유대 문서를 자기들의 의도에 따라 취사선택하는 잘못을 범했으며,7 랍비 문서의 작성 시기를 고려하지 않는다. "현존하는 대부분의 팔레스타인 랍비 문헌(예를 들어, 쿰란의 초기문서를 제외하고는)은 기독교 이후에 작성되었다. NPP가 의존하는 대부분의 랍비 문헌은 바울 이후의 산물이다. … 유대문헌 가운데는 바울의 공격을 받은 유대교가 기독교를 넘어서고 비판하기 위해서 생산된 것들이 있다. … 그러므로 현존 랍비 문헌을 바울 연구의 표준으로 삼을 수 없다."8

샌더스(E. P. Sanders)도 NPP의 이러한 문헌적 약점을 인정한다. 그런데도 그는 기원전 2세기 초부터 기원후 2세기 후반까지 언약적 율법주의가 유대교 문서들에 나타나고 있는 것에 비추어 볼 때, AD 70년 이전의 유대교의 상황도 상당히 그럴 것이라고 추정하는 것이 마땅하다고 말한다.9 따라서 샌더스의 '언약적 율법주의'(Covenantal Nomism)는 70년

---

6 김병훈, "율법주의, 언약적 율법주의, 은혜언약: '바울에 관한 새 관점들'의 신학적 소재(所在)?", 「한국개혁신학」 28 (2010), 160.
7 NPP의 유대 문서 사용에서 제기된 문제점에 대하여는 조병수, "바울에 관한 새 관점이란 무엇인가", 「신학정론」, 33 (2015), 64-65를 참조하라.
8 조병수, "바울에 관한 새 관점이란 무엇인가", 66. Cf. Kim, *The Origin of Paul's Gospel*, 347.
9 E. P. Sanders, *Paul and Palestinian Judaism: A Comparison of Patterns of Religion* (Philadelphia: Fortress Press, 1977), 426: "Our study has not been designed to answer the question of what Judaism was like in Palestine before 70 c.e. … It seems to me quite possible that we not only have no Sadducean literature, but also virtually no Pharisaic literature, apart from fragments embedded in the Rabbinic material. Thus I know a good

이전의 팔레스타인 유대주의 문서에 근거한 것이 아니다. 실제로 이 시대와 관련된 유대교 문서들은 별로 없다. 결국 NPP는 바울 서신 보다 훨씬 이후에 쓰인 유대 문서를 바울 이해의 최종 권위로 받고 있는 것이다.

이러한 까닭에 바울 해석은 유대 문서보다 신약성경을 우선적으로 의존하여 이루어져야 한다. 왜냐하면 "신약성경은 유대문헌에 비해 월등한 가치(아무리 양보해도 최소한 동일한 가치)를 가"지기 때문이다.10 요한복음은 십중팔구 AD 80년대 중반이나 90년대 초에 기록되었다.11 따라서 요한복음은 NPP가 의존하는 유대 문서보다 약 한 세기 정도 빠른 것이며, 바울 해석을 위한 자료로서 유대 문서보다 더 확고한 권위를 갖는다.12 그런데도 NPP는 신약성경은 제외한 채 바울 연구의 표준으로 삼을 수 없는 유대 문서에만 의존하여 바울을 해석하고 있다. 이것은 결코 옳지 않다.

---

deal less about Pharisaism than has been 'known' by many investigators. There are, however, some things about Judaism before 70 that can be said on the basis of the present study. Because of the consistency with which covenantal nomism is maintained from early in the second century b.c.e. to late in the second century c.e., it must be hypothesized that covenantal nomism was *pervasive* in Palestine before 70." Cf. 김병훈, "율법주의, 언약적 율법주의, 은혜언약", 155. note 11.

10 조병수, "바울에 관한 새 관점이란 무엇인가", 67.

11 Andreas J. Köstenberger, *A Theology of John's Gospel and Letters* (Grand Rapids: Eerdmans, 2009), 82-83: "John most likely wrote his gospel in the mid-AD 80s or early AD 90s based on the following pieces of evidence. … A date of composition in the mid-AD 80s or early AD 90s, then, best fits all the evidence."; Kruse, *The Gospel according to John*, 32: "a date of writing in the 80s or 90s is reasonable." Cf. 조병수, 「신약성경총론」, 144-145. Brown, *The Gospel according to John I-XII*, LXXXVI.

12 Cf. J. Gresham Machen, *Origin of Paul's Religion* (London: Hodder & Stoughton, 1921), 180: "It is significant that when, after the conversion, Paul seeks testimonies to the universal sinfulness of man, he looks not to contemporary Judaism, but to the Old Testament. At this point, as elsewhere, Paulinism is based not upon later developments but upon the religion of the Prophets and the Psalms." 김병훈, "율법주의, 언약적 율법주의, 은혜언약", 162: "'율법의 행위' '의롭게 됨' '하나님의 의' 등을 바울이 성경에서 언급할 때 그 의미 해석을 위하여 단 한 곳에서도 1세기 당대의 팔레스타인 유대주의 문헌을 인용하여 참조한 적이 없음은 바울신학을 이해하는 '새 관점'의 방법론적 문제점을 그대로 드러내 준다."

## 3. 요한복음의 내용적 특징

성경은 상이성과 공통성, 즉 다양성 안에서 통일성을 가지고 있다. 우리는 상이점을 관찰함으로써 성경 각권의 독특한 신학이 무엇인지를 아는 것이 필요하며, 또한 공통점에 주목하여 초대교회가 무엇을 공통적으로 받아들였는지를 연구하는 일도 매우 중요하다.13 초대교회와 교부들은 성경의 다양성이 성경의 통일성에 의해 통제 받고 있다는 것을 잘 알고 있었다. "통일성은 초대교회가 공통적으로 바탕하고 있는 거대한 반석이기 때문이다. 그러므로 상이점은 공통점에 기반 하여 이해되어야 한다."14 상이점은 단지 각 성경의 작은 특이성을 표현할 뿐이다.

이러한 신약성경의 통일성 중 대표적인 것이 소위 '복음 도식'(gospel schema)이다. 복음 도식은 예수 그리스도의 역사적인 사건을 설명하는 순서에 대한 개요이다. 성경 기자들에게는 자유가 있었지만 또한 분명한 제한도 있었다. 성경의 기자는 그 누구도 넘어서지 못할 복음의 전체구조를 가지고 있었고 이는 어길 수 없는 제한이었다. 이에 대하여 조병수는 다음과 같이 설명한다.

> "이 예수 사건의 순서는 초대교회가 강하게 고집하던 것으로서 가장 간단한 예를 들면 베드로의 예루살렘 설교(행 1:21-22)이다. 여기에서 예수 사건은 세례자 요한의 등장으로 시작하여 예수의 승천으로 종결된다. 바울의 안디옥 설교(행 13:23-31)는 이 사이에 예수의 죽음과 부활을 삽입하며, 베드로의 욥바 설교(행 10:37-43)는 예수의 죽음과 부활 앞에 예수의 활동을 덧붙인다."15

그리고 초대교회가 가지고 있던 '복음 도식'에 대해 가장 잘 보여주는

---

13 조병수, 「신약성경총론」, 62.
14 조병수, 「신약성경총론」, 62.
15 조병수, 「신약성경총론」, 60.

것이 공관복음서이다. 예수의 사역을 나타내는 복음 도식은 "언제나 세례자 요한의 활동으로부터 시작하며 부활(승천)로 종료된다. 그러므로 복음의 요약은 세례자 요한의 세례로부터 예수 그리스도의 부활(승천)까지이다."16 이처럼 복음 도식은 언제나 동일하다.

그런데 복음 도식과 마찬가지로 그 복음으로 말미암는 구원도 언제 어디서나 동일하다. 신약성경의 저자는 여럿이나 그들은 모두 '같은 복음'을 말하고 있다. 물론 세세한 부분에서 다양성이 나타나지만 그러나 구원의 큰 틀은 변함이 없다. 구원 또한 통일성에 근거하여 다양성이 말해지는 것이다. 하나님은 한 분이시나 그분의 인격과 속성과 행위는 너무나 풍성하여 결코 하나의 말로 다 담아낼 수 없다. 이것은 사람이 손바닥에 바닷물을 다 담을 수 없고, 뼘으로 하늘을 잴 수 없는 것과 같다(사 40:12). 광대하신 하나님은 여러 가지 방식으로 표현되고 묘사된다. 그렇다고 해서 하나님이 여럿인 것은 아니다. 하나님이 행하신 구원도 이러하다. 예수께서 행하신 구원의 큰 도식은 신약성경에서 언제나 동일하다. 성경이 여러 개의 구원을 말할 수 없으며, 사도 바울이 말하는 구원과 사도 요한이 말하는 구원이 다를 수 없다.17 바울 서신과 요한복음 사이에는 분명히 다른 점들이 존재한다. 그러나 이것은 옳고 그름의 문제가 아니라 다양성을 보여주는 것이다. 이것은 하나님의 부요함이다. 반면에 이 둘 사이에 결코 다를 수 없는 내용이 있다. 그 대표적인 것이 '구원'에 관한 것이다. "기독교의 구원개념인 ζωὴ (αἰώνιος), χαρά, εἰρήνη 등도 바울과 요한 문서에서 일치하는 것으로 나타난다."18 그 근본적인 이유는 한 분 하나님

---

16 조병수, 「신약성경총론」, 130.
17 본 논문의 II. 1.을 보라. 그리고 요한의 영생과 바울의 칭의의 관계에 대하여는 Andrew H. Trotter, Jr., "Justification in the Gospel of John", *Right with God: Justification in the Bible and the World*, edited by D. A. Carson (Oregon: Wipf & Stock Publishers, 1992), 126-145를 참조하라.
18 김문경, 「요한신학」 (서울: 한국성서학연구소, 2004), 52. esp. 49: "연구사에서 요한문서와 바울 서신 사이의 관계를 규명하기 위한 다양한 시도가 있었다. 예를 들면

이 상충되는 두 개의 구원을 말씀하실 수는 없기 때문이다. 이것이 요한복음이 NPP를 평가함에 있어서 갖게 되는 내용적 특징이자 권위이다.

바울의 '구원'과 요한의 '구원'은 본질적으로 같은 것이어야 한다. 그러므로 바울의 구원이해에 대한 NPP의 주장을 요한의 구원이해에 근거하여 평가하고 비판하는 것은 하나의 가능성을 넘어 반드시 그리해야 하는 일이다. 사도 요한은 바울과 '같은 사도'로서 바울이 전한 바로 그 복음과 그 구원을 전했다. 바울은 '다른 복음' '다른 구원'은 없다고 말한다 (갈 1:7-9, cf. 딤전 6:3). 요한은 '같은 복음' '같은 구원'을 전했다. 따라서 우리는 요한복음을 통해 바울이 말하는 칭의와 구원을 얼마든지 이해할 수 있으며, 그리해야 마땅하다.

### 4. 소결론

NPP 사람들은 종교개혁의 바울 해석을 비판하고 바울을 재해석한다.19 하지만 그들은 사도 바울의 시간, 공간, 환경, 사건 등 어떤 것과도 직접 관련이 없으며 어떤 공감대도 없다. 또한 그들은 바울 이후의 유대 문서를 근거로 자신들의 주장을 펴 나간다. 이에 반해 사도 요한은 바울과 같은 문화, 가르침과 종교, 역사적 배경에서 출생하고 성장하고 배우고 생활했으며, 무엇보다 바울이 전한 바로 그 복음을 전하는 사역에 헌신했다. 따라서 NPP가 2세기의 다양한 소리를 담은 유대 문서를 근거로 종교개혁의 바울 해석을 비판하고 바울을 재해석한다면, 바울에 대한 사도 요한과 요한복음의 해석과 평가와 비판은 더욱 존중되어야 마땅하다. 결론적으로 요한복음은 NPP를 평가하고 비판할 자격과 권한을 충분히 가지고 있다.

---

1) 19세기 말과 20세기 초의 많은 연구가들은 요한신학을 바울신학의 완성으로 생각한다.
2) 바울과 요한이 전승이나 문학적인 형태에 있어서 연결되지는 않으나 내용적인 친족관계에 있다고 본다."

19 조병수, "바울에 관한 새 관점이란 무엇인가?", 35-69.

332 · 구원과 행함

이상의 논증을 도식으로 정리하면 다음과 같다.

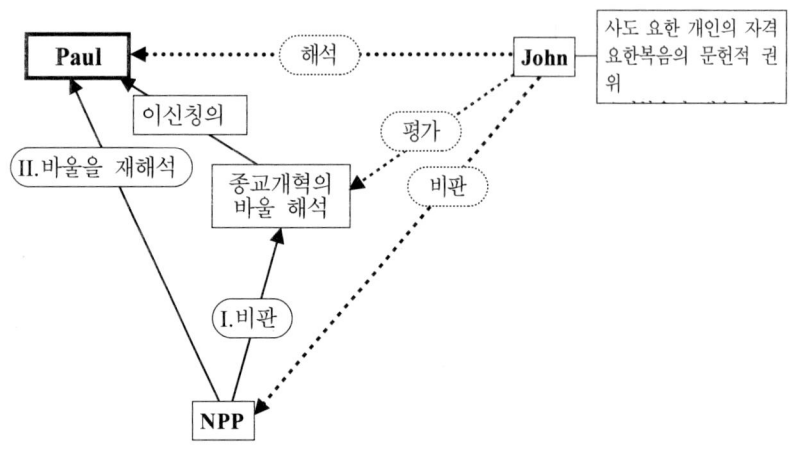

## II. NPP에 대한 요한복음의 평가

### 1. 바울의 칭의와 요한의 영생

NPP에 대한 요한복음의 평가를 본격적으로 논하기에 앞서 요한복음의 영생과 바울 서신의 칭의의 관계를 살펴보는 것이 중요하다. 그 이유는 칭의 문제가 NPP에서 가장 핵심적인 주제이기 때문이며,20 무엇보다 바울 서신에서 칭의로 말해지는 구원이 요한복음에서는 주로 영생(생명)으로

---

20 김병훈, "율법주의, 언약적 율법주의, 은혜언약", 151: "'새 관점' 신학이 바울 해석과 관련하여 새로운 관점을 제시하는 것은 넓게 말하면 구원론에 관한 것이며 구체적으로는 의롭게 됨의 교리와 관련된 것이다." 워터스, 「칭의란 무엇인가」, 신호섭 옮김 (서울: 부흥과개혁사, 2011), 95-97; 김세윤, 「바울 신학과 새 관점」, 15; 박재은, 「칭의, 균형 있게 이해하기」 (서울: 부흥과개혁사, 2016), 75: "'새 관점'은 다양한 신학적 논의의 집합체이지만, 그중에 핵심은 '칭의'라고 볼 수 있습니다."

언급되기 때문이다. 이제 이 사실을 확인해 보자.

바울은 "주를 믿어 영생(ζωὴ αἰώνιος)을 얻는다"(딤전 1:16, cf. 롬 5:21; 6:23; 딛 3:7), "의인은 믿음으로 산다(ζῆν)"(롬 1:17; 갈 3:11, cf. 갈 2:20)고 말하며 또한 "믿음으로 구원(σωτηρία)을 얻는다"고 말한다 (롬 1:16; 10:9, 10; 고전 1:21; 15:1; 엡 2:8; 살후 2:13; 딤전 2:15; 딤후 3:15). 즉 믿음으로 영생을 얻고(以信永生), 믿음으로 살고(以信生命), 믿음으로 구원을 얻는다(以信救援). 그러므로 바울에게 있어 영생(생명)[21]은 구원과 같은 것이며(롬 5:21; 6:22, 23; 갈 6:8; 딤전 1:16; 6:12; 딛 1:2bis.; 3:7),[22] 구원은 오직 예수 그리스도를 믿음으로 얻는다. 이 뿐만 아니라 바울은 "믿음으로 의롭다 하심을 얻는다."(以信稱義)(롬 3:22, 26, 28; 4:11; 5:1; 9:30; 10:6; 갈 2:16; 3:6, 8, 11, 24; 빌 3:9, cf. 롬 3:22; 4:5, 9, 11, 13, 24; 9:30; 10:4, 6, 10)고 말함으로써 칭의도 믿음으로 주어진다는 것을 분명히 한다. 결국 바울 서신에서 '구원'(영생)과 '칭의'는 모두 '믿음'으로 주어지며, 따라서 이 둘은 동의어이다(롬 5:9, 18; 10:10).[23]

한편, 요한복음은 '영생'(ζωὴ αἰώνιος)을 37번 사용한다. 그리고 생명(ζωή)은 신약성경에서 모두 135회 나타나는데 그 중에서 공관복음에 16회,

---

[21] 바울은 'ζωή'와 'ζωὴ αἰώνιος'를 교환적으로(interchangeably) 사용한다.
[22] Richard W. Thomas, "The Meaning of the Terms 'Life' and 'Death' in the Fourth Gospel and in Paul", *Scottish Journal of Theology* 21 (1968), 203: "Further the divine offer to mankind might equally be described as 'salvation' - a word at times equivalent to 'eternal life.'"
[23] 롬 5:9 πολλῷ οὖν μᾶλλον δικαιωθέντες νῦν ἐν τῷ αἵματι αὐτοῦ σωθησόμεθα δι' αὐτοῦ ἀπὸ τῆς ὀργῆς
롬 5:18 δι' ἑνὸς δικαιώματος εἰς πάντας ἀνθρώπους εἰς δικαίωσιν ζωῆς·
롬 10:10 καρδίᾳ γὰρ πιστεύεται εἰς δικαιοσύνην, στόματι δὲ ὁμολογεῖται εἰς σωτηρίαν.
변종길은 「로마서」 (서울: 대한예수교장로회 총회출판국, 2014), 321-322에서 롬 10:10에 대하여 다음과 같이 주석한다. "…'의'와 '구원'이 서로 병행적으로 사용되고 있다. … '마음으로 믿어 의에 이른다'는 것과 '입으로 시인(고백)하여 구원에 이른다'는 것은 내용상 동일한 것을 말함이지 서로 다른 것이 아니다."

요한복음에 36회[24] 언급된다. 따라서 요한복음의 '생명' 언급은 무려 신약성경 전체의 27%에 해당되며, 심지어 공관복음의 2배가 넘는다.[25] 이처럼 '생명'이라는 단어는 요한복음에 집중되어 있다. 요한복음에서 '영생'과 '생명'은 같은 의미이며,[26] 서로 바꾸어 쓸 수 있는(interchangeable) 동의어이다.[27]

'생명'은 요한복음의 구원론의 핵심이다.[28] 요한복음에서 '구원'이라는 말은 매우 제한적으로 사용되었다. 대신에 '생명' 또는 '영생'이 '구원'을 대체하고 있다. 요한은 '구원'을 '영생'이라 칭하며, '영생'(생명)과 '구원'은 동의어이다. 영생을 받은 자는 구원을 받은 자이다.[29] "예수 그리스도의 복음에 관하여 요한이 말하는 모든 것은 궁극적으로 구원에 관련된다. 구원에 대한 요한의 독특한 묘사는 '영생'이다. 그리고 약간의 변형들이 있기는 하지만,[30] 이것은 요한의 일반적인 전문용어이다."[31] 그리고

---

[24] 요 1:4bis.; 3:15, 16, 36bis.; 4:14, 36; 5:24bis., 26bis., 29, 39, 40; 6:27, 33, 35, 40, 47, 48, 51, 53, 54, 63, 68; 8:12; 10:10, 28; 11:25; 12:25, 50; 14:6; 17:2, 3; 20:31.

[25] 공관복음의 '생명' 사용 회수는 신약 전체에서 11.8%이다.

[26] C. S. Keener, *The Gospel of John: A Commentary*, vol. 1 (Peabody: Hendrickson Publishers, 2003), 328: "John employs ζωή thirty-two times ⋯ Even when not conjoined with 'eternal,' the term designates eternal life with one possible exception (which may have symbolic import, 4:50-51)."

[27] Köstenberger, *A Theology of John's Gospel and Letters*, 285; Thomas, "The Meaning of the Terms 'Life' and 'Death' in the Fourth Gospel and in Paul", 204: "We may safely assume that the terms 'life' and 'eternal life' refer to precisely the same reality." Cf. ὁ πιστεύων εἰς τὸν υἱὸν ἔχει ζωὴν αἰώνιον· ὁ δὲ ἀπειθῶν τῷ υἱῷ οὐκ ὄψεται ζωήν, ἀλλ' ἡ ὀργὴ τοῦ θεοῦ μένει ἐπ' αὐτόν.(요 3:36). Ἀμὴν ἀμὴν λέγω ὑμῖν ὅτι ὁ τὸν λόγον μου ἀκούων καὶ πιστεύων τῷ πέμψαντί με ἔχει ζωὴν αἰώνιον καὶ εἰς κρίσιν οὐκ ἔρχεται, ἀλλὰ μεταβέβηκεν ἐκ τοῦ θανάτου εἰς τὴν ζωήν.(요 5:24)

[28] Thomas, "The Meaning of the Terms 'Life' and 'Death' in the Fourth Gospel and in Paul", 204: "Whilst for John life is the central soteriological notion."

[29] 영생을 얻는다(요 3:15-16) = 구원을 받는다(요 3:17; 12:47). W. Robert Cook, "Eschatology in John's Gospel", *Criswell Theological Review* 3 (1988), 88: "The one who receives eternal life is described as one who is saved or delivered from judgement (3:17-19; 5:24)."

[30] 요 4:42 Σωτήρ, 4:22 σωτηρία, 3:17 σώζω.

[31] S. S. Smalley, *John : Evangelist and Interpreter* (Downers Grove: Inter Varsity Press, 1998), 231.

영생과 생명은 모두 예수를 믿음으로 얻는다.32 영생은 메시아가 예수이시라는 것을 고백하는 사람에게 주어진다.33 아들에게 순종하는 것, 곧 아들을 믿는 것이 영생을 위한 기초이다(요 3:36). 결국 영생(생명)은 구원을 의미하며, 이것은 오직 그리스도를 믿음으로 말미암아 주어진다(以信永生). 바로 이 점에서 바울과 요한은 일치한다.34

종합하면, 바울에게 있어 '칭의'와 '구원'은 같은 것이고(롬 5:9; 10:10), 요한에게 있어 '영생'과 '구원'은 같은 것이다(요 3:15-17). 그리고 이 모두는 그리스도를 '믿음'으로 주어진다. 따라서 바울의 '칭의'는 요한의 '영생'(생명)과 같은 것이다. 바울은 칭의로 구원을 설명했지만 요한은 같은 그 구원을 영생으로 설명했다.35 그래서 트로터(Andrew H. Trotter, Jr.)는 "요한은 칭의의 근본적인 전제에 대한 증거를 보여준다. 그리하여 칭의가 그의 구원론에 명백하게 나타나지 않는다고 해도, 그는 바울과 강한 일치를 이룬다."고 말한다.36 이처럼 바울과 요한이 서로 '다른 구원'과 '다른 생명'

---

32 "이는 저를 믿는 자마다 영생을 얻게 하려 하심이니라"(요 3:15), "하나님이 세상을 이처럼 사랑하사 독생자를 주셨으니 이는 저를 믿는 자마다 멸망치 않고 영생을 얻게 하려 하심이니라"(요 3:16). 이 외에도 요 3:36; 5:24; 6:40, 47; 11:25을 보라. 특히 이 사실은 요한복음의 기록목적에서 잘 나타난다. "오직 이것을 기록함은 너희로 예수께서 하나님의 아들 그리스도이심을 믿게 하려 함이요 또 너희로 믿고 그 이름을 힘입어 생명을 얻게 하려 함이니라"(요 20:31).

33 Kevin A. Cox, *The Nature of Eternal Life in the Fourth Gospel*, A Thesis A Thesis of the degree Master of Arts, New Orleans Baptist Theological Seminary, 2011(UMI 1490261), in Abstract.

34 Thomas, "The Meaning of the Terms 'Life' and 'Death' in the Fourth Gospel and in Paul", 203: "that life comes and is appropriated solely through Christ. On this point both Paul and John are agreed."

35 Trotter, Jr., "Justification in the Gospel of John", 145: "John does not have justification by faith at the centre of the *portrayal* of his soteriological scheme because he simply does not use the language of justification to describe the soteriological event as Paul does. Rather, such concepts as the giving of eternal life, ⋯, are used to describe salvation. There are indications, however, that John does assume justification in a forensic sense in many places in his Gospel, especially in the places where the *dikaio*- word-group is used." *Ibid.*, 45: "The New Testament's unity may be defended. Justification is in John."

36 Trotter, Jr., "Justification in the Gospel of John", 127: "He may show evidence of an underlying presupposition of justification; and thus, while not displaying it

을 말하는 것이 아니므로, 바울의 칭의(구원)에 관한 NPP의 해석이 옳다면 그것은 영생(구원)에 대한 요한의 설명과 일치해야만 한다.37 만일 그렇지 않다면 바울의 칭의에 대한 NPP의 해석은 틀린 것이며,38 결과적으로 종교 개혁의 바울 해석에 대한 NPP의 비판 역시 틀린 것이 된다.

## 2. 언약적 율법주의(Covenantal Nomism)에 대한 요한복음의 평가

샌더스는 랍비 유대교의 본질과 작용에 대한 총괄이 '언약적 율법주의'(covenantal nomism)라고 말한다.39 이것은 하나님이 자신의 은혜로 유대인들을 선택하시고 그들과 언약을 맺으셨으며, 율법에 대한 순종을 통해 그들이 언약 안에 계속 머물게 하셨다는 것이다.40 다시 말해 언약적 율법주의는 "당시 유대인들은 하나님의 은혜의 선택에 의해서 언약에 들어가고, 율법에 대한 순종으로 언약 상태를 유지한다."는 것이다.41 즉

---

prominently in his soteriology, have a strong compatibility with Paul that undermines talk of a disunity in New Testament theology at this point." *Ibid.*, 126: "If, on the other hand, we find the theme(justification) to be prominent in his thinking, then there is substantial unity in at least two of the most important thinkers in the New Testament, Paul and John."

37 Sanders는 NPP의 주요 원리인 언약적 율법주의가 주후 1세기의 유대교의 "종교 유형"이라고 말한다(*Paul and Palestinian Judaism*, 17). "샌더스에게 '종교 유형'은 '구원론'과 같은 개념이다. 왜냐하면 어떤 사상이 종교 유형이 되기 위해서는 개인이 어떻게 구원에 '들어가는'지와 어떻게 그 구원에 '머무는'지에 대해 말할 수 있어야 하기 때문이다."(박재은, 「칭의, 균형 있게 이해하기」, 77-78).

38 물론 NPP는 바울의 칭의를 전통적인 해석과 다르게 해석한다. 이에 대하여는 이후에 논할 것이다.

39 Sanders, *Paul and Palestinian Judaism*, 75: "The all-pervasive view can be summarized in the phrase 'covenantal nomism'. Briefly put, covenantal nomism is the view that one's place in God's plan is established on the basis of the covenant and that the covenant requires as the proper response of man his obedience to its commandments."

40 Sanders, *Paul and Palestinian Judaism*, 9, 422.

41 조병수, "바울에 관한 새 관점이란 무엇인가", 48. 워터스, 「칭의란 무엇인가」, 99: "그는(Sanders) 언약적 율법주의(Covenantal Nonism)를 다음과 같이 유명하게 요약한다. '인간은 은혜로 말미암아 하나님의 구원의 언약에 들어가고 행위로 말미암아 언약 안에 머무른다.'"

그들은 은혜로 언약 관계에 들어가고, 순종으로 언약 관계를 유지한다. 따라서 샌더스에 의하면, 유대인들의 율법 준수라는 행위는 언약 안으로 "들어가는 것"(getting in)이 아니라 언약 안에 "머무는 것"(staying in)이다. 언약 안에 들어가는 것은 오직 하나님의 은혜에 근거한 선택(election)에 따른 것이며, 언약 안에 머무는 것은 율법을 지키는 순종(obedience)에 의한 것이다.42 NPP는 이것에 근거하여 유대교가 행위의 종교가 아니라 은혜의 종교라고 주장한다.43 NPP에 있어서 율법준수는 언약백성이 되기 위한 조건이 아니라 언약백성의 신분을 지속하기 위한 수단이다. 율법준수는 기독교인이 되는 것이 아니라 이미 기독교인임을 확인해 주는 것이다.44 이것은 NPP의 구원관을 보여주는 것이다.

하지만 정말 팔레스타인 유대교가 언약적 율법주의였는가? 심지어 라이트(N. T. Wright)는 바울도 유대교가 언약적 율법주의라는 사실에 동의한다고 말한다.45 그러나 참으로 그러한가? NPP 사람들과 그들의 문서(유대문서)보다 월등한 권위를 가지고 있으며 바울이 전한 바로 그 복음을 내용으로 하는 사도 요한과 요한복음은 이에 대해 무어라고 말하는가? 이 질문에 답하기 위해 우리는 요한복음에서 다음의 두 가지 내용을 확인해 볼 것이다. 첫째, 유대인들은 모두 하나님의 언약 안에 있고 또한 자동적으로 하나님의 백성이 되었는가? 즉 1세기 유대교는 은혜 종교였는가? 둘째, 유대인들은 그들의 행위로 하나님의 백성의 신분을 유지했는가?

---

42 Sanders, *Paul and Palestinian Judaism*, 424: "This becomes clear once one focuses on the pattern of getting in (election) and staying in (obedience)." 이승구, 「톰 라이트에 대한 개혁신학적 반응: N. T. Wright의 신학적 기여와 그 문제점들」 (수원: 합동신학대학원출판부, 2013), 48: "샌더스에 의하면, 바울에게서도 유대교 문헌에서와 같이 선한 행위들은 (언약) 안에 머무르는 조건(the condition of remaining in)이지, 그것으로 구원을 얻는 것은(*earn*) 아니라는 것이다."
43 조병수, "바울에 관한 새 관점이란 무엇인가", 48.
44 Cf. 워터스, 「칭의란 무엇인가」, 104.
45 조병수, "바울에 관한 새 관점이란 무엇인가", 60.

## 1) 1세기 유대교는 은혜 종교였는가?

먼저, 요한복음은 메시아이신 예수를 "세상의 빛"(요 8:12; 9:5 Ἐγώ εἰμι τὸ φῶς τοῦ κόσμου)이라고 선언한다. 예수는 빛으로 세상에 오셨다(요 12:46). 예수는 "사람들의 빛"(요 1:4 ἦν τὸ φῶς τῶν ἀνθρώπων)이며, "각 사람을 비추는 빛"이다(요 1:9 φωτίζει πάντα ἄνθρωπον). 이 사실은 무엇을 의미하는가? 세상의 "각 사람"(πᾶς ἄνθρωπος) 즉 "모든 사람"이 어두움에 있으며, 따라서 빛이신 예수를 믿지 않고는 빛의 아들이 될 수 없다는 것이다(요 12:36). 하나님으로부터 보냄을 받은 세례자 요한(요 1:6)이든지 바리새인이자 유대인의 지도자이며 이스라엘의 선생인 니고데모(요 3:1, 10)이든지 또는 날 때부터 맹인 된 자(요 9:1)이든지 간에 그 누구를 막론하고 그가 "사람"(ἄνθρωπος)인 이상 예수를 믿지 않고는 구원을 얻을 수는 없다. 예수와 무관하게 '이미' 빛 안에 거하는 자는 아무도 없다. 바리새인(유대인)도 예외 없이 예수를 믿지 않으면 맹인일 뿐이며 그들의 죄도 그대로 있다(요 9:40-41). 따라서 유대인이면 하나님의 은혜로운 선택에 의해 '이미' 하나님의 백성이라는 NPP의 주장은 틀린 것이다. 1세기 유대교는 은혜 종교가 아니다.

둘째로 예수를 영접하는 자들만 하나님의 백성(자녀)이 된다.[46] 예수를 영접한다는 것은 그의 이름을 믿는 것이다(요 1:12c). 달리 말하면 하나님의 백성은 하나님으로부터 출생한 자들이다(요 1:13). 요한복음 1:13을 시작하는 οἵ는 이 사실을 다음과 같이 구체적으로 증거한다.

οἵ
οὐκ ἐξ αἱμάτων
οὐδὲ ἐκ θελήματος σαρκὸς

---

[46] 자세한 내용은 이복우, 「내 뒤에 오시는 이」 (수원: 합신대학원출판부, 2011), 266-267을 보라.

οὐδὲ ἐκ θελήματος ἀνδρὸς
ἀλλ᾽ ἐκ θεοῦ
ἐγεννήθησαν.

이 문장에서 주어(οἵ)와 동사(ἐγεννήθησαν)가 보여주듯이 하나님의 자녀(백성)는 출생을 통해서 존재하게 된다. 하나님의 자녀(백성)는 오직 하나님으로부터 출생하는 자들이다.[47] 하나님의 백성은 혈통이나 인간의 의지에 의한 것이 아니라 오직 예수를 믿음으로 하나님에 의하여 된다. 예수와 무관하게 은혜로 하나님의 백성이 되는 자는 아무도 없다. 그러므로 1세기 유대교는 은혜 종교가 아니다.

셋째로 요한복음은 1세기 유대인들이 영생(구원)을 얻기 위해 율법을 지켰다는 사실을 분명히 한다. 예수는 유대인을 향하여 "너희가 성경에서 영생을 얻는 줄 생각하고 성경을 연구하거니와 이 성경이 곧 내게 대하여 증언하는 것이니라"(요 5:39)고 말씀하셨다. 성경에서 영생을 얻는 줄 생각한다(ὑμεῖς δοκεῖτε ἐν αὐταῖς ζωὴν αἰώνιον ἔχειν)는 말씀은 유대인들이 성경 자체가 영생을 준다고 생각한다는 뜻이 아니라 그들이 구약의 율법을 지킴으로써 영생을 얻는다고 생각한다는 뜻이다.[48] 또한 유대인들은 율법을 알지 못하는 자는 저주를 받은 자이며(요 7:49) 율법을 지킴으로써 심판을 받지 않는다고 믿었다(요 7:51). 요한복음에서 심판은 구원의 반대어이다(요 3:17, 18; 5:24, 29; 9:39; 12:47 cf. 요 5:22; 12:31, 48;

---

[47] Andreas J. Köstenberger, and Scott R. Swain, *Father, Son and Spirit: The Trinity and John's Gospel* (Downers Grove, Illinois: Inter Varsity Press, 2008), 50: 요 1:12에서 믿는 자들은 하나님의 자녀로 불린다. 그리고 다음 구절에서 그들은 "하나님께로서 난 자"로 언급된다. 여기서 ἐκ는 하나님이 이 영적 출생의 근원이시라는 것을 가리킨다. Cf. Leon Morris, *New Testament Theology* (Grand Rapids: Zondervan Publishing House, 1986), 254.

[48] Brown, *The Gospel according to John I-XII*, 225: "In Hebrew thought, the Law was par excellence the source of life, *Pirqe Aboth* ii 8 says: 'He who has acquired the words of the Law has acquired for himself the life of the world to come'; vi 7: 'Great is the Law for it gives to those who practice it life in this world and the world to come.' Paul argues against such a view in Gal iii 21; Rom vii 10."

16:11). 이것은 매우 분명하다. 이처럼 유대인들은 은혜가 아니라 율법을 지켜 구원을 받는다고 믿고 있었다. 1세기 유대교는 명백한 행위 종교였다.

결국 요한복음에 근거할 때, 유대인들이 하나님의 언약으로 인해 자동으로 하나님의 백성이 되는 것이 아니었다. 그러므로 팔레스타인 유대교가 은혜 종교라는 NPP의 논리는 철저히 부정되어야 한다.[49] 예수께서 자기 땅에 왔으나 "자기 백성"(οἱ ἴδιοι)이 그를 영접하지 않았다(요 1:11). 요한복음에는 많은 유대인들이 등장하지만 그들 중 많은 이들이 예수를 메시아로 고백하지 않고 배척했다. 그래서 그들은 그들의 죄 가운데서 죽을 것이다(요 8:21, 24).[50] 이들은 언약 밖에 있고 영생을 알지 못하는 자들이다. 만일 유대교가 은혜 종교이며 유대인들이 이미 하나님의 백성이었다면 이들이 왜 메시아이신 예수를 배척했으며, 유대인의 선생인 니고데모는 왜 거듭남과 하나님나라에 들어감에 대해서 무지했는가? NPP는 이 질문에 정직하게 답할 수 있어야 한다.

### 2) 유대인들은 그들의 행위로 하나님의 백성된 신분을 유지했는가?

NPP에 따르면, 유대인들이 언약 안에 들어가는 것은 오직 하나님의 은혜에 근거한 선택에 의한 것이며, 언약 안에 머무는 것은 율법을 지키는 순종에 의한 것이다.[51] 유대인들은 하나님의 은혜의 선택에 의해서 언약에 들어가고, 율법에 대한 순종으로 언약 상태를 유지한다.[52] 즉 유대인들은

---

[49] 워터스, 「칭의란 무엇인가」, 98. note 4: "1세기 유대주의는 근본적으로 또는 본질적으로 은혜의 종교는 아니었다. 그것은 근본적으로 또는 본질적으로 공로적인 종교였다."

[50] 요 8:24b. ἐὰν γὰρ μὴ πιστεύσητε ὅτι ἐγώ εἰμι, ἀποθανεῖσθε ἐν ταῖς ἁμαρτίαις ὑμῶν.

[51] Sanders, *Paul and Palestinian Judaism*, 424: "This becomes clear once one focuses on the pattern of getting in (election) and staying in (obedience)." 이승구, 「톰 라이트에 대한 개혁신학적 반응」, 48.

[52] 조병수, "바울에 관한 새 관점이란 무엇인가", 48.

은혜로 말미암아 하나님의 구원의 언약에 들어가고 행위로 말미암아 언약 안에 머무른다.53 이것이 소위 언약적 율법주의이다. 던(J. D. G. Dunn)은 이에 대하여 "언약은 하나님이 주도적으로 주신 것이며, 율법은 언약 안에서의 삶을 위한 틀을 제공하였다. 율법을 행하는 것은 언약 안에 머무는 수단이었지, 우선적으로 언약에 들어가는 수단이 아니었다."고 말한다.54

그러나 요한복음에서 예수는 유대인들을 향하여 "내 말을 듣고 또 나 보내신 믿는 자는 영생을 얻었고 심판에 이르지 아니하나니 사망에서 생명으로 옮겼느니라"(요 5:24)고 단언한다. 영생을 얻고(ἔχει ζωὴν αἰώνιον, pre.) 심판에 이르지 않으며(εἰς κρίσιν οὐκ ἔρχεται, pre.) 사망에서 생명으로 옮겨진 것(μεταβέβηκεν ἐκ τοῦ θανάτου εἰς τὴν ζωήν, perf.)은 믿음에 의한 것이지 행위에 의한 것이 아니다. 그리고 이것은 지속적이고 영속적인 것이다. 은혜로 얻은 구원은 인간의 행위에 의해 번복될 수 없다. 그러므로 유대인들이 자신들의 행위로 하나님의 백성의 신분을 유지했다는 언약적 율법주의는 요한복음의 구원관과 정면으로 충돌하며, 결국 바울의 구원관이 언약적 율법주의라는 NPP의 주장도 틀린 것이다.

NPP의 주장대로 은혜로 하나님의 백성이 되지만, 그 신분이 인간의 행위에 의해 박탈 될 수 있다면 그것은 결코 참된 은혜가 아니다. 인간이 율법을 지키지 못하면 언약이 깨어지고 '머묾'에서 내쳐지는 것은 행위 종교일 뿐 은혜 종교가 아니기 때문이다.55 만일 입양이 행위에 의한 것이 아니라할지라도 입양 후에 행위에 의해 파양이 된다면, 이 입양은 이미 조건을 가진 것이며 행위에 의해 깨어지는 것이므로 처음부터 은혜에 의한 것이 아니다. 그러므로 NPP의 이 주장은 "전혀 '새로운' 해석이

---

53 워터스, 「칭의란 무엇인가」, 99.
54 J. D. G. Dunn, *The Theology of Paul the Apostle* (Edinburgh: T&T Clark, 1998), 338. 조병수, "바울에 관한 새 관점이란 무엇인가", 48에서 재인용.
55 김병훈, "율법주의, 언약적 율법주의, 은혜언약', 169: "언약적 율법주의의 은혜는 곧 하나님의 선택에 의하여 그의 언약 백성이 되는 초기의 의롭게 됨을 받았으나, 율법을 불순종함으로써 종말론적 의롭게 됨을 누리지 못하는 위험성을 열어 놓는다."

아니라 '오래된' 것으로서 교회와 함께 수세기를 지내온 반(半) 펠라기우스주의의 새로운 형태일 뿐이다."56

요약하면 1세기 유대교가 언약적 율법주의이므로 그것이 행위 종교가 아니라 은혜 종교이며, 행위를 통해 하나님의 백성된 신분을 유지한다는 NPP의 주장은 틀린 것이다. 특히 바울의 율법관과 구원관이 이와 같았다고 말하는 것은 요한복음에 비추어 볼 때 도저히 받을 수 없는 주장이다. 바울의 구원과 동일한 구원을 말하는 요한복음이 언약적 율법주의를 지지하지 않기 때문이다.

### 3. NPP의 칭의에 대한 요한복음의 평가

요한복음에는 바울 서신과 달리 칭의교리가 명백하게 나타나지 않는다.57 그렇더라도 이미 앞에서 살펴본 것처럼 바울의 칭의는 요한의 영생과 같은 것이며, 둘 다 믿음으로 얻는 구원을 가리킨다. 따라서 우리는 요한이 말하는 구원의 특징에 근거하여 바울의 칭의에 대한 전통적인 이해와 NPP의 이해를 비교 평가할 수 있다.

### 1) 전통적인 칭의 이해

종교개혁의 견해를 따르는 전통적인 가르침은 칭의를 죄인이 예수 그리스도를 믿을 때 그의 죄가 용서되며 '하나님의 의'가 그에게 주어지는 것이라고 말한다(롬 3:21-26). 그러므로 칭의는 하나님께서 죄인을 '구원'하시는 방식에 관한 것이다.58 이에 대하여 워터스(Waters)는 다음과 같이 말한다.

---

56 워터스, 「칭의란 무엇인가」,, 120.
57 δίκαιος(요 5:30; 7:24; 17:25), δικαιοσύνη(요 16:8, 10). Köstenberger, *A Theology of John's Gospel and Letters*, 564: "John has no explicit doctrine of justification; nor does he feature full-fledged versions of the Pauline corollaries to justification, such as reconciliation, calling, and sanctification (see, e.g., Rom 8:28-30). This, of course, should surprise no one, as it was left to Paul to flesh out these things in greater detail."

"하나님이 죄인을 은혜 가운데 의롭다고 칭하실 때, 하나님은 죄인에게 완전한 그리스도의 의를 그의 것으로 전가, 간주 또는 돌리게 하신다. 죄인은 오직 믿음으로만 그리스도의 의를 받아들인다. 오직 믿음으로 받아들인 그리스도의 전가된 의로 말미암아 우리의 죄는 용서를 받고 의로운 자로 받아들여진다. 칭의에 대한 하나님의 판결은 완전하고 종결적이며 후회가 없는 판결이다. 이렇게 의롭다 함을 받은 사람에게는 결코 다시는 정죄함이 없을 것이다."[59]

### 2) NPP의 칭의 이해

조병수는 NPP의 주요 학자인 던과 라이트의 칭의 이해를 다음과 같이 설명한다.

"던은 하나님의 칭의를 어떤 사람이 하나님의 언약 안에 있다는 것을 하나님이 인정하시는 것(God's acknowledgement that someone is in the covenant)으로 이해한다. 그러므로 칭의는 하나님의 시초적(initiatory) 행위가 아니다. 하나님의 칭의는 이스라엘과 처음으로(first) 언약을 맺으시는 또는 어떤 사람을 처음으로(initially) 언약 백성으로 받아들이는 행위가 아니다. 따라서 바울에게는 칭의가 단순히 가입(entry)이나 개시(initiation) 형식으로 취급될 수 없다. … 던에게 칭의란 바울이 그의 청중에게 하나님이 언약에 신실하심을 상기시키는 용어이다."[60]

"라이트(Wright)에게 칭의는 무엇인가? … 칭의는 사람이 어떻게 그리스도인이 되느냐(becomes)가 아니라 어떤 사람이 그리스도인이라(is)는 선언이다. 칭의는 은혜의 시행이 아니라 선언 그 자체이다. … 바울에게 칭의는 어떻게 언약에 들어가느냐(enter)가 아니라 이미 언약 안에(within) 있다는 선언이다."[61]

---

[58] 워터스, 「칭의란 무엇인가」, 109.
[59] 워터스, 「칭의란 무엇인가」, 93.
[60] 조병수, "바울에 관한 새 관점이란 무엇인가", 57-58.
[61] 조병수, "바울에 관한 새 관점이란 무엇인가", 62.

NPP는 이러한 이해에 따라 칭의를 '전가'(imputation)가 아니라 '유지'의 개념으로 사용한다.62 또한 라이트는 "사람을 의롭다고 칭하실 때 하나님께서는 그 사람을 하나님의 백성의 구성원이라고 선언하신다고 말한다. 그렇다면 여기서의 칭의는 한 사람의 정체성에 관한 것이지 그의 구원에 관한 것이 아니라는 말이 된다."63 그에게 있어서 칭의는 죄인의 죄가 용서를 받는 순간이 아니라 죄인이 이미 그의 죄를 용서받았음을 선언하는 것이며,64 칭의는 어떻게 언약에 들어가느냐(enter)가 아니라 이미 언약 안에(within) 있다는 선언이다.65 그래서 NPP는 하나님의 의를 자기 백성에 대한 하나님의 신실하심이라고 정의한다.66

### 3) 요한복음의 영생(칭의) 이해

그러면 이제 요한복음이 종교개혁의 칭의 이해와 NPP의 칭의 이해 중 어느 것에 찬동하는지를 확인해 보자.

**(1) 시초적 행위**

---

62 조병수, "바울에 관한 새 관점이란 무엇인가", 41.
63 워터스, 「칭의란 무엇인가」, 102
64 워터스, 「칭의란 무엇인가」, 102. note 5.
65 조병수, "바울에 관한 새 관점이란 무엇인가", 62. Robert Smith는 "Justification in 'the New Perspective on Paul'", *The Reformed Theological Review* 58 (1999), 26에서 라이트의 말을 다음과 같이 직접 인용한다. "Justification is not, for Paul, 'how people enter the covenant', but the declaration that certain people are already within the covenant."
66 Dunn, *Theology of Paul the Apostle*, 342: "It should be equally evident why God's *righteousness* could be understood as God's *faithfulness* to his people." N. T. Wright, *Justification: God's Plan and Paul's Vision* (Downers Grove: IVP Academic, 2009), 99. Cf. Guy Prentiss Waters, *Justification and the New Perspectives on Paul* (Phillipsburg: P&R Publishing Company, 2004), 136: "We have above considered Wright's views on the righteousness of God, and have seen that it refers to God's faithfulness to his covenant promises, seen especially in his deliverance of his people."

믿음으로 의롭게 되는 것, 즉 믿음으로 영생을 얻는 것은 하나님의 백성이 되는 시초적 행위이다. 예수 그리스도를 믿는 자가 영생을 얻는다(요 3:15, 16; 6:40, 47). 예수 그리스도를 영접하는 자, 곧 그의 이름을 믿는 자들이 하나님의 자녀가 된다(요 1:12). 그런데 이미 말했듯이 하나님의 자녀가 되는 것은 곧 하나님으로부터 출생하는 것을 의미한다(요 1:14, ἐγεννήθησαν). 출생은 시초적 행위이다. 이것은 거듭나는 것이며, 물과 성령으로 나는 것이다. 이 출생이 있어야만 하나님나라를 볼 수 있고 들어갈 수 있다(요 3:3, 5). 그러므로 요한의 영생(구원)을 얻음은, 다시 말해 바울의 칭의는 죄인이 하나님의 백성이 되는 최초의 사건이다. 이것은 언약 밖에 있던 자가 언약 안으로 들어오는 사건이며, 이미 그리스도인'이다'라는 선언이 아니라 그리스도인이 '되는' 시발점이다. 따라서 칭의는 정체성에 관한 것이 아니라 구원에 관한 것이다. 칭의는 죄인이 이미 그의 죄를 용서받았다는 것을 선언하는 것이 아니라 지금 죄를 용서 받았다는 선언이다.

### (2) 대속을 통한 전가

요한복음은 처음부터 끝까지 예수 그리스도의 대리적 속죄에 대하여 말씀한다. 세례자 요한은 예수를 "세상 죄를 지고 가는 하나님의 어린 양"이라고 칭한다(요 1:29, 36). 하나님은 모세가 광야에서 뱀을 든 것처럼 인자도 들리도록 하기 위해 독생자를 주셨다(ἔδωκεν)(요 3:14-16). 예수는 하늘에서 내려온 생명의 떡이다(요 6:33, 35, 48, 58). 선한 목자인 예수는 양들을 위하여 목숨을 버린다(요 10:11, 15). 가야바는 예수께서 "모든 사람"을 위해 죽을 것이라고 예언했다(요 11:49-52; 18:14). 예수는 죽어서 모든 사람을 그에게로 이끈다(요 12:32-33). 예수는 친구를 "위해"(요 15:13) 목숨을 버렸다. 예수는 유월절 양으로써 죽었다(요 19:36). 이 모든 내용은 예수께서 대리적 희생(vicarious sacrifice)이 되셨음을 의미한다.67 예수의 대리적 죽음은 특히 "…을 위하여"(ὑπέρ)의 사용에서 잘 드러난다(요 6:51c; 10:11-18; 11:49-52; 13:37ff.; 15:13; 17:19; 18:9b, 14).

또한 요한복음의 유월절 중심의 구조는 예수께서 유월절 희생제물이 되셨다는 사실을 강조한다. 요한복음은 세 번의 유월절(요 2:13; 6:4; 11:55)을 중심으로 예수의 사역을 구성하고 있다. 이것은 예수의 공생애 활동이 유월절과 밀접하게 연관되어 있음을 말하려는 것이다. 이러한 의도는 예수의 수난에서 더욱 강조하여 나타난다. 세 번째 유월절은 일주일을 중심으로 기록되어 있다. 이것은 요한복음의 약 반을 차지하는 분량으로 (요 11:55-19:42) 저자는 여기서 "유월절이 가까웠다, 유월절 엿새 전, 유월절 닷새 전, 유월절 전, 유월절 준비일(19:14, 31, 41)"로 구분하고 있다. 이것은 독자의 눈과 관심이 유월절 전 날에 일어난 사건으로 향하게 만든다. 이 날은 바로 예수께서 죽임을 당하신 유월절 예비일이다. 요한복음에서 유월절 예비일은 매우 중요하다. 요한복음은 공관복음과 달리 유월절 전 날, 곧 유월절 어린양을 잡던 날인 유월절 예비일에 예수가 십자가에 달려 죽었다고 말하기 때문이다.68 예수는 유월절 어린양이 도살되는 바로 그 시간에 죽임을 당하였다. 이것은 예수의 죽음을 유월절 어린양의 죽음과 연관시키려는 의도로 보아야 한다. 즉 이것은 예수가 유월절 희생양임을 말하는 것이다.69 또한 요한복음 11:55에서 임박한 유대인의 유월절을

---

67 Köstenberger, *Encountering John*, 40; 김문경, 「요한신학」, 106.
68 공관복음과 요한복음 사이의 이 불일치를 해결하기 위한 제안으로 D. Guthrie, *New Testament Introduction* (Illinois: Inter Varsity Press, 1970), 295-298과 C. K. Barrett, *The Gospel according to St. John* (Philadelphia: Westminster Press, 1978), 46-51을 참조하라.
69 이복우, 「내 뒤에 오시는 이」, 207-208: 요 19:28-37은 예수의 유월절 어린양 되심을 두드러지게 강조하고 있다. 본문은 예수의 십자가 죽음을 유월절 어린양의 죽음과 밀접히 연관시키고 있다. 첫째, 예수님이 십자가에 달린 날을 유월절 당일로 말하고 있는 공관복음(마 26:17이하; 막 14:12이하; 눅 22:7이하)과는 달리 요한은 유월절 전날, 곧 유월절 어린양을 잡던 날이었다고 말한다(요 19:14,31). 둘째, 예수님의 옆구리로부터 피와 물이 나온 그 시간이 유월절 어린양의 피를 그 몸으로부터 빼내는 시간과 일치한다.

언급하고, 이어서 베다니의 마리아가 예수의 장례를 위해 향유를 부은 사건의 도입으로 유월절을 다시 말하는 것(요 12:1)은 예수가 하나님의 백성의 대속을 위한 유월절 희생제물임을 나타내는 것이다.70 그러므로 예수의 죽음은 대리적 속죄의 죽음이었다.

이러한 예수의 대리적 속죄의 중요한 특징은 자발성이다. 예수는 자신의 뜻대로 생명을 버림으로써 다시금 이 생명을 얻을 수 있었고, 권세로써 생명을 버렸다(요 10:18). 예수께서 양떼를 위해 자기의 생명을 내어 줌은 그가 모든 백성의 구원을 위한 아버지의 뜻(요 10:29)을 이루기 위해서였다.71 예수는 자신의 죽음의 때를 알고(요 13:1), 어떠한 죽음, 즉 자신의 죽음의 종류까지 알고 있었고(요 12:32-34; 18:32), 자신의 생명을 드릴 권세를 가진 자로(요 10:18), 스스로 자신의 죽음에 직면했다 (요 11:7, 16; 14:31). 그는 스스로 겟세마네 동산으로 향하며, 스스로 십자가를 지셨으며(요 19:17), 자신의 죽음을 구약의 예언의 성취로 이해 했다(요 19:29). 이러한 예수의 자발적인 대속은 그가 '영혼을 내어 주심' 에서 절정에 이르렀다(요 19:30 παρέδωκεν τὸ πνεῦμα, 개역개정: "영혼이 떠나가시니라"). 예수는 스스로 자신의 영혼을 내어 주셨다.

그런데 이와 같은 예수 한 사람의 자발적 대속이 그를 믿는 모든 사람에게 효력을 나타낼 수 있는 이유는 무엇인가? 즉 "한 사람이 백성을 위하여 죽어서 온 민족이 망하지 않게 되는 것"(요 11:50)이 어떻게 가능한

---

그리고 예수가 죽는 순간에 옆구리로부터 피와 물이 나왔음을 기록한 것은 유월절 희생양은 피를 흘려야 된다는 구약 규정을 염두에 두었기 때문이다. 셋째, 이스라엘 백성들이 유월절 양을 잡아먹을 때에 그 다리를 꺾지 않았다(출 12:46; 민 9:12). 그러므로 요한이 예수의 죽음과 관련하여 그의 다리가 꺾이지 않은 것이 성경을 이룬 것임을 강조하는 이유는 예수가 유월절 양임을 증거하기 위한 것이었다. 넷째, 요한복음만이 19:29에서 신 포도주를 머금은 해융을 우슬초에 매어 예수의 입에 대었다고 기록하고 있다. 이 우슬초는 유월절 어린양의 피를 문 인방과 좌우 설주에 뿌릴 때 사용하도록 규정된 나무이다(출 12:22). 이 또한 예수를 유월절 양으로 나타내려는 의도로 볼 수 있다.

70 Köstenberger, *A Theology of John's Gospel and Letters*, 417.
71 Barnabas Lindars, 「요한복음」, 조원경 옮김 (서울: 반석문화사, 1994), 129.

가? 그것은 바로 예수의 대속의 효력이 그를 믿는 모든 하나님의 백성에게 '전가'(imputation) 되기 때문이다.

바울 서신도 요한복음과 동일하게 '대리적 속죄'(substitutionary atonement)를 말한다. "우리가 아직 연약한 때에 기약대로 그리스도께서 경건하지 않은 자를 위하여(ὑπέρ) 죽으셨다"(롬 5:6, cf. 롬 5:7, 고전 15:3; 고후 5:14, 15 등). 여기에 전가의 원리가 포함됨은 당연한 것이다. "바울은 사람이 어떻게 하나님의 백성의 회원으로 인식되는지를 묘사하기 위해 '의롭게 하다' 또는 '칭의'라는 단어를 사용하지 않는다. 이 단어들은 죄인이 오직 믿음으로만 받아들여지는 주 예수 그리스도의 전가된 의 때문에 의로운 자가 되었다는 하나님의 선언을 묘사한다."72 이에 반해 NPP는 대리 형벌을 통한 속죄를 부정하고 의의 전가를 부정한다. 따라서 요한은 바울의 칭의에 대한 해석에서, NPP의 주장을 거절하고 그리스도의 대속과 의의 전가를 인정하는 전통적 해석의 손을 들어주고 있다.

### (3) 교회론이 아니라 구원론

NPP는 바울의 이신칭의 교리가 개인적이라기보다는 사회적이라고 주장한다. 스텐달의 '칭의'도 교회론적인 용어이다.73 던에 의하면 이신칭의 교리는 하나님에 대한 개인의 관계를 설명하는 것이 아니다.74 이신칭의는 신학적 교리라기보다는 오히려 사회적 교리이다.75 결국 NPP가 주장하는

---

72 가이 워터스, 「칭의란 무엇인가」, 110.

73 Krister Stendahl, *Paul Among Jews and Gentiles* (Philadelphia: Fortress Press, 1976), 3: "This indicates to me that the doctrine of justification is not *the* pervasive, organizing doctrinal principle or insight of Paul, but rather that it has a very specific function in his thought." Cf. 조병수, "바울에 관한 새 관점이란 무엇인가", 45; Waters, *Justification and the New Perspectives on Paul*, 30: "Stendahl has little positively to say about justification except that it is an ecclesiological term."

74 조병수, "바울에 관한 새 관점이란 무엇인가", 56.

75 Robert Smith, "Justification in 'the New Perspective on Paul'", *The Reformed*

"바울의 칭의교리는 구원론이 아니라 교회론 문제였다."[76] 라이트에게 있어서도 "현재의 칭의는 주로 사회학이나 사회적 경계에 관한 것이다. 근본적으로 칭의는 죄인이 어떻게 구원을 받는가에 대한 것이 아니라는 말이다. 그것은 근본적으로 누가 하나님의 백성 안에 있으며, 누가 하나님의 백성의 구성원 밖에 있는지에 관계되어 있는 것이다. 그것은 한 사람이 교회의 구성원에 어떻게 관계되어 있는지에 관한 것이다."[77] 이처럼 NPP의 칭의는 "개인적 구원론적인 것이 아니라 사회적 교회론적인 것이다."[78]

그러나 개인적 칭의(구원론)가 없는 사회적 화해(교회론)는 불가능하다. 사회는 개인의 연합이기 때문이다.[79] 개인적 칭의 없이는 사회적 칭의도 없다.[80] 또한 이신칭의 교리가 개인의 구원에 관한 것이라기보다는 교회론적인 것이라는 NPP의 주장은 매우 비논리적이다. 왜냐하면 교회는 구원 받은 개인 신자들의 모임이기 때문이다. 그러므로 교회론을 말하기 위해서는 먼저 개인의 구원에 대하여 말해야 한다. 개인의 구원을 간과한 채 구원받은 개인의 연합체인 교회를 말할 수는 없는 법이다. 라이트는

---

*Theological Review* 58 (1999), 23: "For Dunn (as with Stendahl), justification by faith, then, is not so much a theological doctrine (ie. a question of how a person stands in God's presence) as a sociological doctrine (ie. how Jews and Gentiles stand in each other's presence)."; 조병수, "바울에 관한 새 관점이란 무엇인가", 48.

[76] 조병수, "바울에 관한 새 관점이란 무엇인가", 56; 이승구, 「톰 라이트에 대한 개혁신학적 반응」, 50: "라이트는 칭의는 구원론에 대한 것이기 보다는 교회론에 대한 것이며, '누가 (구원받은 자들 안에) 있느냐를 말하는 것'과 관련된 문제라고 말한다."

[77] 가이 워터스, 「칭의란 무엇인가」, 103-104.

[78] 조병수, "바울에 관한 새 관점이란 무엇인가", 60. 김병훈, "율법주의, 언약적 율법주의, 은혜언약", 153: "'새 관점'에서의 '이신칭의'는 구원론이 아니라 교회론적 고백이다." 박재은, 「칭의, 균형 있게 이해하기」, 87: "라이트가 이해하는 바울의 이신칭의 교리는 개인이 하나님과의 수직적인 관계 속에서 믿음으로 의에 이르는 '구원론'의 형식을 가진다기보다는, 개인이 언약 공동체 안에 머무는 것과 관련되는 '교회론'의 형식을 가진다."

[79] Cf. 조병수, "바울에 관한 새 관점이란 무엇인가", 69.

[80] Cf. 박재은, 「칭의, 균형 있게 이해하기」, 83: "보편주의적(누구에게도 차별 없는 복음의 보편적인 성격을 의미함) 구원론의 근거는 우선적으로 하나님과의 수직적 관계인 개인적 구원론이 되어야 한다."

이신칭의를 그리스도의 의의 전가로 인한 법정적 의미로 이해하지 않고 "그리스도 안에 있음"(being-in-Christ)로 이해한다.81 "그러나 논리적 순서로 볼 때, 그리스도 안에 거하기 위해서는 한 개인의 죄 문제가 해결되는 사건인 칭의가 먼저 경험되어야 한다. 그러므로 칭의의 법정적 측면이 참여적 측면보다 논리적으로 앞선다."82

요한복음도 구원(영생)이 교회론적이기보다 개인적인 것이라고 말한다. 메시아 예수는 "각 사람"을 비추는 빛이다(요 1:9 ὁ φωτίζει πάντα ἄνθρωπον).83 하나님은 예수를 영접하는 자에게 하나님의 자녀가 되는 권세를 주되, 공동체 단위로 주는 것이 아니라 개인에게 준다(요 1:12). 어린양 예수는 공동체 단위로 죄를 제거하는 것이 아니라 개인의 죄를 제거한다(요 1:29, 36). 예수께서 성령으로 세례를 주실 때 공동체나 사회에 주는 것이 아니라 개인에게 주신다(요 1:33). 하나님은 독생자를 믿는 공동체마다 영생을 주시는 것이 아니라 '믿는 자마다' 멸망치 않고 영생을 얻게 하신다(요 3:16 πᾶς ὁ πιστεύων εἰς αὐτόν). 예수는 사마리아 여인 '한 사람'에게 자신이 메시아이심을 알리셨다(요 4:25). 예수의 말을 듣고 그를 보내신 이를 '믿는 자'(ὁ τὸν λόγον μου ἀκούων καὶ πιστεύων τῷ πέμψαντί με)가 영생을 얻었고 심판에 이르지 않으며 사망에서 생명으로 옮겨졌다(요 5:24). '믿는 자'는 영생을 가졌다(요 6:47 ὁ πιστεύων ἔχει ζωὴν αἰώνιον). 예수를 먹는 '그 사람'도 예수로 말미암아 산다(요 6:57 ὁ τρώγων με κἀκεῖνος ζήσει δι' ἐμέ). 예수는 목마른 자는 누구든지(Ἐάν τις) 그에게로 와서 마시라고 초청한다(요 7:37-38). 예수는 날 때부터 맹인인 '한 사람'에게 자신이 인자이심을 알리셨다(요 9:1, 36-38). 선한 목자인 예수는 자기 양의 이름을 '각각'(κατ' ὄνομα) 불러 인도해 낸다(요 10:3). 부활

---

81 박재은, 「칭의, 균형 있게 이해하기」, 89-90.
82 박재은, 「칭의, 균형 있게 이해하기」, 91.
83 (UBS) πᾶς (1) without the article each, every (pl. all); every kind of; all, full, absolute, greatest; (2) with the article entire, whole; all.

이요 생명인 예수를 '믿는 자'(ὁ πιστεύων)는 죽어도 살 것이다(요 11:25). 이 외에도 요한복음에는 구원이 개인적인 것임을 말하는 수많은 구절들이 있다.

요약하면, 요한복음은 바울의 칭의에 대한 해석에서도 NPP의 해석을 거절하고 종교개혁의 전통적인 해석을 지지한다. 칭의는 '있음'의 문제가 아니라 '들어감'의 문제이자 그리스도인으로 출생하는 시초적 사건이며, 그리스도의 대속의 은혜가 전가되는 것이며, 개인의 구원에 관한 것이다.

## 4. NPP의 현재 칭의와 미래 칭의에 대한 요한복음의 평가

NPP는 "'이신칭의'를 통하여 교회에 가입이 된 자라 할지라도 육신으로 행한 일들에 대해 율법에 따라 심판을 받는 일에서 면제를 받지 못할 것이라고 말한다. 하나님은 마지막 날에 행한 대로 율법에 따라 갚으실 것이라는 것이 '새 관점'의 구원론이다."[84]

### 1) 현재 칭의와 미래 칭의

이에 따라 라이트는 칭의를 현재 칭의와 미래 칭의로 구분한다. 그에 의하면, 미래 칭의는 '전체 삶에 근거하여'(on the basis of the entire life) 공개적으로 확증될 것이며, 현재 칭의는 이 미래 칭의를 믿음에 근거하여 (현재) 선언하는 것이다.[85] 현재 칭의는 미래 칭의의 현재적 선포이다.[86]

---

[84] 김병훈, "율법주의, 언약적 율법주의, 은혜언약", 153-154.

[85] N. T. Wright, *What Saint Paul Really Said: Was Paul of Tarsus the Real Founder of Christianity?* (Grand Rapids: Eerdmans, 1997), 153: "Present justification declares, on the basis of faith, what future justification will affirm publicly … on the basis of the entire life."

[86] 박재은, 「칭의, 균형 있게 이해하기」, 93.

현재 칭의는 언약 일원이라는 배지(믿음)를 지니는 것이다. … 이에 비하여 미래 칭의는 실행에 의해서 이루어지는 것이다. … 미래 칭의, 곧 마지막 대 심판에서 사죄는 언제나 영위된 삶의 전체에 기초해서 발생한다. 한 마디로 말해서 미래 칭의란 언약에 대한 순종의 결과이다.[87]

라이트는 하나님의 칭의를 주로(mainly) 그리고 일차적으로 미래 심판으로부터 이해하므로 … 이를 '종국적 칭의'(the final justification)라고 표현하기도 한다. … 이를 선취하여 적용시킨 것을 '현재적 칭의'(the present justification)라고 한다[88]

라이트는 무게의 중심을 미래 심판으로 보고 그로부터 현재의 칭의를 '미래에서 발생할 칭의의 현재적 선취'(the anticipation in the present of the justification which will occur in the future)로 표현하는 것이다. 라이트의 무게의 중심을 미래에로 옮기는 성향 때문에 문제가 발생하게 된다.[89]

## 2) 현재 칭의와 미래 칭의에 대한 요한복음의 평가

하지만 라이트의 이 주장은 다음과 같은 질문을 야기한다. 첫째, 신자의 칭의가 단번에(ἐφάπαξ) 이루어지지 않고 1, 2 단계, 즉 두 단계로 이루어지는가?[90] 둘째, 만일 그렇다면 현재 칭의와 미래 칭의는 서로 다른 것이어서 분리가 가능한가? 셋째, 인간의 행위가 칭의를 완성하는 근거가 되는가? 요한은 '영생'(구원)에 대한 설명을 통해 이 질문에 답을 준다.

### (1) 영생(구원)의 기원(원천)

---

[87] 조병수, "바울에 관한 새 관점이란 무엇인가", 63-64.
[88] 이승구, 「톰 라이트에 대한 개혁신학적 반응」, 51.
[89] 이승구, 「톰 라이트에 대한 개혁신학적 반응」, 54. esp. note 42.
[90] 김병훈, "율법주의, 언약적 율법주의, 은혜언약", 159: "'새 관점'은 바울의 신학이 언약적 율법주의의 중요한 구원론적 특징들, (1) 곧 은혜로 최초의 의롭다함을 받아 하나님의 언약 백성이 되고 – 유대인들은 선택에 의하여, 이방인들은 믿음에 의하여 – (2) 하나님의 자녀로서 성령님의 인도함을 따라 그리스도의 교훈에 순종을 함으로써 마지막 심판에서 의롭다함을 최종적으로 받는 두 단계에 걸친 의롭다함의 구원을 전개하고 있다고 주장을 한다."

영생(생명)의 궁극적 원천은 하나님 아버지이시다.[91] 아버지께서 자신 속에 생명을 가지고 계신다(요 5:26a ὁ πατὴρ ἔχει ζωὴν ἐν ἑαυτῷ). 아버지는 영원한 생명의 진원지이시다.[92] 하나님은 생명을 본유적으로 소유하고 계시며, 이 생명을 아들에게 주셨다. "아들에게도 생명을 주어 그 속에 있게 하셨다"(요 5:26b τῷ υἱῷ ἔδωκεν ζωὴν ἔχειν ἐν ἑαυτῷ, cf. 요 1:4a ἐν αὐτῷ ζωὴ ἦν). 그래서 예수는 아버지와 똑같은 생명을 소유하시며 그 자신이 참된 생명이시다(요 6:35, 48; 11:25; 14:6). 그리스도는 생명이다(요 12:50). 그는 신자들에게 생명을 주시는 생명의 떡이며(요 6:35) 생명의 빛이다(요 8:12). 그리스도는 살아있는 물을 주시며(요 4:10-11) 그의 말씀은 영과 생명이며(요 6:63) 생명의 말씀이다(요 6:68). 그는 세상에 생명을 주시기 위해 오셨다(요 6:33). 예수의 신적 정체를 언급하는 "ἐγώ εἰμί" 선언에 '생명'이 등장하는 것도 이러한 연유에서이다(요 6:35, 48; 8:12; 11:25; 14:6, cf. 6:51; 10:10; 14:19).

### (2) 영생(구원)을 주시는 방법

생명이신 아버지가 아들이신 예수에게 생명을 주셨다(요 5:26b, 10:29). 그리고 "영원하신 아버지의 선재하신 아들이 그의 말씀과 그의 인격으로 (요 6:33; 10:10; cf. 요일 4:9) 사람들에게 생명을 주기 위해 세상에 보냄을 받았다."[93] 믿는 자에게 영생을 주기 위해 아버지로부터 예수에게 권세

---

[91] G. E. Ladd, *A Theology of the New Testament* (Grand Rapids: Eerdmans, 1974), 257: "God is the ultimate source fo life."
[92] Thomas, "The Meaning of the Terms 'Life' and 'Death' in the Fourth Gospel and in Paul", 204: "The epithet 'eternal' indicates the divine source and permanent nature of the life that Jesus proclaimed and preferred."
[93] H. G. Link, "ζωή", *New International Dictionary of New Testament Theology* (*NIDNTT*) vol. 2, general editor, Colin Brown (Grand Rapids: Zondervan Publishing House,

가 주어졌다(요 17:2). 구원의 계획이 아들을 통해서 아버지에 의해 시행된 것이다.[94] 이리하여 아버지의 생명이 예수를 통해 역사 속에서 믿는 자에게 주어진다. 예수가 '너희'에게 생명(영생)을 주신다(요 4:10, 14; 6:27, 51; 10:28; 17:2).[95] 그 결과 신자는 하나님이 소유하신 것과 동일한 생명을 가진 자가 되고, 예수가 아버지로 말미암아 사는 것 같이 신자도 예수로 말미암아 살게 된다(요 6:57). "아들이 아버지의 생명에 참여하는 것처럼 신자도 아들을 전유함으로써 그의 생명에 참여한다(요 6:57)."[96]

### (3) 생명의 관계성 – 연합

예수는 신자에게 생명을 주시되, 자신의 생명을 쪼개어 분배하는 방식으로 주는 것이 아니라 신자를 하나님께 연합시킴으로써 생명을 준다. 신자가 하나님의 생명을 얻는 것은 생명의 물리적인 분배에 의해서가 아니라 신자가 생명의 원천 속으로 들어감으로써 이루어진다. 하나님 아버지와 아들 예수 그리스도와 신자의 연합, 즉 하나 됨이 이것을 잘 증거한다. "그 날에는 내가 아버지 안에, 너희가 내 안에, 내가 너희 안에 있는 것을 너희가 알리라"(요 14:20, cf. 요 17:21). "곧 내가 그들 안에 있고 아버지께서 내 안에 계시어 그들로 온전함을 이루어 하나가 되게 하려 함은(요 17:23)." 생명을 얻는 것은 생명의 나눔이 아니라 생명이신 하나님 안으로 들어가는 것이며, 그 생명에 소속되고 연합되는 것이다. 생명 얻음은 사망의 영역에서 나와 생명의 영역으로 들어감으로써 이루어진다(요 5:24b μεταβέβηκεν ἐκ τοῦ θανάτου εἰς τὴν ζωήν, cf. 골 1:13). 신자의 영생은

---

1986), 476-483, esp. 482.
[94] D. A. Carson, R. T. France, J. A. Motyer, G. J. Wenham (eds.), 「IVP 성경주석: 신약」, 김재영, 황영철 역 (서울: 한국기독학생회출판부, 2005), 255.
[95] 또한 아버지가 '너희'에게 생명을 주신다고 말한다(요 6:32c, 33, 50, 51).
[96] Cook, "Eschatology in John's Gospel", 89.

신자가 하나님의 생명을 나누어 가지는 것이 아니라 생명이신 하나님께 연합되어 하나님의 생명 그 자체를 공유하는 것이다. 하나님과 신자의 생명 공유성이 바로 신자가 영생하는 이유이자 근거이다(cf. 요 15:5; 벧후 1:4). 아버지와 아들과 신자는 한 생명 안에서 연합된 관계에 있다. 그러므로 영생은 단순히 시간적으로 영원히 사는 것이 아니라 신자가 영생이신 하나님과 아들에게 연합된 관계를 나타낸다. 영생은 시간적인 것을 넘어 관계적인 것이다. 따라서 '영생'이라는 단어는 '관계'라는 말로 대체할 수 있다.97 그리스도인의 생명은 신자와 예수 사이의 관계에 대한 표현(명)(manifestation)이다.98 영생을 소유하는 것은 그 생명을 주신 분과의 관계 안에서 사는 것이다.99

**(4) 하나님과 신자의 생명의 동일성**

하나님이 생명을 소유하고 계시며, 그 생명을 예수에게 주셨다. 예수 안에 하나님의 생명이 있으며(요 1:4), 예수는 이 생명을 믿는 자들에게 주신다. "내가 그들에게 영생을 주노니"(요 10:28). "당신이 그에게 주신 모든 자들에게 그가 영생을 주기 위하여"(요 17:2b ἵνα πᾶν ὃ δέδωκας αὐτῷ δώσῃ αὐτοῖς ζωὴν αἰώνιον). 예수는 하나님으로부터 하나님의 생명을 받아 자기 속에 소유하며, 또한 그 생명을 그를 믿는 신자들에게 주어 그들도 소유하게 한다. 믿는 자는 하나님과 예수와의 연합을 통해 하나님

---

97 Jan van der Watt, *An Introduction to the Johannine Gospel and Letters* (New York: T&T Clark, 2007), 51: "In most of the usages in John's Gospel the term 'eternal life' may be substituted by 'to be in/receive a state of being which allows participation (actions and relations) in the divine reality of and with God' (i.e. 5.40)."
98 Cox, *The Nature of Eternal Life in the Fourth Gospel*, 1.
99 Marinne Meye Thompson, "Eternal Life in the Gospel of John", *ExAuditu* 5 (1989), 36: "To have eternal life means to live in relationship to and dependence upon the one who gives such life."

의 생명을 공유한다. 그러므로 신자의 생명은 하나님과 예수께서 소유하시는 바로 그 생명이다.[100] 신자가 받은 생명은 하나님의 생명보다 못한 것이 아니며 하나님의 생명과 질 다른 것도 아니다. 하나님이 신자에게 주신 생명은 하나님 자신의 생명이다. 신자의 생명은 하나님의 생명과 동일한 것이다. 이런 까닭에 "영생은 그리스도 안에서의 신자의 삶이며, 신자 안에서의 그리스도의 삶이다(요 15:5; 갈 2:20; 엡 1:13-14)."[101]

### (5) 생명의 영원 불변성

이러한 하나님과 신자의 생명의 동일성은 신자가 소유한 생명의 영원 불변성을 보증한다. 하나님이 영원히 존재하시듯이 하나님과 연합된 신자도 하나님과 동일한 생명을 소유하여 하나님처럼 영원히 산다. 그분의 존재와 본질이 변질되지 않는 한 그분의 존재로, 본질로 인한 생명(구원)도 변할 수 없다. 하나님의 생명이 끊어질 수 있다면 신자에게 주어진 영생도 끊어질 것이다. 하지만 하나님의 생명이 영원한 생명이기에 신자의 생명도 영원하다.

신자의 생명의 영원 불멸성은 예수의 성육신에서도 분명하게 드러난다. 사람이 '육신'(σάρξ)으로는 하나님의 자녀가 될 수 없다. 이 문제를 해결하기 위해 로고스이신 예수가 친히 '육신'(σάρξ)이 되셨다. 이것이 예수의 성육신이다. 사람이 하나님께 갈 수 없기에 하나님이 사람에게 직접 오신 것이다. 사람이 "육신의 소원으로"(ἐκ θελήματος σαρκός)는 하나님의 자녀가 될 수 없기에(요 1:13), 말씀이 친히 육신(σάρξ)이 되셔서 사람으로 하나님의 자녀가 되게 하신 것이다. 즉 인간 육신이 할 수 없는 일을

---

[100] Richard W. Thomas, "The Meaning of the Terms 'Life' and 'Death' in the Fourth Gospel and in Paul", *Scottish Journal of Theology* 21 (1968), 212: "He has given us life, that is his own life."

[101] D. H. Johnson, "생명/삶 Life", Alexander, T. Desmond and Rosner, Brian S. (eds,), 「IVP성경신학사전」, 권연경 외 옮김 (서울: 한국기독학생회출판부, 2004), 731. = *New Dictionary of Biblical Theology* (*NDBT*) (Leicester: Inter-Varsity Press, 2000).

하나님이 육신이 되어 이루신다. 그래서 말씀이신 예수께서 '육신'이 되신 것이다.[102] 그런데 예수님의 성육신은 결코 그 무엇에 의해서도 무효가 될 수 없다. 따라서 예수의 성육신을 통해 하나님의 자녀가 되고 영생을 얻은 것은 절대로 무효가 되거나 번복될 수 없으며 무름도 없다.

또한 신자의 생명의 영원 불멸성은 예수가 주는 물(생명)에 대한 은유에서도 잘 설명된다.

Πᾶς ὁ πίνων ἐκ τοῦ ὕδατος τούτου διψήσει πάλιν·
ὃς δ' ἂν πίῃ ἐκ τοῦ ὕδατος οὗ ἐγὼ δώσω αὐτῷ,
οὐ μὴ διψήσει εἰς τὸν αἰῶνα,
ἀλλὰ τὸ ὕδωρ ὃ δώσω αὐτῷ γενήσεται ἐν αὐτῷ
πηγὴ ὕδατος ἀλλομένου εἰς ζωὴν αἰώνιον(요 4:13b-4 ).

[사역 직역(私譯 直譯)]
이 물로부터 *마시는 자*마다 다시 목마를 것이다.
그러나 누구든지 내가 그에게 줄 그 물로부터 *마시는 자는*,
그는 결코 영원히 목마르지 않을 것이다.
그러나 내가 그에게 줄 그 물은
  그의 속에 영원히 솟아나는 물의 샘이 될 것이다.

이 말씀에는 예수가 주는 '물'(영생)의 영원성이 잘 드러난다. 첫째, '이 물'을 마시는 것은 반복적이지만(pre. ὁ πίνων) '예수가 주는 물'을 마시는 것은 단회적이다(aor. πίῃ).[103] 둘째, 예수가 주는 물은 한번 마시면 영원히 (εἰς τὸν αἰῶνα) 결코 목마르지 않는다(οὐ μὴ διψήσει). 셋째, 결코 '영원히' 목마르지 않을 것과 '영원히' 솟아 날 것이 강한 역접 접속사(ἀλλά)로

---

102 이복우, 「내 뒤에 오시는 이」, 253-55.
103 Cox, *The Nature of Eternal Life in the Fourth Gospel*, 42: "The verbs 'eat' and 'drink' are in the aorist tense and portray a one-time action of receiving Christ." (요 6:53-54).

연결되어 예수가 주는 생명의 영원성이 매우 강조되고 있다. 예수가 주는 물(영생)은 야곱의 우물 물과 대조적인(δέ) 물이다. 예수가 주는 물은 다시 목마르지 않는 완전한 해갈을 이룬다. 그래서 믿는 자는 그 자신 안에 다함이 없는 우물을 가지고 있다.104 이처럼 예수가 주는 물은 영원히 목마르지 않고 영생하도록 솟아나는 샘물이다. 하나님으로부터 난 생명은 불멸의 생명이다.105

요약하면, 요한은 신자의 생명(영생, 구원)이 두 단계로 되어 있다거나 신자의 행위에 의해 미래에 완성되는 것으로 말하지 않는다. 신자는 예수 그리스도를 믿음으로 단번에 하나님 안에 들어가 하나님과 연합하여 하나님의 생명을 공유한다. 신자의 생명은 하나님의 생명과 똑같은 것이다. 이것은 분리가 불가능한 완전한 생명 연합이다. 따라서 하나님의 언약 백성의 일원이 되는 현재 칭의는 예수의 죽음을 통해 언약을 이루시는 하나님의 신실성에 근거하며, 미래 칭의는 인간의 신실성에 근거한다고 하는 NPP의 주장은 요한의 지지를 받지 못한다. 그리스도를 믿음으로 얻는 영생은 단번에 종말을 넘어 영원에 이른다. 기독론 안에 종말론이 들어와 있다.

**(6) 생명의 현재성과 미래성**

요한도 생명의 현재성과 미래성을 강조한다. 그러나 이것은 현재 칭의와 미래 칭의로 구분하는 NPP의 칭의와는 전혀 다른 것이다.

---

104 George R. Beasley-Murray, *John* (WBC) (Waco, Texas: Word Books, 1987), 61: "the believer, then has an inexhaustible well within him."
105 게르하르트 킷텔 게르하르트 프리드리히 편저, 제프리 W. 브라밀라 편역, 「신약성서 신학사전」, 번역위원회 (서울: 요단출판사, 1986), 337.

① 생명의 현재성

요한복음에서 영생은 믿는 자가 현재에 소유하고 있는 것이다.[106] 생명은 요한복음에 36회 나온다. 그 중 11회는 ἔχω의 목적어로 사용되었다(요 3:15, 16 36; 5:24, 40; 6:40, 47, 53, 54; 10:10; 20:31). 이 때 ἔχω는 모두 현재 시상(tense)이다. 이것은 생명의 소유성과 그것의 현재성을 강조하는 것이다. 영생은 현재적 실체이다.[107] "예수가 그리스도이다"는 것을 믿는 자는 예수의 이름 안에서 지금 생명을 가지고 있다(요 20:30-31).[108] "영생은 단지 내세에서만 아니라 예수를 통하여 이미 여기 그리고 지금 가지고 있다."[109] 예수가 주는 물은 믿는 자의 현재 이 세상에서의 생명 속에 흐르고 있다.[110] 영생의 현재적 성취는 예수의 십자가 죽음과 부활에 바탕을 두고 있다. 동사 "옮겼느니라"(요 5:24 μεταβέβηκεν. pf.)는 신자가 현재에 생명을 소유하고 있다는 진리를 강조한다. 사망의 지배는 예수의 죽음과 부활로 끝이 났다. 그러므로 예수를 믿는 자는 현재 영생을 가졌고, 사망에서 생명으로 옮겨졌다.[111] 이 "생명은 미래의

---

[106] Cox, *The Nature of Eternal Life in the Fourth Gospel*, 2: "New Testament scholarship acknowledges that in John, eternal life is a present possession."

[107] Köstenberger, *A Theology of John's Gospel and Letters*, 285: "In John's eschatology, this possession of life is already a present reality. ⋯ By believing in Jesus, people can have life -abundant life- already in the here and now(John 3:16; 10:10), having passed from death into life (5:24; 1 John 3:14). ⋯ Nevertheless, as the Messiah and Son of God, Jesus emphatically shows that, in him, resurrection and life have already appeared."

[108] D. A. Carson, *The Gospel according to John* (Grand Rapids: Eerdmans, 1991), 202: "The kingdom of God is seen or entered, new birth is experienced, and eternal life begins, through the saving cross-work of Christ, received by faith."

[109] Köstenberger, *Encountering John*, 43.

[110] Cox, *The Nature of Eternal Life in the Fourth Gospel*, 54: "⋯ that flows in the present earthly life of the believer."

[111] Thomas R. Schreiner, 「간추린 신약신학」, 김현광 옮김 (서울: CLC, 2013), 42-44.

때를 위해 보존된 것이 아니라 하나님의 아들이 그의 양들을 위해 주신 현재적 선물이다."112 현재의 생명은 예수의 부활로 주어졌다. 예수의 부활로 미래가 현재에 들어와 있다.113 "죽음에 대한 승리는 예수의 부활로 성취되었고, 요한복음에서 예수의 부활은 역사에 뿌리를 두고 있다. 요한은 생명에 대한 그의 가르침을 어떤 천상계에 존재하는 생명에 대한 영지적 희망에 근거하고 있지 않다. 그는 생명을 물질적인 것에 대항하는 영적인 것으로 여기지 않는다. 생명은 시공계에서 예수의 죽음으로부터 육체적 부활로 시작되었다."114

그리스도는 믿는 자가 영원에서 뿐 아니라 시간 안에서 영원한 생명을 누리도록 한다.115 "믿는 자의 관점에서, 요한복음에는 구원과 심판 둘 다 그것의 현재 시제에 강조가 있다.116 하나님의 아들을 믿는 자는 심판을 받지 아니하는 것이요 믿지 아니하는 자는 하나님의 독생자의 이름을 믿지 아니하므로 벌써 심판을 받은 것이다(요 3:18). 그의 구원과 심판은 영원에서 뿐만 아니라 시간 안에서도 전달된다.117 요한복음의 핵심은 미래에 얻을 생명을 사람들에게 보여주는 것이 아니라 그들로 하여금 이 생명을 이미 현재에서 경험하게 하는 것이다.118 오는

---

112 Schreiner, 「간추린 신약신학」, 45.
113 C. S. Keener, *The Gospel of John: A Commentary*, vol. 1 (Peabody: Hendrickson Publishers, 2003), 329: "the Fourth Gospel declares that the life of the kingdom era is available to those living in the present through faith in Christ. His resurrection has already inaugurated the resurrection era."
114 Schreiner, 「간추린 신약신학」, 42.
115 Smalley, *John : Evangelist and Interpreter*, 265: "For Christ makes eternal life available in time as well as eternity, and the believer is able by faith to share in it at any moment."
116 Smalley, *John : Evangelist and Interpreter*, 266: "From the view-point of the believer, for example, there is a familiar emphasis in the Fourth Gospel on the present tense of both salvation and judgment."
117 Smalley, *John : Evangelist and Interpreter*, 267: "His salvation and judgment are mediated in time as well as eternity."
118 Ladd, *A Theology of the New Testament*, 257: "While eternal life is eschatological,

세대의 생명은 이미 믿는 자에게 주어졌다. 예수의 사역의 목적은 사람들로 하여금 미래의 생명을 현재에 경험하게 하는 것이다.119

② 생명의 미래성

또한 신자가 가진 현재의 생명은 미래적으로도 영원히 불변하며 지속된다. 영생의 미래적 차원은 육체의 부활을 포함한다. 예수는 마지막 날에 그가 영생을 준 자들을 일으킬 것이다(요 6:40, 54). 예수는 생명이요 부활이다. 그를 믿는 자는 육체적으로는 죽을 지라도 마지막 날에 다시 살게 될 것이다. 왜냐하면 그는 이미 예수 안에 있는 믿음을 통하여 생명을 가지고 있어서 결코 죽지 않을 것이기 때문이다(요 11:25-26).120

③ 생명의 현재성과 미래성

그러므로 요한복음은 믿는 자가 가진 생명의 현재성과 미래성을 동시에 강조한다. 예수는 믿고 영생을 얻은 자를 하나도 잃어버리지 않고 '마지막 날'에 다시 살리신다(요 6:39, 40, 44, 54). 이것은 구원의 현재 시제에 대한 강조와 함께 미래에 일어날 것에 대하여 명백히 말하는 것이다. 믿는 자들은 그리스도를 통하여 현재 하나님의 생명을 공유하며 그들은 또한 '마지막 날'에 일으킴을 받을 것이다.121 예수는 믿는 자에게 영생을 준다. 그것은 현재적 실체이면

---

the central emphasis of the Fourth Gospel is not to show men the way of life in the Age to Come but to bring to them a present experience of this future life."

[119] Ladd, *A Theology of the New Testament*, 257: "The purpose of Jesus' mission was to bring men a present experience of the future life (10:10)."; Köstenberger, *A Theology of John's Gospel and Letters*, 297: "John does not, as was common in Jewish thought, perceive eschatology as the future 'age to come' replacing the 'present age.' Instead, for John, in Jesus the distinction between these two ages has collapsed, so that believes in Jesus are able to experience end-time blessings already in the here and now, most notably eternal, abundant life (e.g., John 3:16; 5:24; 10:10)."

[120] Ladd, *A Theology of the New Testament*, 258.

[121] Smalley, *John : Evangelist and Interpreter*, 268: "In addition to an emphasis

서 또한 미래 종말론적 실체이다.122 이처럼 요한의 종말론은 이중 관점을 보여준다.123 "생명의 이 두 차원(현재와 미래)은 분리할 수 없게 결합되어 있다.124 "요한은 용해할 수 없는 접착제로 현재와 미래를 융합한다. 예수를 믿는 자는 육체적으로는 죽더라도 부활의 생명을 경험할 것이며, 영적으로 지금 생명을 가진 자 곧 예수를 믿는 자는 누구나 영원히 살 것이다(요 11:25-26). 왜냐하면 믿는 자는 지금 영생을 가지고 있고 마지막 날에 일으킴을 받을 것이기 때문이다(요 6:40)."125 우리는 요한복음에서 역사적인 존재와 초역사적인 존재 사이의 상호내재를 발견한다.126 "이것의 신학적인 효과는 궁극적으로 구원의 '시간들'을 함께 결합시키는 것이며, 또한 그들이 서로 밀접한 관계가 있다는 것을 보여주는 것이다. 요한복음에는 이스라엘의 시간, 예수의 시간, 교회의 시간 그리고 종말의 시간이 겹친다. 모든 역사가 거기에 있고, 그리고 모든 구원의 역사도 거기에 있다."127 요한복음의 영생은 내포적이고 외연적이다. 이 생명은 본래 종말론적이며 또한 현재적이다.128

그러면 이 생명의 현재성과 미래성이 NPP의 현재 칭의와 미래 칭의를 의미하는 것인가? 결코 그렇지 않다. 생명의 미래성은 현재 얻은 생명이

---

on the present tense of salvation, there are some passages in the Fourth Gospel which speak explicitly of what is to happen in the future. ⋯ believers can share in the present the life of God through Christ; and they will also be raised up at the 'last day'."

122 Cox, *The Nature of Eternal Life in the Fourth Gospel*, in Abstract.

123 Smalley, *John : Evangelist and Interpreter*, 268: "Johannine eschatology, then, manifests an intriguing double perspective."

124 Ladd, *A Theology of the New Testament*, 258: "These two dimension of life-present and future-are inseparably associated in Jesus' discourse about his relationship to the Father."

125 Ladd, *A Theology of the New Testament*, 258.

126 Smalley, *John : Evangelist and Interpreter*, 269: "we find in John a coinherence between the historical and the supra-historical."

127 Smalley, *John : Evangelist and Interpreter*, 270.

128 Thomas, "The Meaning of the Terms 'Life' and 'Death' in the Fourth Gospel and in Paul", 203: "Life is thus viewed intensively and extensively, as transforming the present and filling the future: 'eternal life retains its original eschatological connexton, but also it may equally be thought of as a present gift.'"

마지막 때까지 영속될 것을 의미한다. 미래의 생명은 현재 생명과 단절되거나 현재의 생명과 다른 생명을 가리키는 것이 아니다. 미래의 생명은 현재 소유한 생명이 마지막 날까지 지속되고 그 후에도 영속됨을 보여 주는 것이다.129 또한 미래의 생명이 인간의 행위에 의해 결정되는 것도 아니다. 영생(구원)은 오직 하나님으로부터 나오며 예수 그리스도가 믿는 자에게 주시기 때문이다.

## III. 결론

우리는 지금까지 종교개혁의 바울 해석과 그것에 반기를 든 NPP의 바울 재해석을 요한복음을 근거로 비교 평가하였다. 그리고 이 평가의 정당성을 확보하기 위해 우리는 NPP의 논증 수단과 방법을 따랐다. 그러나 이 수단과 방법은 NPP의 그것보다 훨씬 더 권위 있는 것이다. NPP 학자들보다 사도 요한이 바울을 더 잘 이해하며, 그들이 증거본문으로 삼은 유대 문서보다 요한복음이 훨씬 더 이른 시기에 기록되었기에 더욱 신뢰할만하며, 유대 문서는 복음을 내용으로 하지 않지만 요한복음은 바울 서신과 동일하게 '복음'을 내용으로 하기 때문이다. 그러므로 요한과 그의 문헌인 요한복음은 NPP 학자들이나 유대 문서들과는 비교할 수 없는 절대적 권위를 갖는다. 특히 이 수단과 방법은 NPP가 그리도 신뢰하는 유대 문서의 기록자인 '랍비'들의 해석 방식을 따른 것이기에 더욱 신뢰할 수 있다. 랍비들은 '작은 것에서 큰 것으로'(a minori ad maius, קל וחמר 칼 바호메르) 해석하는 방식을 자주 사용했다.130 그러므로 랍비의 유대 문서를 신뢰하는 NPP 사람들은 랍비의 방식으로 논증한 본 논문의 내용을 받아들여야 합당하다.

---

129 Cook, "Eschatology in John's Gospel", 99: "There is no question that it is multi-dimensional in that it speaks to both the 'already' and the 'not yet' of Christian revelation."
130 조병수, 「신약성경총론」, 433: "이것은 '하물며'라는 어구를 사용하여 작은 것을 가지고 큰 것을 설명하는 해석방식이다." Cf. "하물며"(πόσῳ 히 10:28-29), "하물며" (πόσῳ μᾶλλον 히 9:14), "하물며"(πολὺ μᾶλλον 히 12:9; 12:25).

즉 덜 권위적인 것(NPP 학자들, 유대 문서들)에 의한 연구 결과를 그들이 그토록 신뢰한다면, "하물며" 그것들과 비교할 수 없는 높은 권위를 가진 것(사도 요한, 요한복음)의 평가도 그들은 마땅히 수용해야 한다.

NPP는 바울에 대한 종교개혁의 해석을 부정하고 바울을 재해석하였다. 그들은 바울의 율법관이 언약적 율법주의이며 이것은 당시 유대교의 율법관과 같은 것이라고 주장한다. 언약적 율법주의는 주로 구원론에 관련되어 있고 그 중심에 칭의 문제가 자리하고 있으며, 1세기 유대교가 은혜 종교였다는 것이다. 그러나 1세기 유대교는 은혜 종교가 아니었다. 모든 사람은 빛이신 예수를 믿어야만 하나님의 자녀가 될 수 있다. 이 사실은 그 때나 지금이나 영원토록 변함없는 진리이다. 또한 하나님의 백성은 오직 하나님으로부터 출생해야만 한다. 단순히 혈통적 언약 백성이라 하여 자동적으로 하나님의 백성이 되는 것이 아니다. 나아가서 1세기 유대인들은 영생을 얻기 위해 율법을 지켰다는 것이 요한의 증거를 통해 밝혀졌다. 게다가 유대인들은 자신들의 행위로 백성된 신분을 유지할 수 있었던 것도 아니다. 그러므로 언약적 율법주의는 NPP의 잘못된 전제에서 출발한 그릇된 신학일 뿐이다.131

NPP는 대속을 통한 전가의 교리를 부정하지만 요한은 그리스도의 대리적 속죄와 전가(imputation)를 요한복음의 구조와 사건들을 통해 반복적으로 강조한다. 물론 사도 바울도 이 교리를 한결같이 말하며 되풀이하여 강하게 증언하고 있다. 이 뿐만 아니라 NPP는 칭의가 구원론이 아니라 교회론이라고 말하지만, 이 또한 요한에 의해 반박된다. 메시아를 통한 구원(영생)은 공동체로 베풀어지는 것이 아니라 '개인'이 그리스도를 믿어 주어지는 것이기 때문이다.

특히 NPP는 칭의를 현재 칭의와 미래 칭의로 나누고 미래 칭의는 인간의

---

131 김병훈, "율법주의, 언약적 율법주의, 은혜언약", 148, 151: "'언약적 율법주의'는 성경적 의미에서 '은혜의 종교'가 아니고, 신학 특성상 신인동력적(synergistic) 세미펠라기우스주의에 해당한다."

행위에 의해 결정된다고 말한다. 그러나 요한복음에 나타난 영생(칭의)의 특징을 살펴보면, 이 주장이 얼마나 허무맹랑하고 허망한 것인지를 곧 알게 된다.

첫째, 영생의 원천은 오직 하나님이시며, 신자는 예수를 믿어 하나님의 생명에 연합함으로써 하나님의 생명을 전유하게 된다. 신자의 생명은 하나님의 생명과 동일한 것이므로 영원하며 불변할 수밖에 없다. 따라서 신자의 생명(구원)은 신자 개인의 행위에 의해 폐기되거나 무효가 될 수 있는 성격의 것이 아니다. 인간의 선한 행위나 삶의 방식은 칭의의 근본적 원인(root cause)이나 수단적 원인(instrumental cause)이 될 수 없다. 선한 행위는 의롭게 되기 위한 근거가 아니라 의롭게 된 자에게 나타나야 하는 결과요 증거일 뿐이다. 신자는 하나님이 기뻐하시는 일을 해야 한다. 그러나 그것이 하나님 앞에 내 세울만한 공로는 되지 못한다. 그 일 자체가 하나님의 은혜로 행해지는 것이기 때문이다.132 열매가 뿌리를 보전하는 것이 아니라 뿌리가 열매를 보전하는 것이다(cf. 롬 11:18).

둘째, 예수의 사명은 그를 믿는 자들에게 영생을 주는 것이다.133 그러므로 예수의 사명의 성취로 이루어진 구원(칭의)이 인간의 행위에 의해 중간에 단절되거나 취소될 수는 없다.

셋째, 신자의 구원(칭의)은 완성되지 않은 일련의 과정이 아니다.134 하나님이 예수를 통하여 신자에게 주시는 생명은 곧 하나님 자신의 생명이다. 하나님은 영원하시다. 그러므로 하나님의 생명으로 구원(칭의)받은 신자의 생명도 영원하다. 신자의 구원은 구원(생명, 칭의)은 단계적인 것이 아니라 그 시작부터 영원한 것이다. 신자는 믿는 순간부터 영원한 생명을 산다.

---

132 Cf. 이승구, 「톰 라이트에 대한 개혁신학적 반응」, 54.

133 Watt, *An Introduction to the Johannine Gospel and Letters*, 51: "Jesus was sent on a mission to save the world (4.42; 1 Jn 4.14), but what is supposed to happen? What is salvation? The purpose of Jesus' mission is echoed in 20.31 or 1 Jn 5.13 where it is stated that Jesus brings eternal life to those who believe."

134 워터스, 「칭의란 무엇인가」, 116.

결국 요한복음은 종교개혁의 바울 해석과 NPP의 바울 해석 중 종교개혁의 손을 들어주었다. 요한에 의하면, 종교개혁의 전통적 칭의 이해와 구원관이 옳으며, NPP는 틀린 것이다. (*)

# 제3장
# 신학 탐구: 이중은혜, 율법의 행위

10. 칼빈의 이중은혜론:
   칼빈의 선행에 대한 이해를 중심으로_ 이남규

11. '율법의 행위'에 대한 칼빈의 성경해석_ 안상혁

# 10
# 칼빈의 이중은혜론:
## 칼빈의 선행에 대한 이해를 중심으로

이남규 | 조직신학 • 조교수

## 들어가며

칼빈은 믿음의 칭의에 대한 설명을 시작하면서 이중은혜를 언급한다. 하나님의 자비로 우리에게 주어진 그리스도를 믿음으로 우리가 붙잡고 소유한다. 이렇게 그리스도에게 참여함으로 우리가 받게 되는 것이 이중은혜다. 그 첫째는 그리스도의 무죄로 인해 하나님과 화목되어서 우리가 심판자 대신 하늘의 자비로운 아버지를 가지게 되었다는 것이다. 둘째는 그리스도의 영으로 성화되어 생활의 흠없음과 순결을 생각한다는 것이다. 첫 번째 은혜를 칭의(*iustificatio*)라 부르고 두 번째 은혜를 중생(*regeneratio*)이라 불렀다. 이 중생은 성화와 교호적으로 사용되었다. 즉 이중은혜에서 칭의와 성화가 설명된다.

    이 칼빈의 이중은혜론은 예정론처럼 많이 알려지지 않았으나 개혁교회가 그 시작부터 칭의와 성화를 어떻게 이해해왔는지를 잘 보여준다. 바울에 관한 새관점에 대한 논의가 진행되는 때에 개혁교회의 칭의와 성화의 이해가 무엇이었는지 알기 위해 칼빈의 이중은혜론을 살피는 것은 의미 있을 것이다.

잘 알려져 있듯이 새관점주의자들에 따르면 유효한 궁극적인 칭의는 언약적 신율주의에 따라 언약에 유효하게 머물렀다는 것을 근거로 한다. 던은 "바울 신학에서 이신칭의는 믿음에 의한 최종칭의일 뿐만 아니라 신자가 성령의 능력으로 성취한 행위에 의존하는 최종적 칭의로 한정해야 한다"라고 말한다.[1] 언약적 신율주의에 대하여 개혁교회의 공통된 비판은 중세후기 스콜라 신학의 견해와 유사하다는 것이다. 즉 새관점이 옛관점이 비판했던 바로 그 관점과 유사하다는 것이다. 마이클 호튼은 『샌더스의 바울과 팔레스타인 유대교』를 읽으며 "그가 묘사한 유대교의 흐름이 중세 후기 (특별히 율법주의 적인) 신학의 '언약적 신율주의'와 충격적일 정도로 유사함을 확신하게 되었다"[2]라고 고백한다.

새관점에 의해 비판받는 초기 옛관점주의자 칼빈의 칭의와 성화에 대한 이해를 살펴보는 것은 그 자체로 의미 있을 것이다. 현재 종교개혁의 옛관점이 바울에 관한 새관점의 비판에 직면한 것처럼, 옛 관점의 당사자인 칼빈도 당시 로마 가톨릭의 비판 앞에 있었다. 로마 가톨릭의 칼빈을 향한 비판과 그에 대한 칼빈 자신의 답변, 나아가 당시 칭의에 대한 여러 논쟁점들에 대한 칼빈의 대답을 통해 칭의와 성화에 대한 정확한 이해에 가까이 갈 수 있을 것이다.

개혁교회의 칭의와 성화에 대한 정당한 이해의 필요성은 최근의 논의에서 더 부각된다. 예를 들어 새관점을 어느 정도 받아들인 수정주의적인

---

[1] James D. G. Dunn, *The New Perspective on Paul* (Tübingen: Mohr Siebeck, 2005), 88.
[2] James K. Beilby & Paul Rhodes Eddy (eds.), *Justification Five Views* (Downers Grove: InterVarsity Press, 2011), 문현인 역, 『칭의논쟁』 (서울: 새물결플러스, 2015), 304-305.

입장을 띠는 소위 진보적 개혁파인 버드의 경우에는 의의 전가를 버리고 예수 그리스도와의 연합으로 대체했다. 그리고 의는 전가된 것이 아니라 부여된 지위라고 한다.3 그래서 버드는 어떻게 의인이 되는지에 대하여, 의의 전가가 아닌 그리스도와의 연합에 의해서라고 답한다. 전통적 개혁교회가 사용하는 개념과 겹치기 때문에 버드의 주장에는 모호한 부분이 있으며 과장된 부분이 있다. 전통적으로 개혁신학은 칭의를 신분 또는 지위와 관련해서, 성화를 오염 또는 상태에 대해서 말해왔으며, 나아가 칭의와 성화가 연결된 그리스도와의 연합도 함께 말해왔던 것이며, 바로 거기에 칭의와 성화가 연결되어 있다. 그러나 비판하는 자들은 개혁신학이 칭의를 성화와 분리시켜 말한 것처럼 과장하고, 그리스도와의 연합도 말하지 않은 것처럼 규정한다. 김세윤도 "옛 신학자들은 하나님의 구원에 여러 단계들이 있다는 '구원의 서정론'을 펼치면서, … 구원을 얻게 된 자는 먼저 '칭의'를 받고, 그 이후 거룩하고 의로운 삶을 사는 '성화'의 단계를 거쳐 …"라고 칭의와 성화의 시간적 분리를 암시하면서 이것이 종교개혁자들의 관점인 것처럼 진술한다.4

나아가 종교개혁자들의 옛 관점의 이신칭의교리는 이제 윤리를 약화시킨 주원인이라는 정죄를 당한다. 실천적인 면에서 종교개혁이 기독교의 윤리에 도움을 주지 못하고 오히려 기독교윤리를 망가뜨렸다는 것이다. 특히 이 실천적 오류의 원인은 종교개혁의 이신칭의에 필수적인 '의의 전가'교리 때문이라고 한다.5 그들은 의의 전가 교리가 그리스도인의 의를 허구로 만들고 그리스도인의 윤리를 파괴한다고 비판한다.6 새관점에 우

---

3 Michael F. Bird, "진보적 개혁파", 『칭의논쟁』, 219.
4 김세윤, 『칭의와 성화』 (서울: 두란노, 2013), 281.
5 종교개혁은 교리의 개혁일 뿐 아니라, 교회와 사회의 부패의 개혁이 동반되었다. 즉 새관점과 유사한 중세 스콜라가 더 부패를 보여주었고, 옛관점이 더 윤리적으로 개혁적이었다. 한국초대교회의 여러 윤리적 미담의 주인공들은 이신칭의 교리에 붙잡힌 자들이었다. 그렇다면 그리스도인의 부패의 근원을 이신칭의교리가 아니라 다른데서 찾아야 할 것이다.

호적인 한국의 신학자들의 경우에도 한국교회에서 나타난 현재의 많은 윤리적부패의 상황의 원인을 종교개혁의 이신칭의 개념을 받아들인 결과라고 말한다. 김세윤도 현재 한국기독교의 윤리가 엉망인 주된 이유를 이신칭의교리에 돌린다.7

그런데 이 두 가지 문제는 (즉 칭의와 성화에 대한 바른 이해는 무엇인지와 이신칭의를 받을 때 선행은 어떤 의미가 있는지) 옛 관점주의자 칼빈이 새관점과 유사한 중세후기 스콜라의 비판 앞에서 이중은혜론을 설명하는 동기이자 배경이다. 위에 언급한 내용들이 바울의 새관점에 대한 논의에서 칼빈의 이중은혜론을 소개하는 충분한 이유가 될 것이다.

우리는 먼저 복음 전체로서 칭의와 성화의 관계를 살펴보고, 칭의와 성화의 시작으로서 그리스도와의 연합을 다룬다. 그 후 칭의 전에 성화를 먼저 다룰 것이다. 왜냐하면, 칭의가 첫째 은혜임에도 불구하고 칭의의 바른 이해를 위해 성화를 먼저 다루었던 칼빈의 예를 따르는 이유 외에, 이후에 칭의를 더 집중적으로 다루기 위해서다. 성화 이후에 우리는 중세의 칭의관과 대조되는 칼빈의 칭의관을 살핀 후에, 칭의와 행위의 관계를 더 집중적으로 살필 것이다.

### 1. 칭의와 성화의 관계: 복음 전체

칼빈의 칭의론에 대해 말할 때 칼빈의 칭의론만을 따로 떼어나서 말한다면 그것은 칼빈이 칭의에 대해 말하려고 했던 방식을 완전히 이해하는 것은 아닐 것이다. 왜냐하면 칼빈이 기독교강요 최종판에서 칭의에 대해서 말할 때 중생(성화)과 함께 말했기 때문이다. 실제로 칼빈은 칭의와 성화를 밀접하게 다루는 그의 의도를 명시적으로 드러내고 강조했다. 따라서 칼빈

---

6 James K. Beilby & Paul Rhodes Eddy, "현대칭의논쟁", 『칭의논쟁』, 112.
7 김세윤, 281.

의 칭의론만을 따로 떼어내어 이해하는 것은 칼빈의 의도와도 다르고, 그가 의도한 방식대로 이해하는 것이 아니게 된다.

칼빈이 칭의와 성화를 함께 다룰 때, '이중은혜'(*duplex gratia*)라는 말로 둘을 묶고 있다. 믿음으로 그리스도를 소유한 우리가 그리스도에게 참여함으로 받는 이 이중은혜는, 첫째 "그리스도의 무죄로 인해 하나님과 화목되어서 우리가 심판자 대신 하늘의 자비로운 아버지를 가지게 되었다는 것이고, 그 다음 그리스도의 영으로 성화되어 생활의 흠없음과 순결을 좇는다는 것"이다.8 칼빈은 첫 번째 것을 칭의(*iustificatio*) 또는 죄의 용서(*peccatorum remissio*)라 부르고, 두 번째를 주로 중생(*regeneratio*) 또는 회개(*poenitentia*)라 불렀다. 칼빈에게 중생이란 후대에 많이 사용되는 방식으로서 중생의 시작을 의미하는 좁은 의미의 중생이 아니라 성령이 신자를 하나님의 형상을 따라 새롭게 하는 '성화'(*sanctificatio*)를 말한다. 칼빈은 중생과 회개와 함께 성화라는 말도 사용한다.

칼빈에게 칭의와 성화(중생, 회개) 이 둘의 관계의 핵심은 분리되지 않는다는 것이며, 동시에 그럼에도 불구하고 구분되어야 한다는 것이다. 복음 전체는 회개(성화)와 죄용서(칭의)로 이루어져 있으며, 칭의의 목적이 성화라고 생각한다. "복음 전체가 회개와 죄용서라는 두 핵심으로 이루어져 있다는 것이 분명하다는 것이 사실인데, 주께서 자기 백성을 값없이 의롭다 하시는 것은 동시에 자신의 성령에 의한 성화를 통해서 그들을 진정한 의로 회복시키기 위함이 아닌가?"9 즉 칼빈에게 칭의는 성화를 목적한 칭의다. 그리고 이 둘이 함께 복음을 이룬다. 따라서 의와 거룩, 이 둘은 분리할

---

[8] "... *ut eius innocentia Deo reconciliati, pro iudice iam propitium habeamus in coelis Patrem: deinde ut eius Spiritu sanctificati, innocentiam puritatemque vitae meditemur.*" Calvin, Inst., 3. 11. 1.

[9] "*Porro si verum est, quod clarissime constat, totam Evangelii summam duobus istis capitibus contineri, poenitentia, et peccatorum remissione: anno videmus Dominum ideo gratis suos iustificare, quo eos simul Spiritus sui sanctificatione in veram iustitiam instauret?*" Calvin, 3. 3. 19.

수 없고(inseparabilia), 함께 연결된 채로 우리가 받는다.10 칭의와 성화의 관계를 칼빈은 태양의 빛과 열에 비유한다. 태양의 빛과 열을 분리할 수 없다고 해서 태양 빛이 따뜻하게 하고 태양 열이 밝게 한다고 할 수 없는 것처럼 이 둘은 분리할 수 없지만 구분해야 한다는 것이다.11

## 2. 칭의와 성화의 근원: 그리스도와의 연합

칭의와 성화를 구체적으로 다루기 전에 우리는 그리스도와의 연합을 다루어야 한다. 칭의와 성화는 그리스도와의 연합의 결과이기 때문이다. "... 그리스도가 우리와 분리되어 있는 한 인류의 구원을 위해 고난당하시고 행하신 것은 다 우리에게 아무 소용이 없으며 아무것도 아니다. 따라서 아버지로부터 받은 것을 우리에게 나주어 주시기 위해서 그는 우리의 것이 되어야 하며 우리 안에 머무셔야만 한다."12 여기서 그리스도와 연합의 필요성이 나타난다. 즉, "우리가 그 자신과 하나로 결합되기 전에는 그가 소유한 것이 우리와 아무 것도 아니기 때문이다"13 오직 이 결합만이 (sola haec coniunctio) 구세주의 이름으로 오신 것이 우리에게 무익하지 않게 한다. 이것이 우리가 그의 살 중의 살이며, 그의 뼈 중의 뼈가 되는 거룩한 결혼의 의미다.14

그러면 어떻게 우리가 그리스도와 연합하게 되는가? 칼빈은 가장 먼저 성령의 사역을 언급한다. 왜냐하면 성령의 사역으로 그리스도와 그의

---

10 Calvin, 3. 11, 7.
11 Calvin, 3. 11. 6.
12 "... quamdiu ... ab eo sumus separati, quicquid in salutem humani generis passus est ac fecit, nobis esse inutile nulliusque momenti. Ergo ut nobiscum quae a Patre accepit communicet, nostrum fieri et in nobis habitare oportet." Calvin, 3. 1. 1.
13 "... quia nihil ad nos ..., quaecumque possidet, donec cum ipso in unum coalescimus." Calvin, 3. 1. 1.
14 Calvin, 3. 1. 3.

모든 좋은 것을 누리기 때문이다. "성령은 그리스도께서 우리를 자신에게 효과적으로 연결시키는 끈이다."15 생명과 감동을 주시는 분은 성령이어서 우리는 우리 자신의 힘이 아니라 성령의 활동과 자극으로 움직인다. "우리 안에 있는 선한 것들은 그의 은혜의 열매다."16 그래서 그리스도와 연합하는 것은 전적으로 성령의 역사가 된다. "그리스도는 오직 성령으로만 우리를 자신에게 연합시킨다. 동일한 영의 은혜와 능력으로 우리는 그의 지체가 되어 그리스도께서는 우리를 자기 아래 두시며 또 우리는 그리스도를 소유하게 된다."17 여기까지 칼빈의 생각을 정리하면 그리스도와의 연합이 없이는 우리는 그리스도의 은택을 누리지 못하게 되는데, 그리스도와 연합하게 되는 것은 성령으로 말미암는다는 것이다.

그러면 성령은 어떻게 우리를 그리스도와 연합시키는가? 바로 우리에게 믿음을 만드심으로써 이다. 성령의 가장 우선적인 사역은 믿음이다. "성령은 오직 이것[믿음]만을 통해 우리를 복음의 빛으로 인도한다."18 칼빈은 바울을 인용하며 성령을 내적선생으로(*internum doctorem*) 칭한다. 믿음을 일으킨 성령의 사역을 통해 구원의 약속이 우리에게 들어온다. 성령의 사역이 없다면 그 약속은 헛되이 귓가를 스칠 뿐이다. 그러나 성령과 불의 세례로 우리는 그리스도의 지체가 된다.19 즉 믿음이란 우리 안에 일어난 성령의 사역이다.

칼빈은 3권에서 상세하게 믿음의 다양한 면들을 설명한다. 그래서 칼빈의 믿음관을 다양한 시각에서 설명할 수 있다. 그러나 우리는 여기서 로마가톨릭과 관련해서 그가 어떻게 믿음을 설명하려 했는지 간략하게

---

15 "... *Spiritum sanctum vinculum esse, quo nos sibi efficaciter devincit Christus.*" Calvin, 3. 1. 1.
16 "... *qua sunt in nobis bona, fructus sint gratiae ipsius* ..." Calvin, 3. 1. 4.
17 "... *solo autem Spiritu unit se nobiscum. Eiusdem Spiritus gratia et virtute efficimur illius membra, ut nos sub se contineat, vicissimque illum possideamus.*" Calvin, 3. 1. 4.
18 "... *nonisi per eam nos in Evangelii lumen adducit...*" Calvin, 3. 1. 4.
19 Calvin, 3. 1. 4.

볼 것이다. 칼빈 자신의 믿음에 대한 설명이 무엇보다 특히 중세 스콜라의 오류에 대한 수정에 있기 때문이다. 중세 스콜라 신학자들은 여러 종류의 믿음을 설명했는데, 결국 형성되지 않은 믿음은 믿음으로 불리며 믿음의 시작일지라도 아직 롬3장의 믿음은 아니다. '사랑으로 형성된 믿음'(fides caritate formata)이 그리스도의 지체가 되게 하는 믿음이다. 트리엔트 공의회 문서는 이렇게 확증한다. "믿음은 소망과 사랑이 거기에 더해지기 전에는 완전히 그리스도와 연합시키지 못하고 그의 몸의 살아있는 지체로 만들지 못한다."20 칼빈은 이런 '형성된 믿음'(fides formata)과 '형성되지 않은 믿음'(fides informis)의 구별을 거부한다.21 성경이 구원과 관련해서 말하는 믿음이란 한가지 밖에 없으며, '형성되지 않은 믿음'이란 믿음이라 불릴 가치가 없다.22 그러면 칼빈이 믿음을 소망과 사랑으로부터 분리시키는가? 그렇지 않다. 믿음은 자연히 소망과 사랑과 연결되어 있다. 믿음이 사랑과 분리된 채로 있다가 사랑으로 채워지는 것이 아니라, 믿음이란 본래 사랑과 연결되어 있으며, 사랑과 분리된 믿음이란 없는 것이다. 이런 방식으로 칼빈은 '사랑으로 형성된 믿음'이란 개념이 가진 오류를 지적한다. 칼빈의 반대자들이 볼 때 사랑이 믿음보다 크며, 따라서 그들은 사랑에 의한 칭의를 주장하게 된다.23 그러나 칼빈에 따르면 칭의는 오직 하나님의 자비와 그리스도의 공로에 의존하는데, 이 칭의를 믿음이 붙잡을 때에 믿음이 의롭게 한다고 말하는 것이다. 즉 믿음은 보상을 가져오는 것이 아니라 도구일 뿐이다. 따라서 칼빈이 반대하는 것은 '믿음으로'의 의미의 왜곡이다. 그는 하나님의 용납을 받는 공로, 즉 사랑에 의해 의롭게 된다는

---

20 "... fides, nisi ad eam spes accedat et caritas, neque unit perfecte cum Christo, neque corporis ejus vivum membrum efficit." [Caput 7. Quid sit justificatio impii, et quæ ejus causæ("7장 무엇이 불경건한자의 의화[칭의]이며 그 원인들은 무엇인가?"에서 인용)] Sessio VI. Concilii Tridentini.
21 Calvin, 3. 2. 8.
22 Calvin, 3. 2. 10.
23 Calvin, 3. 18. 8.

것을 반대하는 것이다.

또 칼빈은 당시 로마가톨릭의 맹신을 거절하면서 믿음을 하나님의 선하심에 대한 명백한 지식으로서 말한다. 그러나 이때의 지식이란 인간이 사물들을 이해하는 지식과는 다른 종류이다. "믿음의 지식은 이해보다는 확신으로 이루어진다."24 이 확신은 믿음의 출발이 사람이 아니라 그리스도께서 성령을 통해 우리 안에 주신 것이기 때문이다. 칼빈은 이렇게 말한다.

> 우리가 그리스도로부터 구원을 기다리게 되는 것은 그가 멀리에서 우리에게 나타나시기 때문이 아니라 우리를 그의 몸에 접붙이셔서 단지 그의 모든 은택과 은사만이 아니라 그 자신에게 참여하게 하시기 때문이다. 확실히 자신을 볼 때에 멸망이 있다. 그러나 그리스도께서 그의 모든 은택과 함께 자신을 소유가 되도록 그대에게 주셨으므로 그의 것은 모두 그대의 것이 되며, 그대는 그의 일부분이 된다. 이런 방식으로 그와 하나가 된다. 그의 의가 그대의 죄를 없앴고 그의 구원이 그대의 멸망을 치웠고 그의 높은 가치를 갖고 그대를 위해 친히 하나님께 들어가 그대의 무가치가 하나님 앞에서 드러나지 않게 하신다. 이것은 확실한 사실이다. 우리는 그리스도를 우리에게서 분리하거나 우리를 그리스도에게서 분리하는 것은 절대로 안된다. 그와 반대로 그리스도가 자신과 우리를 하나되게 하신 그 교제를 우리는 두 손으로 굳게 잡아야 한다. ... 그리스도는 우리 밖에 있지 않고 우리 안에 거하신다. 그리스도는 파괴되지 않는 교제의 끈으로 우리를 자신에게 묶으실 뿐 아니라 놀라운 교제로 날마다 더욱 우리와 한 몸이 되시어서 그는 우리와 완전한 하나가 된다.25

즉 이 부분에 의하면 우리는 믿음으로 그리스도와 연합되었다기보다, 그리스도께서 우리와 연합하심으로 우리에게 믿음을 준 것이다. 믿음은 그 연합에 대한 우리의 인식이며 반응이다. 칼빈이 믿음에 대한 설명을 시작할 때 믿음의 저자는 그리스도께서 보내신 성령이신 것을 밝혔기 때문에 확신의 근거를 그리스도께, 또 그가 우리와 연합하심에 돌리는 것은 모순

---

24 "... fidei notitiam certitudine magis quam apprehensione contineri." Calvin, 3. 2. 14.
25 Calvin, 3. 2. 24.

된 것이 아니다. 그러면 그리스도와의 연합은 논리적으로 믿음 이전인가, 이후인가? 칼빈은 여기에 대해 명시적으로 말하려고 하지 않는다. 그러나 맥락을 따라 칼빈이 말하는 것을 보면, 연합이 무엇을 의미하는가에 따라 달라진다. 그리스도 편에서 우리와 연합해서 성령을 우리 안에 역사하셔서 믿음을 일으키는 것이라면 그리스도와의 연합은 믿음 이전이 된다. 반면 우리가 성령으로 일으켜진 믿음으로 그리스도에게 연합하여 그와 그의 은혜를 받는 것까지를 말한다면, 그리스도와의 연합은 논리적으로 믿음 이후가 된다. 그런데 칼빈이 그리스도와의 연합을 말하는 곳 대부분에서, 이 전체적인 그림, 즉 그리스도와 그의 유익를 받는 것까지를 받는 것까지를 포함하여서 연합을 말한다. 정리하면 그리스도와의 연합이란, 그리스도는 먼저 자신을 우리에게 접붙이사 성령으로 역사하여 우리 안에 믿음을 일으키시고, 믿음은 우리를 그리스도에게 접붙이고26 우리가 그리스도와 그의 은택을 받아 누리는 것이다.

### 3. 성화

#### 가. 성화의 위치의 중요성

칼빈은 분리할 순 없으나 구분해야만 하는 이중은혜, 곧 칭의와 성화를 구분해서 설명한다. 그런데 흥미롭게도 기독교강요(초판 제외)에서 칭의를 먼저 설명하지 않고 성화에 대해서 먼저 길게 다룬다. 최종판의 경우 3권에서 믿음을 설명하고(1장-2장), 3장부터 성화를 다룬 후, 11장에 가서 칭의를 본격적으로 다루기 시작한다. 나중에 나오는 개혁파 교의학 책들이 칭의를 먼저 다루고 성화를 그 후에 다루는 것과 비교할 때, 또 칼빈

---

[26] *"Quomodo autem fides salvifica nisi quatenus nos in Christi corpus inserit?"* Calvin 3. 3. 30.

자신도 칭의를 분명히 이중은혜의 첫 부분이라 규정하는 것을 생각할 때, 이것은 매우 흥미로운 부분이다.

그럼 칼빈이 성화를 칭의보다 먼저 다루는 이유는 무엇일까? 그 이유를 두 군데서, 즉 성화를 다루기 시작하면서, 또 칭의를 시작하면서 우리에게 알려준다. 성화를 시작하면서 이렇게 말한다. "그리스도께서 우리에게 둘 다 주시며 우리가 둘 다를 믿음으로 받는다. 곧 생활의 새로움과 값없는 화목이다. 그러므로 논리와 가르치는 순서는 내가 바로 이점에서 둘에 대한 설명을 시작할 것을 요구한다. 그러나 바로 우리는 믿음에서 회개로 넘어갈 것이다. 왜냐하면 이 주제를 옳게 인식함으로써 어떻게 사람이 믿음으로만 또 단순한 용서에 의해서 의롭게되는지 그러나 값없는 의의 전가가 실제적인 (소위) 생활의 거룩과 분리되지 않는 것이 더 낫게 보여질 것이기 때문이다."(*... quomodo sola fide et mera venia iustificetur homo, neque tamen a gratuita iustitiae imputatione separetur realis (ut ita loquar) vitae sanctitas*)"[27] 여기서 칼빈은 성화를 먼저 다루는 이유를 이신칭의에 대한 분명한 이해를 위해서라고 한다. 이신칭의에 대한 분명한 이해란, 믿음으로(*sola fide*) 단순한 용서로(*mera venia*)로 의롭게 된 것이며, 이것을 다른 말로 '값없는 의의 전가'(*gratuita iustitiae imputatio*)라 부른다. 이 칭의의 이해와 더불어 이 칭의가 실제적 생활의 거룩과 분리되지 않는 다는 사실의 인식이 칼빈이 여기서 언급하는 성화를 칭의보다 먼저 다루는 이유다. 그런데 성화를 다룬 후 칭의를 시작하면서도 성화를 먼저 다루는 이유를 대고 있다. "두 번째 은혜인 중생에 대해서 충분하다고 보일 정도로 말해졌다. 칭의는 더 가볍게 다루어졌다. 왜냐하면 먼저 다음의 것들을 먼저 이해할 필요가 있었기 때문인데, 오직 우리가 하나님의 자비로 값없는 칭의를 믿음으로 얻게 되는데, 어떻게 이 믿음이 선한행실이 생략된 것이 아닌지에 대해서, 또 이 질문에 연결된 것으로

---

[27] Calvin, 3. 3. 1.

성도들의 선행이 어떠한지에 대해서다."28 정리하면 칼빈이 성화를 칭의보다 먼저 다루는 이유 또는 필요는 두 가지로 말할 수 있다.29 먼저 선행에 근거하지 않는 칭의에 대한 이해, 곧 믿음으로 얻는 단순한 용서인 값없는 칭의를 더 잘 이해하는 것이다. 둘째 그럼에도 불구하고(즉 칭의가 선행에 근거한 것이 아님에도 불구하고) 선행의 필요성에 대한 관심이다. 즉 칭의가 생활의 거룩과 분리되지 않으며(3장 1절), 이 칭의를 믿음으로 얻는다 할 때에 믿음이 선행과 분리되지 않는다는 것(11장 1절)이다.

그런데 여기서 우리는 칼빈의 더 깊은 동기 또는 더 근본적인 이유를 생각할 수 있다. 즉 왜 칼빈은 칭의에 대한 바른 이해와 선행의 필요성을 강조해야 했을까? 우리는 성화를 칭의보다 먼저 다루어야 하는 두 가지 필요성이 결국 선행에 대한 이해의 방식으로 모아진다는 사실을 발견할 수 있다. 칭의에 대한 바른 이해도 결국 선행에 근거하지 않는 칭의이므로 선행의 문제와 연결되어 있다. 그러나 동시에 기억할 것은, 이신칭의가 선행 없는 생활로 인도하지 않는다는 것이다. 칼빈은 선행을 바르게 규정함으로써 값없는 칭의와 참된 믿음을 이해시키려고 했던 것이다.

여기서 자기 시대를 살아가는 칼빈의 역사적 상황을 생각할 때 우리 시대의 바울의 새관점과 연결할 수 있다. 칼빈은 로마 가톨릭과 논쟁하면서 성화와 선행에 대해서 더 잘 규정할 필요가 있었다. 칼빈은 성화에 대한 간략한 설명 후에 바로 회개(즉 성화)와 선행에 대한 로마 가톨릭의 오류들을 논박하는 방식으로 논리를 전개한다.30 또 칼빈은 선행을 무시한다는 모함에 대해서도 반박해야 했다.31 칼빈은 성화를 칭의보다 먼저 다룸으로써 이신칭의에 대한 비판을 더 설득력있게 논박하고 우리 구원에

---

28 Calvin, 3. 11. 1.
29 Venema, *Accepted and Renewed in Christ The "Twofold Grace of God" and the Interpretation of Calvin's Theologoy* (Göttingen: Vandenhoeck und Ruprecht, 2007), 134-135.
30 Calvin, 3. 4-5.
31 Calvin, 3. 16. 1-3.

대한 바른 이해를 설명할 수 있었다. 칼빈이 처한 상황은 바울에 관한 새관점이 유행하는 현 상황과 유사하다. 선행을 간과한다는, 이신칭의에 대한 유사한 비판이 있다. 즉 이신칭의와 잘못된 구원관을 전파하여서 선행없는 구원을 만들었다는 비판이다. 칼빈의 이중은혜에 대한 환기는 그런 의미에서 더욱 중요하다.

### 나. 성화의 독특성

칼빈에게 성화는 칭의의 결과나 칭의의 한 부분이 아니다.[32] 성화는 칭의처럼 믿음으로 그리스도와 연합한 결과이다. 칭의가 믿음으로 그리스도와 연합한 결과로 받는 죄사함이요 화목이라면, 성화는 믿음의 결과로 오는 회개이다. 칭의에서 우리의 선행은 배타적이며 우리 밖에 있는 의, 그리스도의 의로 되어지나, 성화는 새로운 삶이며 선행을 가져온다. "칭의는 용서받은 죄인이라는 우리의 신분과 연결되어 있다면 성화는 과정과 관계되는데, 즉 우리의 죄된 상태가 그리스도의 성령의 역사를 통해 변화되는 것이다."[33]

이처럼 칼빈에게 성화는 칭의와 구별될 뿐 아니라, 복음을 믿어 죄사함을 누리는 자(즉 칭의에 속한 자)의 자연스런 모습이다. 왜냐하면 죄의 용서는 복음의 선포를 통해되어지는데, 복음의 선포란 죄인이 사탄의 권세와 죄의 멍에와 비참한 종의 상태에서 자유롭게 되어 하나님 나라로 옮겨간 것이다. 따라서 복음의 은혜를 받은 사람이 과거 생활의 잘못된 것들을 버리고 회개를 실천하는 것은 당연한 결과다. 그래서 회개는 한 번으로 끝나는 것이 아니라 평생 계속되는 것이라는 것을 여러 번 언급한다.

칼빈은 회개를 이렇게 정의한다. 회개는 "우리의 삶을 참되게 하나님

---

[32] Barbara Pitkin, "Glaube und Rechtfertigung," in *Calvin Handbuch*, ed., Herman J. Selderhuis (Tübingen: Mohr Siebeck, 2008), 293.
[33] Venema, 111.

을 향해 바꾸는 것인데, 하나님에 대한 진실하고 또 진지한 두려움에서 생기는 것으로, 우리의 육과 옛 사람이 죽는 것과 영의 사는 것으로 이루어진다."34 첫째, 여기서 하나님께로 방향을 바꾸는 것은 외면적 행위 이전에 내면적 전향이다. 마음을 다하고 성품을 다하는 것(신 6:5)이며, 마음의 할례(신 10:16)이니, "마음 가죽을 베고 나 여호와께 속하라"(렘 4:4)의 말씀이 이것을 말한다. 둘째, 회개가 하나님을 진지하게 두려워하는 데서 생기는 것은 죄에 대해 슬퍼하고 하나님의 심판을 생각하고 경성하여 하나님 앞에 서기 위해 생활의 개선을 위해 노력하기 때문이다. 하나님을 생각하지 않는 생활의 개선은 하나님의 영광과 상관없는 개선이므로 사람들의 칭찬을 받을 수 있으나 하나님 앞에 가증한 것이 된다. 셋째, 회개가 육과 옛사람의 죽임과 영의 삶으로 구성되어 있다는 것이다. 악과 패역함이 가득한 것이 육이며, 타고난 성질이다. 그래서 순종의 첫걸음은 이 본성을 부정하는 것이다. 영이 사는 것은 마음이 의와 공의와 자비의 상태로 기울어지는 것이며, 성령이 우리 영혼을 감화함으로 변화가 있게 된다.35

이것 외에도 칼빈의 성화에 대한 논의는 방대하다. 칼빈의 성화론을 이해하기 위해서 주목할만한 점들을 간략하게 언급해야 한다. 죄가 그 지배력을 상실하여 죄의 법에서 자유롭게 되었으나 흔적이 남아있다는 것이다. 이 흔적은 책임을 추궁하나 신자는 그리스도 때문에 이 죄책에서 해방되었다. 흔적이 남아있다는 것은 완전한 성화를 반대한다. 성령에 의해 성화되지만 육신이 있는 동안 많은 죄와 무기력에 둘러싸여 있기 때문이다.36 그 외에도 칼빈은 그리스도인의 생활을 자기부정에 대해 길게 논한다(3.3.7-8). 이와 같은 논의는 이미 언급했듯이 칭의를 본격적으로

---

34 "... esse veram ad Deum vitae nostrae conversionem, a sincero serioque Dei timore profectam, quae carnis nostrae veterisque hominis mortificatione et spiritus vivificatione constet." Calvin, 3. 3. 5.
35 Calvin, 3. 3. 9.
36 Calvin, 3. 3. 14.

다루기 전에 위치해서 믿음으로 얻는 칭의교리가 거룩한 생활을 약화시킨다는 주장이 근거가 없다는 것을 충분히 보여준다.

### 4. 칭의

바울에 관한 새관점에서 현재 칭의와 미래 칭의를 구분한다. 미래칭의란 행위에 의한 칭의를 말한다. 행위에 의한 칭의란 무엇인가? 들어온 자들이 언약에 머물기 위해서 선행을 했을 것이고 그것에 의하며 미래에 칭의를 얻는다는 것이다. 결국 칭의는 각자의 공로에 의한 칭의가 되고 만다. 이것은 당시의 중세의 칭의관과 유사한 구조를 갖는다. 중세 신학자들에 의하면 의롭게 하는 은혜는 초자연적으로 주입되었다. 그래서 인간 영혼에 실제 변화가 일어나는 것이 특징이었다. 나아가 칭의의 목적은 실제 의나 거룩함에 있었다. 이것은 전체 삶의 과정을 통해 이루어지며 이 과정에서 선행은 중요하며 공로로서 중요한 역할을 하게 된다. 중세 신학자들의 관점에서 칭의란 최후의 심판 자리에서 공의와 거룩에 대한 신적 기준을 만족시키는 과정으로서 의화가 된다.

중세 스콜라 칭의관과 대비되는 칼빈의 칭의관의 다름은 칭의의 개념에서부터 이미 드러난다. 칼빈의 설명에 따르면 하나님 앞에서 '의롭게 되다'(*iustificari*)는 것은 (그것이 믿음으로든 행위로든, 적용되는 의미는) 하나님의 재판에서 의롭게 판단되었다는 것(*iustus censetur*)이고 그의 의 때문에 받아들여졌다(*acceptus est*)는 것이다.[37] 하나님 앞에서 의롭게 되는 것에는 두 가지의 가능성이 있는데, 자기 행위로 받아들여지는 것과 믿음으로 그리스도의 의를 입고 받아들여지는 것이 있다. 우리의 죄책의 상태는 하나님의 정죄 아래 있으므로 행위로 받아들여지는 것은 인정될 수 없다. 칼빈은 믿음으로 그리스도의 의를 입는 의만을 인정한다. 간단히 말해서

---

[37] Calvin, 3.11.2

칭의란 하나님이 우리를 의인들로서 은혜안으로 받아들이는 것이다.

칼빈은 이 칭의를 죄의 용서(*peccatorum remissio*)와 그리스도의 의의 전가(*iustitiae Christi imputatio*)로 말한다. 이 규정에 의해 칭의는 성화와 구분된다. 오시안더가 의롭게 되는 것(*iustificari*)에 의롭게 만들어지는 것(*iustos effici*)까지를 포함시켰을 때, 칼빈은 값없는 용서로 하나님과 화목하는 것만으로 제한한다. 또 오시안더가 거룩과 순결이란 하나님의 본질이 우리 안에 머물며 감동하는 것까지를 포함시키는 것에 반대하며 의의 값없는 전가만으로 제한한다.38 죄의 용서와 의의 전가로 말해지는 칭의는 믿음과 행위의 의로 인간들의 의가 구성된다(*hominum iustitiam ex fide et operibus compositam*)는 스콜라 사상을 반대한다. 믿음의 의와 행위의 의는 한 쪽을 세우면 다른 쪽은 넘어지는 관계에 있어서 그리스도의 의를 얻고자하는 사람은 자기의 의를 버려야 하며, 자기의 의를 세우는 자는 하나님의 의를 버리는 것이다.39 사람이 자기 행위에 의해 판단 받지 않는 것이기 때문에 (만일 그렇다면 우리는 항상 죄인일 것이다) 죄의 용서이며,40 자기 자신 안에서는 의롭지 않으나 그리스도의 의의 전가 때문에 하나님 앞에서 의롭다.41 그러므로 죄의 용서와 의의 전가로 말해지는 칼빈의 칭의 개념은 성화와 구분되면서, 우리 안에 의의 본질이 주어진다는 개념(오시안더)이나 우리의 행위의 의로 의롭게 된다는 것(스콜라)을 반대한다.

죄의 용서와 의의 전가로 규정되는 칼빈의 칭의관은 특히 '우리 밖에'(*extra nos*) 있는 것이란 표현으로 더 강화된다. '우리 밖에서'란 먼저 인간의 부패성 때문에 인간 안에 하나님께 받아들여질 의가 없다는 것을 상기시킨다. 칼빈에 의하면 교만과 자기 만족을 버려야 그리스도의 의를 붙잡게 된다. 자기 의를 믿는 것은 미련한 것이며, 하나님 앞에서 추천할

---

[38] Calvin, 3. 11. 6.
[39] Calvin, 3. 11. 13.
[40] Calvin, 3. 11. 21.
[41] Calvin, 3. 11. 23.

공로라고 생각한다면 그것은 교만이다. "만일 우리가 우리 자신을 완전히 불신하지 않는다면 우리는 그를 충분히 신뢰하지 않을 것이다. 우리 안에서 먼저 우리가 낮아지지 않는다면 우리 마음이 그에게로 충분히 올라가지 않을 것이다. 우리 안에서 절망하지 않는다면 그 안에서 충분히 위로받지 못할 것이다."42 인간 안에 있는 것들은 의를 위한 증거가 되지 못하며 오히려 용서가 필요한 것들이다. 죄인은 행위에 의하여 하나님앞에서 의로운 것이 아니라 용납에 의해서 의로운 것인데, 그리스도가 우리의 의가 되어서 용서된다.43 우리는 우리 안이 아니라 그리스도 안에 있기 때문에, 용서받고 그의 의에 참여한다. "당신은 본다: 우리의 의는 우리 안이 아니라 그리스도 안에 있다. 우리가 그리스도에 참여자가 되었기 때문에 그것이 우리에게 합당하게 된 것이니 우리가 그와 함께 그의 모든 부를 누린다."44 그의 순종이 우리의 순종으로 인정되는 것이며, 우리의 악이 그의 완전으로 숨겨지고 덮인다.

### 5. 칭의와 행위

#### 가. 믿음의 의와 행위의 의

칼빈이 칭의와 행위의 관계를 생각하는 것은 무엇보다도 믿음의 의와 행위의 의를 대조하는데서 나타난다. 행위에 의한 의를 높이게 되면 믿음의 의는 넘어진다는 것이 칼빈의 전제이다. 칼빈에게 믿음의 의와 행위의 의는 일종의 대립관계로서 행위의 의로 칭의가 가능하게 된다면 믿음에

---

42 "*Nunquam enim illi satis confidemus, nisi de nobis penitus diffisi; nunquam in ipso satis animos erigemus, nisi prius in nobis deiectos; nunquam in ipso nos satis solabimur, nisi in nobis desolati.*" Calvin, 3. 12. 8.

43 Calvin, 3. 11. 22.

44 "*Vides non in nobis, sed in Christo esse iustitiam nostram; nobis tantum eo iure competere quia Christi sumus participes: siquidem omnes eius divitias cum ipso possidemus.*" Calvin, 3. 11. 23.

의한 의는 아무 의미없는 것이 되고 만다. 칼빈은 갈라디아서 3:11-12를 근거로 율법의 의를 위해서는 행위가 필요하며 믿음의 의를 위해서는 행위가 필요하지 않기 때문에, 믿음에 의해서 의롭다함을 얻는 사람은 행위의 공로 없이 의롭다함을 얻는다고 논증하며 이것이 복음인 이유다.45

그러나 칼빈은 믿음으로만 얻는 의를 말함으로써 믿음과 행위를 분리하는 것은 아닐까? 오히려 중세 스콜라 신학이 '사랑으로 역사하는 믿음'(갈 5:6)으로 의롭다함을 얻는다고 함으로써 행위와 믿음을, 즉 행위의 의와 믿음의 의를 통일적으로 바라보는 것이 아닐까? 만일 의롭다하는 믿음이 사랑으로 역사하는 믿음이 아니라면 칼빈이 말하는 믿음의 의는 성경이 말하는 믿음관과 부딪히고 말 것이다. 그러나 칼빈은 바울과 함께 분명히 말하기를 사랑으로 역사하는 믿음으로만 의롭다함을 얻는다고 말한다. 그렇다면 차이는 어디에 있을까? 그러나 믿음이 "사랑의 저 효과로부터 의롭게 하는 능력을 얻는 것이 아니다. 믿음이 그리스도의 의에 우리를 동참케 하는 것 외에 다른 이유로 의롭게 하는 것은 아니다."46 정리하면 '사랑으로 역사하는 믿음'으로 의롭게 된다는 것에 로마 가톨릭과 칼빈 모두 동의하나, 로마 가톨릭에서 칭의의 근거는 '사랑의 역사'에 있다면 칼빈에게 사랑의 역사는 참믿음의 증거이고, 칭의의 근거는 믿음으로 참여한 그리스도의 의가 된다.

### 나. 중생한 자의 행위가 칭의의 근거가 되는가?

중세 스콜라 학자들이 행위를 말한다고 해서 흔히 오해하듯이 그 행위를 하나님의 은혜와 분리한 것은 아니다. 행위가 하나님의 은혜로부터 분리된 순수한 사람의 공로로서의 행위를 근거한 칭의를 말하는 것이 아니다. 그들에

---

45 Calvin, 3. 11. 18.
46 "... sed ab illa caritatis efficacia iustificandi vim non sumit. Imo non alia ratione iustificat, nisi quia in communicationem iustitiae Christi nos inducit." Calvin, 3. 11. 20.

따르면 행위가 칭의의 원인이 된다고 할 때에, 이 행위의 시작이 사람에게서 온 것이 아니요 성령의 역사요 열매이기 때문이다. 즉, "그래서 그들을 따르면, 사람이 믿음으로도 행위로도 의롭다함을 받는데, 그 자신의 고유한 공로에 의해서가 아니라, 그리스도의 선물이요 중생의 열매라는 한에서 그렇다."47 이들의 주장에 따르면 선행은 인간의 본성으로 얻는 것이 아니라 성령만이 주실 수 있기 때문에 의의 전가가 아니라 성화를 돕는 성령에 의해서 의롭게 된다는 것이다. 마치 선행을 돕는 성령을 근거하는 칭의를 말해서 하나님의 은혜를 높인 듯이 보이는 듯하다. 여기서 문제는 성령에 의한 중생을 인정하는가 아닌가가 아니라 칭의의 근거가 무엇인가 이다. 중생한 자는 "비록 하나님의 영에 의해 중생하였으나 자신을 위한 영원한 의는 그가 기대하는 선행이 아니라 오직 그리스도의 의에 있다고 생각한다."48

칼빈은 중생 이후의 오는 성령의 역사와 선행을 분명히 인정할지라도 칭의의 근거가 될 수 없다는 점을 명확히 한다. 이와 반대되는 스콜라학자들의 주장을 논박하며 지적하는 몇 가지 논점들이 있다. 첫째, 칭의와 성화의 구분에 대한 지적이다. 이 점은 칼빈이 어거스틴을 언급하며 아쉬움을 토로할 때 분명히 드러난다. 스콜라학자들의 주장, 곧 성화를 추구하는 것을 돕는 성령에 근거해서 의의 상이 온다는 주장을 반대하면서, 어거스틴의 생각이 완전히 명확한 방식은 아니라고 칼빈은 주장한다. 칼빈은 어거스틴의 견해를 (가능한 그의 표현방식에 제한하면서) 교정하기를 원한다. 어거스틴이 인간에게 의의 자격이 없고 하나님의 은혜에 근거한다는 것을 가르쳤지만, 이 은혜를 성화에 포함시켰다는 점에서 교정의 필요성을 제기한다.49 칭의의 원인을 성화에 돌리는 것을 하나님의 은혜를 부정한

---

47 *"Ita secundum eos tam fide quam operibus iustificatur homo, modo ne sint propria ipsius opera, sed dona Christi et regenerationis fructus."* Calvin, 3. 11. 14.

48 *"... quanquam spiritu Dei regeneratus, non in bonis operibus, quibus incumbit, sed in sola Christi iustitia repositam sibi perpetuam iustitiam cogitat."* Calvin, 3. 11. 16.

49 Calvin, 3. 11. 15.

것이라고 간단히 말할 수 없다. 왜냐하면 인간의 무가치성을 지적하며 동시에 성화의 원인된 성령께 그 원인을 돌림으로 하나님의 은혜를 말하기 때문이다. 그러나 칼빈은 칭의와 성화를 구분하여서 인간이 의롭게 되는 것이 그리스도의 의에 참여해서 인간이 의인으로 하나님 앞에 받아들여지는 것을 칭의로만 말하길 원하는 것이다.

둘째, 율법과 복음의 비교다. 율법은 행위에 의를 돌리고 복음은 행위의 도움이 없는 의를 준다. 칼빈은 이 부분에서 바울서신을 인용한다. '율법으로 말미암는 의'(행하는 사람은 그의 로 말미암아 살리라)와 '믿음으로 말미암는 의'(예수를 믿으면 구원을 얻으리라)의 구별(롬 10:5-6)을 인용한다.[50] 율법에도 약속이 있지만 그 약속은 행위를 조건삼는 약속이며 복음은 값없이 주는 하나님의 자비에만 의존한다. "하나님 앞에서 아무도 율법으로 말미암아 의롭게 되지 못할 것이 분명하니 이는 의인은 믿음으로 살리라 하였음이라 율법은 믿음에서 난 것이 아니니 율법을 행하는 자는 그 가운데서 살리라 하였느니라"(갈 3:11-12)을 인용한다.[51] 칼빈은 이 구절을 근거로 행위의 의가 믿음에서 분리되는 것이라 주장한다. 로마서와 갈라디아서를 가져와서 율법과 복음을 대조한다. "그 유업이 율법에서 난 것이면 약속에서 난 것이 아니니라"(갈 3:18)에서 율법과 약속의 대조, 아브라함이 믿음의 의를 얻었기에 의를 행위에 연결시키지 않는 다는 점(롬 4:2-5), "율법 외에 하나님의 의가 나타났으니"(롬 3:21)에서 율법을 배제하고 행함으로 의를 얻는 생각을 배제하고 빈손으로 의를 받는다고 말한다.

이 부분에서 놀라운 점은 제임스 던이 이해한 방식과 유사한 방식으로 바울의 율법을 규정하는 시도가 이미 당시에 있었다는 점이다. 즉, 어떤 이들은 "의식법의 공로는 배제되나 도덕법의 공로는 그렇지 않다고 이상하게 말한다."[52] 칼빈은 이런 주장을 교부들에게서 빌어온 이상한

---

[50] Calvin, 3. 11. 17.
[51] Calvin, 3. 11. 18.

궤변으로 생각하며 아무런 근거 없는 주장으로 본다. 칼빈의 관점에서 생명(갈 3:12)과 저주(갈 3:10)는 예식법이 아니라 도덕법에 관련한 문제여야 한다. 죄를 깨닫고(롬 3:20), 진노를 이루는(롬 4:15) 것은 도덕법을 제외할 수 없는 율법을 말한다. "만일 능히 살게 하는 율법을 주셨더라면 의가 반드시 율법으로 말미암았으리라 그러나 성경이 모든 것을 죄 아래에 가두었으니 이는 예수 그리스도를 믿음으로 말미암는 약속을 믿는 자들에게 주려 함이라"(갈 3:21-22). 칼빈이 볼 때 이 말씀들을 의식법에만 적용하는 것은 너무 무리가 많으며 율법전체에 적용되어야 할 것으로 본다.

세 번째 칼빈이 지적하는 논점은 인간행위의 부적당성이다. 즉 율법의 의가 있을지라도 율법을 성취하여 의롭게 평가할만한 행위가 우리에게 없다는 것이다. "그런데 우리는 바울과 함께 하나님 앞에서 율법의 행위자들이 의롭다고 고백한다. 그러나 우리 모두는 율법의 순종으로부터 거리가 멀기 때문에, 의를 위해 가장 많이 도와야만 하는 이 율법이 우리를 돕지 못한다고 결론내린다. 왜냐하면 우리에게 그것들이 없기 때문이다."53 이것은 칼빈이 자주 끌어오는 논점이다. 그런데 칼빈은 더 나아가 성령의 도움으로 발생한 선행에까지도 이것을 적용해서 그것이 아무리 선하다 할지라도 불완전하여 하나님께 받아들여질 수 없다는 데에까지 나아간다. 칼빈은 말한다. "사랑은 확실히 율법의 가장 중요한 항목인데, 하나님의 영이 우리를 거기로 인도함에도 불구하고, 왜 그것이 우리를 위한 의의 원인이 되지 못하겠는가? 성자들 안에서도 손상되어 있고, 그래서 그 자체로는 어떤 상의 공로가 되지 않기 때문이 아닌가!"54 이 문제는 다음에

---

52 *"Opera legis caeremonialia excludi garriunt, non moralia."* Calvin, 3. 11. 19.

53 *"Nos vero fatemur cum Paulo, iustificari apud Deum legis factores; sed quia a legis observatione longe omnes absumus, hinc colligimus, quae maxime ad iustitiam valere deberent opera, ideo nihil nos iuvare, quia illis destituimur."* Calvin, 3. 11. 15.

54 *"Deilectio certe praecipuum est caput legis, quum ad eam nos formet spiritus Dei: cur non est nobis iustitiae causa, nisi quod in sanctis etiam mutila est, ideoque per se nihil pretii meretur?"* Calvin, 3. 11. 17.

논의할 이중칭의와 연결된다.

### 다. 이신이중칭의(以信二重稱義)

칼빈의 이중칭의에 대한 진술은 3권 17장에서 주로 기술된다. 이중칭의는 용어는 같을지 모르지만 시작할 때의 칭의와 최종심판에서의 칭의로 구성되는 새관점의 그것과 다르다. 칼빈의 이중칭의는 존재가 받아들여지는 것과 행위가 받아들여지는 것으로 구성된다. 이 논의가 있게 되는 동기는 믿음으로만 의롭게 된다면 율법의 요구는 가치가 없는 것인가에 대한 질문에 대한 대답의 필요성이다. 율법의 요구와 약속이 계속 유효한가? 만일 그렇다면 믿음으로만 의롭다함을 받는다는 것은 오류다. 만일 믿음으로만 의롭다함을 받는다면, 율법의 요구가 어떤 의미를 갖는지 논의를 진행하며 그 진행 중에 존재와 행위가 받아들여지는 이중칭의를 말하게 된다.

먼저 칼빈은 율법의 약속이 폐하여진 것이 아니라는 점을 분명히 한다. 조건이 있고, 율법이 지켜지면 그 약속이 따라온다. 그러나 문제는 이 조건을 성취할 사람이 없다는 것이다. 이 무능력은 절대적이어서 우리가 일부를 채우고 주께서 보충하시는 방식이란 있을 수 없으며 오직 성취된 그리스도의 의만으로 율법의 요구가 채워지는 것이다.55

그렇다면 중생한 자들에게도 율법과 그것을 만족시키는 선행이란 불가능한 것인가? 행위 자체로만 본다면 그렇다. 여기에는 두 가지 이유가 있다. 첫째, 완전한 성취란 없기 때문이며, 둘째, 다른 허물들이 섞여 있기 때문이다. 유일한 방법은 복음의 약속이 대신할 때인데, 이 때 우리의 죄가 용서되고 우리가 받아들여지고 우리의 행위도 하나님께 받아들여진다.56 복음의 약속은 믿음으로 받는 것이므로 행위가 받아들여지는 것도 믿음을 통한 것이다.

---

55 Calvin, 3. 17. 2.
56 Calvin, 3. 17. 3.

새관점주의자들과 비교할 때, 여기서 중요한 논의는 칼빈의 반대자들도 행위가 가치 있기 때문에 받아들여지는 것이 아니라는 점을 말한다는 것이다. 먼저 반대자들은 언약 때문에 하나님께서 부족한 행위마저도 자비롭게 받으신다는 것이다. 또 선행이 이미 하나님께서 도우신 행위이기 때문에 하나님이 받으신다는 것이다. 그러나 칼빈이 생각할 때, 단순히 언약이나 하나님이 도우셨다는 것은 아직 하나님께 행위가 받아들여질만한 충분한 이유가 되지 못한다. 왜냐하면 행위자체가 아직 율법의 약속을 충족시키지 못했기 때문이다. 오직 믿음에 의한 칭의와 죄용서가 있어야만 행위가 받아들여진다. "그러나 왜냐하면 경건한 자들도 죽을 육에 싸여 있어 아직 죄인이며 그들의 선행은 다만 시작되었을 뿐 육의 부패의 냄새가 난다. 그러므로 하나님께서 그들 자신에 대해서도 그 행위에 대해서도 받으실 수 없다. 그들 자신 안에서가 아니라 그리스도 안에서만 받으실 수 있다."[57]

칼빈이 율법행위를 생각할 때, 단순히 율법행위를 부정하는 방식으로 하지 않고 매우 치밀하다. 그 예가 율법의 개별행위의 성취에 대한 그의 평가에서 알 수 있다. 성경에는 어떤 하나의 율법행위를 의로움으로 묘사하는 구절(예 신 24:13)이 있다. 칼빈은 이런 율법의 개별적 행위가 의라는 것을 인정한다. 그러나 이 개별적 행위가 자체가 의라는 것이 그것을 행한 이가 하나님 앞에 받아들여지 것이라거나 그의 삶 전체가 하나님 앞에 받아들여지는 것을 의미하는 것은 아니다.[58] 율법 전체에 완전하지 않기 때문에 그의 삶도 그의 인격도 받아들여질 수 없고 죄인으로 평가될 뿐이다. 나아가 불순하거나 결함이 없는 행위는 없기 때문에 개별 행위의 의 자체도 행위 전체적으로 본다면 의롭지 않기 때문에 의의 일부 일지라도 하나님 앞에 받아들여질 수 있는 것이 아니다.

---

[57] "Sed quia pii mortali carne circumdati, adhuc sunt peccatores, et opera eorum bona, inchoata duntaxat, et carnis vitium redolentia, neque illis neque his propitius esse potest nisi in Christo magis quam in se ipsis amplexetur." Calvin, 3. 17. 5.

[58] Calvin, 3. 17. 7.

그러면 어떻게 하나님 앞에 우리의 개별 행위가 받아들여지며, 우리의 존재가 받아들여질 수 있을까? 바로 이신칭의에 기초할 때, 즉 예수 그리스도를 믿음으로 그 공로에 기초할 때이다. 칼빈은 말한다.

> 따라서 우리가 그리스도에게 접붙여질 때 우리의 불의가 그의 무죄로 덮여지기 때문에 우리 자신이 하나님 앞에 의로운 자로 나타나는 것처럼, 우리의 행위도 그것들 안에서 발견되는 불의들이 그리스도의 순결로 묻혀버려 전가되지 않기 때문에 의로우며 인정받는다. 따라서 우리는 오직 믿음으로만 우리만이 아니라 우리의 행위까지도 의롭다함을 받는다고 정당하게 말할 수 있다.[59]

우리 자신이 하나님 앞에 받아들여지는 방식인 이신칭의가 우리의 행위에게도 똑같이 적용된다. 따라서 칼빈의 소위 이중칭의는 더 정확히 말하면 이신이중칭의다. 즉 믿음으로 그리스도에게 접붙임을 받아 존재와 행위 둘이 의롭다함을 받는 것이다.

이중칭의를 말하는 칼빈에게는 중생자의 의로운 행위마저도 오염되어 있어서 하나님께 받아들여질 수 없는 죄책이 있으며 불완전하다는 전제가 있다. 죄책과 불완전이 그리스도의 완전으로 덮이고 행위가 깨끗해질 때 하나님앞에서 의롭다고 인정되는 것이다.[60] 따라서 선행 자체의 가치 때문에 하나님께 받아들여지는 것이 아니라 그리스도의 공로 때문에 받아들여지는 것이다. 이신칭의가 없이는 행위의 불결이 발각되어지는 것이다. 이신칭의 때문에 행위는 그 자체가 가질 수 없는 더 높은 인정을 받는 것이다.[61] 따라서 칼빈에 의하면 믿음과 행위가 의롭게 하는 기능을

---

[59] "*Quemadmodum ergo nos ipsi, ubi in Christum insiti sumus, ideo iusti apparemus coram Deo, quia eius innocentia conteguntur nostrae iniquitates, sic opera nostra iusta sunt et habentur, quia quidquid alias vitii in ipsis est, Christi puritate sepultum non imputatur. Ita merito dicere possumus, sola fide non tantum nos sed opera etiam nostra iustificari.*" Calvin, 3. 17. 10.
[60] Calvin, 3. 17. 8.
[61] Calvin, 3. 17. 10.

나누는 것이 아니라, 존재와 행위 둘 다 그리스도의 공로에 기초하기 때문에 오직 믿음으로만 의롭게 여김을 받는 것이다.

그렇다면 행위를 요구하는 성경구절을 어떻게 해석할까? 먼저 행위의 요구는 언약을 맺은 이들의 태도를 말하는 것이지 은혜를 베푸는 이유를 말하는 것은 아니다. 언약을 맺은 종들이 어떤 모습인가를 보여주는 것이다. 왜냐하면 하나님의 자비에는 그 자녀들을 목적, 곧 하나님을 경외하며 공경하는 데로 부르시기 때문이다. 하나님은 죄를 미워하시고 의를 사랑하심으로 성령으로 자녀들을 당신의 나라에 적합하게 만드시며, 이제 자녀들은 성령을 통해 주의 부르심에 응답하여 이 목적을 향하여 나아간다.[62] 이것을 염두에 둔다면 야고보와 바울은 부딪히지 않는다. 신자 곧 의롭다함을 얻은 자는 순종과 선행으로 증명될 것이기 때문이다.[63] 완전함에 대한 요구들의 구절도 이런 목표로서 주어진 것이다. 신자는 이 목표를 향해 노력해서 하나님 앞에 책망받을 것이 없도록 해야 한다. 그러나 신자의 행위는 그 행위 자체에서 또 다른 범죄로 더럽혀지기 때문에 가치가 없으며 완전한 행위란 없다. 불완전하다 인정하는 것도 목표로서의 완전이다.[64] 새관점주의자들이 행위에 의한 의에 대한 근거로 흔히 인용하는 롬 2:13의 "율법을 행하는 자라야 의롭다 하심을 얻으리니"에 대해서 칼빈은 문맥에 따라 이방인이 율법 없이 망하고 유대인은 율법으로 심판 받는다는 내용 아래서 해석한다. 율법의 의가 완전한 행위를 요구하기 때문에 율법의 요구를 완전히 충족한 사람은 없으므로 "따라서 율법에서 나오는 의는 없다"(*nulla ergo est a lege iustitia*)고 결론내린다.[65]

---

[62] Calvin, 3. 17. 6.
[63] Calvin, 3. 17. 12
[64] Calvin, 3. 17. 15.
[65] Calvin, 3. 17. 3.

## 나오며

칼빈의 이중은혜에서 복음전체는 칭의와 성화로 이루어지며 이 둘은 분리되지 않는다. 그럼에도 불구하고 구분해야만 한다. 칭의와 성화를 받기 위해서 그리스도와 연합해야만 한다. 그리스도는 먼저 자신을 우리에게 접붙이시고 성령으로 역사하여 우리 안에 믿음을 일으키고 우리는 믿음으로 그리스도와 연합하여 그 은택을 받아 누린다. 그리스도와 연합함으로 칭의와 성화의 은혜를 누린다. 칼빈은 칭의를 첫번째 은혜라 부를지라도 성화를 칭의보다 먼저 다루는데, 그 이유는 참된 믿음이 선행과 분리되지 않는 것을 보여주어서 선행없는 구원을 만들었다는 비판에 답하기 위해서고, 값없는 칭의를 더 분명하게 설명하고자 하는 이유였다. 성화는 칭의의 결과나 칭의의 한 부분이 아니라 믿음으로 그리스도와 연합한 결과다. 성화란 옛사람이 죽고 영이 사는 것인데, 죄의 흔적이 계속됨으로 평생 계속되는 것이다. 칭의는 죄의 용서와 의의 전가로 칭해지면서 의의 본질이 주어진다는 개념이나 우리의 행위의 의로 의롭게 된다는 것을 반대한다. 우리는 우리 밖에 있는 의, 즉 그리스도의 의로 용서되며 그의 의에 참여한다. 믿음의 행위는 필수적이나 칭의의 근거가 아니라 증거이며, 중생한 자의 행위는 비록 그것이 성령에 의한 것일지라도 인간의 부패가 섞여 있어 하나님 앞에 받아들여질 수 없다. 칼빈은 믿음에 의한 이중칭의, 즉 믿음으로 그리스도에게 접붙여진 자는 그리스도의 공로 때문에 그 자신과 그의 행위도 하나님께 받아들여진다는 설명을 한다.

그러므로 개혁파의 칭의도 사랑으로 역사하는 믿음으로 말미암는다고 해야 할 것이다. 그러나 로마 가톨릭처럼 칭의의 근거를 '사랑의 역사'에 두지 않고, 사랑의 역사로 증명될 수밖에 없는 믿음의 대상인 그리스도의 의에 둔다. 그렇다면 이제 그리스도인의 윤리에 문제가 생겼다면, 그것은 이신칭의란 교리의 문제가 아니라 우리의 믿음에 문제가 생긴 것이다. (*)

# 11
# '율법의 행위'에 대한 칼빈의 성경해석

안상혁 | 역사신학・조교수

## I. 서론

오늘날 소위 '바울에 관한 새 관점' (이하 '새 관점')은 더 이상 새롭고 낯선 것으로 간주되지 않는다. 주지하다시피 '새 관점'은 성경 신학뿐만 아니라 조직 신학과 역사 신학 분야에도 중요한 논쟁거리를 제공해 왔다. 흥미롭게도 '새 관점'의 직접적 혹은 간접적인 영향을 받은 일부 연구자들은 바울뿐만 아니라 루터와 칼빈과 같은 종교 개혁가의 칭의론까지 새로운 시각에서 재조명하고자 시도한다. 존 페스코(John V. Fesko)에 따르면, 리처드 러스크(Richard Lusk)와 크래그 카펜터(Craig B. Carpenter)는 오늘날 '새 관점'의 칭의론과 칼빈의 개혁주의 칭의론을 (다소 무리하게) 조화시키려는 최근의 흐름을 대변하는 연구자들이다.[1]

---

[1] John V. Fesko, "Calvin on Justification and Recent Misinterpretations of His View,"

러스크와 카펜터는 칼빈의 칭의론에 있어 핵심이 그리스도의 의의 '전가'라기보다는 '그리스도와의 연합'이라고 주장한다. 칼빈의 칭의론에서 '그리스도와의 연합'--혹은 러스크의 표현을 따르자면 "그리스도 안에 있음" (in-Christ-ness)--은 '전가' 교리를 상대적으로 약화시키거나 심지어 불필요한 것으로 만들었다고 그들은 주장한다.2 사실 칼빈의 '그리스도와의 연합' 교리를 한 편에, 또 다른 한 편에 루터가 강조한 외래적이며 법정적 칭의 혹은 전가의 교리를 두고, 양자를 서로 대비시키는 연구는 이미 19세기 학자 M. 슈네켄버거(Schneckernburger)에 의해 수행되었다.3 이러한 견해를 지지하는 현대의 연구자들 가운데 마이클 호튼은 최소한 여섯 명의 주요한 인물들--찰스 파티(Charles Partee), 폴 메츠거(Paul L. Metzger), 마크 사이프리트(Mark Seifrid), 로버트 건드리(Robert Gundry), 돈 갈링턴(Don Garlington), 노먼 쉐퍼드(Norman Shepherd)--을 지적한다.4 이들에 따르면, 그리스도의 "외래적 의"의 전가를 강조하는

---

*Mid-America Journal of Theology* 16 (2005):83-87. Richard Lusk, "A Response to 'The Biblical Plan of Salvation,'" 118-48, in *The Auburn Avenue Theology: Pros and Cons*. ed., E. Calvin Beisner (Ft. Lauderdale: Knox Theological Seminary, 2004); Craig B. Carpenter, "A Question of Union with Christ? Calvin and Trent on Justification," *Westminster Theological Journal* 64/2(2002): 363-86. 그러나 카펜터의 경우, '새 관점'--리처드 헤이즈, 톰 라이트, 제임스 던, E. P. 샌더스가 대변하는--과 "칭의를 그리스도와의 연합의 한 역할로서 파악하는 칼빈의 이해" 사이에 존재하는 연속성을 지나치게 과장하지 않도록 나름대로는 세심한 주의를 기울인다. Carpenter, "A Question of Union with Christ?," 385.

2 Lusk, "A Response," 142.

3 Matthias Schneckenburger, *Vergleichende Darstellung des lutherischen und reformierten Lehrbegriffs* (postum hrsg. von Eduard Güder, 2 Bde., 1855). 20세기 초에는 에밀 두메르그(Émile Doumergue)가 슈네켄버거의 입장을 따랐다.

4 Michael S. Horton, "Calvin's Theology of Union with Christ and the Double Grace: Modern Reception and Contemporary Possibilities," 72-94, in J. Todd Billings & I. Hesselink eds, *Calvin's Theology and Its Reception: Disputes, Developments and New Possibilities* (Louisville: Westminster John Knox Press, 2012), 상기한 인물들의 주요 저작에 대해서는 참고문헌을 보라. 또한 비교적 최근부터 루터의 칭의론과 동방정교회의 "테오시스(theosis 혹은 신화 deification) 개념 사이의 연결고리를 강조하는 "핀란드 학파"(the Finnish school)도 상기한 입장을 지지한다. 이와 관련한 대표작으로는 다음을

루터의 법정적 칭의론과 칼빈의 그리스도와의 연합 교리는 사뭇 다른 것이다.

한편 종교개혁의 칭의론에 대한 (개신교의) 전통적인 견해를 계승하면서 '그리스도와의 연합'과 '법정적 칭의'의 두 요소가 칼빈의 신학 안에서 함께 공존하고 있음을 주장하는 학자들--토드 빌링스(J. Todd Billings), 로널드 월러스(Ronald S. Wallace), 프랑수와 방델(François Wendel), 빌헬름 니젤(Wilhelm Niesel), 코르닐리스 비니머(Cornelis P. Venema) 등--또한 다수 존재한다. 앞서 언급한 호튼과 페스코 역시 이 입장을 취한다.5 특히 전가 교리를 배제시킨 채, '새 관점'과 칼빈의 '그리스도와의 연합' 교리를 연결 짓는 시도를 비판하면서 페스코는 다음의 세 가지 사실을 강조한다.6

#1. 그리스도 의의 '전가' 교리는 칼빈의 칭의론에서 (주변부가 아닌) 핵심을 차지한다.
#2. 칼빈의 신학에서 '전가' 교리와 '그리스도와의 연합' 교리는 서로 조화를 이룬다.
#3. 결국 칭의론에 있어 루터와 칼빈의 가르침은 본질적으로 일치한다.

페스코는 상기한 내용을 입증하기 위해 칼빈의 성경 주석 가운데 특별히 로마서 4장 6-7절, 고린도후서 5장 18-21절, 그리고 로마서 9장 19절을 선별하여 칼빈의 견해를 요약적으로 소개한다. 페스코가 옳게 지적한대로, 칼빈은 그리스도의 '의의 전가'를 칭의 교리의 핵심으로 제시한다(롬

---

참고하라. Robert W. Jenson and Carl E. Braaten, *Union with Christ: The New Finnish Interpretation of Luther* (Grand Rapids: Eerdmans, 1998). "핀란드 학파"와 루터의 칭의론의 관계를 다룬 국내 저작으로는 다음을 보라. 김선영, 『믿음과 사랑의 신학자 마르틴 루터』 (서울: 대한기독교서회, 2014).

5 이들의 주요 저작은 참고문헌을 보라.

6 상기한 세 가지는 페스코의 주장을 필자의 주관적인 시각에 따라 요약한 것이다. Fesko, "Calvin on Justification," 89-114.

4:6-7). "하나님 앞에서 우리는 어떻게 의롭게 될 수 있는가?" 마치 우리의 죄가 그리스도에게 전가 되어 그리스도가 죄인이 된 것과 똑같은 방식으로 그리스도의 의가 신자에게 전가됨으로 우리는 의롭게 될 수 있다고 칼빈은 대답한다(롬9:19; 고후5:18-21).[7] 칼빈에 따르면, 칭의에 있어 '질료인'에 해당하는 그리스도는 그의 순종을 통해 교회에 전가할 '의'를 확보하셨다. 그리스도의 '의'는 오로지 믿음--칼빈은 믿음을 칭의의 '도구인'으로 규정한다--을 통해 신자에게 적용 된다(*Inst*. 3.14.17).[8]

필자가 보기에 칼빈은 그의 칭의론에서 그리스도 의의 '전가' 교리를 분명하게 제시하고 있을 뿐 아니라, 그것은 그리스도와의 "연합" 개념과 더불어 칼빈의 신학 안에서 함께 공존 혹은 조화를 이루고 있다는 페스코의 주장은 타당하다. 다만 칼빈의 칭의론을 보다 잘 이해하기 위해서 우리는 상기한 주제들과 아울러 '율법의 행위'(*opera legis*)에 대한 칼빈의 견해를 자세하게 살펴볼 필요가 있다.[9] 왜냐하면 그리스도와의 연합을

---

[7] Fesko, "Calvin on Justification," 91-93. 이 외에도 전가(imputation)에 관한 칼빈의 긍정적인 진술을 살펴볼 수 있는 대표적인 곳으로는 로마서 3장 31절과 5장 17절 주해와 『기독교강요』 3권 11장 2절과 23절을 보라. 또한 본고의 "율법의 행위와 그리스도 의의 전가"에서 인용된 내용을 참고하라.

[8] Fesko, "Calvin on Justification," 93-96.

[9] 아쉽게도 앞서 소개한 칼빈의 칭의론에 대한 새로운 해석의 도전과 전통적인 입장에서의 응전을 기록한 연구물들안에서 '율법의 행위'에 대한 자세한 논의는 종종 생략된다. 한편 '율법의 행위'에 관한 논의를 포함시키며 '새 관점'과 칼빈(혹은 종교개혁 전통)의 입장을 비교 연구한 국내의 연구물 가운데 주목할 만한 것으로는 다음을 참고하라. 김영한, "바울신학에 대한 새 관점에 대한 비판적 성찰: 종교개혁신학의 관점에서," 「한국개혁신학」 29(2011): 212-244; 김병훈, "율법주의, 언약적 율법주의, 은혜언약: '바울에 관한 새 관점들'의 신학적 소재?" 「한국개혁신학」 28(2010): 147-191; 이승구, "제임스 던의 칭의와 구원 이해에 대한 비판적 고찰," 「신학정론」 33/1(2015): 70-108; 이은선, "바울에 관한 새 관점(New Perspective on Paul)의 이신칭의 이해에 대한 비판: 톰 라이트(N. T. Wright)와 존 칼빈(John Calvin)의 비교를 중심으로," 「한국개혁신학」 28(2010): 192-224; 최갑종, "바울에 대한 '새 관점,' 무엇이 문제인가?" 「한국개혁신학」 28(2010): 38-103; *idem*, "한국교회와 구원론: '새 관점'에 대한 복음주의의 대응: 로마서와 갈라디아서에 나타난 바울의 '이신칭의' 교훈을 중심으로," 「성경과 신학」 55(2010): 1-40; 권연경, "옛 관점과 새 관점의 충돌: 주석적 평가와 제안," 「한국개혁신학」 28(2010): 104-146; 김홍만, "'바울에 관한 새 관점'의 루터에 대한 비판," 「성경과 신학」

통해 신자가 그리스도로부터 공급받아 누리는 핵심적인 혜택과, 전가교리에서 강조하는 바, 그리스도로부터 신자에게 전가되는 것은 결국 동일한 것, 곧 '그리스도의 의'를 가리키는 데 (*Inst.* 3.11.1-2, 11-12, 23; 3.14.12, 17), 이것은 '율법의 의' 혹은 '율법의 행위'와 직결되어 있기 때문이다.[10] 본고에서는 특히 '전가'와 '율법의 행위' 사이의 관계를 분석할 것이다. 한 걸음 더 나아가 우리는 '율법의 행위'를 의식법과 도덕법 모두를 포함하는 율법 전체로 규정하는 칼빈의 이해가 루터의 견해와 본질적으로 일치하는 한편, '율법의 행위'를 주로 의식법을 가리키는 좁은 의미로 제한하는 해석--대략적으로 오늘날 '새 관점'의 입장과 일치한다[11]--과 칼빈의 입장

---

55(2010): 195-221; 손기웅, "바울에 관한 새 관점과 이신칭의 교리: 칭의의 기독론, 인간론, 종말론적 측면에 관하여," 「성경과 신학」 55(2010): 41-89. 오늘날 '새 관점'의 대표 주자인 톰 라이트의 신학 전반에 대한 개혁주의적 비판을 시도한 국내 연구물로는 다음을 참고하라. 이승구, 『톰 라이트에 대한 개혁신학적 반응: N. T.라이트의 신학적 기여와 그 문제점』 (수원: 합신대학원출판부, 2013). '새 관점'의 기원, 역사, 논점, 학자 등을 개론적으로 소개하고 핵심적인 쟁점과 문제점을 짧게 요약한 글로는 다음을 참고하라. 조병수, "바울에 관한 새 관점"(New Perspective on Paul)이란 무엇인가? 「신학정론」 33/1(2015): 35-69.

10 일례로 칼빈은 로마서 8장 3-4절("율법이 육신으로 말미암아 연약하여 할 수 없는 그것을 하나님은 하시나니 곧 죄로 말미암아 자기 아들을 죄 있는 육신의 모양으로 보내어 육신에 죄를 정하사 육신을 따르지 않고 그 영을 따라 행하는 우리에게 율법의 요구가 이루어지게 하려 하심이니라")을 인용하면서, 그리스도가 우리에게 "전가"시키는 그의 "의"가 율법에 대한 온전한 성취와 직결되어 있음을 밝힌다. Iohannis Calvini, *Institutio Christianae Religionis* (1559, 이하 *Inst.*), 3.11.23, in *Joannis Calvini opera quae supersunt omnia* (Brunsvigae: Schwetschke, 1863, 이하 *CO*) 2:552. 또한 *Inst.* 3. 14. 13을 보라. 이에 대해서는 아래 "율법의 행위와 그리스도 의의 전가"에서 보다 상세하게 논의할 것이다.

11 일례로 제임스 던 (James D. G. Dunn)은 바울이 비판하는 '율법의 행위'가 칭의를 얻기 행위라기보다는 유대인들의 신분이나 지위를 드러내는 표지들--할례나 안식일 준수 그리고 음식규례 등과 같은 의식법--혹은 소위 "언약적 신율주의"(covenantal nomism)와 보다 더 긴밀하게 관련이 있음을 주장한다. J. D. G. Dunn, "The New Perspective on Paul," 307[299-308], in *The Romans Debate*, ed. Karl P. Donfried (Peabody: Hendrickson, 1991); idem, *The Theology of Paul the Apostle* (Grand Rapids: Eerdmans, 1998), 355-58. 이에 대한 비판으로는 다음을 참고하라. 이승구, "제임스 던의 칭의와 구원 이해에 대한 비판적 고찰," 71-108. 톰 라이트 (N. T. Wright)의 견해 역시 던의 견해와 유사하다. 라이트에 따르면 사도 바울이 '율법의 행위' 혹은 '율법의 의'에 관해서 논할 때 그는 이것을 주로 할례 등으로 표시되는--즉 유대인을 이방인으로부터 구분짓는--

이 얼마나 다른지를 확인할 것이다.

## II. '율법의 행위'(opera legis)는 무엇인가?

로마서와 갈라디아서에서 반복하여 등장하는 '율법의 행위'(롬2:15; 3:20; 3:28; 갈2:16; 3:2; 3:5; 3:10 등)에 관한 논의에서 주요한 쟁점은 무엇인가? 칼빈에 따르면 사도 바울이 말하는 '율법의 행위'에서 과연 "율법"의 범위를 무엇으로 규정할 것인가의 문제가 핵심적이다. 칼빈은 그의 로마서 주석과 갈라디아서 주석 그리고 『기독교 강요』에서 이 주제를 자세하게 다룬다. 특히 바울이 비판하는 '율법의 행위'가 의식법에만 제한되는 것인지 아니면 도덕법까지 포함하는 포괄적인 의미인지의 여부를 판가름하는 문제에 칼빈은 주목한다. 사도바울은 후자의 입장에서 '율법의 행위'라는 개념을 사용하고 있으며 이것을 (믿음과 대립하는) 일종의 공로주의로서 규정했다고 칼빈은 해석한다. 로마서 3장과 갈라디아서 2장 그리고 『기독교 강요』 제3권에서 칼빈이 이 논의를 어떻게 설명하고 있는지 좀 더 구체적으로 살펴보자.

### 1. 칼빈의 로마서 3장 주해

칼빈은 로마서 3장 20절 ("그러므로 율법의 행위로 그의 앞에 의롭다

---

유대인의 "언약적인 신분"(covenantal status) 혹은 "언약[백성]의 회원권"(covenant membership)을 가리킨다고 주장한다. N. T. Wright, *What Saint Paul Really Said: Was Paul of Tarsus the Real Founder of Christianity?* (Grand Rapids: Eerdmans, 1997), 124; idem, *Paul in Fresh Perspective* (Minneapolis: First Fortress Press, 2005), 113; idem, *Justification: God's Plan and Paul's Vision* (Downers Grove: InterVarsity Press, 2009), 116-117.

하심을 얻을 육체가 없나니 율법으로는 죄를 깨달음이니라") 주해에서 '율법의 행위'가 무엇을 의미하는지를 묻고 이에 대한 두 가지 서로 다른 해석, 곧 제한적 해석 (의식법)과 포괄적인 해석 (도덕법 포함)이 초대교회 이래 존재해 왔음을 지적한다.

> '율법의 행위' (opera legis)가 무엇을 의미하는지에 대해서는 학자들 사이에서도 의문이 제기되어 왔다. 어떤 이들은 그것이 전체 율법에 대한 순종을 의미하는 것으로 확대하기도 하고 다른 이들은 그 의미를 의식법으로만 제한한다. [행위에] 율법이라는 단어를 덧붙여 연결 지은 사실은 크리소스톰, 오리겐, 그리고 제롬 등으로 하여금 후자의 의견12에 동의하도록 이끌었다. 그들은 [율법이라는] 특정한 의미를 덧붙인 것으로 보아 행위의 의미는 모든 행위를 포함하는 것으로 이해되어서는 안 된다고 생각했기 때문이다.13

바울이 '행위'라는 말 대신에 굳이 '율법의 행위'라는 개념을 사용한 까닭은 무엇일까? 칼빈에 따르면 초대교회의 교부들 가운데 오리겐과 크리소스톰, 그리고 제롬 등이 이러한 의문을 제기하였다. 이에 대한 해답을 찾는 과정에서 이들은 '율법의 행위'란 인간의 보편적인 행위가 아니라 율법에서 규정하는 제한적 행위, 곧 특정한 의식법을 지칭하는 것이라고 말하며 '율법의 행위'를 제한적으로 해석했다. 그러나 칼빈에 따르면 이런 방식으로 '율법의 행위'를 제한하는 것은 바울의 의도를 곡해하는 것이다. 바울이 '율법의 행위'라는 개념을 사용한 까닭은 그것이 인간의 모든 행위 가운데 가장 가치가 있는 행위--하나님의 약속이 첨가된 것에 근거--이기 때문이다.

그러나 이러한 우려는 매우 손쉽게 해결될 수 있다. 우리가 행위에 의해 주님께

---

12 원문에는 "전자의 견해"(priorem opinionem)이라 표시되어 있지만 문맥상 칼빈이 "후자"(posteriorem)를 오기한 것이 분명하다. Cf. 19세기 존 오웬의 각주를 참조하라. Calvin, *Commentaries on The Epistle of Paul the Apostle to the Romans*, translated and edited by Rev. John Owen (Grand Rapids: Baker, 2005), 130.

13 J. Calvin, *Commentarius in Epistolam ad Romanos* 3:20, in CO 49: 56-57.

예배와 순종을 드리기를 추구하는 한, 그 행위는 주님 앞에서 의로운 것이다. 바로 이 때문에 그는[바울] 모든 행위로부터 의롭게 하는 능력(vim iustificandi)을 제거시키는 것을 분명하게 보여주기 위해서, 그것들, 곧 혹시 의롭게 하는 행위가 존재한다면 그것에 가장 가능성이 있는 [율법의 행위들]을 언급했던 것이다. 왜냐하면 율법에는 하나님의 약속이 있기 때문이다. 참으로 이 약속 없이는 우리의 그 어떠한 행위도 하나님 앞에서 아무런 가치를 가지지 못한다. 이제 당신은 바울이 굳이 율법의 행위를 명시적으로 언급한 이유를 알게 되었다. 그것은 율법의 행위에 의해서 가치가 생성되기 때문이다.... 따라서 여기서 바울은 지혜롭고도 또한 정확하게도 단순한 행위가 아닌 특별히 율법에 대한 순종-곧 [바울이 논의하는] 쟁점으로 정당하게 연결되는-에 대해 명시적으로 논의하는 것이다.14

이처럼 '율법의 행위'는 인간으로부터 기원하는 또한 하나님 앞에서 인간의 모든 행위를 대표하는 최상의 가치 있는 행위이다. 칭의에 있어 '율법의 행위'가 무력하다면 그 아래에 있는 (곧 하나님의 약속이 부가되지 않은) 다른 모든 인간의 행위는 더욱 무가치할 수밖에 없다. 그런데 사도 바울은 이러한 '율법의 행위'조차 하나님 앞에서 사람을 의롭게 하지 못한다고 선언한다. (롬3:20 "그러므로 율법의 행위로 그의 앞에 의롭다 하심을 얻을 육체가 없나니") 바로 이 때문에 바울은 '율법의 행위'를 따로 구분하여 전면에 내세우는 것이라고 칼빈은 주장한다. 요컨대 로마서 3장에서 바울은 '전체 율법' (*tota lege*)에 대해서 이야기하고 있는 것이다.15

바울이 특별히 '할례'를 언급하는 이유에 대해서도 칼빈은 동일한 시각에서 설명한다. 바울과 더불어 논쟁하는 유대인들에게 할례는 '율법의 의'(*legis justitiam*), 곧 '행위의 의'의 기초(*justitiae operum fundamentum*)가 되기 때문에 바울은 의도적으로 그것을 논박하는 것이

---

14 J. Calvin, *Commentarius in Epistolam ad Romanos* 3:20, in *CO* 49. 강조 표시는 원문에 따른 것이다.
15 Calvin, *CO*, 49:57.

다. 할례의 행위가 행위의 의를 가져다주지 못한다는 사실을 통해 결국 성경은 모든 인간의 행위로부터 칭의의 능력을 박탈시키는 것이라고 칼빈은 해석한다.16 이처럼 칼빈은 '율법의 행위'는 물론 유대인의 할례와 할례가 대표하는 '의식법' 또한 결코 열등한 것으로 취급하지 않는다. 오히려 유대인의 의식법은 하나님의 약속이 첨가된 '율법의 행위'를 구성하는 일부임과 동시에 그것의 기초로서 인식되고 있었기 때문에 사도바울이 중요하게 다룬 것이라고 칼빈은 설명한다. 요컨대 칼빈의 입장에서 보았을 때, 사도바울이 (의식법과 도덕법 모두를 포함하는) '율법의 행위'를 공로주의로 규정하고 그것을 배격한 이유는 '율법의 행위'가 무가치하기 때문이 아니라 그 반대로 인간의 행위 가운데 가장 가치 있는--즉 가장 공로에 가까운--행위이기 때문이다.

[롬3:28] 왜 그가[바울] 율법의 행위들 라고 명명했는지에 대해 나는 이미 설명했다. 또한 동시에 나는 그것들[행위들]을 의식(*caeremonias*)으로 제한하는 것이 어리석다는 사실을 보여주었다. 또한 율법의 행위들을 그리스도의 영이 없이 수행되는 단지 의문(*literalibus*)의 행위로 해석하는 것도 잘못된 해석이다. 오히려 이와 반대로 율법 안에는 보상이 약속되어 있기 때문에 마치 공로적인 것과 동일한 술어로써 그가[바울] 말한 것이다.17

## 2. 칼빈의 갈라디아서 2장 15-16절 주해18

---

16 Calvin, *CO*, 49:56.
17 Calvin, *CO*, 49:65-66. 원문은 인용문 전체를 강조하고 있다. 굵은 글씨체의 강조는 필자의 것이다.
18 갈2:15-16 "우리는 본래 유대인이요 이방 죄인이 아니로되 사람이 의롭게 되는 것은 율법의 행위로 말미암음이 아니요 오직 예수 그리스도를 믿음으로 말미암는 줄 알므로 우리도 그리스도 예수를 믿나니 이는 우리가 율법의 행위로써가 아니고 그리스도를 믿음으로써 의롭다 함을 얻으려 함이라. 율법의 행위로써는 의롭다 함을 얻을 육체가 없느니라." [개역개정] Calvin, *Commentarius in Epistolam ad Galatas* 2:15, in Calvin, *CO* 50:194-195.

한 걸음 더 나아가 칼빈은 "사람이 의롭게 되는 것은 율법의 행위로써가 아니고"의 의미를 신중하게 살펴보아야 할 필요가 있음을 지적한다. 특히 '율법의 행위'에 대한 정의와 관련하여 칼빈은 다음과 같이 말한다.

> 이제 문제는 율법의 의가 무엇을 의미하는지를 아는 것이다. 오리겐과 제롬에 의해 기만당한 교황주의자들은, 쟁점이 되는 그것이 오로지 그림자에 관련된다는 견해를 가지고 그러한 정의를 확실하게 했다. 따라서 율법의 행위는 항상 의식(caeremonias)을 의미하는 것이었다. ... 그들에게는 율법의 행위에 의해서는 아무도 의롭다함을 얻지 못한다는 사실과 그럼에도 우리는 공로적 행위에 의해 하나님 앞에서 의롭다함을 얻는다고 사실이 서로 모순되지 않는다. 요컨대 그들은 이 본문에서는 도덕법이 전혀 언급되지 않는다는 결론을 도출하는 것이다. 그러나 본문의 문맥은 이 단어들이 [율법의 행위] 안에 도덕법 역시 포함하는 것으로 이해된다는 사실을 분명히 입증한다. 왜냐하면 이후로 바울이 다루는 거의 모든 주제는 의식법이라기보다는 도덕법에 속하는 것이기 때문이다.[19]

갈라디아서 2장 주해에서도 칼빈은 '율법의 행위' 혹은 '율법의 의'를 의식법으로만 제한하려는 시도를 강하게 비판한다. 사도바울은 율법의 행위를 결코 의식법으로 제한하지 않는다. 오히려 보다 일반적 의미에서의 (도덕법을 포함하는) '행위'에 관해 논증한다. 만일 그렇지 않았더라면 바울의 전반적인 논의 자체가 사소한 논의에 그쳤을 것이라고 칼빈은 말한다.[20]

---

[19] Calvin, *CO*, 50:194-195. 강조표시는 필자의 것이다.
[20] 갈라디아서 주해의 서론 부분 (*Argumentum*)에서 칼빈은 다음과 같이 말한다.

> "*Id agit usque ad finem secundi capitis, ubi transitum sibi facit ad causae tractationem: nempe gratuito nos iustificari coram Deo, non operibus legis. Nam hoc argumento nititur, si vim iustificandi non habent caeremoniae, non esse igitur necessariam earum observationem. <u>Quamquam non de solis caeremoniis agit, sed generaliter de operibus disputat: alioqui frigeret totum argumentum.</u>*"

(그는 이 주제를 제2장의 끝 부분까지 밀고 나간다. 여기서 그는 우리가 하나님 앞에서 의롭게 되는 것이 율법의 행위에 있지 않고 값없이 베푸시는 은혜에 있다는 주제의 근거로 논의를 전개해 나간다. 그 주장은 다음과 같다. 만일 의식(법)들이 의롭게 하는 능력을 소유하지 못했다면 그것들을

그렇다면 이 문제가 그토록 중요한 까닭은 무엇인가? 그것은 바로 '율법의 행위'가 본질적으로 구원을 얻는 방법과 연결되어 있었기 때문이다. 특히 교황주의자들의 오류와 관련하여 (상기한 인용문에서) 칼빈은 매우 핵심적인 사항을 지적한다. '율법의 행위'를 의식법에 해당하는 것으로만 제한할 경우, 사도 바울이 논박하는 공로주의로서의 '율법의 행위'는 도덕법에는 적용되지 않는다. 그렇게 되면, 칼빈이 옳게 지적한 바대로, 반(半)펠라기우스주의적--인간의 도덕적 행위에 구원을 위한 공로적 가치를 부여하는--공로주의로 변질된 바 있는 중세 교황주의자들의 구원론은 "사람이 의롭게 되는 것은 율법의 행위로 말미암음이 아니요"(갈2:15)라는 성경의 진술과도 양립 가능할 수 있는 일종의 은닉처를 확보할 수 있게 된다. 반면 (칼빈이 거듭하여 강조하는 대로) '율법의 행위'가 도덕법을 포함할 경우, 하나님의 칭의와 구원 행위로부터 '율법의 행위'를 몰아내는 바울의 강력한 논증 안에서 인간의 도덕적 행위에 근거한 공로주의는 애초부터 설 자리를 박탈당한다. 바로 이러한 맥락에서 칼빈은 '율법의 행위'에 관한 바울의 논의를 결코 의식법에 제한하는 실수를 범해서는 안 된다고 주장하는 것이다.21

물론 칼빈 역시 갈라디아서에서 사도 바울이 거짓 사도를 논박하는 일부 쟁점이 '의식법'에 있음을 결코 부인하지 않는다. 다만 의식법과 도덕법 사이의 연결 고리를 부정하고 양자 사이의 불연속성만을 주장하는 논의에 대해 칼빈은 반대하는 것이다. 칼빈에 따르면 오리겐과 제롬은, 바울이 의식법이라는 특정 주제를 다루다가 갑자기 도덕법이라는 광범한

---

준수해야할 필요가 없다는 것이다. 그런데 그는 단순히 의식법을 다루는 데 그치지 않고 일반적 의미에서의 행위에 관해서 논의한다. 만일 그렇지 않았더라면 [바울의] 모든 주장은 사소한 논의에 그치고 말았을 것이다)
특히 칼빈은 바울의 전체 논의 안에서 '율법의 행위'가 의식법에 그치지 않고 보다 광범한 의미의--곧 도덕법을 포함하는--'행위'로 확대되어 논의되고 있음을 강조한다. Calvin, *CO* 50:164.

21 Calvin, *CO* 50:164.

주제로 사안을 확대했다고 해석하는 것을 자연스럽지 못한 것으로 인식했다.22 그러나 칼빈은 오히려 오리겐과 제롬이 여기서 바울이 말하는 쟁점을 제대로 이해하지 못했다고 반박한다. 사도 바울이 의식법이라는 외면적이고 (상대적으로) 제한된 주제를 그토록 중요한 쟁점으로 다루었던 이유를 이해하는 것이 중요하다. 그것은 바로 이 주제가 더욱 근본적이고 보다 광범한 문제와 직결되어 있기 때문이었다. 즉 사도 바울은, 의식법의 준수를 강조하는 반대자들의 주장 속에서 하나님께서 베푸시는 구원의 영광과 확신이 [하나님의 은혜가 아닌] 인간의 행위라는 공로에 근거하는 것으로 변질되는 것을 보았기 때문에 그토록 예민하게 반응했던 것이라고 칼빈은 설명한다.23

마지막으로 칼빈은 도덕법을 포함하는 '율법의 행위'를 비판하는 사도바울의 논의가 구원론--특히 칭의론--의 맥락 안에서 조명되어야 한다는 사실을 강조한다. 칼빈에 따르면, 바울은 신자가 최선을 다해 선행을 해야 할 의무가 있다는 사실을 문제 삼는 것이 아니다. 이것은 너무나 당연한 것이기 때문이다. 다만 쟁점은 사람이 행위에 의해 하나님 앞에서 의롭다 함을 얻을 수 있느냐의 문제이다. 요컨대 율법과 믿음은 서로 모순되지 않는다. 만일 그렇다면 하나님 스스로 모순되는 법을 계시하신 것이 될 것이다. 다만 '칭의의 원인'(*causa iustificationis*) 을 설명함에 있어서만 율법과 믿음이 서로 양립불가하다는 사실을 칼빈은 강조한 것이다.24

---

22 Calvin, *CO* 50:195. "*Cur ergo, inquiunt, a particulari ad universalem causam transiliret Paulus? Haec sola Origeni et Hieronymo errandi occasio fuit.*"

23 "의식[법]을 준수하는 것이 구원에 대한 확신과 영광을 행위로 돌리는 것이 아니었더라면 그것은 바울을 그토록 괴롭히는 문제가 되지 않았을 것이다." (*Neque enim tam molestum fuisset Paulo caeremonias servari, quam transferri fiduciam et simul gloriam salutis ad opera.*) Calvin, *CO* 50:195. 또한 갈라디아서 주석 서문에 해당하는 "주장"(*Argumentum*)을 보라. *CO* 50:161-166.

24 갈라디아서 3장 12절에 대한 칼빈의 주해를 보라.

## 3. 『기독교 강요』 3.11.19 - '율법의 행위'에 대한 칼빈의 해설

칼빈은 1559년 판 『기독교 강요』의 제2권과 제3권의 여러 부분에서 '율법의 행위'에 관해 논의한다.25 여기서는 이 가운데 비교적 상세한 설명이 등장하는 제3권 11장 19절에서의 논의를 요약적으로 검토해 보도록 한다. 먼저 칼빈은 오직 믿음으로 말미암아 의롭다함을 받는다는(롬4:2) 이신칭의 교리가 도전받고 있는 현실을 독자에게 상기시킨다. 칼빈에 따르면 이 교리를 반대하는 자들조차도 믿음에 의해 의롭게 된다는 성경의 가르침을 감히 정면으로 부정하지 못한다.26 특히 (우리 편의 행함을 완전히 배제시키는) 오직 믿음에 의거한 칭의를 선언하는 성경 구절들로 칼빈은 로마서 1장 17절과 3장 21절, 24절, 28절 등을 제시한다.27 "만일 [하나님의] 의가 복음 안에서 계시된 것이 분명하다면 그것은 부분적이거나 혹은 일부가 훼손된 의가 아니라 온전하고 완벽한 의임에 틀림없다"라고 칼빈은 선언한다. 결국 칭의의 복음 안에 율법은 설 자리를 상실하는

---

"[12]*Lex autem non est ex fide. Certum est legem cum fide non pugnare: alioqui Deus ipse sibi esset dissimilis... Ergo repugnantia legis et fidei est in causa iustificationis.*"
([12]율법은 믿음에서 난 것이 아니니. 분명히 율법은 믿음과 모순되지 않는다. 만일 그렇다면 하나님 자신이 스스로 자신과 다른 분일 것이다... 따라서 율법과 믿음의 모순 은 칭의의 원인에 있는 것이다)
여기서 칼빈은 독자들에게 이전의 논의를 상기시킨다. 곧 율법을 행한다는 의미가 율법의 일부만을 준수한다는 것에 그치지 않고 '의'에 속한 율법의 모든 조항에 대한 온전한 순종을 의미한다는 사실이다. Calvin, CO 50:209.

25 '율법의 행위'(*opera legis* 혹은 *legis operibus*)를 직간접적으로 논의한 대표적인 장소는 다음과 같다. Calvin, *Inst.* 2.7.2; 2.7.5; 2.7.16; 2.17.5; 3.11.3; 3.11.13; 3.11.14; 3.11.17; 3.11.19; 3.11.20; 3.14.13; 3.16.1; 3.16.8; 3.17.2; 3.19.3; 3.19.5; 4.10.16.

26 *Inst.* 3.11.19 in *CO*, 2:548-549.

27 롬1:17 "복음에는 하나님의 의가 나타나서 믿음으로 믿음에 이르게 하나니 기록된 바 오직 의인은 믿음으로 말미암아 살리라 함과 같으니라"; 롬3:21 "이제는 율법 외에 하나님의 한 의가 나타났으니 율법과 선지자들에게 증거를 받은 것이라"; 롬3:24 "그리스도 예수 안에 있는 속량으로 말미암아 하나님의 은혜로 값 없이 의롭다 하심을 얻은 자 되었느니라"; 롬3:28 "그러므로 사람이 의롭다 하심을 얻는 것은 율법의 행위에 있지 않고 믿음으로 되는 줄 우리가 인정하노라."

것이다.[28] (롬3:28 "그러므로 사람이 의롭다 하심을 얻는 것은 율법의 행위에 있지 않고 믿음으로 되는 줄 우리가 인정하노라.") 그런데 바로 이 지점에서 반대자들은 교묘한 술책으로--오리겐을 포함한 다른 교부들의 도움을 받아--이신칭의의 복음 안에 "행함"의 자리를 마련하려고 시도해왔다고 칼빈은 주장한다.

> 여기서 그들은 교묘한 핑계를 마련한다. 그들 자신이 만들어 내었다기보다는 오리겐과 몇몇 고대의 작가들로부터 차용해온 것이다. 그러나 이것은 사실상 가장 어리석은 핑계이다. 그들은 배제된 율법의 행위라는 것이 곧 의식이지 도덕이 아니라고 떠벌인다.[29]

이미 앞서 살펴보았듯이 반대자들의 묘책은 바로 (바울이 철저히 배제시킨) '율법의 행위'에서 도덕 행위를 따로 빼돌리는 방식이다. 이에 대해 칼빈은 한편으로는 성경의 진술에 근거하여, 또 다른 한편으로는 논리적인 추론을 통해 '율법의 행위'가 결코 도덕법을 배제하는 것이 아님을 증명한다.

> [그러나] 이와 같이 끊임없는 언쟁으로 그들이 얻는 유익은 논리의 가장 기초적인 요소조차에도 미치지 못한다. [그렇다면] 그들은 (바울) 사도가 그의 교리에 대한 증거로 다음의 구절들을 제시할 때 헛소리를 하는 것이라고 생각하는가? "율법을 행하는 자는 그 가운데서 살리라 하였느니라" [갈3:12] 또한 "무릇 율법 행위에 속한 자들은 저주 아래에 있나니 기록된 바 누구든지 율법 책에 기록된 대로 모든 일을 항상 행하지 아니하는 자는 저주 아래에 있는 자라 하였음이라" [갈3:10][30] 그들이 정신 나간 것이 아닌 이상 이 구절들에서 생명은 의식(법)

---

[28] "Si manifestatur in evangelio iustitia, certe non lacera nec dimidia, sed plena et absoluta illic continetur. Lex ergo in ea locum non habet." 한글 번역은 본문을 참조하라. Calvin, CO, 2:549.

[29] *Inst.* 3.11.19 in CO, 2:548-549.

[30] Calvin, CO. 라틴어 본문의 성경출처와 칼빈의 불어본(1560)의 성경출처가 조금 다른 경우가 있다. 예를 들어 불어본에는 갈라디아서 3장 10절, 12절과 아울러 신명기

준수에 대해서 약속된 것이라고, 또한 저주는 오로지 그것[의식법]을 어기는 자들에게 선언된 것이라는 말하지 않을 것이다. 만일 이 구절들이 도덕법에 관한 것이라고 이해된다면 의롭게 하는 능력으로부터 도덕 행위 또한 배제되는 것이라는 데에는 추오의 의심도 없는 것이다. 이와 동일한 맥락에서 그는 또한 다음과 같이 논증한다. "그러므로 율법의 행위로 그의 앞에 의롭다 하심을 얻을 육체가 없나니 율법으로는 죄를 깨달음이니라"[롬3:20] "율법은 진노를 이루게 하나니"[롬4:15] 따라서 [율법은] 의를 이루는 것이 아니다. 율법은 양심을 평화롭게 잠재우지 못하기 때문에 의로움을 수여하지 못하는 것이다.... 그들이 무모하게도 이것들이 오로지 의식들[법]에만 적용이 되고 도덕[법]에는 적용되지 않는 것이라고 주장한다면 어린 아이들 조차도 그들의 큰 뻔뻔함을 비웃을 것이다. 따라서 결론을 지어보자. 확실한 것은 의롭게 하는 능력에 있어서 배제되는 것으로는 결국 전체 율법이 언급되고 있다는 것이다.[31]

상기한 인용문에서 칼빈은 갈라디아서 3장 10절과 12절, 신명기 27장 26절, 그리고 로마서 3장 20절 등을 주요한 근거 구절로서 제시한다. 이 구절들은 『기독교 강요』의 다른 곳에서도 자주 인용되는 구절들이다.[32] 이처럼 칼빈은 '율법의 행위'가 의미하는 바를 철저히 성경 본문의 맥락 안에서 찾는다. 그가 앞서 이신칭의 교리를 반대하는 자들의 주장이 비논리적이라고 비판한 것 역시 그들의 성경주해가 본문의 자연스러운 흐름으로부터 크게 벗어났기 때문이다.[33]

---

27장 26절이 함께 표기되어 있다.
[31] *Inst*. 3.11.19 in *CO*, 2: 549 강조표시는 필자의 것이다.
[32] 일례로 다음을 보라. *Inst*. 2.7.5; 2.7.16. 또한 칼빈은 율법의 행위가 율법 전체에 대한 온전한 순종이어야 함을 강조하면서 야고보서 2장 10절과 11절을 인용한다. ("누구든지 온 율법을 지키다가 그 하나를 범하면 모두 범한 자가 되나니 간음하지 말라 하신 이가 또한 살인하지 말라 하셨은즉 네가 비록 간음하지 아니하여도 살인하면 율법을 범한 자가 되느니라") *Inst*. 3.18.10. 칼빈은 갈라디아서 3장 12절 ("율법을 행하는 자는 그 가운데서 살리라") 주해에서 『기독교 강요』에서의 논의와 동일한 맥락에서 다음과 같이 말한다. "율법을 행한다는 것은 그것의 일부를 순종하는 것이 아니라 모든 의의 [율법] 조항들을 성취하는 것이다." (*legem facere non qui ex parte obediunt, sed qui omnes implent iustitiae numeros*) Calvin, *CO*, 50:209.
[33] 로마서 4장 6절 주해에서도 칼빈은 사도 바울의 전반적인 논지 안에서 해당 쟁점을 조명한다. 바울이 모든 일반적 행위가 아닌 유독 의식(법 준수)으로부터만 칭의의

그렇다면 사도 바울이 "전체 율법"으로부터 소위 "의롭게 하는 능력"을 철저히 배제시키는 까닭은 무엇인가? 칼빈에 따르면 이에 대한 대답 역시 성경 본문 안에 분명하게 계시되어 있다.

> 믿음이 의로 여겨진 바(*imputatur*) 되었다. 따라서 의는 행위에 대한 삯이 아니라 보수 없이 주어지는 것이다. 우리는 믿음으로 말미암아 의롭게 되었으므로 자랑은 배제되고 마는 것이다. "만일 능히 살게 하는 율법을 주셨더라면 의가 반드시 율법으로 말미암았으리라 그러나 성경이 모든 것을 죄 아래에 가두었으니 이는 예수 그리스도를 믿음으로 말미암는 약속을 믿는 자들에게 주려 함이라" [갈3:21, 22][34]

칼빈이 옳게 지적한 대로 성경은 율법과 믿음, 곧 '율법의 행위'와 예수 그리스도를 믿는 '믿음의 의'를 대조 시킨다. 양자의 관련성에 대한 칼빈의 설명을 좀 더 자세히 살펴보자.

## III. '율법의 행위'와 "그리스도 의의 전가"

칼빈은 '율법의 행위'를 정의하고 그 범위를 규정할 때 그것이 무엇과 대조를 이루는지 세밀하게 관찰한다. 예를 들어 갈라디아서 2장 15절의 주해에서 칼빈은 '율법의 의'가 궁극적으로는 우리로 하여금 칭의를 위한 유일한 대안, 곧 '그리스도를 믿는 믿음'을 바라보도록 역할한다는 사실을 가르친다. "주목해야할 첫 번째 사항은 다음과 같다. 곧 우리는 오로지 그리스도를 믿음에 의한 칭의를 추구해야 한다는 것이다. 왜냐하면 우리는 행위에 의해서는 의롭다함을 얻을 수 없기 때문이다."[35] 같은 맥락에서

---

능력을 제거했다고 해석하는 것은 [그의 전체 논지의 견지에서 보았을 때] 일관성이 없다고 칼빈은 주장한다. (*Nihil enim minus consentaneum quam caeremoniis solis vim iustificandi adimi, quum opera indefinite Paulus excludat.*) Calvin, *CO*, 49:71.

[34] *Inst.* 3.11.19 in *CO*, 2: 549.

사도바울은 '율법의 행위'와 '하나님의 값없이 베푸시는 은혜'를 대조시키고 있다고 칼빈은 설명한다.36 이처럼 적어도 우리 편에서 볼 때, 칭의와 관련하여 논의되는 '율법의 행위'는 '믿음'과 분명한 대조를 이룬다.37

그런데 그리스도의 편에서 보았을 때는 단순하지 않다. 바울은 (또한 칼빈은) '율법의 행위'를 그리스도와 관련지어 설명할 때는 이중적인 차원을 고려한다. 한편으로 사도 바울은 갈라디아서 5장 4절에서 '율법의 행위'와 예수 그리스도가 성취하신 구속 사역을 대조적으로 제시하며 이렇게 선언한다. "율법 안에서 의롭다 함을 얻으려 하는 너희는 그리스도에게서 끊어지고 은혜에서 떨어진 자로다." 이 구절에 대해 칼빈은 만일 우리가 율법의 행위로부터 의를 얻고자 추구한다면 그것은 곧 그리스도로부터 얻는 모든 유익을 스스로 박탈하는 것이라고 주해한다. 곧 율법의 행위를 한 편에 두고 그리스도가 행하신 사역--또한 그것으로부터 기원한 모든 유익--을 다른 한 편에 배치하는 것이다. 표면적으로 볼 때, 양자 사이에는 관련성이 존재하지 않는다. 한 걸음 더 나아가, 칼빈은 그리스도가 베푸신 은혜에 율법의 행위는 조금도 기여하는 바가 없음을 분명하게 주장한다.38

그러나 다른 측면에서 보았을 때, '율법의 행위'는 그리스도가 행하신 사역의 내용과 유기적인 관련성을 가진다. 로마서 3장 22절 주해에서 칼빈은 과연 무엇이 그리스도의 의를 구성하는 지에 대해 논의한다. 그것은 바로 "율법에 대한 온전하고 절대적인 순종" (*perfecta absolutaque legis*

---

35 Calvin, *CO*, 50:194.
36 Calvin, *CO*, 50:164. 갈2:21 (참조. *Inst*.2.17.5)
37 율법의 행위와 믿음을 대조시키는 칼빈의 논의에 대해서는 다음을 참고하라. 성경주해: 롬 3:21; 롬9:32절. 『기독교 강요』 2.17.5; 3.11.3; 3.11.13-14; 3.11.16; 3.16.1.
38 "*Videmus ergo non possse minimam justitae partem constitui in lege, quin Christo et eius gratiae renuntietur*" (따라서 우리는 그리스도와 그의 은혜를 폐기하지 않는 한 칭의를 구성하는 최소한의 부분조차도 율법에게로 돌릴 수 없음을 볼 수 있다) Calvin, *CO*, 50:245.

*obedientia*)이다.39 주지하다시피 전체 율법의 요구를 충분히 만족시킬 수 있는 사람은 아무도 없다. 결국 '율법의 행위'를 통해 하나님 앞에서 의롭다함을 받을 의인은 이 세상에 없는 것이다. 한편 죄인이 하나님 앞에서 의인으로 설 수 있는 유일한 길은 '믿음'을 통해 그리스도와 그의 의를 수여받는 것이다. 로마서 3장 22절과 24절 주해에서 칼빈은 우리가 하나님 앞에서 의롭다함을 받는 근거를 소위 사중 인과율을 통해 다음과 같이 설명한다.40

#1. 작용인 (*efficient cause*) = 하나님의 긍휼
#2. 질료인 (*material cause*) = 그리스도
#3. 형상인 (*formal cause*) 혹은 도구인 (*instrumental cause*) = 믿음
#4. 목적인 (*final cause*) = 하나님의 영광

칼빈에 따르면, 우리가 [도구인에 해당하는] '믿음'을 통해 [질료인에 해당하는] 그리스도를 수용할 때, 그의 안에 있는 그리스도의 의가 우리에게 함께 전달된다(*communicatur*). 바로 이것이 "믿음이 의롭게 한다"는 진술의 중요한 근거가 되는 것이다.41 같은 이유에서 칼빈은 "믿음의 의가 곧 그리스도의 의"가 되는 것이라고 설명한다.42

한편 칼빈은 『기독교 강요』 제3권 11장 23절에서 칭의의 질료인에 해당하는 그리스도와 그의 의가 믿음을 통해 신자에게 전달되는 것을 보다 전문적인 개념, 곧 '전가'(*imputatione*)라는 용어를 사용하여

---

39 로마서 3장 22절 주해를 보라. Calvin, *CO*, 49:59-60.
40 로마서 3장 22절과 24절을 종합하여 요약한 것이다. 롬3:22 주해에서 칼빈은 칭의의 도구인을 "믿음과 함께하는 말씀(*verbum cum fide*)"이라고 표현했다. 한편 롬3:24 주해에서 칼빈은 칭의의 질료인을 "그리스도와 그의 보혈"(*Christum cum suo sanguine*)로 규정한다. Calvin, *CO*, 49:60, 61.
41 "*Quare fides iustificare dicitur quia instrumentum est recipiendi Christi, in quo nobis communicatur iustitia.*" (한글 번역은 본문 참조) Calvin, *CO*, 49:60.
42 "*Nunc vides ut iustitia fidei iustitia Christi sit.*" Calvin, *CO*, 49:60.

자세하게 설명한다.

또한 이로부터 다음의 사실이 증명된다. 곧 우리가 하나님 앞에서 의를 얻게 되는 것은 오로지 그리스도의 의(iustitiae Christi)가 개입되었기 때문이다. 이는 사람이 그 자신 안에 있는 의로움 때문이 아니라 그리스도의 의가 전가(imputatione)를 통해 그에게 전달됨으로 인해 형벌 받아 마땅한 사람이 의롭게 되는 것이라고 말하는 것과 같은 것이다.[43]

이 주제와 관련하여 칼빈은 『기독교 강요』 제3권 11장 2절과 21절 그리고 23절에서 신자가 하나님 앞에서 의롭게 된다는 의미를 두 가지 차원, 곧 "죄의 용서"와 "그리스도 의의 전가"라는 측면에서 좀 더 구체적으로 논의한다. "우리는 이러한 칭의가 죄의 용서와 그리스도의 의를 전가하는 것으로 구성되어 있다고 말한다." (Inst. 3.11.2)

첫째, 믿음으로 의롭게 된다는 것은 죄 사함의 차원에서 이해되어야 한다. 칼빈에 따르면 우리가 죄인으로 남아 있는 한, 하나님은 언제나 우리에게 진노하시는 하나님으로 다가오신다. 혹은 이사야 59장 2절의 말씀대로[44] 하나님과 우리 사이는 우리의 죄 때문에 완전히 분리되었다고 칼빈은 지적한다. 죄로 인해 하나님으로부터 분리되고 하나님과 원수된 것은 우리가 그리스도께서 베푸시는 호의에 의해 그와 더불어 연합을 이룰 때에야 비로소 극복이 된다. 그런데 그리스도와의 연합은 우리 신분의 변화가 없이는 발생하지 않는다. 왜냐하면 주님은 죄인과 더불어 연합하실 수 없기 때문이다. 따라서 그리스도가 자신을 우리와 연합시킬 때, 주님은 우리의 죄를 용서하심을 통해 우리를 죄인에서 의인의 신분으로

---

[43] 강조는 필자의 것이다. "*Hinc et illud conficitur, sola intercessione iustitiae Christi nos obtinere, ut coram Deo, iustificemur. Quod perinde valet ac si diceretur, hominem non in se ipso iustum esse, sed quia Christi iustitia imputatione cum illo communicatur*" (한글 번역은 본문을 참고하라) *Inst*.3.11.23, Calvin, CO, 2:552.

[44] (사59:2) "오직 너희 죄악이 너희와 너희 하나님 사이를 갈라놓았고 너희 죄가 그의 얼굴을 가리어서 너희에게서 듣지 않으시게 함이니라"

바꾸어 주신다. 요컨대 칭의는 하나님께서 우리에게 죄를 전가하지 않는 방식으로, 혹은 '죄의 사면'(*peccatorum remissione*)에 의해 이루어진다고 말할 수 있다.[45] (*Inst.* 3.11.21)

둘째, 우리가 하나님 앞에서 의롭게 되는 것은 전적으로 그리스도와 그의 의가 하나님과 죄인 사이에 개입되었기 때문이다. 즉 그리스도는 자신의 의로움을 우리에게 '전가'의 방식으로 우리를 의롭게 하신다. 이로써 우리는 우리 자신 안에 있는 의가 공로적인 근거가 되었기 때문이--교황주의자들의 잘못된 가르침--아니라 오로지 우리에게 전가된 그리스도의 의에 근거하여 의롭게 되는 것이다. 칼빈은 고린도후서 5장 21절과 로마서 8장 3-4절을 인용하면서[46] 그리스도의 의가 우리에게 전가된 결과 우리는 그리스도와 더불어 그의 '모든 부요함'을 소유하게 되었고, 또한 "율법의 의가 우리 안에서 성취되었다"고 주장한다. 여기서 율법이 요구하는 의가 우리 안에서 성취되었다는 것은 곧 그리스도가 우리를 대신하여 율법을 성취하셨다는 것을 의미한다. 칼빈은 로마서 5장 19절 말씀을 인용하면서 과연 그리스도는 율법을 순종하심을 통해 우리를 의롭게 하셨다고 말한다.

> "한 사람이 순종하지 아니함으로 많은 사람이 죄인 된 것 같이 한 사람이 순종하심으로 많은 사람이 의인이 되리라" (롬5:19) 오로지 그리스도의 순종이 마치 우리의 순종이 된 것과 같이 우리에게 전가되었기 때문에 우리가 의롭다고 선언하는 것은 곧 우리의 의로움을 그리스도의 순종 안에 자리매김하는 것과 같다(*Inst.* 3.11.23).

---

[45] 칼빈의 『기독교 강요』에서 칭의가 "죄의 사면"에 있음을 강조하는 또 다른 대표적인 곳으로는 제3권 11장 3절과 4절을 보라.

[46] (고후 5:21) "하나님이 죄를 알지도 못하신 이를 우리를 대신하여 죄로 삼으신 것은 우리로 하여금 그 안에서 하나님의 의가 되게 하려 하심이라"; (롬8:3-4) "율법이 육신으로 말미암아 연약하여 할 수 없는 그것을 하나님은 하시나니 곧 죄로 말미암아 자기 아들을 죄 있는 육신의 모양으로 보내어 육신에 죄를 정하사 육신을 따르지 않고 그 영을 따라 행하는 우리에게 율법의 요구가 이루어지게 하려 하심이니라"

요컨대 율법에 대한 그리스도의 [능동적] 순종은 우리에게 전가되어 우리의 칭의를 이루는 또 다른 기초가 된 것이다. 이와 동일한 맥락에서 칼빈은 그의 『기독교 강요』 제2권 17장 5절에서 다음과 같이 주장한다.

> 율법에 대한 순종이 곧 의라고 한다면, 이 짐을 몸소 감당하심을 통해 마치 우리가 율법을 지킨 것처럼 우리를 하나님께 화해시킨 그리스도께서 우리를 위해 호의를 공로적으로 획득하셨다는 사실을 그 누가 부정하겠는가? 이후 그는[사도바울] 동일한 내용을 갈라디아인들에게 말한다. 즉 하나님이 그 아들을 보내사 율법 아래에 나게 하신 것은 율법 아래에 있는 자들을 속량하시려 하심이라(갈4:4). 우리가 도저히 갚을 수 없는 것을 우리 대신 취하여 성취하심을 통해 우리를 위한 의를 획득하신 것 이외에 [그리스도가 율법 아래에] 종속되신 것의 목적이 무엇이란 말인가? 이러한 이유로 사도 바울은 행함 없이 이루어진 의의 전가를 다음과 같이 논의한다. (롬4:5) 곧 마치 우리 자신의 의인 것처럼 [하나님에 의해] 수용되는 의는 오직 그리스도 안에서 발견되는 의인 것이다.[47]

결국 칼빈에 따르면 우리가 하나님 앞에서 의롭게 되기 위해서는 죄의 사면뿐만 아니라 율법에 대한 그리스도의 온전한 순종과 그로 인해 확보된 공로적인 의가 우리에게 전가되는 것을 필수적으로 요구한다. 이 사실은 지금까지 우리가 논의한 '율법의 행위'와 의의 전가 교리가 불가분리의 관계임을 잘 드러내준다. 특히 두 가지 측면에서 그렇다. 첫째, 그리스도가 성취하신 율법 혹은 율법의 행위는 곧 의의 전가 교리에서 신자에게 전가되는 것으로 부각되는 그리스도의 의의 실제적 내용을 구성한다. 둘째, 이런 의미에서 그리스도는 '율법 전체'를--단순한 의식법이 아니다--우리를 위해 온전히 그리고 공로적으로 성취하셨다고 말할 수 있는 것이다.

---

[47] *Inst.* 2.17.5. in Calvin *CO*, 2:389-390. 인용문의 강조표시는 필자의 것이다. 칼빈의 불어 판본(1560)에는 갈라디아서 4장 4-5절로 표기되어 있다. 갈4:4-5 "때가 차매 하나님이 그 아들을 보내사 여자에게서 나게 하시고 율법 아래에 나게 하신 것은 율법 아래에 있는 자들을 속량하시고 우리로 아들의 명분을 얻게 하려 하심이라"; 롬4:5 "일을 아니할지라도 경건하지 아니한 자를 의롭다 하시는 이를 믿는 자에게는 그의 믿음을 의로 여기시나니"

만일 사도 바울이 바울 서신에서 자주 공격하는 소위 '율법의 행위'를 의식법으로 제한한다면, 이것은 그리스도께서 우리를 위해 성취하신 율법의 의를 너무도 작은 것으로 축소해버리고 마는 심각한 오류를 범하는 것이 될 것이다. 결국 '율법의 행위'는 단순한 의식법이 아닌 도덕법을 포함하는 율법 전체가 되어야만 하는 것이다.

## IV. 결론

필자는 이 글의 서두에서 '율법의 행위'에 대한 칼빈의 견해를 면밀히 고찰하는 것이 중요하다고 주장했다. 첫째, 그것은 "그리스도 의의 전가"에 대한 칼빈의 가르침과 유기적으로 연결되어 있기 때문이다. 또한 이를 통해 "전가 교리"가 칼빈의 칭의론의 중심부를 차지하고 있다는 페스코의 주장을 좀 더 잘 이해할 수 있기 때문이다. 칼빈에 따르면 신자에게 전가되는 '그리스도의 의'는 그리스도께서 율법의 요구를 성취함을 통해 확보해 놓은 일종의 공로적인 의--그리스도의 공로적 행위에 근거한다는 의미에서--이다. 그리스도는 신자를 위해 율법의 일부가 아닌 전체를 온전히 순종하셨다. 이러한 맥락에서 칼빈은 『기독교 강요』와 로마서 3장 및 갈라디아서 2장 주해에서 다음과 같이 주장한다. 즉 바울이 논박하는 '율법의 행위'는 구약과 신약에 계시된 율법 전체를 가리키는 것으로 해석되어야 하며 단지 '의식법'을 지칭하는 것으로 그 의미를 제한해서는 안 된다.

둘째, 주지하다시피 이러한 칼빈의 주장은 마르틴 루터의 입장과도 일치한다. 일찍이 루터 역시 바울서신에 등장하는 '율법의 행위'가 의식법과 도덕법을 포함하는 율법 전체를 지칭한다고 주장했다.[48] 이처럼 '율법

---

48 롤란드 베인턴에 따르면, 종교개혁 초기부터 루터는 로마서에서 쟁점이 된 '율법

의 행위'를 율법 전체를 지칭하는 폭 넓은 의미로 해석해야 하는 이유와 관련하여, 루터는 1519년판 갈라디아서 3장 10절 주해에서 다음과 같이 설명한다.

> 내가 다른 곳에서도 이미 말한 바와 같이, 만일 그리스도께서 우리를 단지 할례, 안식일, 의복, 음식, 정결규례 등으로부터만 자유케 하시고 더욱 광범한 의미에서 율법에 대해 범해지는 더욱 무거운 죄들, 곧 탐심, 탐욕, 분노, 불경 등과 같은 죄들로부터 우리를 해방시킨 것이 아니라고 한다면, 그것은 그리스도께서 성취하신 것이 지극히 사소한 것들이라는 의미가 된다. 사실이 이러하다면 그는 우리 영혼의 구세주가 아닌 단지 우리 몸의 구주만이 되셨을 것이다. 왜냐하면 이 모든 것들은 몸에 속한 것들이기 때문이다.[49]

루터에 따르면 '율법의 행위'는 그리스도가 우리를 위해서 이루신 구속사역의 내용과--특히 우리에게 전가되는 그리스도의 공로적인 의와 관련하여--직접 관련을 맺고 있다.

흥미롭게도 이러한 루터의 설명은 우리가 이미 본론에서 살펴본 칼빈의 입장과도 일치한다. 물론 '율법의 행위'라는 주제와 관련하여 칼빈의 설명이 모든 면에서 루터와 똑같다고는 말할 수 없다. 앞서 살펴본 바대로 칼빈에 따르면 바울은 '율법의 행위'--의식법을 포함--를 인간의 모든 행위 가운데 가장 가치가 있는 행위로서 파악한다. 왜냐하면 여기에는 하나님

---

의 행위'를 의식법이 아닌 "전체 율법"으로 규정한 "아우구스티누스파 수도사"로서 널리 알려졌다. Roland H. Bainton, *Erasmus of Christendom* (Peabody, Mass.: Hendrickson Pub., 2016), 154. 루터는 특히 로마서와 갈라디아서 주해에서 "율법의 행위"에 관해 상세하게 논의한다. 특히 다음의 구절들을 참고하라: 로마서 2장 12절, 21절; 갈라디아서 1장 13-14절(1519년); 2장 1-2절(1519년), 2장 16절(1519년, 1535년), 2장 19절(1535년), 3장 2절(1535년), 3장 10절(1519년), 4장 27절(1535년), 5장 14절(1519년). 루터의 로마서와 갈라디아서 주해는 영문 전집의 제25권(로마서), 제26권(1535년 주해: 갈라디아서 1-4장), 제27권(1535년 주해: 갈라디아서 5-6장; 1519년 주해 갈라디아서 1-6장)에 실려 있다. Luther, *Luther's Works* vols. 25, 26, 27 (Saint Louis: Concordia Publishing House, 1963-1972).

[49] Luther, *LW* 27:257.

약속이 첨가되었기 때문이다. '율법의 행위'가 하나님 앞에서 인간의 모든 행위를 대표할 수 있기 때문에 바울은 그것을 공격한 것이며, 결국 이를 통해 인간으로부터 기원하는 모든 칭의의 가능성을 박탈시켰다는 칼빈의 설명은 나름대로 통찰력 있는 해석이다. 다만 루터의 경우 (적어도 그의 로마서와 갈라디아서 주해에 있어서는) 이런 식의 설명을 시도하지는 않는다.[50] 그러나 이러한 차이는 상대적으로 작은 비중을 차지한다. '율법의 행위'와 "그리스도 의의 전가" 그리고 이와 관련한 성경주해에 있어 루터와 칼빈은 핵심적인 견해에 있어 본질적으로 일치한다고 말할 수 있다.

요컨대 '율법의 행위'를 포괄적인 전체 율법이 아닌 의식법 준수라는 좁은 의미로 제한하는 해석을 '새 관점'이 지지하는 한,[51] 칭의에 관한 칼빈의 견해는 확실히 '새 관점' 보다는 루터가 대변하는 종교개혁의 전통적인 견해에 훨씬 더 가깝다는 사실을 확인할 수 있다. (*)

---

[50] '율법의 행위'를 단순한 외면적 의식법으로 축소하는 것을 반대하고 오히려 인간 행위의 가장 가치 있는 범주로 끌어올릴 때 칼빈이 그 추동력으로서 사용하는 것은 바로 "언약" 개념이다. 칼빈에 따르면 스콜라신학자들 역시 인간의 행위에는 본래적인 가치(*intrinseca dignitate*)가 없으며, 그 행위가 공로적 가치를 소유하는 것은 오로지 언약으로부터(*ex pacto*) 비롯되는 것이라는 사실을 가르쳤다. 칼빈은 이 논의를 확대하여 하나님의 약속이 첨가된 '율법의 행위'가 하나님 앞에서 "가치"를 부여받는 행위가 되었다고 설명한다. Calvin, *CO*, 49:57.

[51] 일례로 톰 라이트는 갈라디아서 2장 14-15절을 주해하며 다음과 같이 말한다. "다시 말해 그것들[율법의 행위들]은 종교개혁 전통이 그토록 싫어하는 도덕적인 '선행'이 아니다. 그것들은 유대인을 이방인으로부터 구분 짓는 것들이다." Wright, *Justification: God's Plan and Paul's Vision*, 117. 제임스 던과 라이트의 다른 저작들에 대해서는 각주 10번을 참고하라.

## 【주요 참고 문헌】

Bainton, Roland H. *Erasmus of Christendom.* Peabody, Mass.: Hendrickson Publishers, 2016.

Billings, J. Todd. *Calvin, Participation, and the Gift: The Activity of Believers in Union with Christ.* Oxford/New York: Oxford University Press, 2007.

Calvin, John. *Commentaries on The Epistle of Paul the Apostle to the Romans.* Translated and edited by Rev. John Owen. Grand Rapids: Baker, 2005.

Calvini, Iohannis. *Commentarius in Epistolam ad Galatas.* In *Joannis Calvini opera quae supersunt omnia.* Brunsvigae: Schwetschke, 1863(이하 *CO*). 50: 161-268.

_____. *Commentarius in Epistolam Pauli ad Romanos. CO* 49:1-292.

_____. *In omnes Pauli apostoli epistolas, atque etiam in Epistolam ad Hebraeos, & omnes canonicas.* Geneva: Thomas Curteus, 1565.

_____. *Institutio Christianae Religionis* (1559). *CO* 2: 1-1118.

_____. *Institution de la religion chrétienne* (1560). *CO* 3:1-612. *CO* 4:1-1162.

_____. *Defensio sanae et orthodoae doctrinae de servitute et liberatione humani arbitrii adversus calumnias Alberti Pighii Campensis* (1543). *CO* 6:225-404.

Campos, Heber. "Johannes Piscator(1546-1625) and the Consequent Development of the Doctrine of the Imputation of Christ's Active Obedience." Ph.D. dissertation. Calvin Theological Seminary, 2008.

Carpenter, Craig B. "A Question of Union with Christ? Calvin and Trent on Justification." *Westminster Theological Journal* 64/2(2002): 363-86.

Doumergue, Emile. Jean *Calvin, les hommes et les choses de son temps.* 4 Vols. Lausanne: Georges Bridel et Cie, 1910.

Dunn, J. D. G. *The Theology of Paul the Apostle.* Grand Rapids: Eerdmans, 1998.

_____. "The New Perspective on Paul." 299-308. In *The Romans Debate.*

Edited by Karl P. Donfried. Peabody, Mass.: Hendrickson, 1991.

Fesko, J. V. "Calvin on Justification and Recent Misinterpretations of His View." *Mid-America Journal of Theology* 16 (2005):83-87.

Garlington, Don. "Imputation or Union with Christ? A Response to John Piper." *Reformation and Revival Journal* 12 (2003): 45-113.

Gundry, Robert. "The Nonimputation of Christ's Righteousness." 18-39. In *Justification: Whats at Stake in the Current Debates*. Ed. Mark Husbands and Daniel J. Treier. Downers Grove, IL: InterVarsity, 2004.

Hesselink, I. John. "Luther and Calvin on Law and Gospel in Their Galatians Commentaries." *Reformed Review* 37/2 (1984): 69-82.

Horton, Michael S. "Calvin's Theology of Union with Christ and the Double Grace: Modern Reception and Contemporary Possibilities." 72-94. In J. Todd Billings & I. Hesselink *Calvin's Theology and Its Reception: Disputes, Developments and New Possibilities.* Edited by Louisville: Westminster John Knox Press, 2012.

Jenson Robert W. and Carl E. Braaten. *Union with Christ: The New Finnish Interpretation of Luther*. Grand Rapids: Eerdmans, 1998.

Lusk, Richard. "A Response to 'The Biblical Plan of Salvation.'" 118-48. In *The Auburn Avenue Theology: Pros and Cons*. Edited by E. Calvin Beisner. Ft. Lauderdale: Knox Theological Seminary, 2004.

Luther, Martin. *Lectures On Galatians 1519 Chapters 1-6*. In *LW* 27 (1964): 151-410.

_____. *Lectures On Galatians 1535 Chapters 1-4*. In *Luther's Works* (이하 *LW*). Edited by Jroslave Pelikan. Vol. 26. Saint Louis: Concordia Publishing House, 1972). vols. 25, 27.

_____. *Lectures On Galatians 1535 Chapters 5-6*. In *LW* 27 (1964): 3-149.

_____. *Lectures on Romans, Glosses and Schoil*. Edited by Hilton C. Oswald. *LW* 25 (1972).

Metzger, Paul Louis. "Mystical Union with Christ: An Alternative to Blood Transfusions and Legal Fictions." *Westminster Theological Journal* 65 (2003): 201-14.

Niesel, Wilhelm. *Theology of Calvin*. Trans. Harold Knight. Philadelphia:

Westminster Press, 1956.

Rapa, Robert K. *The Meaning of "Works of the Law" in Galatians and Romans.* New York: Peter Lang, 2001.

Schneckenburger, Matthias. *Vergleichende Darstellung des lutherischen und reformierten Lehrbegriffs.* Postum hrsg. von Eduard Güder, 2 Bde., 1855.

Seifrid, Mark. "Paul, Luther, and Justification in Gal 2:15-21." *Westminster Theological Journal* 65 (2003): 215-30.

_____. *Christ, Our Righteousness: Pauls Theology of Justification.* Downers Grove, IL: InterVarsity, 2000.

Shepherd, Norman "Justification by Works in Reformed Theology." In *Backbone of the Bible: Covenant in Contemporary Perspective.* 103-120. Edited by P. Andrew Sandlin. Nacogdoches: Covenant Media Press, 2004.

_____. "The Imputation of Active Obedience." In *A Faith That is Never Alone: A Response to Westminster Seminary California.* 249-278. Edited by P. Andrew Sandlin. La Grange: Kerygma Press, 2007.

_____. *The Call of Grace: How the Covenant Illuminates Salvation and Evangelism.* Phillipsburg, NJ: P&R, 2000.

Venema, Cornelis Paul. "The Twofold Nature of the Gospel in Calvin's Theology: The *'Duplex Gratia Dei'* and the Interpretation of Calvin's Theology." PhD diss., Princeton Theological Seminary, 1985.

_____. "Calvin's Doctrine of the Imputation of Christ's Righteousness: Another Example of 'Calvin against Calvinists'?" *Mid-America Journal of Theology* 20 (2009): 15-47.

Wallace, Ronald S. *Calvin's Doctrine of the Christian Life.* Edinburgh: Oliver and Boyd, 1959.

Wendel, François. *Calvin: The Origins and Development of His Religious Thought.* Trans. Philip Mairet. New York: Harper & Row, 1963.

Waters, Guy P. *Justification and the New Perspectives on Paul: A Review and Response.* Phillisburg: P & R, 2004.

Wright, N. Tom. *Justification: God's Plan and Paul's Vision.* Downers Grove: InterVarsity Press, 2009.

_____.*Paul in Fresh Perspective.* Minneapolis: First Fortress Press, 2005.

_____.*What Saint Paul Really Said: Was Paul of Tarsus the Real Founder of Christianity?* Grand Rapids: Eerdmans, 1997.

권연경. "옛 관점과 새 관점의 충돌: 주석적 평가와 제안." 「한국개혁신학」 28(2010): 104-46.

김병훈. "율법주의, 언약적 율법주의, 은혜언약: '바울의 새 관점들'의 신학적 소재?" 「한국개혁신학」 28(2010): 147-91.

김선영. 『믿음과 사랑의 신학자 마르틴 루터』. 서울: 대한기독교서회, 2014.

김영한. "바울신학에 대한 새 관점에 대한 비판적 성찰: 종교개혁신학의 관점에서." 「한국개혁신학」 29(2011): 212-44.

김홍만. "'바울의 새 관점'의 루터에 대한 비판." 「성경과 신학」 55(2010): 195-221.

서충원. "바울의 법정적인 칭의개념: 종교개혁적 관점과 '바울에 관한 새관점'의 비교를 중심으로." 「한국개혁신학」 27(2010): 384-418.

손기웅. "바울의 새 관점과 이신칭의 교리: 칭의의 기독론, 인간론, 종말론적 측면에 관하여." 「성경과 신학」 55(2010): 41-89.

신호섭. 『개혁주의 전가교리』. 서울: 지평서원, 2016.

이승구. "제임스 던의 칭의와 구원 이해에 대한 비판적 고찰." 「신학정론」 33/1(2015): 70-108.

_____. 『톰 라이트에 대한 개혁신학적 반응: N.T.라이트의 신학적 기여와 그 문제점』. 수원: 합신대학원출판부, 2013.

이은선. "바울에 관한 새 관점(New Perspective on Paul)의 이신칭의 이해에 대한 비판: 톰 라이트(N. T. Wright)와 존 칼빈(John Calvin)의 비교를 중심으로." 「한국개혁신학」 28(2010): 192-224.

조병수. "바울에 관한 새 관점"(New Perspective on Paul)이란 무엇인가? 「신학정론」 33/1(2015): 35-69.

최갑종. "바울에 대한 '새 관점,' 무엇이 문제인가?" 「한국개혁신학」 28(2010): 38-103.

_____. "한국교회와 구원론: '새 관점'에 대한 복음주의의 대응: 로마서와 갈라디아서에 나타난 바울의 '이신칭의' 교훈을 중심으로." 「성경과 신학」 55(2010): 1-40.

# 제4장
# 신학실천: 칭의론의 설교

12. 칭의론에 관한 설교학적인 문법_ 이승진

## 12
## 칭의론에 관한 설교학적인 문법

이승진 | 설교학 • 부교수

들어가는 글

1980년대 초반 이후 "바울에 관한 새 관점"(NPP, New Perspective on Paul) 논쟁이 신약학계 뿐만 아니라 신학계와 교계 전반에 중요한 쟁점으로 부상하였다. NPP 주창자들 안에서도 약간의 견해 차이는 존재하지만 대체로 샌더스(E. P. Sanders)[1]와 제임스 던(James Dunn)[2], 그리고 톰 라이트(N. T. Wright)[3]와 같은 NPP 주창자들에 의하면, 신약성경에서 사도 바울

---

[1] E. P. Sanders, *Paul and the Palestinian Judaism: A Comparison of Patterns of Religion* (London: SCM, 1977), 552-556; E. P. Sanders, *Paul, the Law, and the Jewish People*, 김진영 역, 『바울, 율법, 유대인』 (서울: 크리스챤다이제스트, 1995).
[2] James D. G. Dunn, "The New Perspective on Paul", The New Perspective on Paul (Grand Rapids, Michigan: Eerdmans, 2005), 102-119; J. D. G. Dunn, *The Theology of Paul the Apostle*, 박문재 역, 『바울신학』 (서울: 크리스챤다이제스트, 2003).
[3] N. T. Wright, "New Perspectives on Paul." 10th Edinburgh Dogmatic Conference, 25-28 August, 2003, Rutherford House, Edinburgh.

이 비판했던 팔레스타인 유대주의는 종교개혁자들이 비판했던 "율법주의"나 "행위에 의한 구원"의 종교가 아니라 하나님의 은혜에 의한 구원을 인정함과 동시에 은혜의 구원을 유지하기 위한 수단으로 의식법적인 차원의 율법을 인정하는 "언약적 율법주의"(covenantal nomism)라는 것이다.[4] James Dunn에 의하면 사도 바울이 비판했던 유대주의나 유대파 그리스도인들의 문제는, 율법의 행위로 구원 안으로 들어가려는(getting in) 행위 구원의 문제가 아니라 하나님의 일방적인 은혜의 구원을 수용하는 '언약적 율법주의' 안에서 구원을 유지하는 수단으로 (staying in) 유대인들의 전통적인 의식을 고집하면서 이방인들을 하나님의 은혜로부터 배제시키려는 배타적인 민족주의의 문제라는 것이다.[5] 그래서 신약 서신서에서 사도 바울이 유대주의를 가리켜서 율법주의로 비판했다고 이해한다면 이는 사도 바울의 본의를 잘못 이해하는 것이라는 논리다. 바울 서신이 관심 갖는 교회론에 관한 논쟁을 구원론의 관점에서 이해해서는 안 된다는 것이다.[6]

하지만 이러한 NPP 주창자들의 입장은 전통적인 개혁주의 칭의론과 분명한 대립각을 유지한다. 전통적인 개혁주의 구원론은 칭의와 성화의 전 과정에서 오직 하나님의 은혜로 말미암은 칭의(이신칭의)와 하나님의 은혜에 대한 신자의 믿음을 통한 성화(이신성화)를 강조한다. 특히 이신성화 교리는 구원 이후의 성화의 과정에서 신자가 성결한 삶을 살아갈 수 있는 원동력으로 인간의 의지나 공로보다는 그리스도의 대속의

---

Cf http://www.ntwrightpage.com/Wright_New_Perspectives.htm; N. T. Wright, *What St. Paul Rally Said: Was Paul of Tarsus the Real Founder of Christianity?* 최현만 역, 『바울의 복음을 말하다』 (서울: 에클레시아북스, 2011).

[4] Guy Prentiss Waters, *Justification and the New Perspectives on Paul,* 『바울에 관한 새관점: 기원. 역사. 비판』 배종열 역 (서울: P&R Korea, 2012); 김영한, "바울신학에 대한 새관점에 대한 비판적 성찰: 종교개혁신학의 관점에서" 『한국개혁신학』 29 (2011): 212-44.

[5] James D. G. Dunn, *Jesus, Paul and the Law : Studies in Mark and Galatians* (Louisville: Westminster John Knox Press, 1990), 198.

[6] Guy Prentiss Waters, 『바울에 관한 새관점: 기원. 역사. 비판』 , 215.

은혜와 그 은혜를 깨닫게 하시는 성령의 감화를 강조한다. 반면에 NPP 주창자들은 은혜로 구원 받은 이후 - 성화의 과정에서 - 인간 편에서의 공로를 강조한다. 전통적인 개혁파 칭의론의 관점에서 볼 때, 바울 당시 랍비 유대교나 종교개혁자들이 상대했던 로마 가톨릭이나 알미니우스자들은 칭의 이후에 인간 편에서의 적극적인 역할을 강조한다는 점에서 펠라기우스적 종교는 아닐지라도 본질상 반(半)펠라기우스적 종교 (semi-pelagianism)다."[7]

그런데도 NPP 주창자들은 1세기 유대교와 사도 바울의 입장에 대한 재해석을 통해서 종교개혁자들이 사도 바울과 그의 서신서들을 이신칭의의 관점에서 잘못 해석했다고 주장함은 물론이고, 로마 가톨릭의 반펠라기우스주의와 분명한 차별성을 구축했던 종교개혁자들의 칭의론에 대해서도 전면적인 재수정을 요청한다. 이렇게 이들은 한편으로는 이신칭의와 성화에 관한 개혁파 신학의 입장과 로마 가톨릭의 입장 사이의 조화를 시도하면서[8], 결국 개혁주의 칭의론을 무력화시키고 있다.[9]

그렇다면 NPP 논쟁이 설교학이나 목회 현장에서의 실제 설교 사역과는 무슨

---

[7] 김병훈, "율법주의, 언약적 율법주의, 은혜언약: '바울의 새관점들'의 신학적 소재?" 『한국개혁신학』 28 (2010):147-191; 박동근, 『칭의의 복음; N.T. Wright의 칭의론에 대한 언약적/구원론적 비평』 (수원: 합신대학원출판부, 2012), 68, 78, 115, 124; 이승구, 『톰 라이트에 대한 개혁신학적 반응』 (수원: 합신대학원출판부, 2013), 52; 이승구, 『우리 이웃의 신학들』 (서울: 나눔과 섬김, 2014), 330.

[8] 김병훈, "천주교회의 선행론에 대한 개혁교회의 신학적 평가" 『신학정론』 32/1 (2014.05): 198. "천주교회는 하나님의 은혜도 인간의 자유의지의 선택의 대상이며, 인간이 받아들일 것인가 아니면 거부할 것인가르 결정하는 선택의 능력에 따라 결과가 달라진다고 생각한다. 따라서 공로의 여지가 확보가 된다."

[9] 17세기 후반 영국교회 내에서 John Tillotson처럼 칼빈주의 칭의론에서 떠나서 알미니안 성화론과 도덕 설교를 전하는 관용주의(혹은 광교주의, latitudinarianism) 주창자들이 등장하여 엄밀한 의미의 개혁주의 칭의론 대신에 이성적이고 합리적인 도덕생활을 강조하며 기독와 반펠라기우스적인 로마 가톨릭과의 조화를 시도하였다. 광교주의의 명백한 설교학적인 특징은 이들의 도덕설교(moralistic preaching)에서 발견된다. Cf., Julius J. Kim, "The Rise of Moralism in Seventeenth-Century Anglican Preaching", in R. Scott Clark, *Covenant, Justification, and Pastoral Ministry* (New Jersey: P & R Publishing, 2007), 366-369.

관계가 있는가? 전통적으로 종교개혁자 루터나 칼빈은 칭의론에 의하여 교회가 올바로 서기도 하고 무너지기도 한다고 경고하였다.10 그 이유는 칭의론에 관한 올바른 가르침에 의하여 교회가 하나님의 은혜로 구원받고 하나님의 은혜로 성화의 삶을 살아가노라고 고백하는 신자들로 구성될 수도 있고, 반대로 이신성화의 교리를 제대로 설교하지 않고 신인협력설에 빠지면 인본주의적인 노력과 헌신과 공로를 빌미로 인간적인 능력을 앞세우고 과시하는 사람들의 집단으로 변질될 수도 있기 때문이다.

전통적으로 개혁주의 칭의론은 칭의가 전적으로 하나님의 은혜인 것처럼 성화의 과정에서도 오직 하나님의 은혜와 오직 성령의 능력으로 말미암은 신자의 거룩한 행실을 강조한다. 하지만 NPP 운동이 확산될수록 개혁주의 목회사역이나 설교사역과 정면 대치는 피할 수 없다. 왜냐하면 NPP 운동은 - 직접적으로든 혹은 간접적으로든 - 결국 설교사역이나 교회 안팎에서의 신자의 성화의 과정에서 전적인 하나님의 은혜(*sola gratia*)와 그 은혜에 대한 전적인 믿음(*sola fide*)의 중요성을 희석시키고 신자의 인본주의적인 행위와 노력, 혹은 공로의 비중을 부각시키는 신인협력설의 결과를 가져올 수 있기 때문이다.

개혁주의 칭의론이 성화의 과정에서 오직 하나님의 은혜를 강조하는데, 이것을 두고 일각에서는 신자들이 구원 이후에 '값싼 은혜'의 함정에 빠져서 결국 교회가 세속화의 길을 걷게 된 원인은 신자의 성화의 과정에서 인간 편에서의 적극적인 역할과 책임을 충분히 강조하지 않은 개혁주의 칭의론 때문이라고 주장한다.11 하지만 이런 비판은 역설(paradox)과 모순

---

10 Alister E. McGrath, *Iustitia dei: A History of the Christian Doctrine of Justification* (Cambridge: Cambridge Univ. Press, 1991-93), 2. 193n3; 칼빈은 칭의의 교리를 가리켜서 '종교생활의 요점'(the principal ground of religion)이라고 강조한다. Calvin, *Institutes*, 3.11.1.

11 Bruce L. McCormack, "What's at Stake in Current Debates over Justification? : The Crisis of Protestantism in the West," in Mark Husbands and Daniel J. Treier (eds). *Justification; What's at Stake in the Current Debates* (Downers Grove: IVP, 2004), 83-84, 81-117. Robert H. Gundry, "The Nonimputation of Christ's Righteousness," in M. Husbands and D. Treier, *Justification; What's at Stake in the Current Debates* (Downers Grove:

(irony)이 지배적인 것처럼 보이는 개혁주의 칭의론에 관한 설교학적인 문법을 잘 이해하지 못하기 때문이다.

문법(文法, grammar)이란 언어의 구성 및 운용상의 규칙으로서 언어활동을 통하여 의미를 소통할 때 소통 당사자가 효과적인 소통을 위하여 서로 따르기로 합의한 규칙 체계이다. 이러한 문법적인 원리는 비단 일반적인 언어활동에만 국한되지 않고 하나님의 말씀을 선포하는 설교의 이론과 실제에도 적용될 수 있다. 설교자가 강단에서 아무리 하나님의 은혜와 복음을 언급하더라도 개혁주의 칭의론에 부합하는 설교학적인 문법의 원리에 맞게 전달하지 않으면, 하나님의 은혜와 복음이 원래 의도했던 소통의 목적을 달성할 수 없다. 따라서 개혁파 신학자들이 NPP 논쟁에 대한 개혁주의 관점의 평가를 통해서 NPP 논쟁 속의 반펠라기우스 사상이 명료하게 드러낸 것처럼, 개혁파 설교학자들 역시 현대 기독교 설교 메시지에 대한 개혁주의 칭의론에 부합하는 설교학적인 문법 원리를 규명하여 목회자와 설교자들이 설교 전반에 영향을 주는 반펠라기우스 사상이나 신인협력설의 문제를 극복하고 하나님의 은혜와 복음의 효과가 교회와 신자들의 삶 속에 올바로 구현될 수 있도록 해야 한다.

본고에서 필자는 실천신학의 연구방법론을 활용하여 개혁주의 칭의론에 대한 올바른 설교학적인 문법을 해명하고자 한다.12 실천신학 연구방법론은 현재 진행되고 있는 상황을 있는 그대로 서술하는 기술적인 과제(descriptive task)와, 현재 상황과 문제점에 대한 비평적인 해석(interpretation), 현재 상황과 문제점을 극복할 규범 설정(normative task), 그리고 목표지향적인 규범에 비추어 현재의 문제점을 개선할 실행 가능한 전략 제시(strategic task)의 네 가지 과정으로 진행된다.13 따라서

---

IVP, 2004), 17-45.

12 Gijisbert D. J. Dingemans, "Practical Theology in the Academy: A Contemporary Overview," *The Journal of Religion*, vol. 76, no. 1 (January 1996), 82-96.

13 Daniel J. Louw, *A Pastoral Hermeneutics of Care and Encounter*, (Cape Town:

필자는 첫째 서술적인 과제의 단계에서는 먼저 설교 현장에서 심각한 문제점을 드러내고 있는 율법주의 설교의 문제점을 지적하고자 한다. 율법주의 설교는 칭의나 성화에 관한 주제를 신인협력설적인 관점으로나 반펠라기우스주의의 관점에서 설교하는 경우를 가리킨다. 이어서 해석학적인 과제의 단계에서는 율법주의 설교의 원인을 현대기독교의 세속화와 사사화에 의한 설교 메시지의 심리화 혹은 사사화의 관점에서 추적할 것이다. 이어서 세번째 규범적인 과제의 단계에서는 설교에서 설교자와 회중이 함께 전제해야 할 신자의 성화의 당위성과 설교학적인 인간론(homiletical anthropology)을 구속사적인 관점에서 정립할 것이다. 마지막으로 전략적인 과제의 단계에서는 예수 그리스도의 죽음과 부활 그리고 성령 강림 사건에서 정점에 도달한 하나님의 객관적인 구속사역과 이신칭의 그리고 신자의 성화를 올바로 설교할 수 있는 실천적인 설교학적인 문법을 제안할 것이다.

## 1. 신인협력설을 부추기는 설교의 문제점

마이클 호튼(Michael S. Horton)이나 김영한, 또는 김병훈에 의하면, NPP 진영이 주장하는 언약적 율법주의(covenantal nomism)는 신인협력적인 요소(synergistic element)를 포함하고 있거나 종교개혁자들이 배격한 중세 가톨릭의 공로주의와 흡사한 반(半)펠라기우스주의(semi-pelagianism) 혹은 넓은 의미에서 율법주의(legalism)나 마찬가지라고 한다.14 그렇게

---

Lux Verbi, 2004), 96-98; Don S. Browning, ed., *Practical Theology*, (San Francisco: Harper & Row, 1983), 1-16.

14 Michael S. Horton, *Covenant and Salvation: Union with Christ* (Louisville, KT: Westminster John Knox Press, 2007), 39-40; Michael S. Horton, "Which Covenant Theology?," in *Covenant, Justification, and Pastoral Ministry* (Phillipsburg, N.J.: P&R Publishing, 2007), 197-227; 김영한, "현대판 유대주의 기독교의 구원론에 대한 비판적

평가할 수 있는 이유는 언약적 율법주의는 한편으로는 하나님의 전적인 은혜로 말미암은 구원과 언약 관계의 시작을 인정하면서도 구원 이후 언약 관계의 유지와 최종 구원은 인간 편에서의 율법 순종과 공로에 근거함을 함께 주장하기 때문이다. 이렇게 언약적 율법주의가 신인협력적인 요소를 담고 있는 반(半)펠라기우스주의(semi-pelagianism) 혹은 넓은 의미에서 율법주의(legalism)나 마찬가지라면, NPP 진영의 언약적 율법주의는 기독교 설교와는 무슨 관계가 있는가?

NPP 주창자들이 직접 의도한 것은 아닐지라도 기독교 설교 현장에서 신인협력설적인 설교나 율법주의 설교는 아주 오래된 문제점으로 지적되어 왔다. Michael S. Horton에 의하면, 신인협력설(synergism)이란 칭의와 구원 이후의 언약 관계 유지와 최종 구원의 완성을 위한 필수 조건으로 인간 편에서의 선행과 공로를 강조하는 입장을 말한다.15 신인협력적인 설교(synergistic preaching)나 율법주의 설교(legalistic preaching)는 설교의 내용이 신인협력적인 내용이나 율법주의적인 내용을 담고 있는 것도 문제이지만, 더 심각한 문제는 설교의 저변에 깔린 의도나 파급효과가 - 설교자가 원하든 원하지 않던 관계없이 - 신자들로 하여금 율법주의적인 차원에서 혹은 행위구원론적인 차원에서 성화의 삶을 추구하도록 압박하는 결과를 초래한다는 것이다. 설교학자 요한 실리에(Johan Cilliers)에 의하면 모든 율법주의 설교의 기본 구조는 다음과 같이 간략하게 요약될 수 있다.16

① (과거에) 하나님이 역사하셨다.

---

성찰: 종교개혁적 구원론의 관점에서," 『한국개혁신학』 28 (2010): 30; 김병훈, "율법주의, 언약적 율법주의, 은혜언약: '바울의 새관점들'의 신학적 소재?," 164; Guy Prentiss Waters, 『바울에 관한 새관점: 기원. 역사. 비판』, 106.

15 Michael S. Horton, *The Christian Faith: A Systematic Theology for Pilgrims on the Way* (Grand Rapids: Zondervan, 2011), 684.

16 Johan H. Cilliers, *The Living Voice of the Gospel: Revisiting the Basic Principle of Preaching*, 이승진 역 『설교 심포니: 살아 있는 복음의 음성』 (서울: CLC, 2014), 159.

② (미래에) 하나님이 역사하기를 원하시거나 역사하실 것이다.
③ (현재에) 이를 위하여 우리가 어떤 것을 실행해야 한다.

이상의 3대지로 압축될 수 있는 율법주의 설교는 다음과 같은 몇 가지 특징이 있다. 율법주의 설교의 첫째 특징은 설교 전체를 주도하는 문법적인 특징으로 조건문(conditional syntax)이 지배적이며, 조건문 문장을 통해서 묘사되는 하나님의 현재와 하나님의 미래가 매우 불확실하게 묘사된다. Johan Cilliers에 의하면 그러한 "조건문 문장들은 확정적인 진리보다는 가변적인 사실들을 전달하는 수사적인 전략으로 사용된다."[17] 위의 설교 개요에서 주목할 점은 첫째 대지는 성경 본문에 대한 올바른 주해와 해설로부터 출발하는 것처럼 보이지만, 둘째 대지는 확정적인 미래가 아니라 조건절에 의한 불확실한 미래가 지배적이다. 다른 설교처럼 설교 후반부에서 명령법(imperative mood)이 등장하지만 율법주의 설교의 명령법은 하나님의 확정된 미래를 서술하는 직설법에 근거한 명령법이 아니라 인간 편에서의 선택과 실행의 조건에 달린 불확실한 미래를 압박하는 조건부 명령법(conditional imperative)이다. 하나님이 미래에 신자들에게 긍정적인 해답을 제공할 수도 있겠지만 그 하나님의 미래는 확정된 미래가 아니라 현재 신자 편에서의 적극적인 결단과 선택과 행동 여하에 달려 있어서 조건적이고 불확실한 미래다. 그래서 현재 신자 편에서 미래 보상에 합당한 충분한 결단과 선택과 행동이 동반되지 않으면 결코 일어나지 않아서 가정법으로만

---

[17] Johan H. Cilliers, 『설교 심포니』, 152. 1980년대 이후 한국의 유명한 오순절주의 설교자들의 설교문에서 발견되는 중요한 수사적인 특징 중의 하나가 "만일에 여러분이 A를 이행하면 비로소 하나님이 뒤따라 B를 허락하실 것이다"는 식의 조건절 문장(conditional sentence)이다. 어떤 오순절주의 설교자가 전한 한 편의 설교문 내에서는 무려 18회의 조건절이 반복적으로 등장하는 경우도 있다. Cf,. Seung-Jin Lee, *The Divine Presence in Preaching: A Homiletical Analysis of Contemporary Korean Sermons*, Dissertation presented for the Degree of D. Th. at Stellenbosch University (2002), 77, 148.

존재하는 미래다.

　율법주의 설교의 둘째 특징은, 과거의 확정된 하나님의 행동과 미래의 불확실한 하나님의 행동 사이에 끼어 있는 현재 하나님의 역할이나 행동은 '승리자 그리스도'(Christus Victor)보다는[18] 여전히 악과 투쟁하는 그리스도이거나 인간의 결단과 실천을 멀리서 지켜볼 뿐인 무능력하고 방관자같은 하나님의 모습으로 묘사된다. 율법주의 설교는 "우리 신자들이 A를 선택하지 않거나 B를 실행하지 않으면, 하나님 편에서도 아무런 축복을 허락할 수 없다"는 논리를 지나치게 강조한다. 그래서 율법주의 설교에서 과거의 하나님과 미래의 하나님은 엄청난 능력과 사랑의 소유자로 묘사되지만 유독 현재 청중이 당하는 비극과 불행에 대해서만큼은 조용히 청중의 선택을 기다리는 무능한 하나님으로 암시된다.[19]

　1948년 이후 1990년대 초반까지 남아공에서 진행된 인종차별정책(아파르트헤이트, Apartheid) 동안의 화란개혁교단(Dutch Reformed Church) 목회자들의 설교를 분석한 Johan H. Cilliers에 의하면, 상당수의 설교자들이 비록 강단에서 하나님과 그리스도의 구원을 언급하더라도 하나님의 구원이 결국은 율법주의 설교의 조건법적인 논리 때문에 인간의 선택과 결단 뒤로 밀려나는 경우가 많았다고 한다.[20] 마틴 루터(Martin Luther)의 표현을 빌리자면, 설교자가 하나님의 현실을 언급하지만 그 언어의 논리 구조 속에서 하나님은 철저하게 제외되었다(annihilatio Dei).[21]

　율법주의 설교의 셋째 특징은 하나님의 확정된 과거와 불확실한 미래를 연결하는 신인협력의 연결고리로서 인간 편에서의 현재 선택과 실천을

---

　[18] Robert E. Webber, *Ancient-Future Faith: Rethinking evangelicalism for a postmodern world*, 이승진 역 『복음주의 회복』 (서울: CLC, 2012), 89-101; Johan H. Cilliers, 『설교 심포니』, 156.
　[19] Johan H. Cilliers, 『설교 심포니』, 160-161.
　[20] Johan Cilliers, *God for us: an analysis and assessment of Dutch Reformed preaching during the apartheid years*, (Stellenbosch: Sun Press, 2006), 42-61.
　[21] Johan Cilliers, *God for us*, 60; Johan H. Cilliers, 『설교 심포니』, 166.

위한 인본주의적인 의지를 강조한다.22 Johan Cilliers에 의하면 율법적인 설교는 하나님께서 과거에 구원을 실행하셨던 것과 미래에 다시 구원을 실행하시는 것 사이의 연결고리가 설교를 듣는 청중의 결단과 실천에 달린 것처럼 강조한다. 율법주의 설교에서는 극단적으로 말하자면 하나님의 현재 현실은 없고 다만 하나님의 조건적이고 요행적인 미래를 결정하는 현재 청중의 인본주의적인 선택과 결단만 부각될 뿐이다. 하나님의 절대주권적인 구원이 드러났던 과거와 하나님의 해결책이 실현될 미래의 가능성이 서로 연결되는 현재의 연결고리는 하나님의 차원에서는 철저하게 진공의 빈자리일 뿐이고, 다만 설교를 듣는 청중의 현재적인 결단과 헌신 여부에 달려 있을 뿐이다. "모든 율법적인 설교의 출발점은 현재에는 하나님이 부재하시고, 이 빈 자리는 완전무결한 인간(homo intactus)의 경건한 열심으로 채워야 한다는 것이다."23

율법주의 설교의 넷째 특징은 과거와 현재 그리고 미래를 관통하는 기독교 신학의 구속사 종말론(redemptive historical eschatology) 구조 대신에 인간 편에서의 현재 불확실성과 미래 확실성 사이를 부지런히 오가는 신경증적인 긴박성(neurotic urgency)이 깔려 있다. 구속사적인 종말론은 하나님께서 그리스도 안에서 성령의 능력으로 절대 주권적으로 이 땅에 가져오시는 이미 확정된 그리스도의 파루시아(παρουσία, 재림으로 말미암은 영원한 심판과 구원)를 강조한다. 하지만 율법주의 설교에서 하나님의 미래를 결정하는 것은 불확실한 현재 신자들의 선택의 문제이기 때문에, 현재 신자들의 선택을 이끌어내기 위한 설교자들의 수사적인 설득 작업은 성경 본문의 확정된 종말론을 추구하지 않고 현재의 불확실성을 미래의 확실성으로 연결하기 위하여 인간 내면의 심리 세계를 추구한다. 신자들 앞에 놓인 미래는 지옥의 심판과 천국의 행복 둘 중 하나 뿐이지만,

---

22 Johan H. Cilliers, 『설교 심포니』, 168.
23 Johan H. Cilliers, 『설교 심포니』, 159-162.

설교를 듣는 청중은 그 누구도 지옥의 심판과 천국의 행복에 대해서 확신할 수 없다. 자욱한 안개와 같은 불확실성이 청중을 무겁게 짓누르는 상황에서, 설교자는 그 내면의 심리 세계 안에서 현재 불확실성을 의지적으로 내버리고 미래 확실성을 의지적으로 선택함으로 하나님이 방관하는 것처럼 보이는 확실한 미래를 창조하도록 압박한다.

Johan Cilliers에 의하면 이러한 설교 메시지는 모두가 "여러 세기 동안 반복적으로 고개를 내미는 반(半) 펠라기우스주의(semi-pelagianism)의 현상에 불과하다."24 물론 이상의 네 가지 특징들 중의 어느 한 가지 특징만으로 율법주의 설교 여부를 단정지을 수 없다. 예를 들어 건전한 복음 설교에서도 조건문이 등장할 수 있고 청중의 심리적인 결단과 선택을 요청할 수도 있다. 하지만 개혁주의 칭의론에 근거한 이신성화를 강조하는 설교에서 조건문이나 명령법은 반드시 그 전에 하나님의 일방적이고 주권적이며 은혜로운 구원의 시혜에 관한 직설법적인 서술과 설명에 근거한 필연적이고 당위적인 명령법이어야 한다.25 그러한 직설법적인 서술과 설명이 없이 앞서 살펴본 네 가지 특징들이 모두 중복해서 발견된다면, 거의 대부분의 경우에는 개혁주의 구원론이나 칭의론에서 벗어나서 신인협력설을 조장하는 율법주의 설교라고 단정 지을 수 있다.

그렇다면 복음주의 설교자들이 교리적인 차원에서는 율법주의나 신인협력설, 또는 반(半) 펠라기우스주의를 분명히 배격하면서도 그 설교 속에서는 신인협력설적인 메시지나 반(半) 펠라기우스주의 설교를 전달하는 까닭은 무엇일까? 필자는 현대 설교가 율법주의나 신인협력설을 더욱

---

24 Johan H. Cilliers, 『설교 심포니』, 336. R. Scott Clark, *Covenant, Justification, and Pastoral Ministry* (New Jersey: P & R Publishing, 2007), 365.
25 페스코(J. V. Fesko)는 설교에서의 직설법과 명령법의 결합 구조를 가리켜서 '구원의 문법'(the gramma of salvation)이라고 표현한다. J. V. Fesko, Preaching as a Means of Grace and the Doctrine of Sanctification: A Reformed Perspective, *American Theological Inquiry*, Vol. 3, No. 1 (2010, Jan), 49.

강조하는 배경으로 16세기 이후 등장한 계몽주의와 합리주의, 그리고 개인주의로 인한 서구 기독교의 사사화와 설득력 구조의 상실, 그리고 그에 따른 설교 메시지의 사사화에 주목하고자 한다.

## 2. 기독교의 세속화와 사회화

카터 린드버그(Carter Lindberg)에 의하면 중세 후기에 유럽인들이 로마교회가 제시하는 성취지향적인 경건에 적극적으로 동참한 현상의 배후에는 '구원의 확신을 갈망하면서도 동시에 그것에 대한 확신을 갖지 못하는 답답함이 존재했기 때문이라고 한다. 당시 사람들은 로마 가톨릭교회의 사제들의 중재적인 역할 속에서 자신들과 하나님 사이에 놓여 있음직한 구원의 보증을 확보하려고 애썼다.26 중세 시대 신자들이 불확실해 보이는 구원을 확신할 수 있는 유일한 비결은 가톨릭교회 사제들이 늘어 놓는 조건부 명령법이 압박하는 신인협력설적인 방편들을 그대로 받아들임으로써 불확실한 구원을 확신하는 것 뿐이었다. 당시 교회를 지배하던 신앙 언어의 논리는 "교회가 제시하는 선행을 이행하면 구원을 얻으리라"는 것이었다.

하지만 Calvin과 Luther와 같은 종교개혁자들이 등장하여 신인협력적이며 성취지향적인 경건을 완전히 뒤집었다. 신자는 하나님께 용납되기 위한 목적에서 선행을 하는 것이 아니다. 오히려 하나님께서 우리를 용납해 주시기 때문에 선행을 행하는 것이다. 이런 의미에서 이신칭의는 단순히 새로운 교리의 발견이 아니라 중세 시대를 지배하던 신관과 구원론 그리고 교회론 전체를 뒤바꾸는 신학적인 선포였다. "그것은 신학의 언어

---

26 Carter Lindberg, *The European Reformations*, 조영천 역 『유럽의 종교개혁』 (서울: CLC, 2012), 106.

를 '교회가 제시하는 선행을 이행하라 그리하면'의 구조에서 '각자가 구세주를 믿기 때문에 그러므로'의 구조로, 즉 약속된 것을 얻기 위해 성취해야 하는 조건적인 언어로부터 무조건적인 약속의 언어로 바꾸었다. 이것은 '기독교 역사에서 거의 비교가 안 될 정도의 패러다임 전환'이다. 이렇게 종교개혁의 칭의교리는 중세의 교회론과 신학의 틀을 깨뜨렸다."27 하지만 이신칭의를 강조하는 종교개혁이 신인협력설에 근거한 경건생활만을 무너뜨린 것이 아니라 이를 계기로 가시적인 신앙 공동체를 통한 구원의 중요성에 대한 인식도 점차 약화되기 시작하였다.28 피터 버거 (Peter L Berger)는 이 과정을 종교의 세속화 관점에서 설명한다. Peter L Berge가 설명하는 종교의 세속화란, "사회 및 문화의 어떤 영역이 종교의 제도와 상징체계의 지배로부터 벗어나는 과정"이다.29 Peter Berger에 의하면 "기독교 신앙에도 일정한 사회관계, 혹은 관계의 구조가 필요하다는 것이다. 그런 사회관계의 틀이 있어야 기독교의 세계관이 이해될 수 있다는 것이다. 내면적인 신앙을 인증하는 것이 바로 이 외부적인 네트워크다."30 근세 이전까지 기독교 교회는 회심(conversion)과 성화에 관한 사회문화적인 체계를 구축하여 신자의 구원을 요람에서 무덤까지 책임지고 설득할 수 있는 가시적인 "설득력 구조"(plausibility structure)를 갖추고 있었다.31

---

27 Carter Lindberg, 『유럽의 종교개혁』, 118.
28 David Wellls는 현대 개인주의의 다양한 기원들 가운데 종교개혁과 계몽주의의 원천에 주목한다. David Wells, No Place for Truth, 김재영 역 『신학실종』 (서울: 부흥과 개혁사, 2006), 228.
29 Peter L Berger, The eretical imperative, 『이단의 시대』 서광선 역 (서울: 문학과 지성사, 1981), 35. Cf. Dempsey, Ron D., Faith outside the walls : why people don't come and why the church must listen 『성경만큼이나 관심있게 보아야 할 교회 밖 풍경』 김순일 역 (서울: 요단, 2004), 39-65.
30 David Wells, No Place for Truth, 148, 430.
31 Peter L Berger and Thomas Luckmann, The Social Construction of RealityL A Treatise in the Sociology of Knowledge (Garden City, N. Y.: Doubleday & Co., Anchor Books, 1966), 158.

하지만 종교개혁을 계기로 하나님과 구원에 관하여 이전처럼 더 이상 신자 외부의 교회나 신앙공동체의 예배나 전통, 혹은 규범 준수와 같은 가시적인 설득력 구조의 문제가 아니라 신자 내면의 개인적이고 심리적인 확신의 문제로 점차 이동하게 되었다. 그 결과 기독교처럼 전통적으로 전체 사회에 상당한 영향력을 행사하였던 종교가 현대사회에서는 더 이상 공동체 구성원 전체가 함께 직면하여 해결해야 할 공공의 쟁점들이나 과제를 제대로 해결해주지 못하고 신자 개개인의 사적이고 심리적인 영역 과만 관계를 맺고 있다는 것이다. 이렇게 기독교의 영향력이 공공의 영역에서 퇴거당하고 신자 개개인의 사적인 내면세계 속으로 숨어들어버린 상황에서, 사람들은 불확실하고 급변하는 세상 속에서 여전히 올바른 선택과 결단과 확신과 마음의 평안을 구하기 마련이다. 18세기 이후 서구사회가 세속화되고 개인주의와 물질만능이 지배하는 세상이 펼쳐지면서 기독교 설교자에게 마지막 남은 설득 상대는 오직 신자 개개인의 심리적인 불확실성 뿐이다.

그래서 기독교 설교자들은 이런 새로운 욕구에 대응하여 신자들 내면의 심리 세계에서 불확실성과 불안의 문제를 해소할 수사적인 전략으로 신자 편에서의 심리적인 결단과 확실성을 앞세우는 논리를 강조하게 된다. 예를 들어 상업주의적이고 심리적인 메시지를 외치는 설교자들은 "여러분이 여러분의 입으로 예수님의 임재를 만들어 낼 수 있습니다.... 예수님은 여러분의 입술과 말에 매여 있습니다"라고도 주장한다.32

결국 근대 이전까지 신자의 구원은 하나님이 책임을 졌지만 현대 사회에서 신자의 구원은 이제 신자가 자의식적으로 책임져야 하는 시대가 되었다. 이런 상황에서 기독교 설교자들은 구원의 확실성과 불확실성 사이를 끊임없이 방황하는 청중을 향하여 '스스로의 결단으로 불확실한 하나님

---

32 Michael Scott Horton, *Made in America: The Shaping of Modern American Evangelicalism*, 김재영 역, 『미국제 복음주의를 경계하라』 (서울: 나침반, 2001), 255.

의 구원을 확신하라'고 반복적으로 설득하는 현상들이 대두되기에 이르렀다. 그 결과 데이비드 웰즈(David Wells)에 의하면, "현대의 계몽주의 후손은 하나님의 자리에 자신이 앉았다. 지금 우리는 하나님께 대해 책임을 져야 하는 것이 아니라 자신에 대해 책임을 진다. 자기 이익, 혹은 자기 의무 의식 때문에 우리는 국가나 교회와 같은 다른 것에게 결정을 양도하려 하지 않는다. 이런 태도는 어떻게 행동하든지 그것은 '너 자신에 대한 일종의 의무'라는 대중의 주장에 잘 나타난다."33

그렇다면 기독교가 사사화된 종교로 전락한 상황에서 청중의 심리적인 설득력을 높이려고 시도하는 기독교 설교가 신인협력설의 문제나 반펠라기우스주의 종교의 함정에 빠지는 문제를 극복하고 은혜의 복음을 은혜의 복음답게 설교할 수 있는 방법은 무엇일까? 개혁주의 칭의론에 관한 올바른 설교학적인 문법을 어떻게 세울 것인가? 필자는 **효과수반발화행위(perlocutionary act)**에 관한 화행론(speech-act theory)으로부터 그 한 가지 해답을 모색하고자 한다.

## 3. 효과수반발화행위를 추구하는 설교학적인 문법

토드 타운쎈드(Todd Townshend)에 의하면 폴 스캇 윌슨(Paul S. Wilson)의 '네 페이지 설교'(four pages preaching)는 설교학 이론의 차원에서 뿐만 아니라 실제 설교 준비와 전달을 위한 효과적인 설교학적인 문법(homiletical grammar)을 제공한다.34 Paul Wilson이 제안하는 네 페이지 설교의 요소는 '본문에 나타난 문제'(Trouble in the Bible)와

---

33 David Wells, 『신학실종』, 229.
34 Todd Townshend, *The sacramentality of preaching : homiletical uses of Louis-Marie Chauvet's theology of sacramentality* (New York: Peter Lang, 2009), 163.

'이 세상에 있는 문제'(Trouble in the world), '본문에 나타난 하나님의 행동'(God's action in the Bible), 그리고 '이 세상에 나타난 하나님의 행동'(God's action in the world)이다. Paul Wilson이 자신의 '네 페이지 설교'에 관한 이론을 가리켜서 굳이 네 페이지 설교 '모델'(model)이나 '형식'(form)이란 용어를 사용하지 않고 '문법'(grammer)이란 용어를 사용하는 이유는, 이상의 네 가지 사항은 하나님의 말씀을 선포하려는 설교자라면 청중과의 설교 소통 과정에서 반드시 지켜야만 하는 설교학적인 문법(homiletical grammar)이기 때문이다.

Paul Wilson의 '네 페이지 설교'(four pages preaching)가 하나님의 말씀이나 복음을 선포하려는 모든 설교자들이 설교 소통 과정에서 반드시 고려해야만 하는 핵심적인 설교학적인 문법이라면, 좀 더 세부적으로 개혁주의 칭의론에 관한 설교가 반드시 지켜야 하는 설교학적인 문법은 어떻게 정립할 수 있을까? 개혁주의 칭의론에 관한 올바른 설교학적인 문법이 요구되는 이유는, 앞서 확인한 바와 같이 하나님의 은혜에 의한 칭의의 교리나 성령의 능력으로 말미암은 성화와 견인의 필연성에 관한 내용을 설교하더라도 설교자가 어떤 설교학적인 형식이나 설교 문법을 사용했느냐에 따라서 하나님의 은혜와 성령의 능력에 의한 이신성화를 제대로 선포할 수도 있고 반대로 뜻하지 않게 율법주의나 신인협력설을 부추길 수도 있다. 이렇게 설교의 내용과 설교의 의도(혹은 목표)가 서로 어긋나는 원인은 설교의 소통(preaching communication)을 통전적인 관점에서 고려하지 않았기 때문이다.

그렇다면 개혁주의 칭의론에 관한 통전적인 설교학적인 문법은 어떻게 마련될 수 있을까? 그 한 가지 대안은 조엘 오스틴(J. L. Austin)의 화행론을 통해서 확보될 수 있다. Austin에 의하면 사람이 말을 주고받는 언어행위는 단순 발화행위(locutionary act)와 의미수반 발화행위(the illocutionary act), 그리고 효과수반 발화행위(the perlocutionary act)의 세 차원으로 이뤄졌다고 한다.35 Austin의 언어철학 이론을 하나님의 말씀으로서의 성경을 해석하고 설교하는 과정에 적용시킨 케빈 밴후져(Kevin J. Vanhoozer)에 의하면, 의미는 "형식과 질료(명제적 내용), 에너지와 궤적(의미 수반 발화 작용력), 그리고 목적론 혹은 최종 목적(효과 수반 발화 효과)을 가지고 있는 삼차원적인 커뮤니케이션 행위이다.36 Austin의 3차원의 화행론을 칭의론에 관한 설교에 적용한다면, 먼저 단순 발화행위는 설교자가 설교 시간에 특정한 상황에서 강단에 올라 회중 앞에서 칭의론에 관한 내용을 설교하는 행위를 가리킨다. 의미수반 발화행위는 칭의론에 관한 설교자의 설교 메시지를 통해서 청중이 칭의론의 전체적인 내용을 이해하고 수용하는 과정을 말한다. 마지막으로 효과수반 발화행위란 칭의론에 관한 설교를 들었던 회중이 설교 메시지를 통해서 하나님께서 자신들에게 은혜로 베푸시는 구원의 은혜를 새롭게 확인하여 감동하고 또 실제 신앙생활 속에서 이전과 더욱 구별된 거룩한 삶을 살아가면서도 그렇게 구별된 거룩한 삶을 살아가는 능력이나 원천이 자신에게 있지 않고 오직 은혜와 자비로 구원하시는 하나님의 주권과 내주하시는 성령의 능력에 달린 것임을 확인하면서 더욱 겸손하면서도 능력 있는 신앙생활을 감당하는 결과로 이어지는 것을 말한다. 칭의론에 관한 올바른 설교학적인 문법 정립에 Austin의 화행론이 유용한 이유는 화행론의 관점에서 볼 때 하나님의 절대 주권적인 은혜를 강조하는 칭의론에 관한 설교 내용(의미수반발화행위)은 반드시 그 결과로 인간의 노력이나 공로를 앞세우지 않고 이신성화의 은혜와 능력을 인정하고 감사하는 거룩한 삶으로 나타나야 하는 필연성을 잘 설명해준다. 이신성화의 삶에 인간의 공로나

---

35 J. L. Austin, "Performative utterance", *Philosophical Papers*, 3d ed. (Oxford: Oxford Univ. Press, 1979), 233-252. Cf. J. L. Austin, *How to Do Things with Words*, 2d. ed. (Cambridge: Harvard Univ. Press, 1975), 8장-10장, 94-132.

36 Kevin J. Vanhoozer, *Is There a Meaning in the Text?* 김재영 역 『이 텍스트에 의미가 있는가』 (서울: IVP, 2003), 350-51, 361.

노력은 전혀 끼어들 틈이 없다.

한편 개혁주의 칭의론과 이신칭의의 삶에 관한 설교가 의미수반발화 행위의 차원을 뛰어 넘어서 효과수반발화행위로 연결되려면, 설교자는 설교를 듣고 이신칭의의 삶을 사는 신자를 신인협력설의 관점이 아니라 말씀과 성령으로 반드시 그렇게 거룩한 삶을 살 수 밖에 없는 신자로 이해하고 설교해야 한다. 달리 말하자면 개혁주의 칭의론에 관한 설교가 설교를 청취한 신자들을 신인협력설의 함정에 빠뜨리지 않고 효과수반발화행위의 차원에서 개혁주의 칭의론이 가르치는 그대로 거룩한 삶을 살면서도 전적으로 하나님의 은혜만을 찬양하는 결과를 낳도록 하기 위해서는 설교를 듣는 신자에 대한 '설교학적인 인간론'을 재정립해야 한다. 그렇다면 개혁주의 칭의론에 관한 설교가 효과수반발화 효과의 목적을 달성하도록 설교할 때 설교자는 설교를 듣는 청중 신자들을 어떻게 이해하고 설교해야 하는가? 필자는 이 질문에 대한 해답으로 그리스도 중심의 구속사에 근거한 설교학적인 인간론을 제시하고자 한다.

### 4. 구속사에 기초한 설교학적인 인간론

개혁주의 칭의론은 칭의가 하나님의 주권적이고 자비로운 선택과 대속의 은혜로 이루어짐과 마찬가지로 구원 이후의 성화 과정도 인간의 의지적인 노력이나 선행, 혹은 공로에 의한 것이 아니라 전적으로 하나님의 은혜로운 성령의 내주하심으로 가능함을 가르친다. 칭의론에 관한 개혁주의 설교는 칭의론의 내용을 단순히 교리적인 지식으로만 설교하는 것이 아니라 효과수반발화의 관점에서 칭의론을 그대로 실천하는 신자를 양육하는 설교다. 그래서 NPP 주창자들의 주장처럼 구원 이후에는 인간의 의지적인 선행과 노력이 새롭게 요구되는 것이 아니라 은혜의 구원 이후에 은혜의 성령의 조명과 내주로 말미암아 반드시 변화된 거룩함과 선행과 노력과 공로가 뒤따를 수 밖에 없다. 개혁주의 구원론과 신인협력설(혹은 반펠라기우스주의) 양쪽 모두 구원 이후 성화의 과정에서 신자 편에서의 가시적인 변화와 선행을 요청하지만, 그 변화와 선행의 필연성 그리고 원동력에 대한 입장에서 분명한 차이가 있다. 신인협력설은 구원은 하나님의 은혜이지만 성화는 인간 편에서의 선행과 노력과 공로가 요구되기 때문에[37] 신자는 자신의 미래의 최종 구원에 대해서 확신할 수 없다. 하지만 개혁주의 구원론에서는 구원과 마찬가지로 성화와 견인의 필연성과 원동력도 하나님의 은혜와 내주하시는 성령의 역사에 달린 것이기 때문에, 현재 그리스도의 은혜 안에 들어와 있다는 믿음만 있으면 그 믿음으로 말미암아 성령의 내주하시고 거룩하게 하시는 원동력의 연장선상에서 미래의 최종 구원에 대해서도 필연적으로 확신할 수 있다.

이렇게 칭의와 성화가 전적으로 하나님의 은혜로 말미암아 성취되기 때문에, 하나님의 은혜로 말미암은 칭의와 성화에 관한 구원 설교는, 단순히 칭의와 성화에 관한 교리적인 정보를 전달하는 것이 아니라 구원 설교를 통해서 실제로 하나님의 은혜로운 회심 사건과 성화 과정을 실행하는 구원 사건 그 자체로 발생한다.[38] 그렇다면 설교가 구원을 실제로 발생시키는 구원 사건으로 실행하는 과정에서 설교자는 과연 설교를 듣는 신자들을 어떻게 이해해야 하는가? 청중이 칭의와 성화에 관한 설교를 듣고 실제로 회심을 경험하고 또 설교에 대한 후속 반응으로 하나님의 은혜로 말미암은 성화를 고백하는 효과수반발화 효과를 거둘 수 있는 근거는 무엇인가? 칭의론에 관한 내용의 설교가 신자들에게 신인협력설을 부추키는 결과를 가져오는 이유는, 설교자가 신자들을 자기의 열심과 노력으로 성화의 과정

---

[37] Bryan Chapell, *Holiness by Grace*, 조계광 역 『성화의 은혜』 (서울: 생명의 말씀사, 2002), 7, 48.
[38] Johan H. Cilliers, 『설교 심포니』, 118.

을 밟아가야 하는 불확정적인 대상으로 간주하거나 또는 자신의 선택과 후속 노력으로 거룩한 삶의 변화를 선택해야 하는 대상으로 간주하기 때문이다. 신인협력설 설교자들은 신자들을 자신들 앞에 놓여 있는 세속적인 삶과 거룩한 삶의 극단적인 운명 중에 하나를 자신의 의지와 노력으로 선택해야 하는 불확정적인 존재로 이해한다. 이는 설교학적인 인간론이 잘못 전제됐음을 의미한다.

그렇다면 칭의론을 올바로 설교하여 칭의론이 의도하는 효과수반발화 효과를 달성하는 설교를 선포하기 위하여 설교자들은 청중을 어떻게 이해해야 할까? 칭의론에 합당한 설교학적인 인간론은 무엇인가? 이 질문은 전통적인 조직신학의 범주에서 이해해왔던 인간론(anthropology) 대신에 목회현장에서 하나님의 말씀을 선포하여 하나님의 말씀과 조우하며 하나님 나라의 목적을 향하여 변화와 의미추구의 과정을 밟아가는 신자에 대한 실천신학적인 인간론(practical theological anthropology)을 요청하는 질문이다.[39] 실천신학자인 다니엘 로우(Daniel Louw)에 의하면, 기독교 신학의 범주 안에서 혹은 목회 현장에서 이해왔던 '목회신학적인 인간론'(pastoral anthropology)은 주로 인죄론(hamartiology)이나 기독론(Christology)에 근거했었다. 그러다보니 목회 현장의 목회자들과 설교자들이 기독론의 연장선상에서 신자들의 회심과 그리스도의 모범을 윤리적으로 본받도록 압박하는 결과를 가져왔다는 것이다.[40] 즉 인죄론이나 기독론의 관점에서만 신자들을 이해하다보니 목회자는 신자들을 자꾸만 아직 회개하지 않은 죄인의 신분으로나 또는 구원과 회심 이후에는 이전보다 더욱 열심을 내서 내면의 타락한 속성을 억누르면서 윤리적인 규범들을 이행해야 하는 대상으로 여기게 되었다. 그 결과 설교 메시지와 효과수반

---

[39] Gerben Heitink, *Practical theology: history, theory, action domains: manual for practical theology* (Grand Rapids, Michigan; Wm. B. Eerdmans, 1999), 260-273.

[40] Daniel J. Louw, *A Pastoral Hermeneutics of Care and Encounter* (Cape Town: Lux Verbi, 2004), 137, 170

발화의 효과가 자꾸만 율법주의 설교나 신인협력설을 조장하는 결과로 나타나게 되었다. 이렇게 인죄론이나 기독론에 근거한 인간론 이해가 목회 현장에 적용될 때, 그리스도의 유일무이한 대속사역의 독특성을 간과하거나 그리스도와 신자 사이의 불연속성을 무시하거나 혹은 양자간의 연속성을 급하게 시도하면서 신인협력설의 문제에 빠진다.[41]

이런 문제점을 극복하기 위하여 Daniel Louw는 '목회신학적인 인간론'(pastoral anthropology) 정립을 위하여 기독론만의 배타성을 고집할 것이 아니라 성령론과 종말론을 함께 포함할 것을 주장한다.[42] 먼저 인죄론의 관점에서 아담의 범죄로 타락한 인간은 기독론(christology) 관점에서 그리스도의 칭의와 이중전가로 말미암아 자신의 죄가 그리스도에게로 전가되고 그리스도의 의가 자신에게로 전가되어 온전히 새롭게 중생한 하나님의 백성으로 신앙생활을 시작할 수 있다. 게다가 그리스도의 공로로 의롭게 변화한 신자는 이후에도 계속해서 성령론(pneumatology)의 관점에서 '지속적인 성숙과 변화의 과정'의 정당성을 확보할 수 있다.[43] 그리고 신자는 그 이후에도 계속해서 교회론(ecclesiology)과 종말론(eschatology)의 관점에서 최종적인 구원과 영화를 향하여 하나님의 은혜와 성령의 능력 안에 있는 교회의 목회사역과 말씀 선포로 이루어지는 성화와 견인의 필연

---

[41] Daniel J. Louw, *A Pastoral Hermeneutics of Care and Encounter*, 122, 137, 170.

[42] Daniel J. Louw, 167, 169.

[43] 고린도전서에서 사도 바울은 고린도교회 신자들이 교회 내에서 '시기와 분쟁' 가운데 있는 모습을 목격하고 이들을 결정적인 성화의 단계를 거친 신령한 자로 대하지 못하고 때로는 아직도 거듭나지 못한 '육에 속한 자'로 여기는 경우가 있었다(cf,. 고전 3:3a). 이들에 대한 사도 바울의 입장은 고린도교회 신자들이 현재 육에 속한 자이기 때문에 경고의 메시지를 듣고 영에 속한 사람으로 스스로를 바꾸기로 결단하라는 것이 아니다. 죽은 시체는 스스로 일어설 수 없기 때문에 "육에 속한 사람은 하나님의 성령의 일들을 받지 않는다."(고전 2:14). 이들에 대한 사도 바울의 입장은 자신들이 이미 영에 속한 자로 새롭게 태어났음에도 불구하고 자신의 새로워진 정체성과 신분을 깨닫고 그 새로워진 신분의 주도력을 발휘하여 살지 않고 있으니 자신의 새로워진 신분과 정체성을 그리스도 안에서 깨닫고 새로워진 신분에 합당한 삶을 살라는 것이다.

성을 확보할 수 있다.

J. I. Packer도 이와 유사한 논리로 칭의론(justification)을 단순히 구원론의 범주 안에서만 이해할 것이 아니라 기독론과 구원론, 성령론, 교회론, 그리고 종말론의 전체 신학적인 범주 뿐만 아니라 성경해석과 목회신학과 복음전도, 예배와 성만찬을 포함하는 신자의 모든 교회 생활에까지 적용할 것을 주장한다.44 왜냐하면 하나님의 은혜로 말미암은 칭의와 성화를 강조하는 개혁주의 칭의론은 신자의 구원의 서정(ordo salutis)에서 칭의라는 특정한 단계에만 해당되는 것이 아니라 신자의 소명으로부터 시작하여 영화의 단계에 도달하는 신자의 구원의 서정 전체 과정에 그대로 해당되기 때문이다. 뿐만 아니라 개혁주의 칭의론은 단순히 구원의 서정에 관한 교리 뿐만 아니라 신자의 공동체적인 교회생활전만에도 그대로 적용되기 때문이다. 따라서 개혁주의 칭의론을 설교하는데 적합한 설교학적인 인간론(homiletical anthropology) 혹은 실천신학적인 인간론은, 결국 인죄론과 기독론 뿐만 아니라 구원론과 성령론, 교회론, 그리고 종말론 전체를 아우르는 그리스도 중심의 구속사관(redemptive history perspective)의 기초 위에서 정립해야 한다.45

개혁주의 칭의론을 설교하여 효과수반발화 효과를 달성하기 위한 설교학적인 인간론을 그리스도 중심의 구속사의 토대 위에 구축한다

---

44 J. I. Packer, *Here We Stand* (London: Hodder & Stoughton, 1986), x-xi. R. Scott Clark, *Covenant, Justification, and Pastoral Ministry* (New Jersey: P & R Publishing, 2007), 314.

45 이와 유사하게 Peter Stuhlmacher나 Fred M. Jensen은 칭의사건(justification)을 그리스도나 신자만을 배타적으로 연관지어 이해하는 것을 거부하고 기독론과 인간론 양쪽의 시각으로 또는 구속사적인 관점에서 통전적으로 이해할 것을 주장하기도 한다. "Justification as Paul teaches it has salvation-historical dimensions. This can be seen both christologically and anthropologically." Peter Stuhlmacher, *Revisiting Paul's Doctrine of Justification : A challenge to the new perspective* (Downes Grove: IVP, 2001), 62; Fred M. Jensen, *A Study of the Foundation of Justification*, (Illinois: Tyndale House Publishers, 2010), 6.

는 의미는, 설교를 듣는 신자를 그리스도 중심의 계시된 구속역사(redemptive history revealed)가 고스란히 적용되는 신자의 구원의 서정(ordo salutis)의 전체 과정을 통전적이고 일관되게 적용되는 대상으로 이해하고 설교한다는 의미이다. 칭의론에 관한 설교를 듣는 신자는 천지창조와 인간의 범죄, 구약 시대에 이스라엘의 역사를 통하여 계시된 하나님 나라, 이스라엘의 배반과 바벨론 포로 심판, 새언약의 예언, 그리스도의 초림과 십자가 죽음, 부활, 승천, 오순절 성령 강림, 교회의 탄생, 선교, 그리고 재림으로 이어지는 거대한 구속역사가 그대로 한 개인의 정체성 형성에도 고스란히 적용되는 신자이다. 설교자가 그런 신학적인 기대에 근거하여 설교해야 한다.

　　칭의론을 설교하는 설교자는 그리스도 중심의 구속역사 전체를 염두에 두고 설교하는데, 먼저 인죄론에 기초한 설교학적인 인간론은 설교자에게 신자들을 하나님의 일방적인 은혜와 선택으로 구속받아야 할 정도로 전적인 타락의 관점에서 이해할 수 있도록 해준다. 또 기독론과 구원론에 기초한 설교학적인 인간론은 설교자에게 신자들이 그리스도 안에서 중생하고 회심하며 그리스도의 십자가 대속 사건에 대한 이중전가를 통하여 하나님으로부터 의롭다고 인정받는 대상으로 이해하고 그런 내용을 설교하여 그런 효과수반발화의 효과가 나타나도록 설교하도록 안내한다. 그리고 성령론과 교회론에 기초한 설교학적인 인간론은 설교자들에게 신자들이 자신의 의지와 노력으로 성화의 과정을 밟아가는 신인협력적인 존재 (synergistic being)들이 아니라 은혜로 그들 속에 내주하시는 성령의 인도하심과 지상 교회가 제공하는 말씀과 성찬을 통하여 점진적으로 거룩한 변화의 증표를 나타낼 수 밖에 없는 존재로 이해하고 그런 결과가 나타나도록 설교하게 한다. 마지막으로 종말론에 기초한 설교학적인 인간론은 설교자들에게 신자들을 자신의 노력과 공로로 최종 구원과 칭의를 획득해야 하기 때문에 최종 구원에 대해서 확신할 수 없는 존재가 아니라 내주하시는 성령의 보증에 근거하여 최종 구원을 확신하되 지금 현재 교회가 위치한 자리에서 최선의 노력으로 최종 구원을 향하여 부단히 죄악과 싸우며 하나님의 영광을 추구하도록 말씀과 성령으로 독려해야 할 대상으로 이해하고 그런 결과를 추구하도록 설교하게 한다.

그렇다면 개혁주의 칭의론에 관한 설교 소통이 궁극적으로 이 설교 메시지 속에 담긴 효과수반발화의 효력을 성취하는데 적합한 설교학적인 문법으로는 어떤 것들이 있을까? 필자는 이 질문에 대하여 역동적 등가성의 원리에 근거하여 직설법과 명령법의 조화, 구속사역의 설득을 위한 조건문, 구속사역의 적용을 독려하는 명령법, 그리고 구원의 확신에 관한 실천적 삼단논법을 제시하고자 한다.

## 5. 개혁주의 칭의론에 관한 설교학적인 문법

### 1) 역동적 등가성을 위한 반전의 내러티브

Johan Cilliers에 의하면 하나님의 구원에 관한 올바른 설교는 본문과 회중 사이의 역동적 등가성(dynamic equivalence)을 확보하는 설교라고 한다[46]. 성경 본문의 구조와 설교의 구조 사이의 역동적 등가성은 과거에 하나님이 행하셨던 것을 그대로 재진술하는 것을 의미하지 않고, 성경 본문의 빛 안에서 하나님의 현재 행동을 선언하는 것이며, 현재에도 동일하게 행동하시는 하나님의 새로운 행동을 선언하고 실행하며 구현하는 것이다[47].

그렇다면 인간의 언어로 출발한 설교가 하나님의 구원하시는 말씀

---

[46] Johan H. Cilliers, 『설교 심포니』, 245.
[47] Johan H. Cilliers, 252.

사건으로 창발(emergence)하는 전환점은 어떻게 확보될 수 있을까? 앞서 확인한 바와 같이 설교의 형식이나 문법이 인본주의적인 의지나 노력을 이끌어내기 위하여 미래 구원의 불확실성에 근거하여 심리적인 조급증을 자극하는 조건부 명령법(conditional imperative)이 지배적인 설교로는 칭의와 성화의 과정에서 전적인 하나님의 주권과 은혜로 인한 구원과 성화를 인정하는 신자들을 양육해내는 결과를 얻어낼 수 없다. 그러한 결과를 얻어내려면 설교자의 설교학적인 문법과 지배적인 형식이 인간의 곤경과 문제를 묘사하는 언어 형식으로 출발하되 결정적인 전환점에서는 돌연한 하나님의 새로운 은혜와 구원을 구현할 수 있는 급반전의 내러티브 형식을 갖추어야 한다.[48]

급반전의 내러티브 형식을 설교에 접목한 대표적인 학자는 유진 로우리(Eugene Lowry)이다.[49] 그는 인간의 문제와 하나님의 해답, 또는 율법과 복음의 대비를 급반전의 내러티브 설교 형식으로 연결시킬 것을 주장한다. 그에 의하면 내러티브 설교 형식은 설교의 서론에서 모순되는 문제를 제기함으로 청중의 마음에 평형을 깨뜨리는 단계로부터 시작된다(Upsetting the equilibrium). 둘째 단계는 서론에서 제시했던 모순의 문제를 더욱 자세히 분석하고 심화시키는 단계(Analysing the discrepancy)로서 청중이 마음 속에 품는 해답에 대한 기대감에 맞게 그 기대감의 성취를 의도

---

[48] 칭의론에 관한 반전 내러티브 설교 형식의 교회사적인 사례는 1563년에 하이델베르크 요리문답서가 출판된 이후 팔츠(Pfalz) 지역의 개혁파 교회들 뿐만 아니라 유럽 전역의 개혁파 교회에서 무려 400년 이상 요리문답을 설교할 때 반복적으로 활용하였던 설교 형식에서도 발견된다. 이남규에 의하면, 하이델베르크 요리문답의 전체적인 구성이나 1년 52주 동안 하이델베르크요리문답 전체를 반복적으로 설교할 때 매번의 설교의 기본 형식은 '비참-구원-감사'로 진행되는 반전의 패턴을 유지하도록 팔츠교회법으로 규정하고 있으며 이 요리문답을 설교하는 모든 목회자는 성경본문도 이런 관점에서 해석하도록 권면하고 있다. 이남규, "팔츠(하이델베르크) 교회와 신앙교육", 『신학정론』 32/2 (2014,11): 159-160.

[49] Eugene Lowry, *The Homiletical Plot: The Sermon as Narrative Art Form*, (Louisville, Kentucky: Westminster John Knox, 1980), 75.

적으로 지연시키는 방식으로 이루어진다. Eugene Lowry는 둘째 단계에서 '설교학적인 누전'이 발생하지 않도록 주의를 요청한다. 설교학적인 누전(homiletical short circuit)이란 설교가 서론에서 인간의 죄악과 곤경 혹은 문제점으로 시작했지만 그 다음 2단계에서 인간의 문제점을 실제적인 차원 혹은 본질적인 차원까지 깊이 파헤치지 않고 성급하게 도덕적이거나 규범적인 해답을 제시함으로 설교 후반부에서 청중이 급반전하는 하나님의 은혜의 세계를 충분히 경험하지 못하고 설교자가 제시하는 몇 가지 인본주의적인 과제들 때문에 설교 이후에 청중이 심리적인 부담감을 갖게 되는 경우를 말한다. Eugene Lowry는 설교학적인 누전이 발생하지 않도록 문제의 모순점을 깊이 분석하고 파헤칠 것을 조언한다.

이어서 셋째 단계는 문제 해결을 위해 실마리를 제시하는 단계(Disclosing the clue to resolution)로서 이 단계에서 설교자는 그 이전의 모순되는 문제를 자세히 분석하고 심화하는 과정에서 필연적으로 관점의 전환이나 해답을 모색하는 차원의 전환을 경험하면서 회중이 막연하게 기대하는 해답에 대한 역전이 발생한다. 넷째는 앞서 확보한 역전의 실마리가 더욱 확대되면서 청중에게 복음이 선포되는 단계이다(Experiencing the gospel). 마지막 다섯째 단계는 복음으로 말미암은 미래에 대한 긍정적 결과를 예견하는 단계(Anticipating the consequence)이다. 이 마지막 단계에서는 복음에 대한 새로운 발견과 깨달음이 미래를 향하여 투사되면서 긍정적인 청사진이 제시된다.

Eugene Lowry가 제안하는 내러티브 설교가 반전의 깨달음을 추구한다면, 그 설교 전체를 채우는 설교의 기본적인 내용은 인간의 죄악과 곤경을 그리스도의 죽음과 부활 그리고 성령 강림 사건에서 해결하는 그리스도 중심의 구속 역사를 관통하는 새창조의 반전 내러티브(reversal narrative)로부터 확보되어야 한다. 즉 인간의 전적인 타락의 문제를 십자가 죽음과 부활, 그리고 오순절의 성령 강림을 통하여 새창조로 급반전시키는 구속 내러티브(reversing redemptive narrative)를 그대로 따라가면서 예상치 못했고 기대하지 못했던 갑작스런 은혜의 세계를 경험하도록 유도해야 한다.

앞서 확인한 바와 같이 율법주의 설교는 성화의 도상에 있는 신자의 과거와 현재, 그리고 미래를 신인협력설의 관점에서 연결시킨다. 하지만 사도 바울은 성화의 도상에 있는 신자의 과거와 현재, 기록 미래를 항상 삼위일체 하나님의 절대주권적인 말씀의 능력과 은혜의 관점에서 묘사한다. 신자들의 영적인 상태는 중생의 순간에 이미 "결정적인 성화"의 관점에서 이미 거룩한 존재로 탄생한 거룩한 성도이다. 그리고 중생 이후의 성화 과정에서 필연적으로 나타날 수 밖에 없고 나타나야 하는 성결한 삶과 행실은 철저하게 그 원동력을 신자 자신의 인간적인 의지나 결단이나 노력에서 확보하지 않고 그리스도의 대속하신 은혜에 대한 깨달음과 그 은혜의 깨달음을 성결의 삶으로 이끌어가시는 성령의 강력한 역사하심과 인도하심 덕분이다. "그러나 내가 나 된 것은 하나님의 은혜로 된 것이니 내게 주신 그의 은혜가 헛되지 아니하여 내가 모든 사도보다 더 많이 수고하였으나 내가 한 것이 아니요 오직 나와 함께 하신 하나님의 은혜로라(고전 15:10).

그래서 알리스터 맥그라스(Alister E. McGrath)에 의하면 이신성화의 신비를 수사적으로 표현한다면 그 표현은 역설적인 반전(paradoxical reversal)일 수 밖에 없다.[50] 신자의 과거는 하나님이 예정하시고 선택하시고 일방적으로 은혜를 베푸신 과거이며 십자가에 달리신 예수님과 함께 신자의 옛사람은 죽은 과거이며 부활하신 예수님과 함께 신자 안에 새로운

---

[50] Alister E. McGrath, Justification by faith, 김성웅 역 『이신칭의의 현대적 의미』 (서울: 생명의 말씀사, 1996), 171; Cf., J. S. Whale, *The Protestant tradition: an essay in interpretation*, (Cambridge: The Syndics of the Cambridge University Press, 1962), 43.

생명이 태어난 과거이다. 또 현재는 신자 안에서 능력으로 역사하시는 성령 하나님의 현재이고 미래는 신자 앞에 놓여 있는 하나님의 영광이 모두 실현되는 미래이다. 이렇게 사도 바울의 관점에서 볼 때 성화의 도상에 있는 신자의 과거와 현재 그리고 미래는 전부 오직 하나님의 은혜와 주권에 의하여 죄인이 죽고 의인으로 다시 살아난다. 이렇게 성경의 전체 내용이 반전의 구속역사가 관통하고 있고 신자 역시 죄인에서 십자가를 통한 의인의 중생으로 반전되므로, 개혁주의 칭의론이 추구하는 이신칭의와 '이신성화'(sanctification by faith)에 관한 설교도 이러한 역도적인 등가성의 원리를 따를 때 신자들에게 더욱 효과적으로 전달될 수 있다.51

### 2) 계시된 구속역사에 근거한 직설법과 명령법

칭의론에 관한 설교가 신자들의 실제 신앙생활 속에서 이신성화의 결과를 얻어내려면 성경이 하나님의 구원과 그에 대한 신자의 반응을 유도하기 위하여 채택하고 있는 직설법과 명령법의 구조를 잘 따라가야 한다. Johan Cilliers는 성경이 성경을 읽는 독자들에게 영적인 변화를 가져오는 소통 효력을 가리켜서 Austin의 용어를 빌려서 성경의 서술적인 속성과 수수행적 속성(performative character)으로 분류한다.52 성경이 하나님의 계시된 구속사를 신자와 독자들에게 구현하기 위하여 기본적으로 채택하는 소통 문법은 주로 직설법과 명령법이며 두 가지 문법은 모두 그 자체로 수행적인 속성을 가지고 있어서 독자들에게 효과수반발화의 효력을 발휘한다. 예를 들어 현재시제 능동형 서술문 형태의 문장들은 하나님의 존재와 권능을 부정하는 사람들에게 하나님의 살아계심과 그 분의 신실하신 구원을 있는

---

51 Cf., D. Martyn Lloyd-Jones, "The Mighty Process of the Holy Spirit", *Great doctrines of the Bible* (Wheaton, Ill. : Crossway Books, c2003), 336.

52 Johan H. Cilliers, 『설교 심포니』, 230-231.

그대로 묘사하고 선포함으로써 하나님의 주권과 신실한 구원에 대한 합당한 반응과 믿음, 신뢰, 그리고 경배의 반응을 이끌어내는 수행력을 발휘한다. 또 현재시제 명령법 문장이나 미래시제 가정법 문장들도 이미 확정된 하나님의 구원과 장차 신자가 누릴 영광스러운 구원에 관하여 신자들이 더욱 확신하고 믿음에 굳게 서서 죄악에 대항하며 하나님의 영광을 추구하는 삶을 살아가도록 수사적인 설득력과 원동력을 제공한다.

개혁주의 칭의론의 관점에서 볼 때, 신자의 성화 과정은 신자 개개인의 입장에서 자신의 경건이나 노력을 통한 선택의 문제가 아니라 신자속에 내주하시는 성령의 인도하심으로 말미암은 필연적인 결과이다. 그러므로 칭의론을 설교하는 설교자도 하나님의 은혜로 말미암은 이신칭의와 죄악에 대한 회개, 그리스도의 죽음과 함께 발생한 옛사람의 죽음, 그리스도의 부활과 함께 발생한 새사람의 탄생, 결정적인 성화, 양자삼음, 성령의 내주로 인한 새창조와 구원 이후의 당연한 거룩한 삶의 필연성을 설교할 때, 마치 신자가 현재 불확실한 구원의 상태에서 개개인의 심리적인 의지와 도덕적인 노력과 공로를 선택하여 불확실한 미래 구원을 신인협력의 관점에서 완성해가야 할 것처럼 설교하지 않도록 주의해야 한다.

### 3) 구원의 확신과 실천적 삼단논법[53]

앞서 확인한 바와 같이 NPP의 신인협력설이나 반펠라기우스주의 구원론에서는 신자는 자신이 미래에 최종적으로 얻을 구원에 대하여 확신할수 없다. 현재와 미래 구원의 불확실성 문제는 종교개혁자들이 중세 로마가톨릭교회의 반펠라기우스 구원론을 반대할 때 가장 강력하게 반대한 교리들 중의 하나이다. 개혁주의 칭의론을 올바로 가르치고 설교하면 신자

---
[53] 이하의 내용은 다음 논문을 참고. 이승진, "구속사를 구원의 서정에 적용하는 성화설교," 『신학정론』 (2012,11): 713ff.

는 반드시 자신이 얻은 구원에 대한 성결의 표증을 가지고 미래에 최종적으로 얻을 구원까지 확신할 수 있다. 그 확신은 인본주의적인 노력과 공로에 의한 성결의 표증 때문이 아니라 성령 하나님이 자기 안에서 내주하시면서 세상의 힘으로나 자신의 힘으로 결코 실행할 수 없는 영적인 변화와 성숙과 성결을 성령이 주도적으로 자기 안에서 성취하고 계심을 깨달으며 확인하는데서 얻어지는 확신이다.

    종교개혁자 칼빈은 신자가 구원 이후의 성화의 과정에서 자신의 선행과 거룩한 삶을 통해서 그리스도의 은혜로 말미암은 칭의와 성화의 믿음을 더욱 강화시킬 수 있는 가능성에 관하여 다음과 같이 설명하고 있다: "선택이 우리와도 관련되어 있다고 느끼게 하는 믿음, 즉 복음에 대한 믿음에 선택의 힘을 의존시키는 것은 잘못이므로 우리가 선택되었다는 확신을 얻으려고 할 때에 가장 좋은 순서를 따르려면 선택을 확실히 증명하는 표징들 즉 후천적인 표징들(signa posteriora)을 굳게 잡고 놓치지 않아야 한다."[54]

    칼빈은 로마 카톨릭 교회가 주장하듯이 신자의 선행과 공로에 근거하여 하나님과 다른 신자들 앞에서 자신의 의를 주장할 그 어떤 근거도 될 수 없으며, 천국에서의 최종 구원을 확정하는 어떤 근거로 작용할 수 없다고 주장한다. 오히려 신자는 평생의 과정에서 자기 바깥에서 공격해 들어오는 불신과 평생의 싸움을 계속 이어가야 한다.[55] 그러나 신자가 평생 계속되는 불신과의 싸움 속에서도 꾸준히 그리스도의 은혜에 의지하여 선행과 경건을 나타낼 수 있다. 그리고 신자는 자신의 힘이 아닌 성령의 은혜와 능력으로 말미암은 선행과 경건을 통해서 자신이 장차 얻을 미래 구원을 분명하고도 충분히 확신할 수 있다. 그래서 개혁파 칭의론은 이상의 논리에 근거하여 다음과 같이 구원의 확신에 관한 실천적 삼단논법

---

[54] John Calvin, Institutes, III, xxiv, 4.
[55] John Calvin, Institutes, III, ii, 17/18.

(*syllogisumus practicus*, practical syllogism)을 발전시켰다.

① 선택된 사람은 그 선택의 결과로 확실한 선택의 표징을 나타낸다.
② 나는 그러한 표징을 갖고 있다.
③ 그러므로 나는 선택된 자이다.[56]

개혁파 칭의론이 가르치는 구원의 확신에 관한 실천적 삼단논법은 신인협력설이나 반펠라기우스주의 구원론이 동원하는 설교학적인 문법과 분명한 차별성을 보인다. 앞서 확인한 바와 같이 신인협력설의 이신성화는 조건적인 명령법을 동원하여 현재 신자들의 인본주의적이고 심리적인 선택과 결단으로 불확실한 미래 구원을 확실한 구원으로 바꿀 것을 촉구한다. 그래서 신인협력설 설교에서 언급되는 선택의 표징이나 성화의 표징은 인간의 의지적인 노력의 결과물이고 이런 결과물이 나타났을 때 신자는 어떤 식으로든 하나님과 다른 신자들에 대하여 자신이 이룩한 구원의 증거에 대한 정당한 권리를 주장할 수 있다.

개혁파 칭의론이 가르치는 이신성화와 구원의 확신에 근거한 실천적 삼단논법도 똑같이 선택과 성화의 표징을 인정한다. 하지만 그 표징은 신자 개인의 인본주의적인 의지나 노력과 공로의 결과물이 아니라 다만 그 안에서 능력으로 역사하시는 성령 하나님의 은혜로운 결과물일 뿐이다. 신자는 그런 표징이 자신 안에 나타남을 계기로 자신의 옛사람을 떠올리면서 그 표징을 자기 힘으로 만들어 낼 수 없음을 확인함과 동시에 자신에게 그런 표징을 분명히 허락하고 계시는 하나님의 은혜를 확인하면서 하나님께 영광 돌린다. 이런 의미에서 구원의 확신에 관한 실천적 삼단논법은

---

[56] A. E. McGrath, *A Life of John Calvin*, 241. Cf., 김재성, 『개혁신학의 광맥』 (서울: 이레서원, 2001), 542; 유정우, "칼빈의 실천적 삼단논법: 구원의 확신문제", 『복음과 신학』 4 (2001, 8월): 114-134. Richard A. Muller는 칼빈의 저술과 신학사상으로부터 '실천적 삼단논법'을 유추할 수 있다고 주장한다. Richard A. Muller, *Christ and the Decree: Christology and Predestination in Reformed Theology from Calvin to Perkins* (Michigan: Baker Book House, 1986), 25-27.

개혁파 칭의론에 관한 설교 내용이 본래 추구하는 효과수반발화의 효력을 그대로 성취하는데 매우 효과적인 설교학적인 문법이다.

## 나가는 글

반(半)펠라기우스주의(semi-pelagianism)가 NPP 운동의 저변에 깔려 있는 매우 치명적인 쟁점이라면, 현대교회의 설교에서 발견되는 매우 치명적인 문제점은 성화의 과정에서 이신성화보다는 인간 편에서의 선행이나 공로를 강조하는 율법주의 설교, 혹은 신인협력설 설교이다. 율법주의 설교에서 발견되는 중요한 설교학적인 문법은 구원 이후 성화의 과정에서 신자 편에서의 선택과 결단에 의하여 하나님의 미래가 결정된다는 조건부 명령법으로 나타난다. 필자는 현대 설교에서 발견되는 율법주의 설교의 네 가지 특징을 살펴보고 현대 설교 강단에 율법주의 설교가 하나의 설교학적인 현상으로 부상하게 된 역사적인 배경으로 기독교의 세속화와 사사화를 살펴보았다. 그리고 율법주의 설교에 대한 설교학적인 문법의 대안을 마련하기 위하여 Austin의 언어행위론과 구속사에 기초한 설교학적인 인간론 정립의 중요성을 확인하였다. 이어서 개혁주의 칭의론에 관한 설교학적인 문법으로 역동적 등가성을 위한 반전의 내러티브와, 계시된 구속 역사에 근거한 직설법과 명령법, 그리고 구원의 확신에 관한 실천적 삼단 논법에 관하여 논의하였다. 이상의 논의에 근거하여 개혁주의 칭의론에 관한 설교가 율법주의 설교 혹은 반펠라기우스주의 설교로 전락하지 않고 개혁주의 칭의론이 추구하는 이신성화의 효과수반발화의 효과를 올바로 성취할 수 있도록 하는 설교학적인 문법을 모색하였다. (*)

# 제5장
# 적용의 문제: 행위와 구원

13. 『행위없는 구원?』에 나타난 권연경의 '주석적 회개'(?)와
　　　　　　　　　종교개혁 신학으로부터의 이탈_ 김병훈

14. 구원론적 관점에서 본 정암 박윤선의 신학과 개혁신학
　　　　　　　- 믿음과 행위의 관계에 대하여 -_ 김병훈

# 13
# 『행위없는 구원?』에 나타난 권연경의
# '주석적 회개'(?)와 종교개혁 신학으로부터의 이탈[1]

김병훈 | 조직신학 • 부교수

한국 교회가 변화를 해야 한다는 주장은 이제는 전혀 낯설지가 않을 뿐 아니라, 더 이상 새로운 선지자적 메시지라 여겨지지 않을 만큼 여러 모양의 집회들에서 종종 언급되고 있다. 그러나 한국 교회가 그와 같이 변화를 요구하는 메시지로부터 윤리적 영향을 받아 신앙고백과 그 실제적 삶의 자태에서 긍정적인 변화를 향해 나아가고 있는가에 대해서는 여전히 회의적인 평가들이 많은 듯하다. 『행위없는 구원?』이라는 책을 통해서 권연경 교수(이하 저자로 표기함)는 한국 교회가 가르친 복음의 이해 자체가 '오직 믿음'과 '오직 은혜'라는 종교개혁 신학의 중심 사상을 피상적으로 이해하였을 뿐 아니라, 구원론적 심판이 순종의 행위에 의하여 결정된다는 성경

---

[1] 이 글은 권연경 교수가 2006년 SFC 출판사에서 펴낸 『행위없는 구원?』에 대한 서평의 형식으로 작성된 것으로, 이 책이 주장하는 바들 가운데 조직신학적 오류들을 담고 있는 문제점들에 대해서 비평을 시도한 것이다.

의 본래 가르침을 균형있게 이해하지 못하고 있다는 분석을 내어 놓고, 한국 교회의 개혁을 위한 애통의 탄식 소리를 높이고 있다. 저자는 자신의 주장의 정당성을 나름의 성경 주석을 통한 논증을 근거로 '성경을 보라'고 외치며 주석적 회개를 요구하고 있다. 본 서평은 저자의 주석적 노력 하나하나에 대한 평가를 시도하기보다는 이러한 노력의 결과로 나타난 신학적 명제들이 교회사 가운데 어떠한 신학적 정체성을 갖는지를 평가함으로써 저자의 신학적 소재를 규명하고자 한다.2 어떠한 신학적 명제들도 그것이 신학적이기 위해서는 성경의 주석적 지지를 받아야 하며, 또 그러한 지지를 나름으로 제시하고 있기 때문에 본 서평은 먼저 저자가 주석적 회개를 통해 어떠한 신학적 결과를 낳았는지 간략히 언급하고자 한다.

---

2 권연경의 『행위없는 구원(?)』은 소위 '바울의 새 관점'(New Perspectives on Paul)을 주창하는 James D. G. Dunn 또는 N. T. Wright 같은 신약신학자들의 견해에 그 이론적 기반을 충실히 두고 있다. 따라서 성경주석적 비평을 위해서는 '바울의 새 관점'과 관련한 신약신학자들의 논의를 살펴볼 것을 권한다. 예를 들어 다음의 문헌들을 참조하라. D.A. Carson and Peter T. O'Brien, and Mark A. Seifrid eds., *Justification and Varigated Nomism*, vol. 2: *The Paradoxes of Paul* (Grand Rapids, MI: Baker Academic, 2004); R. Scott Clark, ed., *Justification, and Pastoral Ministry: Essays by the Faculty of Westminster Seminary California* (Philipsburg, NJ: P&R Publishing, 2007); Gary L. W. Johnson and Guy P. Waters, eds., *By Faith Alone: Answering the Challenges to the Doctrine of Justification* (Wheaton, IL: Crossway Books, 2006); Seyoon Kim, *Paul and the New Perspective: Second Thoughts on the Origen of Paul's Gospel* (Grand Rapids, MI: William B. Eerdmans Publishing Co., 2002); John Piper, *The Future of Justification: A Response to N. T. Wright* (Wheaton, IL: Crossway Books, 2007); Mark A. Seifrid, *Christ, our Righteousness: Paul's Theology of Justification* (Downers Grove, IL: InterVarsity Press, 2000; Peter Stuhlmacher, *Revisiting Paul's Doctrine of Justification: A Challenge to the New Perspective* (Downers Grove, IL: InterVarsity Press, 2001); Frank Thielman, *Paul & the Law: A Contextual Approach* (Downers Grove, IL: InterVarsity Press, 1994); Guy Prentiss Waters, *Justification and the New Perspectives on Paul: A Review and Response* (Phillipsburg, NJ: P&R Publishing, 2004); idem, *Perspecitves Old and New on Paul: The "Lutheran" Paul and His Critics* (Grand Rapids, MI: William B. Eerdmans Publishing Co., 2004). 아울러 미국 장로교회 두 교단들의 총회 신학연구회 보고서 등을 참조할 것. *Justification: Report of the Committee to Study the Doctrine of Justification* (Willow Grove, PA: The Committee on Christian Education of the Orthodox Presbyterian Church, 2007); *Report of Ad Interim Study Committee on Federal Vision, New Perspective, and Auburn Avenue Theologies* (Presbyterian Church in America, 2007).

## 비평의 대상 또는 내용 - 구호성 신학인가 아니면 종교개혁 신학인가

저자가 위의 책에서 비평의 대상으로 삼는 주장이나 내용은 크게 둘로 구별된다. 하나는 한국 교회의 소위 통속적 신앙과 관련한 것으로 '행위가 아니라 믿음'이라는 이원론적 틀 속에서 형성된 "구호성 신학('오직 믿음!', '오직 은혜')"(13쪽)이다. 저자에 따르면, 종교개혁의 구원론을 단순화하여 고착시킨 이러한 구호성 신학은 "우리의 구원은 '행위' 곧 우리 삶의 실천적, 윤리적 차원과는 무관하다"(21쪽)는 잘못된 이해를 한국 교회에 심어주었다. 그러므로 저자는 이와 같은 한국 교회의 통속적 신앙을 야고보 사도가 비판하고 있는 행위 없는 믿음으로서의 "피상적인 믿음의 이해" 곧 "불량품 복음"(51쪽)으로 규정하며 이를 비평한다.

다른 하나는 성경 해석 및 신학적 문제 제기와 관련한 것이다. 이것은 다시 둘로 구별이 되는데, 그 중 하나는 바울 서신을 근거로 하여 '오직 은혜'와 '오직 믿음'의 구원론을 전개한 신학이 적어도 마태복음과 야고보서의 가르침을 충분하고도 적절하게 반영하지 않고 있다는 비평이다(21쪽). 말하자면 연역적으로 추출한 바울신학의 믿음과 은혜의 교리에 근거하여, 성경이 분명하게 말하고 있는 행함의 교훈을 행위를 배제한 '믿음'과 '은혜'의 교리로 환원시키는 오류를 범하고 있다는 주장이다. 성경 해석 및 신학적 문제 제기와 관련한 또 다른 비평은 "귀납적으로 도출해 낸 주석적 결론"에 따르면, 복음서와 야고보서 등은 물론이거니와, 바울 서신이 가르치는 구원론의 교훈조차도 그 속에 "거룩과 순종이라는 도덕적 요소"를 그 핵심으로 담고 있으며 "우리 삶의 도덕적 생김새가 우리의 구원과 직접적인 관련이 있을 수밖에 없다는 것"(95쪽)을 말하고 있음에도 불구하고, 바울신학에 대한 그릇된 이해를 바탕으로 '오직 믿음'이라는 구원론 신학이 복음에 대한 행위구원론적 교훈의 정당한 가치를 외면하고 있다는 것이다.

이상에서 살펴본 바와 같은 저자의 비평 대상 또는 내용은 저자가 궁극적으로 대단히 의미심장한 신학적인 토론을 전개하고자 하는 의지를 강하게 느끼게 한다. 일반적으로는 실천목회 측면에서 한국 교회의 "통속적 신앙"이 복음을 지나치게 '값싼 은혜'로 오해하는 잘못이 있음을 지적할 때, 대체로 신학에 충실하지 않거나 복음의 강론을 그릇되게 하는 설교자의 도덕성의 문제나 혹은 신학 자체의 이해 부족에서 문제점을 찾는다. 하지만 저자는 "불량품 복음"의 편만성이 단순한 실천목회 측면에서의 문제가 아니라, 보다 본질적으로 '오직 믿음!' 또는 '오직 은혜!'라는 구호로 흔히 대표되어 왔던 종교개혁의 신학 자체가 복음 신앙의 이해 및 실천적 오류를 내재하고 있다고 말하는 데까지 나아간다.

 예를 들어 저자는 루터가 말한 믿음은 "수동적 믿음"인데 반하여, 야고보서는 물론이거니와 바울서신들의 '믿음'은 "능동적 믿음 곧 행위에 의해 그 본질이 유지되는 그런 믿음"이라고(239쪽) 말한다. 이것은 마치 루터가 성경이 말하는 '믿음'의 개념을 그릇되게 해석한 토대 위에서 '오직 믿음'으로 요약되는 신학을 전개하였다는 의심을 저자가 갖고 있는 것으로 생각하게끔 하는 말이다. 종교개혁 신학 - 저자는 특별히 루터만을 언급하지만 결국 '오직 믿음,' '오직 은혜'가 종교개혁 신학에 통일된 이해임을 고려할 때 결국 개혁파를 포괄하는 종교개혁 신학 일반이 해당된다고 해야 할 것이다 - 에 대해 저자가 보이는 부정적인 평가는 "오직 믿음!"의 신학이 말하는 윤리적 강조가 "구원은 철저히 '행위 없는 믿음'만으로지만, 구원받는 자들은 어쨌든 (구원과 관계없이) 하나님의 뜻대로 사는 것이 좋지 않겠느냐는 권유"에 그치고 있다는 저자의 판단에서 더욱 분명하게 드러난다(242쪽).

 그러나 저자가 이해하는 바와는 다르게, 종교개혁 신학은 - 그것이 루터파이든지 개혁파이든지 - "행위의 열매가 없는 믿음"으로 의롭게 됨을 말하지 않으며, 그런 의미에서 개혁파의 경우는 더욱 더 행함과 분리된 믿음으로 의롭게 됨을 말하지 않는다. 종교개혁 신학이 말하고자 하는 바는 우리가 의롭게 되는 의의 근거가 우리의 행위의 의에 있는 것이 아니라 오직 그리스도의 의에 있을 뿐이며, 그러한 그리스도의 의를 받아 누리는 또는 그리스도의 의에 접붙임 받는 유일한 방식은 행위의 순종이 아니라 오직 믿음이라는 것이다.

16세기에 로마 교회와 개신교회의 구원론의 중심 논쟁점은 사람이 의롭게 됨에 있어서 행위와 믿음이 각각 어떠한 역할을 하는가에 대한 이해의 문제에 있었다. 로마 교회는 사랑으로 설명되는 행위가 의롭게 됨에 중요한 근거요 조건이 된다고 주장하였으며, 이에 대하여 개신교회는 의롭게 됨의 유일한 조건은 오직 믿음뿐이라고 주장하였다. 그러나 개신교회는 의롭게 되는 수단으로서의 유일한 조건인 믿음이 행위의 순종과 분리된다고 결코 말한 적은 없으며, 구원론에서 신자의 성화와 선행의 문제를 믿음과 관련하여 다루며 믿음과 성화, 믿음과 선행의 필연적 관계성을 강조한다. 다만 개신교회가 말하는 바는 그 믿음이 결코 행위 또는 사랑이 아니며 이들과 반드시 구별되어야 한다는 것이었다. 개신교회가 이렇게 주장하는 것은 이러한 개신교회의 이해가 성경의 올바른 교훈이라고 믿었기 때문이다.

의롭게 되기 위하여 그리스도의 의를 받아 누리는 방식 또는 수단이 행위가 아니라 단지 믿음뿐이며 그러한 해석이 올바른 성경의 가르침이라고 주장하는 것을 저자가 비평하고자 하는 것이라면, 저자는 종교개혁 신학이 성경적 교훈에서 이탈된 잘못된 복음을 가르치고 있다는 주장으로서 실로 파장이 어마어마한 비평을 하는 것이 된다. 저자는 '오직' 믿음만이 그리스도의 의를 수납하는 유일한 방식임을 인정하면서도 믿음에 필연적으로 수반되어야 하는 선행을 강조하지 않는 "통속적 신앙" 혹은 "불량품 복음"을 비평하는 것인가? 아니면 그리스도의 의를 수납하는 방식 자체가 행위라는 것인가? 필자가 읽기에 저자는 책 전반에 걸쳐서 이 두 가지를 분명하게 나누지 않은 채, 두 가지 모두를 문맥에 따라서 혼용하고 있다. 회심의 순간과 관련하여서는 믿음을 말하면서도, 종말론적 구원과 관련해서는 행위를 말하고 있기 때문이다(246~47쪽).

## 저자의 주장 - 행위에 근거한 종말론적 구원의 결정?

저자가 자신의 책을 통해서 답하고자 하는 주제는『행위없는 구원?』이라는 책 제목에서도 나타나고 있듯이 "구원과 행위는 어떤 관계를 갖는 것일까 하는 점"이다(11쪽). 그것도 특별히 바울의 복음 속에서 구원과 행위의 관계에 대한 올바른 정립을 제시하고자 한다. 저자는 바울 사도의 소명이 "하나님의 제사장 직무"를 수행함으로써 이방인을 하나님께서 받으실만한 거룩하고 흠 없는 제물로 드리는 것에 있다고 지목하고(57, 330쪽), 이러한 소명 의식에 따른 바울의 복음은 필연적으로 "성도들의 삶이 하나님의 뜻에 순종하는 삶"이 되도록 하는 것, 곧 윤리적으로 올바르게 되도록 하는 것이라는 도덕적 요소를 내포하며, 이것의 실현을 목표로 한다고 주장한다(94쪽).

여기서 저자는 거룩한 삶과 관련한 바울의 윤리적 교훈이 단순히 이미 구원을 받은 신자로서의 윤리적 열매에 대한 요청으로 그치는 것이 아니라, 오히려 열매가 구원을 결정하는 조건이 된다고 주장한다. 왜냐하면 바울의 사도적 소명은 종말론적 맥락에서 이해되어야 하는 것이기 때문이다. 저자는 이렇게 말한다. "바울의 사도적 기도와 권면은 그가 맡은 이방인 성도들이 이 심판 때에 하나님 앞에서 '거룩하고 흠이 없는' 제물로, 곧 하나님께서 '받으실만한' 제사로 '세워질' 수 있어야 한다는 것이었다. 쉽게 표현하면, 이는 우리가 심판 때에 하나님의 나라에 들어갈 합당한 자격을 갖춘 사람들로 인정되는 것을 의미한다"(96쪽). 저자에 따르면 바울 서신 속에서는 "행위구원론적" 관점이 "빈번하게 등장한다"(242쪽). 바울은 결코 불의한 삶을 살면서도 하나님 나라를 상속받을 수 있다는 생각을 용납하지 않기 때문에, "구원의 조건 혹은 유일한 방식으로 제시된 믿음이 행위 무용론적 의도를 내포한 개념일 가능성은 없다"(242쪽)고 저자는 주장한다.

바울의 구원론이 구원에 있어서 행위의 조건을 담고 있다는 주장을 보강하기 위한 저자의 노력은 "바울신학을 지탱하는 가장 핵심적인 개념들이면서도 바울신학의 이해 혹은 오해에 가장 결정적인 역할을" 하여온 "믿음"과 "은혜"의 개념에 대한 논의를 덧붙이기를 잊지 않는다. 저자는 바울에게 있어서 "믿음"이란 구원에서 행위는 아무 상관이 없다는 것을 말하기 위한 것이 아니며, 오히려 그리스도를 부활케 하신 "하나님의 창조적 능력"을 바라보며 "그리스도와 하나가 된 자들"이 "죄에 대하여 죽고 생명의 새로움으로 살아가게" 하는 것과 관련을 갖는다고 풀이한다. 따라서 믿음은 "순종의 무의미함"을 뜻하는 것이 결코 아니다(285쪽). 또한 바울에게 있어서 "은혜"란 인간이 타락한 이후에 죄에 의해 지배를 받던 상황에서 하나님의 거룩한 뜻에 순종하는 상황으로 바뀌는 도덕적 변화의 과정을 가능케 하는 하나님의 창조적이며 주권적인 간섭을 의미하는 것으로 풀이한다(342쪽). 따라서 은혜는 인간 행위의 무가치성을 전면에 내세우며 그 배면에서 "삶에 교묘하게 작용하는 죄의 전횡을 '방조'하는 역할"을 의미하는 것이 결코 아니라고 강조한다(294쪽).

이러한 저자의 주장의 핵심은 행위가 어떠한 의미에서든 종말론적 미래의 구원을 확정하는 데에 역할을 한다는 것이다. 저자의 강조는 단지 믿음과 행위의 불가분리성을 강조하는 데에 그치지 않는다. 만일 구원받는 믿음이란 행위의 순종이라는 열매를 필연적으로 낳아야 하는 것임을 강조하는 것이 저자의 저술 목적이었다면, 저자의 주장은 종교개혁 신학과 충돌되지 않을 수 있었을 것이다. 왜냐하면, 앞서도 말한 바처럼, 종교개혁

신학은 루터파의 경우 거룩하게 됨은 의롭게 됨의 열매 혹은 결과임을 말하며, 개혁파의 경우 의롭게 됨과 거룩하게 됨이 모두 그리스도와의 연합에 의하여 우리에게 미치는 이중 은총임을 말하기 때문이다. 설명의 방식과 강조점은 루터파와 개혁파 사이에 약간의 차이점이 있지만, 그러나 모두 의롭게 됨과 거룩하게 됨의 비분리적 필연성을 말한다는 점에서 완전히 일치한다. 저자가 강조하는 것이 단지 '믿음으로 의롭게 된 자는 죄에 대하여 죽고 새로운 생명으로 살아가야 마땅할 뿐만 아니라, 필연적으로 그러하여야만 한다'는 점에 있거나, 하나님의 은혜는 우리로 하여금 거룩한 새 생명의 삶의 열매를 맺는 믿음의 생활을 할 수 있도록 한다는 점에 있다면 그것은 종교개혁 신학을 환기시키는 의미를 지닐 것이다. 그러나 저자가 말하고자 하는 초점은 믿음과 행위의 관계를 넘어서 구원과 행위의 관계를 말하고자 하는 데에 있다.

  저자는 말하기를, 우리의 최종적인 구원은 "그저 주님의 이름을 부르는 정도의 '믿음'으로는 충분치 않으며" "제대로 된 삶의 '열매'를 보여주어야" 하는 것에 따라 결정된다고 한다. 다시 말해서 "현재 우리의 행위('열매')는 바로 우리의 본질('나무')를 드러내는 것이므로, 우리의 최종적인 구원은 현재 우리가 어떻게 살아가느냐에 따라 결정된다고 말할 수 있다"는 것이다(38쪽). 저자의 이러한 진술이 만일 믿음으로 이미 구원받은 자는 그리스도와의 연합에 의하여 자신 안에 새롭게 창조하신 새 생명의 열매를 맺으며, 그 열매를 통하여 그리스도의 의를 믿는 자신의 믿음이 살아 있는 참 믿음이라고 증거하고자 함이라면, 그의 진술은 종교개혁 신학과 별 다른 차이를 보이지 않게 될 것이다. 하지만 저자가 말하고자 하는 것은 열매가 구원받은 자임을 말하는 증거라는 것이 아니라, 열매로 인하여 구원이 결정이 된다는 것이다. 저자에 따르면 "우리가 하나님 앞에 선다는 것은 구원이 결정된 뒤 따로 취해지는 무슨 후속적 조치가 아니라 우리의 심판 자체를 의미한다." 저자는 이 말을 다시 풀이하여 "쉽게 표현하면 우리가 심판 때에 하나님의 나라에 들어갈 합당한 자격을 갖춘 사람들로 인정되는 것을 의미한다"(96쪽)고 이어서 쓰고 있다. 요컨대 열매는 누가 구원을 받은 사람인가를 분별하여 주는 증거에 그치는 것이 아니라, 누가 구원을 얻을만한 자격이 있는 자인가를 밝혀주는 조건이라는 것이다. 하지만 이러한 주장은 종교개혁 신학이 반대한 바로 그것이다.

물론 저자는 주의 깊게 우리가 우리의 순종으로 하나님의 구원을 살 수 있다고 말하는 것이 아님을 덧붙여 놓는다(343쪽). 그러나 그러한 덧붙임은 자신의 주장이 종교개혁 신학과 어긋나지 않음을 말하고자 하는 저자의 의도에서 비롯된 것이라면, 저자의 그러한 노력은 별다른 의미를 주지 못한다. 왜냐하면 만일 우리의 순종으로 구원을 획득할 수 있다고 주장한다면, 그것은 로마 교회이든 개신교회이든 심지어는 동방 교회이든 모든 기독교회가 5세기에 이미 이단으로 정죄하였던 펠라기우스의 주장일 따름이다. 펠라기우스의 정죄 이후에 기독교회의 합의된 공동의 인식은 구원론 이해의 맥락 안에서 어떠한 주장이 기독교이기 위하여 절대적으로 양보할 수 없는 조건은 인간이 하나님의 법을 지킴으로써 구원에 합당한 공로를 세워갈 수 있는 가능성, 이른바 자력 구원의 가능성을 부정하는 것이었다. 저자가 말하고자 하는 것이 순종으로 구원을 살 수 있음을 말하는 것이 아니라는 변명은 단지 그가 펠라기우스의 오류를 범하고 있는 것은 아니라는 주장을 말하고 있을 뿐이다.

종교개혁 신학이 천주교회에 대하여 반대하였던 것은 펠라기우스의 주장에 대한 논란을 넘어서는 다른 문제 때문이었다. 펠라기우스의 오류를 분별한 이후에 교회사에서 일어난 논쟁은 그리스도의 구원의 은혜를 어떤 방식으로 누리는가에 대한 것이었다. 이와 관련하여 반(半)펠라기우스주의를 공식적 견해로 취한 로마 교회는 믿음이 아니라 행위 또는 사랑이라고 주장을 한 반면에, 종교개혁 신학은 성경의 교훈에 따를 때 '오직 믿음'일 뿐이라고 주장한 것이다. 로마 교회의 주장은 인간 스스로 자력에 의하여 자기 공로로 구원을 이룬다고 말하는 것이 아니라 하나님의 은혜에 인간이 자유의지에 따라 협력하여 하나님께서 정하신 사랑의 법을 만족시킬 때 - 교회론적인 맥락에서의 성례전적인 요구가 전제되는 조건 하에서 - 비로소 구원을 받는다는 것으로 요약된다. 이에 대해서 종교개혁 신학은 하나님께서 자신의 은혜 안에서 우리에게 주신 그리스도의 공로를 믿음으로 의지하는 자에게 구원이 주어지며 그 믿음 또한 하나님의 은혜라고 고백하였다.

종교개혁 얼마 후에 개신교회 안에서도 반(半)펠라기우스의 견해를 좇는 신학이 나타났다. 개혁파 안에서 나타난 알미니우스의 신학이 그것이다. 그러나 이처럼 반(半)펠라기우스의 신인 협력설을 따르는 견해들조차도 그리스도의 의를 수납하고 그것에 접붙임을 받는 방식 또는 조건은 오직 믿음이라는 점에서 일치한다. 즉 모든 개신교 신학은 천주교 신학에 대항하여 의롭게 되며 구원을 받는 조건은 오직 믿음뿐임을 확고히 한 것이다. 따라서 저자의 주장은, 내용의 측면에서는 다소 차이가 있을 수도 있겠지만, 적어도 형식의 측면에서 전통적인 로마 교회의 구원론의 주장과 상당히 일치하며, 종교개혁 신학과 정반대로 어긋난 것이다. 자신의 견해가 귀납적 성경 주석의 결과에 충실한 것일 뿐이라는 저자의 주장에 의한다면, 결국 개신교회보다는 오히려 천주교회의 신학이 성경에 충실하다는 결론으로 - 저자의 의도가 이것을 말하고자 함이 아닐지라도 - 드러나게 된다. 비록 개신교회가 '오직 성경!'이라는 구호를 내세우며 자신들의 신학이 성경에 근거하고 있다고 주장하지만, 종교개혁 신학은, 저자가 표현하는 바를 빌어 말하면, 실질적으로는 교리적 연역에 불과한 것인가?

### 저자의 해석적 틀 - 초기 회심의 구원과 후기 종말의 구원?

저자의 궁극적인 바람은 저자가 밝히고 있는 문제 의식 가운데 드러나듯

"피상적인 믿음의 이해"에 머물러 있는 소위 "불량품 복음"(51쪽)을 치유하고자 하는 것이다. 저자가 택한 치유의 방법은 바울 신학이 구원론에 있어서 행위를 배제한 오직 믿음의 신학이 아니라, 오히려 행위를 구원의 조건으로 분명하게 제시한다고 밝히는 것이다. 아울러 바울의 구원론이 종말론적 심판에 있어서 행위의 조건을 강조하고 있는 공관복음서 및 야고보서 등의 신약성경 전반의 교훈과 일치한다는 점을 확실하게 드러내는 것이다. 그 결과 바울 신학이 행위의 구원론적 가치를 부인하고 있다는 그릇된 이해에 기초하여 복음서와 야고보서의 행위의 구원론적 가치를 '오직 믿음!', '오직 은혜!'라는 구호성 신학 안에 가두어 버리는 연역적 신학의 주장을 비판하는 것이다.

이러한 목표의 실현을 위하여 저자는 크게 세 가지 방향으로 자신의 주장을 논증한다. 하나는 마태복음과 야고보서 가운데 이른바 바울의 칭의론과 어긋나게 보이는 구절들을 주석하는 것이다(1장). 저자의 해석에 따르면, 마태복음의 구원론은 "우리의 행위가 구원 여부를 결정하는 핵심적 관건이라고 가르친다는 점"에서 분명 '행위 구원'의 교리에 가까우며(38쪽), 야고보서는 구원에 있어서 올바른 행위가 요구됨을 분명하게 가르친다(47쪽). 또 다른 하나는 바울 신학이 말하는 복음의 성격을 그의 사도적 소명과 연결하여 살펴볼 때, 바울에게서의 '믿음'과 '은혜'라는 주제는 우리의 구원 여부를 결정하는 조건으로서의 순종의 행위를 결코 배척하지 않음을 밝히는 것이다(2, 6, 7장). 끝으로 저자는 데살로니가전후서, 갈라디아서, 그리고 로마서 가운데 저자가 생각하는 중심 구절들을 주해함으로써 자신의 주장에 대한 소위 귀납적 주석의 결과를 제시한다(3, 4, 5장).

이와 같은 저자의 세 가지 주석적 방향들은 다시 커다란 한 해석적 틀 안에서 진행된다. 그것은 구원을 현재와 미래로 구별하여 궁극적인 의미에서의 구원은 종말론적 미래에 있으며, 종말론적 의의 심판은 믿음으로 인한 현재의 칭의의 필연적 결과가 아니라 행위를 조건으로 하는 미래에 속한 것이라는 전제이다. 즉 저자에 따르면 바울 신학을 비롯한 성경의 구원론은 현재적 칭의의 경우에는 인간의 도덕적 행위가 고려되지 않지만 (203쪽), 종말론적 심판은 인간의 행위에 의하여 그 결과가 달라진다(194 쪽). 예를 들어 저자는 갈라디아서에서 말하는 의롭게 됨이란 "현재 이미 성취된 상태가 아니라 마지막 심판 때에 주어질 소망의 대상"을 의미한다 고 해석하면서, 갈라디아서에서 말하는 의롭게 됨을 현재적 칭의로 생각하 는 것은 "로마서의 빛 아래서 읽기 때문"이라고 말한다(136쪽). 저자의 해석에 따르면, 로마서에서 말하는 의롭게 됨도 현재적 칭의를 가리키는 구절들과 미래적 칭의를 가리키는 훨씬 많은 다른 구절들에 따라서 각각 구별하여 이해되어야 한다. 저자는 말하기를, 현재적 칭의는 적어도 로마 서의 경우 3장에 한정되어 있는 반면에, 2장에서 3장 전반에 걸친 논증은 미래적 칭의를 말하며, 그런 맥락에서 5장에서 8장은 현재적 칭의가 어떻 게 미래적 구원으로 연결되는지를 풀어주는 논증이다(213쪽).

이처럼 저자가 의롭게 됨의 적용을 현재와 미래라는 시간의 구별에 따라서 다르게 해석하는 이유는 현재적 칭의와 미래적 구원이 서로 다른 개념을 가지고 있다고 믿기 때문이다. 한편으로 저자는 현재적 칭의와 관련하여 설명하기를 "십자가 사건에 근거"하여 주어지는 것으로 "하나님 의 은혜로 값없이 회복된 언약 관계 속으로 들어가게 된 사실"을 가리키는 것이라고 말한다. 즉 현재적 칭의는 "구원에 이르는 삶의 과정의 시초이지 구원의 최종적 획득이 아니다"(211쪽). 다른 한편 미래적 구원과 관련하여 저자는 "현재의 행위에 따라" 마땅한 심판을 받게 될 사실을 가리키며 "참고 기다려야 할 소망의 대상"이라고 말한다. 저자가 믿는 바에 의하면, 미래에 있을 구원의 심판은 "'칭의가 미래 심판의 선취'라는 식의 진술을 무의미하게 만든다"(209쪽).

결국 저자가 말하는 이러한 구분은 샌더스(E. P. Sanders)가 이해하 는 유대주의의 '언약적 율법주의(covenantal nomism)'의 구조와 흡사하다. 다만 차이점은 율법적 의식인가 아니면 믿음인가의 질문에 대한 대답에 있을 뿐이다. 저자는 바울 서신을 주해하면서 바울이 말하는 믿음과 행위의 반제는 믿음과 율법적 의식의 반제임을 분명하게 드러내기 위하여 노력한다. 저자에게는 바울 서신에서 바울은 하나님의 언약에 들어오는 방식의 문제를 다룰 때에 행위가 아니라 믿음이라고 말하고 있다. 저자는 말하기를 그렇지만 바울은 일단 믿음으로 말미암아 하나님의 언약 아래 들어온 자가 그의 윤리적 순종에 의하여 종말의 심판을 받는다는 점에서 근본적인 '언약적 율법주의'와 형식적 구조가 동일하며, 그런 의미에서 기독교의 복음은 '행위구원론적' 복음이라고 말해도 좋다는 주장을 강하게 드러낸다. 그러나 이러한 저자의 해석은 그리스도의 복음에 의한 구원이 전적인 은혜로 말미암은 것이라는 종교개혁의 신학과는 본질적으로 다른 복음에 대한 이해의 차이를 보여준다. 저자가 이해하는 복음의 신학적 소재는 어디인가?

## 신학적 소재(所在)

저자는 자신의 신학적 소재를 개혁주의에 두고 있는 듯하다. 저자는 '개혁주의 신앙'을 말하며, 또 개혁주의 신앙의 핵심이 '하나님의 절대 주권'임도 지적한다(343쪽). 그러나 저자는 자신이 말하는 바가 "종교개혁의 모토와 어긋난다는" 느낌을 줄 것임을 자인한다. 그 이유에 대해서 저자는 스스로 말하기를 자신의 주장하는 바가 "우리의 구원에는 행위가 필요하다는 사실을 강조"하는 것이기 때문이라고 밝힌다. 저자의 의도는 단순히 "'행위가 중요하다'는 교리적 주장"에 있는 것이 아니라, 구원을 얻는 믿음 자체에 대한 성경의 교훈을 바르게 정립하고자 하는 데에 있다고 말한다(344쪽). 그 결과 저자는 "믿음과 은혜의 메시지"에 반응하는 "인간적 삶의 정황"을 깊이 숙고할 때 '행위의 믿음'을 강조해야 할 필요성이 널리 인식되기를 간절히 바란다고 쓰고 있다(344쪽).

저자가 자인한 바처럼 저자의 주장은 종교개혁 신학과는 대척점에 서 있다. 저자의 동기와 바람이 한국 교회의 신앙의 윤리적 개선을 위한 긍정적인 점을 반영하고 있다는 점을 충분히 인정한다고 하더라도, 저자가 이른바 자신이 풀고 있는 성경 해석의 귀납적(?) 연구에 근거한 신학적 결과는 종교개혁 신학, 특별히 개혁 신학과는 전혀 다른 신학을 주장하며, 오히려 종교 개혁 당시의 천주교회 신학의 틀과 일치하는 특징을 보이고 있음을 주지할 필요가 있다. 단적인 예를 들어, '믿음으로 의롭게 됨'이라는 신학적 진술에 있어서의 '믿음'에 대한 해석이다. 저자는 회심의 초기 믿음과 종말의 심판의 때에 구원에 이르는 믿음을 구별하면서, 전자의 믿음은 선한 행위를 논할 근거가 없으며 "당연히 인간의 도덕적 행위와 구분"된다고 말한다(244쪽). 저자에 따르면, 바울이 로마서 3장에서 '믿음으로 의롭게 됨'을 말하는 것은 의롭게 됨이 우리의 도덕적 성과와 무관하다는 점을 분명히 하고자 함으로 해석된다(245쪽). 그렇지만 저자는 이러한 회심 초기의 믿음을 "구원의 전 과정에 적용되는 것으로 확대 해석"하여, "믿음은 원천적으로 행위를 배제하는 것"이라고 해석하는 것은 바울의 견해를 왜곡하는 것이라고 비판한다(243, 244, 245쪽). 왜냐하면 저자의 생각에 회심 초기의 믿음은 예수 그리스도의 은혜를 "수동적으로 혹은 심리적으로 수납하는 것"을 의미하지만, 종말의 심판의 때에 구원에 이르는 믿음이란 "능동적 믿음 곧 행위에 의해 그 본질이 유지되는 그런 믿음"이기 때문이다(239쪽). 저자의 해석에 따르면 바울이 로마서 5장, 6장, 8장 등에서 우리가 하나님과 의로운 관계를 누리고 있다고 말할 때 그것을 통해 말하는 칭의란 "추상적 혹은 법정적 개념"을 넘어서, "신자들의 도덕적 정화의 변화 또한 내포하는 개념들"이다. 요컨대 저자가 생각하는 구원에 이르게 하는 믿음이란 "행위와 한 덩어리로 엮어"지는 믿음이며, "사랑의 '수고'나 소망의 '인내'와 구별되지" 않는 믿음이며, 사랑과 구분이 되지 않는 믿음이다(254쪽). 즉 종말론적 소망에 이르게 하는 믿음은 "'사랑으로 역사하는' 믿음"이다. 저자가 이해하는 '사랑으로 역사하는 믿음'의 의미는 "믿음이 사랑에 의해 움직여진다"는 것을 뜻하거나, 혹은 "믿음 자체가 사랑을 통해 활성화된다"는 것을 뜻하는 것으로 풀이한다.

그런데 여기서 종교개혁자들은 저자의 생각과 같은 믿음의 이해에 대하여 결연히 '아니오!'라고 말하였음을 상기할 필요가 있다. 저자가 진술하는 여러 가지 신학적 명제들이 얼마나 종교개혁 신학과 어긋나는지에 대해서는, 종교개혁자들의 신학과 천주교회의 신학이 어떻게 다른지를 살피면 알 수 있는데, 특별히 천주교회의 '트렌트 종교회의 교리 강령'과 이에 대한 비판을 한 칼빈의 해독제(*Antidota*), 그리고 기독교 강요를 조금이라도 엿보면 저자의 신학적 진술과 천주교 신학의 유사성을 한눈에 알 수 있다. 첫째로, 천주교회는 종교개혁자들이 '믿음으로 의롭게 됨'을 말할 때, 그 믿음을 '미형성된 믿음'(*fides informis*)으로 단지 지적인 고백에 그치는 것이라고 비판을 하면서, 구원에 이르는 참된 믿음은 '형성된 믿음'(*fides formata*)이며 그것은 곧 사랑이라고 말하였다. 이것은 저자가 행위와 무관한 초기 회심의 믿음과 행위로 나타나는 종말의 구원의 믿음을 구별한 것과 일치한다. 이에 대해 칼빈은 믿음의 두 구별에 대해서 비판한다. 종교개혁자들이 말하는 구원에 이르는 믿음은 행위와 구별이 되는 믿음으로서 행위를 열매로 맺는 믿음이며, 행위와 분리되는 믿음은 아니기 때문이다. 저자가 말하는 초기 회심의 믿음과 후기 종말론적 소망에 이르게 하는 믿음의 구별은 바로 천주교의 '미형성된 믿음'과 '형성된 믿음'의 구별과 구조를 같이 한다고 볼 때, 저자의 주장은 종교개혁 신학에 대해 대척점에 서 있음을 알 수 있다.

둘째로, 의롭게 하는 믿음에 있어서의 두 구별을 반대한 종교개혁자들의 논점의 핵심은 믿음으로 의롭게 된다고 할 때 믿음이 행위와 분리되지 않는다는 데에 있을 뿐 아니라, 또한 행위가 비분리적으로 믿음에 수반된다고 해서 그 믿음이 행위라고 볼 수는 없다는 데에 있었다. 믿음과 행위의 비분리성과 구별성에 대한 이해에 기초하여 종교개혁자들은 '사랑으로 역사하는 믿음'에 대한 이해를 천주교회와는 분명히 다르게 하였다. 즉 믿음과 행위의 관계를 어떻게 이해하여야 옳은가에 대해서 종교개혁자들은 천주교회에 대하여 다른 견해를 주장하였던 것이다. 천주교회는 앞에서도 지적하였듯이 '형성된 믿음'은 "사랑으로 역사하는 믿음"(갈 5:6)이며, 칼 라너(Karl Rahner)가 해석 하듯이 그 자체로 곧 사랑이라고 주장하였다. 칼빈은 천주교회가 믿음과 사랑이 결국 동일한 실체라고 말하는 것에 대해 비판을 하면서 믿음은 결코 사랑과 비분리적이지만 믿음이 곧 사랑이거나 사랑이 곧 믿음은 아니라고 말하였던 것이다. 그러나 저자는, 천주교회에 대한 칼빈의 비판과는 정반대로, 사랑이 곧 믿음 자체에 대한 정의라고 말한다(151쪽). 종교개혁자들은 사랑은 믿음의 열매 또는 증거로 이해하거나, 또는 칼빈이 말하듯이 의롭게 하는 믿음 안에서 그리스도의 은혜에 대해 감사하는 반응으로서의 사랑으로 이해하였다. 그러나 저자는 단호히 종교개혁자들의 이해를 거부하면서 "'사랑으로 역사하는 믿음'이나 '새 창조'에 담긴 도덕적 내용은 지금까지 나온 (의롭게 하는, 수동적) 믿음의 (부차적?) 결과가 아니다"라고 쓰고 있다(151쪽). 저자의 견해에 따르면, 믿음이 사랑을 통해 활성화된다(150쪽). 그러나 종교개혁자들에 따르면 사랑이 믿음을 통해 활성화된다. 믿음과 사랑의 상관 관계에 대한 이해에 있어서, 저자의 견해는 종교개혁자와는 어긋나며 오히려 천주교회와는 유사한 설명을 제공한다. 저자와 종교개혁자들 사이에는 적어도 원인과 결과, 혹은 근원과 열매의 상관성이 서로 반대로 해석되고 있는 것이다.

  셋째로, 저자는 의롭게 됨의 성경적 의미를 종교개혁자들이 한 목소리로 비판한 천주교회와 동일하게 이해한다. 천주교회는 의롭게 됨이란 단지 죄의 사함만이 아니라 은혜와 은사를 자발적으로 받아들임으로써 속사람이 거룩케 되고 새롭게 됨이라고 주장하였다. 이것은 칭의가 법정적 개념을 넘어서 도덕적 정화의 변화까지 내포하는 개념이라고 말한 저자의 이해와 그대로 일치한다. 종교개혁자들은 천주교회의 이해가 '의롭게 됨'과 '거룩케 됨'을 구별하는 성경의 교훈을 바르게 깨닫지 못한 데에서 비롯된 것으로 비판하였다. 칼빈은 그의 '해독제'에서 로마서 4장과 그곳에서 바울이 인용하고 있는 시편 32편, 그리고 사도행전 13:38을 언급하면서, 바울이 말하는 것은 '질적으로 의롭게 되기 시작함'을 말하는 것이 아니라, 단번에 도달한 의를 말하는 것이라고 분명하게 밝히고 있다. 칼빈에 따르면, 우리가 의롭게 되는 것은 오직 '죄의 사함'과 '의의 전가'에 의한 것일 뿐이며, 우리의 거룩함에 의한 것이 아닌 것이다. 물론 칼빈은 의롭게 됨과 거룩케 됨이 서로 분리되어 있다고 말하지는 않는다. 이 둘은 항상 영속적으로 결합되어 있으며 연결되어 있기 때문이다. 이것은 마치 태양의 빛이 열과 결코 분리되지 않는 것과 같다고 말한다. 그렇지만 빛과 열을 혼동한다면 그것보다 더 큰 무지는 없을 것이라고 비판한다. 결국 칼빈이 천주교회를 비판한 요점은 의롭게 됨의 원인은 오직 한 가지뿐이라는 사실을 천주교회가 바르게 이해하지 못하고 있다는 사실이다. 천주교회는 의롭게 됨의 원인을 이중적으로 설명한다. 한편으로는 죄의 사함에 의하여 의롭게 된다고 말하며, 다른 한편으로는 영적인 중생으로 인하여 의롭다함을 받는다고 말한다. 말하자면 한편으로는 의의 전가로, 다른 한편으로는 질적으로 의롭게 된다고 말하는 것이다. 하지만 칼빈의 주장은 이것이 오직 단 하나의 단순하며 값없이 베푸시는 하나님 은혜로 인하여 이루어지는데, 그것은 하나님이 그리스도 안에서 우리를 받아주시는 것에 의하며, 그것은 우리의 질적인 변화에 근거한 것이 아니라고 강조하는 것이었다. 이러한 칼빈의 비판에 비추어 볼 때, 칭의를 "추상적 혹은 법정적 개념"을 넘어서, "신자들의 도덕적 정화의 변화 또한 내포하는 개념들"로 이해한 저자의 견해는 종교개혁 신학과 상당한 거리가 있음을 드러낸 것이다.

넷째로, 종교개혁자들은 의롭게 됨을 이중적으로 구분하지 않는다. 천주교회는 '미형성된 믿음'을 통하여 '세례'를 받음으로써 실제로 의롭게 됨으로 나아가는 준비의 단계에 이른다고 말하였다. 그리고 이어서 '죄의 사함'과 '거룩케 됨'이라는 의롭게 됨의 실재적인 변화가 순종의 믿음, 곧 사랑을 통하여 이루어지게 된다고 주장하였다. 이에 대하여 종교개혁자들은 '의롭게 됨'이란 이중적인 단계로 인하여 구분되는 것이 아니라 전 생애에 걸쳐서 지속적으로 적용되는 단 하나의 의롭게 됨이라고 교훈하였다. 칼빈은 이러한 천주교회의 주장, 곧 믿음으로 의롭게 됨은 단지 의롭게 됨의 시작에 불과할 뿐이며 다만 그것이 시작이라는 의미에서만 믿음 또한 의롭게 하는 것이라고 말할 수 있다는 주장은 근본적으로 "하나님의 의가 나타나서 믿음에서 믿음으로 이른다"(롬 1:16)는 성경의 교훈에 정면으로 배치된다고 비판하였다. 아브라함이 믿음으로 의롭다함을 받았을 때, 그리고 다윗이 죄의 사함을 통한 의롭다함의 행복을 노래할 때, 그들이 단지 믿음의 초보자가 아니라 이미 성숙한 신앙인임을 지적하면서, 칼빈은 그들에게 주어진 믿음으로 말미암는 의롭다함이 결코 신앙의 초기에만 주어지는 것이 아니라 그들의 전 생애에 걸쳐 베풀어지는 것이라고 역설하였다. 의롭게 됨을 '믿음에 의한 회심 초기의 의롭게 됨'과 '순종의 행위에 근거한 종말의 의롭게 됨'으로 나누는 저자의 이중적인 구별은 종교개혁자들이 비성경적이며 잘못된 신학이라고 비판하면서 단호하게 거부하였던 바로 그것이었다.

다섯째로, 저자가 말하는 하나님의 은혜와 구원의 관계는 개혁주의 신학이 말하는 하나님의 주권의 이해와 일치하지 않는다. 저자는 '오직 은혜'라는 표현이 하나님의 주권적 결정을 잘 표현하고 있음은 인정하지만(292쪽) 그것이 행위를 배제하는 것으로 오해해서는 안 된다고 역설한다. 물론 '하나님의 은혜'를 "구원의 과정이 시작되는 방식"으로 이해할 때에는 행위의 개념이 배제되지만(293쪽), 일단 "하나님과 새 언약 관계로 들어가게" 된 이후에는 하나님의 은혜가 "우리의 올바른 삶을 이끌어 내도록 되어 있는 하나님의 선행적 은혜"(294쪽)를 의미하며 또한 은혜의 목적은 "죽음의 고리를 끊고 의로움에서 영생에 이르게 하는 삶의 과정"(316쪽)을 시작케 하는 것에 있기 때문에, 은혜가 결코 행위의 개념과 어긋나지 않는다고 저자는 강조한다. 오직 하나님의 은혜로 죄의 사함을 받게 되며, 또한 거룩한 삶을 살아갈 능력을 덧입게 된다는 점들은 개혁주의 신학도 또한 인정하며 강조하는 바이다. 그렇지만 개혁주의 신학에 따르면 인간은 하나님의 은혜로 중생한 이후에 거룩한 삶의 능력을 부여받은 후에도 여전히 부패한 성품의 연약성을 완전히 극복하지 못하며, 따라서 오직 그리스도의 공로만을 의지하는 믿음 안에서 의롭다함의 은혜를 누린다고 말한다. 하지만 개혁주의의 이러한 이해와는 다르게, 저자는 "하나님의 뜻을 따라 살아가는 존재로 변화시키시는 역동적 과정"(333쪽)으로서의 은혜의 결과로 나타나는 행위의 순종이 구원의 근거가 된다고 말함으로써 개혁주의 신학에서 비껴간다. 저자에 따르면, 하나님의 은혜란 "죄가 지배하던 우리의 삶 속에 창조의 하나님, 부활의 하나님이 개입하셨다는 진리"를 표현하는 바, 이러한 은혜의 통치를 받는 거룩한 삶을 행위의 순종으로 구현할 때에 비로소 우리는 "은혜로 의롭다 하심"을 얻게 된다(315쪽). 요컨대 중생자의 선한 행위는 구원과 무관한 것이 아니다(339쪽).

우리를 믿음으로 의롭게 하시는 성령님께서 또한 우리를 순종으로 거룩케 하시며 그것이 전적으로 하나님의 은혜라는 것은 종교개혁자들이나 천주교회 신학자들이나 어느 편도 부인한 적이 없다. 따라서 저자의 설명은 아무리 은혜를 강조하더라도 종교개혁적이기만 한 것은 아니다. 천주교회는 저자와 동일하게 거룩케 하시는 성령님의 은혜에 순종하는 인간의 행위가 구원론적 가치라고 인정하였다. 물론 천주교회는 저자와 마찬가지로 이러한 인간의 행위가 그리스도의 공로를 대신한다는 의미에서의 구원론의 근거가 된다고 말하지 않는다. 그들이 말하는 바는 다만 이러한 순종의 행위가 그리스도의 공로에 접붙임을 받아 구원의 은혜를 입게 되는 수단 혹은 통로가 된다는 것이다. 이러한 주장은 펠라기우스주의와 구별하여 소위 세미펠라기우스적이라고 일컬어지는 신인(神人) 협동론적 구원론으로 이해되었다. 신자의 순종적 행위의 공로적 가치를 가리켜 천주교회는 하나님의 공의에 따라 구원론적 가치를 지니는 절대적 적정공로(meritum de condigno)와 구별하여 하나님의 긍휼에 근거한 협력적 재량공로(meritum de congruo)라고 일컬었다. 하지만 칼빈은 협력적 공로가 사람을 통하여 드러났지만 하나님의 은혜에 의한 것이기 때문에 하나님 스스로 은혜의 일하심을 인정하신다는 의미에서 종말론적 상급의 근거가 될 수는 있지만 그것이 어떤 의미에서도 구원의 결정과 관련하여 의미를 갖지는 못한다고 주장하였다. 즉 하나님의 은혜에 의한 협력적 공로는 단지 상급의 근거로서만 의미를 가질 뿐이며, 구원은 오직 하나님의 주권에 따라서 정하신 바에 따라 '오직 믿음'에 의하여 의롭게 하신 이들에게 주어진다는 것이 칼빈의 주장이다. 따라서 거룩케 하시는 하나님의 목적과 그 실행에 따라 나타나는 순종의 행위에 구원론적 결과를 의존케 하는 저자의 사상은 개혁주의 신학과는 상당한 거리가 있다.

끝으로, 구원의 확신에 대한 저자의 설명은 특별히 개혁주의 신학과 일치하지 않는다. 저자는 미래적 구원의 확신이 오늘 현재의 믿음 안에 연결되는 것에 대해서 상당히 신중할 것을 요구한다. 적어도 "하나님께 대한 인격적 신뢰"를 현재 가지고 있지 않으면서도 단지 교리적으로 미래의 구원을 현재화시켜서 확신을 주장하는 것은 하나의 "언어적 조작"이며 "불안감을 해소하려는 이기적 강박증의 표현"일 뿐이라고 비판한다(229쪽). 구원의 확신이 진정한 것이 되기 위하여서는 미래의 소망을 확신하는 현재의 믿음이 참된 것이어야 한다는 점에 대해서는 개혁주의 신학도 또한 저자와 마찬가지로 강조하는 바이다. 뿐만 아니라 구원의 확신의 근거가 "십자가와 부활을 통해 우리를 의롭게 하시고 우리를 자신과 화목케 하시는 하나님의 역사"(228쪽)에 근거하고 있다는 저자의 설명은 개혁주의 신학과 차이를 보이지를 않는다.

　그러나 한편으로 현재의 참된 믿음과 다른 한편으로 십자가와 부활을 통한 하나님의 역사가 구원의 확신과 관련하여 어떠한 상관성을 갖는가에 대한 이해에 있어서 저자의 생각은 개혁주의 신학과 어긋난다. 저자에게 있어서의 구원의 확신의 근거가 되는 하나님의 역사는 자신의 아들을 내어주시는 놀라운 사랑을 우리에게 베푸셨으니 믿음으로 은혜의 복음에로 초청을 받은 우리가 우리 안에 역사하는 성령님의 능력을 힘입어서 그의 복음에 순종하면 우리가 구원을 얻게 되리라고 판단할 수 있는 것을 제공하는 역할을 한다(228, 229쪽). 따라서 저자가 말하는 구원의 확신은 미래에 구원을 주실 것이라는 하나님의 사랑의 약속을 바라보면서, 현재의 고난을 감내하는 믿음의 현재적 순종을 통하여 주어지는 것이다. 그러나 칼빈이 말하는 구원의 확신은 이와 다르다. 칼빈이 말하는 바는 비록 내가 연약하여 온전한 순종을 이루지 못하여 곤고하고 비참한 자로서의 탄식이 있다 할지라도(로마서 7장) 나를 부르시고 그리스도의 은혜를 바라보게 하시는 하나님의 현재적 은혜가 미래적 종말의 심판의 때에도 여전하실 것이기 때문에 현재의 고난 가운데서도 누리는 구원의 확신이다. 즉 개혁주의 신학이 말하는 구원의 확신은 현재의 믿음 안에서 누리는 확신이지, 현재의 순종을 근거로 누리는 확신이 아니다. 따라서 구원의 확신은 "우리가 '구원을 얻었다'가 아니라 '구원을 얻을 것이다'라고 이해해야 한다는 저자의 주장과는 전혀 다르게, 개혁주의 신학은 구원에 관하여 현재 이미 미래에 있을 구원을 누리고 있는 것이므로 "구원을 얻을" 뿐 아니라 "구원을 이미 얻은" 것이기도 하다고 교훈한다.

　만일 현재의 순종을 근거로 누리는 확신이라면 그것은 저자가 말한 대로 "불확실한 미래"(229쪽)에 대한 확신일 수밖에 없을 것이다. 천주교회는 저자와 마찬가지로 현재의 믿음을 근거로 종말의 구원의 소망을 확신할 수 있다고 말한 종교개혁자들에 대하여 헛된 확신을 가르친다고 비판하였다. 이에 대하여 칼빈은 로마서 8장에서 바울이 죽음과 음부에 대해서 조롱을 하거나 5장에서 하나님의 영광의 소망을 자랑한 것은 그가 성령께서 그의 심령 안에 하나님의 사랑을 부으신바 되었기 때문이라고 반박하였다. 우리가 현재 받은 것은 두려워하는 종의 영이 아니라 성령의 양자의 영이며, 우리의 공로에 따라서 달라지는 약속이 아니라 하나님의 은혜에 따라서 주어지는 확고한 약속이기 때문에 믿음으로 그리스도를 영접한 자는 미래의 소망을 현재에 누릴 수 있다고 교훈하였던 것이다. 천주교인들이 비록 그리스도의 은혜에 대한 총론적인 확신을 찬미하지만, 그것이야말로 혼잡한 공상에 불과할 뿐이라고 칼빈은 비판하였다. 왜냐하면 천주교회 신학은 하나님의 구원의 은혜를 얻었음을 굳건한 믿음의 확실성으로 알 수 있음을 부인하고 있기 때문이다. 저자가 말하는 구원의 확신도 결국 그리스도의 은혜를 총론적으로 말할 뿐이라는 점을 생각할 때, 저자의 이해는 개혁주의 신학보다는 오히려 천주교회의 신학에 근사하다고 할 것이다.

저자의 신학적 소재를 어디에 두어야 할 것인가? 앞에서 대략 살펴본 바에 비추어, 저자의 신학은 종교개혁자들의 신학과는 분명히 거리가 있으며, 특히 개혁주의 신학과는 구조적으로 정반대의 대척점에 놓여 있다고 말하여야 할 것이다.

## 맺는 말 - 성경의 신학적 해석?

저자의 주장은, 연역적인 신학의 결론에 맞추어 성경을 해석하지 않고 성경의 귀납적 관찰에 근거하여 신학을 평가하며 성경의 교훈을 정직하게 따라갈 때, 성경이 뜻밖에(?) 구원에 있어서 행위의 가치를 얼마나 분명하게 강조하고 있는지에 대해서 새롭게 인식하게 될 것이라는 데에 있다.

그리고 그 중심에는 바울이 의롭게 됨과 관련하여 믿음과 은혜를 말할 때 믿음과 율법 사이의 반제는 '행위를 배제한 믿음'과 '행위' 사이의 반제가 아니라 '그리스도를 믿는 믿음'과 '의식법으로서의 율법에 대한 순종' 사이의 반제였다는 저자의 생각이 놓여 있다. 그러나 저자가 말하는 신학적 명제들뿐 아니라 이러한 해석학적 주장도 또한 이미 종교개혁자들에 의해서 검토되었던 내용들이다. 특별히 칼빈만 보더라도 그는 로마서, 갈라디아서 등을 비롯한 바울 서신을 주석하면서 당시 천주교회의 주장, 곧 믿음의 반제로서의 율법을 의식법으로만 국한하고 도덕법적 의미로는 해석하지 않으려는 주장이 옳지 않음에 대해서 성경의 주석적 평가를 통해 여러 곳에서 논증하고 있다. 종교개혁자들, 특별히 개혁주의 신학은 그들이 내세운 또 하나의 구호, '오직 성경'이 말하는 바처럼, 철저한 성경의 역사적, 문법적, 신학적 해석에 기초한 주석의 결과로 세워진 것이다. 각각의 성경의 구절은 전체적인 성경의 교훈에 일치하여 해석을 하는 소위 '성경의 유비'(analogia Scripturae)와 '신앙의 유비'(analogia fidei)라는 해석의 원리도 이러한 성경 주석의 노력과 신학의 정립의 토대 위에서 주어진 교훈인 것이다. 따라서 저자가 암시하듯이 저자의 신학적 결론은 성경의 교훈에 충실한 것이며 '오직 믿음'의 종교개혁의 신학은 성경의 교훈을 균형 있게 담지 못하고 있거나 또는 신학의 연역에 의하여 성경이 굴절이 된 것이라는 주장은 너무나 지나친 진술이며 오류를 피하기 어려운 진술이라고 결론을 내리지 않을 수 없다.

저자는 루터의 신학이 균형을 잃은 신학이라고 하였다(345쪽). 개혁주의 신학이 루터파와 견해를 다르게 하는 일정한 분량이 있는 만큼 개혁주의 신학에서 루터파를 향하여 성경의 교훈을 균형 있게 설명하지 못하고 있다고 말할 수도 있을 것이다. 하지만 개혁주의 신학은 '오직 믿음' '오직 은혜' 그리고 '오직 성경'으로 집약되는 종교개혁의 신학 틀과 관련하여서는 루터파의 신학이 균형을 잃은 과장된 신학이라고 말하지 않는다. 그것이 천주교회 신학과 비교하여 분명히 성경적 교훈과 일치하기 때문이다. 루터의 신학을 과장된 신학이라고 폄하한 저자는 그 과장이 역사적 정황에 비추어 나름대로 의미를 갖는다고 제한적이나마 다시 부추기며 자신의 주장 또한 한국 교회의 정황에 비추어 다소 과장의 표현을 담고 있으나 의미를 갖는다고 말한다(346쪽). 그런데 그 과장이 담고 있는 신학은 반(反)종교개혁적이다. 한국 교회의 현재가 종교개혁 신학을 부정하고 천주교회 신학으로 돌아가야 할 역사적 정황에 처해 있단 말인가? 그것이 저자가 보는 한국 교회의 문제의 해결을 위한 마땅한 처방인가? 결론적으로 저자가 한국 교회의 신앙이 윤리적 명령이나 요구에서 유리되고 있는 현상을 안타깝게 여기며, 목회적 심령으로 복음을 바르게 믿는 신앙이 행위와 비분리적임을 말하고자 하는 강한 열정을 보이고 있음에 대해서는 십분 동의하며 마음을 같이 하지만, 그럼에도 불구하고 최소한 저자의 신학적 주장들은 복음 이해의 근본적인 구조와 틀에 있어서 개혁주의 신학과는 완전히 어긋난다고 평가를 내릴 수 있겠다. 끝으로 저자의 염려와는 달리, 종교개혁 신학은 그 자체로 성경적이며, 또한 구원을 얻는 믿음의 윤리적 근거를 충분히 제공하여 준다는 사실을 강조해 둔다. (*)

## 14
# 구원과 행함: 정암 박윤선의 개혁신학[1]

김 병 훈 | 조직신학 · 부교수

## 1. 들어가는 말

선교사들에 의해 한국 교회에 복음이 들어온 해가 1884년이므로 올해로 복음의 빛이 이 땅에 비췬 지가 어언 127년이 된다. 특별히 한국 교회 전체의 75%에 해당하는 장로교회는 내년인 2012년이면 장로교 총회가 구성이 된지 100년을 맞이한다. 평가를 받기에 결코 짧지 않은 세월을 지나온 한국 교회는 어떠한 모습으로 비춰지고 있는가? 빠른 성장으로

---

[1] 본 글은 신학정론 29-2(2011), 458-534에 실린 "구원론적 관점에서 본 정암 박윤선의 신학과 개혁신학 -믿음과 행위의 관계에 대하여-"의 논문 제목을 수정한 것임.

세계 선교역사에 특별한 인상을 주었던 한국교회는 이제 그 교세가 줄어들고 있다고 한다. 그리고 그 까닭은 1970년대의 부흥회를 통한 급격한 양적 팽창과 더불어 교회 일반이 질적으로 하락한 데에 있다고 평가를 받고 있다. 그렇지 않아도 복음에 대해 기본적으로 적대적인 이 세상에 의해 질타와 비웃음을 받는 빌미를 교회 스스로가 제공하고 있다는 것이다. 한국교회는 양적으로 수축이 되어가는 위기를 맞이하고 있으며, 다음 세대의 신앙과 복음전도의 활성화를 위한 변화의 필요성이 이의없이 받아들여지고 있다.

그러기에 부흥의 전기를 다시금 맞이하기를 바라던 한국교회는 2007년에 'Again 1907년'을 표어로 내걸며 부흥의 열기를 북돋기에 힘을 쏟았다. 1907년 평양 장대현 교회에서 시작된 대각성 운동은 회개의 불길을 일으켰으며, 한국교회에 성령의 역사가 임하였음을 증거하기에 의심의 여지가 없었다. 그로 인하여 한국교회는 부흥의 첫걸음을 내딛게 된 것으로 평가를 받는다. 변화를 통한 부흥의 재도약을 간절히 바라던 한국교회는 2007년을 맞이하면서 교회의 윤리적 문제들을 언급하며 회개를 강조하는 다양한 형태의 발언들을 하였다. 장로교 교단별로, 또 초교파적으로 대규모 집회를 열었고, 신학논문들을 발표하는 등 다양한 시도들을 통해 누구나 예외없이 회개와 변화를 강조하였다. 그러나 그러한 회개의 외침은 상당한 사람들이 이미 예상한대로 한국교회의 변화를 전혀 이끌어 내지 못했다. 그저 일과성에 그치는 구호와 행사들로 끝나는 것이 아닐까 우려가 되었던 바대로 그렇게 끝이 나버리고 말았다.

이러한 결과는 아마도 한국교회의 행사들의 초점이 회개보다는 부흥에 있었기 때문인지 모른다. 만일 정녕 'Again 1907'을 통해 한국교회가 바라던 것이 회개의 변화였다면, 2007년의 많은 행사들 이 후에도 여전히 뚜렷한 변화의 열매를 보이지 않는 현재의 모습을 보며, 장로교 총회 100년을 한 해 앞두고 있는 지금 더욱 더 뜨겁고 깊은 회개의 촉구와 간구가 일어나야 할 터인데, 2007년에 비해 회개와 변화를 외치는 행사의 움직임이 별로 뚜렷하게 보이지 않고 있다. 이러한 현황은 'Again 1907'을 통해 한국교회가 진정으로 바라던 것은 회개의 대각성이 아니라 오직 성장에 대한 갈망이었을 뿐이라는 해석에 힘을 실어준다. 표면으로는 회개를 강조하면서도 내심으로는 수적 부흥에 대한 열망에서 1907년의 대각성 운동을 회고하며 기념행사들을 한 것이라면 그 모든 행사들은 자기모순적이며 외식적인 것이라 아니할 수 없을 것이다. 왜냐하면 2007년 한국교회의 회개의 외침은 물량적이며 외형적 성장주의의 욕망에 기초하여 성경의 교훈에 일치된 신앙을 가르치고 배우며 실천하는 일에 관심을 잃고 무력했던 모습들을 그 내용으로 삼았던 것인데, 오히려 회개와 부흥을 내세웠던 그 모든 행사들의 기초에 다시금 외적 성장으로 표현이 되는 부흥에 대한 바람이 동기로 자리하고 있었다는 말이 되기 때문이다. 표면적으로는 스스로 극복하여할 대상으로 삼았던 물량적 성장주의의 욕망이 그 모든 행사들을 기획하고 시행하는 동기가 된 셈이니, 어떻게 회개의 변화가 나타날 수가 있었겠는가? 그렇게 보니 1912년 한국 장로교 총회의 설립의 사건이 1907년 대각성에 비해서 한국교회의 주목을 상대적으로 덜 받고 있는 것은 이해할 만한 일이다. 한국 장로교총회 설립의 사건에는 양적 부흥을 자극할만한 요소가 뚜렷이 없기 때문이다. 이해할 만한 일이겠지만 지금 한국교회에는 그나마 소리로라도 들렸던 회개의 외침이 점차 약하여지고 있다. 그다지 바람직한 일이 아니다.

한국교회에 대하여 냉정하게 평가를 한 손봉호 교수의 말을 빌면 한국교회의 문제는 단순히 심각하다는 표현으로는 부족할 만큼 깊은 수렁으로 들어가고 있다. 올 가을에 들어 9월 22일과 26일에 각각 다른 모임에서 한국교회에 대한 진단과 미래를 논하는 일이 있었다. 하나는 서울 YMCA가 '한국 기독교 희망이 있는가?'라는 주제로 주최한 제 4회 '종로포럼'이며, 다른 하나는 '청어람아카데미'가 '한국교회가 선 자리'라는 주제로 주최한 대담회였다. 종로포럼의 주제와 관련하여 서울 YMCA는 "한국교회가 연일 부정적인 사건들로 비판의 대상이 되고 있는 가운데, 교회의 실제적인 문제점과 대안이 무엇인지" 짚어보기 위함이라고 밝히고 있다.2 손봉호 교수는 두 곳 모두에 초청을 받아 발제를 하고 대담을 나누었다. 한 곳에서 손봉호 교수는 한국교회에 대하여 다음과 같이 말했다.

> 한국 개신교는 지금 사사 시대와 같다. 사사 시대에 이스라엘 백성은 하나님의 도움으로 구원을 받으면 다시 우상을 섬기고 하나님의 도움으로 구원을 받으면 다시 우상을 섬기고 하나님을 배신했다가 하나님의 심판을 받게 되는 역사를 반복한다. 한국교회는 지금 돈, 권력, 명예라는 우상을 섬기고 있다. 이런 것들이 있어야만 하나님께서 복을 준다고 믿으며 살고 있다. 한국 교회가 회개할 것이라고 기대하지 않는다. 시궁창 밑까지 떨어져서 다시 시작해야 한다. 물론 남아 있는 그루터기들이 있어야겠다.3

손봉호 교수의 말에 따르면, 한국교회는 돈, 권력, 명예라는 우상을 섬기는 죄 가운데 있을 뿐만 아니라, 회개의 가능성마저도 보이지 않을 만큼 타락해 있다. 마지막 바닥, 그것도 더럽고 썩어빠진 시궁창 밑까지 전락이 되는 수치를 겪고 나서야 비로소 회개의 참된 눈물이 있게 될 것으로 평가를 받고 있다.

손봉호 교수의 진단에 동의를 하든지 그렇지 않든지, 한국교회가 개혁이 되어야 할 많은 문제를 가지고 있다는 지적에 대해서 부인할 사람은 거의 없을 듯하다.4 언제부터 한국교회가 이러한 부패와 타락의 수렁에 빠지게

---

2 www.newsmission.com/news/articlePrint.html?idxno=42335
3 www.newsnjoy.or.kr/news/articlePrint.html?idxno=35907
4 한국교회의 위기인식은 교계 전반에 걸쳐서 확인이 된다. 제 5회 바른신학 균형목회 세미나에서 박종순 목사는 다음과 같이 말했다. "교회가 세 불리고 대형화하는데 열성이다. 나쁜 건 아니다. 그러나 본질은 아니다. 무엇 때문에 교회가 존재하는가? 교회는 반드시 해야 할 일과 하지 않아도 될 일을 구분해야 한다. 뒤바뀌면 안 된다. 목회도 예외가 아니다. 쓸데없는 일로 바쁘면 안 된다. 예수와 상관없는 일로 바빠서는 안 된다. 무릎꿇는 시간이 더 많아야 한다 … 지금 한국교회는 벌판의 빈집처럼 바람막이

된 것일까? 이 질문에 대한 답을 찾는 것은 한국 교회사 연구의 영역이며 논문이 다룰 수 있는 주제범위를 넘어서는 일이다. 하지만 논문의 연구 범위 안에서도 현재 한국교회에 대한 부정적 진단과 동일한 각성의 소리가 들을 수 있다. 그것은 정암 박윤선 박사의 외침이었다.

> 선교 100주년을 맞이한 우리는 한 마음으로 하나님께 감사와 영광을 돌리는 바이다. 한국 교회의 성장을 세계 교회가 바라보고 있고, 또 우리 주님께서 지켜 보신다. 그런데 이 땅에 심어진 개혁주의 교회(혹은 장로교회)가 근년에 이르러서 하나님 중심의 공화주의에서 인간의 교권주의로 바뀌어지는 현실을 우리는 부인할 수 없다 … 우리는 이러한 물결에 밀려 떠내려 가거나 허위적 거리기만 할 것이 아니라, 스스로 각성하여 우리들 자신부터 과감히 개혁하는 바른 운동을 성취시켜야 하겠다. 이대로 살다가 훗날 어떻게 주님 앞에서 계산할 수 있겠는가? … 그 뿐 아니라, 우리의 개혁운동은 바로 깨달은 성경과 교리에 근거하고 옛 것을 도로 찾는 데 있다. 성경을 성경으로 해석한 바른 증거와 성경에 입각한 올바른 교리 선포는 개혁주의 교회(장로교회)의 핵심이요 생명이다. 언제라도 성경의 진리 체계와 일치하지 않는 독단적인 그릇된 해석은 시정되어야 한다. 개혁주의는 계속 고칠 것을 과감하게 고치는 운동이기도 하다. 성경 해석에 있어서 누구든지 역대의 모든 바른 해석을 무시하고 독단을 관철하려는 고집은 매우 두려운 일이 아닐 수 없다. … 그 뿐 아니라, 근년에 이르러 물량주의가 팽창해 가면서 교회는 그 성결성(혹은 순결성) 교리를 지키지 않는 경향이 보인다. 성결성 교리는 교회의 5대 본질(단일성, 보편성, 성결성, 사도성, 불멸성) 가운데 하나로서 그 중요함은 말할 것도 없다. 이것은 생활의 순결을 말하는 것이다. 교회가 바른 교리를 문서로 소유하고 있는 것만으로는 족한 것은 아니다. 교회가 그것을 교인들에게 가르쳐야 하며, 또 교리를 거스리는 생활이나 행정을 용납하지 말아야 한다. 그런데, 현하 개신교계는 은근히 가톨릭을 닮아가는 것 같은 형편이 아닌가? 교리의 순결보다 외부적인 교세 확장을 우선으로 하는 것은 옳지 않다. 교회는 세력 단체가 아니요 증거 단체니만큼 양(量)보다 질(質)을 앞세워 신자들의 성화(聖化)를 중요시해야 한다. 이를 위한 구체적인 작업은

---

한 장 없는 폐가인 양 매를 맞고 있다 … 한국교회의 희망은 목사 장로 권사 집사 등 교회 지도자들의 자아통찰에서 시작된다. 우리부터 점검하자." 국민일보, 20011. 10. 11일 자, 25면.

건전하고 깊이 있는 신학운동과 집중적인 평신도 훈련 및 성경적인 권징시행(勸懲施行)이다.5

박윤선 박사는 지금으로부터 27년 전에 물량주의로 인한 한국교회의 타락상을 지적하며 바른교리와 바른생활에 기초한 교회의 개혁을 주장하였다. 그러한 상황인식은 구체적으로 합동신학교의 출범과 연관을 갖는다. 합동신학교는 한국교회의 개혁이 절실하다고 판단을 할 때, 이에 대한 대응책이며 또한 필요적 요청에 의하여 나타난 결과이었다. 따라서 1980년에 출발한 합동신학교는 학교의 설립과 관련하여 설립이념은 "바른신학, 바른교회, 바른생활 등 3대 개혁이념의 구현을 통하여, 개혁신학을 재확인하고, 그리스도만을 주인으로 섬기는 교회를 세우며, 신앙과 윤리가 일치하는 경건 생활을 정착시키는 일"이라고 천명하였다.6

박윤선 박사와 함께 존재를 시작한 합동신학교는 한국교회의 개혁의 근간과 실현의 가능성을 바른신학을 통하여 바른교회를 세우고 이를 기초로 성경의 교훈에 합당한 바른생활을 실천하는 노력에서 찾았다. 그리고 그 출발인 성경에 입각한 교리의 선포는 다름 아닌 개혁신학에 있다고 믿었다. 박윤선 박사와 합동신학교에게 있어서 개혁신학을 따른다는 것은 성경에 입각한 올바른 교리를 선포하는 것이며 성경의 진리를 바르게 선포하는 것이었다. 이에 기초하여 물량주의로 치달아 가며 교회의 성결성을 잃어버리는 일을 용납하지 않고, 신자들의 성화를 중요시하며, 물량에 기초한 세력단체가 아니라 성결에 근거한 증거단체로서의 교회의 정체성을 재확립하고자 노력을 하는 것이 교회의 개혁을 위하여 박윤선 박사와 합동신학교가 선택한 성경의 교훈에 따른 처방이었다.

왜 박윤선 박사는 개혁신학에서 교회개혁의 가능성과 희망을 보려고 했을

---

5 박윤선, "교회개혁의 성업과 교리문제," 『신학정론』 2/2(1984.11), 202-203.
6 합동신학대학원대학교 인터넷 홈페이지(http://www.hapdong.ac.kr)에 있는 학교 소개 가운데 설립이념을 볼 것.

까? 그것은 박윤선 박사의 신학사상에는 믿음과 행함에 대한 개혁신학의 원리적인 이해가 기초하고 있었기 때문이다. 박윤선 박사는 개혁신학은 성경적인 신학이며, 개혁신학을 충실히 배우고 따를 때, 올바른 믿음 생활이 가능하며 그에 합당한 열매가 나타난다는 사실을 확신하였다. 따라서 그에게 있어 개혁신학은 한국 교회개혁의 요체이며 또한 가능성이었다. 요컨대 개혁신학은 성경에 입각한 교훈을 제시하는 바른 신학이며 바른 믿음을 낳고 그것은 또한 바른 생활을 이루는 바른 행함을 이끌어 내는 신학 원리이기 때문에, 박윤선 박사에게 있어서 믿음에 합당한 행함이 따르지 않는 한국교회의 문제점을 개혁하기에 합당한 단 하나의 신학인 것이다.

본 논문은 이러한 서론적 인식을 가지고 구원론적 관점에서 개혁신학과 박윤선 박사의 신학을 살펴보고자 한다. 특별히 각각의 신학에 있어서의 믿음과 행함의 관계를 살핌으로써, 한국교회의 개혁을 위한 근거와 가능성을 개혁신학에서 찾으며 이를 바른신학으로 판단을 한 박윤선 자신의 신학이 개혁신학에 충실한 신학임을 드러내고자 한다. 그리하여 한국교회의 개혁이 절실한 이 때에 다시 박윤선 박사를 듣고 읽음으로써 교회개혁을 위한 신학의 방향을 새롭게 할 수 있기를 바란다.

개혁신학자로서의 박윤선 박사에 대한 강조는 일각에서 박윤선 박사에 대한 정반대의 평가를 내리고 있다는 사실에 비추어 볼 때도 요구되는 일이다. 예를 들어 정훈택 교수는 오늘날 한국교회에서 보는 부정적인 현상에 대한 책임에 있어서 박윤선 박사가 결코 자유롭지 않으며, 오히려 주된 책임이 박윤선 박사에게 있다고 비판을 한다. 이에 논문은 박윤선 박사와 개혁신학을 말하면서 또한 정훈택 교수의 주장을 비판적으로 논하고자 한다.

뿐만 아니라 한국교회의 문제가 복음에 있어서의 행함의 원리를 바르게 알지 못한 까닭에 있다고 말하면서 그 답으로 '바울에 있어서의 새 관점' 신학을 제시하는 신학적 노력이 점점 확장되어가고 있음을 생각할 때,

아울러 개신교의 루터파 일부와 감리교 등이 천주교회와 의롭다함의 교리에 있어서의 연합선언을 함으로써 구원에 있어서의 행위의 의미, 칭의와 성화의 관계에 대한 종교개혁의 신학의 초점이 흐려지고 있음을 고려할 때, 논문의 이러한 시도는 부가적인 의의를 갖는다고 판단을 한다.

## 2. 개혁신학에 있어서의 믿음과 행함

개혁신학에 있어서의 믿음과 행함에 대한 논의를 이해하기 위해서는 구원론의 중심인 칭의론과 성화론을 살피는 일이 필요하다. 믿음으로 의롭다함을 받는다는 것이 개신교 칭의론이며, 그러한 은혜를 받은 자가 또한 행함의 열매를 맺도록 이끄시는 하나님의 은혜의 사역이 성화론이기 때문이다. 이러한 칭의론과 성화론의 구별은 종교개혁 신학에 있어서 가장 특징적인 것 가운데 하나가 되었다. 왜냐하면 특별히 종교개혁 당시에 - 지금도 여전히 동일하지만 - 천주교회는 후기 중세 스콜라 신학의 전통을 따라 칭의론과 성화론을 동일시하여 하나의 주제로 다루어 왔기 때문이다.7

*칭의와 성화의 구별*

개신교회가 칭의론과 성화론을 구별한 것과는 다르게, 천주교회는 의롭게 됨과 거룩하게 됨의 차이를 인정하지 않은 채 소위 의화론(義化論)이라는 주제 하에 관련된 논의를 행한다.8 이러한 흐름은 세미-펠라기우스적인 (semi-Pelagian) 프란시스칸 교단이 16세기 천주교회의 신학의 주류를 형성한

---

7 Peter Toon, *Justification and Sanctification* (Westchester, IL: Crossway Books, 1983), pp. 45-54; Thomas Aquinas, *Summa Theologicae* I-II, q. 113, a. 1; Daniel A. Keating, "Justification, Sanctification and Divinization in Thomas Aquinas," in Aquinas on Doctrine, edited by Thomas Weinandy, et al. (London, UK: T&T Clark Ltd, 2004); Michael G. Lawler, "Grace and Free Will in Justification: A Textual Study in Aquinas," pp. 601-30을 참조할 것.

8 천주교회의 구원론과 비교하여 개혁신학의 구원과 성화에 대하여서는 졸고, "개혁신학의 구원과 성화: 천주교회의 입장과 비교함," 『구원이후에서 성화의 은혜까지』 (서울: 도서출판 이레서원, 2005), pp. 117-63을 참조할 것.

데서도 나타나지만, 어거스틴의 은혜에 대한 이해와 강한 연속성을 가지고 있었던 도미니칸 교단에서도 여전히 나타나는 천주교회 신학의 중심 원리이었다. 어거스틴이 비록 종교개혁자들에게 "오직 은혜"의 신학적 영향력을 강하게 준 것은 사실이지만, 어거스틴에게서도 "의롭게 함(iustificare)"은 신자가 전 생애에 걸쳐서 믿음과 사랑으로 의롭게 변하여 가는 것을 의미하였던 것이다. 이와 관련하여 알리스터 맥그라스는 다음과 같이 쓰고 있다.

> 어거스틴에게 있어서, 의롭게 함이란 하나님 앞에서 사람의 의의 시작이라는 사건과 그것이 완전함으로 이어져 가는 과정을 포함한다. 그 결과 후에 종교개혁 신학에서 '성화'의 개념이 되었던 것이 의롭게 함이라는 교리 안에 수용이 되는 효과를 낳게 되었다 ... 어거스틴에 따르면 의롭게 함이란 근본적으로 '의롭게 만들어짐'이라는 것에 관계가 된다.9

종교개혁 이전의 신학은 어거스틴의 '은혜론'을 따르는 자들이나, '세미-펠라기우스적'인 견해를 따르는 자들이나 모두 의롭게 됨과 거룩하게 됨을 동일한 실재로 이해하였다. 따라서 천주교회는 트렌트회의(1545-63)에서 행함의 순종이 없이도 오직 믿음으로만 의롭게 된다는 개신교의 신학을 저주받을 이단적 가르침으로 정죄를 하였다.

> 사람이 의롭게 되는 일과 관련하여 성령님께서 사람의 심령에 부으시고 또한 내재케 하시는 은혜와 사랑을 배제한 채, 그리스도의 의의 전가만으로 의롭게 된다고 말하거나, 죄의 용서만으로 의롭게 된다고 말하거나, 혹은 사람이 의롭게 되는 은혜는 단지 하나님의 선하신 뜻일 뿐이라고 말하는 자가 있다면, 그 자에게 저주가 있을 것이다.(트렌트회의, '칭의에 관련한 법령' 11항)10

---

9 Alister E. McGrath, *Iustitia Dei, The Beginnings to the Reformation* (Cambridge, UK: the Press Syndicate of the University of Cambridge, 1986), p. 32; Augustine, *The Spirit and the Letter, in Augustine*: Later Works, LCC edited by John Burnaby (Philadelphia, PN: The Westminster Press, 1955), sec. 45, p. 228 참조할 것.

10 Decrees of Council of Trent, sess. 6, can. 11. Henrich Denzinger, *Enchiridion Symbolorum: Definitionum et Declarationum de rebus fidei et morum* (Freiburg: Verlag

트렌트 종교회의가 이처럼 종교개혁 신학을 비판하는 까닭은 의롭게 됨이란 단순히 죄를 사면을 받는 것에 그치는 것이 아니라 속사람이 새롭게 되어 불의한 자가 의로운 자로 참된 변화를 이루는 것임을 뜻하는 것이기 때문이다. 이러한 변화가 없이는 영생의 상속자가 될 수 없다는 것이 그들의 생각이었던 것이다. 천주교회의 이러한 주장은 종교개혁 신학의 구원론에 대한 세밀한 거부를 반영하고 있다.

이러한 사실은 우리가 살피는 개혁신학이 칭의와 성화를 어떻게 구별하고 있는지를 보면 바로 이해할 수 있다.11 예를 들어 웨스트민스터 소요리문답이 가르치는 칭의와 성화를 옮겨보면 다음과 같다.

> 칭의는 믿음으로만 받으며 우리에게 전가된 오직 그리스도의 의 때문에, 우리의 모든 죄를 용서하시고, 우리를 그가 보시기에 의로운 자들로 받아주시는, 하나님께서 값없이 주시는 은혜의 사역이다. (문답 33항)
> 성화는 우리가 전인격적으로 하나님의 형상을 좇아 새롭게 되며, 죄에 대하여서는 더욱 더 죽은 자가 되고, 의에 대하여는 더욱 더 산자가 되도록 하는 하나님께서 값없이 주시는 은혜의 사역이다.(문답 35항)

개혁신학은 칭의란 소극적으로는 그리스도의 의로 말미암는 죄사함을 받는 것이며, 적극적으로는 그리스도의 의의 전가를 받는 것이라고 가르친다. 또한 성화란 하나님의 형상을 좇아 새롭게 되는 전인격적인 변화의 은혜라고 가르친다. 이러한 이해는 앞서 말한 바와 같이 의롭게 됨이란

---

Herder, 1965); Philip Schaff, *The Creeds of Christendom* vol. II (Grand Rapids: Baker Book House, 1990 reprinted)과 Norman P. Tanner, ed., *Decrees on the Ecumenical Councils* vol. II (London and Washington DC: Sheed & Ward and Georgetown University Press, 1990) 등에서 신경과 칙령의 원문을 볼 수 있음.

11 벌카워(G.C. Berkouwer)는 칭의와 성화에 대한 이러한 구별은 종교개혁자들 간에 완전히 일치하는 것이며, 아울러 또한 성경의 교훈에 일치하는 옳은 것임을 밝히는 논증을 제공한다. 그의 책, *Faith and Justification* (Grand Rapids, MI: Eerdmans, 1954)과 *Faith and Sanctification* (Grand Rapids, MI: Eerdmans, 1952)을 참조할 것.

죄사함만이 아니라 자발적으로 은혜를 받아 속사람이 거룩해지고 새롭게 되는 것이라는 천주교회의 주장과 근본적이 차이를 보인다.12

## 의롭다함을 받는 것이란 무엇인가?

결국 논쟁의 초점은 의롭다함을 받는 것과 관련한 성경의 가르침을 어떻게 이해하여야 하는가에 있다. 개혁신학은 성경에서 말하는 의롭다 함의 교훈은 성화론과는 별개의 것이며 단지 칭의론만으로 설명이 되어야 한다고 주장한다. 하지만 천주교회는 성경에서 말하는 의롭다함은 결코 개신교회가 말하는 칭의론이 아니며 성화론을 포괄하는 의화론으로 풀이가 되어야 한다고 믿는다. 천주교회의 의화론은 사람이 의롭게 되는 것은 '주입된 의'(iustitia infusa)로 인한 것이라고 말하는 반면에, 개혁신학의 칭의론은 그것은 '전가된 의'(iustitia imputata)로 인한 것이라고 주장한다.13 천주교회는 트렌트회의 제 6차 속회를 열어 죄인이 믿음으로 의롭다함을 받는다는 종교개혁자들의 주장에 대해 비판을 하며 의롭게 함에 관련한 자신들의 교리를 다음과 같이 선언하였다.

> 의롭게 됨의 원인들은 다음과 같다: 목적에 관한 원인은 하나님의 영광과 그리스도의 영광, 그리고 영원한 생명이며; 작용에 관한 원인으로 말한다면 ... 하나님의 긍휼이며; 공로와 관련한 원인은 지극히 사랑하시는 독생하신 우리 주 예수 그리스도이시고 ... 도구적 원인은, 역시, 믿음의 성사인 세례 성사이며 ... 마지막으로, 오직 하나뿐인 형상적 원인(formalis causa)은 하나님의 의이다. 이것은 ... 하나님께서 우리를 의롭게 하시는 의이다. 그 의를 하나님께로부터 받음으로써 우리는 우리의 마음의 영에 있어서 새롭게 되며, 단지 의롭다고 간주되기만 하는 것이 아니라, 우리들 각각이 성령께서 자신의 뜻대로 각자에게 나누어

---

12 천주교회의 이러한 견해를 직접 알기 위해서는 트렌트회의 6차 속회 7장을 볼 것.
13 Klass Runia, "*Justification and Roman Catholicism*," in *Right With God*, ed. by D.A. Carson (Carlisle, UK: Paternoster, 1992; Grand Rapids, MI: Baker Book House, 1992), p. 211.

주시는 분량에 따라서, 그리고 각각 자신의 성정과 협동에 따라서 그 의를 우리 안에 받아들임으로 참으로 의롭다고 불리며 또한 의롭다 ... 왜냐하면 누구도 우리 주 예수 그리스도의 수난의 공로가 전달되지 않고서는 의롭게 될 수가 없음에도 불구하고, 불경건한 자가 의롭게 됨에 있어, 그의 지극히 거룩한 수난의 공로에 의하여 거룩한 성령으로 말미암아 하나님의 사랑이 의롭게 되는 자의 심령에 부어지고, 그들에게 거하게 될 때에, 이러한 일이 일어나기 때문이다. 이로써 죄의 사함과 더불어 의롭게 됨에 있어서 사람은 그가 접붙임을 받은 예수 그리스도로 말미암아 이러한 모든 주입된 것들, 믿음, 소망과 사랑을 동시에 함께 받는다. 왜냐하면 믿음은, 소망과 사랑이 그것에 더하여 지지 않는다면, 그리스도와 완전하게 연합시키지 못하며, 그의 몸의 살아있는 지체가 되게 하지를 못한다. 이러한 까닭에 행함이 없는 믿음은 죽은 것이며 무익한 것이라는 매우 참된 말이다. 또 그리스도 예수 안에서는 할례나 무할례가 조금도 가치를 지니지 못하며, 사랑으로 역사하는 믿음이 의미를 지닌다는 것은 참된 말이다 ... (트렌트회의 제 6차 속회, 칭의에 관한 교리 제 7장)[14]

천주교회가 의롭게 함의 형상적 원인으로 지목한 하나님의 의는 죄인이 성령께서 의를 주실 때 그 의를 받아들이도록 협동하여 자신을 실재로 변화시키는 의이다. 따라서 누구도 실재로는 의롭지 않으면서 의롭다고 일컬음만 받게 되는 일은 없다. 그들의 생각에 의로움이라는 형상(form)은 의로움의 실재를 가리키는 것이지 단지 명목상의 이름 뿐일 수가 없기 때문이다. 만일 그렇지 않다면 의롭게 하시는 하나님이 실재적인 의로움의 내용은 없고 다만 형식적으로 의롭다는 이름만 가질 뿐인 자를 만드신다는 것이 될 뿐이다. 하지만 이것은 성경의 교훈에 어긋난다고 주장을 한다.

천주교회의 이해에 따르면 성경에서 말하는 의롭다함이란 그리스도에게 접붙임을 받아 믿음과 소망과 사랑이 모두 나타나는 변화를 가리켜 말한다. 따라서 하나님께서 죄인을 의롭게 하시는 일은 믿음으로만이 아니라, 예수 그리스도로 말미암아 우리 심령에 주입이 된 믿음, 소망, 사랑을

---

[14] Decrees of Council of Trent, sess. 6, cap. VII. 전문을 위해서는 Philip Schaff, *The Creeds of Christendom* vol. II, pp. 94-97을 볼 것.

통하여 하신다는 것이다. 바로 이러한 이치가 '행함이 없는 죽은 믿음'이며 또한 예수 안에서 효력있는 믿음은 오직 '사랑으로 역사하는 믿음뿐'이라고 말한 성경의 교훈이라고 믿는다.

이에 대하여 칼빈의 비판은 선명하다. 천주교회의 주장은 성경에서 말하는 의롭게 함이라는 교훈을 잘못 이해한 탓에서 비롯된 것이다. 칼빈은 트렌트회의의 교리선언 및 법령에 대해 비판서를 내면서, 의롭게 함에 대한 천주교회의 오류를 다음과 같이 밝힌다.

> 그들은(천주교회는) 무엇보다도 사람이 의롭게 되는 것이 오직 믿음에만 근거하는 것으로 여겨지지 않도록 하기 위하여 많은 애를 쓴다 … 그들은 그것이 죄사함 뿐임을 부정하고, 동시에 새롭게 됨과 거룩하게 됨이 포함되기를 원한다. 도대체 이것이 진실인지를 알아보도록 하자. 로마서 4장에 있는 바울의 말씀은 이러하다: "하나님께서, 일을 한 것도 없으나 의를 전가해 주신 사람의 행복에 대해 말하기를, 자신의 불법함을 사함받은 자는 복되도다"(시 32:1; 롬 4:6). 만일 다윗의 이 진술에서 바울이 값없이 주시는 의에 대해 올바르게 정의를 이끌어 내고 있다면, 의롭게 됨이란 죄의 사함으로 여겨진다는 결론이 따른다. 다시 말해서 바울은 하나님께서 죄를 전가하지 않고 의를 전가하신 자에게 다윗이 의롭다함을 일컫고 있다고 해석을 하고 있는 것이다. 바로 그 동일한 사도는, 다른 어떤 증언을 소환하지 않은 채, 다른 곳에서 "하나님께서 그리스도 안에 계시사, 세상을 자기와 화목하게 하시며 죄를 사람들에게 돌리지 아니하셨다"(고후 5:19)고 말한다. 이어서, 계속해서, "죄를 알지도 못하신 자로 우리를 대신하여 죄를 삼으신 것은 우리로 하여금 하나님의 의가 되게 하려 하심이다"고 뒤에 덧붙인다. 우리의 죄들은 그리스도의 희생으로 인하여 속죄가 되었고 우리를 더 이상 죄의 책임 아래에 붙잡아 두지를 못하기 때문에 우리가 하나님 앞에서 의롭다고 간주되는 것이다. 그대는 이것보다 더 분명한 것을 내놓으라고 요구할 수 있겠는가?[15]

칼빈에 따르면 천주교회는 의롭게 함에 관한 성경의 교훈을 잘못 해석함으

---

[15] John Calvin, *Acta Synodi Tridentinae cum Antidoto*. Co7, 447.
영어판은 http://www.monergism.com/thethreshold/sdg/calvin_trentantidote.html 을 보라.

로 인하여 칭의론과 성화론의 구별을 바르게 보지 못하였다. 칼빈은 의롭다함을 받는 일이 어떤 의미에서도 사람의 영적인 중생과 같은 변화에서 기인하는 것으로 보는 것은 성경의 교훈에 완전히 어긋나는 것이라고 비판을 한다. 칼빈이 볼 때, 의롭다함을 받는 것이란 그저 단순하게 오직 하나님께서 값없이 그리스도 안에서 받아주시는 은혜로 말미암을 뿐이다. 의롭다함을 얻기 위하여 그리스도에게로 달려나가는 것 이외에 천주교회가 주장하듯이 율법의 순종에 따른 행위의 의를 이루어야 한다고 말하는 구절을 성경에서 단 한 구절이라도 찾을 수가 없다는 것이 칼빈에게 있어 타협할 수 없는 결론이다.16

칼빈의 이러한 이해는 웨스트민스터 대요리문답에서도 잘 반영이 되고 있다.

> 질문: 칭의와 성화는 어떤 점에서 다릅니까?
> 답변: 비록 성화와 칭의가 비분리적으로 연결되어 있기는 하지만, 칭의에 있어서 하나님께서는 그리스도의 의를 전가하시는 반면에, 성화에 있어서는 그의 영으로 은혜를 주입하여 주시고 성화를 실행할 수 있도록 하여 주신다는 점에서 구별이 된다. 전자에 있어서는 죄가 용서함을 받으며, 후자에 있어서는 죄가 억제된다. 전자는 하나님의 복수하시는 진노로부터 모든 신자들을 똑 같이, 금생에서 완전하게, 그리고 다시는 정죄를 당하지 않도록 해방시킨다. 후자는 모든 신자들에게 있어서 똑 같지 않으며, 누구에게 있어서도 금생에서 완전하지 않으나 완전함에 이르도록 자라난다.
> (웨스트민스터 대요리문답, 77문답)

이처럼 종교개혁신학, 특별히 칼빈 이후의 개혁신학은 칭의와 성화를 확고히 구별한다. 의롭다함을 받는 것은 죄 용서를 받고 그리스도의 의를 전가받음으로써 되는 일인 반면에 거룩함을 이루는 것은 죄를 억제하도록 주입된 성령의 은혜로 말미암는 일이다. 우리 편에서의 어떠한 변화로 - 비록 그것이 성령의 은혜로 말미암은 것이라 할지라도 - 인하여 의롭다함을 받는 것이 아니라,

---

16 Ibid. 같은 설명을 칼빈의 『기독교강요』 3.11.1-3에서 읽을 수 있다.

오직 그리스도의 의를 전가받음으로써 의롭게 된다는 것은 의롭다함을 받는 일이 어떤 의미에서도 결코 공로가 아니라 오직 은혜일 뿐임을 드러내는 중요한 구별이라는 것이 개혁신학의 강한 확신이다.

*의롭다함은 믿음으로 말미암음인가? 아니면 믿음과 더불어 행함으로 말미암음 인가?*
종교개혁자들은 '오직 은혜'(sola Gratia)에 덧붙여 '오직 믿음'(sola Fide)을 강조하였다. 그 까닭은 공로가 아니라 오직 은혜라는 것만으로는 충분히 의롭다함을 받는 신앙의 원리를 다 드러내지 못하기 때문이다. 개혁신학은 물론이거니와 종교개혁자들에게 있어서, 그리스도의 의를 덧입음으로 말미암아 의롭다함을 받는 일에 대한 설명은 그것이 오직 은혜로 이루어지는 일이라는 점에 더하여 또한 그리스도의 의를 덧입는 일이 어떠한 방식을 따라 죄인에게 이루어지는가의 논의가 이루어져야 비로소 완성이 되기 때문이다. 좀 더 구체적으로 말해서 그리스도의 의를 덧입는 일이 믿음을 통하여 이루어지는가 아니면 믿음에 더하여 행함이 있어야 이루어지는가의 문제이다. 칼빈은 간명하게 의롭다함을 받는 길은 오직 믿음뿐이지 결코 행함이 아니라고 단언을 한다.

> 모세는 "아브람이 여호와를 믿으니 여호와께서 이를 그의 의로 여기셨다."고 말하였다. 모세의 이 말로 아브람의 믿음을 높이 평가한다. 그것은 첫째로 아브람이 하나님의 약속을 받은 것은 믿음으로 인한 것이기 때문이며, 둘째로 믿음으로 말미암아 아브람이 하나님 앞에서 의를 얻은 것, 그리고 그 의를 전가에 의하여 얻었기 때문이다. ... 그러므로 바울은 이를 역으로 말해서 믿음이 의로 여겨진 자는 행위로 의롭다함으로 받은 것이 아니라는 이해를 이끌어 낸다.(롬 4:4) 행위로 의롭다함을 얻는 사람은 누구라도 그의 공로에 대한 책임을 하나님 앞에서 판단을 받게 된다. 하지만 하나님께서 값없이 우리를 자신과 화해하시니 우리는 믿음으로 의롭다함을 받게 된다. 따라서 믿음으로 의로움을 구할 때에는 행위의 공로는 그치게 된다고 결론을 내릴 수 있다. 왜냐하면 이 의는 누구든지

믿음으로 그것을 소유할 수 있도록 하기 위하여 하나님께서 값없이 주시는 것이며, 그의 말씀으로 주시는 것이기 때문이다.(창세기 15:6절 주석에서)

칼빈은 그의 창세기 15장 6절에 대한 주석에서 바울이 창세기 15장 6절을 인용하여 믿음으로 인한 의와 행위로 인한 의의 대조를 한 로마서 4장을 상기시키면서, 이를 근거로 행함으로 말미암는 의는 믿음으로 말미암는 의와 원리적으로 충돌하며 서로 함께 갈 수 없음을 말한다. 또 빌립보서 3장 8,9절에서 바울이 "모든 것을 ... 배설물로 여김은 그리스도를 얻고 그 안에서 발견되려 함이니 ... 내가 가진 의는 율법에서 난 것이 아니요 오직 그리스도를 믿음으로 말미암은 것이니 곧 믿음으로 하나님께로서 난 의라"고 쓴 것을 근거로 하여 칼빈은 그리스도의 의를 얻고자 하는 사람은 행함이 아니라 믿음으로 그리스도께 나가야 함을 힘주어 말한다. 유대인들의 잘못은 바로 믿음으로 얻는 의를 버리고 자기 의를 세우려고 힘써 하나님의 의를 복종치 아니하였던 사실에 있던 것이다. 곧 믿음은 의롭게 함을 얻기 위하여 자기 의를 완전히 포기함을 뜻하는 것이며 행위에 의한 의가 조금이라도 남아 있는 한 그리스도 이외에 자신을 자랑할 이유가 남아 있는 것을 뜻한다고 칼빈은 말한다.[17]
하지만 믿음으로 말미암는 의를 말한다고 할 때 믿음 자체에 의롭게 하는 어떤 능력이 있음을 뜻하는 것이 아님을 주의해야 한다. 칼빈은 믿음 그 자체는 의롭다할 능력이 없음을 강조한다. 만일 믿음에 의롭게 하는 어떤 능력이 있다면 믿음 그 자체가 불완전한 만큼 그것으로 인한 의롭게 됨도 불완전하게 될 것이 되고 만다는 설명으로 이 사실을 풀이한다. 즉 믿음 그 자체는 아무 것도 아니며 믿음은 오직 그 믿음의 내용, 곧 예수 그리스도에 의해서만 그 가치를 얻을 뿐이다.

---

17 『기독교 강요』 3.11.13.

우리가 믿음이 의롭게 한다고 말하는 것은 믿음이 우리를 의롭게 할 만한 어떤 가치를 그 자체로 가지고 있기 때문에 그렇다는 것이 아니라, 그리스도의 의를 값없이 얻는 도구이기 때문에 그렇다는 것이다.18

믿음은 그리스도의 의를 받아들이는 도구일 뿐이며, 또는 일종의 그릇과도 같은 것이다.19 아리스토텔레스의 철학적 표현 방식을 따르면 믿음은 의롭다함을 얻는 질료인(material cause)도 아니고 동력인(effcient cause)도 아니며 목적인(final cause)도 아니며, 다만 형상인(formal cause)일 뿐이다.20 즉 죄인을 의롭다 하시는 질료인은 오직 그리스도의 공로에 의한 의일 뿐이며, 동력인은 그리스도로 말미암아 죄를 사하시고 의롭다 선언하시는 하나님 아버지이시며, 목적인은 하나님 앞에서 의로운 자로 선언을 받는 것이라면, 믿음은 이러한 일이 우리 가운데 나타나는 모양이라고 할 수 있다. 즉 우리가 어떠한 모양으로 그리스도로 말미암은 의를 소유한 자로 나타나는지를 물을 때, 이에 대한 대답으로 '믿음을 고백하는 자'라고 말할 수 있는 것이다.

믿음을 그리스도의 의를 받아들이는 도구이며 형식이며 또한 그릇이라는 사실을 강조할 때 칼빈이 염두에 두고 있는 것은 우리와 그리스도와의 연합이다. 곧 믿음은 우리를 그리스도와 연합을 이루도록 하는 방식일 뿐이며, 우리를 의롭게 하는 것은 믿음이 아니라 그리스도와의 연합을 통하여 우리에게 주어지는 그리스도의 의이라는 사실을 말하고자 함이 칼빈의 의도이다.

---

18 『기독교 강요』 3.18.8.
19 『기독교 강요』 3.11.7.
20 창세기 15장 6절의 주석을 보라. 아리스토텔레스는 원인을 네 가지로 구별을 한다. 질료인(*material cause*), 형상인(*formal cause*), 동력인(*efficient cause*), 그리고 목적인(*final cause*) 등이다. 이해를 돕기 위해 예를 들면, 연회를 가기 위해 입고 갈 양복을 만든다고 했을 때, 양복바지의 감은 질료인, 양복의 본은 형상인, 양복을 만드는 사람은 동력인, 연회는 목적인으로 설명이 된다. Joseph Haroutunian, 『칼빈의 조직신학 해석』, 한국 칼빈주의 연구원 편역, 『칼빈신학총서』 II (서울: 기독교문화사, 1986), 271-72를 볼 것.

... 나는 그리스도께서 우리의 것이 되기 이전에는 우리는 어느 것에도 비할 데 없는 이 선(=그리스도의 의)을 가질 수 없음을 고백한다. 그러므로 머리와 지체들이 하나로 연합이 되는 일, 우리의 마음에 그리스도께서 내주하시는 일, 요컨대 신비한 연합을 최고로 중요하게 여긴다. 그 결과 그리스도가 우리의 소유가 된 후에야 그리스도는 우리로 하여금 그리스에게 주어진 은사들에 참여하는 자가 되게 하신다. 그러므로 그리스도를 멀리 떨어져 서서 우리 밖에 계신 분으로 바라볼 때 그리스도의 의가 우리에게 전가되는 것이 아니라, 우리가 그리스도를 옷입고 그의 몸에 접붙임을 받을 때에, 곧 그리스도께서 우리를 자신과 하나로 만드실 때에, 그의 의가 우리에게 전가되는 것이다.[21]

칼빈에게 있어서 의롭다함과 관련한 믿음의 역할이란 그리스도의 은혜를 받기 위하여 그리스도를 마음에 받아들일 수 있도록 마음을 비우는 하나의 형식이며 그릇인 셈이다. 그 형식과 그릇에 채워지는 내용은 그리스도의 의이며, 그리스도의 의는 그리스도와의 연합에 의하여 우리에게 주어지는 그리스도의 은택이다.

### '칭의의 믿음'과 '성화의 행함'의 관계

죄인이 하나님의 은혜로 그리스도로 말미암아 의롭게 된다는 것이 주입된 의로 인한 변화, 곧 의화를 말하는 것이 아니라, 법정적 선언에 따라서 죄 사함을 받고 그리스도의 의를 전가받음으로 의롭다 칭함을 받는 칭의를 말한다는 주장은 곧 바로 믿음과 행함의 관계에 대한 논의로 이어진다. 칼빈은 믿음으로 의롭다함을 받는다는 교리는 결국 선행을 폐지하거나 죄를 짓는 경향이 강한 사람들로 하여금 선행을 하지 않도록 만든다는 비판에 대해서 단호하게 그러한 비판이 잘못된 것이라 말한다. 왜냐하면 칭의는 행위에 있지 않고 믿음에 있지만, 그렇다고 하더라도 믿음과 선행은 굳게 결합되어 있는 것이기 때문이다. 요컨대 의롭다함의 은혜와 중생의 은혜는 구별이

---

[21] 『기독교 강요』 3.11.10.

되는 것임에도 불구하고 서로 분리되지 않는다.22 의와 거룩함은 구별이 되지만 분리되는 것이 아니다.
이러한 주장을 칼빈은 그리스도와의 연합의 원리를 들어 설명을 한다.

> 우리는 의와 성화를 구별하지만 그럼에도 불구하고 그리스도께서는 그 둘을 자신 안에 비분리적으로 포함하신다. 그리스도 안에서 의를 얻기를 바라는가? 그러면 먼저 그리스도를 소유해야만 한다. 그러나 그의 거룩함에 참예함이 없이는 그를 소유할 수가 없다. 그리스도는 조각들로 나뉘어질 수가 없기 때문이다 (고전 1:13). 주님께서는 우리들로 하여금 유익을 누리도록 하실 때에 자신을 주심으로써 하시기 때문에, 어느 한 쪽은 주지 않은 채 다른 한 쪽만 주시는 일이 없이 동시에 둘 모두를 주신다. 그러므로 우리가 행위를 통하여 의롭다함을 받는 것은 아니지만 행위가 없이 의롭다함을 받는 것도 아니라는 것이 참으로 진리임이 분명하다. 이것은 우리가 그리스도 안에 참여함으로써 의롭게 될 때, 그 참여 안에는 의와 마찬가지로 성화도 또한 포함이 되어있기 때문이다.23

우리는 믿음으로 의롭게 된다. 그런데 우리가 믿음으로 의롭게 되는 것은 믿음 자체가 우리를 의롭게 하기 때문이 아니라, 믿음으로 그리스도와 연합을 함으로 그리스도를 소유하게 됨으로써 의롭게 된다. 그 결과로 하나님과 화해를 이루게 되는 것이다. 그러나 칼빈은 여기서 그리스도가 나뉠 수가 없는 당연한 이치에 따라서 의롭게 됨과 거룩하게 됨은 영원히 분리될 수가 없는 끈으로 연결이 되어 있음을 가르친다. 그 누구도 거룩함을 받지 않은 채, 의롭다함을 받을 수가 없는 법이다.
이러한 이치로 인하여 칼빈은 믿음으로 의롭게 된다는 교리, 곧 칭의의 교리는 선행에 대한 의지와 열심을 억누른다는 주장은 잘못된 것이라고

---

22 『기독교 강요』 3.11.11. 칼빈은 중생을 성화와 구별된 의미 차이를 두지 않는다. 칼빈의 고린도 전서 1장 2절 주석을 볼 것. 또한 François Wendel, Calvin: *Origins and Development of His Religious Thought*, trans. by Philip Mairet (Grand Rapids, MI: Baker Books, 1997, first French edition, 1950), 242-55 참조할 것.
23 『기독교 강요』 3.16.1.

일축을 한다. 이러한 잘못된 주장을 하는 이들이 가지고 있는 전제는 마치 사람들이 공로에 대한 보상을 받을 것이라는 보장이 없으면 선행을 하지 않을 것이라는 것이다. 이들에 대하여 칼빈은 사람이 정녕 선행을 하도록 동기를 자극받을 필요가 있을 때, 구속과 부르심의 목적에서 비롯된 것들보다 더 크게 자극할만한 것이 있을 수가 있겠는가고 되묻는다.24 우리가 구원을 얻는 것은 오직 하나님의 자비로 인한 것이기 때문에, 그리스도 안에서 하나님의 자비와 긍휼을 입어 구원을 받은 자에게 있어서 하나님께 영광을 돌리는 목적이면 이미 선행을 행할 충분한 이유를 갖고 있는 셈이다. 따라서 믿음으로 의롭다함을 받는 칭의의 교리는 선행을 권장할 근거를 갖지 못하고 있다고 말하는 것은 무지를 넘어 오류로 가득 찬 거짓말에 불과하다.25

뿐만 아니라 칼빈은 칭의 교리는 죄인으로 하여금 죄를 더욱 짓도록 부추긴다는 주장도 지극히 잘못된 것임을 밝힌다. 우리 편에서는 죄 사함을 값없이 받는다 할지라도, 그리스도 편에서는 자신의 거룩한 피를 흘려서 말할 수 없이 귀한 값을 치루고 죄 사함을 우리에게 베푸시는 것이다. 칼빈은 이런 이치로 인하여 하나님의 은혜를 깨닫고 감사하는 사람은 한 번 깨끗함을 받은 후에 다시금 진흙탕에 뒹굴어 더럽히는 일을 두려워하지 않을 수가 없다고 주장한다.26

### *사랑*으로 역사하는 믿음 (fides formata caritate)

칼빈에게 있어서 그리스도의 연합의 이해는 믿음과 행함, 칭의와 성화의 비분리적 연결성을 이해하는 데에 있어 본질적인 원리이다. 죄인은 믿음으로 그리스도를 마음에 받아 그와 연합을 이룸으로써 그리스도의 의를

---

24 『기독교 강요』 3.16.2.
25 『기독교 강요』 3.16.3.
26 『기독교 강요』 3.16.4.

덧입어 의롭게 된다. 그리스도께서 나뉠 수가 없는 이치에 따라서 믿음으로 의롭게 된 자는 또한 그리스도 안에서 거룩함을 이루어 가게 된다. 따라서 거룩함에 합당한 선행이 따르지 않는 믿음은 의롭다함을 받는 믿음이라 할 수가 없다.

칼빈은 이러한 이해를 따라서 천주교회가 믿음을 사랑을 행하는 믿음의 형상을 이룬 믿음(fides formata)과 사랑의 행위가 없는 믿음의 형상을 이루지 못한 믿음(fides informata)을 구별을 비판한다. 천주교는 이러한 구별을 기초로 개신교의 이신칭의의 믿음은 미형성된 믿음이라고 말하면서, 이신칭의는 행함이 없이도 의롭다 주장을 하는 잘못된 교리라고 비판을 한다. 이에 대해 칼빈은 믿음을 형성된 믿음과 미형성된 믿음으로 구별한 것 자체가 잘못된 것이라고 말하며 천주교회의 비판에 반론을 전개한다. 칼빈에 따르면 의롭게 하는 믿음은 사랑으로 역사하는 믿음인 것이다.27 그에게 있어서 구원받는 믿음에 사랑이 없는 믿음이란 처음부터 존재하지도 않는 개념일 뿐이다. 이와 관련하여 웨스트민스터 신앙고백서는 다음과 같이 고백한다.

> 그리스도와 그의 의를 받아들이고 의지하는 믿음이 칭의의 유일한 방편이다. 그렇지만, 의롭게 된 자에게 있어서, 믿음은 단독적으로 있는 것이 아니라, 항상 다른 구원의 은혜들을 함께 수반하며, 결코 죽은 믿음이 아니라 사랑으로 역사하는 믿음이다.28

웨스트민스터 신앙고백서는 의롭다함을 받는 믿음은 다른 구원의 은택들과 함께 나오는 믿음이며 거룩한 삶과도 연결이 되어 있음을 강조한다. 사랑이 의롭다함을 가능케하는 칭의의 근거는 절대로 아니지만, 선행이나 사랑의 열매가 없이 믿음이 작용을 하는 경우는 없다. 믿음은 항상 다른 구원의 은혜를 수반한다. 하지만 구원받는 참 믿음이 사랑과 비분리적이라

---

27 『기독교 강요』 3.11.20; 3.18.5.
28 *Westminster Confession of Faith*, ch. XI, art. 2.

고 해서, 결국 믿음이 사랑이며 사랑이 믿음이라고 말한다면 이것은 잘못된 주장이 되고 만다. 그렇게 되면 사랑으로 의롭다함을 받는다는 말이 되어 결국 인간의 행위에 근거하여 "의롭다 함"을 받는다는 그릇된 가르침으로 빠지게 된다.29

칭의의 믿음이 성화의 거룩한 열매와 맺고 있는 유기적인 관계에 대해 초기 개혁신학의 신앙고백을 정립한 벨직신앙고백서는 다음과 같이 고백한다.

> 우리는 하나님의 말씀을 들음으로써 그리고 성령님의 역사로 말미암아, 사람 안에 이루어진 참된 믿음이 그를 중생케 하며 새로운 사람으로 만들어 그로 하여금 새로운 삶을 살도록 하며, 죄의 굴레에서 자유롭게 함을 믿는다. 그러므로 이 의롭게 하는 믿음으로 말미암아 사람들이 경건하며 거룩한 삶에 태만하게 된다는 것은 결코 사실이 아니다. 오히려 그것이 없이는 하나님을 사랑하는 마음으로부터는 어떤 일도 하지 못하며 단지 자신을 사랑하거나 정죄를 두려워하는 마음에서 하게 될 따름이다. 그러므로 이 거룩한 믿음이 사람에게 있어서 아무런 열매도 맺지 못한다는 것은 있을 수 없는 일이다. 왜냐하면 우리는 헛된 믿음을 말하고 있는 것이 아니라, 하나님께서 그의 말씀 가운데 명하신 일들을 스스로 행하도록 인도하는 믿음, 성경에서 "사랑으로 역사하는 믿음"이라 일컬은 믿음에 대해서 말하고 있기 때문이다. 이 일들은 믿음이라는 좋은 뿌리에서 비롯되는 것들로 선하며 하나님께서 받으실 만하다. 왜냐하면 그것들은 그의 은혜로 말미암아 모든 성화된 것들이기 때문이다. 그러나 그것들은 우리의 칭의와 관련하여 의미를 지니지 못한다. 왜냐하면 선행을 행하기 이전에, 그리스도를 믿는 믿음으로 말미암아 의롭게 되는 것이기 때문이다. 그렇지 않다면 그것들은 선한 것일 수가 없으니, 마치 나무가 처음부터 좋은 것이 아니라면 그 열매가 좋은 것일 수가 없는 것과 같은 이치이다 ...30

칭의의 믿음은 사랑의 행함을 내용으로 갖는 형성된 믿음이 아니며 단지 아무런 변화를 수반하지 않은 단지 형식만 믿음일 뿐인 미형성된 믿음에

---

29 『기독교 강요』 3.11.20.
30 *Belgic Confession*, art. 24 일부.

지나지 않는다는 천주교회의 비판은 개혁신학의 모든 신앙고백서에서 거부되고 있다. 개혁신학은 선행이 아니라 선행을 행하기 이전에 오직 믿음으로만 의롭다함을 고백하면서도, 그 믿음은 경건하며 거룩한 삶을 살아가는 성화의 은혜와 필연적으로 연결이 되어 있음을 강조하기를 잊지 않고 있다.

의롭게 하는 믿음에 대한 이해를 이렇게 정의하는 개혁신학은 어떤 이의 믿음이 성화에 따른 열매를 맺지 못한다면 그 믿음은 결코 참된 믿음이 아니면 다만 헛된 믿음일 뿐이라고 강조한다. 선행은 믿음의 증거이며 열매인 것이다. 성경이 의롭게 하는 믿음을 가리켜 '사랑으로 역사하는 믿음'이라고 하는 것은 믿음의 뿌리에서 하나님께서 받으실 만한 선한 열매를 맺기 때문인 것이다. 믿음은 선행의 열매에 대하여 뿌리 또는 나무의 관계를 갖는다. 이러한 사상은 웨스트민스터 신앙고백서에도 옮긴 듯이 그대로 나타난다.

> 하나님의 계명에 순종함으로 이루어지는 이 선행들은 참되며 살아있는 믿음의 열매들이며 증거들이다. 이것들로 인하여 신자들은 그들의 감사를 표하며, 그들의 확신을 강화하며, 형제들의 덕을 세우고, 복음의 고백을 빛나게 하며, 대적자들의 입을 막고, 하나님께 영광을 돌린다. 그들은, 예수 그리스도 안에서 지음을 받은, 하나님의 작품이며, 거룩함에 이르는 열매를 맺음으로써 마지막, 곧 영원한 생명을 누리게 된다.[31]

개혁신학은 죄인은 의롭다함을 받기 위하여 그리스도의 은혜 앞에 오직 믿음으로 나갈 뿐이며, 선행이나 사랑과 같은 행위를 통하여 나가는 것이 아님을 말하면서도, 선행들은 참되고 살아있는 믿음의 열매들이며 증거들임을 말한다. 이러한 믿음의 증거들로 인하여 구원에 대한 감사를 드리고, 영생에 대한 확신을 갖게 되며, 하나님께 영광을 돌리게 된다. 따라서

---

31 *Westminster Confession of Faith*, ch. XVI, art. 2.

칭의와 성화 그리고 선행의 연결은 영적 유기성을 지니고 있을 뿐만 아니라, 구원의 은혜를 베푸시는 목적성과도 관계가 되는 하나님의 사역이기도 한 것이다.

나무로서의 칭의의 믿음과 열매로서의 성화의 열매가 필연적 관계를 가지는 배경에는 죄인을 구원하시는 은혜언약을 작정하시고 실행하시는 삼위일체 하나님이 계시다. 튜레틴(Francis Turretin)은 이에 대한 적절한 설명을 아래와 같이 준다.

> 은혜의 약속은 거룩한 삼위일체 하나님의 세 위격들에게서 나온다. 각 위격의 하나님은 구속의 사역에 함께 하시면서도 각각에게 고유한 사역의 양식에 따른 특별한 관계를 지니신다. 첫째로, 성부 하나님께서는 우리를 그의 자녀로 받으셔서 그의 가족으로 삼으시고, 둘째로, 구속주이시며 머리이신 성자 하나님께서는 그의 백성을 구속하셔서 자신과 연합하심으로 자신의 소유와 몸으로 삼으시며, 셋째로, 위로자이시며 성결케 하시는 성령님께서는 우리를 정결케 하시어 그가 거하시는 성전으로 삼으신다. 따라서 우리가 하나님의 자녀들이며, 그리스도의 지체들이며, 성령의 전으로서 가치 있게 살기 위하여 예배를 드리며 순종을 해야할 필요성이 세 가지로 나타난다. 하나는 하나님 아버지를 경배하고 예배하기 위함이며(벧전 1:15,16; 말 1:6; 엡 5:1), 다른 하나는 온 영혼을 다해 구속주를 영화롭게 하며(고전 6:20) '선한 일들에 열심하는 친백성들로서' 그를 섬기기 위함이며, 끝으로 우리 안에 내주하시는 성령 하나님을 열심을 다해 경배하며, 성령 안에 살면서 또한 성령 안에서 걸어가며(갈 5:25), 그의 전이 오염이 되지 않도록 하기 위함이다(고전 6:15,19).[32]

튜레틴이 잘 설명하고 있듯이, 칭의의 믿음과 성화의 선행은 모두 성부, 성자, 성령 삼위일체 하나님께서 구원사역을 위하여 베푸시는 은혜의 결과이다. 성부하나님께서는 자녀로 선택한 자들을 성자 하나님께서는 구속하시고 또 자신과 연합을 하셔서 자신의 몸으로 삼으시며, 성령 하나님께서는 성자 하나님과 연합이 된 그리스도의 몸된 지체들 안에 거하시며 이들

---

[32] Francis Turretin, *Institutes of Elenctic Theology* vol. 2, loc. 17, q. 3, viii, pp. 703-04를 볼 것.

을 거룩하게 하신다. 따라서 택함을 받은 죄인들은 오직 그리스도의 은혜만을 의지하는 믿음으로 의롭다하시는 은혜를 입어 하나님의 자녀가 되며, 그러한 은혜를 입은 자들은 또한 성령 하나님의 정결케 하시는 은혜를 받아 선한 일들에 열심하는 친 백성들로 하나님을 예배하며 하나님의 말씀에 순종하며 살아가게 된다. 이러한 구속 사역에 있어서 성부, 성자, 성령 삼위일체 하나님의 사역은 그 뜻과 능력과 목적 등이 분리되지 않기 때문에(Opera Trinitatis ad extra sunt indivisa) 칭의의 믿음은 성화의 선행과 필연적인 관계를 갖는다.

## 3. 믿음과 행함에 관한 박윤선 박사의 복음이해

박윤선 박사는 조직신학자는 아니다. 하지만 그는 교리에 관한 여러 편의 글들을 썼으며, 그 가운데 중요한 것들이 모아져 한 권의 책으로 출판이 되어 있다.33 또 그의 주석 안에도 필요에 따라 교리에 관한 그의 관심과 이해를 적어두었다. 그는 개혁신학에 충실한 성경신학자로서 개혁신학을 가르치고 강조하기에 힘을 썼으며, 한국교회에 개혁신학을 소개하고 전파하기에 힘을 다한 개혁신학자이었다.34 이제 본 글의 관심인 믿음과 행함에

---

33 박윤선 박사의 교리에 관한 글들은 영음사에서 모아 유작으로 출판한 것이 있다. 『개혁주의 교리학』 (서울: 영음사, 2003).
34 개혁신학자로서의 박윤선 박사에 관한 연구서와 논문들의 일부 목록을 제시하면 다음과 같다. 단행권으로, 김영재, 『박윤선 : 경건과 교회 쇄신을 추구한 개혁신학자』 (살림출판사, 2007); 서영일, 『박윤선 박사의 개혁신학 연구』 (한국기독교역사연구소, 2000); 정성구, 『박윤선 목사의 신학과 설교연구 : 칼빈주의 사상을 중심으로』 (한국칼빈주의 연구원, 1991); 논문으로 권호덕, "한국에 '화란개혁신학'을 소개한 박윤선 박사," 『한국개혁신학』 (2009년);김홍석, "정암 박윤선 박사의 생애와 신학사상," 『기독교사상연구』 (1996/3); 심군식, "개혁주의 주경 신학자 박윤선 박사," 『개혁신앙』 15(1993); 이신열, "박윤선 박사의개혁주의적종말론," 『한국개혁신학』 (2009); 이은선, "박윤선 목사의 개혁 신앙의 재평가," 『한국개혁신학』 (2009);장동민, "박윤선 박사와 교회개혁," 『교회와 역사』 (2000/4); 장해경, "정암신학의 배경으로서 화란신학," 『신학정론』 22/2(2004); 홍치모, "박윤선 박사의 생애와 신학사상," 『기독교사학연구』

관하여 박윤선 박사는 어떠한 구원론적 이해를 가지고 있었는지 살펴보기로 한다. 이것은 그가 소망하였던 바대로 성경에 일치하는 바른교리를 선포하고, 또한 교회의 성결성을 지키고, 신자들의 성화를 강화하여감으로, 성결에 근거한 복음의 증거단체로서의 바른교회를 세우기에 합당한 개혁신학의 이해를 어떻게 가지고 있었는지를, 특별히 믿음과 행함이라는 관점에서 알아보는 일이 되겠다.

### 칭의와 성화의 구별

박윤선 박사는 천주교회의 주장을 비판하면서 칭의와 성화를 구별하는 종교개혁의 신학을 분명하게 천명한다. 그는 천주교회가 트렌트 회의에서 인간의 공로에 구원론적 의미를 부여하는 결정을 하였음을 비판한다. 죄인이 의롭다함을 받는 것은 오직 예수 그리스도의 공로와 의만을 근거로 하는 것인데도 불구하고, 천주교회는 성화도 신자의 사죄받을 근거로 여겼으며 더욱이 그리스도의 공로마저도 칭의의 간접 근거라고 말하는 커다란 오류를 범하였던 것이다.35

박윤선 박사는 칭의와 성화를 구별하면서 다음과 같이 여섯 가지의 차이점을 제시한다. 성화와 구분되는 칭의의 몇 가지 특징은 다음과 같다.

(1) 칭의는 성화보다 논리적으로 우선한다.
(2) 칭의는 객관적으로 죄인 밖에서 실현되지만 성화는 주관적으로 그의 실생활에서 성취된다.
(3) 칭의는 하나님께서 선언하시고 성화는 성령께서 시행해 주신다.
(4) 칭의는 단회적이지만 성화는 계속적이다.
(5) 칭의는 하나님과의 관계 면에서 죄인이 받는 신분 변동이고, 성화는 그가 죄를 계속 버리며 하나님의 형상과 같이 새롭게 되어 가는 작업이다(롬

---

(1997/4); 번역서로, 『웨스트민스터 신앙고백서』 (영음사, 1989); 헨리 H. 미터, 『칼빈주의』 (도서출판 영음사, 1959).
35 『개혁주의 교리학』, p. 347.

3:20-21; 갈 3:11-12).
(6) 심리적으로 말하면 칭의는 그리스도의 보혈을 믿는 믿음과 함께 느껴지는 사죄 받은 평안함이고, 성화는 하나님을 사랑하고 거룩해지려는 소원과 행동의 계속이다 ...[36]

박윤선 박사의 칭의와 성화의 구별은 개혁신학의 특징을 그대로 반영하고 있다. 칭의는 죄인의 모든 죄를 용서하시고 의로운 자로 인정을 받는 신분의 변화를 가리키는 반면에, 성화는 하나님의 형상을 좇아 새롭게 되며, 계속하여 죄에 대하여 죽고 의에 대하여는 더욱 더 산 자가 되도록 하는 상태의 변화를 가리킨다는 웨스트민스터 소요리 33항과 35항의 문답과 동일한 의미를 전달하고 있다.

### 의롭다함을 받는 것이란 무엇인가?

박윤선 박사는 "칭의는 무엇인가?"라는 질문에 대해 "칭의는 법정용어로서 범죄자가 법적 선언에 의하여 옳게 여김을 받는 것을 의미한다"고 대답을 준다.[37] 즉 죄인이 자신에게 어떠한 의가 실제로 있지 않아도 옳게 여김을 받는 것을 뜻한다는 것이다. 이 사실과 관련하여 박윤선 박사는 천주교회의 교리를 다음과 같이 비판을 하며 의롭다함을 받는 것이 무엇인지를 밝혀 준다.

> 로마 가톨릭교의 트렌트 회의는 신자의 신망애(信望愛)가 생전에 온전해지는데 그것이 의로 여겨진다고 하였다. 그리스도의 의가 신자들에게 전가(탓으로 돌려줌)됨에 대하여 개혁자들은 말하기를 그리스도의 의를 성립시킨 그의 순종은 피동적인 것(passive obedience)과 능동적인 것(active obedience)이 있다고 한다. 피동적인 것은 그가 우리의 벌을 대신하여 죽으심이요(갈 2:21), 능동적인 것은 우리 대신 그가 율법을 완전히 복종하심이다(롬 5:19; 갈 4:4-5). 이 두 가지는

---
36 『개혁주의 교리학』, p. 331-32.
37 『개혁주의 교리학』, p. 330.

신자가 그리스도를 믿어 그와 연합할 때에 하나님 앞에서 자기의 것(신자 자신의 소유)으로 인정받는다.38

박윤선 박사는 의롭다함을 받는 것과 관련하여 두 가지 대립되는 이해를 소개한다. 하나는 의롭다함을 받는 것이 주입된 의(iustitia infusa)로 인한 것이라고 해석하는 천주교회의 견해이다. 그것은 박윤선 박사에 따르면 신자에게 있어 이 땅에서 살아가는 동안에 믿음, 소망, 사랑이 더욱 더 온전해져가며 이러한 변화를 의로 여기는 것을 가리켜 말한다. 박윤선 박사는 이 견해를 부정하면서 의롭다함을 받는 것은 전가된 의(iustitia imputata)로 인한 것이라고 해석하는 종교개혁신학의 견해를 소개한다. 이것에 대해 박윤선 박사는 죄인이 의롭게 되는 것은 그리스도의 수동적 순종으로 인한 형벌의 면제와 또 그리스도의 능동적 순종으로 인한 율법의 완전한 의를 그리스도와 연합하여 자기의 것으로 인정을 받는 것이라고 말한다. 개혁신학이 강조하는 바와 같이 박윤선 박사에게 있어서 의롭게 됨의 근거는 죄인이 은혜로 전가를 받는 그리스도의 의외에 다른 어떤 것일 수가 없다. 그는 말하기를 "칭의의 근거는 오직 그리스도의 죽으심과 다시 살아나심으로 확정된 그의 의(그리스도의 능동적 순종과 피동적 순종으로 성립된 의로움)로만 성립된다."고 하였다.39 속죄에 대한 법적 선언은 오직 그리스도의 의에만 근거할 따름인 것이다.

*의롭다함은 믿음으로 말미암음인가? 아니면 믿음과 더불어 행함으로 말미암음인가?*

그러면 그리스도의 의를 전가받기 위하여 죄인이 하여야 할 일은 무엇인가? 이것은 그리스도의 의를 덧입는 일이 어떠한 방식을 따라 죄인에게

---

38 『개혁주의 교리학』, PP. 347-48.
39 『개혁주의 교리학』, p. 332.

이루어지는지에 대한 질문이다. 이 질문의 필요성은 오직 은혜의 구원이 참으로 은혜로 다가오기 위해서 죄인 편에서의 역할의 문제가 다루어져야 한다는 이유에 있다. 오직 은혜로 구원을 얻는다고 말하며 그리스도의 의만이 객관적인 공로라고 말한다고 할지라도, 그 공로를 전가받기 위하여 어떤 행함이 요구되거나, 혹은 천주교회가 말하는 바처럼 일정한 수준의 주입된 의가 요구된다면, 그것은 은혜에 더하여 행함의 공로가 요구되는 것이 되어 엄밀한 의미에서 볼 때 오직 은혜로 구원을 받는다고 말하기가 어렵게 된다. 박윤선 박사는 이 점에 있어서 의롭다함을 받는 방편은 오직 믿음뿐임을 강조한다.

> 로마 가톨릭교는 칭의의 방편에 대하여 개혁자들과 달리 말한다. 트렌트 회의는 신앙이 칭의의 유일한 방편은 아니라고 하였다. 즉 신앙 외에 다른 것들(하나님을 두려워 함, 소망, 사랑, 회개, 성례받을 마음, 순종하고자 하는 의지)이 합하여 칭의의 방편을 이룬다고 하였다. 그러나 개혁자들은 신앙만이 칭의의 방편이라고 하였다(갈 2:16).[40]

박윤선 박사는 로마서 4장 4-5절, "일하는 자에게는 그 삯을 은혜로 여기지 아니하고 빚으로 여기거니와 일을 아니할지라도 경건치 아니한 자를 의롭다 하시는 이를 믿는 자에게는 그의 믿음을 의로 여기시나니"의 말씀을 인용하면서 위에서 말한 바와 같이 믿음이 칭의의 방편이 된다는 점을 확고히 밝힌다. 박윤선 박사의 생각에 성경 자체가 의롭다함은 믿음으로 이루어진다는 것을 분명히 드러내고 있기 때문에 이 점은 이론의 여지가 없는 것이다. 박윤선 박사는 여기서 바울이 의롭다함을 받는 것이 일을 해주고 받는 삯이 아니라, 이것과는 정반대로 아무런 일도 하지 않아 어떤 삯에 대한 요구를 할 수 없는 불경건한 자라 할지라도 믿을 때에 믿음을 통하여 의롭다함을 받는 은혜임을 말하고 있다고 풀이한다. 이어서 바울이 "그의 믿음을 의로 여기신

---

[40] 『개혁주의 교리학』, p. 347.

다"고 말할 때, 바울이 말하고자 하는 바가 바로 이 사실이며, 이것이 바로 의의 전가를 뜻한다고 정리를 한다. 덧붙여 이러한 자신의 결론을 하이델베르크 요리문답 제 60문답을 인용하여 확정을 짓는다.

> (문): "너는 하나님 앞에서 어떻게 의로워지는가?"
> (답): "오직 내가 예수 그리스도를 믿음으로 된다. 내가 하나님의 모든 계명을 크게 범했고 그 한가지도 지키지 못하였으며 아직도 모든 악을 행할 경향이 있어도, 하나님은 나의 공로 없이 다만 은혜로 그리스도로 말미암은 의와 성결과 공의의 만족을 나에게 돌려주시되 내가 전혀 범죄한 일이 없는 것같이 간주해 주시며, 도리어 그리스도께서 나를 위해 이루신 모든 순종을 내가 완전히 한 것처럼 보아 주신다. 내가 믿는 믿음으로 그런 유익을 받아들이기만 하면 그렇게 된다."[41]

하나님 앞에서 어떻게 의로워지는가? 이 질문에 대한 하이델베르크의 답, 곧 "예수 그리스도를 믿음으로"가 또한 박윤선 박사의 답이다. 여기서 박윤선 박사는 칼빈이 그러했듯이 믿음으로 의롭게 된다고 할 때, 이 말이 믿음 그 자체에 의롭게 하는 능력이나 근거가 있다는 뜻으로 오해하지 않도록 주의를 기울인다.

> 이 말(=구원에 이르는 믿음)은 믿음 그것이 영혼을 구원해 준다는 의미가 아니다. 믿음 그 자체는 구원할 힘이 없다. 이것은, 그 믿음이 신뢰하는 그리스도께서 구원해 주신다는 의미이다. 믿음은 그리스도를 신뢰하는 도구가 될 뿐이며, 그 자체도 하나님의 선물이다(엡 2:8).[42]
> 칭의의 근거는 신자의 신앙도 아니다. 신앙은 그리스도를 영접하는 방편일 뿐(요 1:12) 공로가 아니다. 더욱이 신자의 어떤 선행도 칭의의 근거는 될 수 없다(롬 3:28; 갈 2:16; 3:11). 칭의의 근거는 오직 그리스도의 죽으심과 다시 살으심으로 확정된 그의 의(그리스도의 능동적 순종과 피동적 순종으로 성립된 의로움)로만

---

41 『개혁주의 교리학』, p. 334.
42 박윤선 역, 『웨스트민스터 신앙고백서』 제 14장 해설 (서울: 영음사, 2007년 7쇄), p. 84.

성립된다.43

만일 믿음 자체에 의롭게 하는 능력이 있다면 믿음이 불완전한 만큼 또한 의롭게 됨의 의도 불완전하게 될 것이다. 따라서 믿음으로 의롭게 된다는 말이 의롭게 하는 능력이나 근거가 믿음에 있다는 것을 뜻하지 않는다는 사실을 지적한 칼빈과 마찬가지로, 박윤선 박사는 신앙은 그리스도를 영접하는 하나의 방편일 뿐이지 결코 근거가 아니며 공로 또한 아님을 확고히 한다.

*'칭의의 믿음'과 '성화의 행함'의 관계*
죄인이 의롭게 되는 일이 믿음을 방편으로 된다면 굳이 의롭게 된 신자들이 선행을 할 필요가 있겠는가? 앞서 살핀 바처럼 칼빈은 죄인이 선행이 아니라 믿음으로 의롭다함을 받는다 하여 죄를 더욱 담대히 짓거나 선행을 행할 열심을 잃어버리게 된다는 주장에 대해서 전혀 영적 이치를 알지 못하는 그릇된 것으로 비판을 한다. 이러한 생각은 죄인이 스스로 선행을 통해 공로를 이루어 의롭다함을 받고 또 선행의 공로에 대한 보상이 약속이 되어 있어야 선행을 한다는 잘못된 전제에서 비롯된 것이라고 지적을 한다.
칼빈은 '칭의의 믿음'은 '성화의 선행'을 필연적으로 낳으며, 믿음과 선행은 원인과 결과의 관계이면서 또한 분리될 수 없는 하나의 끈으로 연결이 되어 있다고 말한다. 즉 행함이 아니라 믿음으로 의롭다함을 받는 것이지만, 행함이 없는 믿음으로 의롭다함을 받는 것은 아닌 것이다. 믿음과 행함의 이러한 관계의 원리를 칼빈은 그리스도의 연합을 통해서 설명을 한다. 박윤선 또한 같은 설명을 우리에게 준다.

---

43 『개혁주의 교리학』, p. 332.

로마 가톨릭교는 일찍부터 성례에 과도한 뜻을 붙여 내려오다가 트렌트 회의에 이르러는 성례에서 모든 의가 시작되며 증가되며 회복된다고까지 말했으며, 그것을 받을 소원이 없이는 칭의의 은혜를 받지 못한다고 하였다 ... 그러나 개혁자들은 그리스도와 연합함이 없이는 칭의의 은혜를 받지 못하며, 이 연합은 오직 신앙이 가져온다고 말하였다. 신앙으로 그리스도와 연합한 자는 성례를 받았든지 안 받았든지 칭의를 얻는다고 한다. 그러나 그렇다고 하여 개혁자들이 성례를 무시하는 것이 아니고 그것을 은혜의 방편으로 본다.44

박윤선 박사는 죄인이 의롭다함의 은혜를 입는 것은 그리스도와의 연합에 의한 것이며 이 연합은 믿음으로 말미암아 이루어진다고 말한다. 즉 죄인이 믿음으로 의롭다함을 받는다고 말하는 것은 믿음으로 그리스도와 연합이 됨으로써 죄사함과 그리스도의 의를 받게 되는 칭의의 은혜를 누린다는 것이다. 이러한 생각은 로마서 6장의 강해 가운데에도 다음과 같은 언급을 통해 확인이 된다. "이것은(=그리스도와 교회의 연합은) 사람이 그리스도를 믿는 신앙고백에 의하여 그리스도의 지체된 때에, 그리스도의 죽음의 공효와 및 그의 부활의 생명을 누리게 된다는 계약원리이다."45 그리스도와의 연합과 이신칭의의 원리는 포도나무가지와 포도나무의 비유를 통해서 더욱 심화되어 간다. 이 영적 사실에 대하여 박윤선 박사는 그의 주석에서 요한복음 15장을 강해하면서 다음과 같이 핫지(Charles Hodge)를 인용하여 자신의 견해를 밝힌다.

그 연합(=포도나무 가지로 비유된 교회와 예수님의 연합)은 하나님의 단독적 역사를 기초로 함. 다시 말하면, 그 연합의 근원은, 신자들이 영원 전에 선택을 받아(16절) 신약 시대에 복음으로 칭의(稱義)된 사실이다(3절). ... 핫지(Charles Hodge)도 말하기를, "이 연합은 신비로우며 초자연적이고 대신 원리의 것이요 생명있는 것이다. 이 연합에 의하여 우리는 창세 전에 그의 안에 있었고(엡 1:4), 우리가 아담 안에 있었던 것처럼 그의 안에 있고(롬 5:12, 21; 고전 15:22), 우리와 그와의 관계는

---

44 『개혁주의 교리학』, p. 348.
45 『로마서』 (서울: 영음사, 1990), p. 190.

머리와 몸의 관계요(엡 1:23, 4:15; 고전 12:12, 27), 우리가 그에게 관계된 것이, 포도나무에게 대한 가지의 관계와 같다(요 15:1-12). 이 연합에 의하면 그의 죽으심은 우리의 죽음이 되어졌고(갈 2:20), 우리는 그와 함께 다시 살았고, 그와 함께 하늘에 앉았다(엡 2:1-6). 이 연합 때문에, 우리는 우리의 정도에서 그와 같아졌으며 그의 안에서 하나님의 자녀이다. 그의 하신 것이 우리의 것이 되었으니 만큼, 그의 의(義)가 우리의 것이며, 그의 생명이 우리의 것이며, 그의 높아짐이 우리의 높아짐이 된 것이다"라고 하였다(Systematic Theology, III. 1985, p. 127).[46]

여기서 박윤선 박사는 하나님의 영원 전의 선택과 복음으로 인한 칭의에 근원을 두고 있는 그리스도와 교회의 연합이 성경의 비유들을 통해서 여러 가지 모양으로 계시되고 있음을 말하면서 이 연합으로 인하여 신자가 누리는 은택들을 열거한다. 박윤선 박사의 설명은 핫지의 것을 인용한 것으로 그리스도와의 연합으로 은택을 죽음과 생명으로 요약될 수 있다. 그리스도와 함께 죽고 함께 살아난 것이며, 그리스도의 의가 우리의 것이 된 것임을 강조한다.

그렇다면 박윤선 박사는 거룩한 삶의 실행과 그리스도와의 연합의 관계에 대해서는 어떠한 이해를 가지고 있을까? 박윤선 박사는 성화론을 설명하는 맥락에서 바빙크(Herman Bavinck)를 인용하며 그리스도와의 연합을 다음과 같이 언급을 한다.

> 옛날부터 오늘까지 우리가 모르는 가운데 하나님은 신자의 성화작업을 위해 역사하여 오셨다. 대표적으로 몇 가지를 들면 ... 그리스도와의 연합으로 성화됨. 바빙크는 이 성화의 방법을 중요시하여 다음과 같이 말하였다. "예수님은 성화 작업에 자기 자신을 주체로 하시고 자기와 신자들을 영적으로 또는 신비적으로 연합하여 계신다. 신비적 연합은 그리스도와 신자의 본질적 연합도 아니고 단지 심리적(감정, 의지, 목적) 일치도 아니다. 이것은 성경의 말씀대로 그리스도께서 신자들의 마음 속에 살아계심이며, 그들이 그리스도 안에 있음이다. 그것은 포도나무와 그 가지의 연합과 같고(요 15장), 머리와 지체들의 연합(롬 12:4;

---

46 『요한복음(하)』 (서울: 영음사, 1970 개정판), pp. 453-54.

고전 12:12; 엡 1:23; 4:15), 부부의 연합(고전 6:16-17; 엡 5:32), 모퉁이 돌과 건물의 연합(고전 3:11,16; 6:19; 엡 2:20-21; 벧전 2:4-5)과도 같은 것이다. 이 내용이 구원계약에서 성립되어 있고 성령으로 말미암아 실현이 된다."47

그리스도와의 연합과 관련하여 앞서 본 바와 같이 핫지를 인용하였던 박윤선 박사는 여기서 보는 바와 같이 또한 바빙크를 인용하여 설명을 한다. 전자는 그리스도와의 연합과 칭의의 관계를 말하기 위한 것인 반면에, 후자는 그리스도와의 연합과 성화의 측면을 설명하기 위함이다. 바빙크를 인용하며 박윤선 박사는 그리스도인의 성화는 그리스도와의 연합으로 인하여 그리스도께서 신자의 마음 속에 계시며, 또한 성령으로 말미암아 이루어지는 일임을 말한다.

결국 박윤선 박사는 칼빈과 마찬가지로 신자들은 믿음으로 그리스도와 연합을 이루고, 그 결과로 그리스도의 의를 전가받아 의롭다함을 받는다고 말하며, 아울러 그러한 자는 또한 그리스도와의 연합의 결과로 그리스도께서 내주하시며 신자의 거룩함을 이루어 간다고 말한다. 거룩함을 이루는 행함은 믿음으로 의롭다함을 받는 일과 함께 그리스도의 연합의 결과로 인한 것이며 따라서 믿음과 행함은 필연적으로 비분리적인 관계를 갖는다. 믿음과 행함의 관계에 대한 박윤선 박사의 이해는 칼빈과 같으며, 또한 바빙크와 핫지 등과도 동일하다. 그는 역사적 개혁신학의 전통을 충실하게 따르고 있다.

*사랑으로 역사하는 믿음* (*fides formata caritate*)
믿음으로 그리스도와의 연합을 이루고, 그리스도와의 연합을 통해 거룩함의 행함을 이루게 된다는 것이 칼빈을 비롯한 개혁신학의 이해이다. 결국 행함이라는 열매가 뒤따르지 아니하는 믿음이란 개혁신학에 있어서 처음

---

47 『개혁주의 교리학』, pp. 335-36.

부터 생각할 수 없는 개념이다. 구원받기에 합당한 믿음은 반드시 행함의 열매를 맺는다. 구원받기에 합당한 믿음은 반드시 사랑으로 역사하는 믿음이며, 따라서 선행은 믿음의 증거이며 열매이다. 이와 관련한 박윤선 박사의 이해를 살펴보도록 하자.

> 트렌트 회의는 지식적 승인(assensus)을 신앙이라고 하였다. 그러나 개혁자들은 신앙을 가리켜 신뢰(fiducia)라고 하여 의지 행동으로 보았다(롬 4:20). 따라서 거기에는 실제적인 행위의 열매가 맺힐 것으로 생각되는 것이다. 로마 가톨릭교의 트렌트 회의는 그런 실제적 열매가 없어도 신앙 그것이 존속할 수 있다고 하였다.48

그는 천주교회가 말하는 '사랑의 행위가 결핍된, 믿음의 형상을 이루지 못한 믿음(fides informata)'이란 개혁신학에서 말하는 구원을 얻는 믿음이 아님을 분명히 한다. 박윤선 박사에게 있어 구원을 얻는 믿음이란 단순한 지식적 동의가 아니라 열매를 맺는 믿음이기 때문이다. 따라서 천주교회에서 말하는 바를 따르면 박윤선 박사가 생각하는 구원에 합당한 믿음은 믿음의 형상을 이룬 믿음(fides formata)라고 말할 수 있다. 물론 천주교회가 이 말을 사랑이라는 행위로 의롭게 된다는 말고 같은 의미로 사용을 한다는 점에 대해서 박윤선 박사는 단호히 거부를 한다. 박윤선 박사에게 있어서 사랑으로 역사하는 믿음이란 칭의의 믿음이 항상 다른 구원의 은혜들과 함께 역사한다는 사실을 의미하는 데에 있을 따름이다. 다음의 글을 보자.

> 이것은(=사랑으로써 역사하는 믿음뿐이니라) 신앙의 특징을 보여주는 말씀이다. 진정한 신앙의 소유자는 사랑의 행위를 나타낸다. 그렇다면, 사랑을 행해야 구원을 받는다는 것인가? 그런 것은 아니다. 이것은 신자가 그 신앙의 증표로

---

48 『개혁주의 교리학』, p. 348.

사랑을 지니고 있어야 된다는 것이다. 행위는 믿음이 내어주는 열매이니, 선한 행위가 없으면 죽은 믿음이라고 할 수 밖에 없다(약 2:21-26). 물론 사랑의 행위가 구원의 공로는 아니지만 참 신앙은 그것을 지니고 있다. 신앙 그것도 구원의 공로는 아니다. 구원의 공로는 오직 그리스도의 보혈뿐이다. 이 보혈 공로를 받는데 있어서 믿음은 절대 필요한 것이다. 이것도 하나님의 선물이다(엡 2:8)[49]

박윤선 박사는 사랑의 열매가 없는 믿음은 죽은 믿음이며 구원을 받기에 합당한 믿음이 아님을 강조한다. 그러면서도 그 강조를 잘못 이해하여 사랑의 행위가 구원을 이루기 위한 공로가 된다거나 혹은 사랑을 행하는 믿음이 구원의 공로가 된다는 오해를 하지 않도록 주의를 요청한다. 구원의 공로는 믿음 자체도 아니며 사랑은 더더구나 아니며 오직 그리스도의 보혈뿐임을 거듭 강조한다. 그러한 강조가 필요할 만큼 믿음은 분명하게 믿음의 증표로 사랑을 지니고 있어야 한다. 사랑으로써 역사한다는 것은 믿음의 특징을 보여주는 말씀이지 사랑이 곧 믿음이라는 뜻은 아닌 것이다.

이처럼 의롭다함을 받는 믿음과 거룩함을 이루는 행함의 관계는 '사랑으로 역사하는 믿음'이라는 표현을 통해 보는 것처럼 비분리적인 연결을 갖는다. 이것은 앞서 튜레틴이 말한 것처럼 그리스도와의 연합이라는 영적 특성과 더불어 구원의 은혜를 베푸시는 삼위일체 하나님의 구속사역의 기원과 실행 그리고 목적성 등을 고려할 때 더욱 더 그러하다. 박윤선 박사는 이 점을 예수 그리스도 안에서 성취된 은혜언약을 설명하는 맥락에서 다음과 같이 언급하고 있다.

(1) 이 계약(=은혜계약)은 은혜로운 것이니 그 이유는 하나님께서 우리를 담보하시는 구주를 주시어 이 약속이 실현되게 하신 까닭이고, 또한 성령님을 우리에게 주사 우리의 언약 관계의 책임을 실행케 하시는 까닭이다.

---

49 박윤선, 『바울서신(상)/갈라디아서』 p. 74.

(2) 이 계약은 삼위일체적이라고 함이 옳다. 그 이유는 이 계약 체제에 있어서 하나님 아버지께서는 우리의 구원을 계획하셨고, 성자께서는 우리의 죄값을 대신 지불하시어 구원을 이루시고, 성령님께서는 그 이루신 구원을 각인에게 시행하시는 까닭이다(요 1:16; 엡 2:8; 벧전 1:2) ...50

박윤선 박사는 우리의 구원을 위한 은혜언약의 주체가 바로 삼위일체 하나님이시라는 점을 상기시킨다. 하나님의 구원사역이 은혜인 까닭은 그리스도께서 우리를 대신하여 죄값을 치루시고 의를 담보하여 주신다는 사실에 있으며, 또한 은혜언약 관계 안에서 하나님 아버지의 구원의 계획을 다 이루신 그리스도의 은혜의 근거를 각 사람에게 시행을 하신다는 사실에 있다. 구원의 유일한 근거이신 그리스도를 믿는 믿음 자체가 성령님께서 주시는 선물이며, 그리스도와 연합하므로 의롭다함을 받을 수 있도록 믿음을 주신 성령님이 우리로 하여금 또한 언약관계의 책임을 다하여 거룩한 삶의 순종을 하도록 실행을 하시는 분이시므로 구원을 받기에 합당한 믿음은 필연적으로 거룩한 순종을 이루어 하나님의 구원의 목적을 이루게 된다는 것이 박윤선 박사의 이해이며, 또한 개혁신학의 이해이다.

## 4. 믿음과 행함에 관한 박윤선의 주석적 설명에 대한 정훈택의 비판

정훈택 교수는 "행위의 구원론적 의미"의 제목을 달은 여섯 편의 논문을 발표했다.51 그 논문에서 그는 "행위가 구원의 근거가 될 수 없다는 말과 행위에 어떤 구원론적 가치도 인정해서는 안된다는 주장은 전혀 다른

---

50 『개혁주의 교리학』, p. 233.
51 정훈택, "행위의 구원론적 의미(I)," 『신학지남』 228(1991 여름), pp. 57-88; "행위의 구원론적 의미(II)," 237(1993 가을), pp. 106-141; "행위의 구원론적 의미(III)," 238(1993 겨울), pp. 73-108; "행위의 구원론적 의미(IV): 율법논의의 과제와 그 실마리," 『신학적 도약』 (서울: 은혜와 진리, 1994), pp. 107-146; "행위의 구원론적 의미(V)," 247(1996 여름), pp. 123-152; "행위의 구원론적 의미(VI)," 248(1996 가을), pp. 165-189.

애기"임에도 불구하고, 한국교회는 "오랜 동안 삶의 문제, 윤리 문제를 기독교 진리의 핵심의 하나로 인정하지 않았다."는 심각한 문제를 가지고 있다고 비판을 한다. 한국교회는 신자들에게 "자신의 행동, 삶에 깊은 관심을 가지고 있지 않아도, 윤리적인 행위, 윤리 의식의 변화 없이도 기독교인으로 불리울 수 있었고, 참된 기독교인으로 천국에 들어와 있는 것으로 생각"하도록 가르치는 큰 잘못을 범해 왔다는 것이다.52 한국교회가 이처럼 믿음과 행위를 분리시켜 생각하는 오류를 왜 범하게 되었으며, 그 책임은 어디에서 찾아야 하는 것일까? 정훈택 교수는 이에 대한 답을 나름대로 찾아 한국교회의 변화와 개혁의 길을 도모하기를 원한다.

정훈택 교수가 보여주는 이러한 문제의식과 답을 찾으려는 노력은 본 논문과 동일한 출발선에 서 있다. 그런데 처방에 있어서는 완전히 대립하는 견해 차이를 보인다. 본 논문은 박윤선 박사를 배우는 것이 한 가지 답이라고 생각하는 반면에, 정훈택 교수는 박윤선 박사에게 문제의 책임이 있으며 그를 극복하는 것이 답이라고 주장한다. 정훈택 교수는 비판하기를 박윤선 박사가 한국교회에 대해 그가 갖고는 신학적이며 목회적 영향력이 실로 심대한 만큼, 한국교회가 행위의 구원론적 가치를 바르게 가르치지 않은 과오를 범한 것에 대한 박윤선 박사의 책임 또한 실로 중대하다고 한다. 그러면 정훈택 교수가 박윤선 박사에 대해 말하는 비판이 어떠한지를 살피도록 한다.

### *이신칭의에 치우친 성경 해석의 오류?*

정훈택 교수는 박윤선 박사가 성경의 본문의 해석을 이신칭의라는 구원론적 관점에서 일방적으로 몰아부친 오류를 범하였다고 강하게 비판을 한다. 그 비판은 박윤선 박사가 "성경을 성경으로 해석한다"는 성경해석의 방법론을 따르다고 하면서, 실제로는 "자신의 신학적 틀"을 성경에서 증명해

---

52 정훈택, "행위의 구원론적 의미(I)," 『신학지남』 228(1991 여름), p. 57, 70.

내고자 하였으며, 결과적으로 "본문에 신학적 폭력을 행사하는 그런 주관적 해석"이었다고 소리를 높였다.53 "성경을 더 이상 신앙과 삶의 규범으로 사용하지 못하고 해석자의 해석과 그 해석의 배후에 있는 해석자의 신학사상을 의존하게 된 것, 이것이 박윤선 박사의 주석과 설교에서 발견되는 치명적인 약점이며 동시에 한국교회의 문제"라고 지적을 한다.54
정훈택 교수가 지적하는 박윤선 박사의 주석과 설교에서 나타나는 본문을 지배하는 신학사상은 바로 "믿음으로만 구원얻는다"나 "믿음으로 의인이 된다"는 명제로 집중이 되는 구원론이다.

> 율법의 완성, (구약)계명들의 유효성 및 영원성, 윤리적 규범, 인간의 행위 등이 언급되거나 강조된 듯이 보이는 구절들을 주석할 때, 그는 거의 항상 이신칭의나 이신득의의 관점에서 조화시키려 하고, 행위구원, 율법주의, 도덕주의를 비판하곤 했다. 하나님께서는 하나의 구원론을 계시하셨다는 전제 하에 인간의 책임과 의무를 말하는 부분을 "오직 믿음으로"(Sola Fide)란 명제와의 관련성 안에서 해명하기에 부단히 노력을 한 것이다. 결과적으로 "오직 믿음으로"란 명제가 삶을 인도하고 바른 행동을 명령하는 모든 구절들을 통제하게 되었다.55

이처럼 행함이 강조되는 구절조차도 "거의 항상 이신칭의나 이신득의의 관점에서" 풀어가는 성경해석은 결과적으로 올바른 삶과 순종의 요구를 관심 밖으로 밀어내게 된다. 정훈택 교수는 그러한 예 가운데 대표적인 것으로 박윤선 박사의 산상수훈 주석을 지목한다. 산상설교의 핵심은 행위와 삶의 강조에 있는데, 박윤선 박사는 말하기를 "예수님은 산상설교에서도 명백하게 믿음으로 구원을 얻는다는 교리를 가르치셨다"고 결론을 짓는 데에 그치고 말았다는 것이다. 바로 이러한 오류 때문에 "한국교회가 윤리적 과제와 책임, 목표를 제대로 찾지 못하고 오늘날까지 우왕좌왕하는

---

53 정훈택, "행위의 구원론적 의미(II)," p. 117.
54 정훈택, "행위의 구원론적 의미(II)," p. 118.
55 정훈택, "행위의 구원론적 의미(II)," p. 118.

것으로" 나타났다는 것이 정훈택 교수의 판단이다.56 아울러 이러한 경향은 칼빈주의와 루터주의의 혼동의 결과이며, 겉으로는 칼빈주의를 표방하였지만 사실은 지극히 루터주의적인 방식에 갇혀버린 한계성을 갖는다고 비판을 한다.57

*믿음과 행함에 관한 박윤선 주석들에 대한 비판*

본문을 구체적으로 다루어가면서 정훈택 교수가 박윤선 박사를 비판한 내용을 따라가면 박윤선 박사는 본문이 명확하게 행위의 순종을 강조할 때에 그 본문을 순종해야할 직접적인 명령으로 해석하지 않았다는 지적을 받는다. 박윤선 박사는 이 명령의 참된 뜻은 순종을 위한 것이라기 보다는 일종의 몽학선생의 기능을 하기 위한 것으로 축소하였다는 것이다. 그리하여 이신칭의의 의미를 돋보이게는 하였지만 행함과 관련한 교훈의 무게는 경시되는 결과를 낳았다고 비판을 한 것이다. 정훈택 교수가 지적한 몇 가지 사례들을 살펴보도록 하자.

먼저 팔복에 대한 주석을 언급하면서 정훈택 교수는 박윤선 박사가 "팔복의 윤리적 색채를 송두리째 날려버렸다"고 비판을 한다. 정훈택 교수는 박윤선 박사가 네 번째 복에서 칭의가 값없이 주어지는 법정적 선언이 이루어진 것으로 보고 다섯째 복부터가 의롭게 된 신자가 지켜야 할 윤리적 명령이라고 해석을 한다는 사실을 지적한다. 박윤선 박사는 팔복이 사실상 윤리적 행동이나 삶을 담고 있음에도 불구하고, 오직 구원받은 자에게 해당하는 윤리적 명령으로 제한함으로써, "윤리적 행동이나 그러한 윤리적 행동을 보이는 사람들이 복되다고 일컬어질 위험을 미리 방지하였다"고 지적을 한다.58 즉 박윤선 박사는 혹시라도 팔복의 교훈이 도덕의 행함을 공로로 하여 구원을 얻는 길을 제시하는 것으로 오해하는 일이

---

56 정훈택, "행위의 구원론적 의미(II)," p. 119.
57 정훈택, "행위의 구원론적 의미(II)," p. 120.
58 정훈택, "행위의 구원론적 의미(II)," pp. 128-29.

있을 것을 염려하여 이렇게 팔복을 두 구분으로 나누어 어떻게 신자가 되며 그 후에 어떻게 신자가 살아야 하는 것을 말한다고 인위적인 해석을 했다는 것이다.

빛과 소금의 비유(마 5:13-16)에서 박윤선 박사에서 빛과 소금이 "구원받은 사람들이 행할 책임"을 가리킨다고 말하면서도 그 책임을 윤리적이거나 사회적 책임을 뜻하는 것이 아니라 단지 "복음을 가르치고 전하는 책임"을 가리키는 것으로 축소했다는 책임을 추궁받는다. 아울러 박윤선 박사가 맛을 잃은 소금은 사람에게 버려져 밝힐 뿐임을 주석하면서 신자가 타락하면 모든 영적 도리와 도덕적 법칙을 확정적으로 떠난다고 하였는데, 이는 행위와 구원이 관계가 있음을 인정한 것이라고 말하면서, 앞에서 행위와 구원은 관계가 없다는 주장을 하였음으로 인해 신학적 난제에 직면케 되었다고 비판한다.

또한 박윤선 박사는 마태복음 5:17-7:27을 한 묶음으로 엮어 여기서 예수님께서 율법을 해석하시고 도덕적 표준이 무엇인가를 보이셨지만, 그것은 이것들을 행함으로써 구원을 얻는다는 것이 아니라 단지 그것의 실행이 얼마나 높고 어려운지를 깨달아 그리스도 앞으로 나오도록 하는 율법의 몽학선생의 기능을 행하도록 하기 위함이라고 해석을 한 것으로 요약을 한 후에 정훈택 교수는 비판하기를 그렇다면 "예수님은 모든 사람들을 율법 아래 세워 놓고 그들의 더러움과 부패함, 무기력과 무능력을 깨닫게 하여" 예수님을 바라보게 하는 목적 하에 "사람들이 전혀 지킬 수 없는 '불가능한 명령'을 제시하셨다는 것이 된다고 한다. 이러한 해석은 마치 예수님이 불가능한 명령인 줄을 아시면서도 그들이 '그러한 행동을 하기를 기대하신 것처럼 위장'을 하셨다는 잘못된 주장이라고 말한다.[59]

정훈택 교수가 보는 박윤선 박사의 심각한 오류 가운데 하나는 마태복음 5장 20절에서 나타난다. 20절에서 서기관과 바리새인보다 더 나은 의를

---

[59] 정훈택, "행위의 구원론적 의미(II)," pp. 130-31.

행하여야 천국에 들어간다는 말씀에서 박윤선 박사는 "바리새인과 서기관들의 의"와 "그리스도인의 의"를 질적으로 구분하여 전자는 인간 중심의 자기 의를 말하며 후자는 신 중심의 믿음의 의를 가리킨다고 하며, 사람의 의가 아니라 성령으로 말미암는 거듭난 의를 행할 것을 교훈하는 것으로 풀이를 한다. 그런데 정훈택 교수는 이러한 해석은 예수님께서 애초부터 비교할 수 없는 다른 종류의 의를 비교하신 것이라는 잘못된 해석이라고 말한다. 정훈택 교수에 보기에 20절은 예수님께서 "당시 표준적이라고 할 수 있는 사람들의 것보다 제자들의 의는 더 나아야 한다"는 것을 교훈하시며 실제적인 의의 행함을 촉구하시는 말씀인 것뿐이다. 결국 박윤선 박사는 산상수훈이 직접적으로 말하고자 한 선한 삶과 선한 행동을 소홀히 하거나 무시하는 인위적인 해석을 범한 것이 된다.60

> 혼란에 혼란을 거듭하며 만들어 낸 인위적인 해석이 결국 기독교인의 삶을 파괴하는 수단으로 전락할 길이 열린 것이다. 가장 안타까운 것은 이렇게 설명을 이어 오는 동안 그 과정에서 우리는 주님이 그토록 선한 삶과 선한 행동을 강조하셨던 산상설교가 무색해지고 말았다는 점이다. ... 박윤선 박사의 구원론적 산상설교 해석은 예수님의 설교와 교훈의 핵심, 행위와 삶에 대한 박차와 강요를 지워버리고 아무도 - 기독교인들 조차도 - 산상설교를 그대로 읽지 않고도 아무 문제없이 기독교인으로 살아가도록 만드는 그런 것이다.61

박윤선 박사의 산상설교 해석이 이토록 가혹한 비판을 정훈택 교수에게서 받는 까닭은 무엇일까? 그것은 정훈택 교수가 보기에 박윤선 박사는 바울서신을 해석학적 도구로 삼아 예수님의 교훈과 행적을 바울서신에 꿰맞추는 식의 해석을 전개했기 때문이다. 즉 바울서신의 이신칭의론에 따라 산상설교뿐만 아니라 복음서 전체를 구원론적 관점에서 해석을 하며 이것

---

60 정훈택, "행위의 구원론적 의미(II)," p. 134.
61 정훈택, "행위의 구원론적 의미(II)," p. 138.

을 위하여 복음서를 희생하는데 방향으로 나갔기 때문이다. 그 결과 행위를 강조하는 본문을 만나면 "행위구원과 믿음구원의 대립가능성을 염두에 두고 둘의 조화란 관점에서" 본문을 파악했으며, "성경은 결코 행위구원을 말하지 않는다고 결론" 짓는다. "이 과정에서 행위에 대한 본문의 강조점은 점점 사라져 가고 모든 구절이 소위 바울식의 이신칭의 교리를 말하는 구절로 둔갑"하게 되버렸다는 것이 정훈택 교수의 비판의 요지이다. 행함과 믿음이 가장 뚜렷이 결합이 되어 나타나는 본문 가운데 하나가 야고보서 2장 21-24절의 맥락이다. 정훈택 교수의 생각에 야고보서의 논지는 "칭의와 순종의 행위를 결합하여 아브라함의 믿음과 행위가 함께 작동했다는 점을 알리는 것이다."62 그런데 박윤선 박사는 아브라함에 대한 칭의 선언은 그가 독자 이삭을 하나님께 바치는 순종 사건이 있기 전에 벌써 있었던 것이기 때문에 칭의는 선한 행실과는 전혀 관계가 없는 것이며, 이삭을 바친 순종은 아브라함이 받은 칭의를 받은 믿음을 증거하는 것이라고 해석을 한다.63 이러한 박윤선 박사의 해석에 대하여 정훈택 교수는 박윤선 박사가 이신칭의의 해석 방식에 매여서 이렇듯이 '행위'와 '칭의'의 결합이 뚜렷한 본문을 '행함-칭의'의 관계가 아니라 '칭의-행함'의 관계로 바꾸어 행함과 칭의의 명백한 관계를 약화시키는 잘못을 범하였다고 비판을 한다.64 박윤선 박사의 설명은 야고보서의 주장을 충분히 살리지 못한 것이다.

계속된 비판에서 정훈택 교수는 22절에서 야고보는 행함과 칭의를 다시 한번 연결하지만 박윤선 박사의 아래의 주석을 인용하면서 오히려 행함을 칭의와 격리시키고 믿음만을 연결한다고 지적을 한다.

> 아브라함에게 주신 칭의가 그의 행실로 완성되었다는 것이 아니고 다만 그의 믿음이 그의 행실로 완성되었다는 것뿐이다. 칭의는 미완성의 시기가 없다.

---

62 정훈택, "행위의 구원론적 의미(III)," p. 83.
63 박윤선, 『히브리서/공동서신』 (서울: 영음사, 1987), p. 290.
64 정훈택, "행위의 구원론적 의미(III)," p. 83.

그것은 단번에 완성되며 믿음만을 근거하고 선언된다. 그러나 선한 행실을 씨앗과 같이 내포한 그 믿음은 그 선한 행실이 실현될 때에 완성된다.65

정훈택 교수는 박윤선 박사의 위의 주석은 두 가지 점에서 문제가 있다고 말한다. 첫째는 행함과 칭의를 분리함으로써 24절 "이로 보건대 사람이 행함으로 의롭다함을 받고 믿음으로만 아니니라"를 정면으로 반박을 한다고 것이고, 둘째는 박윤선 박사가 말하듯이 믿음이 행실로 완성이 된다면 칭의는 선한 행실을 통해서 완성이 될 때까지는 적용이 될 수 없는 개념이거나, 아니면 칭의도 성화와 같이 믿음의 완성 정도에 따라 점진적으로 지속되는 개념이 되어야 하는 문제를 내포한다는 것이다. 이런 문제는 결국 21절에 강조된 행함과 칭의의 결합을 애써 이신칭의로 환원하여 행함을 떼어 놓고 믿음으로 의롭다함을 설명하려고 하는 데에서 비롯된다고 비판을 한다.

예수님의 직접적인 순종의 교훈이 구원론의 맥락에서 완화되거나 축소되는 예와 관련하여 정훈택 교수는 누가복음 10장 25-37절의 예를 든다. 예수님을 시험하는 한 율법사가 예수님께 나아와서 "무엇을 하여야 영생을 얻겠습니까"라고 물을 때, 주님께서 그 율법사에게 율법에 기록된 바를 되묻고, 그의 대답에 따라 "네 대답이 옳다. 이를 행하라 그러면 살리라"고 말씀하신 것에 대한 박윤선 박사의 해석을 비판한다. 박윤선 박사는 예수님께서 이를 행하라고 하신 것은 인간이 율법을 행함으로 영생을 얻는 원리를 말씀하신 것도 아니며, 또한 인간이 자력으로 율법을 지킬 수 있음을 말씀하신 것도 아니라고 말한다. 다만 인간은 누구든지 율법을 행할 책임이 있음을 일깨워 그 결과 그로 하여금 자신이 율법을 지키지 못하는 죄인임을 절실히 깨닫도록 하기 위함이라고 설명한다. 그리하여 죄책을 깨닫고 회개하여 주님을 신앙하여 영생에 이르는 길을 가르치시기 위한

---

65 박윤선, 『히브리서/공동서신』 (서울: 영음사, 1987), p. 290.

것이라고 풀이한다.

이러한 해석에 대해 정훈택 교수는 실제로 순종해야할 행위에 대한 강조점을 구속사적 관점에서 약화시키고 있음을 비판한다. 정훈택 교수의 주장은 율법사의 대답, 곧 "네 마음을 다하며 목숨을 다하며 힘을 다하며 뜻을 다하여 주 너의 하나님을 사랑하고 또한 네 이웃을 네 자신 같이 사랑하라"는 말은 율법의 대 강령이면서, 바울에 의하면 사랑의 계명은 모든 율법의 완성이며 요한서신에서도 또한 사랑의 실천이 강조되고 있는 것에 비추어 볼 때, 율법사로 하여금 율법의 교훈에 따라 적극적으로 순종할 것을 교훈하는 바가 강조될 필요가 있음을 말하는 듯이 보인다.66

요한복음 15장의 포도나무 비유를 통한 그리스도와의 연합을 말하는 맥락에서 정훈택 교수는 박윤선 박사가 이신칭의의 해석의 틀로 인하여 모순된 해석을 보이고 있다고 지적한다. 먼저 정훈택 교수는 박윤선 박사가 포도나무에 붙어 있는 가지란 그리스도와 신자의 연합을 말한다고 해석을 한다. 그러나 박윤선 박사는 요한복음을 해석하면서 믿음과 순종을 그리스도와의 연합의 기초로 설명을 하기 때문에 이신칭의의 원리에 따른 로마서 6장의 그리스도와 연합의 교리와 통일성을 상실하는 해석을 하고 있다고 지적을 받는다.

그런데 포도나무 비유에는 2절과 6절에 열매를 맺지 못하는 가지는 잘라버린다는 심판의 내용이 들어 있는데, 박윤선 박사에게는 이것은 곧 그리스도와 연합하여 구원이 확정된 자에게 다시 심판이 있다는 해석의 압박을 주는 부담이 큰 표현이 아닐 수 없다고 정훈택 스스로 풀이를 한다. 그리고 정훈택 교수는 박윤선 박사가 8절 "너희가 열매를 많이 맺으면 내 아버지께서 영광을 받으실 것이요 너희는 내 제자가 되리라"를 주해하면서 "열매를 맺지 못하는 신자는 나무와 같이 찍힘을 받을 위태로운 자리에 있는 것이다"로 하여, 2절과 6절에 언급되고 있는 것처럼 열매를 맺지 못하는

---

66 정훈택, "행위의 구원론적 의미(III)," p. 93-94.

가지는 "제해버림을 당하거나" 혹은 "밖에 버리워 말라지나니" 등의 심판을 당하여야 하지만, 신자의 경우는 다만 "찍힘을 받을 위태로운 자리에" 처하게 될 수도 있다는 경고의 위협만을 더하고 있다고 지적을 한다. 그 결과 포도나무 비유를 통하여 예수님이 주시고자 하시는 교훈이 퇴색되고 말았다고 비판을 한다. 정훈택 교수가 보기에 박윤선 박사의 이러한 해석은 모순된 것이며, 그것은 근본적으로는 이신칭의의 해석 원리에 묶여 있는 탓에서 비롯된 것이다.67

믿음과 행위에 관련한 박윤서의 주석들에 대하여 비판을 한 정훈택 교수는 다음과 같이 자신의 견해를 요약한다. 첫째 박윤선 박사는 성경이 '행위'나 '삶'을 천국 또는 구원과 직접 연결시키고 있는 부분을 대할 때, 행위구원론에 대한 위기감 때문에 이러한 본문들을 제대로 설명하지 못하였다. "왜 주님께서 '행위'와 '천국'을 간접적으로가 아니라 직접적으로 말씀하고 계신가"를 묻고, 성경의 교훈을 진실히 반영하도록 하여야 할 것임에도 불구하고, "이 직접성을 간접성으로 바꾼 다음에야 겨우 행위의 가치를 인정"함으로써 "본문을 곡해했다는 비난을 결코 면하기 어렵다." 둘째 박윤선 박사는 '나무-열매'의 관계는 인정하지만 '열매-나무'의 관계는 간과하거나 무시했다. 하나님의 은혜가 물론 앞서며 인간의 책임과 행위가 하나님의 사역과 은혜를 뒤따른다. 그러나 성경은 단지 열매를 보고 나무를 아는 차원을 넘어서 좋은 열매를 맺지 못하거나 나쁜 열매를 맺는 나무는 제하여 버리거나 불에 태운다는 구원론적 차원이 누누이 강조되고 있음에도 박윤선 박사의 설명에는 이 부분의 연구와 고려가 결여되어 있다.68

## 5. 믿음과 행함에 관한 칼빈과 박윤선 박사의 성경이해: 정훈택 교수에

---

67 정훈택, "행위의 구원론적 의미(III)," p. 100-04.
68 정훈택, "행위의 구원론적 의미(III)," p. 107-08.

## 대한 비판

박윤선 박사가 믿음과 행함의 성경적 원리에 있어서 성경의 교훈을 곡해하였다는 정훈택 교수의 비판은 정당한 것일까? 이 질문에 답을 하는 한 가지 방식은 정훈택 교수가 성경을 곡해하였다는 성경 본문을 살펴서 어느 쪽이 잘못 이해를 하고 있는 지를 판단하는 성경 주석학적 노력일 것이다. 하지만 그러한 노력은 제 3자의 견해도 하나의 견해로 그칠 수 있어서 항상 만족스러운 결론을 내려주지는 못한다. 본 글에서는 정훈택 교수가 박윤선 박사를 비판한 성경 구절들에 대한 칼빈의 주석들을 살피면서 과연 박윤선 박사가 믿음과 행함에 관하여 이신칭의라는 구원론적 틀 속으로 성경본문의 의미를 무리하게 밀어 넣었는지를 판단하고자 한다. 만일 칼빈의 주석이 박윤선 박사의 것과 본질상 동일한 교훈을 주고 있다면, 정훈택 교수가 비판한 박윤선 박사의 문제는 박윤선 박사 개인의 문제가 아니라 개혁신학 자체의 문제가 된다. 만일 그렇다면 정훈택 교수는 믿음과 행위에 있어서 개혁신학과 다른 이해를 가지고 있음이 드러나게 되는 셈이 된다. 정훈택 교수가 옳은지 아니면 개혁신학의 이해가 옳은지는 성경의 본문 연구를 통하여 판단될 문제이기는 하지만, 적어도 박윤선 박사를 가리켜 성경을 곡해하여 믿음과 행함에 관한 구원론적 교훈을 바르게 가르치지 않았다는 정훈택 교수의 비판은 많은 지지를 확보하기가 어려울 것은 틀림이 없을 것이다.

정훈택 교수는 박윤선 박사가 팔복을 주석하면서 팔복을 임의로 전반부 네 구절과 후반부 네 구절로 나누고, 팔복으로 제시된 윤리적 행동이 구원 받은 자에게 해당하는 것으로 제한을 함으로써 그러한 윤리적 행동을 보이는 사람들을 복되다 일컬을 수 없도록 하였다고 비판을 하였다. 비판의 초점은 팔복의 구분에 있기 보다는 팔복의 윤리적 행동을 이미 구원받은 자에게 나타나는 증거로 해석하는 것이 정당하지 않다는 데에 있는 것으로 여겨진다. 정훈택 교수의 이러한 비판이 성립되려면 팔복의 교훈은 팔복을 행하는 사람이 구원을 받는다는 것을 말하기 위한 것이어야 한다. 즉 팔복은 구원을 받기 위한 전제조건이어야 한다. 만일 그와는 달리 팔복의 교훈은 구원을 받은 자들에게 나타나는 영적 열매나 증거들을 말하는 것이라면, 정훈택 교수의 비판은 전혀 의미를 갖지 못한다. 다음에서 보듯이 칼빈에게서도 박윤선 박사와 마찬가지로 팔복의 교훈은 팔복을 행하는 사람들에게 수고의 보상으로 천국이 주어질 것임을 말하는 것이 아니다.

> 바울은 우리의 복은 하나님의 긍휼에 달려 있는 것이지 우리의 행위에 달려 있는 것이 아니라는 것을 확신시키기 위하여, 특별히 다윗의 말을 우리에게 역설한다:"허물의 사함을 얻고 그 죄의 가리움을 받은 자는 복이 있도다 ... 여호와께 정죄를 당치 않은 자는 복이 있도다"(시 32:1-2; 롬 4:7-8 참조). 만일 어떤 자가 마치 복이 행위 때문에 주어지는 것처럼 여겨지는 많은 구절들을 제시한다고 해보자: "여호와를 경외하며 그 계명을 크게 즐거워 하는 자는 복이 있도다"(시 112:1), "빈곤한 자를 불쌍히 여기는 자는 복이 있는 자니라"(잠 14:21), "악인의 꾀를 좇지 아니하며"(시 1:1), "시험을 참는 자"(약 1:12), "공의를 지키는 자들"(시 106:3), "행위 완전하여 여호와의 법에 행하는 자"(시 119:1), "심령이 가난한 자", "온유한 자", "긍휼히 여기는 자"(마 5:3,5,7) 등. 하지만 이러한 말들은 바울이 말한 진리를 부인하지 않는다. 사람에게 어떤 칭찬받을 만한 특성들이 있다고 해도 그것으로 인하여 하나님께 인정을 받을 수 있는 것은 아니기 때문에, 사람은 자신의 죄를 용서받아 비참함에서 놓임을 받지 못한다면 항상 비참한 상태에 있게 된다. 성경에서 높이 칭찬하는 모든 복들도 사람이 죄를 용서받고 복을 받기 까지는 아무 소용이 없으며 헛된 것이 되고 만다. 죄 용서를 받음으로 복을 얻은 후에야 다른 복들도 제 자리를 갖게 된다. 그러므로 죄 용서로 얻는 복이야말로 최고의 또 가장 중요한 복일 뿐만 아니라 유일한 복이라고 결론을 내릴 수 있다.[69]

팔복을 비롯하여 성경에 기록된 어떤 복도 우리의 행위에 달려 있는 것이

---

[69] 『기독교 강요』 3.17.10.

아니라 오직 하나님의 긍휼에 달려있으며, 어떤 복도 그 자체로는 하나님의 칭찬을 받기에 부족하며, 따라서 죄의 용서를 받음으로 얻는 복이 가장 중요하며 으뜸이 되는 복이라는 칼빈의 설명은 산상수훈의 팔복 또한 죄 용서를 전제로 하여 누리는 복임을 말하여 준다. 정훈택 교수의 생각과는 달리 팔복은 구원을 얻기 위한 전제조건일 수가 없다.

정훈택 교수는 빛과 소금의 비유에서 박윤선 박사가 빛과 소금이 가리키는 신자의 책임을 풀이함에 있어서 윤리적이며 사회적인 면을 축소시키고 단지 복음을 바르게 가르치고 전하는 책임에 국한하였다고 비판을 하였다. 그러나 칼빈도 같은 취지의 말을 한다.

> 그리스도께서 사도들을 "세상의 소금"이라 부르시는 것은 세상에 소금을 쳐서 맛을 내는 것이 그들의 직임이라는 것을 의미한다. 왜냐하면, 하늘의 가르침이라는 소금으로 맛을 내지 않으면, 사람들 속에는 맛없고 무미건조한 것 외에는 다른 것이 전혀 없기 때문이다.[70]

칼빈에게 있어서도 소금과 빛은 사도들에게 위탁되어진 복음의 말씀이다. 따라서 소금과 빛의 책무는 복음의 말씀을 잘 가르치는 것을 뜻한다는 박윤선 박사의 주석은 칼빈의 것과 일치한다. 맛을 잃은 소금은 부패하여 진리의 말씀을 전하기에 합당치 않은 제자들을 가리킨다. 정훈택 교수는 맛을 잃은 소금을 가리켜 박윤선 박사가 신자가 타락하여 모든 영적 도리와 도덕적 법칙을 확정적으로 떠난다고 주석한 것은 행위 때문에 구원에 문제가 생긴다는 것을 뜻하므로 이신칭의를 말하며 행위가 구원과 관계가 없다고 말한 것과 모순이 된다고 비판을 한다. 하지만 신자가 타락하여 구원을 잃을 수가 있다고 하여 신자는 행위가 아니라 믿음으로 구원을 얻는다는 것이 문제가 되는 것은 아니다. 이 둘은 각각 별개의 문제이다. 전자는 성도의 견인의 문제이며 후자는 이신칭의의 문제이다.

---

[70] 『칼빈주석: 공관복음』 박문재 역(고양: 크리스찬다이제스트, 2011), p. 265.

정훈택 교수는 박윤선 박사가 마태복음 5장 17절이하의 산상수훈의 의미에 대하여 말하기를 율법의 바른 해석에 따른 도덕적 표준이 무엇인지를 보이면서 그 율법을 실행하기가 얼마나 어려운지를 깨닫게 하여 결국 그리스도 앞으로 나오도록 하는 몽학선생의 기능을 하는 것이라고 설명하였다고 지적한다. 그의 생각에 그렇다면 박윤선 박사의 해설은 예수님이 사실상 불가능한 명령을 행하라고 주신 것이 되기 때문에 잘못된 해설이라고 비판을 하였다. 과연 그런가? 칼빈도 또한 박윤선 박사와 같이 산상수훈에서 그리스도께서는 율법을 거룩한 삶의 규범으로 제시하신다는 점을 강조하면서 동시에 다만 우리가 연약함으로 율법의 표준에 이르지 못함을 말한다.

> 거룩한 삶의 규범이라는 측면에서, 율법은 사람들을 의의 최종 목표 지점 또는 가장 높은 지점으로 인도한다. 따라서 바울은 "율법"이 그 자체로 "연약한" 것이 아니라 우리의 "육신으로 말미암아 연약한" 것이라고 분명하게 선언한다 (롬 8:3).[71]

칼빈은 율법이 가리키는 최종 목표 지점 또는 가장 높은 지점에 이르는 일은 연약한 육신으로는 할 수 없는 일임을 로마서 8장 3절을 들어 분명하게 말한다. 그러면 어떻게 율법의 요구가 이루어질 수 있겠는가? 그것의 답은 바로 다음 절에 이어져 나온다. 이것은 육신이 할 수 없는 것을 하나님께서 "자기 아들을 죄있는 육신의 모양을 보내어 육신의 죄를 정하사 육신을 따르지 않고 그 영을 따라 행하는 우리에게 율법의 요구가 이루어지게 하려 함이라"(롬 8:4)는 말씀이 그것이다. 이러한 칼빈의 인식은 박윤선 박사가 말하기를 "이 율법 앞에서는 누구든지 제 힘을 믿을 수 없어 탄식하기를, '오- 그리스도여 나의 대신이 되소서 나는 주님만 의지하나이다'라고 할 수 밖에 없는 것이다."고 한 것과 동일한 선상에 있는 것이다.[72]

---

[71] 『칼빈주석: 공관복음』, p. 277.

정훈택 교수는 율법의 기능이 몽학선생의 역할을 한다고 해서, 신자가 행하여야 할 거룩한 삶의 규범으로서 기능이 부정이 되는 것이 아니라는 점을 간과하는 듯이 여겨진다. 박윤선 박사가나 칼빈이나 산상수훈에서 해설이 된 율법의 거룩한 삶의 규범이 육신이 연약한 죄인들에게는 자신들이 죄인됨을 자각케 하지만 또한 동시에 성도가 마땅히 살아야 할 표준적인 규범이기도 한 것이다.73 이 점에 있어서 박윤선 박사는 칼빈과 다를 바가 없다. 박윤선 박사는 산상수훈이 율법에 말하는 탁월한 도덕적 표준을 밝혀준다고 말하며 그 표준대로 힘써 행하여 할 것을 주석을 통하여 계속적으로 강조한다. 박윤선 박사의 주석 속에는 산상수훈의 도덕적 표준이 너무 높으니 이는 지키려고 할 것이 아니라고 해설한 구절이 하나도 없다. 오히려 바리새인들과 서기관들의 해석이 얼마나 잘못된 해석인가를 대조하여 밝혀주고 높은 도덕적 표준에 따라 순종해야할 의무와 적용적 교훈을 서술해주고 있다. 그러나 칼빈이나 박윤선 박사가나 산상수훈의 교훈이 그 교훈을 행하여 구원을 받도록 하기 위하여 주신 것으로 생각하지는 않는다.

마태복음 5장 20절, "너희 의가 서기관과 바리새인보다 더 낫지 못하면 결단코 천국에 들어가지 못하리라"는 말씀에 있어서 박윤선 박사는 칼빈과 실질적으로 동일한 해석을 취한다. 박윤선 박사에게 있어서 서기관과 바리새인의 의는 인본주의적이며 외식이며 실질에 있어서는 불의요 죄악이다. 칼빈에게 있어서도 서기관과 바리새인의 의란 오직 율법의 외적인 의무에만 국한된 외식과 위선일 뿐이며 거짓 의기에 사악한 것이었다. 반면에 이것들보다 더 나은 의란 박윤선 박사에게 있어서는 서기관들의 의와는 본질상 다른 새로운 의이며 성령으로 거듭난 자의 의이다. 칼빈에게 있어서는 율법의 순수한 형태로 회복된 의이다. 즉 박윤선 박사와 칼빈

---

72 박윤선, 『공관복음(상)』, p. 167.
73 『기독교 강요』 2.7.6-12를 참조할 것.

은 서기관과 바리새인의 의보다 더 나은 의는 서로 다른 종류의 의인 것이지, 정훈택 교수가 생각하듯이 같은 종류의 의를 말하는 것이 아니며, 따라서 천국에 들어가기 위하여서는 서기관과 바리새인들이 행한 것보다 더욱 더 많이 행하여야 한다는 교훈을 말함도 아니다.74

야고보서 2장 21-24절의 박윤선 박사의 주석에 대한 정훈택 교수의 비판은 칼빈에 의해서 전혀 지지를 받지 못한다. 칼빈은 박윤선 박사가 그러한 것처럼 아브람이 믿음으로 인하여 의롭다함을 받은 시점이 이삭을 제물로 바친 시점보다 훨씬 이전인 것을 지적한다. 그런데 왜 야고보서는 이삭을 제물로 바칠 때에 행함으로 의롭다함을 받았다고 말하는가를 자문하고 칼빈은 답하기를 우선 이것은 이삭을 제물로 바칠 때에 믿음으로 인한 의의 전가를 받았다는 것이 아님을 말한다. 그리고 이어서 참된 믿음으로 의롭다함을 받은 사람은 순종과 선행으로 그 의를 증거함으로 그가 의로운 자임을 인정을 받게 된다고 말한다. 따라서 이삭을 제물로 바칠 때에 행함으로 의롭다함을 받았다는 것은 이삭을 제물로 바치는 행함의 증거를 통하여 아브라함이 믿음으로 의롭다함을 받은 자임을 인정받았다는 사실을 뜻한다.75

따라서 칼빈과 박윤선 박사에게 있어서 아브라함이 의롭게 된 것은 믿음만이 아니라 이삭을 재물로 바친 것과 같은 행위가 함께 작용을 했다는 정훈택 교수의 주장은 전혀 동의를 받을 수가 없을 뿐만 아니라, 매우 위험한 생각이다. 야고보서는 칭의가 믿음과 더불어 행함으로 된다는 것을 말하고자 함이 아니라, 선한 행실을 낳는 믿음으로 칭의가 이루어진다는 것을 말하고자 함이다. 정훈택 교수는 박윤선 박사가 '행함-칭의'를 '칭의-행함'으로 바꾸어 행함과 칭의의 관계를 약화시켰다고 비판하지만, 칼빈과 박윤선 박사의 설명

---

74 박윤선, 『공관복음(상)』, p. 175; 『칼빈주석: 공관복음』, p. 275-76.
75 『기독교 강요』 3.17.11-12; 『칼빈주석 야고보서』 (Grand Rapids, MI: Eerdmans Publising, 1972), pp. 285-86.

에 따르면 23절에 "아브라함이 믿으니 이것을 의로 여기셨다는 말씀이 이루어졌고"라는 구절에서 보듯이 '믿음-칭의'가 전제되면서, 후에 이삭을 제물로 바치는 순종으로 인하여 '믿음-칭의-행함'의 구조를 갖게 되는 것이다. 또 박윤선 박사가 이삭을 제물로 바치는 순종을 통해서 믿음이 완성되었다는 말을 할 때 그것은 믿음이 순종을 통하여 인정을 받게 될만큼 성숙되었다는 뜻을 나타내는 것이며, 의롭다함을 받는 믿음의 본질에 있어서는 여전히 동일한 한 가지 믿음일 뿐이다. 따라서 박윤선 박사를 비판하면서 말한 믿음에 의한 칭의도 결국 완성으로 나가는 점진성이 있다고 주장하거나 아니면 믿음이 완성될 때까지는 칭의가 이루어지지 않은 것이라는 정훈택 교수의 주장은 칼빈이나 박윤선 박사에 의해 인정받기 어렵다.

정훈택 교수는 누가복음 10장 25-37절의 선한 사마리아인 비유에서 그 비유가 도입이 되는 첫 머리에 율법사가 영생을 얻는 방법을 묻자 주님께서 이에 대한 대답으로 "이를 행하라 그러면 살리라"고 하심으로써 율법의 대 강령을 제시한 것으로 인해 박윤선 박사가 당황했을 것은 당연한 이치라고 단언한다. 정훈택 교수의 말대로라면 칼빈도 당황했을 것이다. 박윤선 박사의 인용에 담긴 해석은 칼빈의 해석과 동일하기 때문이다. 그러나 칼빈도 박윤선 박사도 당황하지 않았을 것이다. 그럴 이유가 없기 때문이다. 칼빈과 박윤선 박사를 각각 인용해 보기로 하자.

먼저 칼빈은 이렇게 말하고 있다.

> 이 서기관은 그리스도에게서 자기가 기대했던 것과는 다른 대답을 듣는다. 실제로 그리스도께서는 모세의 율법에 기록된 것과 다른 거룩하고 의로운 삶의 규범을 제시하신 것이 전혀 아니었다. 왜냐하면 가장 온전한 의는 하나님과 이웃에 대한 온전한 사랑이라는 말로 요약될 수 있기 때문이다. 그렇지만 우리가 유의해야 할 것은 그리스도께서는 여기에서 그에게 주어진 질문에 맞춰서 구원을 얻는 것에 관하여서만 말씀하고 계시다는 것이다. ... 율법에는 사람이 어떤 규범을 따라서 자신의 삶을 살아야 하나님 앞에서 구원을 얻게 되는지가 기록되

어 있다는 것은 분명한 사실이다. 율법은 오직 "정죄"외에는 아무 것도 할 수 없기 때문에 사망의 가르침이라 불리고, 따라서 바울은 율법이 "오직 죄가 죄로 드러나게"(롬 7:13)하는 역할만을 할 뿐이라고 말하지만, 그런 것들은 율법의 가르침 자체에 어떤 결함이 있어서가 아니라, 율법이 명하는 것을 우리가 행하는 것이 불가능하기 때문에 일어나는 일들일 뿐이다. ... 또한 우리는 하나님이 먼저 행위의 의를 요구하시고, 다음으로 행위로 말미암지 않는 값없이 거저 주시는 의를 제시하시는 것을 이상하게 여겨서는 안 된다. 왜냐하면, 사람이 하나님의 긍휼하심을 의지하기 위해서는, 먼저 자기가 정죄받아 마땅한 자라는 것을 깨닫지 않으면 안 되기 때문이다. 따라서 바울은 이 두 종류의 의를 우리 앞에 제시하고서, 우리 자신에게는 의가 전혀 없기 때문에, 우리는 하나님이 우리에게 값없이 거저 주시는 의를 덧입을 수 밖에 없다는 것을 보여준다(롬 10:5-6). 요컨대, 그리스도께서는 이 서기관들의 질문에 맞춰서 대답을 해주신 것이다. 왜냐하면 이 서기관은 어디에서 구원을 찾아야 하느냐고 물은 것이 아니라, 어떤 행위들을 통해서 구원을 얻어야 하느냐고 물었기 때문이다.[76]
칼빈의 요점은 이러하다: 주님께서 "행하라 그리하면 살리라"고 말씀하신 것은 서기관의 질문에 맞추어서 주신 답이다. 그 답은 실제로 율법에는 구원을 얻기 위해 어떠한 규범에 따라 살아야 하는지가 기록되어 있기 때문에 잘못된 것은 아니다. 하지만 율법은 우리의 무능력 때문에 오직 죄를 죄로 들어나게 하는 역할만을 할 따름이다. 그럼에도 불구하고 주님께서는 율법을 지켜 행하면 살리라고 말씀하신 것은 먼저 행위의 의가 제시되고 난 뒤에 다음으로 행위로 말미암지 않는 값없이 거저 주시는 의가 제시될 필요가 있기 때문이다. 이러한 필요성은 사람이 하나님의 긍휼을 의지하기 이전에 먼저 자기가 정죄받아 마땅한 자임을 알아야 하기 때문이다. 이러한 맥락에서 주님께서 "행하면 살리라"고 하신 것은 서기관들의 질문에 맞추어 답을 주신 것이다.
이제 박윤선 박사의 해설을 인용하여 살펴보도록 하자.

율법사는, 바리새교의 율법관에 기초한 영생의 도리를 물음에 있어서, 은혜로 되는 길을 알지도 못하였고, 다만 행위의 값으로 얻는 길을 물은 것이다. 이런

---

[76] 『칼빈주석: 공관복음』, pp. 961-62.

물음에 있어서 예수님도 행위의 길로써 대답하신 것이다. 그러나 예수님의 율법관은 위에 말한 율법사의 그것과 다르다. 그가 율법의 원리대로 대답하심은, 인간이 율법을 행한 값으로 영생을 얻는다는 것이 아니며, 혹은 인간이 자력으로 완전히 율법을 지킬 수 있다는 것도 아니다. 다만 인간은 누구나 율법을 행할 책임을 지고 있다는 의미에서 그는 그 율법사더러 율법을 행하라고 하신 것이다. 하나님이 주신 율법에 대하여 책임감이 없는 자는 죄감이 없고, 죄감이 없으면 회개가 없고, 회개가 없으면 하나님이 약속하신 사죄에 대한 신앙이 없다. 신앙이 없는 자는 영생을 얻지 못한다. 그러므로 교만한 질문자인 율법사는 무엇보다 먼저 인간이 율법을 완전히 지켜야 할 책임을 하나님 앞에서 지고 있다는 것을 알아야 한다. 그 뿐 아니라 그 자신이 율법을 못 지키는 죄인이라는 것을 또한 절실히 체험해야 한다. 그렇게 되기 전에는 그는 은혜로 받는 구원을 이해하지 못한다. 이런 의미에서 예수님은 그더러 "이를 행하라 그러면 살리라"고 하셨다.77

박윤선 박사의 요점은 이러하다: 주님께서 "행하라 그리하면 살리라"고 말씀하신 것은 율법사가 행위의 값으로 얻는 길을 물은 질문에 맞추어 주신 답이다. 그러나 예수님은 인간의 무능력 때문에 율법사가 율법을 행하여 영생을 얻을 수 있을 것이라고 생각하지 않으셨다. 그럼에도 율법을 지켜 행하라 그러면 살리라는 말씀을 주신 것은 율법에 대한 책임감을 각성케 하고, 그런 후에 죄감을 얻고, 그리고 회개를 통해, 하나님의 사죄의 약속을 바라며 나오는 믿음을 권하시기 위함이다. 율법사는 먼저 자신이 율법을 완전히 지키지 못하는 죄인임을 절실히 체험해야 한다. 그렇지 못하면 은혜로 받는 구원을 이해하지 못한다. 이런 맥락에서 율법사의 바리새교 율법관에 맞추어 "행하라 그러면 살리라"고 답을 주신 것이다. 칼빈도 박윤선 박사도 둘 다 율법의 정죄 기능과 몽학선생의 기능을 본문에서 살피고 있으며 그것이 율법사에게 주신 주님의 대답을 이해하는 결정적인 열쇠임을 밝히고 있다. 정훈택 교수는 박윤선 박사와도 어긋나며

---

77 박윤선, 『공관복음(상)』, pp. 506-07.

또한 칼빈과도 어긋나고 있다. "행하면 살리라"는 박윤선 박사에게만 영생의 길이 아닌 것이 아니라 칼빈에게도 영생의 길이 아닌 것이다. 따라서 박윤선 박사가나 칼빈이나 본문에서 구원을 얻기 위한 어떤 전제조건으로서의 행함의 의미를 발견하지 못한다.

한 가지 사례만 더 살피고 정훈택 교수의 비판에 대한 검토를 마치도록 하자. 정훈택 교수는 요한복음 15장에 나오는 포도나무 비유에 대한 주석에서 박윤선 박사는 신자는 열매를 맺지 못해도 찍힘을 받지는 않고 단지 찍힘을 받을 위태로운 자리에만 있게 된다고만 말하였음을 지적하면서 비판을 한다. 포도나무 비유는 주님의 말씀을 듣고 순종하여 열매를 맺지 못하면 나무에서 가지가 끊어진다는 심판의 메시지를 분명하게 담고 있지만, 박윤선 박사는 포도나무 비유를 구원받은 사람들에게 적용하는 것으로 이해를 하여, 이들은 끊어지지 않는 것으로 해석을 함으로써, 결과적으로 포도나무 비유를 통해서 예수님이 본래 하시고자 한 말씀이 퇴색되었다는 것이다.

그러나 정훈택 교수가 인용한 박윤선 박사의 설명은 8절에 "너희가 과실을 많이 맺으면 내 아버지께서 영광을 받으실 것이요 녀희가 내 제자가 되리라"는 주석을 하면서 나온 것이다. 여기서 "열매를 맺지 못하는 신자는 나무와 같이 찍힘을 받을 위태로운 자리에 있는 것이라" 했을 때, 열매를 전혀 맺지 못하는 신자가 있음을 말하는 것이 아니다. 그것은 8절이 열매를 많이 맺는 자에 대해서 말하는 바에 비추어, "열매를 맺지 못하는 신자"라는 표현으로 박윤선 박사가 뜻하고자 한 것은 "열매를 많이 맺지 못하는 신자"를 말함으로 보아야 한다. 즉 성령의 은혜로 행실의 열매를 풍성히 맺지 못하고 전도를 많이 하지 못하는 신자를 뜻하는 것이다. 박윤선 박사는 그리고 칼빈도 또한 2절과 6절에서 언급이 되고 있는 열매를 전혀 맺지 못하는 가지란 외식자를 뜻하는 것으로 풀이를 한다. 이들은 주 안에 있는듯하지만 사실은 밖에 있는 외식자들인 것이다. 따라서 정훈택 교수의 비판은 박윤선 박사의 논지를 바르게 반영하지 못한 오해에서 비롯된 것이다.

정훈택 교수는 박윤선 박사를 향한 자신의 비판이 크게 두 가지로 요약이 된다고 밝혔다. 하나는 성경이 '행위'나 '삶'을 천국 또는 구원과 직접 연결이 되어 있을 때, 행위의 구원론적 가치를 바르게 반영하지 않는다는 것이다. 다른 하나는 성경에 '나무-열매'의 관계뿐만 아니라 '열매-나무'의 도식이 구원론 차원에서 거론이 되고 있음을 간과하고 있다는 것이다. 그러나 정훈택 교수의 박윤선 박사에 대한 비판은 사실상 박윤선 박사 개인을 넘어 개혁신학 체계를 부정하는 성격을 가지고 있다. 이미 살펴본 바처럼 믿음과 행함에 관하여 박윤선 박사는 칼빈과 본질상 이해를 같이 한다. 개혁신학은 믿음과 행함의 관계 원리에 대해서 충분한 설명을 주고 있음에도 불구하고 정훈택 교수는 이에 만족하지 못하고 행함의 구원론적 의의와 가치를 주장한다. 그가 주장하는 바가 무엇이기에 개혁신학에 충실하며 한국교회의 윤리적 미성숙과 부정적인 현상들에 대한 주된 책임의 소재를 박윤선 박사에게 돌리는 것일까?

### 정훈택 교수의 신학적 이해: 행위의 구원론적 가치

정훈택 교수는 "행위의 구원론적 의미"라고 논문의 제목을 달았다. 하지만 애석하게도 "행위의 구원론적 의미"라는 말로 그가 뜻하는 바가 무엇인지 분명하지 않다. 정훈택 교수는 자신의 글 속에서 믿음을 말하면서 행위를 충분히 강조하지 않는 해석이나 설명을 만나면 '행위의 구원론적 가치'를 인정하지 않는 잘못을 범하는 것으로 비판을 한다. 그러면서도 '행위의 구원론적 가치'라는 말로 자신이 무엇을 뜻하는지는 정확하게 정의를 내리거나 설명을 하지 않는다. 그는 아마도 "행위의 구원론적 의미" 또는 "행위의 구원론적 가치"라는 표현이 표현된 말로써도 이미 뜻이 자명하게 전달이 된다고 생각을 하는 듯 싶다. 하지만 그러한 기대와는 달리 독자들은 그 의미를 찾기 위해 많은 시간을 들여야 하며 그것도 해석을 통해서

나름대로 판단을 내려야 하는 부담을 준다.[78]
"행위의 구원론적 의미 또는 가치"라는 말은 우선적으로 행위가 구원론의 맥락에서 어떤 가치가 있는 의미를 가지고 있다는 뜻을 전달한다. 그렇다면 행위가 구원론과 관련하여 어떠한 의미나 가치를 갖는다는 것인지를 밝혀야 한다. 행위가 구원을 결정하는 근거나 공로가 된다는 말인가? 아니면 행위가 구원을 받았음을 드러내주는 하나의 증거나 표지가 된다는 말인가? 이 두 질문은 구원과 관련하여 믿음과 행위의 관계를 어떻게 이해하여야 할지에 대한 교리사적 논의의 대립된 두 견해를 반영한다. 전자는 펠라기우스나 세미-펠라기우스적인 이해를 담고 있으며, 후자는 적어도 종교개혁신학의 이유를 말해 준다.

정훈택 교수는 종교개혁자들이 믿음으로만 구원이라는 명제를 성경의 핵심사상으로 내세우기 시작했지만 그렇다고 하여 그들이 결코 행위를 부정하자는 의도를 지닌 것은 아니라고 말한다. 그 예로 정훈택 교수는 개혁신학의 신앙문서들 가운데 제네바 요리문답 126번, 벨직 신앙고백서 24조, 하이델베르크 요리문답 64번, 그리고 웨스트민스터 신앙고백서 11장 2항, 13장 1항, 16장 2항 등을 인용을 하여 제시한다. 이러한 문서들이 성화와 선행에 대해서 밝히고 있는 바를 정리하면서 정훈택 교수는 다음과 같이 내용들을 제시한다.

"선한 일들을 행함이 없이 의롭게 만드는 ... 믿음이 있을 수 없다." "의롭다하는 믿음이 사람들을 경건하고 거룩한 삶에 무관심하게 만들 것이라는 말은 전혀

---

[78] 변종길, "신약 성경의 구원과 성화: 이신칭의와 행위에 대한 신약의 가르침," 『구원이후에서 성화의 은혜까지』 (서울: 도서출판 이레, 2005), pp. 71-106을 볼 것. 이 논문에서 변종길은 정훈택 교수의 행위의 구원론적 의미와 관련한 논문들에 대해서, 특별히 박윤선 박사에 대한 비판에 대해서 반론을 전개한다. 또 기독론적 관점에서 정훈택 교수의 논문를 비판하며, 아울러 박윤선 박사에 대한 비판을 반박한 채영삼의 논문을 참고로 할 것. "마태의 산상수훈(1k 5-7장)에 대한 구원론적 해석과 마태의 기독론," 『기독신학저널』 제 13호(2007, 가을호), pp. 1-30.

근거가 없는 것이다." "참된 믿음으로 그리스도 안에 이식된 사람이 감사의 열매를 맺지 않는다는 것은 불가능하기 때문이다." "믿음은 죽은 것이 아니고 사랑으로 역사한다." "이런 성결이 없이는 아무도 주님을 보지 못한다." "하나님의 명령에 대한 순종으로 이루어진 선행들은 생명있는 신앙의 열매요 또한 증표이다."[79]

이어서 정훈택 교수는 박형룡 박사의 글을 인용한다. 그 일부만 옮기면 이러하다.

> "진정한 신앙은 선행에서 그 자체를 나타낼 것이니 선행은 사람들 앞에서 이같은 신앙을 소유한 자의 의(생명의 의)에 대하여 증언할 것이다." "성화와 칭의는 분리할 수 없도록 연결되어 있어서 둘은 다 같이 근본적이다." "고의적으로 죄의 행습을 계속하는 자들은 하나님의 나라를 기업으로 받지 못하리라." "선행은 칭의받는 신자의 그리스도와 연합한 생활에 성화의 과실로서 필연적으로 따라 오는 것이다." 아울러 장로교 헌법 "Ⅲ 정치, 제 1장 원리, 제 4조 진리와 행위의 관계"를 인용하여 제시한다. 그 일부는 이러하다. "신앙과 행위는 연락하고 진리와 본분은 서로 결탁되어 나누지 못할 것이니 그렇지 아니하면 진리를 연구하거나 선택할 필요가 없다."[80]

정훈택 교수는 개혁신학 신앙고백서와 한국 교회의 개혁신학자 박형룡 박사, 그리고 장로교 헌법이 성화와 선행에 대하여 말하는 부분을 발췌하여 나열한 후에 말하기를 비록 "구원론적이라는 단어를 채용하지는 않았지만 행위(삶)의 구원론적 가치를 분명히 인정하고 있다"고 주장한다. 그의 말을 옮겨 보면 다음과 같다.

> 위에서 살펴본대로 한국(보수주의)교회는 받아들인 신앙고백서와 신학이론을 통해 인간의 행위에 관한 깊은 기독교적 진리를 전수받아 소유하고 있었다. 이 행위에는 위에서 살펴본대로 중대한 구원론적인 의의와 가치가 있다는 것도 의심의 여지가 없다. 그러나 실제에 있어서는, 즉 교회가 역사상의 한 시점에서 주어진 현실에 대응하며 교회로 존속하거나 기독교인이 사회에서 그 구성원으

---

[79] 정훈택, "행위의 구원론적 의미(I)," p. 59, 60, 61.
[80] 정훈택, "행위의 구원론적 의미(I)," p. 61, 62, 63.

로 살아가는데 있어서는 이 교리를 제대로 설득하거나 소화하거나 발휘하지 못했다.[81]

정훈택 교수가 이 결론을 내리기 위하여 살펴본 것들은 개혁신앙 고백서, 박형룡 박사 등의 긍휼에 관한 글들이다. 정훈택 교수는 말하기를, "이러한 글들을 살필 때 개혁신학은 중대한 구원론적인 의의와 가치를 지닌다고 평가한다. 다만 한국교회가 '이 교리를 제대로 설득하거나 소화하거나 발휘하지 못했다.'"고 덧붙인다.

그렇다면 정훈택 교수가 말하는 행위의 구원론적 의의나 가치는 개혁신학에서 말하는 바처럼 행위는 의롭게 만드는 믿음은 선행을 필연적으로 결과하며, 선행은 믿음의 필연적인 감사의 열매이며 또한 증표라는 것을 말하고자 하는 듯이 보인다. 고의적으로 죄의 행습을 계속하며 성화의 과실을 맺지 못하는 사람은 결코 하나님 나라를 유업으로 받지 못한다는 강조를 더하고자 하는 듯이 여겨진다.

만일 그렇다면 정훈택 교수가 말하고자 하는 것은 박윤선 박사가 믿음과 행위의 관계에 대하여 생각하는 바와 다를 바가 없기 때문에, 정훈택 교수는 박윤선 박사를 비판할 아무런 신학적 이유를 갖지 못한다. 하지만 실제로 정훈택 교수가 박윤선 박사에 대해 계속적인 비판을 가하고 있는 것을 볼 때, 정훈택 교수는 자신이 요약한 개혁신학의 교훈, 또는 박윤선 박사의 이해보다는 좀 더 근본적인 의미에서 행위의 구원론적 의의와 가치를 말하고자 하는 의도가 있어 보인다. 그렇다면 그것이 무엇일까? 정훈택 교수는 행위가 구원을 결정하는 근거나 공로가 된다고 말하고자 하는 것인가? 만일 그렇다면 정훈택 교수는 종교개혁신학의 이유를 포기하고자 하는 것인가?[82]

---

[81] 정훈택, "행위의 구원론적 의미(I)," p. 63.
[82] 이러한 의문은 채영삼에 의해서도 제기가 된다. "하지만 정훈택 교수가 산상수훈을 해석하면서 '행위의 구원론적 의미'라는 것을 주장할 때, 그것이 정확히 무엇을, 어디

정훈택 교수가 믿음과 행위에 관한 개혁신학의 설명에 만족하지 못하는 이유는 만일 믿음으로만 구원이 확정이 된다면 누구도 윤리문제에 신경을 쓰지 않을 것이라는 우려 때문이다.

> (그리스도인들에게는) 윤리적 범죄는 상급 없음 내지 현세적 심판, 부끄러운 구원으로 마감된다. 율법을 지키는 것이 천국에서의 큰 상급을 약속하는 것과 별로 다르지 않다. 선을 행함이나 악을 행함은 천국이나 구원과는 아무런 상관이 없다고 해야 한다. 천국행이 한 번 결정된 다음에는 그 무엇도 이 약속을 흔들지 못한다. 이러한 체계에서 누구도 윤리문제에 신경을 쓰지 않을 것은 너무나 당연하다.[83]
> 한국교회사는 믿는 사람들에게 믿음과 동시에 주어지는 칭의의 의가 강조되면 강조될 수록 기독교인들은 그들의 기독교적 삶을 위협하는 현실 앞에서 맥없는 모습을 드러내고 말았음을 증거한다. ... 맥이 빠지고 약해지며 그럭저럭 살아가도 어떻게든 천국에는 이를 수 있다는 나약함과 나태함이 창조적이어야할 그들의 구속받은 삶을 지배했다. 더구나 행위의 강조점까지 이런 방식으로 "칭의"와의 관련성 속에서 설명된다면 우리는 도대체 어디에서 어떻게 기독교인들의 바른 삶의 원동력을 되찾아 올 수 있겠는가?[84]

정훈택 교수는 '칭의'의 의를 강조하며 천국행이 보장이 된다면 윤리적 순종은 구원과는 상관이 없이 단지 상급의 크고 작음과 관계가 될 뿐이며, 그렇다면 아무도 윤리적 문제에 신경을 쓰지 않을 것이며, 기독교인들의 바른 삶의

---

까지 의미하는 지는 명확치 않다. 만일, 그 의미가 행위는 구원의 증거요 발현이고, 열매라는 ... 그것이 아니라면, 정훈택 교수가 행위의 '구원론적 의미'라 할 때, '행위'가 구원을 취소할 수도 있는 구속력을 가진다는 의미인가? 이런 질문을 하지 않을 수 없는 것은, 행위에 구원론적 결정성을 주지 않으면, 정훈택 교수가 행위의 구원론적 의미를 강조하는 것은 박윤선 박사의 해석과 질적으로 크게 다르지 않기 때문이다. 반면, 행위에 구원론적 결정성을 주게 되면, 정훈택 교수의 논리는 박윤선 박사는 물론, 그 자신도 인정하지 않으려는 '행위 구원론'적인 교리와 어떤 식으로든 맞닿지 않을 수 없게 된다." 채영삼, "마태의 산상수훈(마 5-7장)에 대한 구원론적 해석과 마태의 기독론," 『기독신학저널』 제 13호(2007, 가을호), p. 6.

[83] 정훈택, "행위의 구원론적 의미(II)," p. 137.
[84] 정훈택, "행위의 구원론적 의미(III)," p. 85.

원동력은 찾을 길이 없을 것이라고 판단을 한다. 이와 같은 정훈택 교수의 생각은 너무가 강력하여 개혁신학이 그에게는 아무런 답이 되지를 못한다. 예를 들어 정훈택 교수는 신자들에게 윤리적 동기를 부여하기 위한 개혁신학의 설명의 한 예로 박윤선 박사를 언급하며 비판을 한다. 그는 박윤선 박사가 믿는 자들의 윤리적 원동력으로서 삶을 개혁하는 힘인 성령을 말하고 있음을 지적한다. 그러나 그는 박윤선 박사의 답이 결코 문제해결의 힘을 가지고 있지 못하다고 단언을 한다.

> 이 가능성(=윤리실행의 가능성)을 우리는 필연적인 것으로 보아야 하는가 아니면 선택적인 것으로 보아야 하는가? 이 문제에 관하여 박윤선 박사는 답하지 않았지만 그는 필연성의 것으로 본 것 같지는 않다. 왜냐하면 그는 행동으로서의 "의"의 가능성만이 아니라 그 반대개념인 범죄의 가능성도 인정했기 때문이다. 예수를 믿는 자에게 의의 가능성과 죄의 가능성이 동시에 다 열려 있다면 그리고 이것이 천국 안에서의 상급의 유무나 상급의 대소 문제로 귀착된다면 이 또한 기독교인의 삶을 침체의 늪으로 이끌어 갈 뿐이다. 이것은 기독교적 새 역사를 창조하는 힘이 되기는 커녕 바로 이것이야 말로 기독교인의 게으름을 조장하는 원흉이라고 보아야 할 것이다. 성경은 기독교인들이 필연적으로 의를 행하고 죄를 피해야만 한다고 주장하지 않는가! 앞에서 여러번 지적했던 것처럼 믿는 자들을 바르게 살도록 만드는 힘은 이런 해석에서는 끝내 나오지 않는다. 기독교인들은 수동적이고 피동적으로 그리고 안일하게 살아갈 수 밖에 없다.[85]

정훈택 교수의 생각에 선행의 필연성이 단지 신자의 편에서 선택적인 문제가 될 때, 그리고 그 선택의 문제가 천국 안에서의 상급의 크고 작음 또는 상급의 유무를 결정하는 데에 관계가 될 따름이라면 결코 윤리적 삶의 원동력이 나오지를 못한다. 그러기는 커녕 오히려 기독교인들로 하여금 윤리적으로 나태하며 수동적이며 피동적으로 안일하게 살아가도록 만드는 원흉이 될 따름이다.

---

[85] 정훈택, "행위의 구원론적 의미(III)," p. 86.

그렇다면 정훈택 교수의 해결책은 무엇인가? 행위가 구원의 결정에 어떠한 의미에서이건 영향을 미치도록 해야 윤리적 동력을 얻을 수 있다는 말인가? 정훈택 교수는 스스로 자신의 고민은 어떻게 하면 복음이나 십자가의 은혜를 훼손하지 않으면서도 또한 성경에서 강조하는 윤리적 삶의 실천을 도모할 수 있겠는가에 있다고 한다.[86] 정훈택 자신이 제시하는 한 가지 해결 방안은 미래의 천국이라는 종말론적 의미를 행위에 부여하는 것이다.

> 미래의 천국과 관련하여 행위는 천국에 들어가기 위한 전제조건이요, 현실적이고 실제적인 구원의 선물을 의미하는 천국의 현재성과 관련하여 행위는 이미 얻은 하나님의 은혜와 구원의 결과, 열매, 증거, 표식 혹은 하나님의 통치의 자연스러운 발로이다.[87]

정훈택 교수는 하나님 나라의 현재성과 미래성이라는 구별된 두 개념에 있어서 행위의 의의와 가치를 각각 부여한다. 하나님 나라의 현재성과 관련하여서 행위는 이미 받은 하나님의 은혜와 구원의 결과인 "열매, 증거, 표식"이며 이것은 "하나님의 통치의 자연스러운 발로"이다. 그런데 하나님 나라의 미래성과 관련하여서 행위는 "천국에 들어가기 위한 전제조건"이라고 주장한다. 하나님 나라의 현재성과 관련하여 신자의 윤리는 이미 임한 하나님의 통치의 자연스러운 결과이며 열매이므로 이때의 천국과 윤리는 뿌리와 열매, 혹은 원인과 결과의 관계로 설명될 수 있다. 행위는 이미 받은 천국을 소유하고 있다는 사실, 즉 이미 누리고 있는 하나님의 은혜 안에서 하나님의 뜻에 일치하는 삶을 살아가는 모습이며, 또한 그렇게 살아야 하는 이유에 대한 설명이기도 하다.
하지만 하나님 나라의 미래성과 관련하여서는 사뭇 행위의 의의와 가치가

---

[86] 정훈택, "행위의 구원론적 의미(III)," p. 90.
[87] 정훈택, "행위의 구원론적 의미(V)," p. 138.

달라진다. 그것은 행위가 미래의 하나님 나라에 들어가기에 합당한 구원론적 전제조건이라는 어마어마한 무게를 갖는다.

> 아직도 천국의 완성이 남아 있는 현 시점에서 하나님의 뜻을 따르는 삶은 오고 있는 하나님의 나라에 들어가기 위한 전제조건이 되고 하나님의 나라는 행위에 대한 하나님의 약속, 보상, 영원한 축복의 역할을 한다.[88]

미래의 하나님 나라에 대하여 행위는 하나님 나라에 들어가기 위한 전제조건이며, 반대로 미래의 하나님 나라는 행위에 대한 약속이며 보상이며 또한 축복이다. 말하자면 현재의 하나님 나라에 속한 신자들은 이미 받은 하나님 나라의 은혜의 결과로 행위의 열매를 맺게 되고 이러한 행위들이 오는 미래의 하나님 나라에 들어가기 위한 조건들이 된다는 설명이다. 말하자면 하나님 나라의 현재성이 하나님 나라의 미래성의 전제 조건이며, 하나님 나라의 미래성은 하나님 나라의 현재성의 약속이며 보상이며 축복인 셈이다. 이러한 정훈택 교수의 설명은 그가 이해하는 하나님 나라의 점진성에 따른다.

> 하나님은 천국을 단번에 이루어지게 하지 않으시고 서서히 이루어지게 하셨다. 이 점진적 발전 속에서 우리가 하나님의 은총을 체험하고 소유하게 하셨다. 인간의 삶은 - 그것이 윤리적인 성질의 것이라 하더라도 - 천국을 성장케 하는 도구 즉 천국이 이 세상에 이루어지게 하는 하나님의 방편이 된다. 역사의 종국에 천국과 천국에 얽힌 하나님의 축복은 윤리적 삶을 제대로 산 사람들에게 그리고 그 윤리적 삶에 하나님께 받은 은총을 충분히 발휘한 사람에게 덧붙여지는 것이다.[89]

믿음으로 주어지는 현재의 하나님 나라와는 다르게 미래의 하나님 나라는 윤리적 삶을 제대로 산 사람들에게 주어진다. 믿음으로 현재 하나님 나라

---

[88] 정훈택, "행위의 구원론적 의미(V)," p. 139.
[89] 정훈택, "행위의 구원론적 의미(V)," p. 139.

의 백성이 된 사람들은 점진적으로 발전되어 가는 하나님 나라의 성장을 이루는 방편으로써 윤리적 삶을 성공적으로 이루었을 때 미래의 하나님 나라를 보상으로 받게 된다는 것이다.

그렇다면 미래의 하나님 나라에 들어가는 전제조건으로서의 윤리적 삶은 현재의 하나님 나라가 점진적으로 발전되어가는 과정 중에 누리는 은총에 대한 체험이며 소유이므로 결국 현재의 하나님 나라에 속한 믿음의 사람들은 미래의 하나님 나라에 들어가는 행함의 사람들로 인정받을 것이라는 확신을 가질 수 있는 것일까? 이 질문에 대해 정훈택 교수의 답이 긍정적이라면 그의 설명은 개혁신학의 주장과 크게 다르지 않을 것이며, 또한 박윤선 박사에 대한 날선 비판도 의미를 상실하게 된다. 하지만 부정적이라면 심각한 마찰을 일으키게 된다. 그런데 매우 위태롭게도 정훈택 교수의 답은 후자인 듯하다.

> 미래적 차원에서는 하나님의 은총이 윤리의 목표로 제시되었다. 현재의 아들다운 행동과 미래의 하나님의 아들됨도 필연적으로 연결되어 있다. … 윤리가 하나님의 아들직, 하나님의 용서 그리고 하나님의 사랑이라는 종말론적 선물의 전제조건이 되는 것이다. 처음에 출발점, 원동력으로 제시되었던 하나님의 은혜가 우리의 현재 윤리적 삶을 조건으로 하여 다시 주어진다고 약속되었다. … 윤리의 이 양면성을 이해하는 열쇠는 첫째, 인간은 시간의 제약을 받으며 존재한다는 것, 둘째, 삶을 과거에서 시작하여 현재를 거쳐 미래로 향해가는 과정으로 이해하는 것이다. … 과거는 다시는 고쳐질 수 없기에 회개와 감사는 회상으로 나타난다. 미래는 아직은 없는 것이기 때문에 감사도 실망이나 후회도 적용될 수 없다. 미래를 미리 감사하거나 미리 후회 혹은 회개하는 것은 인간의 종교적 자만을 낳거나 포기, 나태함 혹은 방종을 만들기 때문에 우리의 현재를 창조적으로 충분히 사용하지 못하게 한다. … 미래의 모든 것은 불확실하다. 그것은 아직 죄도 의도 아니다. … 미래란 시간과 공간의 제약을 받는 우리에게는 아직 없는 것이다. … 그것은 조건으로든 전제로든 삶의 영역에서는 현재의 것이 되기까지는 없는 것, 즉 허상이기 때문이다.[90]

---

[90] 정훈택, "행위의 구원론적 의미(V)," pp. 150-51.

정훈택 교수가 말하는 바는 이렇게 이해된다. 첫째, 미래에 하나님의 아들이 되기 위해서는 현재에 하나님의 아들다운 행동을 해야만 한다는 원리는 필연적이다. 즉 현재의 선한 행위가 없이는 미래의 아들됨도 없다. 둘째, 현재의 선한 행동이 가능하도록 하기 위하여 하나님의 은총이 주어져 있다. 셋째, 인간에게 있어서 미래는 불확실한 것이며 존재하지 않는 허상이기 때문에 이미 받은 현재의 은총을 기초로 미래의 하나님의 아들됨을 미리 감사하는 일은 불가능하다.

정훈택 교수의 이러한 판단은 두 가지 이해와 맞물려 있다. 하나는 인간이 존재론적으로 시간의 제약을 받으며 산다는 사실이며, 다른 하나는 그렇기 때문에 인간의 삶이란 과거에서 시작하여 현재를 거쳐 미래로 향해가는 과정으로 보는 이해이다.91 이러한 이해는 인간에게 있어서 미래의 결과란 아직 주어진 것이 아니며 오직 현재 어떻게 하느냐에 따라 미래가 결정이 된다는 것을 말해준다. 그렇기 때문에 미래에 대한 결과를 미리 확신하고 현재 나태하거나 방종하는 일을 행해서는 안 되다는 이유가 나타난다. 이것을 바르게 강조하는 것이야말로 정훈택 교수 자신의 고민, 곧 어떻게 하면 복음이나 십자가의 은혜를 훼손하지 않으면서도 또한 성경에서 강조하는 윤리적 삶의 실천을 도모할 수 있게 하겠는가에 대한 핵심적인 대답이 된다.

> 미래의 모든 것은 불확실하다. 그것은 아직 죄도 의도 아니다. ... 미래란 시간과 공간의 제약을 받는 우리에게는 아직 없는 것이다. ... 그것은 조건으로든 전제로든 삶의 영역에서는 현재의 것이 되기까지는 없는 것, 즉 허상이기 때문이다. 그러나 이 허상인 조건과 목적, 원인과 결과란 도식은 우리의 삶이 현재를 거쳐 과거로 막 넘어가며 새로운 미래를 현재로 맞아들이려 할 때 가장 힘있고 날카롭게 우리의 삶을 자극할 수 있다. 하나님의 축복을 목적으로 삼으면 아무도 나태할 수 없다. 우리의 순간의 선택이 영원으로 들어가는 문이라고 생각하면 자만심에

---

91 정훈택, "행위의 구원론적 의미(V)," p. 150.

빠질 수 없고 또 포기할 수도 없다. 하나님의 축복을 손에 넣기 위해서 항상 최선을 다하는 현재를 유지할 수 있을 것이다. 우리의 윤리적 삶은 이런 방식으로 하나님의 나라를 증거하는 것이며 또 확장하는 것이다. 하나님의 통치는 십자가와 그의 은총을 통하여 우리에게 확장, 고정될 뿐만 아니라 하나님의 윤리적 명령과 이에 순종하는 삶을 통해서도 계속 확장되어 간다. 윤리적 삶은 하나님의 통치의 방법이면서 동시에 그 목적이 된다.92

정훈택 교수가 찾은 답은 이렇다. 현재는 믿음으로 하나님 나라의 백성이 되어 하나님의 은총을 누리고 있다고 하더라도 아직은 허상인 미래에 하나님 나라의 백성이 되는 축복을 받기 위하여서는 현재에도 항상 최선을 다해 윤리적 삶을 살아야 한다는 강한 자극을 받게 된다는 것이다. 그렇게 되면 이신칭의로 인한 윤리적 나태와 방종을 막을 수 있다는 것이 정훈택 교수의 판단이다. 하나님 나라란 본래 이러한 불확실한 미래의 목적을 이루기 위해 현재의 윤리적 명령에 순종하는 삶을 통해서 확장되어가는 것이며, 그런 의미에서 행위는 구원론적 의의와 가치를 지니는 것이다. 행위에 이러한 구원론적 의의와 가치를 부여하는 것은 개혁신학과 근본적인 충돌을 일으킨다. 일찍이 칼빈은 처음에는 믿음으로 의를 얻지만 그 후에는 선행으로 의롭다 인정을 받는다고 주장하는 천주교회의 주장을 거부하였다. 믿음은 의의 시초에 불과하며 그 이후에는 행위가 의를 준다는 생각은 성경의 교훈에 어긋난다. 이 사실에 대해 칼빈은 다음과 같이 교훈한다.

이 점에 대해서 그릇되게 생각하는 이들이 많다. 과연 그들은 죄인들에게 값없이 주어지며, 받을 자격이 없는 자들에게 주어지는 의가 오직 믿음만으로 받게 된다는 것을 인정한다. 그러나 그들은 이것을 단지 순간의 시간에만 적용을 하여, 처음에는 믿음으로 의롭다함을 얻은 자가 나중에는 선행으로 의롭다함을 받는다고 한다. 이런 방식에 의하면, 믿음이란 한낱 의의 시작에 불과하며, 의로움 그 자체는 지속적으로 행위를 하느냐에 달려있게 된다. 그러나 이렇게 허튼

---

92 정훈택, "행위의 구원론적 의미(V)," p. 151.

소리를 하는 사람은 정신이 나간 자이다. 그 많은 세월을 거쳐서 꾸준하게 신실히 준비를 갖춘 천사와 같이 고상한 아브라함조차도 의를 얻기 위하여는 믿음을 의지하러 나아가지 않을 수가 없을 진대 이 땅 가운데 어느 곳에서 하나님께서 보시고 인정을 하실 만한 완전성을 찾을 수 있겠는가?[93]

현재의 하나님 나라에는 믿음으로 들어가지만, 미래의 하나님 나라에는 행함으로 들어간다는 식의 주장은 개혁신학에 의하여 성경의 교훈에 어긋나는 것으로 강하게 부정이 되어 온 잘못된 견해이다. 정훈택 교수는 어느 새 슬며시 종교개혁의 신학에서 이탈을 하고 있다.

물론 개혁신학에 있어서 신자의 윤리는 종말론적으로 천국에 이르기에 합당한 자임을 드러내는 증거가 된다. 즉 구원받는 참 믿음을 가진 자는 행함을 통하여 자신이 천국에 합당한 자녀임을 말하는 증거를 보이게 된다. 그렇다면 개혁신학에서도 역시 증거가 있어야 한다는 점에서 윤리가 미래의 하나님 나라의 전제조건이라고 할 수 있지 않을까?

그러나 정훈택 교수가 말하는 행위에는 그 이상의 의의와 가치가 부여된다. 정훈택 교수에 따르면 믿음으로 의롭게 되어 현재 하나님 나라의 자녀가 된 신자가 미래의 하나님 나라의 자녀됨에 대해 미리 감사를 드릴 수가 없기 때문이다. 현재의 하나님의 자녀는 불확실한 미래에도 하나님의 자녀로서의 신분을 얻기 위하여 최선을 다해 노력을 해야 할 뿐이다. 최선의 노력을 기울이면 현재의 행함이 미래에 반드시 보상을 받을 것이라는 점에서 현재의 윤리와 미래의 보상 사이의 필연성을 강조한다하더라도 여전히 현재의 행함의 동기는 미래의 결정을 위한 기반이며 근거가 된다. 개혁신학은 정훈택 교수의 이러한 생각을 근본적으로 거부를 한다. 무엇보다도 개혁신학에서는 현재 하나님 나라의 자녀들이 믿음에 합당한 행위의 열매를 맺는 동기는 은혜로 구원을 받은 사실에 감사하기 때문이다. 뿐만

---

[93] John Calvin, *Genesis* (Edinburgh, UK: The Banner of Truth Trust, 1984 reprinted), p. 408.

아니라 개혁신학에서는 현재나 미래나 하나님 나라에 들어가는 것은 오직 은혜로 인한 것이지, 어떤 의미에서도 보상을 받는 수고나 공로가 아니다. 개혁신학에서의 신자의 윤리는, 현재의 하나님 나라의 백성이 곧 미래의 백성으로 이어져 가기 때문에, 현재나 미래나 하나님의 자녀가 되도록 불러주신 하나님 은혜에 대한 감사 이외에 다른 어떤 동기나 자극을 갖지 아니한다. 처음에는 믿음으로 나중에는 행함으로 의롭다함을 받음을 말하는 정훈택 교수의 주장은 중세 후기의 세미-펠라기우스적인 구원론에 매우 근접해 있다.

## 6. 나가는 말

한국교회가 윤리적으로 좀 더 개혁이 될 수 있을까? 종교적 열심은 있지만 거룩한 삶으로의 변화의 증거들은 미약한 한국교회에 가장 절실한 것은 무엇일까? 곳곳에서 모이는 기관들과 집회 그리고 학회들에서는 회개를 통한 신앙의 질적 변화의 필요성에 대한 강조와 외침이 나오고 있다. 가장 심각한 경고의 소리는 한국교회가 중세 후기의 타락상에 못지 않게 타락하여, 돈, 권력, 명예, 그리고 차마 드러내 소리를 내지는 못하지만 간음의 죄악들에 빠져 있을 뿐만 아니라, 그 정도가 회개를 하지 못할 정도로 심각하다고까지 말하고 있다. 이러한 현상과 더불어 교회 성장이 둔화되고 결국에 성장률의 감소, 더 나아가 절대 교인수마저도 감소하는 추세가 나타나자, 수 몇 년 동안에만도 회개를 외치는 얼마나 많은 집회들이 있었는가? 그러나 한국교회는 전혀 변화를 보이지 않고 있는 듯하다. 목회자들과 관련한 여러 소식들은 여전히 사회윤리적 수준에 미치지 못하고 개인도 덕적인 면에서도 부끄럽기만한 일을 여전히 담고 있다.

신학의 문제인가? 아니면 신학을 배우지 못한 탓인가? 그것도 아니면 신학대로 신앙을 행하지 않는 문제인가? 박윤선 박사에게 있어서는 모두가 문제였다.

그는 선교 100주년을 바라보는 1984년에 마치 오늘의 교회를 미리 바라보듯이 교회개혁이라는 거룩한 과제와 올바른 교리의 선포의 필요성을 역설하였다. 박윤선 박사의 외침은 지금의 한국교회의 문제는 최근 몇 년 사이에 갑작스럽게 발생한 것이 아니라 이미 오래 전부터 진행이 되어온 것임을 말해준다. 한국교회가 숫적 성장을 급격히 경험한 7,80년대에 이미 부패의 양상도 함께 확산되어 가고 있었을 것이라는 추측도 가능케 한다.

박윤선 박사는 한국교회의 개혁을 위한 동력과 가능성을 개혁신학에서 찾았다. 그에게 있어서 개혁신학은 곧 바른신학이었다. 그리고 바른신학의 기초 위에서 바른교회를 이루고, 바른교회를 통해서 성경의 교훈에 합당한 삶을 이루어가는 바른생활을 행하여 하나님께 영광을 돌리기를 원하였다. 이 모든 일 가운데 중요한 신학의 원리는 바로 그리스도 안에서의 믿음과 행함의 관계이며, 또한 믿음으로 의롭다함을 받는 것과 행함으로 거룩하다 함을 이루는 것의 관계이다.

이러한 인식 위에서 논문은 박윤선 박사가 과연 개혁신학을 따르고 있는지를 살펴보았다. 박윤선 박사는 개혁신학에 매우 충실한 개혁신학의 선포자였다. 박윤선 박사의 신학은 개혁신학이 가르치는 바와 같이 칭의와 성화를 혼동하지 않고 구별하며, 의롭다함을 받는 것이란 죄 용서를 받고 그리스도의 의의 전가를 통해 그리스도의 의를 덧입는 것을 뜻하였다. 그러한 의를 덧입는 일은 행함이 아니라 오직 믿음으로 이루어지는 것임을 굳건히 함으로써 복음이 전적인 그리스도의 은혜에 의한 것임을 명료하게 가르쳤다.

그렇다면 박윤선 박사의 개혁신학이 오늘날 한국 교회들의 신앙 모습에 어떠한 변화를 줄 수 있을까? 박윤선 박사는 의롭게 하는 믿음이 거룩하게 하는 행함과 구별이 되지만 분리되는 것이 아니며, 칭의는 필연적으로 성화를 낳음을 강조하였다. 그는 믿음으로 그리스도와 연합이 되어 의롭다함을 받는 자는 또한 그리스도와의 연합 안에서 거룩함을 이루어 감을 잘 드러냈으며 또한 충분히 강조를 하였다. 그 결과 개혁신학의 믿음이란 결코 입술로만 고백하는 믿음 또는 지식뿐인 믿음이 아니라, 그리스도를 신뢰하며 삼위일체 하나님의 구속사역의 결과로 반드시 사랑으로 역사하는 믿음임을 가르쳤다.

이로써 교회개혁의 필요성을 절감하고 개혁신학에 근거하여 바른신학, 바른교회, 바른생활의 세 가지 목표를 실현하고자 하였던 박윤선 박사는 먼저 개혁신학을 자신의 신학으로 정립하였으며, 아울러 한국교회에 소개하며 뿌리를 내리도록 하는 충실한 개혁신학자로서의 사역을 이루었다. 오늘날 한국교회의 개혁을 위하여 왜 박윤선 박사를 다시 읽어야 하며 그의 음성을 들어야 하는가라는 질문에 대한 대답이 바로 여기에 있는 것이다.

그런데 여기서 논문은 박윤선 박사에 대하여 논문이 가지고 있는 판단과는 전혀 다른 비판적인 목소리가 이미 20년전에 있었던 까닭에 이 사실을 다루지 않을 수 없었다. 그것은 한국교회에 믿음에 합당한 실천적 선행과 순종이 없음을 안타깝게 여기며 그 신학적 책임을 박윤선 박사에게서 찾은 정훈택 교수의 글이었다. 정훈택 교수는 한국교회가 윤리적인 성숙을 이루고 또한 거룩한 변화를 이룰 수 있기를 바라는 강한 열정을 가지고 있었지만, 그의 신학적 이해는 잘 정립이 되어진 완성된 것이 아니었다. 정훈택 교수는 박윤선 박사의 성경해석이 이신칭의에 따라 오직 믿음으로 구원을 받은 자에게 있어서는 행함이란 단지 상급을 위한 것이 되며, 천국에 들어가는 것과 무관하게 된다는 신학 인식에 갇혀서 성경에서 행함과 관련하여 종말론적 긴장이 나타나는 바를 충분히 드러내지도 못하였으며, 또는 본문을 곡해하기까지 하였다고 비판을 하였다. 하지만 논문은 이러한 정훈택 교수의 비판이 박윤선 박사 개인의 신학을 향한 비판이 아니라 칼빈을 비롯한 개혁신학자들의 신학체계를 향한 비판이 되는 것임을 지적하였다. 정훈택 교수가 비판한 박윤선 박사의 성경이해는 곧 바로 칼빈의 성경이해와 본질상 같음을 밝혔다.

믿음과 행함을 원인과 결과의 관계로, 혹은 칭의와 성화를 나무와 뿌리의 관계로 이해하는 것, 더 나아가 그리스도와의 연합에 의하여 칭의는 또한 성화와 필연적으로 결합이 되는 이중 은총이라는 개혁신학의 설명도 정훈택 교수에게는 만족스럽지 않았다. 그의 생각에 따르면 결국에 어떤 행함도 믿음으로 구원을 받은 후에 요청이 되는 것이므로 사람들은 선행으로 이끌어갈 윤리적 동력이 약한 것으로 여겨지기 때문이다.

그 결과 정훈택 교수는 행위에 구원론적 의의나 가치를 부여하기 위한 노력을 시도하였고, 미래의 천국과 관련된 종말론적 의미를 행위에 부여하게 되었다. 그것은 현재의 하나님 나라는 믿음으로 주어지지만 미래의 하나님 나라는 윤리적 삶을 제대로 산 사람들에게 주어진다는 설명이다. 그렇게 되면 현재는 믿음으로 하나님 나라의 백성이 되었다하더라도 그것이 미래의 하나님 나라의 백성이 된다는 보장을 주는 것이 아니기 때문에 결국 현재에도 항상 최선을 다해 미래의 하나님 나라를 위해 윤리적 삶을 살아야 한다는 강한 동력을 얻게 된다는 것이 정훈택 교수가 행위의 구원론적 의의와 가치라는 말로 제안하고자 하는 내용이다.

그러나 안타깝게도 정훈택 교수의 노력은 새로운 시도가 아니었다. 종교개혁 당시에 이미 천주교회에서 초기에는 믿음으로, 나중에는 행함으로 의롭다함을 받는다는 주장을 하였고, 칼빈에 의하여 성경적으로 그릇된 견해인 것으로 결론이 내려진 것과 크게 다를 바 없는 생각이었다. 정훈택 교수의 행위의 구원론적 가치와 의의라는 개념은 슬며시 종교개혁의 축에서 벗어나는 사상인 것이다.

정훈택 교수의 박윤선 박사에 대한 비판은 바로 이처럼 잘못된 신학적 전제에서 비롯된 것이므로 박윤선 박사가 믿음과 행함에 대한 성경적 고려를 충분히 그리고 진실하게 반영하지 못했다는 비판 또한 신학적으로 정당성을 갖지 못한다. 정훈택 교수가 옳으면 박윤선 박사뿐만이 아니라 개혁신학이 잘못된 것이며, 반대로 박윤선 박사와 개혁신학이 옳으면 정훈택 교수는 개혁신학에서 이탈하여 틀린 것이 된다.

결론적으로 정암 박윤선 박사의 신학은 오늘날 한국교회의 개혁을 위하여 절실히 필요한 신앙의 원리, 곧 믿음과 행함은 결코 분리되지 않으며 믿음은 필연적으로 선행을 열매로 맺으며 칭의는 바로 성화로 연결이 된다는 신학적 기반을 충실히 우리에게 전해주고 있는 보배로운 영적 유산이다.